评价科学研究与应用丛书

世界一流大学和一流学科评价研究报告

（2024—2025）

邱均平　张蕊　舒非　赵蓉英　王姗姗 等　编著

研发单位　中国科教评价研究院（CASEE，杭电）
　　　　　中国科学评价研究中心（RCCSE，武大）
　　　　　浙江高等教育研究院（ZAHE）
　　　　　高教强省发展战略与评价研究中心（浙江智库）
　　　　　“金平果”评价网（www.nseac.com）
合作单位　科睿唯安信息服务（北京）有限公司
　　　　　武汉金平果科教开发服务有限公司
支持单位　世界大学校长联合会
　　　　　亚太大学校长联合会

WUHAN UNIVERSITY PRESS
武汉大学出版社

图书在版编目(CIP)数据

世界一流大学和一流学科评价研究报告. 2024-2025 / 邱均平等编著 . -- 武汉 : 武汉大学出版社, 2025. 7. -- 评价科学研究与应用丛书. -- ISBN 978-7-307-24988-2

Ⅰ. G649.1;G642.3

中国国家版本馆 CIP 数据核字第 20253WU427 号

责任编辑:黄河清　　　责任校对:鄢春梅　　　版式设计:韩闻锦

出版发行:**武汉大学出版社**　(430072　武昌　珞珈山)

(电子邮箱:cbs22@ whu.edu.cn 网址:www.wdp.com.cn)

印刷:武汉中远印务有限公司

开本:880×1230　1/16　印张:23.5　字数:802 千字　插页:1

版次:2025 年 7 月第 1 版　　2025 年 7 月第 1 次印刷

ISBN 978-7-307-24988-2　　定价:98.00 元

世界一流大学和一流学科评价研究报告
（2024—2025）
编委会

作者简介

邱均平，武汉大学二级教授、珞珈杰出学者（1.2级）、教育学和管理学博士生导师、中国科学评价研究中心（湖北省社科重点研究基地）创始人、首届主任（12年）、首席科学家。现为杭州电子科技大学资深教授、中国科教评价研究院院长、浙江高等教育研究院院长、高教强省发展战略与评价研究中心（浙江智库）主任、*Data Science and Informetrics* 共同主编、《评价与管理》杂志名誉主编、"金平果中评榜""四大评价报告"品牌创立者和知识产权人。该排行榜已成为国内领先、国际著名的世界五大评价体系之一。已培养研究生230多人，其中博士近百人。获全国百篇优博论文奖1篇、提名奖2篇、省级优博论文8篇；获国务院学位委员会和教育部颁发的"全国优秀博士学位论文指导教师"奖。连续20年完成国家自科基金项目7项，其中2项结题"优秀"；完成国家社科基金重大项目2项、重点1项、一般1项，其中1项重大和1项重点项目结项评为"优秀"。公开发表论文770多篇；出版专著、国家级规划教材（2部）和评价报告120余部；获得教育部社科优秀成果二等奖1项（当年本学科一等奖空缺）、三等奖2项，省政府人文社科一等奖3项、二等奖2项、三等奖和科技进步奖6项等。我国著名情报学家和评价管理权威专家，我国文献计量学和评价科学的主要奠基人之一，"六计学"的开创者，我国信息资源管理学的主要开创者之一。目前在全国"信息资源管理学"领域拥有六个第一：第一本专著、第一套丛书、一门教育部精品课程和两种国家级规划教材、三个"秘书处"（全国信息资源管理年会暨博士生学术论坛秘书处等）、第一个省级学会、第一个包括图情档的全国性的"西湖论坛"等。被学术界誉为"计量泰斗、评价鸿钧"。被评为有突出贡献的中青年专家和享受国务院政府特殊津贴专家；被选举为英国皇家艺术学会终身会士。

序 言

创建世界一流大学，是一个国家在世界舞台上全面崛起的重要标志之一。如果没有世界一流的大学，虽然一个大国可以在某个方面取得突破，一个小国也可以达到全国富裕，但是综观近代世界历史，没有任何一个大国，可以在高等教育落后的情况下，真正成为全面领先的世界强国。世界一流大学不仅是科学、技术和教育的摇篮，而且是现代人类文化、思想的主要源泉；世界一流大学是尖端科学研究和技术发展的主要力量，也是创造知识的重要源泉；世界一流大学吸引了全世界的优秀人才和领军人才；世界一流大学对建立民族自信心和自豪感意义重大。

我们对高等教育的需要比以往任何时候都更加迫切，对科学知识和卓越人才的渴求比以往任何时候都更加强烈。创建世界一流大学已经成为高等教育领域的一股潮流，各国或地区相继出台政策来增强大学的研究实力，提升学校的国际排名。2017 年 9 月 20 日，根据国务院《统筹推进世界一流大学和一流学科建设总体方案》以及教育部等三部委《统筹推进世界一流大学和一流学科建设实施办法(暂行)》，经专家委员会遴选认定，教育部、财政部、国家发展改革委公布了世界一流大学和一流学科名单，它标志着世界一流大学和一流学科建设正式进入实施操作阶段。由于世界一流大学和一流学科名单是周期性动态调整的，社会各界对于世界一流大学和一流学科建设的研究比以往投入更多精力，在一定时期内的大学与学科在世界水平上的变更成为院校和学科发展的动力。我们在成功研发 2006 年、2007 年、2009 年、2011 年、2012 年、2013 年、2014 年、2015 年、2016 年、2017 年、2018 年、2019 年、2020 年、2021 年、2022 年和 2023 年世界一流大学及学科竞争力评价的基础上，研发和撰著了《世界一流大学和一流学科评价研究报告(2024—2025)》。本书是国内目前唯一一本对世界一流大学和一流学科竞争力进行评价的有说服力的专著。它拥有最为全面的世界一流大学和一流学科的评价排行榜，对于准确把握我国大学的世界定位，促进我国高等教育的国际化，提高我国高等教育质量和科研水平，推动其健康、快速发展具有重要的理论意义和现实作用。

本书对美国基本科学指标(Essential Science Indicators，ESI)数据库中收录两个学科及以上的 2190 所大学进行了全面、系统、深入的评价与分析，得出了许多鲜为人知的评价结果。本书内容丰富、资料翔实、数据可靠，具有较强的权威性。其主要特点有以下四个方面。

第一，内容全面、体系完整、信息丰富。本书是国内最为全面的世界一流大学和一流学科评价研究基础上的进一步升华，公布了 2024 年世界一流大学和一流学科排行榜，并创新性地将科研情况与网络排名结合起来，公布了以教学水平、科研能力、影响力为一级指标的世界一流大学和一流学科分指标排行榜，分 22 个学科的排行榜及国内一流学科(分 109 个学科)与 ESI 学科匹配排行榜，它们从不同角度反映了世界一流大学和一流学科的建设与发展状况。

第二，理念新颖、指标科学、数据权威。本书以科睿唯安信息服务有限公司研发的 ESI 数据库和德温特专利数据库(Derwent Innovations Index，DII)为工具，这两个数据库在全世界有着极其广泛的影响力，保证了数据来源的权威性和可信度。在本次评价中，我们继续引入了网络影响力指标。这一指标进一步反映了各学校的声誉情况、科研成果的开放获取程度，可作为 Web 环境下的科研影响力评价的补充，以达到从科研产出到学术影响再到网络影响的综合实力评价。影响力指标与原有的师资力量、教学水平和科研能力三个指标构成了世界一流大学评价指标体系，再次得到了科学、合理、客观、公正的评价结论。

第三，四年前，我们创造性地进行了国外与国内学科分类的匹配研究，以满足我国一流学科建设的需要，有利于国内外学科的比较研究。在 ESI 数据库中只划分了 22 个学科大类，而我国的一流学科有 109 个，两者无法比较，实际意义不大。这是 ESI 数据库在国内应用的最大障碍。为此，我们采取映射等多种方法相结合，将 22 个大类学科的数据细分和对应到 109 个学科，从而使国外的学科数据能够适用于国内一流学科评价，从根本上解决了国内外学科比较和评价中的难题。这是学科评价中的重大突破。

第四，立足中国，放眼世界。本书对我国进入ESI排行的大学和学科进行了详尽的比较分析，深入讨论了我国进入ESI排行的大学和学科近年的变化情况；还对中国一流大学和一流学科进行了评价，为我们了解和把握中国高等教育在世界坐标系中的定位以及世界一流大学和一流学科的发展态势提供了有力的数据支撑。

《世界一流大学和一流学科评价研究报告(2024—2025)》是“金平果”排行榜(“中评榜”)评价品牌的“四大评价报告”之一，由杭州电子科技大学中国科教评价研究院、武汉大学中国科学评价研究中心等单位共同研发和撰著，科睿唯安信息服务(北京)有限公司作为合作单位为本书提供了大量的数据支持，特别是北京办公室的吕宁主任、王琳(女)博士等的倾力支持，为我们完成此项浩大工程提供了强有力的帮助。此外，本书的出版得到了武汉大学出版社有关领导的大力支持，编辑詹蜜，以及其他编校人员等为之付出了大量的辛勤劳动，在此一并表示诚挚的谢意!

武汉大学中国科学评价研究中心创始人和首届主任
金平果“四大评价报告”品牌创立者和知识产权人
杭州电子科技大学资深教授、博士生导师
中国科教评价研究院 院长
浙江高等教育研究院 院长
数据科学与信息计量研究院 院长
高教强省发展战略与评价研究中心(浙江智库)主任
Data Science and Informetrics 杂志主编之一
邱均平
2024年8月26日于杭州

目 录

第一章 理论研究

第二章 评价结果

第三章　数据分析

第四章　评价引发的思考与建议

第一章

理论研究

第一节　世界一流大学和一流学科评价研究的意义

对世界一流大学和一流学科进行评价研究主要是为了清楚地认识我国大学与学科目前在世界上所处的位置，用国际化的视角来观察我国高等教育的发展状况、存在的不足，为逐步、有重点地培养一批具有国际影响力的大学提供详细而准确的数据参考，以促进我国大学和学科的国际化，最终推动我国高等教育的健康、快速发展。因此，该评价研究具有重要的现实意义。

第一，贯彻落实有关文件精神，为我国大学管理和促进科技创新与进步提供有力保障。江泽民同志1998年在庆祝北京大学建校一百周年大会的讲话中提出"为了实现现代化，我国要有若干所具有世界先进水平的一流大学"，并第一次从教育质量的角度全面提出了一流大学办学的目标和评价标准：①培养一流的人才；②创造一流的科研成果；③提供一流的社会服务。1998年12月24日，教育部制定了《面向21世纪教育振兴行动计划》，明确提出要"创建若干所具有世界先进水平的一流大学和一批一流学科"。2006年发布的《国家中长期科学和技术发展规划纲要(2006—2020年)》明确指出要"深化管理体制改革，加快建设'职责明确、评价科学、开放有序、管理规范'的现代科研院所制度"，并且指出"加快建设一批高水平大学，特别是一批世界知名的高水平研究型大学，是我国加速科技创新、建设国家创新体系的需要"。尤其是把"建成若干世界一流的科研院所和大学以及具有国际竞争力的企业研究开发机构，形成比较完善的中国特色国家创新体系"作为其后要实现的八大目标之一。在2010年发布的《国家中长期教育改革和发展规划纲要(2010—2020年)》中，也明确提出要"改革教育质量评价和人才评价制度。改进教育教学评价。根据培养目标和人才理念，建立科学、多样的评价标准。开展由政府、学校、家长及社会各方面共同参与的教育质量评价活动"，以及"推进专业评价。鼓励专门机构和社会中介机构对大学学科、专业、课程等水平和质量进行评估。建立科学、规范的评估制度。探索与国际高水平教育评价机构合作，形成中国特色学校评价模式。建立高等学校质量年度报告发布制度"等重要任务。根据党中央、国务院作出的重大战略决策，国务院于2015年11月5日公布《统筹推进世界一流大学和一流学科建设总体方案》，该方案"坚持以中国特色、世界一流为核心，以立德树人为根本，以支撑创新驱动发展战略、服务经济社会发展为导向，加快建成一批世界一流大学和一流学科，提升我国高等教育综合实力和国际竞争力"。2017年9月20日，教育部、财政部、国家发展改革委公布世界一流大学和一流学科名单，它标志着世界一流大学和一流学科建设正式进入实施操作阶段。2022年2月14日，教育部、财政部、国家发展改革委发布《关于深入推进世界一流大学和一流学科建设的若干意见》，就"十四五"时期深入推进"双一流"建设提出意见。2022年2月9日，教育部、财政部、国家发展改革委公布第二轮"双一流"建设高校及建设学科名单。入选高校使命光荣，也责任重大。世界一流大学和一流学科建设高校也不是只在国内竞争，而是在国际舞台上与名校进行比拼，应该意识到建设与建成虽只有一字之差，但不是一码事。世界一流大学和一流学科着力于建设一流师资队伍，培养拔尖创新人才，提升科学研究水平，传承创新优秀文化，着力推进成果转化。参考国际一流名校，国内大学要完成每一项任务都不容易。本次评价着重从论文被引次数、专利数和网络排名等不同角度综合评价世界大学和学科竞争力，切实地为实现国家中长期科技发展规划和教育规划提供决策依据和数据支持。

第二，为政府管理部门的科学管理和决策提供定量依据。政府管理部门在建设世界一流大学过程中起着重要的宏观管理和调控作用。要建成世界一流大学和一流学科，必然要有大量资金的投入和分配、学科资源的重新整合和调节，这就要求我国高等教育管理部门对各科研院所在世界科研机构范围内的相对位置心中有数，从而制定相关资助政策和管理政策。而要做到这些，必然需要详细而准确的定量数据支持。

第三，为国内大学的世界竞争和发展提供定位信息。近年来，国内很多大学都在朝着世界一流大学的目标前进，却无法清楚地认知：到底距世界一流大学还有多远？哪些学科已经达到国际水平？哪些学科还有较大的差距？我们现在所作的评价就是要使我国的一些大学明确在世界上的相对位置，从而发挥比较优势，找出问题和差距，寻找合作和学习的伙伴单位，明确改革方向，制定相应对策，从而提高国际竞争力和影响力，吸引世界上的杰出人才来我国学习、交流和工作，为将来持久发展提供人才保障。

第四，为青年学子提供详细、深入的出国留学咨询报告。《关于建立海外高层次留学人才回国工作绿色通道的意见》提出："积极引进海外高层次留学人才回国工作，是应对国际人才竞争，提高我国自主创新能力，加强人才队伍建设的需要。"从中可见，国家对留学人员的高度重视。国外有着一流的大学和科研院所，它们引领着科技发展的方向，掌握着绝大多数核心技术，在长期实践中又开创了许多著名的学术理论，我们要吸收它们的先进理念和技术，就需要广泛交流。现在不少学子积极出国深造，但是并不是国外的所有大学都是优秀的，一定要对国外大学及其专业有一个大概的了解，绝不能盲目留学择校。我们提供的报告无疑在一定程度上满足了广大学子准确选择一流大学和专业的迫切需求，为他们出国留学提供了权威、可信的咨询报告。

第五，为世界其他国家或地区的大学竞争发展提供数据参考。我们这次的评价对象包含全世界 2190 所大学，按照统一的数据来源和统一的统计标准进行评价排名。从对比中可以分析出各个大学及学科所处优势与劣势、挑战与机遇，这对于任何一所大学的长远发展都是有益的。另外，从我们提供的数据中可分析出世界一流大学的国家或地区分布，使每个国家或地区在整体上对自己的科研竞争力有所了解，从而在国民经济预算分配上进行适当的调节，并制定切实可行的、促进本国或地区科技进步和发展的政策。

第二节　世界一流大学评价的研究现状

一、国外研究现状

目前，国外对世界一流大学研究的侧重点各不相同，影响力比较大的有以下几个。

(一)美国《美国新闻与世界报道》(U.S. News)世界大学排行榜

早在 1983 年，《美国新闻与世界报道》(*U.S. News & World Report*)率先推出全美大学排名，每两年对全美本科院校评选一次。该排名的最初目的主要是为了给学生和家长在选择大学时提供一些参考数据。1987 年，《美国新闻与世界报道》开始面向研究生教育，改为每年评选一次，并在每年的春季公布最新的"全球大学排行榜"(Global Universities Ranking)，以供秋季新生入学参考。《美国新闻与世界报道》对大学进行排行是依据卡内基教学促进基金会公布的高等学校分类法，先将大学进行分类，然后在同类之间进行评比，由于它的调查过程科学严谨，所以具有权威性。

《美国新闻与世界报道》全球最佳大学排名指标体系由《美国新闻与世界报道》推出，其评价主要基于两项原则展开：一是根据专家确定的标志学术质量的定量指标，二是根据他们作为局外人对有关教育质量的认识。因此，其数据来源广泛，精准度较高，为公正合理的大学评价奠定了基础。《美国新闻与世界报道》全球最佳大学排名的评价指标由全球研究声誉(12.5%)、区域研究声誉(12.5%)、学术论文发表(10%)、专著(2.5%)、学术会议(2.5%)、标准化引用影响力(10%)、总被引次数(7.5%)、前 10%高被引文献数量(12.5%)、前 10%高被引文献占比(10%)、国际合作(5%)、国际合作论文占比(5%)、前 1%高被引论文数量(5%)、前 1%高被引论文占比(5%)等 13 个指标构成。①

(二)英国《泰晤士高等教育》(THE)世界大学排行榜

英国《泰晤士高等教育》(*Times Higher Education*, THE)是由 TSL Education Ltd. 出版的周刊，在世界范

① How U.S. News Calculated the 2024-2025 Best Global Universities Rankings [EB/OL]. [2024-08-25]. https://www.usnews.com/education/best-global-universities/articles/methodology.

围内都有较大影响。从 2010 年起,《泰晤士高等教育》与汤森路透科技信息集团合作,由汤森路透科技信息集团负责收集和分析所有的与排名相关的数据。《泰晤士高等教育》保留了"学术声誉"这一指标,采用一种更为谨慎的抽样调查方式,在公信力方面有较大的改善。①

2024 年指标体系为:教学(学习环境)Teaching (The learning environment),所占权重为 29.5%;科研环境(Research environment),所占权重为 29%;科研质量(Research quality),所占权重为 30%;国际视野(International outlook),所占权重为 7.5%;行业收入(Industry income),所占权重为 4%。②

(三)Quacquarelli Symonds(QS)世界大学排行榜

Quacquarelli Symonds 公司在与《泰晤士高等教育》终止合作后,先后与《美国新闻与世界报道》和《朝鲜日报》等机构合作发布世界大学排名,目前的合作机构为荷兰出版商 ELSEVIER。除了全球的大学排名,QS 还发布了亚洲大学排名、拉丁美洲大学排名、金砖国家大学排名等区域性大学排名。QS 发布的排行榜主要是为学生提供大学信息和一定程度的就业指导,其 6 个二级指标及其权重分别为:学术声誉 Academic reputation (40%)、雇主声誉 Employer reputation (10%)、学生/教师比例 Student-to-faculty ratio (20%)、教师平均论文被引数 Citations per faculty (20%)、国际教师比例 International faculty ratio (5%) 以及国际学生比例 International student ratio (5%)。③

二、国内研究现状

目前,国内对世界一流大学进行研究比较有名的机构如下。

(一)杭州电子科技大学中国科教评价研究院/武汉大学中国科学评价研究中心

武汉大学中国科学评价研究中心在连续三年做中国大学评价的基础上,于 2006 年开始做世界大学科研竞争力评价。2017 年 3 月,杭州电子科技大学专门成立了中国科教评价研究院(又称"中国评价科学研究院"),聘请著名计量学家、评价管理权威专家邱均平教授担任院长,开展中国与世界大学的评价工作。邱均平教授创立了"金平果排行榜"("中评榜")评价品牌,在国内外具有很大影响力。到 2023 年,邱均平团队已进行了 14 次世界大学和学科竞争力评价,得到政府管理部门、高等院校和教育界、学术界的普遍认可;国外大学校长利用这个排行榜的结果向中国代表团介绍情况;各媒体大量转载;等等。随着时代和大学评价需求的变化,其对世界大学科研竞争力的指标也在不断改进,其中主要经历了三次比较大的调整:2014 年起评价的二级指标改为科研生产力、科研影响力、科研创新力和网络影响力 4 个部分;从 2016 年开始以世界一流大学和一流学科为对象进行评价;2019 年一级指标改为师资力量、教学水平、科研能力、影响力;2020 年一级指标改为教学水平、科研能力、影响力。

1. 2006—2013 年世界一流大学与科研机构学科竞争力评价

2006—2013 年,世界一流大学及世界科研机构竞争力评价指标由科研生产力、科研影响力、科研创新力和科研发展力 4 个部分构成,其具体指标体系如表 1-1 所示。

表 1-1　2006—2013 年世界一流大学科研竞争力评价指标体系

一级指标	二级指标
科研生产力	论文发表数

① Phil Baty. 世界大学排名的历史、方法和影响[EB/OL]. [2018-12-05]. http://www.nseac.com/html/135/214384.html.

② World University Rankings 2024: Methodology[EB/OL]. [2024-08-25]. https://www.timeshighereducation.com/world-university-rankings/world-university-rankings-2024-methodology.

③ QS World University Rankings: Methodology[EB/OL]. [2024-08-25]. https://www.topuniversities.com/university-rankings-articles/world-university-rankings/qs-world-university-rankings-methodology.

续表

一级指标	二级指标
科研影响力	论文被引次数
	高被引论文数
	进入 ESI 学科数
科研创新力	专利数
	热点论文数
科研发展力	高被引论文占有率

(1)科研生产力

用近10年来发表论文数(被ESI收录的论文数量)这一指标来衡量，反映该机构或学科对世界学术交流的贡献，而且被ESI收录的论文都是经过同行评议的论文，各论文发表的期刊也在该学科有着显著影响。

(2)科研影响力

用近10年发表论文总被引次数、高被引论文和进入排行的学科数这3个指标来衡量。被引次数是反映论文质量的一个重要指标。另外，进入排行的学科数越多，说明该单位的影响面积越大，学术辐射范围越广泛，引起的关注就越多。

(3)科研创新力

用热点论文和专利这两个指标来衡量。热点论文的产生必然说明该论文是适应学科和社会发展的要求，具有很强的创新性，这是一个单位或学科富有朝气的原动力。专利本身的特点之一是有新颖性，这是科技进步的重要体现，也是转化为生产力宝贵的知识财富。

(4)科研发展力

用高被引论文占有率这一指标来衡量。其中，高被引论文占有率=高被引论文数/论文发表数。这一比例越高说明该单位在以后发展中越有可能生产出更多的优秀论文，有能力持久保持该学科的核心地位。对于专业评价和机构评价应该有着不同的指标体系和权重，权重的大小是在征求多方面专家意见基础上根据科学方法计算出来的。

2. 2014—2015年世界一流大学与科研机构竞争力评价

随着互联网技术的发展，从2014年起对世界一流大学及科研机构评价加入网络影响力指标，将一级指标改为科研生产力、科研影响力、科研创新力和网络影响力4个部分，具体指标体系如表1-2所示。

表1-2　2014—2015年世界一流大学竞争力评价指标体系

一级指标	二级指标
科研生产力	论文发表数
科研影响力	论文被引次数
	高被引论文数
	进入 ESI 学科数
科研创新力	专利数
	热点论文数
网络影响力	国内外网络排名

其中，网络影响力用网络排名这一指标来衡量，网络排名可以告知各大学的学术知识与资料在网络上公开出版的程度，若大学本身认为其实力排名与此网络计量排名相关甚远，则可借此促进科研成果出

版的开放获取，进而提升其影响力。数据来源于西班牙人文与社会科学研究中心网络计量实验室发布的“世界大学网络计量排名”和中国科学评价研究中心发布的“中国重点大学网络影响力排名”。

3. 2016—2018 年世界一流大学和一流学科评价研究报告

从 2016 年开始以世界一流大学和一流学科为对象进行评价，评价指标打破以往只注重科研评价的惯例，转向对大学的综合评价，其评价一级指标由师资力量、教学水平、科研能力、声誉影响力 4 个部分构成。具体指标体系如表 1-3 所示。

表 1-3　2016—2018 年世界一流大学和一流学科评价指标体系

一级指标	二级指标
师资力量	专职教师数
	高被引科学家数
教学水平	杰出校友数
	进入 ESI 学科数
科研能力	发表论文数
	篇均被引次数
	国际合作论文数
	发明专利数
声誉影响力	网络排名
	高被引论文数

(1)师资力量

师资力量代表一流大学的人才储备，是衡量一流大学的重要指标，专职教师是一流大学的骨干力量，对一流大学的意义十分重大。而高被引科学家则是师资力量的最高表现形式，是高质量人才的象征。

(2)教学水平

通过杰出校友数和进入 ESI 学科数来反映教学水平。杰出校友数也是教学质量的重要体现形式之一，是从教学水平的深度对其进行衡量的。进入 ESI 学科数是从教学水平的广度对其进行衡量的。

(3)科研能力

科研能力用近 10 年发表论文数(被 ESI 收录的论文数量)及其篇均被引次数、国际合作论文数和发明专利数 4 个指标来衡量。近 10 年来发表论文数反映该机构或学科对世界学术交流量的贡献，被 ESI 收录的论文都是经过同行评议的论文，各论文发表的期刊也在该学科有着显著影响，都是较高质量的论文。被引次数是反映论文质量的一个重要指标，而篇均被引次数则反映出某一单位、团体的总体论文质量，比总被引次数更能反映机构的科研能力。国际合作论文数能够有效地反映机构的国际化程度。专利是科技进步的重要体现，是体现科研能力的知识财富之一。

(4)声誉影响力

声誉影响力用网络排名和高被引论文这两个指标来衡量。用网络排名这一指标为衡量标准，网络排名可以告知各大学的学术知识与资料在网络上公开的程度，网络排名越靠前说明该单位的影响面越大，学术辐射范围越广泛，引起的关注就越多。高被引论文是体现其声誉影响力的主要手段之一。

4. 2019 年世界一流大学和一流学科评价研究报告

2019 年在原有一级指标师资力量、教学水平、科研能力、声誉影响力四个部分构成的基础上进行了二级指标的微调，更加突出质量和国际影响力。具体指标体系如表 1-4 所示。

表 1-4　2019 年世界一流大学和一流学科评价指标体系

一级指标	二级指标
师资力量	专职教师数
	高被引科学家数
教学水平	杰出校友数
	国际合作论文数
科研能力	ESI 收录论文数
	篇均被引次数
	高被引论文数
	德温特专利数
声誉影响力	网络排名
	进入 ESI 排名学科数

(1)师资力量

一所大学的师资水平通过专职教师和高被引科学家来体现，代表了一流大学的人才储备，是衡量一流大学的重要指标。其中专职教师是一流大学的骨干力量，而高被引科学家则是师资力量的最高表现形式，是高质量人才的象征。

(2)教学水平

通过杰出校友数和国际合作论文数来反映教学水平。从教学水平的深度来说，杰出校友数是教学质量的重要体现形式之一；而国际合作论文数恰好体现了大学教学水平的广度。

(3)科研能力

学校的科研能力用近 10 年发表论文数(被 ESI 收录的论文数量)及其篇均被引次数、高被引论文数和德温特专利数 4 个指标来衡量。近 10 年来发表论文数反映该机构或学科对世界学术交流量的贡献，被 ESI 收录的论文都是经过同行评议的论文，各论文发表的期刊也在该学科有着显著影响，都是较高质量的论文。高被引论文数是反映论文质量的一个重要指标，而篇均被引次数则反映出某一单位、团体的总体论文质量，比总被引次数更能反映机构的科研能力。德温特专利是科技进步的重要体现，是体现科研能力的知识财富之一。

(4)声誉影响力

声誉影响力用网络排名和进入 ESI 排名学科数这两个指标来衡量。用网络排名这一指标为衡量标准，网络排名可以告知各大学的学术知识与资料在网络上公开出版的程度，网络排名越靠前说明该单位的影响面越大，学术辐射范围越广泛，引起的关注就越多。进入 ESI 排名学科数体现了大学的国际影响力，代表了声誉的影响力。

5. 2020 年世界一流大学和一流学科评价研究报告

2020 年在 2019 年原有一级指标基础上进行了微调，更加突出质量和国际影响力。具体指标体系如表 1-5 所示。

表 1-5　2020 年世界一流大学和一流学科评价指标体系

一级指标	二级指标
教学水平	杰出校友数
	高被引科学家数

续表

一级指标	二级指标
科研能力	ESI 收录论文数
	篇均被引次数
	高被引论文数
	德温特专利数
影响力	网络排名
	进入 ESI 排名学科数
	国际合作论文数

2024 年世界一流大学及学科的评价，得到了 7 类共 150 个排行榜，它们分别是“世界各国或地区科研竞争力排行榜(2024)”“世界一流大学综合竞争力排行榜(2024)”“世界一流大学分学科排行榜(2024)(分 22 个学科)”“世界一流大学一级指标排行榜(2024)(分 3 个指标)”“世界一流大学基本指标排行榜(2024)(分 9 个指标)”“世界一流学科排行榜(2024)(分 109 个学科)”“世界一流大学各大洲排行榜(2024)”。世界一流大学和一流学科评价采用了目前最权威的、高水平的数据来源工具——ESI，数据准确可靠，并且以新颖的评价理念设置了科学合理的评价体系，提供了国内目前最详尽的世界大学评价报告，不仅针对国家、高等学校进行评价，而且评价学科专业。

(二)上海软科世界大学排行榜(ARWU)

软科世界大学学术排名(ShanghaiRanking's Academic Ranking of World Universities，ARWU)于 2003 年由上海交通大学高等教育研究院(前身为高等教育研究所)世界一流大学研究中心首次发布，是世界范围内首个综合性的全球大学排名。2009 年开始，ARWU 改由上海软科教育信息咨询有限公司(即“上海软科”)发布并保留所有权利。

2001 年，上海交通大学世界一流大学研究中心刘念才等向教育部科技委员会提交了《我国名牌大学离世界一流有多远》①的研究报告，指出学术声誉通过诺贝尔奖、《自然》和《科学》论文、SCI 论文等可量化的国际可比性指标来表达；教师质量通过诺贝尔奖、博士学位教师比例等表达。

上海交通大学世界一流大学研究中心于 2003 年夏天首次在国际互联网上发布了“世界大学学术排行”，之后每年 8 月中旬进行更新。2024 年上海交通大学高等教育研究所的世界大学学术排行指标体系如下。②

世界大学学术排名选择获诺贝尔奖和菲尔兹奖的校友折合数(简称“校友获奖”)、获诺贝尔奖和菲尔兹奖的教师折合数(简称“教师获奖”)、各学科领域被引用次数最高的学者数(简称“高被引科学家”)、在《自然》(*Nature*)和《科学》(*Science*)上发表论文的折合数(简称“N&S 论文”)、被科学引文索引(SCIE)和社会科学引文索引(SSCI)收录的论文数(简称“国际论文”)、上述五项指标得分的师均值(简称“师均表现”)等六个指标对世界大学的学术表现进行排名，如表 1-6 所示。

表 1-6 软科世界大学学术排行指标体系

指　标	权　重(%)
校友获奖	10
教师获奖	20

① 刘念才，等．我国名牌大学离世界一流有多远[J]．高等教育研究，2002(2)：19-24.

② 软科．排名方法-2024 世界大学学术排名[EB/OL]．[2024-08-21]．http：//www. shanghairanking. cn/methodology/arwu/2024.

续表

指　　标	权　　重(%)
高被引科学家	20
N&S 论文[《自然》(*Nature*)和《科学》(*Science*)发表论文的折合数]	20
国际论文	20
师均表现	10

上海交通大学的大学排名主要根据研究成绩来对研究型大学进行评价，所用的数据具有国际可比性，但在奖项方面仅仅考虑了诺贝尔奖和菲尔兹奖的获奖情况，在发文方面，仅仅考虑了在《自然》和《科学》两大著名期刊上发表的论文情况，并赋予很高的权重，对纯文科大学，不考虑 N&S 论文指标，其权重按比例分解到其他指标中。其他奖项、重要杂志没有纳入其中，这使得其对文科实力较强的学校的评价不够全面和公平。

三、国内外比较研究

通过对目前国内外关于世界一流大学评价的现状进行分析，我们发现不同的评价机构运用不同的评价指标，且各有特色。

《美国新闻与世界报道》《泰晤士高等教育》和《QS 世界大学排行榜》都是评教分离的典范，而上海交通大学和浙江大学本身既是教育机构，又参与了评价工作，其目的是以评促建。

《美国新闻与世界报道》《泰晤士高等教育》(2008 年以前的指标体系)注重主观数据的收集和利用，为评价大学声誉而开展同行评议，分别赋予 25%和 50%的权重。2010 年开始，《泰晤士高等教育》采取新的标准进行评价，将声誉调查分为教学与研究两个方面，并削减了主观数据所占据的比重，分别占 15%和 18%，但总体权重仍然是整个指标体系中最大的一部分。但在“隔行如隔山”的条件下，“同行专家”的选择不易，在实际操作中要仔细甄别，避免出现外行评价内行的情况。

上海软科世界大学排行榜的评价注重客观数据的收集和分析，保证了数据的国际可比性，在评价自然科学方面比较公正，而且都侧重于对大学科研方面的评价，虽然对纯文科大学，不考虑 N&S 论文指标，其权重按比例分解到其他指标中，但因为人文科学方面的研究发文量没有自然科学多，对于人文科学方面较强的大学有失公平。而且，单纯的客观数据分析无法评价大学的学术氛围、校园文化等，而这些对于世界一流大学来说也是非常重要的。

总的来说，《美国新闻与世界报道》的大学评价比较全面，为学生和家长择校提供了参考性意见。《泰晤士高等教育》引入了评价有关国际化程度的指标，鲜明地体现了现代世界一流大学的时代特征。《QS 世界大学排行榜》对于新兴的大学则更加适用，用户应参考排行榜发布的具体操作方法和指标定义，根据个性化的需求自由地挑选指标和分配权重，而不要简单地看待排名的结果。上海交通大学注重对大学科研产出进行评价。每个评价体系都有自身的特色和侧重点，因此，它们的评价结果也各有不同，但都为我们对世界一流大学的研究提供了很好的素材，有很多值得我们借鉴和学习的地方。

第三节　世界一流大学的基本特征与评价标准

对于世界一流大学的特征和评价，目前没有统一的范式，各个国家、各个学派都有着不同的见解。但是世界一流大学在学术大师汇聚、科研经费充裕、科研成果卓著、培养优秀学生、办学特色鲜明等方面显示出共同的特征。建立良好的工作氛围，提供一流的教学和研究设施，为教师确定合理的工作量以使教师有充分的自主和更多的时间从事科研工作，被认为是建设一流教师队伍的最重要的三个方面。

李岚清认为世界一流大学有以下几个共同点：第一，有杰出的教育家，特别是有出色的校领导，他们有教育家的战略思想，有国际视野；第二，培养出大批优秀的人才；第三，提倡学术自由，鼓励理论创新，多用启发式、讨论式的教学方式；第四，拥有一批具有一流学术水平的优势学科；第五，非常重视研究生教育，尤其重视培养博士生；第六，有一批发表一流研究论文和学术著作的主力军；第七，有深厚的文化积淀；第八，以多种形式服务社会。①

美国大学联合会常务副主席约翰·冯(John Vaughn)在接受访问谈到世界一流大学的建设时提到，“一所世界一流大学要有足够广泛的学科领域，基本应当涵盖所有主要的学术和人文领域”，“严格一点来评价，就不仅要关注科研方面的数量和科研方面的广度，也要考虑质量，以及教师们在相关学科做了多少前沿性重要研究，在世界范围内是否处于领先地位等”。②

上海交通大学原校长张杰院士提出“以‘世界一流大学’为建设目标的研究型大学应紧紧围绕世界一流大学的基本特征来构建核心竞争力”，他认为世界一流大学一般具有以下十项基本特征：追求卓越目标，服务国家战略；办学理念清晰，发展定位明确；学科门类齐全，学术声誉卓著；教师素质超群，学术大师汇聚；教学资源丰富，教学水平先进；生源质量优良，创新人才辈出；科研经费充裕，科研成果斐然；国际交流广泛，学术氛围浓厚；促进文化繁荣，引领社会进步；杰出校长掌舵，管理科学规范。③

北京大学原校长、中国科学院院士许智宏认为，世界一流大学主要有三个标准：一是有从事一流研究工作的国际知名教授；二是有一大批影响人类文明和社会经济发展的成果；三是培养出一大批为人类文明作出很大贡献的优秀学生。④

南京大学原校长陈骏指出世界一流大学主要具备三大功能：第一，作为培养与造就高素质创新人才的教学机构，帮助学生形成科学的世界观和价值观，掌握分析问题和解决问题的基本方法和技能，让他们养成终生追求真理和正义的习惯，引领社会的健康发展；第二，作为生产、传承各种知识、理论和观念的学术机构，让人类创造的优秀文化能够历久弥新，生生不息；第三，作为服务国家宏大目标和促进区域发展的社会机构，成为国家核心竞争力的重要组成部分。⑤

中国人民大学教育学院的周光礼教授通过抽取关键要素的方式，归纳出世界一流大学共同的特质：第一，具有一流的国际声誉；第二，具有世界一流的师资队伍；第三，具有世界一流的优势学科；第四，培养出大批的精英人才；第五，具有充足而灵活的办学资源；第六，具有完善的管理构架；第七，具有较高的国际化水平。只有以先进的建设世界一流大学办学理念为指导，以大学文化建设和体制机制创新为基础，才能找到一条行之有效的建设世界一流大学的路径，最终形成具有“中国特色、世界水平”的一流大学发展模式和先进文化。⑥

将一批国内大学建设成世界一流大学是我国大学发展的远景目标，总结国内外世界一流大学的特征，我们可以得出以下结论。

第一，世界一流大学绝大多数是研究型大学，无论是美国的麻省理工学院、哈佛大学，还是英国的剑桥大学、牛津大学，加拿大的多伦多大学，以及日本的东京大学、早稻田大学，中国的北京大学、清华大学，这些占据各国大学排名前列的世界一流大学实际上都是研究型大学。

第二，世界一流大学的分类标准参照美国研究型大学模式。在卡内基教学促进基金会克拉克·克尔博士的主持下，美国高等院校的分类经过了多次修改。第七次修改的2010版《分类法》共有七种分类模式，即基本分类、选择性分类和五种独立(平行)分类。基本分类是按照所授学位的层次及数量，将高等院校分为副学士学位授予学院、研究型大学、博士学位授予大学、硕士学位授予学院/大学、学士学位授予学院、专业主导机构、部落学院七种基本类型。其他几种分类体系则分别是从本专科培养项目、研究

① 李岚清．李岚清教育访谈录[M]．北京：人民教育出版社，2003：149-153.

② 王晓阳，刘宝存，李婧．世界一流大学的定义、评价与研究——美国大学联合会常务副主席约翰·冯(John Vaughn)访谈录[J]．比较教育研究，2010(1)：13-19.

③ 张杰．世界一流大学一般具有10项基本特征[EB/OL]．[2024-08-25]．https：//news. sciencenet. cn/htmlnews/2008/11/213234. html.

④ 许智宏．中国目前没有世界一流大学 建设急功近利[EB/OL]．[2024-08-25]．https：//news. seu. edu. cn/yldx/2014/0506/c8380a72459/page. htm.

⑤ 陈骏．推进开放办学战略建设世界一流大学[J]．中国高等教育，2010(15)：20-23.

⑥ 周光礼．世界一流大学的特质[J]．中国高等教育，2010(12)：44-47.

生培养项目、学生类型、学制和机构规模五个层面进行分类的。表 1-7 是卡内基教学促进基金会 2021 年关于博士学位授予机构、硕士学位授予机构和学士学位授予机构的划分标准。①

表 1-7　卡内基教学促进基金会 2021 年高等教育机构分类标准—基础分类

<table>
<tr><th>院校大类</th><th>院校类别</th><th colspan="3">定　义</th></tr>
<tr><td rowspan="3">博士型</td><td>研究型，非常高</td><td rowspan="3">年授予博士学位数不少于 20 个</td><td colspan="2">在 7 项科研指标*的总得分和师均得分上的综合表现很好</td></tr>
<tr><td>研究型，高</td><td colspan="2">在 7 项科研指标的总得分和师均得分上的综合表现比较好</td></tr>
<tr><td>博士/研究型</td><td colspan="2">在 7 项科研指标的总得分和师均得分上的综合表现一般</td></tr>
<tr><td rowspan="3">硕士型</td><td>硕士型，大规模</td><td rowspan="3">年授予硕士学位不少于 50 个，且年授予博士学位不到 20 个</td><td colspan="2">年授予硕士学位数不少于 200 个</td></tr>
<tr><td>硕士型，中等规模</td><td colspan="2">年授予硕士学位数为 100~199 个</td></tr>
<tr><td>硕士型，小规模</td><td colspan="2">年授予硕士学位数为 50~99 个</td></tr>
<tr><td rowspan="3">学士型</td><td>学士型，文理</td><td rowspan="3">学士学位授予量占所有本科学位授予量的比例不低于 50%，且年授予硕士学位不到 50 个或者授予博士学位不到 20 个</td><td rowspan="2">学士学位授予量占所有本科学位授予量的比例不低于 50%</td><td>文理学科的学士学位授予量占所有学士学位授予量的比例不低于 50%</td></tr>
<tr><td>学士型，多学科</td><td>文理学科的学士学位授予量占所有学士学位授予量的比例不到 50%</td></tr>
<tr><td>学士/副学士型</td><td colspan="2">学士学位授予量占所有本科学位授予量的比例不到 50%</td></tr>
</table>

* 7 项科研指标分别是：①理工学科的 R&D 经费；②其他学科的 R&D 经费；③博士后数量；④研究人员(非教师)数；⑤人文学科博士学位授予量；⑥社会科学领域博士学位授予量；⑦理工学科以外的博士学位授予量。

一流大学是一个动态发展的比较性概念，它可以是高等教育机构各类型的比较，也可以是地理范围之内大学间的比较，也可能是在学科层面上的比较。欧洲古典大学、英式大学、德国模式大学曾经都是世界一流大学，美国研究型大学则是目前世界一流大学的主体。这提示我们，必须动态地看待一流大学的建设问题。

第三，实现世界一流大学目标的主要途径是建设研究型大学。国内高等教育界已经把研究型大学作为实现世界一流大学的首选大学模式。② 2015 年中央深化改革领导小组第十五次会议审议通过的《统筹推进世界一流大学和一流学科建设的总体方案》(以下简称《总体方案》)是推进“双一流”建设的纲领性文件，每个建设周期都需要围绕总体建设目标和阶段性要求，深入重点地推进工作。2021 年 12 月 17 日，习近平总书记主持召开中央全面深化改革委员会第二十三次会议，审议通过《关于深入推进世界一流大学和一流学科建设的若干意见》(以下简称《若干意见》)。《若干意见》是面向中华民族伟大复兴战略全局和世界百年未有之大变局，立足新发展阶段、贯彻新发展理念、服务构建新发展格局，开启全面建设中国特色社会主义现代化国家新征程，加快迈向教育现代化和高等教育强国的新部署。《若干意见》明确了“双一流”建设的新方位、新使命、新要求，强调以习近平新时代中国特色社会主义思想为指导，深入贯彻党的十九大和十九届历次全会精神，深入落实习近平总书记关于教育的重要论述、关于研究生教育工作的重要指示精神和全国教育大会、中央人才工作会议精神，全面贯彻党的教育方针，全面落实立德树人根本任务，对标 2030 年更多的大学和学科进入世界一流行列以及 2035 年建成教育强国、人才强国的目标，更加突出“双一流”建设培养一流人才、服务国家战略需求、争创世界一流的导向，深化体制机制改革，统筹推进、分类建设一流大学和一流学科，在关键核心领域加快培养战略科技人才、一流科技领军人才和创新团队，为全面建成社会主义现代化强国提供有力支撑。深入推进新时期“双一流”建设要牢牢抓住人

① The Carnegie Classification of Institutions of Higher Education [EB/OL]. [2024-08-25]. https://carnegieclassifications.acenet.edu/.

② 马陆亭. 当今“世界一流大学”建设基本模式与经验[N]. 中国教育报, 2007-01-08(005).

才培养这个关键，对接和加快培养国家急需学科领域的高层次创新人才和工程领军人才，建设卓越工程师队伍，服务科技自立自强和原始创新突破，优化支撑创新驱动发展的学科专业布局，加快在更多领域方向冲击世界一流前列。

我国创建世界一流大学计划实施十多年来取得了伟大成绩。“双一流”建设是长期推进、不断深入的内涵建设过程，要坚持遵循规律、久久为功。首轮建设期间，各建设高校积极落实主体责任，在传承创新基础上，首轮建设总体实现阶段性目标。一是党对高校的领导全面加强。建设高校以党的政治建设为统领，坚持以习近平新时代中国特色社会主义思想铸魂育人，大力构建思政课程和课程思政协同机制，师生思想政治素质持续向上向好，爱党爱国爱社会主义思想基础更加牢固。二是高水平师资队伍建设进展显著。师资队伍结构持续改善，优秀人才和创新团队不断涌现，吸引了一批世界一流科学家和学科领军人才，涌现了一批教书育人先进典范。三是服务国家需求的高层次人才培养能力持续提升。人才培养规模稳步扩大、结构不断优化，选拔机制持续创新，拔尖人才培养模式改革深入推进，科教协同、产教协同育人模式持续完善，国家关键领域急需高层次人才培养力度不断增强。四是服务国家科技自立自强能力进一步提高。在量子科学、催化化学、凝聚态物理等一些关键领域取得重要进展，产生了若干重要原创性成果，解决“卡脖子”问题涉及的一些关键核心技术取得突破、作出重要贡献，战略科技领域前瞻布局进一步加强，科技成果转化加快发展。五是哲学社会科学主力军作用充分体现。马克思主义理论学科建设全面加强，哲学社会科学体系建设和中国特色新型智库建设取得积极进展，优秀文化传承与创新方面取得重要成果。六是对外交流合作水平不断提升。高水平人才培养和科研合作项目明显增长，学术交流更加深入，学术影响力和留学吸引力进一步提升。七是内部治理结构持续完善。建设高校持续优化管理体系、深化人事制度改革、建立健全多维评价体系、推进学科交叉融合，建设活力进一步激发。八是示范带动区域高等教育新发展。各地以“双一流”建设为引领，地方高水平大学和优势特色学科建设体系不断完善，为重大区域发展战略提供了有力支撑。我们既要充分肯定首轮建设取得的阶段性成绩，也要充分认识到“双一流”建设进展成效同我国综合国力和国际地位还不相匹配，同经济社会发展对人才的多样化需求相比还有不小差距。要准确把握新发展阶段战略定位，着力解决“双一流”建设中仍然存在的突出问题，深入推进新阶段“双一流”建设。①

世界一流大学的评价标准是什么，目前还没有一个统一的答案。它是动态的，而非静态的。世界一流大学没有约定俗成的固定标准，各国对大学的评价体系差异很大。世界一流大学的评价体系的核心是多元的，没有任何一个机构可以垄断整个评价过程。同时，评价标准和评价机构本身也处于不断地被评价之中，没有任何一方可以拒绝被评价。评价机构还必须向公众说明使用评价标准的选取原则和资料来源，不能暗箱操作，不能被权力和商业利益随意操纵，否则，就会遭到公开的质疑。

世界一流大学的评价指标无疑包括定性标准和定量标准两个关键指标。定性标准是对各大学教育教学情况的主体进行描述，包括授予学位的层次、学科分布情况、学校声誉等；定量标准是对各大学授予不同层次的学位数量、一流的师资（如诺贝尔奖获得者、院士等）、高水平的论文数量、学科分布情况和专利发明做量化规定。但因为有些评价指标难以量化，或是数据来源不足、评价标准无法统一，而某些定性的指标在评价的过程中，又难免因为评价主体的复杂多变性和评价者的主观差异而导致评价的结果难如人意。尽管如此，有一些公认的评价指标可以用来衡量世界一流大学的办学水准，如高水平论文数量、一流的师资、专利发明等。

清华大学教育研究所的李越等②研究认为，世界一流大学的学术基准是科研经费、SCI（含 SSCI）论文数量、在《自然》和《科学》上发表的论文数量、教师中的院士人数、诺贝尔奖获得者人数、学术声誉。大学学术成就的高低大小要做精细的评价很难，不过可以从国际学术界公认的权威机构及学术刊物，如《自然》、《科学》、SCI 中找到公认的指标。大学的学术水准在根本上就是教师的学术水准，而教师的学术水准同样可以通过国际学术界公认的成就标志来衡量，如诺贝尔奖获得者、院士等。一所大学如果在上述方面长期有着突出的稳定表现，就会在国际学术界乃至民众心里留下深刻的良好印象，这就形成了一所

① 三部委印发《关于深入推进世界一流大学和一流学科建设的若干意见》[EB/OL].[2024-08-25]. https://www.nfu.edu.cn/gjdt/a3de9c7466de4a35a0eff16fc24ba589.htm.

② 李越，叶赋桂，蓝劲松．跻身世界一流大学的学术基准[J]. 教育发展与研究，2002，22(12)：50-53.

大学的学术声誉。学术声誉看似无形，似乎是一种主观判断，实际上却是对一所大学综合实力及其影响的最深刻的反映。

台湾清华大学原校长徐遐生①认为，建立世界一流大学需要杰出的教师、卓越的学术名声和工作环境、崇高的学术标准，以及优良的基础运作设施或系统。香港大学原校长徐立之认为，要发展成国际大学，首先是一个“国家的大学”，并且需要具备以下四个条件：第一是教师的国际名气和教学态度；第二是学生的质量；第三是大学的设备；第四是社会的支持。

世界大学的评价应该以“提升高等教育质量”为主要导向，这是教育评价存在的意义和最终目标；同时，世界大学评价应更加注重应用价值，排名结果将会与政府、大学的决策和管理者，以及广大学生及家长的需要紧密结合，真正达到以人为本、价值导向的目的。② 世界一流大学的评价应兼顾量性和质性指标，其中，量性指标主要包括科研经费、授予博士的数量、教师获奖情况、研究成果发表和引用情况，而质性指标主要用于了解一个机构的整体状况，并主要依赖大学校长的判断力，能更好地洞察量性指标反映不到的情况，二者适当结合运用，共同发挥世界一流大学建设的引导作用。

第四节　世界一流大学和一流学科评价的具体做法

一、评价对象和范围

本次进入“世界一流大学和一流学科排行榜”的大学为美国 ESI 数据库中包含两个学科及以上的 2190 所大学。另外，ESI 数据库根据学科发展的特点等因素设置了 22 个学科，其中包括一个交叉学科，分学科将大学和科研院所接近 10 年来论文总被引次数排列，只有排在前 1%的学科方可进入 ESI 学科排行，2024 年共 9229 所大学和科研院所进入 ESI 学科排行，经筛选，满足本次评价要求的大学有 2190 所。总的来说，这些大学可以满足我们评价的需要，其数量和代表性都可以得到较好的保证。

此次评价中我们彻查了所有评价对象，把同一个学校的不同名称进行了合并，当然学科数要根据情况另定。我们今年只涉及名称合并，不涉及数据合并，对同一所高校的不同名称，选取各项指标较高的为我们的评价对象，合并的大学有迈阿密大学(UNIV MIAMI 和 MIAMI UNIV)、坦佩雷大学(UNIV TAMPERE 和 TAMPERE UNIV)等。

二、数据来源

关于论文指标，我们使用的是美国 ESI 数据库 2024 年 4 月 2 日的数据；关于专利指标，我们使用的是美国 DII 2018—2024 年的数据，专利数据下载于 2024 年 5 月；网络排名指标由西班牙国家研究理事会人文与社会科学研究中心网络计量实验室发布的“世界大学网络计量排名”获得，数据下载于 2024 年 4 月 16 日。

其中有几个指标的概念解释如下：①高被引论文：是 ESI 根据论文在相应学科领域和年代中的总被引次数排在前 1%以内的论文。②高被引科学家：数据来源于汤森路透科技信息集团公布的全球 2023 年高被引科学家名单(Highly Cited Researchers 2023)。③国际合作论文数：某一国家与其他国家间合作所产出的论文数量。④杰出校友数：即《时代》周刊近 10 年来每年评选的全球 100 位最具影响力人物和毕业生中诺贝尔奖、菲尔兹奖和图灵奖获得者数量。⑤ESI 划分的 22 个学科：按名称的英文字母排列，依次为农业科学、生物学与生物化学、化学、临床医学、计算机科学、经济学与商学、工程学、环境科学与生态学、

① 徐遐生. 如何建立世界一流研究型大学[EB/OL]. [2015-06-05]. http://hotnews.cc.nthu.edu.tw/view.asp?ID=783.

② 大学评价进入历史新阶段——《光明网》记者对邱均平教授的采访[EB/OL]. [2017-10-05]. http://www.nseac.com/html/136/215879.html.

地球科学、免疫学、材料科学、数学、微生物学、分子生物学与遗传学、综合交叉学科、神经科学与行为科学、药理学与毒物学、物理学、植物学与动物学、精神病学与行为科学、社会科学、空间科学。

三、指标体系的构建

我们认为，世界一流大学和一流学科的评价指标主要由教学水平、科研能力、影响力三个部分组成。其中针对大学科研竞争力评价，我们在此次评价中以网络排名指标来进一步考察各学校的声誉情况、高被引论文数作为Web环境下的科研影响力评价的补充，以达到从科研产出到现实影响再到网络影响的综合实力评价。网络影响力主要以网络排名这一指标为衡量，之所以在此次评价中加入影响力这一指标，是因为网络排名与其他排名一个很大的不同在于网络排名覆盖的学校范围广，排名数据均来自网上，这使得那些欠发达地区的大学能够在学术网站排名上有一席之地，也让那些不是传统一流大学的学校有机会在另一方面展示自己，获得提升。而传统大学评价则未能做到这一点，因为传统大学评价指标对于那些历史积累较多、学术能力较强、社会地位和影响力较大的学校来说更具优势，使得欠发达地区的学校难以超越。

此次世界一流大学与一流学科评价所采用的网络排名是综合西班牙人文与社会科学研究中心网络计量实验室发布的“世界大学网络计量排名”和中国科学评价研究中心发布的“中国重点大学网络影响力排名”而得出的。排名的指标分为五大项：①网站规模：统计各大搜索引擎如Google、Yahoo!、Alta Vista、All the Web和Bing等所收录的各大学网站的页面数；②学术文件数：由Google Scholar所搜集到的大学网站中的学术文章、报告及其他相关学术研究文档的数量；③文档丰富度：统计搜索引擎如Google、Yahoo!、Alta Vista、All the Web和Bing收录的各大学网站中多种类型文档数量，包括Adobe Acrobat(pdf)、Adobe Postscript(ps)、Microsoft Word(doc)、Microsoft Powerpoint(ppt)和Microsoft Rich Text Format(rtf)等格式的文档；④被链接数：统计搜索引擎如Yahoo!收录的各大学网页被链接数；⑤显示度：由百度搜索到的与大学相关的结果页面数和大学词条浏览数按比例合并计算得到。各个大学的网络排名由这五个指标的排名按比例计算所得。

对于大学和学科的评价有不同的评价体系，这些思想也在本次评价中得到体现，具体指标体系如前文表1-5所示。

四、世界一流大学和一流学科的界定

在给出和解释我们的评价结果之前，我们有必要界定什么是世界一流大学。我们评价的世界大学为2190所，我们将前800名定义为世界高水平大学，但是我们结合国内一些大学对自己的定位与规划，又将世界高水平大学分为三个档次：前100名(含第100名)为世界顶尖大学；101~300名(含第300名)为世界高水平著名大学；301~600名(含第600名)名为世界高水平知名大学；601~800名(含第800名)为世界一般大学。其中世界顶尖大学和世界高水平著名大学被称为“世界一流大学”。

同界定什么是世界一流大学一样，我们有必要界定什么是世界一流学科。对于学科，我们主要根据所评价的22个学科的不同评价单位来划定世界一流学科数量的，其标准为某学科排名前10%(含10%)的科研单位为该学科世界一流学科，某学科排名前11%~20%(含20%)的科研单位为该学科世界一流培育学科。世界一流学科也划分为三个档次：某学科前1%(含1%)的科研单位的学科为5★+学科，前2%~5%(含5%)为5★学科，前6%~10%(含10%)为5★-学科。世界一流学科培育学科为4★学科。

第二章

评价结果

第一节　世界各国或地区科研竞争力排行榜（2024）

表 2-1　世界各国或地区科研竞争力排行榜（30 强）

排名	国家/地区	发表论文得分	论文被引得分	专利得分	高被引论文得分	国际合作论文得分	总分
1	美国	100.00	100.00	83.71	100.00	100.00	100.00
2	中国	99.96	92.22	100.00	88.71	89.62	98.38
3	英国	73.46	76.29	72.93	74.45	82.83	93.74
4	法国	72.35	72.39	53.99	67.25	72.63	91.89
5	德国	69.53	68.79	58.61	66.28	75.21	91.39
6	意大利	64.69	66.69	52.4	59.75	69.41	90.00
7	澳大利亚	64.00	61.76	37.72	62.09	70.08	89.29
8	日本	63.47	64.58	80.54	51.15	58.32	89.24
9	加拿大	63.86	60.09	45.64	60.48	69.69	88.96
10	西班牙	59.5	62.82	47.21	52.69	63.84	88.28
11	韩国	62.21	59.3	63.45	50.88	57.22	87.58
12	印度	51.49	62.02	71.07	40.81	52.45	87.17
13	伊朗	54.47	62.16	46.99	44.03	53.31	86.86
14	荷兰	56.33	49.13	27.01	56.61	62.65	85.95
15	土耳其	50.61	59.05	60.64	39.77	48.59	85.87
16	巴西	57.46	54.54	57.2	42.45	55.70	85.78
17	瑞典	50.39	54.42	24.59	48.34	56.41	85.25
18	瑞士	51.93	47.37	26.12	52.51	59.14	84.69
19	中国台湾	50.29	50.37	64.88	39.49	48.81	84.21
20	波兰	49.33	53.27	46.98	39.15	49.54	84.15
21	沙特阿拉伯	45.62	45.63	38.04	43.40	61.30	83.78
22	奥地利	41.72	51.51	39.92	39.40	47.75	83.08
23	埃及	42.72	47.85	17.36	37.27	52.78	82.50
24	比利时	45.96	43.13	39.04	45.01	52.10	82.33
25	马来西亚	40.78	47.76	44.00	36.81	47.90	82.10
26	挪威	40.83	44.57	57.67	38.28	46.53	81.90
27	葡萄牙	44.06	44.85	35.11	37.88	48.53	81.59
28	南非	41.67	43.82	41.36	37.72	47.24	81.18
29	巴基斯坦	39.28	45.73	26.04	35.82	47.29	81.17
30	希腊	39.32	46.44	34.96	36.36	43.05	81.08

第二节 世界一流大学综合竞争力排行榜(2024)

表 2-2 世界一流大学综合竞争力排行榜(1200 强与中国大学)

排名	英文名称	中文全称	国家/地区	国家/地区排名	所在洲排名
1	HARVARD UNIVERSITY	哈佛大学	美国	1	1
2	STANFORD UNIVERSITY	斯坦福大学	美国	2	2
3	UNIVERSITY OF OXFORD	牛津大学	英国	1	1
4	UNIVERSITY OF CAMBRIDGE	剑桥大学	英国	2	2
5	UNIVERSITY COLLEGE LONDON	伦敦大学学院	英国	3	3
6	MASSACHUSETTS INSTITUTE OF TECHNOLOGY (MIT)	麻省理工学院	美国	3	3
7	JOHNS HOPKINS UNIVERSITY	约翰·霍普金斯大学	美国	4	4
8	IMPERIAL COLLEGE LONDON	伦敦帝国学院	英国	4	4
9	UNIVERSITY OF TORONTO	多伦多大学	加拿大	1	5
10	TSINGHUA UNIVERSITY	清华大学	中国	1	1
11	UNIVERSITY OF PENNSYLVANIA	宾夕法尼亚大学	美国	5	6
12	UNIVERSITY OF CHINESE ACADEMY OF SCIENCES, CAS	中国科学院大学	中国	2	2
13	COLUMBIA UNIVERSITY	哥伦比亚大学	美国	6	7
14	UNIVERSITY OF MICHIGAN	密歇根大学	美国	7	8
15	UNIVERSITE PARIS SACLAY	巴黎萨克雷大学	法国	1	5
16	UNIVERSITY OF WASHINGTON	华盛顿大学	美国	8	9
17	YALE UNIVERSITY	耶鲁大学	美国	9	10
18	CORNELL UNIVERSITY	康奈尔大学	美国	10	11
19	UNIVERSITY OF CALIFORNIA LOS ANGELES	加利福尼亚大学洛杉矶分校	美国	11	12
20	PEKING UNIVERSITY	北京大学	中国	3	3
21	UNIVERSITE PARIS CITE	巴黎西岱大学	法国	2	6
22	NATIONAL UNIVERSITY OF SINGAPORE	新加坡国立大学	新加坡	1	4
23	UNIVERSITY OF CALIFORNIA SAN DIEGO	加利福尼亚大学圣迭戈分校	美国	12	13
24	ETH ZURICH	苏黎世联邦理工学院	瑞士	1	7
25	UNIVERSITY OF MELBOURNE	墨尔本大学	澳大利亚	1	1
26	PRINCETON UNIVERSITY	普林斯顿大学	美国	13	14
27	ZHEJIANG UNIVERSITY	浙江大学	中国	4	5
28	SHANGHAI JIAO TONG UNIVERSITY	上海交通大学	中国	5	6
29	UNIVERSITY OF COPENHAGEN	哥本哈根大学	丹麦	1	8
30	UNIVERSITY OF SYDNEY	悉尼大学	澳大利亚	2	2
31	UNIVERSITY OF CALIFORNIA BERKELEY	加利福尼亚大学伯克利分校	美国	14	15

续表

排名	英文名称	中文全称	国家/地区	国家/地区排名	所在洲排名
32	UNIVERSITY OF BRITISH COLUMBIA	英属哥伦比亚大学	加拿大	2	16
33	SORBONNE UNIVERSITE	索邦大学	法国	3	9
34	UNIVERSITY OF AMSTERDAM	阿姆斯特丹大学	荷兰	1	10
35	MONASH UNIVERSITY	莫纳什大学	澳大利亚	3	3
36	KU LEUVEN	荷语鲁汶大学	比利时	1	11
37	DUKE UNIVERSITY	杜克大学	美国	15	17
38	NORTHWESTERN UNIVERSITY	美国西北大学	美国	16	18
39	CALIFORNIA INSTITUTE OF TECHNOLOGY	加州理工学院	美国	17	19
40	UNIVERSITY OF QUEENSLAND	昆士兰大学	澳大利亚	4	4
41	UNIVERSITY OF EDINBURGH	爱丁堡大学	英国	5	12
42	UNIVERSITY OF NEW SOUTH WALES SYDNEY	新南威尔斯大学	澳大利亚	5	5
43	KING'S COLLEGE LONDON	伦敦国王学院	英国	6	13
44	WASHINGTON UNIVERSITY (WUSTL)	圣路易斯华盛顿大学	美国	18	20
45	NANYANG TECHNOLOGICAL UNIVERSITY	南洋理工大学	新加坡	2	7
46	UNIVERSIDADE DE SAO PAULO	圣保罗大学	巴西	1	1
47	FUDAN UNIVERSITY	复旦大学	中国	6	8
48	MCGILL UNIVERSITY	麦吉尔大学	加拿大	3	21
49	UTRECHT UNIVERSITY	乌得勒支大学	荷兰	2	14
50	UNIVERSITY OF NORTH CAROLINA CHAPEL HILL	北卡罗来纳大学教堂山分校	美国	19	22
51	UNIVERSITY OF CALIFORNIA SAN FRANCISCO	加利福尼亚大学旧金山分校	美国	20	23
52	UNIVERSITY OF PITTSBURGH	匹兹堡大学	美国	21	24
53	SUN YAT SEN UNIVERSITY	中山大学	中国	7	9
54	UNIVERSITY OF MANCHESTER	曼彻斯特大学	英国	7	15
55	OHIO STATE UNIVERSITY	俄亥俄州立大学	美国	22	25
56	UNIVERSITY OF MINNESOTA TWIN CITIES	明尼苏达大学双城分校	美国	23	26
57	UNIVERSITY OF TOKYO	东京大学	日本	1	10
58	UNIVERSITY OF CHICAGO	芝加哥大学	美国	24	27
59	UNIVERSITY OF ZURICH	苏黎世大学	瑞士	2	16
60	HUAZHONG UNIVERSITY OF SCIENCE & TECHNOLOGY	华中科技大学	中国	8	11
61	UNIVERSITY OF WISCONSIN MADISON	威斯康星大学麦迪逊分校	美国	25	28
62	UNIVERSITY OF BARCELONA	巴塞罗那大学	西班牙	1	17
63	UNIVERSITY OF GRONINGEN	格罗宁根大学	荷兰	3	18
64	NEW YORK UNIVERSITY	纽约大学	美国	26	29
65	UNIVERSITY OF FLORIDA	佛罗里达大学	美国	27	30
66	GHENT UNIVERSITY	根特大学	比利时	2	19
67	HUMBOLDT UNIVERSITY OF BERLIN	柏林洪堡大学	德国	1	20
68	RUPRECHT KARLS UNIVERSITY HEIDELBERG	海德堡大学	德国	2	21

续表

排名	英文名称	中文全称	国家/地区	国家/地区排名	所在洲排名
69	UNIVERSITY OF HONG KONG	香港大学	中国香港	1	12
70	FREE UNIVERSITY OF BERLIN	柏林自由大学	德国	3	22
71	UNIVERSITY OF CALIFORNIA DAVIS	加利福尼亚大学戴维斯分校	美国	28	31
72	UNIVERSITY OF TEXAS AUSTIN	得克萨斯大学奥斯汀分校	美国	29	32
73	SEOUL NATIONAL UNIVERSITY (SNU)	首尔大学	韩国	1	13
74	PENNSYLVANIA STATE UNIVERSITY	宾夕法尼亚州立大学	美国	30	33
75	KAROLINSKA INSTITUTET	卡罗林斯卡医学院	瑞典	1	23
76	UNIVERSITY OF HELSINKI	赫尔辛基大学	芬兰	1	24
77	AIX-MARSEILLE UNIVERSITE	艾克斯-马赛大学	法国	4	25
78	UNIVERSITY OF SOUTHERN CALIFORNIA	南加利福尼亚大学	美国	31	34
79	VRIJE UNIVERSITEIT AMSTERDAM	阿姆斯特丹自由大学	荷兰	4	26
80	UNIVERSITY OF OSLO	奥斯陆大学	挪威	1	27
81	UNIVERSITY OF MARYLAND COLLEGE PARK	马里兰大学帕克分校	美国	32	35
82	KING SAUD UNIVERSITY	沙特国王大学	沙特阿拉伯	1	14
83	NANJING UNIVERSITY	南京大学	中国	9	15
84	AARHUS UNIVERSITY	奥尔胡斯大学	丹麦	2	28
85	WUHAN UNIVERSITY	武汉大学	中国	10	16
86	UNIVERSITY OF SCIENCE & TECHNOLOGY OF CHINA, CAS	中国科学技术大学	中国	11	17
87	SICHUAN UNIVERSITY	四川大学	中国	12	18
88	XI'AN JIAOTONG UNIVERSITY	西安交通大学	中国	13	19
89	UNIVERSITY OF PADUA	帕多瓦大学	意大利	1	29
90	UNIVERSITY OF ALBERTA	阿尔伯塔大学	加拿大	4	36
91	UNIVERSITY OF BRISTOL	布里斯托尔大学	英国	8	30
92	LEIDEN UNIVERSITY	莱顿大学	荷兰	5	31
93	RADBOUD UNIVERSITY NIJMEGEN	内梅亨大学	荷兰	6	32
94	UNIVERSITE PSL	巴黎文理研究大学	法国	5	33
95	CENTRAL SOUTH UNIVERSITY	中南大学	中国	14	20
96	UNIVERSITY OF BIRMINGHAM	伯明翰大学	英国	9	34
97	BRANDEIS UNIVERSITY	布兰迪斯大学	美国	33	37
98	MCMASTER UNIVERSITY	麦克马斯特大学	加拿大	5	38
99	SAPIENZA UNIVERSITY ROME	罗马大学	意大利	2	35
100	KING ABDULAZIZ UNIVERSITY	阿卜杜勒阿齐兹国王大学	沙特阿拉伯	2	21
101	VANDERBILT UNIVERSITY	范德比尔特大学	美国	34	39
102	UNIVERSITY OF WESTERN AUSTRALIA	西澳大学	澳大利亚	6	6
103	UNIVERSITY OF BERN	伯尔尼大学	瑞士	3	36
104	UNIVERSITY OF SOUTHAMPTON	南安普敦大学	英国	10	37
105	LUND UNIVERSITY	隆德大学	瑞典	2	38

续表

排名	英文名称	中文全称	国家/地区	国家/地区排名	所在洲排名
106	EMORY UNIVERSITY	埃默里大学	美国	35	40
107	UNIVERSITY OF MILAN	米兰比可卡大学	意大利	3	39
108	UNIVERSITE DE MONTREAL	蒙特利尔大学	加拿大	6	41
109	SHANDONG UNIVERSITY	山东大学	中国	15	22
110	UNIVERSITY OF GLASGOW	格拉斯哥大学	英国	11	40
111	HARBIN INSTITUTE OF TECHNOLOGY	哈尔滨工业大学	中国	16	23
112	BOSTON UNIVERSITY	波士顿大学	美国	36	42
113	UPPSALA UNIVERSITY	乌普萨拉大学	瑞典	3	41
114	UNIVERSITY OF CALIFORNIA IRVINE	加利福尼亚大学尔湾分校	美国	37	43
115	UNIVERSITY OF ILLINOIS URBANA-CHAMPAIGN	伊利诺伊大学厄巴纳香槟分校	美国	38	44
116	KYOTO UNIVERSITY	京都大学	日本	2	24
117	UNIVERSITY OF ARIZONA	亚利桑那大学	美国	39	45
118	UNIVERSITY OF HAMBURG	汉堡大学	德国	4	42
119	UNIVERSITY OF BOLOGNA	博洛尼亚大学	意大利	4	43
120	ERASMUS UNIVERSITY ROTTERDAM	鹿特丹大学	荷兰	7	44
121	LEIDEN UNIVERSITY-EXCL LUMC	荷兰莱顿大学	荷兰	8	45
122	CHINESE UNIVERSITY OF HONG KONG	香港中文大学	中国香港	2	25
123	ICAHN SCHOOL OF MEDICINE AT MOUNT SINAI	西奈山伊坎医学院	美国	40	46
124	UNIVERSITY OF UTAH	犹他大学	美国	41	47
125	UNIVERSITY OF ADELAIDE	阿德莱德大学	澳大利亚	7	7
126	UNIVERSITY OF NOTTINGHAM	诺丁汉大学	英国	12	46
127	UNIVERSITY OF COLORADO BOULDER	科罗拉多大学博尔德分校	美国	42	48
128	ECOLE POLYTECHNIQUE FEDERALE DE LAUSANNE	洛桑联邦理工学院	瑞士	4	47
129	AUTONOMOUS UNIVERSITY OF BARCELONA	巴塞罗那自治大学	西班牙	2	48
130	AUSTRALIAN NATIONAL UNIVERSITY	澳大利亚国立大学	澳大利亚	8	8
131	UNIVERSITY OF CALGARY	卡尔加里大学	加拿大	7	49
132	UNIVERSITY OF OTTAWA	渥太华大学	加拿大	8	50
133	PURDUE UNIVERSITY	普渡大学	美国	43	51
134	UNIVERSITY OF LIVERPOOL	利物浦大学	英国	13	49
135	COMMUNAUTE UNIVERSITE GRENOBLE ALPES	格勒诺布尔阿尔卑斯公社大学	法国	6	50
136	JILIN UNIVERSITY	吉林大学	中国	17	26
137	GEORGIA INSTITUTE OF TECHNOLOGY	佐治亚理工学院	美国	44	52
138	UNIVERSITE GRENOBLE ALPES (UGA)	格勒诺布尔-阿尔卑斯大学	法国	7	51
139	TONGJI UNIVERSITY	同济大学	中国	18	27
140	YONSEI UNIVERSITY	延世大学	韩国	2	28

续表

排名	英文名称	中文全称	国家/地区	国家/地区排名	所在洲排名
141	UNIVERSITY OF SHEFFIELD	谢菲尔德大学	英国	14	52
142	MICHIGAN STATE UNIVERSITY	密歇根州立大学	美国	45	53
143	UNIVERSITY OF LEEDS	利兹大学	英国	15	53
144	UNIVERSITY OF NAPLES FEDERICO II	那不勒斯费德里克二世大学	意大利	5	54
145	UNIVERSIDADE DE LISBOA	里斯本大学	葡萄牙	1	55
146	WAGENINGEN UNIVERSITY & RESEARCH	瓦格宁根大学	荷兰	9	56
147	TECHNICAL UNIVERSITY OF DENMARK	丹麦科技大学	丹麦	3	57
148	UNIVERSITE DE MONTPELLIER	蒙彼利埃大学	法国	8	58
149	UNIVERSITY OF EXETER	埃克塞特大学	英国	16	59
150	UNIVERSITY OF VIRGINIA	弗吉尼亚大学	美国	46	54
151	TIANJIN UNIVERSITY	天津大学	中国	19	29
152	TEXAS A&M UNIVERSITY COLLEGE STATION	得克萨斯农工大学	美国	47	55
153	ARIZONA STATE UNIVERSITY	亚利桑那州立大学	美国	48	56
154	UNIVERSITY OF TURIN	都灵大学	意大利	6	60
155	NATIONAL TAIWAN UNIVERSITY	台湾大学	中国台湾	1	30
156	UNIVERSITE DE TOULOUSE	图卢兹大学	法国	9	61
157	UNIVERSITY OF WARWICK	华威大学	英国	17	62
158	UNIVERSITY OF NORTH CAROLINA	北卡罗来纳大学	美国	49	57
159	SUNGKYUNKWAN UNIVERSITY (SKKU)	成均馆大学	韩国	3	31
160	UNIVERSITE CLAUDE BERNARD LYON 1	里昂第一大学	法国	10	63
161	UNIVERSITY OF BASEL	巴塞尔大学	瑞士	5	64
162	QUEEN MARY UNIVERSITY LONDON	伦敦玛丽王后大学	英国	18	65
163	UNIVERSITY OF ERLANGEN NUREMBERG	埃尔兰根-纽伦堡大学	德国	5	66
164	TECHNISCHE UNIVERSITAT DRESDEN	德累斯顿工业大学	德国	6	67
165	UNIVERSITE TOULOUSE III-PAUL SABATIER	图卢兹第三大学	法国	11	68
166	UNIVERSITY OF AUCKLAND	新西兰奥克兰大学	新西兰	1	9
167	NEWCASTLE UNIVERSITY-UK	英国纽卡斯尔大学	英国	19	69
168	ZHENGZHOU UNIVERSITY	郑州大学	中国	20	32
169	CARDIFF UNIVERSITY	卡迪夫大学	英国	20	70
170	UNIVERSITY OF CALIFORNIA SANTA BARBARA	加利福尼亚大学圣塔芭芭拉分校	美国	50	58
171	XIAMEN UNIVERSITY	厦门大学	中国	21	33
172	KOREA UNIVERSITY	高丽大学	韩国	4	34
173	BROWN UNIVERSITY	布朗大学	美国	51	59
174	SOUTH CHINA UNIVERSITY OF TECHNOLOGY	华南理工大学	中国	22	35
175	UNIVERSITY OF ELECTRONIC SCIENCE & TECHNOLOGY OF CHINA	电子科技大学	中国	23	36

续表

排名	英文名称	中文全称	国家/地区	国家/地区排名	所在洲排名
176	CASE WESTERN RESERVE UNIVERSITY	凯斯西储大学	美国	52	60
177	TRINITY COLLEGE DUBLIN	都柏林大学圣三一学院	爱尔兰	1	71
178	BEIHANG UNIVERSITY	北京航空航天大学	中国	24	37
179	UNIVERSITY OF GOTHENBURG	哥德堡大学	瑞典	4	72
180	HONG KONG POLYTECHNIC UNIVERSITY	香港理工大学	中国香港	3	38
181	WESTERN UNIVERSITY (UNIVERSITY OF WESTERN ONTARIO)	西安大略大学	加拿大	9	61
182	RWTH AACHEN UNIVERSITY	亚琛工业大学	德国	7	73
183	CITY UNIVERSITY OF HONG KONG	香港城市大学	中国香港	4	39
184	CHARLES UNIVERSITY PRAGUE	布拉格查理大学	捷克共和国	1	74
185	UNIVERSITY OF FREIBURG	弗赖堡大学	德国	8	75
186	SOUTHEAST UNIVERSITY-CHINA	东南大学	中国	25	40
187	UNIVERSIDADE DO PORTO	波尔图大学	葡萄牙	2	76
188	UNIVERSITY OF MASSACHUSETTS AMHERST	马萨诸塞大学阿默斯特分校	美国	53	62
189	UNIVERSITY OF WATERLOO	滑铁卢大学	加拿大	10	63
190	UNIVERSITY COLLEGE DUBLIN	都柏林大学学院	爱尔兰	2	77
191	STOCKHOLM UNIVERSITY	斯德哥尔摩大学	瑞典	5	78
192	CHARITE UNIVERSITATSMEDIZIN BERLIN	柏林查理特大学医学院	德国	9	79
193	NORTH CAROLINA STATE UNIVERSITY	北卡罗来纳州立大学	美国	54	64
194	UNIVERSITY OF FLORENCE	佛罗伦萨大学	意大利	7	80
195	UNIVERSITY OF IOWA	艾奥瓦大学	美国	55	65
196	UNIVERSITY OF BERGEN	卑尔根大学	挪威	2	81
197	TEL AVIV UNIV	特拉维夫大学	以色列	1	41
198	UNIVERSITY OF VIENNA	维也纳大学	奥地利	1	82
199	UNIVERSITY OF MUNSTER	明斯特大学	德国	10	83
200	NATIONAL & KAPODISTRIAN UNIVERSITY OF ATHENS	雅典大学	希腊	1	84
201	NANKAI UNIVERSITY	南开大学	中国	26	42
202	NORWEGIAN UNIVERSITY OF SCIENCE & TECHNOLOGY (NTNU)	挪威科技大学	挪威	3	85
203	SOOCHOW UNIVERSITY-CHINA	苏州大学	中国	27	43
204	UNIVERSITY OF PISA	比萨大学	意大利	8	86
205	UNIVERSITY OF TECHNOLOGY SYDNEY	悉尼科技大学	澳大利亚	9	10
206	RICE UNIVERSITY	莱斯大学	美国	56	66
207	UNIVERSITY OF ANTWERP	安特卫普大学	比利时	3	87
208	HEBREW UNIVERSITY OF JERUSALEM	耶路撒冷希伯来大学	以色列	2	44
209	UNIVERSITY OF ILLINOIS CHICAGO	伊利诺伊大学芝加哥分校	美国	57	67
210	UNIVERSITY OF SOUTHERN DENMARK	南丹麦大学	丹麦	4	88

续表

排名	英文名称	中文全称	国家/地区	国家/地区排名	所在洲排名
211	UNIVERSITY OF LAUSANNE	洛桑大学	瑞士	6	89
212	UNIVERSITY OF VALENCIA	瓦伦西亚大学	西班牙	3	90
213	UNIVERSITY OF MIAMI	迈阿密大学	美国	58	68
214	AUTONOMOUS UNIVERSITY OF MADRID	马德里自治大学	西班牙	4	91
215	DELFT UNIVERSITY OF TECHNOLOGY	代尔夫特理工大学	荷兰	10	92
216	UNIVERSITY OF CONNECTICUT	康涅狄格大学	美国	59	69
217	UNIVERSIDAD NACIONAL AUTONOMA DE MEXICO	墨西哥国立自治大学	墨西哥	1	70
218	PURDUE UNIVERSITY WEST LAFAYETTE CAMPUS	普渡大学-西拉斐特	美国	60	71
219	VIRGINIA POLYTECHNIC INSTITUTE & STATE UNIVERSITY	弗吉尼亚理工学院暨州立大学	美国	61	72
220	HUNAN UNIVERSITY	湖南大学	中国	28	45
221	COMPLUTENSE UNIVERSITY OF MADRID	马德里大学	西班牙	5	93
222	UNIVERSITY OF ROCHESTER	罗切斯特大学	美国	62	73
223	QUEENS UNIVERSITY BELFAST	贝尔法斯特皇后大学	英国	21	94
224	UNIVERSITY OF COLOGNE	科隆大学	德国	11	95
225	UNIVERSITY OF WURZBURG	维尔茨堡大学	德国	12	96
226	UNIVERSITE DE LILLE	里尔大学	法国	12	97
227	CHONGQING UNIVERSITY	重庆大学	中国	29	46
228	QUEENSLAND UNIVERSITY OF TECHNOLOGY (QUT)	昆士兰科技大学	澳大利亚	10	11
229	UNIVERSITY OF SOUTH FLORIDA	南佛罗里达大学	美国	63	74
230	TOHOKU UNIVERSITY	日本东北大学	日本	3	47
231	UNIVERSITY OF YORK-UK	英国约克大学	英国	22	98
232	BAYLOR COLLEGE OF MEDICINE	贝勒医学院	美国	64	75
233	UNIVERSITY OF GRANADA	格拉纳达大学	西班牙	6	99
234	UNIVERSITY OF TENNESSEE KNOXVILLE	田纳西大学诺克斯维尔分校	美国	65	76
235	COLORADO STATE UNIVERSITY	科罗拉多州立大学	美国	66	77
236	MAASTRICHT UNIVERSITY	马斯特里赫特大学	荷兰	11	100
237	UNIVERSITY OF CINCINNATI	辛辛那提大学	美国	67	78
238	LAVAL UNIVERSITY	拉瓦尔大学	加拿大	11	79
239	BEIJING INSTITUTE OF TECHNOLOGY	北京理工大学	中国	30	48
240	LONDON SCHOOL OF HYGIENE & TROPICAL MEDICINE	伦敦卫生与热带医学学院	英国	23	101
241	GRIFFITH UNIVERSITY	格里菲斯大学	澳大利亚	11	12
242	UNIVERSITE DE LORRAINE	法国洛林大学	法国	13	102
243	UNIVERSITY OF CALIFORNIA SANTA CRUZ	加利福尼亚大学圣克鲁兹分校	美国	68	80
244	UNIV LILLE NORD FRANCE COMUE	法国北部里尔大学	法国	14	103
245	UNIVERSITY OF GENOA	热那亚大学	意大利	9	104

续表

排名	英文名称	中文全称	国家/地区	国家/地区排名	所在洲排名
246	UNIVERSITY OF KIEL	德国基尔大学	德国	13	105
247	UNIVERSITE DE RENNES	雷恩大学	法国	15	106
248	TUFTS UNIVERSITY	塔夫茨大学	美国	69	81
249	UNIVERSITY OF ROME TOR VERGATA	罗马第二大学	意大利	10	107
250	KING ABDULLAH UNIVERSITY OF SCIENCE & TECHNOLOGY	阿卜杜拉国王理工大学	沙特阿拉伯	3	49
251	UNIVERSITY OF KENTUCKY	肯塔基大学	美国	70	82
252	UNIVERSITI MALAYA	马来亚大学	马来西亚	1	50
253	UNIVERSITY OF GEORGIA	佐治亚大学	美国	71	83
254	UNIVERSITY OF PAVIA	帕维亚大学	意大利	11	108
255	UNIVERSITY OF LEICESTER	莱斯特大学	英国	24	109
256	UNIVERSITE DE STRASBOURG	斯特拉斯堡大学	法国	16	110
257	UNIVERSITE DE BORDEAUX	波尔多大学	法国	17	111
258	NAGOYA UNIVERSITY	名古屋大学	日本	4	51
259	HANYANG UNIVERSITY	汉阳大学	韩国	5	52
260	STATE UNIVERSITY OF NEW YORK (SUNY) STONY BROOK	纽约州立大学石溪分校	美国	72	84
261	UNIVERSITY OF CAPE TOWN	开普敦大学	南非	1	1
262	UNIVERSITY OF MILANO-BICOCCA	米兰-比科卡大学	意大利	12	112
263	KYUSHU UNIVERSITY	九州大学	日本	5	53
264	BEIJING NORMAL UNIVERSITY	北京师范大学	中国	31	54
265	UNIVERSITY OF DUISBURG ESSEN	杜伊斯堡-埃森大学	德国	14	113
266	WASHINGTON STATE UNIVERSITY	华盛顿州立大学	美国	73	85
267	STATE UNIVERSITY OF NEW YORK (SUNY) BUFFALO	纽约州立大学布法罗分校	美国	74	86
268	CARNEGIE MELLON UNIVERSITY	卡内基梅隆大学	美国	75	87
269	UNIVERSITY OF MANITOBA	曼尼托巴大学	加拿大	12	88
270	UNIVERSITY COLLEGE CORK	科克大学学院	爱尔兰	3	114
271	UNIVERSITE LIBRE DE BRUXELLES	法语布鲁塞尔自由大学	比利时	4	115
272	JINAN UNIVERSITY	暨南大学	中国	32	55
273	IOWA STATE UNIVERSITY	艾奥瓦州立大学	美国	76	89
274	UNIVERSITY OF NEWCASTLE	澳大利亚纽卡斯尔大学	澳大利亚	12	13
275	MACQUARIE UNIVERSITY	麦考瑞大学	澳大利亚	13	14
276	UNIVERSITY OF ABERDEEN	阿伯丁大学	英国	25	116
277	UNIVERSITY OF MARYLAND BALTIMORE	马里兰大学巴尔的摩分校	美国	77	90
278	MEDICAL UNIVERSITY OF VIENNA	维也纳医科大学	奥地利	2	117
279	UNIVERSITY OF NEW MEXICO	新墨西哥大学	美国	78	91
280	KARLSRUHE INSTITUTE OF TECHNOLOGY	卡尔斯鲁厄理工学院	德国	15	118

续表

排名	英文名称	中文全称	国家/地区	国家/地区排名	所在洲排名
281	UNIVERSITY OF SOUTH CAROLINA COLUMBIA	南卡罗来纳大学哥伦比亚分校	美国	79	92
282	UNIVERSITY OF CALIFORNIA RIVERSIDE	加利福尼亚大学河滨分校	美国	80	93
283	UNIVERSIDADE ESTADUAL DE CAMPINAS	坎皮纳斯州立大学	巴西	2	2
284	DALIAN UNIVERSITY OF TECHNOLOGY	大连理工大学	中国	33	56
285	UNIVERSITY OF KANSAS	堪萨斯大学	美国	81	94
286	NORTHWESTERN POLYTECHNICAL UNIVERSITY	西北工业大学	中国	34	57
287	JOHANNES GUTENBERG UNIVERSITY OF MAINZ	美因茨大学	德国	16	119
288	HONG KONG UNIVERSITY OF SCIENCE & TECHNOLOGY	香港科技大学	中国香港	5	58
289	NORTHEASTERN UNIVERSITY	美国东北大学	美国	82	95
290	DALHOUSIE UNIVERSITY	达尔豪西大学	加拿大	13	96
291	UNIVERSITY OF NEBRASKA LINCOLN	内布拉斯加大学林肯分校	美国	83	97
292	UNIVERSITY OF LJUBLJANA	卢布尔雅那大学	斯洛文尼亚	1	120
293	CHINA AGRICULTURAL UNIVERSITY	中国农业大学	中国	35	59
294	GEORGE WASHINGTON UNIVERSITY	乔治·华盛顿大学	美国	84	98
295	UNIVERSIDAD DE CHILE	智利大学	智利共和国	1	3
296	UNIVERSITY OF ALABAMA BIRMINGHAM	亚拉巴马大学伯明翰分校	美国	85	99
297	FRIEDRICH SCHILLER UNIVERSITY OF JENA	弗里德里希席勒耶那大学	德国	17	121
298	LEIPZIG UNIVERSITY	莱比锡大学	德国	18	122
299	AALBORG UNIVERSITY	奥尔堡大学	丹麦	5	123
300	UNIVERSITY OF WOLLONGONG	伍伦贡大学	澳大利亚	14	15
301	UNIVERSITY OF BELGRADE	贝尔格莱德大学	塞尔维亚	1	124
302	PRES EUROPEAN UNIV BRETAGNE	欧洲布雷塔尼大学	法国	18	125
303	VRIJE UNIVERSITEIT BRUSSEL	荷语布鲁塞尔自由大学	比利时	5	126
304	UNIVERSITY OF MISSOURI COLUMBIA	密苏里大学哥伦比亚分校	美国	86	100
305	UNIVERSITY OF EAST ANGLIA	东安格利亚大学	英国	26	127
306	EAST CHINA NORMAL UNIVERSITY	华东师范大学	中国	36	60
307	SHENZHEN UNIVERSITY	深圳大学	中国	37	61
308	ROYAL INSTITUTE OF TECHNOLOGY	瑞典皇家理工学院	瑞典	6	128
309	GOETHE UNIVERSITY FRANKFURT	法兰克福大学	德国	19	129
310	DEAKIN UNIVERSITY	迪肯大学	澳大利亚	15	16
311	ROYAL MELBOURNE INSTITUTE OF TECHNOLOGY (RMIT)	皇家墨尔本理工大学	澳大利亚	16	17
312	UNIVERSITY COLLEGE OF SOUTHEAST NORWAY	挪威东南大学学院	挪威	4	130
313	ARISTOTLE UNIVERSITY OF THESSALONIKI	塞萨洛尼基亚里士多德大学	希腊	2	131
314	LINKOPING UNIVERSITY	林雪平大学	瑞典	7	132
315	UNIVERSITY OF QUEBEC	魁北克大学	加拿大	14	101
316	DARTMOUTH COLLEGE	达特茅斯学院	美国	87	102

续表

排名	英文名称	中文全称	国家/地区	国家/地区排名	所在洲排名
317	ULM UNIVERSITY	乌尔姆大学	德国	20	133
318	UNIVERSITY OF TURKU	图尔库大学	芬兰	2	134
319	TEMPLE UNIVERSITY	天普大学	美国	88	103
320	UNIVERSITY OF SUSSEX	瑟赛克斯大学	英国	27	135
321	LOUISIANA STATE UNIVERSITY	路易斯安那州立大学	美国	89	104
322	UNIVERSITA DEGLI STUDI DI BARI ALDO MORO	巴里大学	意大利	13	136
323	UNIVERSITY OF SEVILLA	塞维利亚大学	西班牙	7	137
324	CURTIN UNIVERSITY	科廷大学	澳大利亚	17	18
325	UNIVERSITY OF PERUGIA	佩鲁贾大学	意大利	14	138
326	NANTES UNIVERSITE	南特大学	法国	19	139
327	ZHEJIANG UNIVERSITY OF TECHNOLOGY	浙江工业大学	中国	38	62
328	JAGIELLONIAN UNIVERSITY	克拉科夫雅盖隆大学	波兰	1	140
329	KYUNG HEE UNIVERSITY	庆熙大学	韩国	6	63
330	FLORIDA STATE UNIVERSITY	佛罗里达州立大学	美国	90	105
331	UNIVERSITY OF DELAWARE	特拉华大学	美国	91	106
332	TECHNION ISRAEL INSTITUTE OF TECHNOLOGY	以色列理工大学	以色列	3	64
333	SIMON FRASER UNIVERSITY	西蒙·弗雷泽大学	加拿大	15	107
334	HOKKAIDO UNIVERSITY	北海道大学	日本	6	65
335	CAIRO UNIVERSITY	开罗大学	埃及	1	2
336	CHINESE ACADEMY OF MEDICAL SCIENCES-PEKING UNION MEDICAL COLLEGE	中国医学科学院-中国协和医学院	中国	39	66
337	UNIVERSITY OF SASKATCHEWAN	萨省大学	加拿大	16	108
338	UNIVERSITY OF BASQUE COUNTRY	巴斯克自治区大学	西班牙	8	141
339	UNIV BOURGOGNE FRANCHE-COMTE COMUE	勃艮第大学	法国	20	142
340	OREGON STATE UNIVERSITY	俄勒冈州立大学	美国	92	109
341	RUHR UNIVERSITY BOCHUM	波鸿鲁尔大学	德国	21	143
342	BEN GURION UNIVERSITY	本古里安大学	以色列	4	67
343	LOMONOSOV MOSCOW STATE UNIVERSITY	洛蒙诺索夫莫斯科大学	俄罗斯	1	144
344	LANCASTER UNIVERSITY	兰卡斯特大学	英国	28	145
345	WAYNE STATE UNIVERSITY	韦恩州立大学	美国	93	110
346	SHOOLINI UNIVERSITY	苏里尼大学	印度	1	68
347	UNIVERSITY OF CATANIA	卡塔尼亚大学	意大利	15	146
348	EAST CHINA UNIVERSITY OF SCIENCE & TECHNOLOGY	华东理工大学	中国	40	69
349	UNIVERSITY OF WITWATERSRAND	金山大学	南非	2	3
350	UNIVERSITY OF PARMA	帕尔马大学	意大利	16	147
351	UNIVERSIDADE DE COIMBRA	科英布拉大学	葡萄牙	3	148
352	AALTO UNIVERSITY	阿尔托大学	芬兰	3	149

续表

排名	英文名称	中文全称	国家/地区	国家/地区排名	所在洲排名
353	CHINA MEDICAL UNIVERSITY TAIWAN	台湾中国医药大学	中国台湾	2	70
354	UMEA UNIVERSITY	于默奥大学	瑞典	8	150
355	UNIVERSIDADE NOVA DE LISBOA	里斯本新星大学	葡萄牙	4	151
356	UNIVERSITY OF OTAGO	奥塔哥大学	新西兰	2	19
357	WESTERN SYDNEY UNIVERSITY	西悉尼大学	澳大利亚	18	20
358	UNIVERSITY OF TWENTE	屯特大学	荷兰	12	152
359	UNIVERSITY OF HOUSTON	休斯敦大学	美国	94	111
360	UNIVERSIDADE FEDERAL DE MINAS GERAIS	米纳斯吉拉斯联邦大学	巴西	3	4
361	LANZHOU UNIVERSITY	兰州大学	中国	41	71
362	VIRGINIA COMMONWEALTH UNIVERSITY	弗吉尼亚州立联邦大学	美国	95	112
363	UNIVERSITY OF CHESTER	切斯特大学	英国	29	153
364	STELLENBOSCH UNIVERSITY	斯坦陵布什大学	南非	3	4
365	UNIVERSITY OF SOUTH AUSTRALIA	南澳大利亚大学	澳大利亚	19	21
366	TEHRAN UNIVERSITY OF MEDICAL SCIENCES	德黑兰医科大学	伊朗	1	72
367	UNIVERSITY OF TARTU	塔尔图大学	爱沙尼亚	1	154
368	UNIVERSITY OF BUENOS AIRES	布宜诺斯艾利斯大学	阿根廷	1	5
369	OREGON HEALTH & SCIENCE UNIVERSITY	俄勒冈健康与科学大学	美国	96	113
370	UNIVERSITY OF ZAGREB	萨格勒布大学	克罗地亚	1	155
371	UNIVERSITE PARIS-EST-CRETEIL-VAL-DE-MARNE (UPEC)	巴黎第十二大学	法国	21	156
372	ROCKEFELLER UNIVERSITY	洛克菲勒大学	美国	97	114
373	UNIVERSIDADE FEDERAL DO RIO DE JANEIRO	里约热内卢联邦大学	巴西	4	6
374	UNIVERSITY OF KWAZULU NATAL	夸祖鲁纳塔尔大学	南非	4	5
375	UNIVERSIDADE FEDERAL DO RIO GRANDE DO SUL	南大河联邦大学	巴西	5	7
376	LA TROBE UNIVERSITY	拉特巴大学	澳大利亚	20	22
377	DURHAM UNIVERSITY	杜伦大学	英国	30	157
378	SOUTHWEST UNIVERSITY-CHINA	西南大学	中国	42	73
379	JUSTUS LIEBIG UNIVERSITY GIESSEN	贾斯塔利耶大大学	德国	22	158
380	UNIVERSITY OF TRENTO	特伦托大学	意大利	17	159
381	HEINRICH HEINE UNIVERSITY DUSSELDORF	杜塞尔多夫海因里希海涅大学	德国	23	160
382	NATIONAL CHENG KUNG UNIVERSITY	台湾成功大学	中国台湾	3	74
383	UNIVERSITY OF SURREY	塞瑞大学	英国	31	161
384	DREXEL UNIVERSITY	德雷塞尔大学	美国	98	115
385	UNIVERSIDADE ESTADUAL PAULISTA	圣保罗州立大学	巴西	6	8
386	KOREA ADVANCED INSTITUTE OF SCIENCE & TECHNOLOGY (KAIST)	韩国科学技术院	韩国	7	75

续表

排名	英文名称	中文全称	国家/地区	国家/地区排名	所在洲排名
387	NATIONAL YANG MING CHIAO TUNG UNIVERSITY	台湾阳明交通大学	中国台湾	4	76
388	UNIVERSITE COTE D'AZUR	蓝色海岸大学	法国	22	162
389	UNIVERSITY OF VICTORIA	加拿大维多利亚大学	加拿大	17	116
390	UNIVERSITY OF READING	雷丁大学	英国	32	163
391	TECHNICAL UNIVERSITY OF BERLIN	柏林工业大学	德国	24	164
392	INDIANA UNIVERSITY BLOOMINGTON	印第安纳大学伯明顿分校	美国	99	117
393	UNIVERSITY OF TEHRAN	德黑兰大学	伊朗	2	77
394	UNIVERSITY OF OKLAHOMA-NORMAN	俄克拉荷马大学-诺尔曼	美国	100	118
395	EOTVOS LORAND UNIVERSITY	罗兰大学	匈牙利	1	165
396	FLINDERS UNIVERSITY SOUTH AUSTRALIA	南澳大利亚佛林德斯大学	澳大利亚	21	23
397	UNIVERSITA DI MODENA E REGGIO EMILIA	摩德纳雷焦艾米利亚大学	意大利	18	166
398	UNIVERSITY OF NOTRE DAME	圣母大学	美国	101	119
399	WAKE FOREST UNIVERSITY	维克森林大学	美国	102	120
400	UNIVERSITY OF TSUKUBA	筑波大学	日本	7	78
401	UNIVERSITY OF TASMANIA	塔斯马尼亚大学	澳大利亚	22	24
402	RENMIN UNIVERSITY OF CHINA	中国人民大学	中国	43	79
403	UNIVERSITY OF BATH	巴斯大学	英国	33	167
404	NANCHANG UNIVERSITY	南昌大学	中国	44	80
405	OCEAN UNIVERSITY OF CHINA	中国海洋大学	中国	45	81
406	UNIVERSITY OF ZARAGOZA	萨拉戈萨大学	西班牙	9	168
407	UNIVERSITY OF DUNDEE	邓迪大学	英国	34	169
408	UNIVERSIDADE DO MINHO	米尼奥大学	葡萄牙	5	170
409	UNIVERSITY OF OULU	奥卢大学	芬兰	4	171
410	UNIVERSITE FEDERALE TOULOUSE MIDI-PYRENEES (COMUE)	图卢兹联邦大学	法国	23	172
411	FLORIDA INTERNATIONAL UNIVERSITY	佛罗里达国际大学	美国	103	121
412	UNIVERSITY OF MISSISSIPPI	密西西比大学	美国	104	122
413	UNIVERSITY OF REGENSBURG	雷根斯堡大学	德国	25	173
414	UNIVERSITY OF INNSBRUCK	因斯布鲁克大学	奥地利	3	174
415	TEXAS TECH UNIVERSITY	得克萨斯理工大学	美国	105	123
416	SHANGHAI UNIVERSITY	上海大学	中国	46	82
417	TULANE UNIVERSITY	杜兰大学	美国	106	124
418	PUSAN NATIONAL UNIVERSITY	釜山国立大学	韩国	8	83
419	HUAZHONG AGRICULTURAL UNIVERSITY	华中农业大学	中国	47	84
420	JIANGSU UNIVERSITY	江苏大学	中国	48	85
421	UNIVERSITY OF PALERMO	巴勒莫大学-意大利	意大利	19	175
422	YESHIVA UNIVERSITY	耶希华大学	美国	107	125

续表

排名	英文名称	中文全称	国家/地区	国家/地区排名	所在洲排名
423	UNIVERSITY OF LOUISVILLE	路易斯威尔大学	美国	108	126
424	CHULALONGKORN UNIVERSITY	朱拉隆功大学	泰国	1	86
425	FUZHOU UNIVERSITY	福州大学	中国	49	87
426	NATIONAL SUN YAT SEN UNIVERSITY	台湾中山大学	中国台湾	5	88
427	YORK UNIVERSITY-CANADA	加拿大约克大学	加拿大	18	127
428	UNIVERSITY OF SIENA	锡耶纳大学	意大利	20	176
429	UNIVERSITY OF STRATHCLYDE	斯凯莱德大学	英国	35	177
430	TAMPERE UNIVERSITY	坦佩雷大学	芬兰	5	178
431	WEST VIRGINIA UNIVERSITY	西弗吉尼亚大学	美国	109	128
432	NANJING MEDICAL UNIVERSITY	南京医科大学	中国	50	89
433	UNIVERSITAT POLITECNICA DE CATALUNYA	加泰罗尼亚理工大学	西班牙	10	179
434	HIROSHIMA UNIVERSITY	广岛大学	日本	8	90
435	CAPITAL MEDICAL UNIVERSITY	首都医科大学	中国	51	91
436	UNIVERSITY OF VERONA	维罗纳大学	意大利	21	180
437	UNIVERSITY OF GUELPH	圭尔夫大学	加拿大	19	129
438	QINGDAO UNIVERSITY	青岛大学	中国	52	92
439	CHALMERS UNIVERSITY OF TECHNOLOGY	查尔姆斯理工大学	瑞典	9	181
440	UNIVERSITY OF FERRARA	费拉拉大学	意大利	22	182
441	UNIVERSITY OF FRIBOURG	福里堡大学	瑞士	7	183
442	SWANSEA UNIVERSITY	斯旺西大学	英国	36	184
443	UNIVERSITY OF SALERNO	萨勒诺大学	意大利	23	185
444	UNIVERSITY OF OREGON	俄勒冈大学	美国	110	130
445	SWINBURNE UNIVERSITY OF TECHNOLOGY	斯文本科技大学	澳大利亚	23	25
446	SOUTHERN MEDICAL UNIVERSITY-CHINA	南方医科大学	中国	53	93
447	UNIVERSITY OF EASTERN FINLAND	东芬兰大学	芬兰	6	186
448	KEIO UNIVERSITY	庆应义塾大学	日本	9	94
449	UNIVERSITY OF PRETORIA	比勒陀利亚大学	南非	5	6
450	OKLAHOMA STATE UNIVERSITY-STILLWATER	俄克拉荷马州立大学-斯蒂尔沃特	美国	111	131
451	NATIONAL TSING HUA UNIVERSITY	台湾清华大学	中国台湾	6	95
452	UNIVERSITY OF ICELAND	冰岛大学	冰岛	1	187
453	UNIVERSIDADE DE AVEIRO	阿维罗大学	葡萄牙	6	188
454	UNIVERSIDAD TECNICA FEDERICO SANTA MARIA	费德里科圣玛丽亚科技大学	智利共和国	2	9
455	UNIVERSITY OF TRIESTE	里亚斯特大学	意大利	24	189
456	PHILIPPS UNIVERSITY MARBURG	菲利普斯大学马尔堡分校	德国	26	190
457	UNIVERSITE DE BOURGOGNE	第戎大学	法国	24	191
458	GEORGETOWN UNIVERSITY	乔治城大学	美国	112	132

续表

排名	英文名称	中文全称	国家/地区	国家/地区排名	所在洲排名
459	MARTIN LUTHER UNIVERSITY HALLE WITTENBERG	马丁卢瑟大学哈勒维滕贝格分校	德国	27	192
460	WUHAN UNIVERSITY OF TECHNOLOGY	武汉理工大学	中国	54	96
461	UNIVERSITY OF ARKANSAS FAYETTEVILLE	费耶特维尔阿肯色大学	美国	113	133
462	MAHIDOL UNIVERSITY	国立玛希隆大学	泰国	2	97
463	UNIVERSITI SAINS MALAYSIA	马来西亚大学	马来西亚	2	98
464	UNIVERSIDADE DE SANTIAGO DE COMPOSTELA	圣地亚哥德孔波斯特拉大学	西班牙	11	193
465	UNIVERSITY OF VERMONT	佛蒙特大学	美国	114	134
466	TOKYO INSTITUTE OF TECHNOLOGY	东京工业大学	日本	10	99
467	BEIJING UNIVERSITY OF CHEMICAL TECHNOLOGY	北京化工大学	中国	55	100
468	SWEDISH UNIVERSITY OF AGRICULTURAL SCIENCES	瑞典农业科学大学	瑞典	10	194
469	AUBURN UNIVERSITY	奥本大学	美国	115	135
470	CATHOLIC UNIVERSITY OF THE SACRED HEART	圣心天主教大学	意大利	25	195
471	UNIVERSITY OF WISCONSIN MILWAUKEE	密尔沃基威斯康星大学	美国	116	136
472	UNIVERSITY OF JOHANNESBURG	约翰内斯堡大学	南非	6	7
473	UNIVERSITY OF MUNICH	慕尼黑大学	德国	28	196
474	OLLSCOIL NA GAILLIMHE-UNIVERSITY OF GALWAY	高威大学	爱尔兰	4	197
475	UNIVERSITA DELLA CAMPANIA VANVITELLI	坎帕尼亚大学	意大利	26	198
476	STATE UNIVERSITY OF NEW YORK (SUNY) ALBANY	纽约州立大学奥尔巴尼分校	美国	117	137
477	HONG KONG BAPTIST UNIVERSITY	香港浸会大学	中国香港	6	101
478	KANSAS STATE UNIVERSITY	堪萨斯州立大学	美国	118	138
479	UNIVERSITY OF CENTRAL FLORIDA	中佛罗里达大学	美国	119	139
480	INDIANA UNIVERSITY-PURDUE UNIVERSITY INDIANAPOLIS	印第安纳大学-普渡大学印第安纳波利斯联合分校	美国	120	140
481	UNIVERSITY OF SALAMANCA	萨拉曼卡大学	西班牙	12	199
482	JAMES COOK UNIVERSITY	詹姆斯库克大学	澳大利亚	24	26
483	UNIVERSITY OF SHERBROOKE	舍布鲁克大学	加拿大	20	141
484	UNIVERSITY OF WARSAW	华沙大学	波兰	2	200
485	UNIVERSITY OF MACAU	澳门大学	中国澳门	1	102
486	KONKUK UNIVERSITY	韩国康都大学	韩国	9	103
487	UNIVERSITY OF CAGLIARI	卡利亚里大学	意大利	27	201
488	UNIVERSITY OF POTSDAM	波茨坦大学	德国	29	202
489	MASARYK UNIVERSITY BRNO	马萨里克大学	捷克共和国	2	203
490	UNIVERSITE CLERMONT AUVERGNE (UCA)	克莱蒙·奥弗涅大学	法国	25	204
491	MANSOURA UNIVERSITY	曼苏尔大学	埃及	2	8
492	CHINA UNIVERSITY OF GEOSCIENCES	中国地质大学	中国	56	104
493	SHARIF UNIVERSITY OF TECHNOLOGY	谢里夫理工大学	伊朗	3	105

续表

排名	英文名称	中文全称	国家/地区	国家/地区排名	所在洲排名
494	UNIVERSIDAD POLITECNICA DE MADRID	马德里理工大学	西班牙	13	205
495	SOUTH CHINA AGRICULTURAL UNIVERSITY	华南农业大学	中国	57	106
496	NANJING UNIVERSITY OF SCIENCE & TECHNOLOGY	南京理工大学	中国	58	107
497	UNIVERSITY OF TEXAS DALLAS	得克萨斯大学达拉斯分校	美国	121	142
498	NANJING NORMAL UNIVERSITY	南京师范大学	中国	59	108
499	EINDHOVEN UNIVERSITY OF TECHNOLOGY	荷兰埃因霍温科技大学	荷兰	13	206
500	UNIVERSITY OF OVIEDO	国立奥维尔多大学	西班牙	14	207
501	GEORGIA STATE UNIVERSITY	佐治亚州立大学	美国	122	143
502	UNIVERSITI PUTRA MALAYSIA	马来西亚布特拉大学	马来西亚	3	109
503	BAR ILAN UNIVERSITY	巴伊兰大学	以色列	5	110
504	UNIVERSITE SAVOIE MONT BLANC	萨瓦大学	法国	26	208
505	YANGZHOU UNIVERSITY	扬州大学	中国	60	111
506	UNIVERSITI KEBANGSAAN MALAYSIA	马来西亚国民大学	马来西亚	4	112
507	UNIVERSITY OF BRESCIA	布雷西亚大学	意大利	28	209
508	JIANGNAN UNIVERSITY	江南大学	中国	61	113
509	NORTHEASTERN UNIVERSITY-CHINA	中国东北大学	中国	62	114
510	CLEMSON UNIVERSITY	克莱姆森大学	美国	123	144
511	UNIVERSITY OF NAVARRA	纳瓦拉大学	西班牙	15	210
512	MURDOCH UNIVERSITY	莫道克大学	澳大利亚	25	27
513	CENTRAL CHINA NORMAL UNIVERSITY	华中师范大学	中国	63	115
514	UNIVERSITE DE FRANCHE-COMTE	贝桑松大学	法国	27	211
515	PEKING UNION MEDICAL COLLEGE	北京协和医学院	中国	64	116
516	UNIVERSITY OF SCIENCE & TECHNOLOGY BEIJING	北京科技大学	中国	65	117
517	AIN SHAMS UNIVERSITY	艾因·夏姆斯大学	埃及	3	9
518	ULSAN NATIONAL INSTITUTE OF SCIENCE & TECHNOLOGY (UNIST)	蔚山科学技术大学校	韩国	10	118
519	GEORGE MASON UNIVERSITY	乔治梅森大学	美国	124	145
520	CHUNG ANG UNIVERSITY	韩国中央大学	韩国	11	119
521	UNIVERSITY OF ALABAMA TUSCALOOSA	亚拉巴马大学塔斯卡卢萨分校	美国	125	146
522	UNIVERSITY OF CALABRIA	卡拉布里亚大学	意大利	29	212
523	NANJING AGRICULTURAL UNIVERSITY	南京农业大学	中国	66	120
524	SAARLAND UNIVERSITY	萨尔大学	德国	30	213
525	UNIVERSITY OF MESSINA	墨西拿大学	意大利	30	214
526	UNIVERSITY OF PORTSMOUTH	普茨茅斯大学	英国	37	215
527	UNIVERSITI TEKNOLOGI MALAYSIA	马来西亚理工大学	马来西亚	5	121
528	UNIVERSITAT ROVIRA I VIRGILI	维吉利大学洛维拉分校	西班牙	16	216

续表

排名	英文名称	中文全称	国家/地区	国家/地区排名	所在洲排名
529	SABANCI UNIVERSITY	萨班哲大学	土耳其	1	217
530	LOUGHBOROUGH UNIVERSITY	拉夫堡大学	英国	38	218
531	SEJONG UNIVERSITY	世宗大学	韩国	12	122
532	QUAID I AZAM UNIVERSITY	喀伊德阿萨姆大学	巴基斯坦	1	123
533	UNIVERSIDADE FEDERAL DE SAO PAULO (UNIFESP)	圣保罗联邦大学	巴西	7	10
534	MEMORIAL UNIVERSITY NEWFOUNDLAND	纽芬兰岛纪念大学	加拿大	21	147
535	AGROPARISTECH	巴黎高科环境与生命科学工程学院	法国	28	219
536	POHANG UNIVERSITY OF SCIENCE & TECHNOLOGY (POSTECH)	浦项科技大学	韩国	13	124
537	ECOLE NORMALE SUPERIEURE DE LYON (ENS DE LYON)	里昂高等师范学院	法国	29	220
538	SAN DIEGO STATE UNIVERSITY	圣地亚哥州立大学	美国	126	148
539	BAYLOR UNIVERSITY	贝勒大学	美国	127	149
540	PRINCE SATTAM BIN ABDULAZIZ UNIVERSITY	萨塔姆本阿卜杜勒阿齐兹王子大学	沙特阿拉伯	4	125
541	SHAHID BEHESHTI UNIVERSITY MEDICAL SCIENCES	沙希德贝赫什迪医科大学	伊朗	4	126
542	UNIVERSITY OF TRNAVA	特尔纳瓦大学	斯洛伐克	1	221
543	UNIVERSITY OF HAWAII MANOA	夏威夷大学马诺阿分校	美国	128	150
544	NORTHUMBRIA UNIVERSITY	诺森比亚大学	英国	39	222
545	MISSISSIPPI STATE UNIVERSITY	密西西比州立大学	美国	129	151
546	NANJING UNIVERSITY OF AERONAUTICS & ASTRONAUTICS	南京航空航天大学	中国	67	127
547	HACETTEPE UNIVERSITY	土耳其哈斯特帕大学	土耳其	2	223
548	BRIGHAM YOUNG UNIVERSITY	杨伯翰大学	美国	130	152
549	UNIVERSIDAD DE CASTILLA-LA MANCHA	卡斯蒂利亚-拉曼奇大学	西班牙	17	224
550	CHONNAM NATIONAL UNIVERSITY	全南国立大学	韩国	14	128
551	CARLETON UNIVERSITY	卡尔顿大学	加拿大	22	153
552	CHINA UNIVERSITY OF PETROLEUM	中国石油大学	中国	68	129
553	UNIVERSITY OF CANTERBURY	坎特伯雷大学	新西兰	3	28
554	MEDICAL UNIVERSITY OF INNSBRUCK	因斯布鲁克医科大学	奥地利	4	225
555	UNIVERSITY OF CRETE	克里特大学	希腊	3	226
556	UNIVERSITY OF UDINE	乌迪内大学	意大利	31	227
557	BIRZEIT UNIVERSITY	比尔泽特大学	巴勒斯坦	1	130
558	UNIVERSITY OF SAN FRANCISCO	旧金山大学	美国	131	154
559	SOUTH CHINA NORMAL UNIVERSITY	华南师范大学	中国	69	131
560	UNIVERSITY OF BREMEN	不来梅大学	德国	31	228
561	UNIVERSITY OF GRAZ	格拉茨大学	奥地利	5	229

续表

排名	英文名称	中文全称	国家/地区	国家/地区排名	所在洲排名
562	MEDICAL UNIVERSITY OF SOUTH CAROLINA	南卡罗来纳医科大学	美国	132	155
563	UNIVERSITY OF ULSAN	蔚山大学	韩国	15	132
564	VITA-SALUTE SAN RAFFAELE UNIVERSITY	圣拉斐尔生命健康大学	意大利	32	230
565	MARCHE POLYTECHNIC UNIVERSITY	马尔凯理工大学	意大利	33	231
566	MEDICAL COLLEGE OF WISCONSIN	威斯康星医学院	美国	133	156
567	UNIVERSITY OF DELHI	德里大学	印度	2	133
568	MONTANA STATE UNIVERSITY BOZEMAN	蒙大拿州立大学波兹曼分校	美国	134	157
569	MASSEY UNIVERSITY	梅西大学	新西兰	4	29
570	CHINA UNIVERSITY OF MINING & TECHNOLOGY	中国矿业大学	中国	70	134
571	ISTANBUL UNIVERSITY	伊斯坦布尔大学	土耳其	3	232
572	NANJING UNIVERSITY OF INFORMATION SCIENCE & TECHNOLOGY	南京信息工程大学	中国	71	135
573	UNIVERSITY OF TEXAS AT SAN ANTONIO (UTSA)	得克萨斯大学圣安东尼奥分校	美国	135	158
574	UNIVERSITY OF SAN DIEGO	圣地亚哥大学	美国	136	159
575	BEIJING UNIVERSITY OF TECHNOLOGY	北京工业大学	中国	72	136
576	HOHAI UNIVERSITY	河海大学	中国	73	137
577	SHAANXI NORMAL UNIVERSITY	陕西师范大学	中国	74	138
578	BRUNEL UNIVERSITY	布鲁内尔大学	英国	40	233
579	NATIONAL TECHNICAL UNIVERSITY OF ATHENS	雅典国家技术大学	希腊	4	234
580	KOBE UNIVERSITY	神户大学	日本	11	139
581	OKAYAMA UNIVERSITY	冈山大学	日本	12	140
582	NORTHWEST UNIVERSITY XI'AN	西北大学	中国	75	141
583	UNIVERSITY OF ROSTOCK	罗斯托大学	德国	32	235
584	UNIVERSITY OF PATRAS	佩特雷大学	希腊	5	236
585	UTAH STATE UNIVERSITY	犹他州立大学	美国	137	160
586	LIVERPOOL JOHN MOORES UNIVERSITY	利物浦约汉莫斯大学	英国	41	237
587	JEFFERSON UNIVERSITY	托马斯杰斐逊大学	美国	138	161
588	UNIVERSIDADE FEDERAL DE SANTA CATARINA (UFSC)	圣卡塔琳娜联邦大学(UFSC)	巴西	8	11
589	UNIVERSITY OF BIELEFELD	比勒费尔德大学	德国	33	238
590	HANNOVER MEDICAL SCHOOL	汉诺威医学院	德国	34	239
591	BEIJING JIAOTONG UNIVERSITY	北京交通大学	中国	76	142
592	UNIVERSITY OF SALENTO	萨兰托大学	意大利	34	240
593	UNIVERSITAT GREIFSWALD	格赖夫斯瓦尔德大学	德国	35	241
594	PALACKY UNIVERSITY OLOMOUC	捷克帕拉斯基大学	捷克共和国	3	242
595	CHIBA UNIVERSITY	千叶大学	日本	13	143
596	YEUNGNAM UNIVERSITY	韩国岭南大学	韩国	16	144

续表

排名	英文名称	中文全称	国家/地区	国家/地区排名	所在洲排名
597	SAINT LOUIS UNIVERSITY	圣路易斯大学	美国	139	162
598	TECHNISCHE UNIVERSITAT WIEN	维也纳技术大学	奥地利	6	243
599	UNIVERSIDAD DE CANTABRIA	坎塔布里亚大学	西班牙	18	244
600	HENAN UNIVERSITY	河南大学	中国	77	145
601	UNIVERSIDAD DE CORDOBA	科尔多瓦大学	西班牙	19	245
602	G D'ANNUNZIO UNIVERSITY OF CHIETI-PESCARA	基耶地-佩斯卡拉大学	意大利	35	246
603	TAIPEI MEDICAL UNIVERSITY	台北医学大学	中国台湾	7	146
604	NANJING UNIVERSITY OF CHINESE MEDICINE	南京中医药大学	中国	78	147
605	INSTITUTO POLITECNICO NACIONAL-MEXICO	墨西哥政治学院	墨西哥	2	163
606	NINGBO UNIVERSITY	宁波大学	中国	79	148
607	UNIVERSITY OF TOLEDO	托莱多大学	美国	140	164
608	MEDICAL UNIVERSITY OF GRAZ	格拉茨医科大学	奥地利	7	247
609	OTTO VON GUERICKE UNIVERSITY	奥尔登冯古里克大学	德国	36	248
610	POLYTECHNIC UNIVERSITY OF TURIN	都灵大学理工学院	意大利	36	249
611	SOUTHWEST JIAOTONG UNIVERSITY	西南交通大学	中国	80	149
612	BANARAS HINDU UNIVERSITY (BHU)	巴纳拉斯印度教大学	印度	3	150
613	UNIVERSITY OF NEVADA RENO	内华达大学里诺分校	美国	141	165
614	UNIVERSIDAD DE LA LAGUNA	拉古纳大学	西班牙	20	250
615	KAOHSIUNG MEDICAL UNIVERSITY	高雄医科大学	中国台湾	8	151
616	QATAR UNIVERSITY	卡塔尔大学	卡塔尔	1	152
617	UNIVERSITY OF STUTTGART	斯图加特大学	德国	37	251
618	EDITH COWAN UNIVERSITY	埃迪科文大学	澳大利亚	26	30
619	UCL MEDICAL SCHOOL	伦敦大学学院医学院	英国	42	252
620	HASSELT UNIVERSITY	哈塞尔特大学	比利时	6	253
621	ALEXANDRIA UNIVERSITY	亚历山大大学	埃及	4	10
622	RENSSELAER POLYTECHNIC INSTITUTE	伦斯勒理工学院	美国	142	166
623	TECHNICAL UNIVERSITY OF DARMSTADT	达姆施塔特科技大学	德国	38	254
624	UNIVERSITY OF MURCIA	穆尔西亚大学	西班牙	21	255
625	UNIVERSITY OF KENT	肯特大学	英国	43	256
626	VICTORIA UNIVERSITY WELLINGTON	惠灵顿瑞士维多利亚大学	新西兰	5	31
627	TAIF UNIVERSITY	塔伊夫大学	沙特阿拉伯	5	153
628	DORTMUND UNIVERSITY OF TECHNOLOGY	多特蒙德科技大学	德国	39	257
629	UNIVERSITY OF PLYMOUTH	普利茅斯大学	英国	44	258
630	UNIVERSIDAD NACIONAL DE COLOMBIA	哥伦比亚国立大学	哥伦比亚	1	12
631	HEFEI UNIVERSITY OF TECHNOLOGY	合肥工业大学	中国	81	154
632	CHIANG MAI UNIVERSITY	泰国清迈大学	泰国	3	155
633	ULSTER UNIVERSITY	阿尔斯特大学	英国	45	259

续表

排名	英文名称	中文全称	国家/地区	国家/地区排名	所在洲排名
634	UNIVERSITY OF SHARJAH	沙迦大学	阿拉伯联合酋长国	1	156
635	CHANG GUNG UNIVERSITY	长庚大学	中国台湾	9	157
636	TECHNICAL UNIVERSITY OF MUNICH	慕尼黑理工大学	德国	40	260
637	CITY COLLEGE OF NEW YORK (CUNY)	纽约市立大学-城市学院	美国	143	167
638	DUY TAN UNIVERSITY	维新大学	越南	1	158
639	ISLAMIC AZAD UNIVERSITY	伊斯兰阿扎德大学	伊朗	5	159
640	UNIVERSITY OF WYOMING	怀俄明大学	美国	144	168
641	SAINT PETERSBURG STATE UNIVERSITY	圣彼得堡国立大学	俄罗斯	2	261
642	UNIVERSITY OF KONSTANZ	康士坦茨大学	德国	41	262
643	UNIVERSIDADE FEDERAL DE SAO CARLOS	巴西圣保罗联邦大学	巴西	9	13
644	SYRACUSE UNIVERSITY	雪城大学	美国	145	169
645	UNIVERSITE D'ANGERS	法国国立昂热大学	法国	30	263
646	NORMANDIE UNIV	诺曼底大学	法国	31	264
647	HANGZHOU DIANZI UNIVERSITY	杭州电子科技大学	中国	82	160
648	OLD DOMINION UNIVERSITY	欧道明大学	美国	146	170
649	ATHENS MEDICAL SCHOOL	雅典医学院	希腊	6	265
650	UNIVERSITY OF SHIZUOKA	静冈县立大学	日本	14	161
651	SHANGHAITECH UNIVERSITY	上海科技大学	中国	83	162
652	KING FAHD UNIVERSITY OF PETROLEUM & MINERALS	法赫德国王石油矿产大学	沙特阿拉伯	6	163
653	CHUNGNAM NATIONAL UNIVERSITY	春江国立大学	韩国	17	164
654	UNIVERSITY OF DEBRECEN	德布勒森大学	匈牙利	2	266
655	UNIVERSITY OF BAYREUTH	拜罗伊特大学	德国	42	267
656	UNIVERSITY OF IOANNINA	艾奥尼纳大学	希腊	7	268
657	MAX F. PERUTZ LABORATORIES (MFPL)	奥地利维也纳大学	奥地利	8	269
658	UNIVERSIDADE FEDERAL DO PARANA	巴拉那联邦大学	巴西	10	14
659	INDIAN INSTITUTE OF TECHNOLOGY (IIT)-KHARAGPUR	印度理工学院孟买校区卡拉格普尔分校	印度	4	165
660	XIDIAN UNIVERSITY	西安电子科技大学	中国	84	166
661	BANGOR UNIVERSITY	班戈大学	英国	46	270
662	TARBIAT MODARES UNIVERSITY	塔比阿特莫达勒斯大学	伊朗	6	167
663	NORTHERN ARIZONA UNIVERSITY	北亚利桑那大学	美国	147	171
664	TON DUC THANG UNIVERSITY	孙德盛大学	越南	2	168
665	UNIVERSIDADE DE VIGO	维戈大学	西班牙	22	271
666	NATIONAL UNIVERSITY OF LA PLATA	拉普拉塔国立大学	阿根廷	2	15
667	UNIVERSITY OF JYVASKYLA	尤瓦斯吉拉大学	芬兰	7	272
668	UNIVERSITY OF LUXEMBOURG	卢森堡大学	卢森堡	1	273

续表

排名	英文名称	中文全称	国家/地区	国家/地区排名	所在洲排名
669	UNIVERSITY OF RHODE ISLAND	罗德岛大学	美国	148	172
670	LOYOLA UNIVERSITY CHICAGO	芝加哥洛约拉大学	美国	149	173
671	GUANGDONG UNIVERSITY OF TECHNOLOGY	广东工业大学	中国	85	169
672	UNIVERSITY OF HULL	赫尔大学	英国	47	274
673	UNIVERSITE DE CAEN NORMANDIE	诺曼底卡昂大学	法国	32	275
674	OSAKA UNIVERSITY	大阪大学	日本	15	170
675	DANUBE UNIVERSITY KREMS	克雷姆斯多瑙河大学	奥地利	9	276
676	CHUNGBUK NATIONAL UNIVERSITY	忠北国立大学	韩国	18	171
677	UNIVERSIDAD DE GUANAJUATO	瓜纳华托大学	墨西哥	3	174
678	IRAN UNIVERSITY OF MEDICAL SCIENCES	伊朗医科大学	伊朗	7	172
679	CHONGQING MEDICAL UNIVERSITY	重庆医科大学	中国	86	173
680	OHIO UNIVERSITY	俄亥俄大学	美国	150	175
681	UNIVERSITY OF SASSARI	萨萨里大学	意大利	37	277
682	UNIVERSITY HOHENHEIM	霍恩海姆大学	德国	43	278
683	COMENIUS UNIVERSITY BRATISLAVA	考门斯基大学	斯洛伐克	2	279
684	UNITED ARAB EMIRATES UNIVERSITY	阿联酋大学	阿拉伯联合酋长国	2	174
685	GRAZ UNIVERSITY OF TECHNOLOGY	格拉茨科技大学	奥地利	10	280
686	WENZHOU MEDICAL UNIVERSITY	温州医科大学	中国	87	175
687	UNIVERSITY OF NEW HAMPSHIRE	新罕布什尔大学	美国	151	176
688	UNIVERSIDADE FEDERAL DO RIO GRANDE DO NORTE	北大河联邦大学	巴西	11	16
689	NANJING TECH UNIVERSITY	南京工业大学	中国	88	176
690	AUCKLAND UNIVERSITY OF TECHNOLOGY	奥克兰理工大学	新西兰	6	32
691	VICTORIA UNIVERSITY	澳大利亚维多利亚大学	澳大利亚	27	33
692	UNIVERSITE DE BRETAGNE OCCIDENTALE	西布列塔尼大学	法国	33	281
693	NORTHEAST NORMAL UNIVERSITY-CHINA	东北师范大学	中国	89	177
694	ZAGAZIG UNIVERSITY	扎加齐克大学	埃及	5	11
695	UNIVERSITY OF MISSOURI KANSAS CITY	密苏里大学堪萨斯城分校	美国	152	177
696	CAG UNIVERSITY-TURKEY	土耳其卡格大学	土耳其	4	282
697	UNIVERSITY OF SOUTHERN QUEENSLAND	南昆士兰大学	澳大利亚	28	34
698	RUSH UNIVERSITY	拉什大学	美国	153	178
699	KANGWON NATIONAL UNIVERSITY	国立江原大学	韩国	19	178
700	SZEGED UNIVERSITY	赛格德大学	匈牙利	3	283
701	BEIJING FORESTRY UNIVERSITY	北京林业大学	中国	90	179
702	SEMMELWEIS UNIVERSITY	赛梅维什医科大学	匈牙利	4	284
703	DONGHUA UNIVERSITY	东华大学	中国	91	180
704	SHANXI UNIVERSITY	山西大学	中国	92	181

续表

排名	英文名称	中文全称	国家/地区	国家/地区排名	所在洲排名
705	NORTH WEST UNIVERSITY-SOUTH AFRICA	南非西北大学	南非	7	12
706	NANJING FORESTRY UNIVERSITY	南京林业大学	中国	93	182
707	MIDDLE EAST TECHNICAL UNIVERSITY	中东技术大学	土耳其	5	285
708	SHANDONG NORMAL UNIVERSITY	山东师范大学	中国	94	183
709	UNIVERSITAT DE LES ILLES BALEARS	巴利阿里群岛大学	西班牙	23	286
710	GUANGZHOU UNIVERSITY	广州大学	中国	95	184
711	UNIVERSITY OF NORTH CAROLINA CHARLOTTE	北卡罗来纳大学夏洛特分校	美国	154	179
712	UNIVERSIDADE FEDERAL DE PERNAMBUCO	贝南博古联邦大学	巴西	12	17
713	UNIVERSITY OF HAIFA	海法大学	以色列	6	185
714	UNIVERSITY OF TEXAS MEDICAL BRANCH GALVESTON	得克萨斯大学医学院加尔维斯顿分校	美国	155	180
715	ROLLINS SCHOOL PUBLIC HEALTH	罗林斯公共卫生学院	美国	156	181
716	JEONBUK NATIONAL UNIVERSITY	全北国立大学	韩国	20	186
717	AJOU UNIVERSITY	亚洲大学(韩国)	韩国	21	187
718	UNIVERSITY OF L'AQUILA	拉奎拉大学	意大利	38	287
719	ROYAL COLLEGE OF SURGEONS-IRELAND	爱尔兰皇家外科医学院	爱尔兰	5	288
720	UNIVERSITY OF CYPRUS	塞浦路斯大学	塞浦路斯	1	289
721	VELLORE INSTITUTE OF TECHNOLOGY (VIT)	韦洛尔技术大学	印度	5	188
722	SHANTOU UNIVERSITY	汕头大学	中国	96	189
723	UNIVERSITY OF TEXAS ARLINGTON	得克萨斯大学阿灵顿分校	美国	157	182
724	BABES BOLYAI UNIVERSITY FROM CLUJ	巴比什-波雅依大学	罗马尼亚	1	290
725	UNIVERSITAT DE GIRONA	赫罗纳大学	西班牙	24	291
726	ANHUI UNIVERSITY	安徽大学	中国	97	190
727	UNIVERSITY OF BRIGHTON	布莱顿大学	英国	48	292
728	ANHUI MEDICAL UNIVERSITY	安徽医科大学	中国	98	191
729	KUNMING UNIVERSITY OF SCIENCE & TECHNOLOGY	昆明理工大学	中国	99	192
730	UNIVERSITY OF TABRIZ	大不里士大学	伊朗	8	193
731	AUGUSTA UNIVERSITY	奥古斯塔大学	美国	158	183
732	AMERICAN UNIVERSITY OF BEIRUT	贝鲁特美国大学	黎巴嫩	1	194
733	PICARDIE UNIV	庇卡底大学	法国	34	293
734	ISTANBUL TECHNICAL UNIVERSITY	伊斯坦布尔科技大学	土耳其	6	294
735	UNIVERSITAT D'ALACANT	阿利坎特大学	西班牙	25	295
736	KENT STATE UNIVERSITY	肯特州立大学	美国	159	184
737	WASEDA UNIVERSITY	早稻田大学	日本	16	195
738	UNIVERSITY OF LUBECK	吕贝克大学	德国	44	296
739	UNIVERSIDAD MIGUEL HERNANDEZ DE ELCHE	米格尔·埃尔南德斯·德埃尔切大学	西班牙	26	297

续表

排名	英文名称	中文全称	国家/地区	国家/地区排名	所在洲排名
740	UNIVERSITY OF HERTFORDSHIRE	赫特福德大学	英国	49	298
741	MANCHESTER METROPOLITAN UNIVERSITY	曼彻斯特城市大学	英国	50	299
742	INDIAN INSTITUTE OF TECHNOLOGY (IIT)-BOMBAY	印度理工学院孟买校区孟买校区	印度	6	196
743	UNIVERSITY OF EASTERN PIEDMONT AMEDEO AVOGADRO	东皮埃蒙特阿伏伽德罗大学	意大利	39	300
744	AMIRKABIR UNIVERSITY OF TECHNOLOGY	阿米尔卡比尔理工大学	伊朗	9	197
745	FUJIAN AGRICULTURE & FORESTRY UNIVERSITY	福建农林大学	中国	100	198
746	VIT VELLORE	印度韦洛尔理工大学	印度	7	199
747	UNIVERSITY OF CALIFORNIA MERCED	加利福尼亚大学美熹德分校	美国	160	185
748	NORWEGIAN UNIVERSITY OF LIFE SCIENCES	挪威生命科学大学	挪威	5	301
749	ASTON UNIVERSITY	阿斯顿大学	英国	51	302
750	UNIVERSITAT JAUME I	海梅一世大学	西班牙	27	303
751	ALIGARH MUSLIM UNIVERSITY	阿里格尔穆斯林大学	印度	8	200
752	UNIV CONFEDERALE LEONARD DE VINCI	莱昂纳德达芬奇联合大学	法国	35	304
753	KUMAMOTO UNIVERSITY	熊本大学	日本	17	201
754	COLORADO SCHOOL OF MINES	科罗拉多州矿业大学	美国	161	186
755	LULEA UNIVERSITY OF TECHNOLOGY	吕勒奥理工大学	瑞典	11	305
756	VILNIUS UNIVERSITY	维尔纽斯大学	立陶宛	1	306
757	NORTH DAKOTA STATE UNIVERSITY FARGO	北达科他州立大学	美国	162	187
758	UNIVERSITE DE POITIERS	普瓦提埃大学	法国	36	307
759	UNIVERSITY OF INSUBRIA	英苏布里亚大学	意大利	40	308
760	KING KHALID UNIVERSITY	哈立德国王大学	沙特阿拉伯	7	202
761	NATIONAL CENTRAL UNIVERSITY	台湾“中央”大学	中国台湾	10	203
762	INHA UNIVERSITY	仁荷大学	韩国	22	204
763	UNIVERSITY OF WINDSOR	温莎大学	加拿大	23	188
764	UNIVERSIDAD DE EXTREMADURA	埃斯特雷马杜拉大学	西班牙	28	309
765	FLORIDA ATLANTIC UNIVERSITY	佛罗里达亚特兰大大学	美国	163	189
766	CATHOLIC UNIVERSITY OF KOREA	韩国天主教大学	韩国	23	205
767	UNIVERSITY OF IBADAN	伊巴丹大学	尼日利亚	1	13
768	HUNAN NORMAL UNIVERSITY	湖南师范大学	中国	101	206
769	INDIAN INSTITUTE OF TECHNOLOGY (IIT)-ROORKEE	印度理工学院孟买校区鲁尔基分校	印度	9	207
770	JACKSON STATE UNIVERSITY	杰克逊州立大学	美国	164	190
771	UNIVERSITY OF ESSEX	埃塞克斯大学	英国	52	310
772	GACHON UNIVERSITY	嘉泉大学	韩国	24	208
773	NATIONAL CHUNG HSING UNIVERSITY	台湾中兴大学	中国台湾	11	209

续表

排名	英文名称	中文全称	国家/地区	国家/地区排名	所在洲排名
774	GUANGXI UNIVERSITY	广西大学	中国	102	210
775	CHINA MEDICAL UNIVERSITY	中国医科大学	中国	103	211
776	INDIAN INSTITUTE OF TECHNOLOGY (IIT)-DELHI	德里印度理工学院孟买校区	印度	10	212
777	UNIVERSITY OF THESSALY	塞萨利大学	希腊	8	311
778	ANKARA UNIVERSITY	安卡拉大学	土耳其	7	312
779	UNIVERSITY OF IDAHO	爱达荷大学	美国	165	191
780	ISFAHAN UNIVERSITY OF TECHNOLOGY	伊斯法罕理工大学	伊朗	10	213
781	UNIVERSITY OF SHANGHAI FOR SCIENCE & TECHNOLOGY	上海理工大学	中国	104	214
782	SHANDONG UNIVERSITY OF SCIENCE & TECHNOLOGY	山东科技大学	中国	105	215
783	TABRIZ UNIVERSITY OF MEDICAL SCIENCE	大不里士医科大学	伊朗	11	216
784	HARBIN MEDICAL UNIVERSITY	哈尔滨医科大学	中国	106	217
785	ASSIUT UNIVERSITY	艾斯尤特大学	埃及	6	14
786	NOTTINGHAM TRENT UNIVERSITY	诺丁汉特伦特大学	英国	53	313
787	DONGGUK UNIVERSITY	东国大学	韩国	25	218
788	ZHEJIANG NORMAL UNIVERSITY	浙江师范大学	中国	107	219
789	UNIVERSITY OF ARKANSAS MEDICAL SCIENCES	阿肯色医科大学	美国	166	192
790	TIANJIN MEDICAL UNIVERSITY	天津医科大学	中国	108	220
791	GUANGZHOU MEDICAL UNIVERSITY	广州医科大学	中国	109	221
792	CARL VON OSSIETZKY UNIVERSITAT OLDENBURG	奥登堡大学	德国	45	314
793	KANAZAWA UNIVERSITY	金泽大学	日本	18	222
794	UNIVERSIDADE DO ESTADO DO RIO DE JANEIRO	里约热内卢天主教大学	巴西	13	18
795	SHIRAZ UNIVERSITY	设拉子大学	伊朗	12	223
796	OREBRO UNIVERSITY	厄勒布鲁大学	瑞典	12	315
797	WILLIAM & MARY	威廉玛丽学院	美国	167	193
798	BEIJING UNIVERSITY OF POSTS & TELECOMMUNICATIONS	北京邮电大学	中国	110	224
799	UNIVERSIDAD DE CONCEPCION	康塞普森大学	智利共和国	3	19
800	MACAU UNIVERSITY OF SCIENCE & TECHNOLOGY	澳门科技大学	中国澳门	2	225
801	THE CHINESE UNIVERSITY OF HONG KONG, SHENZHEN	香港中文大学(深圳)	中国	111	226
802	TECNOLOGICO DE MONTERREY	蒙特雷科技大学	墨西哥	4	194
803	IRCCS AZIENDA OSPEDALIERO-UNIVERSITARIA DI BOLOGNA	意大利博洛尼亚大学	意大利	41	316
804	SOUTHERN METHODIST UNIVERSITY	南卫理公会大学	美国	168	195
805	TOKYO UNIVERSITY OF SCIENCE	东京理科大学	日本	19	227
806	UNIVERSITE DE TOURS	图尔大学	法国	37	317
807	NORTH CHINA ELECTRIC POWER UNIVERSITY	华北电力大学	中国	112	228
808	PANJAB UNIVERSITY	旁遮普大学(印度)	印度	11	229
809	CRANFIELD UNIVERSITY	克兰菲尔德大学	英国	54	318

续表

排名	英文名称	中文全称	国家/地区	国家/地区排名	所在洲排名
810	LEHIGH UNIVERSITY	理海大学	美国	169	196
811	NORTHWEST A&F UNIVERSITY-CHINA	西北农林科技大学	中国	113	230
812	UNIVERSITY OF MASSACHUSETTS BOSTON	马萨诸塞大学波士顿分校	美国	170	197
813	EGE UNIVERSITY	伊葛大学	土耳其	8	319
814	ANNA UNIVERSITY	印度安那大学	印度	12	231
815	UNIVERSITY OF GREENWICH	格林威治大学	英国	55	320
816	YUNNAN UNIVERSITY	云南大学	中国	114	232
817	LONDON SCHOOL ECONOMICS & POLITICAL SCIENCE	伦敦政治经济学院	英国	56	321
818	INDIAN INSTITUTE OF TECHNOLOGY (IIT)-MADRAS	印度马德拉斯技术学院	印度	13	233
819	KHALIFA UNIVERSITY OF SCIENCE & TECHNOLOGY	哈里发理工大学	阿拉伯联合酋长国	3	234
820	UNIVERSITY OF WAIKATO	怀卡托大学	新西兰	7	35
821	ROYAL HOLLOWAY UNIVERSITY LONDON	伦敦大学皇家霍洛威学院	英国	57	322
822	NANTONG UNIVERSITY	南通大学	中国	115	235
823	ADDIS ABABA UNIVERSITY	亚的斯亚贝巴大学	埃塞俄比亚	1	15
824	SICHUAN AGRICULTURAL UNIVERSITY	四川农业大学	中国	116	236
825	UNIVERSITA DELLA SVIZZERA ITALIANA	意大利语区大学	瑞士	8	323
826	GYEONGSANG NATIONAL UNIVERSITY	国立庆尚大学	韩国	26	237
827	UNIVERSITY OF CAMERINO	卡美日诺大学	意大利	42	324
828	UNIVERSITY OF STIRLING	斯特灵大学	英国	58	325
829	UNIVERSITY OF LIMERICK	利默里克大学	爱尔兰	6	326
830	UNIVERSIDADE FEDERAL DO CEARA	塞阿拉联邦大学	巴西	14	20
831	ROMA TRE UNIVERSITY	罗马特雷大学	意大利	43	327
832	ADAM MICKIEWICZ UNIVERSITY	波兹南密茨凯维奇大学	波兰	3	328
833	ABO AKADEMI UNIVERSITY	埃博学术大学	芬兰	8	329
834	INSTITUT CURIE	居里学院	法国	38	330
835	BOSTON COLLEGE	波士顿学院	美国	171	198
836	UNIVERSITE DE ORLEANS	奥尔良大学	法国	39	331
837	SALZBURG UNIVERSITY	萨尔茨堡大学	奥地利	11	332
838	QUEENS UNIVERSITY-CANADA	皇后大学-加拿大	加拿大	24	199
839	UNIVERSITY OF SOUTH AFRICA	南非大学	南非	8	16
840	TALLINN UNIVERSITY OF TECHNOLOGY	塔林理工大学	爱沙尼亚	2	333
841	UNIVERSITY OF TEXAS EL PASO	得克萨斯大学埃尔帕索分校	美国	172	200
842	UNIVERSITY OF AGRICULTURE FAISALABAD	费萨拉巴德农业大学	巴基斯坦	2	238
843	CHU GRENOBLE ALPES	格勒诺布尔大学	法国	40	334
844	UNIVERSIDAD DE ANTIOQUIA	安蒂奥基亚大学	哥伦比亚	2	21
845	UNIV BRETAGNE LOIRE	布列塔尼-卢瓦尔大学	法国	41	335

续表

排名	英文名称	中文全称	国家/地区	国家/地区排名	所在洲排名
846	ATATURK UNIVERSITY	阿塔图尔克大学	土耳其	9	336
847	MASHHAD UNIVERSITY MEDICAL SCIENCE	马什哈德医科大学	伊朗	13	239
848	MICHIGAN TECHNOLOGICAL UNIVERSITY	密歇根理工大学	美国	173	201
849	FERDOWSI UNIVERSITY MASHHAD	马什哈德菲尔多西大学	伊朗	14	240
850	UNIVERSITY OF NEW BRUNSWICK	新不伦瑞克大学	加拿大	25	202
851	HANGZHOU NORMAL UNIVERSITY	杭州师范大学	中国	117	241
852	PORTLAND STATE UNIVERSITY	波特兰州立大学	美国	174	203
853	SINGAPORE UNIVERSITY OF TECHNOLOGY & DESIGN	新加坡技术与设计大学	新加坡	3	242
854	UNIVERSITY OF JORDAN	约旦大学	约旦	1	243
855	CHINA PHARMACEUTICAL UNIVERSITY	中国药科大学	中国	118	244
856	HSE UNIVERSITY (NATIONAL RESEARCH UNIVERSITY HIGHER SCHOOL OF ECONOMICS)	俄罗斯国立高等经济大学	俄罗斯	3	337
857	UNIVERSITY OF MANNHEIM	曼海姆大学	德国	46	338
858	ABERYSTWYTH UNIVERSITY	亚伯大学	英国	59	339
859	UNIVERSITAT SIEGEN	锡根大学	德国	47	340
860	AIR FORCE MILITARY MEDICAL UNIVERSITY	空军军医大学	中国	119	245
861	UNIVERSITY OF NEVADA LAS VEGAS	内华达大学拉斯维加斯分校	美国	175	204
862	UNIVERSIDADE FEDERAL DE SANTA MARIA (UFSM)	圣玛丽亚联邦大学	巴西	15	22
863	MEDICAL UNIVERSITY OF WARSAW	华沙医科大学	波兰	4	341
864	SECHENOV FIRST MOSCOW STATE MEDICAL UNIVERSITY	莫斯科国立谢东诺夫第一医科大学	俄罗斯	4	342
865	HAMAD BIN KHALIFA UNIVERSITY-QATAR	哈马德·本·哈利法大学	卡塔尔	2	246
866	UNIVERSITY OF JINAN	济南大学	中国	120	247
867	YOKOHAMA CITY UNIVERSITY	横滨市立大学	日本	20	248
868	ASIA UNIVERSITY TAIWAN	亚洲大学(中国台湾)	中国台湾	12	249
869	TECHNISCHE UNIVERSITAT CHEMNITZ	开姆尼茨工业大学	德国	48	343
870	HAINAN UNIVERSITY	海南大学	中国	121	250
871	SOUTHERN ILLINOIS UNIVERSITY	南伊利诺伊大学	美国	176	205
872	AL AZHAR UNIVERSITY	爱资哈尔大学	埃及	7	17
873	CHARLES STURT UNIVERSITY	查尔斯特大学	澳大利亚	29	36
874	UNIVERSIDADE DA CORUNA	拉科鲁尼亚大学	西班牙	29	344
875	OPEN UNIVERSITY-UK	英国开放大学	英国	60	345
876	SHIRAZ UNIVERSITY OF MEDICAL SCIENCE	西拉医科大学	伊朗	15	251
877	NEW JERSEY INSTITUTE OF TECHNOLOGY	新泽西理工学院	美国	177	206
878	JORDAN UNIVERSITY OF SCIENCE & TECHNOLOGY	约旦科技大学	约旦	2	252
879	SULTAN QABOOS UNIVERSITY	卡布斯苏丹大学	阿曼	1	253
880	UNIV MARYLAND	马里兰大学	美国	178	207

续表

排名	英文名称	中文全称	国家/地区	国家/地区排名	所在洲排名
881	UNIV LYON	里昂大学	法国	42	346
882	COMSATS UNIVERSITY ISLAMABAD (CUI)	伊斯兰堡通信卫星大学	巴基斯坦	3	254
883	UNIVERSIDAD PABLO DE OLAVIDE	巴勃罗·德·奥拉维德大学	西班牙	30	347
884	MIDDLESEX UNIVERSITY	密德萨斯大学	英国	61	348
885	LAPPEENRANTA-LAHTI UNIVERSITY OF TECHNOLOGY LUT	拉彭兰塔-拉赫蒂工业大学	芬兰	9	349
886	UNIVERSITY OF WUPPERTAL	伍珀塔尔大学	德国	49	350
887	UNIVERSITE JEAN MONNET	圣太田大学	法国	43	351
888	KHON KAEN UNIVERSITY	孔敬大学	泰国	4	255
889	EUROPEAN ACADEMY OF BOZEN-BOLZANO	欧洲波赞诺学院	意大利	44	352
890	NORTHEAST AGRICULTURAL UNIVERSITY-CHINA	东北农业大学	中国	122	256
891	HANOI MEDICAL UNIVERSITY	河内医科大学	越南	3	257
892	SCUOLA NORMALE SUPERIORE DI PISA	比萨高等师范学校	意大利	45	353
893	UNIVERSITY OF SOUTH ALABAMA	南阿拉巴马大学	美国	179	208
894	TORONTO METROPOLITAN UNIVERSITY	多伦多都会大学	加拿大	26	209
895	STATE UNIVERSITY OF NEW YORK (SUNY) BINGHAMTON	纽约州立大学宾汉姆顿分校	美国	180	210
896	HARBIN ENGINEERING UNIVERSITY	哈尔滨工程大学	中国	123	258
897	TOKYO MEDICAL & DENTAL UNIVERSITY (TMDU)	东京医科齿科大学	日本	21	259
898	TANTA UNIVERSITY	坦塔大学	埃及	8	18
899	FUJIAN NORMAL UNIVERSITY	福建师范大学	中国	124	260
900	PRINCE OF SONGKLA UNIVERSITY	宋卡王子大学	泰国	5	261
901	AGH UNIVERSITY OF KRAKOW	克拉科夫科技大学	波兰	5	354
902	INDIAN INSTITUTE OF TECHNOLOGY (IIT)-KANPUR	印度理工学院孟买校区坎普尔分校	印度	14	262
903	UNIVERSIDADE FEDERAL FLUMINENSE	弗鲁米嫩塞联邦大学	巴西	16	23
904	SHINSHU UNIVERSITY	信州大学	日本	22	263
905	NATIONAL TAIWAN UNIVERSITY OF SCIENCE & TECHNOLOGY	台湾科技大学	中国台湾	13	264
906	NANJING UNIVERSITY OF POSTS & TELECOMMUNICATIONS	南京邮电大学	中国	125	265
907	SOUTHERN CROSS UNIVERSITY	南十字星大学	澳大利亚	30	37
908	COVENTRY UNIVERSITY	考文垂大学	英国	62	355
909	CHANG'AN UNIVERSITY	长安大学	中国	126	266
910	UNIVERSITE DE REIMS CHAMPAGNE-ARDENNE	法国兰斯大学	法国	44	356
911	GOVERNMENT COLLEGE UNIVERSITY FAISALABAD	巴基斯坦政府学院大学	巴基斯坦	4	267
912	NOVA SOUTHEASTERN UNIVERSITY	诺瓦东南大学	美国	181	211
913	UNIVERSIDAD DE LOS ANDES (COLOMBIA)	安第斯大学	哥伦比亚	3	24

续表

排名	英文名称	中文全称	国家/地区	国家/地区排名	所在洲排名
914	IMAM ABDULRAHMAN BIN FAISAL UNIVERSITY	阿卜杜拉赫曼本费萨尔大学	沙特阿拉伯	8	268
915	NICOLAUS COPERNICUS UNIVERSITY	托伦哥白尼大学	波兰	6	357
916	JAWAHARLAL NEHRU UNIVERSITY, NEW DELHI	尼赫鲁大学	印度	15	269
917	AGA KHAN UNIVERSITY	阿迦汗大学	巴基斯坦	5	270
918	INSTITUT NATIONAL POLYTECHNIQUE DE TOULOUSE	国立图卢兹综合理工学院	法国	45	358
919	UNIVERSIDAD DE JAEN	哈恩大学	西班牙	31	359
920	UNIVERSITY OF DENVER	丹佛大学	美国	182	212
921	UNIVERSIDADE FEDERAL DE VICOSA	维索萨联邦大学	巴西	17	25
922	UNIVERSITY OF REGINA	里贾纳大学	加拿大	27	213
923	JOHANNES KEPLER UNIVERSITY LINZ	约翰尼斯·开普勒林茨大学	奥地利	12	360
924	NATIONAL TAIWAN NORMAL UNIVERSITY	台湾师范大学	中国台湾	14	271
925	NATIONAL UNIVERSITY OF DEFENSE TECHNOLOGY-CHINA	国防科学技术大学	中国	127	272
926	UNIVERSIDADE FEDERAL DA BAHIA	巴伊亚州联邦大学	巴西	18	26
927	SIDI MOHAMED BEN ABDELLAH UNIVERSITY OF FEZ	西迪·穆罕默德·本·阿卜杜拉大学	摩洛哥	1	19
928	UNIVERSITY OF NAIROBI	内罗毕大学	肯尼亚	1	20
929	UNIVERSITY OF MONTANA	蒙大拿大学	美国	183	214
930	UNIVERSITY OF MONS	蒙斯大学	比利时	7	361
931	MOSCOW INSTITUTE OF PHYSICS & TECHNOLOGY	莫斯科物理技术学院	俄罗斯	5	362
932	NEW MEXICO STATE UNIVERSITY	新墨西哥州立大学	美国	184	215
933	UNIVERSITY OF BASILICATA	意大利巴西利卡塔大学	意大利	46	363
934	UNIVERSIDAD REY JUAN CARLOS	胡安卡洛斯国王大学	西班牙	32	364
935	POLYTECHNIQUE MONTREAL	蒙特利尔综合理工学校	加拿大	28	216
936	MANIPAL ACADEMY OF HIGHER EDUCATION (MAHE)	曼尼帕尔高等教育学院(MAHE)	印度	16	273
937	UNIVERSITI TEKNOLOGI MARA	玛拉工艺大学	马来西亚	6	274
938	BOURNEMOUTH UNIVERSITY	伯恩茅斯大学	英国	63	365
939	UNIVERSIDAD CARLOS III DE MADRID	马德里卡洛斯三世大学	西班牙	33	366
940	UNIVERSITY OF ALASKA FAIRBANKS	阿拉斯加费尔班克斯大学	美国	185	217
941	SHAHID BEHESHTI UNIVERSITY	沙希德贝赫什迪大学	伊朗	16	275
942	SAN FRANCISCO STATE UNIVERSITY	旧金山州立大学	美国	186	218
943	UNIVERSITE DE SFAX	斯法克斯大学	突尼斯	1	21
944	UNIVERSIDADE FEDERAL DE GOIAS	戈亚斯联邦大学	巴西	19	27
945	QILU UNIVERSITY OF TECHNOLOGY	齐鲁工业大学	中国	128	276
946	UNIVERSITY OF MARIBOR	马里博尔大学	斯洛文尼亚	2	367

续表

排名	英文名称	中文全称	国家/地区	国家/地区排名	所在洲排名
947	UNIVERSITY OF CANBERRA	堪培拉大学	澳大利亚	31	38
948	UNIVERSIDAD DE CADIZ	卡迪兹大学	西班牙	34	368
949	UNIVERSITY OF NEW ENGLAND	新英格兰大学	澳大利亚	32	39
950	CHANGSHA UNIVERSITY OF SCIENCE & TECHNOLOGY	长沙理工大学	中国	129	277
951	LAKEHEAD UNIVERSITY	湖首大学	加拿大	29	219
952	PARTHENOPE UNIVERSITY NAPLES	那不勒斯帕斯诺普大学	意大利	47	369
953	UNIFORMED SERVICES UNIVERSITY OF THE HEALTH SCIENCES-USA	健康科学统一服务大学	美国	187	220
954	DANKOOK UNIVERSITY	檀国大学	韩国	27	278
955	SHANGHAI NORMAL UNIVERSITY	上海师范大学	中国	130	279
956	ILLINOIS INSTITUTE OF TECHNOLOGY	伊利诺伊理工大学	美国	188	221
957	MARMARA UNIVERSITY	马尔马拉大学	土耳其	10	370
958	UNIVERSITE GUSTAVE-EIFFEL	古斯塔夫·埃菲尔大学	法国	46	371
959	UNIVERSIDADE FEDERAL DA PARAIBA	帕拉伊巴联邦大学	巴西	20	28
960	SOUTH DAKOTA STATE UNIVERSITY	南达科他州州立大学	美国	189	222
961	UNIVERSITY OF NOVI SAD	诺维萨德大学	塞尔维亚	2	372
962	UNIVERSIDAD DE LA REPUBLICA, URUGUAY	乌拉圭共和国大学	乌拉圭	1	29
963	ERCIYES UNIVERSITY	埃尔吉耶斯大学	土耳其	11	373
964	LIVERPOOL SCHOOL OF TROPICAL MEDICINE	利物浦热带医学院	英国	64	374
965	CHARLES DARWIN UNIVERSITY	查尔斯·达尔文大学	澳大利亚	33	40
966	PUKYONG NATIONAL UNIVERSITY	釜庆国立大学	韩国	28	280
967	AMERICAN UNIVERSITY	美利坚大学	美国	190	223
968	UNIVERSITY OF LINCOLN	林肯大学(英国)	英国	65	375
969	UNIVERSITY OF SALFORD	索尔福德大学	英国	66	376
970	DUBLIN CITY UNIVERSITY	都柏林城市大学	爱尔兰	7	377
971	UNIVERSITY OF THE FREE STATE	自由州大学	南非	9	22
972	UNIVERSIDAD DE ALMERIA	阿尔梅里亚大学	西班牙	35	378
973	GWANGJU INSTITUTE OF SCIENCE & TECHNOLOGY (GIST)	光州科学技术院	韩国	29	281
974	SUEZ CANAL UNIVERSITY	苏伊士运河大学	埃及	9	23
975	ROCHESTER INSTITUTE OF TECHNOLOGY	罗切斯特理工学院	美国	191	224
976	AUSTRALIAN CATHOLIC UNIVERSITY	澳大利亚天主教大学	澳大利亚	34	41
977	EAST CAROLINA UNIVERSITY	东卡罗来纳州立大学	美国	192	225
978	UNIVERSITY OF PERADENIYA	佩拉德尼亚大学	斯里兰卡	1	282
979	TOKYO METROPOLITAN UNIVERSITY	东京都立大学	日本	23	283
980	MISSOURI UNIVERSITY OF SCIENCE & TECHNOLOGY	密苏里科技大学	美国	193	226
981	UNIVERSITY OF COLORADO DENVER	科罗拉多大学丹佛分校	美国	194	227
982	UNIVERSITY OF THE WESTERN CAPE	南非西开普大学	南非	10	24

续表

排名	英文名称	中文全称	国家/地区	国家/地区排名	所在洲排名
983	SHANDONG AGRICULTURAL UNIVERSITY	山东农业大学	中国	131	284
984	GAZI UNIVERSITY	加齐大学	土耳其	12	379
985	UNIVERSITY OF PUNJAB	旁遮普大学(巴基斯坦)	巴基斯坦	6	285
986	NIIGATA UNIVERSITY	新潟大学	日本	24	286
987	UNIVERSITY TORONTO MISSISSAUGA	多伦多大学米西索加分校	加拿大	30	228
988	UNIVERSITY OF BONN	波恩大学	德国	50	380
989	KINDAI UNIVERSITY (KINKI UNIVERSITY)	近畿大学	日本	25	287
990	UNIVERSITY OF URBINO	乌尔比诺大学	意大利	48	381
991	CITY UNIVERSITY LONDON	城市大学	英国	67	382
992	YANSHAN UNIVERSITY	燕山大学	中国	132	288
993	CENTRAL UNIVERSITY OF FINANCE & ECONOMICS	中央财经大学	中国	133	289
994	CALIFORNIA POLYTECHNIC STATE UNIVERSITY SAN LUIS OBISPO	加利福尼亚理工州立大学圣路易斯奥比斯波分校	美国	195	229
995	HENAN POLYTECHNIC UNIVERSITY	河南理工大学	中国	134	290
996	UNIVERSIDADE DO ALGARVE	葡萄牙埃尔加夫大学	葡萄牙	7	383
997	NATIONAL UNIVERSITY OF CORDOBA	国立科尔多瓦大学	阿根廷	3	30
998	UNIVERSITAT KASSEL	德国卡塞尔大学	德国	51	384
999	WENZHOU UNIVERSITY	温州大学	中国	135	291
1000	SAVITRIBAI PHULE PUNE UNIVERSITY	普纳大学	印度	17	292
1001	SHANGHAI UNIVERSITY OF FINANCE & ECONOMICS	上海财经大学	中国	136	293
1002	MEKELLE UNIVERSITY	默克莱大学	埃塞俄比亚	2	25
1003	UNIVERSIDAD DE VALLADOLID	巴利亚多利德大学	西班牙	36	385
1004	UNIVERSITY OF MAINE ORONO	缅因大学奥罗诺分校	美国	196	230
1005	HALLYM UNIVERSITY	翰林大学	韩国	30	294
1006	UNIVERSITY OF WEST SCOTLAND	西苏格兰大学	英国	68	386
1007	JAMIA MILLIA ISLAMIA	印度国立伊斯兰大学	印度	18	295
1008	TILBURG UNIVERSITY	蒂尔堡大学	荷兰	14	387
1009	UNIVERSITE DE PICARDIE JULES VERNE (UPJV)	亚眠大学	法国	47	388
1010	MONTCLAIR STATE UNIVERSITY	蒙特克莱尔州立大学	美国	197	231
1011	UNIVERSITY TORONTO SCARBOROUGH	多伦多斯卡伯勒大学	加拿大	31	232
1012	XI'AN UNIVERSITY OF TECHNOLOGY	西安理工大学	中国	137	296
1013	UNIVERSIDADE FEDERAL DO PARA	帕拉联邦大学	巴西	21	31
1014	HESAM UNIVERSITE	荷森姆大学	法国	48	389
1015	SEOUL NATIONAL UNIVERSITY OF SCIENCE & TECHNOLOGY	首尔国立科技大学	韩国	31	297
1016	IHSAN DOGRAMACI BILKENT UNIVERSITY	比尔肯大学	土耳其	13	390
1017	VILLANOVA UNIVERSITY	维拉诺瓦大学	美国	198	233

续表

排名	英文名称	中文全称	国家/地区	国家/地区排名	所在洲排名
1018	HOFSTRA UNIVERSITY	霍夫斯特拉大学	美国	199	234
1019	NORTHEAST FORESTRY UNIVERSITY-CHINA	东北林业大学	中国	138	298
1020	ISFAHAN UNIVERSITY MEDICAL SCIENCE	伊斯法罕大学医学院	伊朗	17	299
1021	DALARNA UNIVERSITY	达拉纳大学	瑞典	13	391
1022	KEELE UNIVERSITY	英国基尔大学	英国	69	392
1023	BALL STATE UNIVERSITY	鲍尔州立大学	美国	200	235
1024	JACOBS UNIVERSITY	不来梅雅各布大学	德国	52	393
1025	KAFRELSHEIKH UNIVERSITY	谢赫村大学	埃及	10	26
1026	HUNAN AGRICULTURAL UNIVERSITY	湖南农业大学	中国	139	300
1027	HAMBURG UNIVERSITY OF TECHNOLOGY	汉堡工业大学	德国	53	394
1028	CENTRAL QUEENSLAND UNIVERSITY	中央昆士兰大学	澳大利亚	35	42
1029	HUBEI UNIVERSITY	湖北大学	中国	140	301
1030	UNIVERSIDAD DE GUADALAJARA	瓜达拉哈拉大学	墨西哥	5	236
1031	UNIVERSITY OF LONDON SCHOOL OF PHARMACY	伦敦大学药剂学院	英国	70	395
1032	UMM AL QURA UNIVERSITY	沙特阿拉伯麦加大学	沙特阿拉伯	9	302
1033	MARQUETTE UNIVERSITY	马凯特大学	美国	201	237
1034	UNIVERSITE DE TUNIS-EL-MANAR	突尼斯玛纳尔大学	突尼斯	2	27
1035	VIETNAM NATIONAL UNIVERSITY HANOI	国立河内大学	越南	4	303
1036	UNIVERSITY OF SPLIT	斯普利特大学	克罗地亚	2	396
1037	TAIYUAN UNIVERSITY OF TECHNOLOGY	太原理工大学	中国	141	304
1038	TUSCIA UNIVERSITY	图西亚大学	意大利	49	397
1039	CZECH TECHNICAL UNIVERSITY PRAGUE	布拉格捷克理工大学	捷克共和国	4	398
1040	UNIVERSIDAD PUBLICA DE NAVARRA	纳瓦拉公立大学	西班牙	37	399
1041	UNIVERSITY OF WEST ENGLAND	西英格兰大学	英国	71	400
1042	NATIONAL UNIVERSITY OF SCIENCE & TECHNOLOGY (MISIS)	俄罗斯国家研究型技术大学	俄罗斯	6	401
1043	UNIVERSITY OF FOGGIA	福贾大学	意大利	50	402
1044	BIRKBECK UNIVERSITY LONDON	伦敦大学伯贝克学院	英国	72	403
1045	UNIVERSITA CA FOSCARI VENEZIA	威尼斯大学	意大利	51	404
1046	UNIVERSITY OF GENEVA	日内瓦大学	瑞士	9	405
1047	HAROKOPIO UNIVERSITY ATHENS	希腊哈睿寇蓓大学	希腊	9	406
1048	XIANGTAN UNIVERSITY	湘潭大学	中国	142	305
1049	UNIVERSITE DE PAU ET DES PAYS DE L'ADOUR	波城大学	法国	49	407
1050	POLITECNICO DI BARI	巴里理工大学	意大利	52	408
1051	NAZARBAYEV UNIVERSITY	纳扎尔巴耶夫大学	哈萨克斯坦	1	306
1052	UNIVERSITY OF AKRON	阿克伦大学	美国	202	238

续表

排名	英文名称	中文全称	国家/地区	国家/地区排名	所在洲排名
1053	UNIVERSIDAD DE LAS PALMAS DE GRAN CANARIA	加那利群岛拉斯帕尔马斯大学	西班牙	38	409
1054	GRADUATE UNIVERSITY FOR ADVANCED STUDIES-JAPAN	高等研究生院	日本	26	307
1055	CAPITAL NORMAL UNIVERSITY	首都师范大学	中国	143	308
1056	QINGDAO UNIVERSITY OF SCIENCE & TECHNOLOGY	青岛科技大学	中国	144	309
1057	UNIVERSITY OF LODZ	罗兹大学	波兰	7	410
1058	OXFORD BROOKES UNIVERSITY	牛津布鲁克斯大学	英国	73	411
1059	CALIFORNIA STATE UNIVERSITY FULLERTON	加利福尼亚州立大学富尔顿分校	美国	203	239
1060	WORCESTER POLYTECHNIC INSTITUTE	伍斯特理工学院	美国	204	240
1061	UNIVERSITY OF VETERINARY MEDICINE VIENNA	维也纳兽医大学	奥地利	13	412
1062	COLORADO SCHOOL OF PUBLIC HEALTH	科罗拉多公共卫生学院	美国	205	241
1063	CYPRUS UNIVERSITY OF TECHNOLOGY	塞浦路斯理工大学	塞浦路斯	2	413
1064	NORTHERN ILLINOIS UNIVERSITY	北伊利诺伊大学	美国	206	242
1065	ANGLIA RUSKIN UNIVERSITY	剑桥安格利亚鲁斯金大学	英国	74	414
1066	UNIVERSITY OF NORTH CAROLINA GREENSBORO	北卡罗来纳大学格林斯伯勒分校	美国	207	243
1067	UNIVERSITY OF PECS	佩奇大学	匈牙利	5	415
1068	WUHAN UNIVERSITY OF SCIENCE & TECHNOLOGY	武汉科技大学	中国	145	310
1069	UNIVERSIDADE FEDERAL DO ESPIRITO SANTO	圣埃斯皮里图联邦大学	巴西	22	32
1070	GUIZHOU UNIVERSITY	贵州大学	中国	146	311
1071	KASETSART UNIVERSITY	泰国农业大学	泰国	6	312
1072	UNIVERSITAT DE LLEIDA	莱里达大学	西班牙	39	416
1073	WROCLAW UNIVERSITY OF SCIENCE & TECHNOLOGY	弗罗茨瓦夫理工大学	波兰	8	417
1074	WRIGHT STATE UNIVERSITY DAYTON	莱特州立大学	美国	208	244
1075	DALIAN MARITIME UNIVERSITY	大连海事大学	中国	147	313
1076	INDIAN INSTITUTE OF TECHNOLOGY (IIT)-GUWAHATI	印度古瓦哈提理工学院	印度	19	314
1077	UNIVERSITY OF MALTA	马耳他大学	马耳他共和国	1	418
1078	LEUPHANA UNIVERSITY LUNEBURG	吕讷堡大学	德国	54	419
1079	FUJIAN MEDICAL UNIVERSITY	福建医科大学	中国	148	315
1080	IRAN UNIVERSITY SCIENCE & TECHNOLOGY	伊朗科技大学	伊朗	18	316
1081	MEDICAL UNIVERSITY LODZ	罗兹医学院	波兰	9	420
1082	SINGAPORE MANAGEMENT UNIVERSITY	新加坡管理大学	新加坡	4	317
1083	UNIVERSITE DE HAUTE-ALSACE (UHA)	上阿尔萨斯大学	法国	50	421
1084	UNIVERSITE PAUL-VALERY	蒙彼利埃第三大学	法国	51	422
1085	BROCK UNIVERSITY	布鲁克大学	加拿大	32	245

续表

排名	英文名称	中文全称	国家/地区	国家/地区排名	所在洲排名
1086	UNIVERSITY OF NOTTINGHAM MALAYSIA	诺丁汉大学马来西亚校区	马来西亚	7	318
1087	TOKYO MEDICAL UNIVERSITY	东京医科大学	日本	27	319
1088	HEBEI UNIVERSITY OF TECHNOLOGY	河北工业大学	中国	149	320
1089	EDUCATION UNIVERSITY OF HONG KONG (EDUHK)	香港教育大学	中国香港	7	321
1090	HOWARD UNIVERSITY	霍华德大学	美国	209	246
1091	UNIVERSITY OF TRAS-OS-MONTES & ALTO DOURO	蒙特斯与奥拓杜罗大学	葡萄牙	8	423
1092	NATIONAL UNIVERSITY OF SCIENCES & TECHNOLOGY-PAKISTAN	巴基斯坦国家科技大学	巴基斯坦	7	322
1093	LOMA LINDA UNIVERSITY	洛马琳达大学	美国	210	247
1094	NEW YORK UNIVERSITY TANDON SCHOOL OF ENGINEERING	纽约大学坦顿工程学院	美国	211	248
1095	NATIONAL CHENGCHI UNIVERSITY	台湾政治大学	中国台湾	15	323
1096	SRM INSTITUTE OF SCIENCE & TECHNOLOGY CHENNAI	斯里纳玛斯旺纪念大学	印度	20	324
1097	FREE UNIVERSITY OF BOZEN-BOLZANO	博尔扎诺自由大学	意大利	53	424
1098	HUAQIAO UNIVERSITY	华侨大学	中国	150	325
1099	HUMANITAS UNIVERSITY	人文大学	意大利	54	425
1100	CZECH UNIVERSITY OF LIFE SCIENCES PRAGUE	捷克布拉格生命科学大学	捷克共和国	5	426
1101	UNIVERSIDADE CATOLICA PORTUGUESA	葡萄牙天主教大学	葡萄牙	9	427
1102	UNIVERSITY OF SEOUL	首尔市立大学	韩国	32	326
1103	ZHEJIANG A&F UNIVERSITY	浙江农林大学	中国	151	327
1104	WUHAN INSTITUTE OF TECHNOLOGY	武汉工程大学	中国	152	328
1105	UNIVERSITY OF NOTTINGHAM NINGBO CHINA	宁波诺丁汉大学	中国	153	329
1106	SOUTHWESTERN UNIVERSITY OF FINANCE & ECONOMICS-CHINA	西南财经大学	中国	154	330
1107	PRINCESS NOURAH BINT ABDULRAHMAN UNIVERSITY	诺拉·宾特·阿卜杜勒拉赫曼公主大学	沙特阿拉伯	10	331
1108	ALFAISAL UNIVERSITY	费萨尔大学	沙特阿拉伯	11	332
1109	UNIVERSITY OF LAGOS	拉各斯大学	尼日利亚	2	28
1110	BAHAUDDIN ZAKARIYA UNIVERSITY	巴哈丁扎卡里亚大学	巴基斯坦	8	333
1111	MICHIGAN STATE UNIVERSITY COLLEGE OF HUMAN MEDICINE	密歇根州立大学人类医学院	美国	212	249
1112	NGUYEN TAT THANH UNIVERSITY (NTTU)	阮达成大学	越南	5	334
1113	JIANGSU NORMAL UNIVERSITY	江苏师范大学	中国	155	335
1114	NEW YORK MEDICAL COLLEGE	纽约医学院	美国	213	250
1115	TOWSON UNIVERSITY	陶森大学	美国	214	251
1116	MAKERERE UNIVERSITY	麦克雷雷大学	乌干达	1	29
1117	CADI AYYAD UNIVERSITY OF MARRAKECH	卡迪阿亚德大学	摩洛哥	2	30
1118	BURNET INSTITUTE	伯内特学院	澳大利亚	36	43

续表

排名	英文名称	中文全称	国家/地区	国家/地区排名	所在洲排名
1119	UNIVERSIDADE FEDERAL DE SERGIPE	塞尔希培州联邦大学	巴西	23	33
1120	KAZAN FEDERAL UNIVERSITY	俄罗斯喀山联邦大学	俄罗斯	7	428
1121	UNIVERSIDAD DE SANTIAGO DE CHILE	智利圣地亚哥大学	智利共和国	4	34
1122	UNIVERSITY OF THE PHILIPPINES MANILA	菲律宾马尼拉大学	菲律宾	1	336
1123	UNIVERSITY OF MEMPHIS	孟菲斯大学	美国	215	252
1124	UNIVERSITY OF NORTH DAKOTA GRAND FORKS	北达科他大学	美国	216	253
1125	BENHA UNIVERSITY	本哈大学	埃及	11	31
1126	DOKUZ EYLUL UNIVERSITY	度库兹埃路尔大学	土耳其	14	429
1127	UNIVERSITY OF CALCUTTA	卡尔卡塔大学	印度	21	337
1128	REYKJAVIK UNIVERSITY	雷克雅未克大学	冰岛	2	430
1129	POZNAN UNIVERSITY OF MEDICAL SCIENCES	波兹南医科大学	波兰	10	431
1130	TOKUSHIMA UNIVERSITY	德岛大学	日本	28	338
1131	UNIVERSITY OF HUDDERSFIELD	哈德斯菲尔德大学	英国	75	432
1132	TOBB EKONOMI VE TEKNOLOJI UNIVERSITY	TOBB 经济与技术大学	土耳其	15	433
1133	HENAN AGRICULTURAL UNIVERSITY	河南农业大学	中国	156	339
1134	BENI SUEF UNIVERSITY	贝尼苏韦夫大学	埃及	12	32
1135	XINJIANG UNIVERSITY	新疆大学	中国	157	340
1136	UNIVERSITY OF CHEMISTRY & TECHNOLOGY, PRAGUE	布拉格化工大学	捷克共和国	6	434
1137	UNIVERSIDAD AUTONOMA DE CHILE	智利自治大学	智利共和国	5	35
1138	TOHO UNIVERSITY	爱知东邦大学	日本	29	341
1139	UNIVERSITY OF BIALYSTOK	波兰比亚威斯托克大学	波兰	11	435
1140	SHAANXI UNIVERSITY OF SCIENCE & TECHNOLOGY	陕西科技大学	中国	158	342
1141	UNIVERSITY OF MAURITIUS	毛里求斯大学	毛里求斯	1	33
1142	MONASH UNIVERSITY SUNWAY	莫纳什大学(桑威)	马来西亚	8	343
1143	SMITH COLLEGE	史密斯学院	美国	217	254
1144	ZHEJIANG GONGSHANG UNIVERSITY	浙江工商大学	中国	159	344
1145	SCUOLA SUPERIORE SANT'ANNA	比萨圣安娜高等学校	意大利	55	436
1146	CALIFORNIA STATE UNIVERSITY NORTHRIDGE	加利福尼亚州立大学北岭分校	美国	218	255
1147	BOND UNIVERSITY	邦德大学	澳大利亚	37	44
1148	HEC MONTREAL	蒙特利尔高等商学院	加拿大	33	256
1149	UNIVERSITY OF BRADFORD	布拉德福德大学	英国	76	437
1150	BEIJING TECHNOLOGY & BUSINESS UNIVERSITY	北京工商大学	中国	160	345
1151	MAGNA GRAECIA UNIVERSITY OF CATANZARO	卡坦扎罗大学	意大利	56	438
1152	ITMO UNIVERSITY	圣光机大学	俄罗斯	8	439
1153	WARSAW UNIVERSITY OF LIFE SCIENCES	华沙生命科学大学	波兰	12	440
1154	UNIVERSIDAD DE CARTAGENA	卡塔赫纳大学	哥伦比亚	4	36

续表

排名	英文名称	中文全称	国家/地区	国家/地区排名	所在洲排名
1155	URAL FEDERAL UNIVERSITY	乌拉尔联邦大学	俄罗斯	9	441
1156	NATIONAL TAIWAN OCEAN UNIVERSITY	台湾海洋大学	中国台湾	16	346
1157	MOHAMMED V UNIVERSITY IN RABAT	拉巴特穆罕默德五世大学	摩洛哥	3	34
1158	ANHUI AGRICULTURAL UNIVERSITY	安徽农业大学	中国	161	347
1159	UNIVERSITY OF TOYAMA	富山大学	日本	30	348
1160	UNIVERSITY OF CENTRAL LANCASHIRE	中央兰开夏大学	英国	77	442
1161	UNIVERSITY OF INDONESIA	印度尼西亚大学	印度尼西亚	1	349
1162	UNIVERSITY OF TULSA	塔尔萨大学	美国	219	257
1163	UNIVERSITETET I STAVANGER	斯塔凡格大学	挪威	6	443
1164	THE SANTA FE INSTITUTE	圣菲学院	美国	220	258
1165	UNIVERSITY OF BUCHAREST	布加勒斯特大学	罗马尼亚	2	444
1166	UNIVERSITY OF WROCLAW	弗罗茨瓦夫大学	波兰	13	445
1167	UNIVERSITY OF LAHORE	拉合尔大学	巴基斯坦	9	350
1168	UNIVERSITY OF BEDFORDSHIRE	贝德福特大学	英国	78	446
1169	PEOPLES FRIENDSHIP UNIVERSITY OF RUSSIA	俄罗斯人民友谊大学	俄罗斯	10	447
1170	UNIVERSITY OF GDANSK	格但斯克大学	波兰	14	448
1171	PETER THE GREAT ST. PETERSBURG POLYTECHNIC UNIVERSITY	圣彼得堡彼得大帝理工大学	俄罗斯	11	449
1172	ISLAMIA UNIVERSITY OF BAHAWALPUR	巴哈瓦尔布尔伊斯兰大学	巴基斯坦	10	351
1173	YANGTZE UNIVERSITY	长江大学	中国	162	352
1174	FLORIDA INSTITUTE OF TECHNOLOGY	佛罗里达科技大学	美国	221	259
1175	HENAN NORMAL UNIVERSITY	河南师范大学	中国	163	353
1176	UNIVERSIDADE FEDERAL DE PELOTAS	佩洛塔斯联邦大学	巴西	24	37
1177	UNIVERSITY OF NAMUR	那慕尔大学	比利时	8	450
1178	UNIVERSITY OF TEXAS RIO GRANDE VALLEY	得克萨斯大学里奥格兰德谷	美国	222	260
1179	UNIVERSITY CAMPUS BIO-MEDICO-ROME ITALY	罗马生物医学大学	意大利	57	451
1180	JEJU NATIONAL UNIVERSITY	济州国立大学	韩国	33	354
1181	MAYNOOTH UNIVERSITY	梅努斯大学	爱尔兰	8	452
1182	BOISE STATE UNIVERSITY	博伊西州立大学	美国	223	261
1183	WROCLAW MEDICAL UNIVERSITY	弗罗茨瓦夫医科大学	波兰	15	453
1184	UNIVERSIDAD AUTONOMA DE SAN LUIS POTOSI	圣路易斯波托西自治大学	墨西哥	6	262
1185	GDANSK UNIVERSITY OF TECHNOLOGY	哥但斯克工业大学	波兰	16	454
1186	UNIVERSITY OF COLOMBO	科伦坡大学	斯里兰卡	2	355
1187	UNIVERSITY OF THE SUNSHINE COAST	阳光海岸大学	澳大利亚	38	45
1188	UNIVERSITY OSNABRUCK	奥斯纳布吕克大学	德国	55	455
1189	HENAN UNIVERSITY OF SCIENCE & TECHNOLOGY	河南科技大学	中国	164	356
1190	UNIVERSITY OF PADERBORN	帕德博恩大学	德国	56	456

续表

排名	英文名称	中文全称	国家/地区	国家/地区排名	所在洲排名
1191	SHANGHAI OCEAN UNIVERSITY	上海海洋大学	中国	165	357
1192	UNIVERSIDAD AUTONOMA METROPOLITANA-MEXICO	大都会自治大学	墨西哥	7	263
1193	UNIVERSITY OF MASSACHUSETTS LOWELL	马萨诸塞大学卢维尔分校	美国	224	264
1194	UNIVERSITY OF AUGSBURG	奥格斯堡大学	德国	57	457
1195	AUSTRALIAN CATHOLIC UNIVERSITY-MELBOURNE CAMPUS	澳大利亚天主教大学-墨尔本校区	澳大利亚	39	46
1196	OAKLAND UNIVERSITY	美国奥克兰大学	美国	225	265
1197	WILFRID LAURIER UNIVERSITY	加拿大劳瑞尔大学	加拿大	34	266
1198	UNIVERSITI TEKNOLOGI PETRONAS	马来西亚石油大学	马来西亚	9	358
1199	NIHON UNIVERSITY	日本大学	日本	31	359
1200	CLARK UNIVERSITY	克拉克大学	美国	226	267

其他中国机构：1202. 台湾东华大学；1207. 浙江理工大学；1208. 曲阜师范大学；1212. 广州中医药大学；1218. 江西师范大学；1240. 河北大学；1241. 三峡大学；1252. 佛山科学技术学院；1254. 西安建筑科技大学；1257. 成都理工大学；1262. 山东第一医科大学；1266. 江苏科技大学；1268. 常州大学；1278. 南华大学；1280. 淡江大学；1281. 天津科技大学；1285. 西南科技大学；1287. 重庆邮电大学；1298. 台北科技大学；1306. 西南石油大学；1309. 天津理工大学；1319. 中国计量大学；1337. 内蒙古大学；1338. 西交利物浦大学；1339. 西安科技大学；1345. 桂林电子科技大学；1364. 天津工业大学；1365. 高雄科技大学；1370. 中南林业科技大学；1380. 上海中医药大学；1386. 青岛农业大学；1388. 上海海事大学；1395. 沈阳药科大学；1396. 东莞理工学院；1418. 四川师范大学；1419. 石河子大学；1420. 湖南科技大学；1424. 安徽师范大学；1425. 山东理工大学；1432. 重庆工商大学；1434. 台湾中原大学；1442. 成都大学；1443. 烟台大学；1445. 对外经济贸易大学；1456. 桂林工业大学；1458. 郑州轻工业大学；1466. 台湾医学院；1468. 辅仁大学；1471. 江西财经大学；1472. 苏州科技大学；1481. 中北大学；1482. 广西医科大学；1483. 中南财经政法大学；1484. 逢甲大学；1487. 湖北工业大学；1488. 河北农业大学；1500. 安徽工业大学；1502. 中央民族大学；1504. 徐州医科大学；1505. 广西师范大学；1511. 河南工业大学；1514. 西北师范大学；1521. 大连医科大学；1539. 聊城大学；1546. 青岛理工大学；1553. 东海大学(中国台湾)；1557. 上海工程技术大学；1561. 台湾中正大学；1565. 天津师范大学；1571. 上海电力大学；1577. 南昌航空大学；1579. 黑龙江大学；1595. 安徽理工大学；1610. 河北医科大学；1625. 北京中医药大学；1626. 浙江海洋大学；1631. 中南民族大学；1641. 江西农业大学；1651. 元智大学；1654. 台湾云林科技大学；1657. 广东海洋大学；1658. 渤海大学；1665. 武汉纺织大学；1669. 沈阳农业大学；1679. 哈尔滨理工大学；1690. 吉林农业大学；1693. 大连工业大学；1696. 中山医学大学；1697. 集美大学；1708. 山东中医药大学；1710. 湖南工业大学；1716. 宁夏大学；1719. 重庆师范大学；1725. 南京财经大学；1734. 兰州交通大学；1737. 成都中医药大学；1739. 河北师范大学；1740. 重庆理工大学；1744. 浙江财经大学；1750. 华北理工大学；1754. 上海应用技术大学；1761. 湖州师范学院；1764. 成都信息工程大学；1767. 岭南大学；1768. 东北财经大学；1775. 云南师范大学；1783. 广东药科大学；1787. 兰州理工大学；1788. 广东外语外贸大学；1791. 广东医科大学；1792. 青海大学；1793. 绍兴文理学院；1798. 山东财经大学；1804. 台湾屏东科技大学；1805. 西华师范大学；1810. 鲁东大学；1813. 哈尔滨师范大学；1814. 昆明医科大学；1822. 北京建筑大学土木与交通工程学院；1827. 明志科技大学；1828. 长春科技大学；1838. 临沂大学；1847. 山西医科大学；1850. 义守大学；1858. 嘉兴学院；1862. 沈阳工业大学；1872. 安徽工程大学；1873. 山西农业大学；1887. 长春工业大学；1891. 浙江中医药大学；1901. 中原工学院；1905. 辽宁工业大学；1909. 山东建筑大学；1914. 西安工业大学；1917. 天津中医药大学；1920. 太原科技大学；1924. 滨州医学院；1928. 江汉大学；1929. 河北科技大学；1942. 四川轻化工大学；1945. 淮阴师范学院；1946. 东北石油大学；1948. 吉首大学；1950. 福建理工大学；1952. 新乡医学院；1957. 首都经济贸易大学；1961. 新疆医科大学；1968. 五邑大学；1970. 盐城工学院；1971. 台湾嘉义大学；1972. 安徽财经大学；1977. 淮北师范大学；1978. 华东交通大学；1980. 西安邮电大学；1981. 仲恺农业工程学院；1985. 信阳师范学院；1986. 长庚科技大学；1988. 闽江学院；1990. 内蒙古农业大学；1993. 沈阳航空航天大学；1994. 辽宁师范大学；1995. 延边大学；1997. 广东石油化工学院；2000. 云南农业大学；2005. 辽宁大学；2009. 甘肃农业大学；2014. 武汉轻工大学；2015. 辽宁石油化工大学；2016. 西南民族大学；2023. 东华理工大学；2028. 贵州医科大学；2033. 湖北大学医学院；2035. 华北水利水电大学；2040. 延安大学；2042. 上海体育大学；2046. 宁夏医科大学；

续表

2047. 海南医学院；2049. 河南科技学院；2051. 湖北经济学院；2054. 西安工程大学；2056. 安徽建筑大学；2058. 江西科技师范大学；2060. 山东第二医科大学；2061. 内蒙古工业大学；2062. 湖北中医药大学；2066. 齐齐哈尔大学；2067. 遵义医学院；2068. 桂林医学院；2069. 江西中医药大学；2071. 重庆科技大学；2073. 河南中医药大学；2076. 湖南中医学院；2078. 西南林业大学；2079. 内蒙古科技大学；2080. 宁波工程学院；2082. 湖北文理学院；2085. 沈阳化工大学；2086. 大连交通大学；2088. 新疆农业大学；2089. 安徽中医药大学；2092. 中国人民解放军空军工程大学；2093. 福建中医药大学；2094. 南方科技大学；2095. 黑龙江中医药大学；2102. 锦州医科大学；2105. 广西中医药大学；2110. 辽宁中医药大学；2111. 陕西中医药大学；2112. 黑龙江八一农垦大学；2114. 江西科技学院；2131. 中国人民解放军陆军工程大学；2132. 西安医学院；2150. 中国人民解放军信息工程大学；2156. 中国人民解放军海军军医大学；2158. 中国人民解放军陆军军医大学；2162. 西南医科大学；2166. 济宁医学院；2170. 辽宁科技大学；2172. 泰州学院；2181. 吉林师范大学；2186. 重庆文理学院；2188. 长江师范学院；2189. 北方民族大学

（注：若不同学校出现相同得分且不同名次，为四舍五入保留两位小数点导致。）

第三节　世界一流大学分学科排行榜（2024）（分22个学科）

一、农业科学

表2-3　农业科学（AGRICULTURAL SCIENCE）（共846个）（10强与中国大学）

排名	英文名称	中文名称	国家/地区
1	CHINA AGRICULTURAL UNIVERSITY	中国农业大学	中国
2	WAGENINGEN UNIVERSITY & RESEARCH	瓦格宁根大学	荷兰
3	ZHEJIANG UNIVERSITY	浙江大学	中国
4	NORTHWEST A&F UNIVERSITY-CHINA	西北农林科技大学	中国
5	NANCHANG UNIVERSITY	南昌大学	中国
6	JIANGNAN UNIVERSITY	江南大学	中国
7	SOUTH CHINA UNIVERSITY OF TECHNOLOGY	华南理工大学	中国
8	NANJING AGRICULTURAL UNIVERSITY	南京农业大学	中国
9	UNIVERSITY OF MASSACHUSETTS AMHERST	马萨诸塞大学阿默斯特分校	美国
10	NORTHEAST AGRICULTURAL UNIVERSITY-CHINA	东北农业大学	中国
其他中国机构：11. 中国科学院大学；14. 江苏大学；16. 北京工商大学；20. 华中农业大学；23. 扬州大学；30. 上海交通大学；41. 宁波大学；52. 华南农业大学；55. 中山大学；58. 四川大学；59. 西南大学；64. 安徽农业大学；67. 四川农业大学；71. 青岛农业大学；72. 福建农林大学；82. 成都大学；84. 北京大学；90. 北京师范大学；91. 天津科技大学；94. 兰州大学；102. 山东农业大学；103. 南京林业大学；105. 大连工业大学；108. 沈阳农业大学；116. 合肥工业大学；121. 湖南农业大学；124. 海南大学；126. 吉林大学；133. 陕西科技大学；135. 南京师范大学；150. 江西农业大学；162. 河北农业大学；165. 广西大学；166. 中国海洋大学；176. 江西师范大学；179. 东北林业大学；180. 佛山科学技术学院；189. 北京林业大学；190. 重庆大学；193. 石河子大学；199. 齐鲁工业大学；205. 贵州大学；216. 长江大学；220. 郑州轻工业大学；223. 暨南大学；226. 浙江工商大学；241. 浙江农林大学；249. 南开大学；255. 武汉大学；262. 上海海洋大学；264. 台湾大学；268. 浙江工业大学；270. 河南工业大学；277. 浙江海洋大学；285. 仲恺农业工程学院；297. 甘肃农业大学；300. 南京财经大学；306. 山东理工大学；310. 陕西师范大学；311. 香港大学；316. 山西农业大学；317. 河南科技大学；318. 上海应用技术大学；319. 清华大学；326. 河南农业大学；327. 南京工业大学；329. 吉林农业大学；341. 广东工业大学；366. 香港中文大学；373. 福州大学；382. 渤海大学；383. 天津大学；385. 武汉轻工大学；396. 华中科技大学；397. 台湾中国医药大学；406. 河海大学；408. 西北大学；411. 湖北工业大学；417. 南京大学；419. 内蒙古农业大学；426. 深圳大学；427. 郑州大学；437. 中南大学；447. 澳门大学；455. 云南农业大学；456. 中国医学科学院-中国协和医学院；464. 台湾中兴大学；468. 复旦大学；484. 昆明理工大学；485. 中南林业科技大学；501. 青岛大学；502. 南京信息工程大学；505. 河南大学；513. 苏州大学；526. 广东海洋大学；536. 香港浸会大学；537. 厦门大学；545. 山东大学；550. 河南科技学院；554. 上海理工大学；571. 宁夏大学；576. 中国地质大学；580. 广东药科大学；590. 哈尔滨工业大学；599. 西安理工大学；608. 华东理工大学；613. 亚洲大学(中国台湾)；622. 台北医学大学；630. 山西大学；636. 东北师范大学；644. 集美大学；648. 北京师范大学-香港浸会大学联合国际学院；652. 南方医科大学；654. 西安交通大学；661. 北京协和医学院；678. 黑龙江八一农垦大学；680. 福建师范大学；697. 台湾屏东科技大学；700. 香港理工大学；718. 中国药科大学；721. 中山医学大学；729. 武汉工程大学；735. 新疆农业大学；736. 青海大学；743. 南京医科大学；749. 华东师范大学；765. 云南大学；788. 北京化工大学；793. 杭州师范大学；806. 沈阳药科大学；814. 湖南大学；822. 台湾阳明交通大学；826. 广州中医药大学；839. 西北工业大学；841. 高雄医科大学			

二、生物学与生物化学

表 2-4 生物学与生物化学（BIOLOGY & BIOCHEMISTRY）（共 890 个）
（10 强与中国大学）

排名	英文名称	中文名称	国家/地区
1	HARVARD UNIVERSITY	哈佛大学	美国
2	MASSACHUSETTS INSTITUTE OF TECHNOLOGY	麻省理工学院	美国
3	STANFORD UNIVERSITY	斯坦福大学	美国
4	UNIVERSITY OF CAMBRIDGE	剑桥大学	英国
5	UPPSALA UNIVERSITY	乌普萨拉大学	瑞典
6	UNIVERSITY OF COPENHAGEN	哥本哈根大学	丹麦
7	SZEGED UNIVERSITY	赛格德大学	匈牙利
8	UNIVERSITY OF CALIFORNIA SAN DIEGO	加利福尼亚大学圣迭戈分校	美国
9	UNIVERSITY OF CALIFORNIA BERKELEY	加利福尼亚大学伯克利分校	美国
10	BRANDEIS UNIVERSITY	布兰迪斯大学	美国

其他中国机构：19. 中国科学院大学；25. 北京大学；28. 浙江大学；29. 上海交通大学；39. 四川大学；57. 中山大学；64. 清华大学；67. 同济大学；68. 复旦大学；69. 中国医学科学院-中国协和医学院；73. 中南大学；78. 山东大学；97. 华中科技大学；111. 北京协和医学院；112. 首都医科大学；125. 西安交通大学；140. 武汉大学；146. 中国药科大学；148. 中国科学技术大学；153. 哈尔滨医科大学；155. 江南大学；158. 中国农业大学；161. 南京医科大学；184. 香港大学；187. 吉林大学；188. 安徽医科大学；199. 华中农业大学；202. 南方医科大学；204. 天津大学；205. 华南理工大学；209. 台湾中国医药大学；211. 浙江工业大学；212. 郑州大学；216. 电子科技大学；227. 广州医科大学；228. 中国人民解放军海军军医大学；231. 南方科技大学；247. 苏州大学；248. 台湾大学；259. 江苏大学；266. 长庚大学；267. 西北农林科技大学；270. 南京大学；279. 南京农业大学；280. 华南农业大学；284. 哈尔滨工业大学；285. 兰州大学；300. 扬州大学；302. 厦门大学；305. 暨南大学；308. 温州医科大学；313. 华东师范大学；316. 中国医科大学；318. 南开大学；319. 天津医科大学；330. 香港理工大学；345. 东南大学；349. 华东理工大学；350. 福建农林大学；351. 空军军医大学；356. 浙江中医药大学；359. 南昌大学；360. 山东第一医科大学；364. 青岛大学；367. 台湾成功大学；368. 南华大学；370. 汕头大学；377. 香港中文大学；381. 重庆医科大学；383. 海南大学；385. 齐鲁工业大学；388. 中国人民解放军陆军军医大学；394. 湖北大学；400. 西北工业大学；404. 华北理工大学；405. 台湾阳明交通大学；413. 中国海洋大学；417. 陕西师范大学；423. 深圳大学；442. 上海科技大学；464. 南京林业大学；470. 南京中医药大学；475. 西南大学；477. 大连理工大学；478. 台北医学大学；485. 东北农业大学；486. 澳门科技大学；494. 福建医科大学；496. 湖南大学；497. 重庆大学；506. 四川农业大学；511. 天津科技大学；520. 大连医科大学；525. 北京化工大学；534. 南通大学；535. 上海中医药大学；536. 南京工业大学；552. 河北医科大学；554. 广西医科大学；566. 澳门大学；574. 高雄医科大学；582. 广西大学；585. 西南医科大学；588. 香港城市大学；594. 北京林业大学；602. 台湾清华大学；606. 上海大学；611. 宁波大学；621. 台湾中兴大学；622. 徐州医科大学；632. 香港浸会大学；650. 北京工业大学；655. 广州中医药大学；660. 河南大学；662. 香港科技大学；664. 北京师范大学；665. 北京中医药大学；673. 西北大学；674. 湖南农业大学；688. 昆明医科大学；691. 山西医科大学；700. 南京师范大学；712. 广东医科大学；721. 河南农业大学；740. 东海大学(中国台湾)；742. 济南大学；744. 杭州师范大学；748. 上海海洋大学；749. 东北林业大学；751. 沈阳药科大学；754. 山东农业大学；768. 湖南师范大学；771. 亚洲大学(中国台湾)；777. 北京工商大学；781. 东华大学；789. 安徽大学；793. 台湾中山大学；794. 昆明理工大学；803. 广东药科大学；804. 福州大学；810. 安徽农业大学；817. 新乡医学院；820. 中山医学大学；834. 北京航空航天大学；843. 南京理工大学；846. 合肥工业大学；849. 台湾科技大学；853. 东北师范大学；871. 香港中文大学(深圳)；877. 武汉理工大学；883. 湖南工业大学

三、化学

表 2-5　化学(CHEMISTRY)(共 1378 个)(10 强与中国大学)

排名	英文名称	中文名称	国家/地区
1	TSINGHUA UNIVERSITY	清华大学	中国
2	UNIVERSITY OF CHINESE ACADEMY OF SCIENCES, CAS	中国科学院大学	中国
3	UNIVERSITY OF SCIENCE & TECHNOLOGY OF CHINA, CAS	中国科学技术大学	中国
4	UDICE FRENCH RES UNIV	法国国立高等工程技术与科学师范学院	法国
5	NANYANG TECHNOLOGICAL UNIVERSITY	南洋理工大学	新加坡
6	NATIONAL UNIVERSITY OF SINGAPORE	新加坡国立大学	新加坡
7	ZHEJIANG UNIVERSITY	浙江大学	中国
8	TIANJIN UNIVERSITY	天津大学	中国
9	HARVARD UNIVERSITY	哈佛大学	美国
10	PEKING UNIVERSITY	北京大学	中国

其他中国机构：11. 北京化工大学；12. 福州大学；13. 香港城市大学；14. 南开大学；18. 四川大学；19. 苏州大学；21. 北京理工大学；22. 南京大学；23. 电子科技大学；24. 吉林大学；26. 厦门大学；27. 郑州大学；28. 复旦大学；29. 华南理工大学；30. 中山大学；31. 上海交通大学；32. 湖南大学；33. 华东理工大学；34. 武汉理工大学；36. 武汉大学；37. 中南大学；38. 大连理工大学；40. 深圳大学；45. 南京工业大学；46. 山东大学；47. 江苏大学；49. 华中科技大学；50. 西安交通大学；51. 西北工业大学；54. 哈尔滨工业大学；56. 中国地质大学；57. 同济大学；60. 东南大学；65. 重庆大学；66. 南方科技大学；67. 华东师范大学；68. 青岛科技大学；70. 青岛大学；74. 浙江工业大学；76. 中国石油大学；77. 华南师范大学；79. 香港理工大学；89. 暨南大学；90. 香港科技大学；92. 上海大学；93. 山东师范大学；95. 上海理工大学；97. 香港大学；99. 南京林业大学；100. 台湾大学；103. 北京航空航天大学；104. 北京师范大学；108. 东华大学；117. 扬州大学；119. 北京科技大学；120. 常州大学；122. 北京工业大学；124. 成都大学；129. 南京理工大学；130. 香港中文大学；131. 香港中文大学(深圳)；132. 兰州大学；135. 南京师范大学；137. 浙江海洋大学；144. 华中师范大学；164. 江南大学；166. 广东工业大学；167. 苏州科技大学；175. 上海科技大学；176. 中北大学；177. 安徽大学；189. 陕西师范大学；195. 河北大学；197. 浙江师范大学；202. 安徽师范大学；205. 广州大学；206. 山东科技大学；209. 桂林电子科技大学；211. 中国东北大学；212. 海南大学；218. 中国矿业大学；221. 云南大学；229. 西北大学；235. 济南大学；243. 吉首大学；244. 杭州电子科技大学；245. 中国海洋大学；250. 陕西科技大学；253. 南昌大学；256. 华南农业大学；258. 南京航空航天大学；262. 洛阳师范学院；263. 福建医科大学；267. 兰州交通大学；268. 华北电力大学；274. 天津科技大学；275. 西湖大学；276. 温州大学；277. 西南大学；279. 哈尔滨工程大学；281. 浙江理工大学；286. 天津理工大学；293. 河南大学；295. 广西大学；296. 山西大学；306. 东北师范大学；310. 南京邮电大学；313. 江西师范大学；328. 黑龙江大学；329. 南华大学；338. 昆明理工大学；344. 安徽工业大学；347. 西南科技大学；356. 温州医科大学；360. 贵州大学；361. 西南石油大学；367. 河南师范大学；369. 汕头大学；374. 湖北大学；376. 太原理工大学；377. 江苏科技大学；386. 西安工业大学；388. 聊城大学；391. 中国药科大学；404. 重庆理工大学；410. 江苏师范大学；416. 东北林业大学；421. 台湾清华大学；429. 台湾阳明交通大学；432. 中南民族大学；433. 广西师范大学；435. 香港浸会大学；438. 沈阳药科大学；443. 烟台大学；447. 西南交通大学；460. 合肥工业大学；461. 南昌航空大学；467. 上海师范大学；468. 武汉科技大学；469. 长沙理工大学；470. 天津工业大学；473. 新疆大学；479. 长庚大学；480. 哈尔滨师范大学；481. 泰州学院；483. 齐鲁工业大学；485. 兰州理工大学；488. 宁波大学；489. 湘潭大学；491. 三峡大学；496. 南京信息工程大学；498. 福建农林大学；502. 桂林工业大学；504. 中国农业大学；506. 嘉兴学院；511. 河北工业大学；513. 天津师范大学；516. 南通大学；523. 华北理工大学；526. 河南工业大学；528. 武汉工程大学；532. 中国医学科学院-中国协和医学院；544. 上海工程技术大学；545. 西北师范大学；555. 哈尔滨理工大学；556. 盐城工学院；558. 西安建筑科技大学；559. 北方民族大学；562. 四川轻化工大学；566. 曲阜师范大学；571. 山西师范大学；572. 安徽理工大学；573. 辽宁石油化工大学；576. 河南科技大学；578. 国防科学技术大学；579. 临沂大学；592. 绍兴文理学院；594. 东北农业大学；596. 广州医科大学；608. 安阳师范学院；612. 广东

续表

医科大学；615. 华中农业大学；616. 河北农业大学；617. 渤海大学；620. 福建师范大学；622. 辽宁科技大学；623. 台湾科技大学；626. 燕山大学；629. 安徽工程大学；632. 中南林业科技大学；635. 北京协和医学院；637. 成都中医药大学；639. 西北农林科技大学；641. 台湾成功大学；642. 北京林业大学；648. 哈尔滨医科大学；651. 河南农业大学；654. 台北科技大学；671. 江西农业大学；678. 杭州师范大学；681. 高雄医科大学；693. 湖南师范大学；709. 南京农业大学；714. 澳门大学；716. 郑州轻工业大学；719. 台湾中兴大学；722. 华侨大学；732. 江西科技学院；746. 湖南科技大学；752. 山东理工大学；757. 台湾中国医药大学；758. 台湾中原大学；762. 河南理工大学；768. 青岛农业大学；769. 石河子大学；770. 中国人民大学；774. 北京工商大学；776. 河海大学；779. 台湾中山大学；783. 首都师范大学；784. 淮北师范大学；792. 上海应用技术大学；795. 宁夏大学；803. 重庆工商大学；804. 内蒙古大学；806. 南京医科大学；807. 台湾“中央”大学；810. 中国计量大学；821. 长春科技大学；823. 南京中医药大学；836. 四川师范大学；838. 湖南农业大学；853. 南方医科大学；854. 北京交通大学；867. 武汉纺织大学；872. 辽宁大学；884. 西华师范大学；885. 东华理工大学；890. 江西科技师范大学；892. 中国人民解放军海军军医大学；893. 淡江大学；899. 浙江农林大学；900. 信阳师范学院；908. 长安大学；910. 山东农业大学；913. 吉林师范大学；916. 河北师范大学；930. 大连工业大学；934. 成都理工大学；935. 西安理工大学；948. 长春工业大学；957. 台北医学大学；960. 东莞理工学院；974. 广东药科大学；976. 赣南师范大学；989. 山东第一医科大学；992. 重庆医科大学；993. 首都医科大学；994. 西安电子科技大学；1008. 长江大学；1020. 湖南工业大学；1021. 四川农业大学；1022. 安徽农业大学；1023. 河北科技大学；1025. 澳门科技大学；1037. 台湾师范大学；1041. 中国人民解放军陆军军医大学；1047. 上海电力大学；1052. 青岛理工大学；1053. 沈阳化工大学；1054. 天津医科大学；1058. 东北石油大学；1067. 重庆师范大学；1068. 五邑大学；1069. 西安科技大学；1084. 湖北工业大学；1101. 浙江工商大学；1120. 佛山科学技术学院；1133. 云南师范大学；1144. 鲁东大学；1146. 辽宁师范大学；1148. 上海中医药大学；1155. 淮阴师范学院；1158. 长江师范学院；1174. 广东石油化工学院；1198. 大连医科大学；1207. 沈阳工业大学；1210. 北京中医药大学；1211. 中国科技大学；1216. 香港教育大学；1224. 滨州医学院；1230. 江汉大学；1239. 齐齐哈尔大学；1245. 延边大学；1248. 大连海事大学；1254. 西南民族大学；1283. 广州中医药大学；1285. 吉林农业大学；1289. 安徽建筑大学；1291. 明志科技大学；1292. 安徽医科大学；1297. 空军军医大学；1305. 徐州医科大学；1310. 云南民族大学；1312. 海南师范大学；1329. 逢甲大学；1330. 宁波工程学院；1334. 天津中医药大学；1335. 亚洲大学(中国台湾)；1338. 台湾东华大学；1350. 淮阴工学院；1374. 闽南师范大学

四、临床医学

表 2-6 临床医学（CLINICAL MEDICINE）（共 1790 个）（10 强与中国大学）

排名	英文名称	中文名称	国家/地区
1	HARVARD UNIVERSITY	哈佛大学	美国
2	JOHNS HOPKINS UNIVERSITY	约翰·霍普金斯大学	美国
3	UNIVERSITY OF CAMBRIDGE	剑桥大学	英国
4	UNIVERSITY OF TORONTO	多伦多大学	加拿大
5	UNIVERSITY COLLEGE LONDON	伦敦大学学院	英国
6	UNIVERSITY OF AMSTERDAM	阿姆斯特丹大学	荷兰
7	VANDERBILT UNIVERSITY	范德比尔特大学	美国
8	UNIVERSITY OF OXFORD	牛津大学	英国
9	STANFORD UNIVERSITY	斯坦福大学	美国
10	UNIVERSITE PARIS SACLAY	巴黎萨克雷大学	法国
其他中国机构：47. 香港中文大学；72. 上海交通大学；74. 中国医学科学院-中国协和医学院；75. 复旦大学；90. 台湾大学；96. 中山大学；109. 北京大学；123. 首都医科大学；141. 北京协和医学院；142. 四川大学；145. 香港大学；148. 浙江大学；154. 华中科技大学；177. 南京医科大学；182. 中南大学；208. 南方医科大学；218. 同济大学；220. 武			

续表

汉大学；260. 台湾阳明交通大学；262. 山东大学；267. 郑州大学；272. 天津医科大学；274. 西安交通大学；275. 清华大学；282. 苏州大学；310. 山东第一医科大学；314. 台湾中国医药大学；319. 长庚大学；322. 重庆医科大学；325. 温州医科大学；326. 南京大学；327. 吉林大学；331. 南京中医药大学；340. 台北医学大学；344. 中国医科大学；350. 福建医科大学；358. 中国人民解放军海军军医大学；362. 广州医科大学；364. 哈尔滨医科大学；372. 安徽医科大学；400. 中国人民解放军陆军军医大学；406. 中国科学技术大学；409. 空军军医大学；421. 台湾成功大学；427. 东南大学；428. 高雄医科大学；430. 厦门大学；463. 中国科学院大学；475. 青岛大学；479. 南昌大学；492. 香港理工大学；519. 暨南大学；532. 河北医科大学；544. 广西医科大学；579. 南开大学；616. 南通大学；617. 大连医科大学；640. 徐州医科大学；657. 北京中医药大学；660. 深圳大学；663. 贵州医科大学；671. 广州中医药大学；688. 上海中医药大学；692. 中山医学大学；697. 电子科技大学；723. 湖北大学医学院；760. 兰州大学；796. 西南医科大学；797. 昆明医科大学；811. 山西医科大学；820. 亚洲大学(中国台湾)；843. 广东医科大学；844. 新疆医科大学；846. 杭州师范大学；852. 浙江中医药大学；857. 香港城市大学；875. 汕头大学；881. 南华大学；887. 辅仁大学；906. 滨州医学院；914. 江苏大学；920. 成都中医药大学；924. 义守大学；987. 慈济大学；991. 新乡医学院；1007. 河南大学；1011. 华南理工大学；1013. 江南大学；1016. 内蒙古医科大学；1017. 重庆大学；1022. 南方科技大学；1038. 台湾师范大学；1041. 武汉科技大学；1057. 宁波大学；1077. 扬州大学；1083. 济宁医学院；1085. 湖南师范大学；1104. 中国药科大学；1106. 台湾清华大学；1109. 昆山杜克大学；1112. 西安医学院；1118. 济南大学；1134. 台湾中兴大学；1140. 遵义医学院；1145. 宁夏医科大学；1150. 山东中医药大学；1155. 香港中文大学(深圳)；1156. 海南医学院；1157. 川北医学院；1170. 长江大学；1173. 山东第二医科大学；1174. 哈尔滨工业大学；1190. 北京航空航天大学；1194. 天津中医药大学；1200. 昆明理工大学；1207. 上海科技大学；1211. 台湾中山大学；1224. 西北工业大学；1238. 澳门大学；1240. 长庚科技大学；1246. 锦州医科大学；1250. 香港浸会大学；1251. 北京工业大学；1277. 天津大学；1279. 广东药科大学；1297. 桂林医学院；1311. 华北理工大学；1318. 台北护理健康大学；1319. 上海大学；1325. 华东师范大学；1332. 福建中医药大学；1338. 湖南中医学院；1356. 三峡大学；1358. 西北大学；1359. 河南科技大学；1371. 上海健康医学院；1381. 香港科技大学；1383. 石河子大学；1394. 澳门科技大学；1396. 弘光科技大学；1397. 湖州师范学院；1401. 上海体育大学；1404. 嘉南药理科技大学；1407. 延边大学；1421. 河北大学；1424. 中国农业大学；1431. 大连大学；1453. 河南中医药大学；1463. 赣南医学院；1469. 西安电子科技大学；1475. 黑龙江中医药大学；1477. 北京师范大学；1485. 陕西中医药大学；1491. 嘉兴学院；1493. 安徽中医药大学；1502. 大连理工大学；1504. 广西中医药大学；1511. 湖北理工学院；1514. 中台科技大学；1518. 湖北中医药大学；1520. 湖北文理学院；1534. 承德医学院；1539. 中国东北大学；1545. 江西中医药大学；1546. 沈阳药科大学；1548. 泰州学院；1555. 青海大学；1564. 西南大学；1584. 华南师范大学；1593. 北京理工大学；1598. 延安大学；1611. 南台科技大学；1616. 福州大学；1647. 台湾“中央”大学；1652. 辽宁中医药大学；1654. 中国科技大学；1657. 武汉轻工大学；1665. 牡丹江医学院；1667. 中国人民大学；1668. 辅英科技大学；1683. 陕西师范大学；1684. 华东理工大学；1691. 西北农林科技大学；1694. 南京师范大学；1698. 台湾中正大学；1709. 华中农业大学；1713. 湖南大学；1741. 南京农业大学；1750. 深圳城市学院；1790. 应急管理大学

五、计算机科学

表 2-7　计算机科学（COMPUTER SCIENCE）（共 624 个）（10 强与中国大学）

排名	英文名称	中文名称	国家/地区
1	MASSACHUSETTS INSTITUTE OF TECHNOLOGY (MIT)	麻省理工学院	美国
2	UNIVERSITY OF ELECTRONIC SCIENCE & TECHNOLOGY OF CHINA	电子科技大学	中国
3	SOUTHEAST UNIVERSITY-CHINA	东南大学	中国
4	NANYANG TECHNOLOGICAL UNIVERSITY	南洋理工大学	新加坡
5	TSINGHUA UNIVERSITY	清华大学	中国
6	XIDIAN UNIVERSITY	西安电子科技大学	中国
7	ZHEJIANG UNIVERSITY	浙江大学	中国

续表

排名	英文名称	中文名称	国家/地区
8	BEIJING UNIVERSITY OF POSTS & TELECOMMUNICATIONS	北京邮电大学	中国
9	NATIONAL UNIVERSITY OF SINGAPORE	新加坡国立大学	新加坡
10	NORTHEASTERN UNIVERSITY-CHINA	中国东北大学	中国
其他中国机构：11. 中国科学技术大学；13. 上海交通大学；15. 香港城市大学；17. 华中科技大学；18. 武汉大学；19. 西北工业大学；21. 大连理工大学；23. 哈尔滨工业大学；25. 深圳大学；26. 四川大学；27. 南京信息工程大学；29. 湖南大学；30. 中国科学院大学；32. 北京航空航天大学；33. 香港科技大学；34. 华南理工大学；39. 渤海大学；42. 香港理工大学；44. 中山大学；45. 北京大学；46. 中南大学；47. 北京理工大学；48. 广东工业大学；51. 辽宁工业大学；52. 香港大学；53. 南方科技大学；55. 西安交通大学；56. 南京理工大学；57. 国防科学技术大学；60. 广州大学；61. 重庆邮电大学；65. 安徽大学；68. 天津大学；69. 南京大学；70. 同济大学；72. 重庆大学；73. 南京邮电大学；75. 香港中文大学；79. 北京交通大学；82. 南京航空航天大学；83. 北京科技大学；87. 合肥工业大学；94. 澳门大学；95. 中国地质大学；97. 青岛大学；98. 亚洲大学(中国台湾)；101. 厦门大学；108. 浙江工商大学；112. 山东大学；120. 杭州电子科技大学；123. 浙江工业大学；124. 西南交通大学；127. 中国石油大学；130. 中国矿业大学；131. 福建师范大学；134. 复旦大学；136. 齐鲁工业大学；138. 温州大学；142. 上海大学；161. 福州大学；163. 大连海事大学；165. 吉林大学；170. 南开大学；171. 河海大学；172. 太原科技大学；180. 华东师范大学；181. 北京工业大学；182. 山东师范大学；187. 台湾阳明交通大学；193. 长沙理工大学；196. 上海科技大学；201. 台湾科技大学；202. 苏州大学；206. 澳门科技大学；207. 曲阜师范大学；222. 西南大学；226. 东华大学；237. 哈尔滨工程大学；241. 山东科技大学；242. 西南财经大学；243. 香港浸会大学；250. 香港中文大学(深圳)；257. 中国人民解放军陆军工程大学；262. 武汉科技大学；263. 燕山大学；267. 武汉理工大学；268. 西安理工大学；277. 华东理工大学；282. 扬州大学；283. 桂林电子科技大学；287. 郑州大学；299. 暨南大学；302. 云南大学；311. 台湾成功大学；323. 江南大学；331. 西北大学；346. 台湾大学；354. 陕西师范大学；363. 上海海事大学；365. 北京师范大学；369. 上海理工大学；375. 台湾中国医药大学；376. 西安邮电大学；378. 中国农业大学；380. 华侨大学；390. 江苏大学；391. 华北电力大学；399. 南通大学；400. 台湾中山大学；403. 台湾清华大学；404. 兰州大学；407. 中国人民解放军信息工程大学；412. 浙江师范大学；418. 山西大学；420. 南昌大学；427. 中国海洋大学；429. 台湾"中央"大学；444. 宁波大学；451. 北京化工大学；454. 四川师范大学；457. 南京师范大学；465. 山东财经大学；468. 湖南科技大学；476. 华南农业大学；480. 西北农林科技大学；482. 西交利物浦大学；484. 广西师范大学；485. 湘潭大学；488. 河南理工大学；489. 中南财经政法大学；493. 聊城大学；495. 绍兴文理学院；496. 华中师范大学；502. 中国人民大学；506. 河南大学；511. 深圳城市学院；513. 河北工业大学；515. 华南师范大学；549. 江西财经大学；557. 逢甲大学；558. 福建理工大学；561. 新疆大学；562. 昆明理工大学；580. 天津理工大学；602. 台湾中正大学；605. 江苏师范大学；612. 江苏科技大学；617. 台湾东华大学；618. 东北师范大学			

六、经济学与商学

表 2-8 经济学与商学（ECONOMICS & BUSINESS）（共 408 个）（10 强与中国大学）

排名	英文名称	中文名称	国家/地区
1	HARVARD UNIVERSITY	哈佛大学	美国
2	UNIVERSITY OF CALIFORNIA BERKELEY	加利福尼亚大学伯克利分校	美国
3	MASSACHUSETTS INSTITUTE OF TECHNOLOGY (MIT)	麻省理工学院	美国
4	STANFORD UNIVERSITY	斯坦福大学	美国
5	UNIVERSITY OF CHICAGO	芝加哥大学	美国
6	ERASMUS UNIVERSITY ROTTERDAM	鹿特丹大学	荷兰
7	MONASH UNIVERSITY	莫纳什大学	澳大利亚

续表

排名	英文名称	中文名称	国家/地区
8	LONDON SCHOOL ECONOMICS & POLITICAL SCIENCE	伦敦政治经济学院	英国
9	UNIVERSITY OF PENNSYLVANIA	宾夕法尼亚大学	美国
10	NEW YORK UNIVERSITY	纽约大学	美国
其他中国机构：13. 西南财经大学；16. 中南大学；22. 上海财经大学；26. 中国人民大学；28. 对外经济贸易大学；36. 中南财经政法大学；51. 北京大学；62. 北京理工大学；65. 华中科技大学；75. 武汉大学；76. 清华大学；81. 中央财经大学；89. 复旦大学；105. 厦门大学；106. 香港理工大学；112. 台湾大学；120. 香港城市大学；122. 浙江大学；128. 南京大学；131. 暨南大学；132. 香港大学；143. 香港中文大学；148. 上海交通大学；158. 西安交通大学；160. 香港科技大学；170. 江西财经大学；171. 上海大学；179. 西南交通大学；180. 中山大学；190. 湖南大学；239. 四川大学；256. 南开大学；264. 天津大学；274. 同济大学；278. 山东大学；310. 中国科学技术大学；311. 北京师范大学；317. 台湾政治大学；330. 中国科学院大学；359. 香港浸会大学；378. 台湾中山大学；382. 澳门大学；387. 宁波诺丁汉大学；394. 中欧国际工商学院			

七、工程学

表 2-9　工程学（ENGINEERING）（共 1787 个）（10 强与中国大学）

排名	英文名称	中文名称	国家/地区
1	STANFORD UNIVERSITY	斯坦福大学	美国
2	XI'AN JIAOTONG UNIVERSITY	西安交通大学	中国
3	TSINGHUA UNIVERSITY	清华大学	中国
4	HARBIN INSTITUTE OF TECHNOLOGY	哈尔滨工业大学	中国
5	BEIJING INSTITUTE OF TECHNOLOGY	北京理工大学	中国
6	ZHEJIANG UNIVERSITY	浙江大学	中国
7	SOUTHEAST UNIVERSITY-CHINA	东南大学	中国
8	CHONGQING UNIVERSITY	重庆大学	中国
9	HUAZHONG UNIVERSITY OF SCIENCE & TECHNOLOGY	华中科技大学	中国
10	SHANGHAI JIAO TONG UNIVERSITY	上海交通大学	中国
其他中国机构：11. 北京航空航天大学；12. 电子科技大学；13. 香港理工大学；14. 华南理工大学；16. 湖南大学；18. 西北工业大学；19. 天津大学；20. 中国科学院大学；21. 同济大学；23. 香港城市大学；24. 中国石油大学；28. 中南大学；29. 大连理工大学；30. 中国东北大学；33. 武汉大学；37. 广东工业大学；38. 中国科学技术大学；39. 四川大学；41. 山东大学；42. 北京大学；46. 中国地质大学；47. 南京大学；49. 上海大学；51. 南京理工大学；52. 南京航空航天大学；53. 辽宁工业大学；58. 渤海大学；59. 西南交通大学；62. 南开大学；65. 南京邮电大学；66. 中国矿业大学；71. 北京科技大学；72. 浙江工业大学；76. 北京交通大学；77. 江苏大学；79. 华东师范大学；81. 西安电子科技大学；82. 华北电力大学；83. 厦门大学；86. 澳门大学；87. 中山大学；88. 北京工业大学；95. 哈尔滨工程大学；97. 香港大学；102. 香港科技大学；103. 河海大学；105. 复旦大学；106. 武汉理工大学；107. 郑州大学；110. 深圳大学；113. 吉林大学；117. 江南大学；118. 青岛大学；122. 广州大学；124. 西安建筑科技大学；125. 国防科学技术大学；126. 西南科技大学；128. 香港中文大学；129. 杭州电子科技大学；132. 苏州大学；133. 东北电力大学；139. 天津工业大学；141. 南昌大学；142. 南京林业大学；143. 吉首大学；145. 合肥工业大学；149. 常州大学；152. 青岛理工大学；156. 山东科技大学；157. 武汉科技大学；158. 长安大学；161. 南方科技大学；162. 上海理工大学；164. 台湾成功大学；165. 北京化工大学；168. 成都大学；169. 台湾中国医药大学；176. 福州大学；181. 华东理工大学；190. 南京信息工程大学；191. 东华大学；200. 西安理工大学；207. 广西大学；208. 北京邮电大学；219. 西南石油大学；227. 燕山大学；			

续表

228. 大连海事大学；230. 河北工业大学；240. 台湾大学；245. 太原理工大学；246. 安徽大学；250. 哈尔滨理工大学；252. 温州大学；256. 中国海洋大学；261. 西南财经大学；264. 北京师范大学；267. 海南大学；272. 沈阳航空航天大学；275. 曲阜师范大学；285. 浙江师范大学；288. 江苏科技大学；294. 中国农业大学；296. 贵州大学；297. 兰州理工大学；301. 中北大学；307. 南京工业大学；308. 青岛科技大学；311. 南京师范大学；313. 长沙理工大学；320. 湖南工业大学；324. 河北大学；328. 西南大学；332. 山东工商学院；334. 河南理工大学；335. 深圳城市学院；343. 华侨大学；348. 浙江农林大学；357. 台湾阳明交通大学；360. 昆明理工大学；364. 北京建筑大学土木与交通工程学院；367. 聊城大学；373. 扬州大学；375. 重庆邮电大学；378. 台湾清华大学；380. 中国计量大学；382. 山东师范大学；385. 河南大学；388. 华东交通大学；389. 上海工程技术大学；390. 暨南大学；391. 山东理工大学；396. 高雄科技大学；397. 亚洲大学(中国台湾)；398. 浙江海洋大学；399. 台湾科技大学；426. 上海海事大学；429. 安徽理工大学；434. 桂林电子科技大学；439. 西北农林科技大学；449. 宁波大学；450. 香港中文大学(深圳)；455. 安徽工业大学；461. 三峡大学；465. 兰州大学；469. 长江大学；473. 元智大学；474. 西交利物浦大学；482. 安徽财经大学；485. 山东财经大学；491. 中国人民解放军空军工程大学；507. 华南师范大学；508. 苏州科技大学；513. 湖南科技大学；516. 东海大学(中国台湾)；517. 南通大学；524. 台湾云林科技大学；529. 对外经济贸易大学；530. 台北科技大学；539. 徐州工程学院；546. 天津理工大学；559. 中国民航大学；561. 重庆工商大学；576. 齐鲁工业大学；577. 济南大学；581. 湖南师范大学；590. 山东建筑大学；595. 华中农业大学；596. 浙江工商大学；607. 中国人民大学；610. 四川师范大学；611. 勤益科技大学；612. 澳门科技大学；618. 江西科技学院；621. 沈阳工业大学；622. 中国人民解放军陆军工程大学；624. 兰州交通大学；628. 西安科技大学；644. 南京工程学院；651. 湘潭大学；652. 浙江理工大学；654. 宁波诺丁汉大学；656. 湖北大学；663. 闽江学院；666. 上海财经大学；676. 北京林业大学；677. 上海科技大学；688. 沈阳建筑大学；689. 鲁东大学；694. 武汉工程大学；697. 太原科技大学；698. 天津商业大学；711. 西北师范大学；713. 河北工程大学；716. 新疆大学；719. 重庆交通大学；720. 西北大学；725. 华南农业大学；731. 台湾中山大学；734. 南京农业大学；735. 福建理工大学；740. 成都理工大学；743. 上海电力大学；745. 华北理工大学；747. 上海海洋大学；752. 北京工商大学；754. 青岛农业大学；759. 杭州师范大学；765. 陕西科技大学；771. 湖北工业大学；776. 温州医科大学；784. 东莞理工学院；789. 山西大学；791. 福建师范大学；801. 西华师范大学；805. 陕西师范大学；806. 南昌航空大学；809. 广西科技大学；810. 湖北经济学院；812. 台湾中兴大学；815. 台湾“中央”大学；830. 佛山科学技术学院；835. 上海第二工业大学；841. 广东外语外贸大学；846. 河北农业大学；848. 江苏海洋大学；851. 河南师范大学；860. 香港浸会大学；861. 河南科技大学；869. 江苏科技大学；874. 逢甲大学；878. 河南农业大学；879. 郑州轻工业大学；881. 湖北文理学院；892. 东北石油大学；893. 首都经济贸易大学；901. 汕头大学；903. 东北财经大学；909. 中南林业科技大学；910. 长江师范学院；911. 台湾中原大学；913. 东北农业大学；918. 中国人民解放军海军工程大学；931. 东北林业大学；932. 东北师范大学；933. 黑龙江大学；936. 湖南农业大学；939. 烟台大学；945. 绍兴文理学院；957. 河南工业大学；958. 重庆理工大学；967. 广西师范大学；969. 北方工业大学；989. 安徽工程大学；991. 江西财经大学；993. 华北水利水电大学；994. 西安工业大学；995. 西华大学；1015. 中国人民解放军火箭军工程大学；1016. 云南大学；1025. 宁夏大学；1026. 福建农林大学；1036. 华中师范大学；1039. 湖州师范学院；1040. 北京信息科技大学；1047. 江苏师范大学；1057. 石家庄铁道学院；1063. 广东石油化工学院；1064. 长庚大学；1069. 台湾海洋大学；1070. 西安邮电大学；1071. 武汉纺织大学；1078. 浙江财经大学；1084. 浙江科技学院；1097. 桂林工业大学；1103. 辽宁工程技术大学；1105. 长春科技大学；1117. 台湾中正大学；1124. 淮阴工学院；1129. 南华大学；1143. 盐城工学院；1144. 天津城建学院；1148. 天津科技大学；1167. 四川农业大学；1168. 厦门理工学院；1176. 中南民族大学；1177. 南京财经大学；1180. 重庆师范大学；1183. 河北科技大学；1186. 中南财经政法大学；1187. 大连工业大学；1193. 淡江大学；1203. 中国人民解放军信息工程大学；1205. 重庆科技大学；1218. 湖南工业大学；1233. 成都信息工程大学；1235. 明志科技大学；1240. 辽宁石油化工大学；1243. 长春工业大学；1244. 大连交通大学；1245. 西安石油大学；1259. 上海师范大学；1261. 内蒙古工业大学；1267. 中原工学院；1270. 云南师范大学；1275. 江西师范大学；1279. 仲恺农业工程学院；1281. 四川轻化工大学；1285. 东华理工大学；1292. 上海应用技术大学；1294. 集美大学；1325. 首都师范大学；1342. 深圳职业技术大学；1351. 北方民族大学；1352. 西安工程大学；1354. 内蒙古科技大学；1358. 辽宁大学；1361. 辽宁科技大学；1364. 安徽师范大学；1365. 石河子大学；1373. 深圳信息职业技术学院；1374. 内蒙古大学；1379. 朝阳科技大学；1388. 中央财经大学；1390. 台湾虎尾科技大学；1391. 辽宁师范大学；1394. 临沂大学；1400. 安徽建筑大学；1420. 大连民族大学；1428. 中国科技大学；1432. 湖北师范大学；1435. 香港教育大学；1437. 淮阴师范学院；1441. 延安大学；1453. 广西民族大学；1454. 嘉兴学院；1465. 中央民族大学；1471. 山东农业大学；1476. 哈尔滨师范大学；1479. 安徽农业大学；1481. 南京审计大学；1484. 台湾师范大学；1492. 宜兰大学；1516. 吉林师范大学；1518. 天津师范大学；1532. 青海大学；1555. 齐齐哈尔大学；1570. 西南民族大学；1571. 合肥大学；1575. 云

续表

南财经大学；1581. 宁波工程学院；1591. 五邑大学；1592. 重庆文理学院；1607. 广东海洋大学；1620. 浙江水利水电学院；1623. 天津职业技术师范大学；1626. 山东交通学院；1632. 高雄医科大学；1648. 江西农业大学；1650. 南方医科大学；1658. 西藏大学；1664. 宝鸡文理学院；1684. 信阳师范学院；1689. 华龙科技大学；1707. 广东技术师范大学；1711. 河北师范大学；1714. 台湾联合大学；1722. 台湾屏东科技大学；1726. 沈阳化工大学；1754. 台湾东华大学；1777. 高雄大学

八、环境科学与生态学

表 2-10　环境科学与生态学（ENVIRONM & ENT ECOLOGY）（共 1225 个）
（10 强与中国大学）

排名	英文名称	中文名称	国家/地区
1	TSINGHUA UNIVERSITY	清华大学	中国
2	UNIVERSITY OF CHINESE ACADEMY OF SCIENCES, CAS	中国科学院大学	中国
3	WAGENINGEN UNIVERSITY & RESEARCH	瓦格宁根大学	荷兰
4	ETH ZURICH	苏黎世联邦理工学院	瑞士
5	PEKING UNIVERSITY	北京大学	中国
6	UTRECHT UNIVERSITY	乌得勒支大学	荷兰
7	ECOLE POLYTECHNIQUE FEDERALE DE LAUSANNE	洛桑联邦理工学院	瑞士
8	UNIVERSITY OF OXFORD	牛津大学	英国
9	UNIVERSITY OF MINNESOTA TWIN CITIES	明尼苏达大学双城分校	美国
10	STANFORD UNIVERSITY	斯坦福大学	美国
其他中国机构：13. 南京大学；19. 哈尔滨工业大学；20. 山东大学；24. 中南大学；30. 浙江大学；31. 北京师范大学；32. 中山大学；34. 湖南大学；38. 重庆大学；43. 上海交通大学；45. 武汉大学；46. 华东师范大学；59. 香港城市大学；62. 南方科技大学；64. 天津大学；65. 华北电力大学；70. 同济大学；71. 南开大学；87. 四川大学；89. 中国地质大学；91. 香港大学；99. 电子科技大学；107. 香港理工大学；108. 北京理工大学；112. 厦门大学；118. 西安建筑科技大学；119. 深圳城市学院；121. 江苏大学；124. 中国科学技术大学；126. 华中科技大学；127. 香港科技大学；139. 绍兴文理学院；141. 西北农林科技大学；142. 中国矿业大学；146. 上海海洋大学；154. 西南大学；156. 北京林业大学；160. 中国石油大学；162. 武汉理工大学；171. 浙江师范大学；177. 西安交通大学；185. 苏州大学；188. 华中师范大学；191. 中国农业大学；193. 新疆大学；195. 浙江工业大学；198. 郑州大学；202. 复旦大学；203. 南京工业大学；204. 河海大学；209. 暨南大学；213. 香港中文大学；216. 北京工商大学；218. 上海大学；219. 南京林业大学；232. 华南理工大学；235. 浙江农林大学；242. 广西大学；244. 华中农业大学；248. 华南农业大学；254. 南京理工大学；259. 广东工业大学；262. 兰州大学；266. 深圳大学；269. 南京信息工程大学；270. 云南大学；276. 贵州大学；278. 扬州大学；279. 长安大学；281. 南京农业大学；282. 中国海洋大学；285. 宁波大学；290. 南京航空航天大学；294. 东南大学；298. 佛山科学技术学院；304. 广州大学；312. 大连理工大学；314. 吉林大学；315. 西北工业大学；318. 北京工业大学；321. 河南理工大学；330. 华东理工大学；345. 杭州电子科技大学；350. 台湾大学；360. 北京化工大学；361. 青岛大学；365. 海南大学；376. 华南师范大学；379. 台湾中国医药大学；384. 香港教育大学；391. 昆明理工大学；410. 北京航空航天大学；422. 东北林业大学；424. 南昌大学；435. 中国人民大学；444. 江南大学；445. 浙江工商大学；453. 山西大学；455. 上海理工大学；456. 山东农业大学；459. 西安理工大学；472. 南京师范大学；482. 西南科技大学；483. 东北农业大学；496. 北京建筑大学土木与交通工程学院；500. 山东师范大学；507. 长沙理工大学；516. 贵州师范大学；521. 温州大学；522. 中南财经政法大学；523. 西交利物浦大学；524. 北京科技大学；525. 广东石油化工学院；535. 对外经济贸易大学；539. 台湾阳明交通大学；541. 中国医学科学院-中国协和医学院；555. 东北师范大学；557. 台湾清华大学；572. 内蒙古农业大学；573. 重庆工商大学；576. 石河子大学；577. 山东建筑大学；585. 台湾成功			

续表

大学；589. 湖南农业大学；592. 中央民族大学；609. 台湾中原大学；613. 天津工业大学；617. 台湾科技大学；623. 温州医科大学；650. 福建农林大学；651. 四川农业大学；672. 香港浸会大学；680. 河南大学；698. 福州大学；700. 福建师范大学；704. 陕西师范大学；713. 东华大学；745. 中南林业科技大学；753. 山东科技大学；756. 河南农业大学；758. 成都理工大学；781. 西北大学；788. 汕头大学；790. 西安科技大学；800. 合肥工业大学；801. 亚洲大学(中国台湾)；805. 河南师范大学；818. 中国东北大学；821. 北京交通大学；854. 青岛科技大学；858. 南京医科大学；862. 安徽农业大学；865. 济南大学；867. 西南交通大学；870. 台湾中兴大学；873. 内蒙古大学；879. 台湾中山大学；890. 桂林工业大学；892. 沈阳农业大学；893. 湖南师范大学；894. 上海财经大学；910. 杭州师范大学；913. 青岛农业大学；926. 苏州科技大学；930. 西南财经大学；933. 齐鲁工业大学；938. 东海大学(中国台湾)；940. 江汉大学；941. 东莞理工学院；943. 高雄科技大学；946. 华北水利水电大学；947. 江西农业大学；960. 河北农业大学；965. 常州大学；966. 安徽医科大学；974. 上海师范大学；978. 大连海事大学；979. 安徽大学；988. 中国计量大学；996. 台湾“中央”大学；1005. 华侨大学；1008. 首都师范大学；1016. 首都医科大学；1019. 三峡大学；1035. 青海大学；1038. 安徽理工大学；1046. 湖北大学；1059. 西北师范大学；1070. 高雄医科大学；1072. 泰州学院；1073. 青岛理工大学；1076. 武汉科技大学；1079. 西南林业大学；1083. 兰州交通大学；1086. 长江大学；1087. 山西农业大学；1089. 台北医学大学；1100. 台北科技大学；1101. 太原理工大学；1115. 河北工业大学；1117. 湘潭大学；1121. 广东海洋大学；1126. 南方医科大学；1127. 浙江财经大学；1136. 哈尔滨工程大学；1149. 澳门大学；1158. 天津师范大学；1172. 江西师范大学；1177. 成都信息工程大学；1182. 吉林农业大学；1185. 台湾东华大学；1190. 台湾师范大学；1197. 台湾海洋大学；1209. 淮北师范大学；1212. 江西财经大学

九、地球科学

表 2-11　地球科学（GEOSCIENCE）（共 639 个）（10 强与中国大学）

排名	英文名称	中文名称	国家/地区
1	ETH ZURICH	苏黎世联邦理工学院	瑞士
2	UNIVERSITY OF CHINESE ACADEMY OF SCIENCES, CAS	中国科学院大学	中国
3	WUHAN UNIVERSITY	武汉大学	中国
4	CHINA UNIVERSITY OF GEOSCIENCES	中国地质大学	中国
5	TSINGHUA UNIVERSITY	清华大学	中国
6	UNIVERSITE PARIS CITE	巴黎西岱大学	法国
7	UNIVERSITY OF COLORADO BOULDER	科罗拉多大学博尔德分校	美国
8	CALIFORNIA INSTITUTE OF TECHNOLOGY	加州理工学院	美国
9	UTRECHT UNIVERSITY	乌得勒支大学	荷兰
10	PEKING UNIVERSITY	北京大学	中国
其他中国机构：15. 南京信息工程大学；21. 南京大学；22. 中国矿业大学；28. 北京师范大学；34. 香港大学；51. 中山大学；52. 中国海洋大学；66. 兰州大学；70. 中国石油大学；71. 重庆大学；74. 西北工业大学；78. 西北大学；86. 河海大学；91. 中南大学；100. 山东科技大学；110. 成都理工大学；114. 西安交通大学；123. 电子科技大学；128. 湖南大学；130. 中国科学技术大学；134. 浙江大学；135. 哈尔滨工业大学；142. 南方科技大学；145. 吉林大学；148. 华东师范大学；149. 北京理工大学；161. 同济大学；174. 天津大学；178. 西安电子科技大学；188. 香港理工大学；192. 长安大学；211. 西北农林科技大学；218. 大连理工大学；219. 四川大学；220. 台湾大学；234. 复旦大学；237. 西南交通大学；247. 新疆大学；260. 上海交通大学；263. 西南大学；277. 中国农业大学；282. 深圳大学；301. 香港中文大学；308. 暨南大学；311. 成都信息工程大学；315. 昆明理工大学；323. 桂林工业大学；332. 南京师范大学；333. 厦门大学；341. 南京理工大学；345. 国防科学技术大学；349. 北京林业大学；353. 武汉理工大学；356. 华南理工大学；360. 山东大学；363. 太原理工大学；382. 北京航空航天大学；385. 香港科技大学；393. 中国东北大学；408. 西南石油大学；410. 西安科技大学；411. 合肥工业大学；428. 华中科技大学；431. 台湾“中央”大学；433. 北京科技大学；442. 河			

续表

南理工大学；446. 首都师范大学；447. 云南大学；449. 东南大学；451. 香港城市大学；459. 长江大学；492. 北京化工大学；496. 东华理工大学；501. 西安理工大学；524. 台湾成功大学；535. 福州大学；537. 北京工业大学；597. 上海海洋大学；636. 台湾师范大学

十、免疫学

表 2-12　免疫学(IMMUNOLOGY)(共 518 个)(10 强与中国大学)

排名	英文名称	中文名称	国家/地区
1	HARVARD UNIVERSITY	哈佛大学	美国
2	UNIVERSITE PARIS CITE	巴黎西岱大学	法国
3	UNIVERSITY OF PENNSYLVANIA	宾夕法尼亚大学	美国
4	WASHINGTON UNIVERSITY (WUSTL)	圣路易斯华盛顿大学	美国
5	UNIVERSITY OF MELBOURNE	墨尔本大学	澳大利亚
6	UNIVERSITY OF CALIFORNIA SAN FRANCISCO	加利福尼亚大学旧金山分校	美国
7	ICAHN SCHOOL OF MEDICINE AT MOUNT SINAI	西奈山伊坎医学院	美国
8	JOHNS HOPKINS UNIVERSITY	约翰·霍普金斯大学	美国
9	UNIVERSITY OF HONG KONG	香港大学	中国
10	UNIVERSITY OF OXFORD	牛津大学	英国
其他中国机构：63. 浙江大学；84. 上海交通大学；90. 复旦大学；119. 中国医学科学院-中国协和医学院；130. 南京医科大学；134. 中山大学；141. 首都医科大学；147. 台湾大学；168. 北京大学；169. 苏州大学；170. 北京协和医学院；172. 重庆医科大学；173. 华中科技大学；184. 台湾阳明交通大学；191. 温州医科大学；192. 中南大学；197. 武汉大学；204. 空军军医大学；205. 台湾中国医药大学；211. 台湾成功大学；222. 南方医科大学；225. 四川大学；228. 清华大学；234. 山东大学；238. 广州医科大学；244. 郑州大学；249. 香港中文大学；251. 中国科学院大学；259. 安徽医科大学；263. 吉林大学；276. 同济大学；280. 中国科学技术大学；281. 中国人民解放军陆军军医大学；284. 中国人民解放军海军军医大学；287. 长庚大学；307. 南京大学；317. 天津医科大学；324. 西安交通大学；330. 厦门大学；333. 中国医科大学；340. 山东第一医科大学；358. 暨南大学；368. 台北医学大学；400. 哈尔滨医科大学；401. 华中农业大学；420. 中国农业大学；423. 福建医科大学；431. 南昌大学；436. 深圳大学；445. 华南农业大学；473. 高雄医科大学；474. 南开大学；477. 江苏大学			

十一、材料科学

表 2-13　材料科学(MATERIALS SCIENCE)(共 996 个)(10 强与中国大学)

排名	英文名称	中文名称	国家/地区
1	TSINGHUA UNIVERSITY	清华大学	中国
2	UNIVERSITY OF CHINESE ACADEMY OF SCIENCES, CAS	中国科学院大学	中国
3	NORTHWESTERN UNIVERSITY	美国西北大学	美国
4	NANYANG TECHNOLOGICAL UNIVERSITY	南洋理工大学	新加坡
5	FUDAN UNIVERSITY	复旦大学	中国
6	CENTRAL SOUTH UNIVERSITY	中南大学	中国

续表

排名	英文名称	中文名称	国家/地区
7	NORTHWESTERN POLYTECHNICAL UNIVERSITY	西北工业大学	中国
8	CITY UNIVERSITY OF HONG KONG	香港城市大学	中国
9	PEKING UNIVERSITY	北京大学	中国
10	UNIVERSITY OF SCIENCE & TECHNOLOGY OF CHINA, CAS	中国科学技术大学	中国

其他中国机构：12. 浙江大学；14. 西安交通大学；15. 上海交通大学；18. 华中科技大学；19. 北京理工大学；20. 天津大学；21. 四川大学；22. 山东大学；23. 南京大学；24. 苏州大学；26. 北京航空航天大学；27. 哈尔滨工业大学；29. 湖南大学；31. 郑州大学；33. 北京科技大学；34. 东南大学；35. 武汉理工大学；37. 重庆大学；40. 华南理工大学；43. 南京航空航天大学；44. 南方科技大学；45. 吉林大学；46. 香港理工大学；47. 北京化工大学；49. 电子科技大学；50. 深圳大学；51. 中山大学；52. 武汉大学；54. 厦门大学；57. 青岛大学；59. 南开大学；61. 同济大学；64. 东华大学；68. 上海大学；71. 南京工业大学；72. 中国地质大学；73. 香港科技大学；75. 南京理工大学；81. 大连理工大学；84. 中国东北大学；86. 广东工业大学；87. 上海理工大学；88. 广西大学；94. 陕西师范大学；95. 香港大学；98. 中北大学；99. 福州大学；101. 浙江工业大学；108. 青岛科技大学；109. 台湾清华大学；110. 华东理工大学；112. 南京邮电大学；113. 暨南大学；115. 北京工业大学；116. 南京林业大学；117. 江苏大学；123. 西南交通大学；124. 河南大学；125. 中国矿业大学；126. 太原理工大学；128. 华东师范大学；130. 台湾大学；131. 香港中文大学；132. 台湾阳明交通大学；133. 上海科技大学；136. 华北理工大学；137. 安徽工业大学；143. 太原科技大学；147. 安徽大学；151. 中国石油大学；153. 扬州大学；158. 江南大学；159. 西北大学；165. 常州大学；167. 广州大学；171. 武汉科技大学；172. 燕山大学；174. 浙江理工大学；175. 内蒙古大学；177. 泰州学院；181. 哈尔滨工程大学；183. 合肥工业大学；188. 西南科技大学；189. 济南大学；190. 河北工业大学；193. 陕西科技大学；194. 哈尔滨师范大学；201. 澳门大学；204. 天津科技大学；207. 兰州大学；208. 湖北大学；214. 河北大学；216. 昆明理工大学；220. 温州大学；223. 哈尔滨理工大学；228. 桂林电子科技大学；229. 河南理工大学；232. 西安工业大学；236. 山东科技大学；242. 山东师范大学；251. 齐鲁工业大学；253. 西南大学；255. 成都大学；260. 江苏科技大学；261. 杭州电子科技大学；263. 天津理工大学；269. 北京师范大学；270. 西安建筑科技大学；271. 江西科技学院；274. 河南师范大学；276. 香港中文大学(深圳)；277. 安徽理工大学；281. 湖南科技大学；283. 华北电力大学；287. 河南科技大学；288. 南昌大学；289. 中国海洋大学；292. 华南师范大学；293. 河北科技大学；295. 嘉兴学院；303. 宁波大学；307. 台湾成功大学；308. 湘潭大学；311. 中国计量大学；313. 华南农业大学；316. 西安理工大学；317. 江西科技师范大学；319. 海南大学；320. 桂林工业大学；321. 东莞理工学院；322. 中国医学科学院-中国协和医学院；325. 河海大学；331. 兰州理工大学；340. 北京交通大学；341. 华中师范大学；343. 天津工业大学；345. 温州医科大学；347. 苏州科技大学；357. 长安大学；360. 湖南工业大学；362. 台湾中兴大学；365. 西安科技大学；368. 山东理工大学；375. 南京医科大学；387. 南京师范大学；388. 台湾科技大学；389. 中国人民解放军海军军医大学；392. 盐城工学院；394. 杭州师范大学；398. 上海应用技术大学；402. 武汉工程大学；404. 东北师范大学；405. 长沙理工大学；407. 浙江师范大学；409. 西安电子科技大学；413. 天津医科大学；415. 兰州交通大学；418. 天津师范大学；420. 北京工商大学；423. 浙江农林大学；425. 中南民族大学；429. 西安工程大学；436. 国防科学技术大学；441. 东北林业大学；444. 首都医科大学；449. 河南工业大学；455. 南方医科大学；456. 大连工业大学；459. 西南石油大学；461. 鲁东大学；466. 华东交通大学；468. 四川轻化工大学；471. 淡江大学；476. 南昌航空大学；477. 黑龙江大学；483. 中国医科大学；486. 山西大学；491. 聊城大学；494. 辽宁大学；495. 上海工程技术大学；498. 北京林业大学；501. 武汉纺织大学；509. 台北科技大学；510. 福建师范大学；511. 烟台大学；530. 华侨大学；534. 佛山科学技术学院；539. 青岛理工大学；549. 贵州大学；551. 南京信息工程大学；553. 上海师范大学；558. 南通大学；565. 沈阳工业大学；566. 江西师范大学；567. 长春科技大学；569. 新疆大学；574. 云南大学；582. 台湾“中央”大学；589. 中国药科大学；593. 西北师范大学；600. 北京邮电大学；610. 长庚大学；619. 北京协和医学院；620. 台湾中山大学；639. 空军军医大学；641. 上海电力大学；644. 广州医科大学；651. 辽宁科技大学；652. 湖南师范大学；657. 香港浸会大学；658. 三峡大学；659. 吉林师范大学；672. 安徽师范大学；677. 台湾中国医药大学；679. 江苏师范大学；680. 曲阜师范大学；681. 重庆理工大学；683. 中国人民大学；685. 长春工业大学；697. 中国人民解放军陆军军医大学；701. 华中农业大学；702. 明志科技大学；708. 五邑大学；715. 重庆医科大学；718. 逢甲大学；719. 大连海事大学；721. 中南林业科技大学；729. 首都师范大学；733. 内蒙古科技大学；735. 湖北工业大学；745. 中原工学院；749. 台湾中原大学；771. 成都理工大学；789. 郑州轻工业大学；793. 澳门科技大学；796. 内蒙古工业大学；806. 上海海事大学；812. 安徽工程大学；813. 沈阳药科大学；816. 江汉大学；838. 沈阳航空航天大学；840. 重庆工商大学；844. 重庆文理学院；846. 高雄科技大学；849. 福建农林大学；857. 重庆科技大学；

续表

859. 大连交通大学；864. 中国人民解放军空军工程大学；870. 石河子大学；875. 中央民族大学；901. 西北农林科技大学；907. 湖南农业大学；910. 汕头大学；911. 宁波工程学院；913. 台湾海洋大学；914. 淮北师范大学；922. 重庆邮电大学；924. 高雄医科大学；937. 四川师范大学；938. 辽宁石油化工大学；939. 中国农业大学；950. 安徽医科大学；953. 台北医学大学；954. 西华师范大学；956. 哈尔滨医科大学；960. 信阳师范学院；972. 元智大学；986. 台湾师范大学；987. 香港教育大学

十二、数学

表 2-14　数学（MATHEMATICS）(共 302 个)(10 强与中国大学)

排名	英文名称	中文名称	国家/地区
1	UNIVERSITY OF CAMBRIDGE	剑桥大学	英国
2	UNIVERSITE PARIS SACLAY	巴黎萨克雷大学	法国
3	STANFORD UNIVERSITY	斯坦福大学	美国
4	KING ABDULAZIZ UNIVERSITY	阿卜杜勒阿齐兹国王大学	沙特阿拉伯
5	CHINA MEDICAL UNIVERSITY TAIWAN	台湾中国医药大学	中国
6	SEOUL NATIONAL UNIVERSITY (SNU)	首尔大学	韩国
7	SORBONNE UNIVERSITE	索邦大学	法国
8	CHANGSHA UNIVERSITY OF SCIENCE & TECHNOLOGY	长沙理工大学	中国
9	SHANDONG UNIVERSITY OF SCIENCE & TECHNOLOGY	山东科技大学	中国
10	UNIVERSITE PARIS CITE	巴黎西岱大学	法国
其他中国机构：11. 湖南大学；14. 杭州师范大学；15. 电子科技大学；16. 华中科技大学；19. 上海交通大学；20. 武汉大学；24. 中南大学；28. 东南大学；32. 山东大学；35. 曲阜师范大学；39. 大连理工大学；40. 北京大学；45. 浙江师范大学；46. 西北工业大学；47. 香港理工大学；50. 湖州师范学院；51. 哈尔滨工业大学；52. 香港中文大学；53. 复旦大学；54. 中国矿业大学；56. 上海大学；58. 香港城市大学；61. 中山大学；65. 清华大学；66. 北京师范大学；71. 西安交通大学；78. 河南理工大学；79. 河海大学；84. 南开大学；91. 厦门大学；92. 华东师范大学；94. 湖南师范大学；97. 广州大学；105. 同济大学；106. 中国科学技术大学；109. 淮阴师范学院；112. 浙江大学；116. 兰州大学；121. 湘潭大学；123. 南京大学；124. 华中师范大学；134. 山东师范大学；136. 南京师范大学；140. 南京航空航天大学；141. 四川大学；146. 苏州大学；148. 北京交通大学；150. 安徽大学；152. 吉林大学；155. 中国科学院大学；159. 中国东北大学；160. 西南大学；166. 北京理工大学；190. 华南师范大学；192. 华南理工大学；195. 天津大学；198. 香港浸会大学；202. 东北师范大学；205. 重庆大学；207. 天津工业大学；213. 上海师范大学；225. 北京航空航天大学；226. 中国人民大学；230. 郑州大学；235. 南京信息工程大学；247. 江苏师范大学；253. 中国石油大学；265. 深圳大学；266. 南京理工大学；272. 河南师范大学；273. 上海理工大学；280. 东华大学；284. 西南财经大学；292. 香港科技大学；299. 云南师范大学			

十三、微生物学

表 2-15　微生物学（MICROBIOLOGY）(共 420 个)(10 强与中国大学)

排名	英文名称	中文名称	国家/地区
1	HARVARD UNIVERSITY	哈佛大学	美国
2	UNIVERSITY OF HONG KONG	香港大学	中国

续表

排名	英文名称	中文名称	国家/地区
3	UNIVERSITY OF WASHINGTON SEATTLE	华盛顿大学(西雅图)	美国
4	UNIVERSITY OF COPENHAGEN	哥本哈根大学	丹麦
5	UNIVERSITY COLLEGE CORK	科克大学学院	爱尔兰
6	UNIVERSITE PARIS CITE	巴黎西岱大学	法国
7	OHIO STATE UNIVERSITY	俄亥俄州立大学	美国
8	UNIVERSITY OF OXFORD	牛津大学	英国
9	UNIVERSITY OF NORTH CAROLINA CHAPEL HILL	北卡罗来纳大学教堂山分校	美国
10	IMPERIAL COLLEGE LONDON	伦敦帝国学院	英国

其他中国机构：32. 中国医学科学院-中国协和医学院；41. 中国科学院大学；48. 武汉大学；51. 上海交通大学；54. 浙江大学；58. 复旦大学；87. 中山大学；94. 山东大学；101. 中国农业大学；104. 华中农业大学；109. 南京农业大学；122. 扬州大学；125. 北京协和医学院；132. 华南农业大学；133. 北京大学；153. 广州医科大学；164. 南京医科大学；177. 山东第一医科大学；191. 清华大学；200. 四川大学；216. 厦门大学；217. 吉林大学；221. 首都医科大学；223. 西北农林科技大学；227. 华中科技大学；236. 南方医科大学；241. 台湾大学；255. 福建农林大学；257. 中南大学；262. 中国海洋大学；279. 四川农业大学；283. 郑州大学；302. 暨南大学；307. 东北农业大学；319. 江南大学；329. 河南农业大学；350. 南开大学；356. 香港中文大学；358. 同济大学；378. 重庆医科大学；381. 苏州大学；382. 西安交通大学；391. 中国人民解放军陆军军医大学；406. 长庚大学

十四、分子生物学与遗传学

表 2-16 分子生物学与遗传学（MOLECULAR BIOLOGY & GENETICS）（共 571 个）（10 强与中国大学）

排名	英文名称	中文名称	国家/地区
1	HARVARD UNIVERSITY	哈佛大学	美国
2	MASSACHUSETTS INSTITUTE OF TECHNOLOGY（MIT）	麻省理工学院	美国
3	STANFORD UNIVERSITY	斯坦福大学	美国
4	UNIVERSITY OF CALIFORNIA SAN DIEGO	加利福尼亚大学圣迭戈分校	美国
5	UNIVERSITY COLLEGE LONDON	伦敦大学学院	英国
6	UNIVERSITY OF CALIFORNIA SAN FRANCISCO	加利福尼亚大学旧金山分校	美国
7	UNIVERSITY OF PENNSYLVANIA	宾夕法尼亚大学	美国
8	KAROLINSKA INSTITUTET	卡罗林斯卡医学院	瑞典
9	UNIVERSITY OF CAMBRIDGE	剑桥大学	英国
10	WASHINGTON UNIVERSITY（WUSTL）	圣路易斯华盛顿大学	美国

其他中国机构：31. 中山大学；34. 中国科学院大学；37. 上海交通大学；39. 华中科技大学；42. 浙江大学；44. 四川大学；48. 复旦大学；52. 北京大学；58. 中国医学科学院-中国协和医学院；59. 南京医科大学；64. 中南大学；66. 郑州大学；80. 北京协和医学院；120. 南方医科大学；127. 首都医科大学；137. 武汉大学；162. 香港大学；165. 中国医科大学；166. 西安交通大学；167. 南昌大学；170. 青岛大学；173. 哈尔滨医科大学；178. 同济大学；179. 上海科技大学；181. 山东大学；182. 清华大学；184. 深圳大学；186. 香港中文大学；188. 长庚大学；191. 汕头大学；194. 广州医科大学；195. 暨南大学；196. 台湾大学；199. 南方科技大学；207. 中国药科大学；222. 吉林大学；224. 苏州大学；225. 台湾中国医药大学；236. 温州医科大学；253. 天津医科大学；254. 中国人民解放军海军军医大学；256. 南开大学；

续表

271. 重庆医科大学；285. 南京大学；288. 中国人民解放军陆军军医大学；289. 中国农业大学；300. 南京中医药大学；303. 华中农业大学；312. 兰州大学；314. 空军军医大学；337. 山东第一医科大学；343. 厦门大学；357. 南京农业大学；362. 安徽医科大学；363. 香港城市大学；366. 西北农林科技大学；376. 东南大学；379. 中国科学技术大学；389. 台湾阳明交通大学；395. 福建医科大学；400. 大连医科大学；401. 南通大学；413. 广西医科大学；419. 徐州医科大学；420. 四川农业大学；423. 扬州大学；424. 江苏大学；433. 台北医学大学；440. 河北医科大学；442. 华南农业大学；449. 台湾成功大学；471. 昆明医科大学；472. 西南大学；475. 上海中医药大学；480. 广东医科大学；487. 福建农林大学；491. 广州中医药大学；499. 高雄医科大学；502. 电子科技大学；511. 澳门科技大学；513. 重庆大学；515. 华东师范大学；519. 华南理工大学；522. 香港科技大学；532. 亚洲大学(中国台湾)

十五、综合交叉学科

表 2-17　综合交叉学科（MULTIDISCIPLINARY）(共 114 个)(10 强与中国大学)

排名	英文名称	中文名称	国家/地区
1	HARVARD UNIVERSITY	哈佛大学	美国
2	STANFORD UNIVERSITY	斯坦福大学	美国
3	MASSACHUSETTS INSTITUTE OF TECHNOLOGY (MIT)	麻省理工学院	美国
4	COLUMBIA UNIVERSITY	哥伦比亚大学	美国
5	UNIVERSITY OF OXFORD	牛津大学	英国
6	UNIVERSITY OF HONG KONG	香港大学	中国
7	UNIVERSITY OF CAMBRIDGE	剑桥大学	英国
8	TSINGHUA UNIVERSITY	清华大学	中国
9	CORNELL UNIVERSITY	康奈尔大学	美国
10	UNIVERSITY OF TORONTO	多伦多大学	加拿大
其他中国机构：12. 北京大学；32. 复旦大学；34. 浙江大学；49. 中国科学院大学；59. 南京大学；60. 上海交通大学；61. 苏州大学；74. 中山大学			

十六、神经科学与行为科学

表 2-18　神经科学与行为科学（NEUROSCIENCE & BEHAVIOR）(共 652 个)
(10 强与中国大学)

排名	英文名称	中文名称	国家/地区
1	HARVARD UNIVERSITY	哈佛大学	美国
2	UNIVERSITY COLLEGE LONDON	伦敦大学学院	英国
3	WASHINGTON UNIVERSITY (WUSTL)	圣路易斯华盛顿大学	美国
4	UNIVERSITY OF OXFORD	牛津大学	英国
5	UNIVERSITY OF PENNSYLVANIA	宾夕法尼亚大学	美国
6	UNIVERSITY OF CALIFORNIA SAN FRANCISCO	加利福尼亚大学旧金山分校	美国
7	STANFORD UNIVERSITY	斯坦福大学	美国
8	JOHNS HOPKINS UNIVERSITY	约翰·霍普金斯大学	美国

续表

排名	英文名称	中文名称	国家/地区
9	UNIVERSITY OF TORONTO	多伦多大学	加拿大
10	UNIVERSITY OF MELBOURNE	墨尔本大学	澳大利亚
其他中国机构：54. 首都医科大学；80. 北京师范大学；81. 复旦大学；96. 上海交通大学；132. 北京大学；146. 浙江大学；166. 中山大学；170. 香港中文大学；184. 中国科学院大学；199. 华中科技大学；209. 重庆医科大学；210. 南京医科大学；213. 四川大学；219. 中南大学；224. 西南大学；227. 西安交通大学；229. 台湾阳明交通大学；239. 中国医科大学；246. 电子科技大学；264. 温州医科大学；270. 长庚大学；272. 同济大学；273. 南方医科大学；282. 广州医科大学；286. 暨南大学；290. 天津医科大学；292. 中国人民解放军陆军军医大学；293. 郑州大学；295. 山东大学；302. 香港大学；305. 南京大学；312. 苏州大学；316. 台湾大学；323. 武汉大学；326. 中国科学技术大学；330. 空军军医大学；331. 厦门大学；334. 台湾成功大学；348. 青岛大学；355. 昆明医科大学；358. 南通大学；361. 清华大学；365. 吉林大学；389. 台北医学大学；392. 安徽医科大学；401. 东南大学；418. 山东第一医科大学；424. 深圳大学；433. 中国人民解放军海军军医大学；438. 南昌大学；442. 徐州医科大学；443. 台湾中国医药大学；444. 福建医科大学；451. 河北医科大学；459. 杭州师范大学；462. 哈尔滨医科大学；487. 山西医科大学；492. 华东师范大学；493. 大连医科大学；500. 香港理工大学；511. 华南师范大学；534. 广州中医药大学；554. 南京中医药大学；571. 香港科技大学；589. 高雄医科大学；607. 中国药科大学			

十七、药理学与毒物学

表 2-19 药理学与毒物学（PHARMACOLOGY & TOXICOLOGY）（共 827 个）（10 强与中国大学）

排名	英文名称	中文名称	国家/地区
1	HARVARD UNIVERSITY	哈佛大学	美国
2	UNIVERSITY COLLEGE LONDON	伦敦大学学院	英国
3	UPPSALA UNIVERSITY	乌普萨拉大学	瑞典
4	SHANGHAI JIAO TONG UNIVERSITY	上海交通大学	中国
5	SICHUAN UNIVERSITY	四川大学	中国
6	CHINA PHARMACEUTICAL UNIVERSITY	中国药科大学	中国
7	JOHNS HOPKINS UNIVERSITY	约翰·霍普金斯大学	美国
8	CHINESE ACADEMY OF MEDICAL SCIENCES-PEKING UNION MEDICAL COLLEGE	中国医学科学院-中国协和医学院	中国
9	UNIVERSITY OF NORTH CAROLINA	北卡罗来纳大学	美国
10	ZHEJIANG UNIVERSITY	浙江大学	中国
其他中国机构：20. 复旦大学；29. 北京协和医学院；32. 吉林大学；36. 北京大学；38. 南京医科大学；41. 中山大学；46. 成都中医药大学；47. 华中科技大学；53. 中南大学；55. 中国人民解放军海军军医大学；57. 首都医科大学；62. 上海中医药大学；67. 山东大学；71. 同济大学；73. 重庆医科大学；76. 沈阳药科大学；78. 西安交通大学；83. 澳门大学；84. 天津医科大学；86. 南方医科大学；88. 中国科学院大学；108. 南京中医药大学；109. 郑州大学；115. 温州医科大学；118. 苏州大学；123. 暨南大学；124. 北京中医药大学；125. 浙江中医药大学；130. 台湾中国医药大学；146. 广州中医药大学；155. 武汉大学；158. 江苏大学；165. 中国医科大学；173. 安徽医科大学；174. 南京大学；175. 河北医科大学；181. 山东中医药大学；188. 西南医科大学；198. 南开大学；200. 台湾大学；211. 香港中文大学；217. 青岛大学；218. 山东第一医科大学；222. 山西医科大学；226. 广州医科大学；233. 哈尔滨医科大学；237. 广东医科大学；240. 香港大学；247. 天津中医药大学；264. 大连医科大学；267. 南昌大学；276. 台北医学大学；281. 台湾成功大学；290. 东南大学；296. 河北大学；305. 空军军医大学；315. 高雄医科大学；327. 兰州大学；328. 长庚大学；340. 南通大学；			

续表

344. 徐州医科大学；349. 中国人民解放军陆军军医大学；357. 清华大学；359. 厦门大学；360. 广东药科大学；362. 深圳大学；367. 台湾阳明交通大学；377. 福建医科大学；418. 江西中医药大学；425. 西南大学；426. 广西医科大学；429. 中国海洋大学；436. 澳门科技大学；447. 安徽中医药大学；448. 中国科学技术大学；459. 贵州医科大学；460. 中国农业大学；471. 香港浸会大学；472. 河南大学；479. 华中农业大学；500. 香港理工大学；501. 江南大学；502. 宁夏医科大学；507. 浙江工业大学；513. 天津大学；521. 扬州大学；524. 亚洲大学(中国台湾)；526. 电子科技大学；527. 湖南中医学院；529. 昆明医科大学；535. 西北大学；538. 遵义医学院；544. 烟台大学；545. 华南理工大学；550. 南华大学；555. 南京农业大学；558. 西北农林科技大学；560. 华东理工大学；571. 中山医学大学；572. 河南中医药大学；580. 滨州医学院；585. 台湾中山大学；596. 台湾中兴大学；598. 锦州医科大学；600. 山东第二医科大学；606. 黑龙江中医药大学；610. 华南农业大学；620. 东北农业大学；626. 新乡医学院；629. 宁波大学；632. 新疆医科大学；641. 长春中医药大学；659. 长庚科技大学；664. 延边大学；671. 大连理工大学；673. 重庆大学；678. 云南大学；679. 湖北中医药大学；683. 杭州师范大学；687. 广西中医药大学；691. 汕头大学；701. 西安医学院；705. 辽宁中医药大学；706. 海南医学院；711. 湖北大学医学院；720. 济南大学；725. 陕西中医药大学；729. 香港科技大学；745. 济宁医学院；752. 华东师范大学；758. 福建中医药大学；762. 福建农林大学；771. 辅仁大学；773. 台湾清华大学；776. 齐鲁工业大学；785. 桂林医学院；792. 昆明理工大学；806. 吉林农业大学；818. 山西大学；820. 福州大学

十八、物理学

表 2-20　物理学(PHYSICS)(共 631 个)(10 强与中国大学)

排名	英文名称	中文名称	国家/地区
1	UNIVERSITE PARIS SACLAY	巴黎萨克雷大学	法国
2	MASSACHUSETTS INSTITUTE OF TECHNOLOGY (MIT)	麻省理工学院	美国
3	HARVARD UNIVERSITY	哈佛大学	美国
4	STANFORD UNIVERSITY	斯坦福大学	美国
5	PRINCETON UNIVERSITY	加州理工学院	美国
6	TSINGHUA UNIVERSITY	清华大学	美国
7	UNIVERSITY OF CHINESE ACADEMY OF SCIENCES, CAS	中国科学院大学	中国
8	UNIVERSITY OF CALIFORNIA BERKELEY	加利福尼亚大学伯克利分校	中国
9	PRINCETON UNIVERSITY	普林斯顿大学	美国
10	PEKING UNIVERSITY	北京大学	美国
其他中国机构：20. 南京大学；22. 中国科学技术大学；33. 上海交通大学；46. 西北工业大学；51. 浙江大学；55. 华中科技大学；61. 中山大学；62. 山东大学；72. 吉林大学；81. 湖南大学；93. 东南大学；101. 复旦大学；104. 华南理工大学；115. 哈尔滨工业大学；117. 深圳大学；124. 北京航空航天大学；133. 香港大学；135. 同济大学；139. 兰州大学；141. 郑州大学；143. 南京理工大学；148. 武汉大学；149. 电子科技大学；156. 台湾清华大学；166. 天津大学；167. 中南大学；169. 北京理工大学；171. 苏州大学；177. 香港城市大学；181. 华南师范大学；183. 华中师范大学；185. 西安交通大学；197. 香港科技大学；200. 南方科技大学；202. 北京师范大学；212. 香港中文大学；214. 厦门大学；222. 大连理工大学；229. 山东师范大学；234. 四川大学；239. 台湾大学；242. 香港理工大学；249. 南京航空航天大学；267. 北京邮电大学；278. 重庆大学；302. 南开大学；305. 北京科技大学；311. 台湾成功大学；314. 上海大学；323. 山西大学；335. 上海理工大学；344. 台湾“中央”大学；354. 暨南大学；369. 华东师范大学；371. 西南大学；388. 南京邮电大学；395. 台湾阳明交通大学；407. 西安电子科技大学；418. 国防科学技术大学；420. 南京师范大学；424. 北京交通大学；433. 江苏大学；439. 南京工业大学；445. 北京工业大学；459. 上海科技大学；462. 哈尔滨工程大学；464. 中国东北大学；475. 北京化工大学；476. 安徽大学；527. 武汉理工大学；544. 湖南师范大学；564. 宁波大学；570. 西南交通大学；577. 中国人民大学；578. 福州大学；583. 河南师范大学；586. 陕西师范大学			

十九、植物学与动物学

表 2-21 植物学与动物学（PLANT & ANIMAL SCIENCE）（共 1089 个）
（10 强与中国大学）

排名	英文名称	中文名称	国家/地区
1	UNIVERSITY OF CHINESE ACADEMY OF SCIENCES, CAS	中国科学院大学	中国
2	CHINA AGRICULTURAL UNIVERSITY	中国农业大学	中国
3	GHENT UNIVERSITY	根特大学	比利时
4	NANJING AGRICULTURAL UNIVERSITY	南京农业大学	中国
5	UNIVERSITY OF WESTERN AUSTRALIA	西澳大学	澳大利亚
6	HUAZHONG AGRICULTURAL UNIVERSITY	华中农业大学	中国
7	UNIVERSITY OF CALIFORNIA DAVIS	加利福尼亚大学戴维斯分校	美国
8	KING SAUD UNIVERSITY	沙特国王大学	沙特阿拉伯
9	UNIVERSITY OF FLORIDA	佛罗里达大学	美国
10	WAGENINGEN UNIVERSITY & RESEARCH	瓦格宁根大学	荷兰

其他中国机构：12. 浙江大学；14. 西北农林科技大学；33. 山东农业大学；38. 华南农业大学；41. 电子科技大学；46. 福建农林大学；47. 东北农业大学；80. 海南大学；85. 扬州大学；87. 北京林业大学；99. 四川农业大学；109. 河南大学；112. 贵州大学；124. 北京大学；146. 清华大学；158. 上海交通大学；161. 南京林业大学；164. 东北林业大学；166. 中山大学；168. 湖南农业大学；189. 青岛农业大学；202. 中国海洋大学；212. 吉林农业大学；213. 西南大学；214. 安徽农业大学；220. 兰州大学；225. 江西农业大学；237. 台湾大学；248. 云南大学；255. 仲恺农业工程学院；265. 河南农业大学；282. 山东大学；283. 北京师范大学；286. 四川大学；290. 上海海洋大学；304. 郑州大学；319. 上海师范大学；320. 浙江农林大学；326. 曲靖师范学院；328. 台湾中兴大学；356. 上海科技大学；374. 华东师范大学；381. 广西大学；391. 沈阳农业大学；398. 复旦大学；408. 西南林业大学；423. 深圳大学；435. 广东海洋大学；436. 厦门大学；437. 大理大学；443. 山东师范大学；451. 武汉大学；469. 山西农业大学；480. 香港中文大学；487. 长江大学；496. 宁波大学；498. 台湾嘉义大学；509. 南方科技大学；515. 河南师范大学；520. 香港城市大学；521. 暨南大学；523. 云南农业大学；527. 台湾成功大学；529. 台湾中国医药大学；532. 河北农业大学；535. 南京大学；538. 甘肃农业大学；554. 华南师范大学；567. 香港大学；582. 台湾海洋大学；591. 河南科技大学；604. 首都师范大学；611. 杭州师范大学；612. 南京师范大学；625. 东北师范大学；630. 中国医学科学院-中国协和医学院；639. 吉林大学；663. 北京协和医学院；680. 佛山科学技术学院；689. 中南林业科技大学；699. 南开大学；700. 重庆大学；717. 昆明理工大学；727. 石河子大学；734. 河北大学；736. 江苏大学；737. 中国科学技术大学；745. 内蒙古农业大学；748. 大连海洋大学；754. 北京农学院；763. 广州大学；770. 集美大学；773. 西北大学；795. 河南科技学院；801. 浙江海洋大学；808. 华中科技大学；818. 湖南师范大学；830. 新疆农业大学；834. 黑龙江八一农垦大学；844. 湖北大学；879. 河北师范大学；882. 陕西师范大学；883. 中国人民解放军海军军医大学；888. 山西大学；899. 香港浸会大学；902. 汕头大学；907. 台湾屏东科技大学；909. 华中师范大学；917. 浙江师范大学；921. 河海大学；927. 天津大学；930. 南昌大学；933. 内蒙古大学；939. 临沂大学；954. 台湾中山大学；969. 湖南大学；977. 青海大学；998. 重庆师范大学；1015. 西华师范大学；1025. 江苏师范大学；1027. 大连理工大学；1033. 香港中文大学(深圳)；1034. 云南师范大学；1055. 福建师范大学；1060. 浙江理工大学；1062. 上海大学；1078. 苏州大学；1081. 华南理工大学；1083. 同济大学

二十、精神病学与行为科学

表 2-22 精神病学与行为科学（PSYCHIATRY & PSYCHOLOGY）（共 727 个）
（10 强与中国大学）

排名	英文名称	中文名称	国家/地区
1	HARVARD UNIVERSITY	哈佛大学	美国

续表

排名	英 文 名 称	中 文 名 称	国家/地区
2	KING'S COLLEGE LONDON	伦敦国王学院	英国
3	UNIVERSITY COLLEGE LONDON	伦敦大学学院	英国
4	UNIVERSITY OF OXFORD	牛津大学	英国
5	UNIVERSITY OF TORONTO	多伦多大学	加拿大
6	UNIVERSITY OF AMSTERDAM	阿姆斯特丹大学	荷兰
7	COLUMBIA UNIVERSITY	哥伦比亚大学	美国
8	STANFORD UNIVERSITY	斯坦福大学	美国
9	UNIVERSITY OF MELBOURNE	墨尔本大学	澳大利亚
10	YALE UNIVERSITY	耶鲁大学	美国
其他中国机构：92. 上海交通大学；101. 香港大学；129. 北京大学；132. 香港中文大学；186. 北京师范大学；201. 香港理工大学；277. 澳门大学；290. 中南大学；303. 浙江大学；329. 台湾大学；339. 四川大学；363. 中山大学；378. 华中科技大学；379. 西南大学；381. 首都医科大学；386. 中国科学院大学；407. 香港教育大学；409. 华南师范大学；413. 深圳大学；417. 中国人民大学；439. 华东师范大学；440. 复旦大学；446. 香港城市大学；460. 武汉大学；461. 清华大学；462. 山东大学；468. 台湾成功大学；469. 台湾阳明交通大学；529. 电子科技大学；534. 华中师范大学；538. 南方医科大学；547. 南京医科大学；550. 台湾师范大学；569. 同济大学；573. 长庚大学；582. 暨南大学；590. 广州医科大学；597. 西安交通大学；601. 吉林大学；604. 苏州大学；606. 杭州师范大学；613. 安徽医科大学；615. 南京大学；633. 陕西师范大学；659. 香港浸会大学；670. 台北医学大学；682. 高雄医科大学；689. 重庆医科大学；694. 台湾中国医药大学；695. 中国医科大学；708. 香港科技大学；714. 岭南大学			

二十一、社会科学

表 2-23 社会科学（SOCIAL SCIENCES， GENERAL）（共 1428 个）
（10 强与中国大学）

排名	英 文 名 称	中 文 名 称	国家/地区
1	HARVARD UNIVERSITY	哈佛大学	美国
2	UNIVERSITY COLLEGE LONDON	伦敦大学学院	英国
3	UNIVERSITY OF OXFORD	牛津大学	英国
4	UNIVERSITY OF NORTH CAROLINA	北卡罗来纳大学	美国
5	JOHNS HOPKINS UNIVERSITY	约翰·霍普金斯大学	美国
6	UNIVERSITY OF TORONTO	多伦多大学	加拿大
7	STANFORD UNIVERSITY	斯坦福大学	美国
8	LONDON SCHOOL OF HYGIENE & TROPICAL MEDICINE	伦敦卫生与热带医学学院	英国
9	UNIVERSITY OF CAMBRIDGE	剑桥大学	英国
10	UNIVERSITY OF OTTAWA	渥太华大学	加拿大
其他中国机构：20. 北京大学；22. 北京理工大学；25. 武汉大学；32. 上海交通大学；36. 香港理工大学；47. 江苏大学；55. 香港大学；66. 电子科技大学；73. 西安交通大学；74. 中国地质大学；87. 清华大学；91. 浙江大学；92. 香港城市大学；97. 厦门大学；102. 海南大学；104. 南昌大学；108. 新疆大学；122. 同济大学；123. 上海大学；125. 南京师范大学；127. 中国科学院大学；129. 浙江工商大学；130. 中山大学；135. 西南大学；146. 青岛大学；156. 对外经济贸易大学；162. 中国人民大学；165. 华东师范大学；176. 中南财经政法大学；178. 吉林大学；181. 华中科技大学；			

续表

184. 香港中文大学；188. 中国石油大学；192. 大连理工大学；208. 中国科学技术大学；219. 重庆大学；231. 中国医学科学院-中国协和医学院；239. 广州大学；246. 河海大学；250. 山东财经大学；252. 浙江工业大学；254. 西南财经大学；256. 香港浸会大学；275. 北京师范大学；277. 南京大学；281. 复旦大学；286. 暨南大学；305. 中国矿业大学；306. 中南大学；308. 郑州大学；317. 安徽财经大学；322. 台湾中国医药大学；330. 澳门大学；331. 河南大学；345. 南京信息工程大学；346. 山东大学；348. 合肥工业大学；359. 中国海洋大学；361. 北京协和医学院；366. 大连海事大学；368. 山东师范大学；371. 深圳大学；407. 南开大学；463. 湖南大学；476. 广东外语外贸大学；487. 东南大学；492. 亚洲大学(中国台湾)；493. 西南交通大学；501. 首都医科大学；507. 浙江财经大学；508. 香港教育大学；509. 四川大学；520. 西北农林科技大学；546. 上海海事大学；547. 南京财经大学；554. 澳门科技大学；555. 台湾大学；571. 北京工业大学；574. 华北电力大学；583. 首都经济贸易大学；586. 华侨大学；589. 台湾清华大学；597. 中国东北大学；606. 台湾中兴大学；608. 南京理工大学；620. 长庚大学；626. 北京科技大学；627. 西北大学；652. 杭州师范大学；662. 安徽大学；671. 哈尔滨医科大学；675. 天津医科大学；687. 台湾成功大学；708. 哈尔滨工业大学；720. 上海财经大学；724. 台湾师范大学；735. 北京航空航天大学；741. 台湾阳明交通大学；750. 华中师范大学；769. 中国农业大学；787. 天津大学；791. 南京航空航天大学；794. 香港科技大学；800. 台湾科技大学；815. 兰州大学；843. 华南理工大学；857. 宁波诺丁汉大学；866. 华南师范大学；868. 陕西师范大学；873. 北京交通大学；887. 台湾中山大学；888. 长安大学；894. 江西财经大学；896. 岭南大学；897. 台湾政治大学；931. 台北医学大学；933. 台湾“中央”大学；946. 苏州大学；952. 中央财经大学；956. 东北财经大学；961. 澳门城市大学；968. 武汉理工大学；970. 西交利物浦大学；972. 南京农业大学；1012. 四川农业大学；1016. 南京医科大学；1017. 高雄科技大学；1019. 福建师范大学；1042. 华中农业大学；1051. 南方医科大学；1056. 铭传大学；1059. 东北师范大学；1063. 上海师范大学；1068. 高雄医科大学；1080. 安徽医科大学；1083. 江苏师范大学；1109. 浙江师范大学；1115. 台湾云林科技大学；1116. 台湾中正大学；1128. 台湾嘉义大学；1140. 北京林业大学；1165. 台中科技大学；1170. 彰化师范大学；1195. 辅仁大学；1201. 淡江大学；1213. 台北大学；1214. 湖北经济学院；1216. 宁波大学；1222. 义守大学；1229. 首都师范大学；1235. 重庆医科大学；1239. 福州大学；1246. 中国医科大学；1256. 湖南师范大学；1259. 北京联合大学；1280. 华南农业大学；1299. 香港中文大学(深圳)；1319. 中国人民解放军海军军医大学；1322. 上海体育大学；1327. 汕头大学；1328. 华东理工大学；1339. 闽江学院；1360. 北京邮电大学；1362. 元智大学；1376. 安徽师范大学；1381. 澳门旅游学院；1382. 东吴大学；1386. 中国文化大学；1395. 台湾海洋大学；1398. 台湾东华大学；1418. 山西大学；1426. 台湾南开科技大学

二十二、空间科学

表 2-24 空间科学（SPACE SCIENCE）（共 124 个）（10 强与中国大学）

排名	英文名称	中文名称	国家/地区
1	HARVARD UNIVERSITY	哈佛大学	美国
2	CALIFORNIA INSTITUTE OF TECHNOLOGY	加州理工学院	美国
3	LEIDEN UNIVERSITY	莱顿大学	荷兰
4	SORBONNE UNIVERSITE	索邦大学	法国
5	UNIVERSITY OF CALIFORNIA BERKELEY	加利福尼亚大学伯克利分校	美国
6	UNIVERSITE PARIS CITE	巴黎西岱大学	法国
7	UNIVERSITY OF CAMBRIDGE	剑桥大学	英国
8	UNIVERSITY OF TOKYO	东京大学	日本
9	MASSACHUSETTS INSTITUTE OF TECHNOLOGY（MIT）	麻省理工学院	美国
10	UNIVERSITY OF CALIFORNIA SANTA CRUZ	加利福尼亚大学圣克鲁兹分校	美国
其他中国机构：50. 中国科学院大学；56. 北京大学			

第四节　世界一流学科排行榜(2024)(分109个学科)

一、安全科学与工程

表2-25　安全科学与工程(5强与中国大学)

排名	英文名称	中文名称	国家/地区	总得分
1	HARVARD-UNIV	哈佛大学	美国	100.00
2	CHINESE-CTR-DIS-CONTROL-&-PREVENT	中国疾病预防控制中心	中国	94.40
3	UNIV-WASHINGTON	华盛顿大学	美国	90.70
4	UNIV-N-CAROLINA	北卡罗来纳大学	美国	88.70
5	UNIV-CALIF-SAN-FRANCISCO	加利福尼亚大学旧金山分校	美国	81.20
其他中国机构：70. 北京大学；77. 中国科学院；79. 香港大学；116. 复旦大学；121. 中国疾病预防控制中心；147. 香港中文大学；164. 中山大学；175. 上海交通大学；190. 华中科技大学；200. 四川大学；202. 浙江大学；204. 武汉大学；230. 香港理工大学；232. 清华大学；235. 山东大学；259. 中国科学院；275. 中国医学科学院；290. 西安交通大学；300. 东南大学；305. 中南大学；310. 首都医科大学；315. 同济大学；375. 北京师范大学；397. 郑州大学；435. 南京医科大学；446. 南京大学；479. 安徽医科大学；480. 香港城市大学；503. 南方医科大学；531. 吉林大学；536. 中国医科大学；543. 重庆医科大学；616. 暨南大学；620. 哈尔滨工业大学；632. 深圳大学；652. 河海大学；658. 中国地质大学；678. 兰州大学；698. 苏州大学；705. 哈尔滨医科大学；718. 天津大学；743. 北京协和医学院；750. 中国人民大学；766. 中国矿业大学；776. 青岛大学；789. 厦门大学；831. 香港浸会大学；844. 重庆大学；901. 天津医科大学；916. 广州大学；936. 广州医科大学；973. 长安大学；975. 华东师范大学；1002. 福建医科大学；1003. 南京信息工程大学；1006. 华南理工大学；1013. 澳门大学；1014. 河南大学；1016. 温州医科大学；1038. 中国农业大学；1057. 海军军医大学；1059. 汕头大学；1075. 武汉理工大学；1079. 北京交通大学；1097. 江苏大学；1104. 香港教育大学；1128. 昆明医科大学；1150. 广西医科大学；1157. 湖南大学；1161. 陕西师范大学；1179. 南通大学；1183. 四川农业大学；1191. 西南大学；1202. 华南师范大学；1203. 南开大学；1205. 西北农林科技大学；1227. 杭州师范大学；1232. 宁波大学；1236. 华中师范大学；1260. 中国科学技术大学；1279. 西南交通大学；1287. 上海体育学院；1288. 北京工业大学；1291. 南昌大学；1294. 北京理工大学；1301. 大连理工大学；1328. 中国农业科学院；1345. 中南财经政法大学；1361. 电子科技大学；1408. 北京航空航天大学；1452. 南京林业大学；1453. 中国人民解放军陆军军医大学；1464. 空军军医大学；1487. 南京师范大学；1495. 河北医科大学；1496. 香港科技大学；1508. 山西医科大学；1509. 江南大学；1516. 广东省预防控制中心；1524. 北京林业大学；1543. 扬州大学；1545. 南京农业大学；1560. 华南农业大学；1596. 华中农业大学；1599. 新疆医科大学；1604. 北京科技大学；1669. 西南财经大学；1691. 东北师范大学；1712. 上海大学；1731. 昆山杜克大学；1749. 湖北医药学院				

(注：表格中如果多次出现"中国科学院"，那么第一处为中国科学院，其他为中国科学院下属机构，下同。)

二、材料科学与工程(可授工学、理学学位)

表2-26　材料科学与工程(可授工学、理学学位)(5强与中国大学)

排名	英文名称	中文名称	国家/地区	总得分
1	CHINESE-ACAD-SCI	中国科学院	中国	100.00
2	UNIV-CHINESE-ACAD-SCI	中国科学院大学	中国	29.60
3	TSINGHUA-UNIV	清华大学	中国	25.20

续表

排名	英文名称	中文名称	国家/地区	总得分
4	UNIV-SCI-&-TECHNOL-CHINA	中国科学技术大学	中国	19.70
5	HARBIN-INST-TECHNOL	哈尔滨工业大学	中国	19.00
其他中国机构：7. 上海交通大学；8. 浙江大学；9. 北京大学；10. 西安交通大学；11. 华南理工大学；12. 华中科技大学；13. 北京科技大学；14. 天津大学；15. 吉林大学；17. 西北工业大学；18. 苏州大学；20. 四川大学；22. 复旦大学；25. 南京大学；26. 北京航空航天大学；27. 山东大学；29. 武汉理工大学；32. 东南大学；34. 重庆大学；35. 大连理工大学；38. 同济大学；39. 北京理工大学；41. 中山大学；42. 香港城市大学；43. 武汉大学；44. 郑州大学；48. 中南大学；49. 中国东北大学；55. 深圳大学；56. 南京工业大学；57. 湖南大学；58. 上海大学；59. 北京化工大学；61. 厦门大学；64. 南开大学；65. 东华大学；66. 电子科技大学；72. 香港理工大学；75. 南京航空航天大学；80. 台湾大学；81. 南京理工大学；94. 江苏大学；96. 香港科技大学；104. 北京工业大学；107. 台湾清华大学；113. 太原理工大学；121. 福州大学；122. 兰州大学；125. 西南交通大学；138. 青岛大学；140. 燕山大学；142. 广东工业大学；145. 中国矿业大学；147. 中国工程物理学院；149. 香港大学；157. 暨南大学；159. 合肥工业大学；160. 香港中文大学；163. 南方科技大学；164. 昆明理工大学；167. 哈尔滨工程大学；172. 中国地质大学；173. 浙江工业大学；174. 广西大学；183. 华东师范大学；184. 西南大学；185. 江南大学；186. 河北工业大学；187. 华东理工大学；208. 青岛科技大学；215. 南京林业大学；221. 南京邮电大学；224. 陕西师范大学；227. 中国石油大学；228. 湘潭大学；233. 南昌大学；235. 陕西科技大学；237. 华南师范大学；244. 宁波大学；248. 武汉科技大学；249. 浙江理工大学；252. 长安大学；254. 安徽大学；256. 扬州大学；257. 西安工业大学；258. 河海大学；259. 湖北大学；262. 江苏科技大学；268. 北京交通大学；271. 河南大学；275. 兰州理工大学；283. 国防科技大学；287. 西南科技大学；289. 常州大学；300. 上海理工大学；306. 西北大学；314. 北京师范大学；321. 中北大学；337. 东北师范大学；345. 山东科技大学；349. 天津科技大学；361. 西安建筑科技大学；362. 西安电子科技大学；366. 杭州电子科技大学；373. 齐鲁工业大学；377. 华北电力大学；386. 安徽工业大学；387. 长沙理工大学；397. 武汉工程大学；399. 南京师范大学				

三、测绘科学与技术

表 2-27 测绘科学与技术（5 强与中国大学）

排名	英文名称	中文名称	国家/地区	总得分
1	WUHAN-UNIV	武汉大学	中国	100.00
2	CHINESE-ACAD-SCI	中国科学院	中国	57.40
3	UNIV-CHINESE-ACAD-SCI	中国科学院大学	中国	40.70
4	NASA	美国航空航天局	美国	25.50
5	BEIJING-NORMAL-UNIV	北京师范大学	中国	21.60
其他中国机构：7. 西安电子科技大学；11. 中国地质大学；12. 清华大学；13. 南京信息工程大学；15. 南京大学；16. 北京大学；17. 中山大学；20. 国防科技大学；22. 电子科技大学；24. 西北工业大学；25. 香港理工大学；27. 北京航空航天大学；28. 中国矿业大学；32. 哈尔滨工业大学；33. 同济大学；36. 浙江大学；41. 河海大学；44. 香港中文大学；47. 中国农业科学院；51. 北京理工大学；57. 西南交通大学；66. 复旦大学；72. 华东师范大学；76. 湖南大学；78. 华中科技大学；79. 南京师范大学；80. 深圳大学；81. 吉林大学；82. 厦门大学；83. 山东科技大学；84. 中国农业大学；93. 长安大学；96. 西安交通大学；98. 首都师范大学；100. 中南大学；110. 南京理工大学；122. 中国海洋大学；133. 中国石油大学；137. 兰州大学；148. 北京化工大学；149. 上海交通大学；164. 成都理工大学；172. 天津大学；173. 南京林业大学；185. 西安科技大学；188. 北京林业大学；190. 中国科学院；192. 河南大学；201. 哈尔滨工程大学；202. 中国地震局；209. 大连海事大学；210. 福州大学；215. 浙江农林大学；216. 南京航空航天大学；220. 重庆大学；222. 中国科学技术大学；228. 安徽大学；235. 广州大学；241. 中国气象科学院；242. 香港大学；252. 华中师范大学；253. 桂林理工大学；257. 中国石油大学(华东)；264. 江西师范大学；266. 西北大学；272. 宁波大学；276. 东南大学；279. 湖北大学；295. 合肥工业大学；299. 河南理工大学；307. 南京农业大学；326. 信息工程大学；332. 新疆大学；333. 西南大学；335. 西北农林科技大学；344. 重庆邮电大学；365. 上海海洋大学；368. 东北师范大学；379. 中国人民解放军空军工程大学；381. 山东大学；387. 南京邮电大学；393. 辽宁工程技术大学；394. 中国地质大学(武汉)；399. 华中农业大学；401. 澳门大学；403. 江苏师范大学；406. 成都信息工程大学；415. 中国地质大学(北京)；418. 华南师范大学；428. 西安工业大学；434. 陕西师范大学；449. 北京建筑大学；456. 杭州电子科技大学；463. 南方科技大学；477. 四川大学；478. 大连理工大学；480. 北京工业大学				

四、城乡规划学

表 2-28　城乡规划学（5 强与中国大学）

排名	英文名称	中文名称	国家/地区	总得分
1	UNIV-HONG-KONG	香港大学	中国	100.00
2	CHINESE-ACAD-SCI	中国科学院	中国	99.00
3	UCL	伦敦大学学院	英国	87.20
4	UNIV-MELBOURNE	墨尔本大学	澳大利亚	81.70
5	ARIZONA-STATE-UNIV	亚利桑那州立大学	美国	77.70
其他中国机构：9. 香港理工大学；10. 北京大学；14. 浙江大学；18. 中山大学；23. 清华大学；26. 香港城市大学；29. 同济大学；31. 华东师范大学；36. 武汉大学；40. 中国科学院；42. 北京师范大学；44. 香港中文大学；50. 南京大学；79. 中国人民大学；96. 重庆大学；103. 上海交通大学；106. 东南大学；119. 复旦大学；128. 香港浸会大学；151. 北京林业大学；166. 中国地质大学；173. 上海财经大学；180. 中央财经大学；185. 暨南大学；189. 广州大学；191. 浙江财经大学；210. 哈尔滨工业大学；214. 华中科技大学；215. 深圳大学；219. 华南理工大学；220. 西南财经大学；255. 南京师范大学；256. 厦门大学；278. 江苏师范大学；301. 华中农业大学；322. 香港教育大学；325. 中国农业大学；328. 天津大学；332. 南京林业大学；375. 中国矿业大学；376. 浙江工业大学；377. 西安交通大学；380. 华南师范大学；384. 北京交通大学；409. 南京农业大学；413. 东北师范大学；415. 湖南大学；420. 浙江农林大学；423. 四川大学；440. 山东大学；442. 西南大学；465. 河海大学；470. 西南交通大学；473. 西交利物浦大学；509. 西北大学；510. 华中师范大学；570. 上海师范大学；577. 陕西师范大学；584. 西北农林科技大学；590. 福建农林大学；595. 浙江工商大学；596. 上海大学；606. 中国社会科学院大学；610. 河南大学；614. 长安大学；625. 澳门大学；644. 南开大学；657. 东北林业大学；658. 大连理工大学；660. 福州大学；662. 华南农业大学；663. 四川农业大学；678. 合肥工业大学；690. 西北师范大学；693. 中南财经政法大学；694. 武汉理工大学；700. 山东建筑大学；704. 西安建筑科技大学；710. 宁波诺丁汉大学；725. 浙江科技学院；731. 广西大学；736. 江西师范大学；747. 华侨大学；748. 中国科学院；749. 南京财经大学；757. 北京航空航天大学；780. 宁波大学；782. 首都经济贸易大学；788. 首都师范大学；792. 中国东北大学；819. 广东金融学院；821. 广东工业大学；827. 香港科技大学；829. 香港高等科技教育学院；834. 福建师范大学；837. 苏州大学；843. 沈阳农业大学；845. 兰州大学；852. 北京理工大学；875. 恒生管理学院；884. 江西财经大学；893. 南京信息工程大学；905. 中国城市规划设计研究院；916. 杭州师范大学；923. 北京工业大学；926. 对外经济贸易大学；930. 山东财经大学				

五、畜牧学

表 2-29　畜牧学（5 强与中国大学）

排名	英文名称	中文名称	国家/地区	总得分
1	INRA	法国国家农业科学研究院	法国	100.00
2	UNIV-GUELPH	圭尔夫大学	加拿大	94.10
3	CHINA-AGR-UNIV	中国农业大学	中国	89.80
4	AARHUS-UNIV	奥尔胡斯大学	丹麦	80.10
5	CHINESE-ACAD-AGR-SCI	中国农业科学院	中国	79.90

续表

其他中国机构：14. 南京农业大学；20. 西北农林科技大学；25. 四川农业大学；40. 中国科学院；49. 浙江大学；62. 扬州大学；65. 东北农业大学；67. 华南农业大学；79. 华中农业大学；97. 山东农业大学；115. 内蒙古农业大学；153. 湖南农业大学；165. 甘肃农业大学；172. 吉林大学；184. 兰州大学；203. 安徽农业大学；204. 西南大学；207. 江西农业大学；214. 山西农业大学；222. 河南农业大学；241. 吉林农业大学；250. 中国科学院；251. 河南科技大学；291. 南昌大学；325. 广东海洋大学；341. 广西大学；355. 中国科学院；358. 青岛农业大学；367. 沈阳农业大学；383. 河北农业大学；386. 浙江农林大学；397. 黑龙江八一农垦大学；423. 上海交通大学；425. 佛山大学；427. 山东农业大学；430. 云南农业大学；462. 武汉轻工大学；467. 湖南师范大学；507. 青海大学；516. 安徽科技学院；521. 香港大学；526. 西南民族大学；529. 南京师范大学；531. 石河子大学；539. 西南民族大学；561. 西南科技大学；568. 宁波大学；575. 中山大学；582. 重庆理工学院；600. 福建农林大学；614. 宁夏大学；629. 新疆农业大学；642. 延边大学；657. 河北工程大学；671. 上海海洋大学；674. 江南大学；724. 海南大学；727. 北京农学院；746. 天津农业大学；759. 塔里木大学；772. 四川大学；773. 贵州大学；796. 南京林业大学；803. 金陵科技学院；814. 北京工商大学；832. 吉林农业科技学院；833. 香港城市大学；834. 河南科技学院；847. 内蒙古大学；859. 榆林学院；880. 河北科技师范学院；883. 中国科学院大学；893. 中国海洋大学；897. 河南大学农业与经济学院；916. 东北林业大学；959. 仲恺农业工程学院；1009. 长江大学；1016. 北京林业大学；1052. 聊城大学；1103. 商丘师范学院；1105. 内蒙古民族大学；1170. 山东大学；1184. 临沂大学；1213. 江苏大学

六、船舶与海洋工程

表 2-30 船舶与海洋工程（5 强与中国大学）

排名	英文名称	中文名称	国家/地区	总得分
1	SHANGHAI-JIAO-TONG-UNIV	上海交通大学	中国	100. 00
2	DALIAN-UNIV-TECHNOL	大连理工大学	中国	72. 80
3	HARBIN-ENGN-UNIV	哈尔滨工程大学	中国	72. 20
4	ZHEJIANG-UNIV	浙江大学	中国	44. 50
5	OCEAN-UNIV-CHINA	中国海洋大学	中国	43. 60
其他中国机构：7. 天津大学；8. 武汉理工大学；9. 大连海事大学；13. 河海大学；14. 中国科学院；18. 江苏科技大学；30. 华中科技大学；32. 中国石油大学；34. 清华大学；36. 上海海事大学；38. 西北工业大学；41. 哈尔滨工业大学；53. 同济大学；55. 中国科学院；64. 武汉大学；65. 西南石油大学；70. 中山大学；77. 东南大学；82. 台湾成功大学；95. 四川大学；97. 香港理工大学；104. 浙江海洋大学；105. 西南交通大学；107. 台湾海洋大学；108. 中国石油大学（华东）；110. 华南理工大学；112. 上海海洋大学；113. 山东大学；117. 国防科技大学；118. 山东科技大学；122. 中国地质大学；134. 北京航空航天大学；139. 北京工业大学；143. 长沙理工大学；144. 北京理工大学；150. 中国人民解放军海军工程大学；160. 青岛理工大学；163. 重庆大学；170. 集美大学；171. 湖南大学；180. 温州大学；197. 中国矿业大学；198. 南京理工大学；199. 南京航空航天大学；201. 南京信息工程大学；203. 重庆交通大学；214. 江苏大学；217. 广西大学；223. 宁波大学；226. 上海大学；242. 郑州大学；244. 福州大学；250. 南京大学；251. 厦门大学；252. 南京工业大学；256. 海南大学；264. 浙江工业大学；284. 中南大学；292. 上海理工大学；309. 复旦大学；312. 深圳大学；333. 香港城市大学；351. 电子科技大学；353. 中国人民解放军陆军工程大学；355. 西安交通大学；370. 华东师范大学；371. 北京交通大学；375. 北京大学；380. 河北工业大学；391. 香港科技大学；405. 杭州电子科技大学；411. 吉林大学；428. 北京科技大学；442. 鲁东大学；445. 长安大学；481. 广东海洋大学；484. 香港大学；488. 中国气象科学院；492. 东北电力大学；504. 中国农业大学；516. 哈尔滨工业大学；521. 中国科学院；526. 齐鲁工业大学；539. 大连海洋大学；542. 盐城工学院；547. 天津城建大学				

七、大气科学

表 2-31　大气科学（5 强与中国大学）

排名	英文名称	中文名称	国家/地区	总得分
1	CHINESE-ACAD-SCI	中国科学院	中国	100.00
2	NOAA	美国国家海洋和大气管理局	美国	64.50
3	NATL-CTR-ATMOSPHER-RES	美国国家大气研究中心	美国	49.80
4	NASA	美国航空航天局	美国	48.50
5	UNIV-COLORADO	科罗拉多大学	美国	41.80

其他中国机构：6. 南京信息工程大学；7. 中国科学院；16. 北京大学；17. 北京师范大学；19. 中国气象科学院；20. 清华大学；24. 南京大学；51. 中山大学；58. 兰州大学；79. 武汉大学；85. 复旦大学；88. 中国海洋大学；148. 河海大学；160. 中国地质大学；173. 浙江大学；185. 成都信息工程大学；188. 香港理工大学；191. 香港中文大学；210. 中国科学技术大学；213. 西安交通大学；220. 香港城市大学；233. 西北农林科技大学；235. 香港科技大学；237. 中国农业大学；249. 暨南大学；273. 中国矿业大学；284. 山东大学；290. 天津大学；291. 华东师范大学；312. 国防科技大学；323. 上海交通大学；364. 同济大学；377. 香港大学；392. 北京理工大学；405. 云南大学；407. 中国农业科学院；434. 哈尔滨工业大学；437. 四川大学；459. 南京师范大学；468. 中国地震局；480. 北京林业大学；487. 华南理工大学；494. 厦门大学；529. 北京航空航天大学；552. 中国人民解放军陆军工程大学；560. 南开大学；567. 南京农业大学；589. 南方科技大学；628. 长安大学；637. 华中科技大学；662. 上海大学；667. 山东科技大学；686. 中国科学院；708. 成都理工大学；721. 东北师范大学；752. 西南大学；768. 福建师范大学；782. 吉林大学；785. 东南大学；806. 北京工业大学；830. 北京化工大学；839. 首都师范大学；844. 大连理工大学；850. 西安工业大学；860. 扬州大学；870. 华北电力大学；893. 西安科技大学；899. 电子科技大学；901. 陕西师范大学；903. 南京航空航天大学；912. 香港浸会大学；916. 华中农业大学；929. 郑州大学；934. 南京林业大学；942. 山西大学；943. 中南大学；965. 东北林业大学；1006. 西北师范大学；1008. 河南大学；1038. 重庆大学；1067. 浙江农林大学；1100. 新疆大学；1116. 北京科技大学；1124. 湖北大学；1127. 山东师范大学；1128. 西南交通大学

八、地理学

表 2-32　地理学（5 强与中国大学）

排名	英文名称	中文名称	国家/地区	总得分
1	CHINESE-ACAD-SCI	中国科学院	中国	100.00
2	UNIV-CHINESE-ACAD-SCI	中国科学院大学	中国	31.90
3	UNIV-OXFORD	牛津大学	英国	28.20
4	WUHAN-UNIV	武汉大学	中国	27.10
5	UNIV-UTRECHT	乌得勒支大学	荷兰	26.70

其他中国机构：12. 北京师范大学；17. 中国地质大学；24. 北京大学；29. 南京大学；38. 中山大学；48. 香港大学；51. 兰州大学；71. 华东师范大学；107. 香港中文大学；114. 南京师范大学；115. 同济大学；126. 浙江大学；145. 清华大学；152. 香港理工大学；198. 西安交通大学；201. 河海大学；234. 南京信息工程大学；247. 复旦大学；270. 西安电子科技大学；276. 西南交通大学；295. 香港城市大学；318. 中国科学院；332. 中国矿业大学；339. 深圳大学；340. 中国地震局；343. 中国海洋大学；356. 陕西师范大学；381. 成都理工大学；384. 广州大学；385. 吉林大学；389. 香港浸会大学；391. 首都师范大学；397. 哈尔滨工业大学；401. 厦门大学；407. 上海交通大学；418. 西北大学；420. 中国农业大学；421. 山东科技大学；422. 国防科技大学；437. 中国人民大学；448. 西北农林科技大学；489. 西北师范大学；493. 电子科技大学；507. 北京航空航天大学；509. 中国农业科学院；518. 华南师范大学；526. 云南大学；536. 天

续表

津大学；545. 北京林业大学；550. 四川大学；559. 福建师范大学；565. 西北工业大学；588. 长安大学；593. 河南大学；618. 中南大学；626. 华中科技大学；638. 中国科学技术大学；640. 东南大学；652. 香港科技大学；666. 河北师范大学；672. 福州大学；679. 上海大学；692. 中国科学院；693. 南京林业大学；698. 中国社会科学院大学；707. 西南大学；714. 山东大学；726. 北京交通大学；743. 内蒙古大学；748. 北京理工大学；752. 东北师范大学；760. 大连海事大学；775. 澳门大学；776. 新疆大学；783. 江西师范大学；787. 江苏师范大学；806. 中国石油大学；821. 华中师范大学；831. 宁波大学；844. 浙江农林大学；855. 南京理工大学；858. 暨南大学；881. 重庆大学；893. 大连理工大学；894. 中国地质大学(北京)；913. 西交利物浦大学；928. 华南理工大学；936. 南京农业大学；941. 华中农业大学；944. 上海海洋大学；945. 云南师范大学；954. 北京联合大学；956. 上海师范大学；958. 山东师范大学；970. 湖南大学；983. 香港教育大学；984. 中国地质大学(武汉)

九、地球物理学

表 2-33 地球物理学（5 强与中国大学）

排名	英文名称	中文名称	国家/地区	总得分
1	CHINESE-ACAD-SCI	中国科学院	中国	100.00
2	CHINA-UNIV-GEOSCI	中国地质大学	中国	40.80
3	UNIV-CHINESE-ACAD-SCI	中国科学院大学	中国	32.10
4	RUSSIAN-ACAD-SCI	俄罗斯科学院	俄罗斯	29.90
5	US-GEOL-SURVEY	美国地质勘探局	美国	24.10
其他中国机构：9. 武汉大学；11. 中国科学院；17. 北京大学；19. 南京大学；25. 中国石油大学；27. 中国矿业大学；31. 中国地震局；38. 北京师范大学；39. 同济大学；50. 吉林大学；53. 中山大学；69. 中国科学技术大学；72. 河海大学；75. 香港大学；76. 成都理工大学；79. 清华大学；81. 浙江大学；84. 西北大学；86. 兰州大学；95. 台湾大学；97. 南京信息工程大学；110. 中国海洋大学；114. 长安大学；146. 山东科技大学；156. 西安交通大学；180. 西安电子科技大学；196. 中国地质大学(北京)；223. 华东师范大学；240. 重庆大学；243. 西北农林科技大学；244. 中南大学；248. 中国石油大学(华东)；250. 哈尔滨工业大学；267. 天津大学；282. 西南交通大学；294. 香港理工大学；296. 四川大学；303. 南京师范大学；317. 西南石油大学；325. 上海交通大学；326. 香港科技大学；331. 国防科技大学；333. 厦门大学；352. 西北工业大学；354. 大连理工大学；355. 北京航空航天大学；363. 合肥工业大学；382. 南方科技大学；385. 山东大学；388. 西安科技大学；391. 电子科技大学；394. 长江大学；407. 中国石油天然气股份有限公司；414. 华中科技大学；456. 东南大学；463. 中国农业大学；467. 中国东北大学；475. 湖南大学；477. 复旦大学；481. 香港中文大学；488. 北京理工大学；496. 西安工业大学；505. 中国气象科学院；507. 桂林理工大学；513. 云南大学；517. 河南理工大学；527. 北京科技大学；572. 华东理工大学；594. 北京林业大学；601. 北京工业大学；613. 首都师范大学；618. 深圳大学；657. 中国地质大学(武汉)；672. 香港城市大学；675. 太原理工大学；707. 中国农业科学院；716. 华中农业大学；731. 北京交通大学；740. 贵州大学；747. 西南大学；761. 安徽科技学院；771. 南昌大学；790. 东北石油大学；792. 新疆大学；812. 陕西师范大学；814. 广西大学；824. 福州大学；838. 昆明理工大学；865. 福建师范大学；877. 武汉理工大学；882. 中国科学院；883. 南京林业大学；884. 河南大学；900. 南京理工大学；913. 南京工业大学；918. 广州大学；922. 华南理工大学				

十、地质学

表 2-34 地质学（5 强与中国大学）

排名	英文名称	中文名称	国家/地区	总得分
1	CHINESE-ACAD-SCI	中国科学院	中国	100.00

续表

排名	英文名称	中文名称	国家/地区	总得分
2	CHINA-UNIV-GEOSCI	中国地质大学	中国	44.50
3	UNIV-CHINESE-ACAD-SCI	中国科学院大学	中国	31.70
4	RUSSIAN-ACAD-SCI	俄罗斯科学院	俄罗斯	31.60
5	US-GEOL-SURVEY	美国地质勘探局	美国	19.80
其他中国机构：6. 中国科学院；11. 北京大学；12. 南京大学；14. 中国矿业大学；15. 武汉大学；32. 北京师范大学；36. 中国石油大学；37. 同济大学；50. 吉林大学；51. 中山大学；52. 西北大学；54. 香港大学；61. 兰州大学；62. 成都理工大学；63. 河海大学；75. 清华大学；84. 浙江大学；93. 长安大学；96. 中国科学技术大学；102. 台湾大学；108. 中国地震局；113. 中国海洋大学；115. 南京信息工程大学；124. 山东科技大学；148. 中南大学；153. 中国地质大学(北京)；200. 西北农林科技大学；205. 华东师范大学；216. 重庆大学；238. 四川大学；245. 中国东北大学；254. 合肥工业大学；270. 天津大学；285. 西安交通大学；292. 南京师范大学；294. 香港科技大学；305. 西南石油大学；308. 北京科技大学；315. 西南交通大学；332. 大连理工大学；340. 上海交通大学；349. 香港理工大学；367. 中国石油天然气股份有限公司；374. 西安科技大学；386. 中国石油大学(华东)；398. 云南大学；400. 山东大学；408. 东南大学；409. 中国农业大学；414. 厦门大学；419. 哈尔滨工业大学；429. 昆明理工大学；431. 首都师范大学；448. 西安工业大学；450. 长江大学；460. 河南理工大学；509. 华东理工大学；516. 桂林理工大学；517. 南方科技大学；522. 中国气象科学院；536. 太原理工大学；543. 北京航空航天大学；548. 华中科技大学；549. 武汉理工大学；555. 北京林业大学；583. 贵州大学；598. 北京工业大学；604. 复旦大学；625. 广西大学；646. 香港中文大学；668. 中国地质大学(武汉)；673. 国防科技大学；674. 香港城市大学；683. 新疆大学；702. 西安电子科技大学；708. 西北工业大学；717. 西南大学；722. 安徽科技学院；726. 中国农业科学院；738. 北京交通大学；748. 福州大学；759. 深圳大学；763. 湖南大学；765. 北京理工大学；784. 南昌大学；787. 陕西师范大学；798. 福建师范大学；805. 华中农业大学；813. 东北石油大学；815. 电子科技大学；835. 西南科技大学；851. 浙江工业大学；852. 上海大学；875. 湖南科技大学；881. 中国科学院；890. 郑州大学；901. 河南大学；905. 南京工业大学				

十一、地质资源与地质工程

表 2-35　地质资源与地质工程（5 强与中国大学）

排名	英文名称	中文名称	国家/地区	总得分
1	CHINESE-ACAD-SCI	中国科学院	中国	100.00
2	TONGJI-UNIV	同济大学	中国	89.90
3	CHINA-UNIV-MIN-&-TECHNOL	中国矿业大学	中国	80.60
4	HOHAI-UNIV	河海大学	中国	51.10
5	CHONGQING-UNIV	重庆大学	中国	43.70
其他中国机构：6. 浙江大学；7. 武汉大学；8. 香港科技大学；10. 中国地质大学；12. 大连理工大学；13. 中南大学；15. 成都理工大学；16. 清华大学；17. 四川大学；18. 中国科学院；20. 东南大学；24. 西南交通大学；25. 上海交通大学；26. 天津大学；27. 长安大学；29. 山东科技大学；30. 中国东北大学；33. 香港理工大学；35. 香港大学；36. 山东大学；38. 北京工业大学；42. 香港城市大学；47. 中国地震局；63. 台湾大学；67. 哈尔滨工业大学；71. 湖南大学；76. 华中科技大学；77. 温州大学；82. 北京交通大学；86. 南京大学；88. 北京科技大学；93. 南京工业大学；97. 上海大学；98. 中国石油大学；100. 合肥工业大学；105. 广西大学；115. 浙江工业大学；116. 中山大学；117. 南昌大学；118. 深圳大学；120. 台湾“中央”大学；122. 西安工业大学；123. 太原理工大学；140. 西安建筑科技大学；145. 河南理工大学；146. 中国科学院；148. 武汉理工大学；157. 福州大学；159. 湖南科技大学；161. 西安科技大学；162. 吉林大学；166. 三峡大学；170. 兰州大学；186. 广州大学；188. 绍兴文理学院；204. 青岛理工大学；216. 澳门大学；225. 中国海洋大学；228. 华南理工大学；236. 西南石油大学；238. 河北工业大学；239. 长沙理工大学；240. 安徽科技学院；251. 重庆交通大学；257. 北京建筑大学；259. 华东交通大学；286. 石家庄铁道大学；289. 郑州大学；293. 宁波大学；295. 西安交通大学；302. 北京航空航天大学；312. 上海理工大学；313. 湖北工业大学；319. 中国人民解放军陆军工程				

续表

大学；321. 汕头大学；345. 昆明理工大学；346. 华北水利水电大学；352. 中国地质大学(北京)；375. 中国地质大学(武汉)；382. 兰州理工大学；385. 贵州大学；393. 华侨大学；394. 西北大学；405. 武汉科技大学；420. 兰州交通大学；433. 江苏大学；436. 苏州大学；439. 山东建筑大学；463. 江西科技学院；464. 中国石油大学(华东)；471. 福建理工大学；484. 西南科技大学；493. 中国人民解放军空军工程大学；499. 上海工程技术大学；500. 西北工业大学；506. 桂林理工大学；513. 大连海事大学；514. 南方科技大学；535. 天津城建大学；547. 南京理工大学

十二、电气工程

表 2-36 电气工程（5 强与中国大学）

排名	英文名称	中文名称	国家/地区	总得分
1	CHINESE-ACAD-SCI	中国科学院	中国	100.00
2	TSINGHUA-UNIV	清华大学	中国	69.00
3	UNIV-ELECT-SCI-&-TECHNOL-CHINA	电子科技大学	中国	59.80
4	SOUTHEAST-UNIV	东南大学	中国	57.50
5	XIDIAN-UNIV	西安电子科技大学	中国	57.30
其他中国机构：6. 哈尔滨工业大学；7. 浙江大学；9. 华中科技大学；10. 上海交通大学；11. 北京航空航天大学；12. 西安交通大学；13. 中国科学院；15. 武汉大学；16. 北京邮电大学；17. 北京理工大学；18. 西北工业大学；19. 香港城市大学；21. 天津大学；22. 华南理工大学；23. 国防科技大学；24. 重庆大学；25. 南京理工大学；26. 南京航空航天大学；27. 香港理工大学；30. 北京大学；31. 北京交通大学；33. 中国科学技术大学；36. 中山大学；37. 中国东北大学；39. 大连理工大学；41. 深圳大学；42. 香港中文大学；43. 西南交通大学；45. 湖南大学；46. 南京邮电大学；48. 山东大学；51. 香港科技大学；56. 香港大学；59. 华北电力大学；61. 同济大学；63. 澳门大学；65. 南京大学；67. 台湾交通大学；73. 四川大学；74. 台湾成功大学；75. 广东工业大学；78. 台湾大学；79. 复旦大学；81. 合肥工业大学；83. 哈尔滨工程大学；84. 上海大学；87. 杭州电子科技大学；90. 南京信息工程大学；92. 厦门大学；97. 吉林大学；106. 北京科技大学；119. 台湾清华大学；121. 中国矿业大学；127. 重庆邮电大学；129. 中南大学；130. 大连海事大学；133. 中国地质大学；142. 河海大学；147. 江苏大学；150. 武汉理工大学；151. 江南大学；166. 北京工业大学；172. 山东科技大学；183. 燕山大学；188. 浙江工业大学；202. 桂林电子科技大学；209. 福州大学；219. 中国人民解放军空军工程大学；221. 安徽大学；227. 青岛大学；229. 苏州大学；233. 南开大学；242. 西南大学；252. 广州大学；253. 西安工业大学；255. 华东师范大学；280. 郑州大学；282. 渤海大学；287. 暨南大学；296. 上海理工大学；320. 宁波大学；321. 北京师范大学；328. 南方科技大学；329. 北京化工大学；330. 河北工业大学；332. 中国人民解放军陆军工程大学；337. 曲阜师范大学；338. 南京师范大学；343. 中国石油大学；345. 山东师范大学；354. 长沙理工大学；357. 辽宁工业大学；359. 南昌大学；360. 华东理工大学；370. 南通大学；376. 东华大学；377. 哈尔滨理工大学；382. 上海科技大学；388. 上海海事大学；408. 澳门科技大学；421. 长安大学；425. 华侨大学；427. 扬州大学；429. 中国海洋大学；430. 中北大学；437. 西安邮电大学；439. 昆明理工大学；451. 广西大学；467. 中国计量大学；488. 天津科技大学；492. 华南师范大学；499. 太原理工大学				

十三、电子科学与技术(可授工学、理学学位)

表 2-37 电子科学与技术（可授工学、理学学位）（5 强与中国大学）

排名	英文名称	中文名称	国家/地区	总得分
1	CHINESE-ACAD-SCI	中国科学院	中国	100.00
2	TSINGHUA-UNIV	清华大学	中国	69.00

续表

排名	英文名称	中文名称	国家/地区	总得分
3	UNIV-ELECT-SCI-&-TECHNOL-CHINA	电子科技大学	中国	59.80
4	SOUTHEAST-UNIV	东南大学	中国	57.50
5	XIDIAN-UNIV	西安电子科技大学	中国	57.30
其他中国机构：6. 哈尔滨工业大学；7. 浙江大学；9. 华中科技大学；10. 上海交通大学；11. 北京航空航天大学；12. 西安交通大学；13. 中国科学院；15. 武汉大学；16. 北京邮电大学；17. 北京理工大学；18. 西北工业大学；19. 香港城市大学；21. 天津大学；22. 华南理工大学；23. 国防科技大学；24. 重庆大学；25. 南京理工大学；26. 南京航空航天大学；27. 香港理工大学；30. 北京大学；31. 北京交通大学；33. 中国科学技术大学；36. 中山大学；37. 中国东北大学；39. 大连理工大学；41. 深圳大学；42. 香港中文大学；43. 西南交通大学；45. 湖南大学；46. 南京邮电大学；48. 山东大学；51. 香港科技大学；56. 香港大学；59. 华北电力大学；61. 同济大学；63. 澳门大学；65. 南京大学；67. 台湾交通大学；73. 四川大学；74. 台湾成功大学；75. 广东工业大学；78. 台湾大学；79. 复旦大学；81. 合肥工业大学；83. 哈尔滨工程大学；84. 上海大学；87. 杭州电子科技大学；90. 南京信息工程大学；92. 厦门大学；97. 吉林大学；106. 北京科技大学；119. 台湾清华大学；121. 中国矿业大学；127. 重庆邮电大学；129. 中南大学；130. 大连海事大学；133. 中国地质大学；142. 河海大学；147. 江苏大学；150. 武汉理工大学；151. 江南大学；166. 北京工业大学；172. 山东科技大学；183. 燕山大学；188. 浙江工业大学；202. 桂林电子科技大学；209. 福州大学；219. 中国人民解放军空军工程大学；221. 安徽大学；227. 青岛大学；229. 苏州大学；233. 南开大学；242. 西南大学；252. 广州大学；253. 西安工业大学；255. 华东师范大学；280. 郑州大学；282. 渤海大学；287. 暨南大学；296. 上海理工大学；320. 宁波大学；321. 北京师范大学；328. 南方科技大学；329. 北京化工大学；330. 河北工业大学；332. 中国人民解放军陆军工程大学；337. 曲阜师范大学；338. 南京师范大学；343. 中国石油大学；345. 山东师范大学；354. 长沙理工大学；357. 辽宁工业大学；359. 南昌大学；360. 华东理工大学；370. 南通大学；376. 东华大学；377. 哈尔滨理工大学；382. 上海科技大学；388. 上海海事大学；408. 澳门科技大学；421. 长安大学；425. 华侨大学；427. 扬州大学；429. 中国海洋大学；430. 中北大学；437. 西安邮电大学；439. 昆明理工大学；451. 广西大学；467. 中国计量大学；488. 天津科技大学；492. 华南师范大学；499. 太原理工大学				

十四、动力工程及工程热物理

表 2-38　动力工程及工程热物理（5 强与中国大学）

排名	英文名称	中文名称	国家/地区	总得分
1	XI-AN-JIAO-TONG-UNIV	西安交通大学	中国	100.00
2	CHINESE-ACAD-SCI	中国科学院	中国	78.90
3	TSINGHUA-UNIV	清华大学	中国	72.40
4	ISLAMIC-AZAD-UNIV	伊斯兰阿扎德大学	伊朗	70.10
5	SHANGHAI-JIAO-TONG-UNIV	上海交通大学	中国	63.40
其他中国机构：6. 天津大学；7. 华中科技大学；8. 华北电力大学；10. 中国科学技术大学；11. 哈尔滨工业大学；13. 浙江大学；14. 中国科学院；17. 大连理工大学；18. 华南理工大学；19. 重庆大学；20. 北京理工大学；21. 中国矿业大学；23. 东南大学；24. 北京航空航天大学；26. 江苏大学；28. 中国石油大学；29. 湖南大学；30. 西北工业大学；32. 香港理工大学；36. 北京工业大学；42. 南京航空航天大学；44. 山东大学；49. 同济大学；53. 北京科技大学；55. 台湾成功大学；56. 上海理工大学；60. 香港城市大学；63. 南京理工大学；64. 南京工业大学；70. 中南大学；74. 武汉理工大学；79. 四川大学；86. 北京交通大学；88. 北京大学；90. 中国石油大学(华东)；97. 北京化工大学；100. 厦门大学；106. 哈尔滨工程大学；107. 中国东北大学；114. 吉林大学；124. 郑州大学；126. 武汉大学；130. 广东工业大学；136. 合肥工业大学；142. 山东科技大学；143. 扬州大学；150. 苏州大学；167. 青岛科技大学；170. 西南石油大学；173. 中山大学；178. 河海大学；189. 河北工业大学；192. 中国地质大学；193. 西南交通大学；197. 昆明理工大学；205. 广西大学；213. 太原理工大学；224. 国防科技大学；228. 香港科技大学；237. 东北电力大学；238. 河南理工大学；				

续表

248. 浙江工业大学；253. 西安建筑科技大学；259. 华东理工大学；262. 上海大学；270. 长沙理工大学；274. 中国海洋大学；285. 西安科技大学；295. 武汉科技大学；297. 北京建筑大学；301. 深圳大学；302. 电子科技大学；308. 东华大学；316. 中国人民解放军海军工程大学；321. 南京大学；324. 福州大学；334. 天津商业大学；338. 兰州大学；346. 南昌大学；355. 长安大学；365. 兰州理工大学；368. 南京林业大学；369. 上海海事大学；380. 常州大学；394. 江苏科技大学；396. 湘潭大学；397. 宁波大学；401. 成都理工大学；402. 上海电力学院；404. 江南大学；410. 中国工程物理学院；411. 大连海事大学；419. 青岛大学；420. 天津理工大学；430. 东莞理工学院；443. 上海工程技术大学；448. 安徽科技学院；452. 中国计量大学；455. 内蒙古工业大学；462. 武汉工程大学；464. 燕山大学；472. 新疆大学；491. 西南科技大学；494. 安徽工业大学；497. 浙江理工大学；498. 香港大学；506. 山东理工大学；509. 广州大学；512. 西北大学；520. 闽江学院；529. 兰州交通大学

十五、法学

表 2-39 法学（5 强与中国大学）

排名	英文名称	中文名称	国家/地区	总得分
1	HARVARD-UNIV	哈佛大学	美国	100.00
2	NYU	纽约大学	美国	93.70
3	ARIZONA-STATE-UNIV	亚利桑那州立大学	美国	93.50
4	UNIV-CAMBRIDGE	剑桥大学	英国	88.50
5	UNIV-CHICAGO	芝加哥大学	美国	86.20
其他中国机构：80. 香港大学；108. 香港城市大学；126. 四川大学；170. 香港中文大学；208. 复旦大学；253. 中山大学；254. 澳门大学；267. 中国政法大学；310. 华中科技大学；314. 西安交通大学；320. 上海交通大学；357. 武汉大学；364. 南方医科大学；399. 中国科学院；405. 中国医科大学；416. 中国人民大学；459. 北京大学；509. 苏州大学；512. 浙江大学；521. 香港理工大学；535. 厦门大学；543. 清华大学；618. 北京师范大学；622. 山西医科大学；675. 重庆医科大学；713. 中国人民公安大学；800. 山东大学；809. 中国科学院；883. 昆明医科大学；907. 中南大学；916. 华东政法大学；995. 汕头大学；1003. 暨南大学；1037. 中国刑事警察学院；1069. 西南政法大学；1089. 中国人民警察大学；1091. 吉林大学；1120. 对外经济贸易大学；1168. 华中师范大学；1213. 南京医科大学；1230. 华东师范大学；1271. 西南财经大学；1310. 郑州大学；1401. 烟台大学；1455. 四川大学华西医学中心；1463. 中国农业大学；1467. 温州医科大学；1468. 南京大学；1480. 遵义医学院；1532. 香港教育大学；1542. 山西大学；1612. 东南大学；1622. 中国刑事警察学院；1624. 天津大学；1644. 大连海事大学；1670. 首都师范大学；1673. 西南大学；1740. 中国农业科学院；1764. 山东政法学院；1775. 上海健康医学院；1780. 海南医学院；1781. 上海政法学院；1798. 川北医学院；1802. 南开大学；1820. 哈尔滨工业大学；1882. 四川警察学院；1886. 中国人民公安大学；1939. 南京师范大学；1949. 广州大学；2004. 河北医科大学；2051. 空军军医大学；2054. 沈阳药科大学；2057. 首都医科大学；2117. 浙江警察学院；2148. 中国医学科学院；2168. 内蒙古医科大学；2203. 东北师范大学；2214. 贵州医科大学；2232. 华南农业大学；2238. 长沙理工大学；2259. 北京化工大学；2290. 香港浸会大学；2350. 南京理工大学；2361. 济宁医学院；2409. 重庆大学；2441. 安徽医科大学；2460. 华南理工大学；2468. 天津医科大学；2482. 同济大学；2526. 新疆医科大学；2534. 中国人民解放军陆军军医大学；2585. 华中农业大学；2602. 湖南大学；2688. 深圳大学				

十六、纺织科学与工程

表 2-40 纺织科学与工程（5 强与中国大学）

排名	英文名称	中文名称	国家/地区	总得分
1	DONGHUA-UNIV	东华大学	中国	100.00

续表

排名	英文名称	中文名称	国家/地区	总得分
2	CHINESE-ACAD-SCI	中国科学院	中国	57.60
3	JIANGNAN-UNIV	江南大学	中国	53.40
4	S-CHINA-UNIV-TECHNOL	华南理工大学	中国	45.50
5	AMIRKABIR-UNIV-TECHNOL	阿米尔卡比尔技术大学	伊朗	36.50

其他中国机构：7. 浙江理工大学；8. 武汉纺织大学；9. 香港理工大学；10. 苏州大学；12. 四川大学；13. 天津工业大学；15. 南京林业大学；18. 吉林大学；20. 青岛大学；26. 南京工业大学；30. 大连理工大学；31. 西南大学；32. 中国科学院；34. 陕西科技大学；36. 武汉大学；38. 太原理工大学；42. 南京大学；47. 江苏大学；52. 天津大学；53. 北京林业大学；54. 广西大学；55. 华东理工大学；58. 齐鲁工业大学；60. 福建农林大学；63. 西安工程大学；67. 上海工程技术大学；70. 安徽大学；71. 东北林业大学；72. 东北师范大学；75. 逢甲大学；78. 青岛科技大学；81. 哈尔滨工业大学；82. 山东大学；83. 浙江大学；87. 天津工业大学；90. 江西科技师范大学；92. 湘潭大学；95. 华中师范大学；96. 天津理工大学；97. 中国医科大学；99. 郑州大学；104. 中国科学技术大学；106. 北京化工大学；112. 清华大学；114. 兰州大学；117. 西北大学；119. 中山大学；121. 山西大学；125. 闽江学院；136. 绍兴文理学院；137. 福州大学；139. 北京理工大学；144. 上海交通大学；145. 天津科技大学；147. 南京理工大学；159. 河南大学；162. 华中科技大学；164. 深圳大学；165. 东南大学；169. 西北师范大学；173. 南京邮电大学；174. 中原工学院；175. 南开大学；176. 嘉兴学院；177. 武汉理工大学；182. 大连工业大学；185. 南昌大学；186. 广东工业大学；191. 安徽工程大学；192. 浙江工业大学；196. 上海大学；197. 盐城工学院；201. 复旦大学；203. 华南师范大学；206. 常州大学；211. 北京科技大学；214. 武汉工程大学；216. 福建师范大学；220. 河北大学；225. 中国科学院；226. 南通大学；233. 杭州电子科技大学；235. 北京大学；236. 南京信息工程大学；241. 中南大学；245. 新疆大学；249. 北京工商大学；251. 中国农业科学院；252. 西北工业大学；259. 暨南大学；264. 西安交通大学；266. 黑龙江大学；267. 杭州师范大学；274. 同济大学；277. 香港城市大学；281. 南京航空航天大学；287. 洛阳师范学院；290. 香港浸会大学；292. 长春理工大学；301. 电子科技大学；305. 北京师范大学；306. 中国矿业大学；314. 华北电力大学；316. 湖南大学；325. 河北科技大学；326. 青海大学；328. 湖北大学；348. 湖南科技大学；352. 山西师范大学；354. 温州大学；355. 广州大学；357. 南方医科大学

十七、工商管理

表2-41　工商管理（5强与中国大学）

排名	英文名称	中文名称	国家/地区	总得分
1	HONG-KONG-POLYTECH-UNIV	香港理工大学	中国	100.00
2	NBER	全国经济研究所	美国	81.60
3	PENN-STATE-UNIV	宾夕法尼亚州立大学	美国	71.30
4	INDIANA-UNIV	印第安纳大学	美国	70.30
5	UNIV-QEENSLAND	昆士兰大学	澳大利亚	69.60

其他中国机构：22. 中山大学；32. 香港城市大学；56. 中国人民大学；60. 香港中文大学；65. 西南财经大学；68. 北京大学；76. 香港大学；80. 浙江大学；8. 清华大学；107. 厦门大学；109. 上海交通大学；125. 香港科技大学；128. 复旦大学；130. 西安交通大学；150. 上海财经大学；162. 澳门大学；166. 对外经济贸易大学；177. 中央财经大学；206. 香港浸会大学；223. 华中科技大学；227. 南京大学；243. 暨南大学；251. 南开大学；257. 湖南大学；271. 中国科学院；274. 武汉大学；287. 哈尔滨工业大学；292. 中南财经政法大学；299. 上海大学；301. 同济大学；325. 中欧国际工商学院；333. 四川大学；367. 中国科学技术大学；371. 中国科学院；377. 宁波诺丁汉大学；391. 华南理工大学；401. 北京理工大学；405. 山东大学；406. 岭南大学；409. 天津大学；443. 北京师范大学；444. 澳门科技大学；456. 深圳大学；481. 中南大学；493. 浙江工商大学；498. 东北财经大学；500. 西南交通大学；504. 江西财经大学；527. 大连理工大学；536. 西交利物浦大学；539. 浙江财经大学；542. 北京航空航天大学；547. 首都经济贸易大学；559. 南京财经大学；574. 重庆大学；587. 南京审计大学；599. 东南大学；605. 吉林大学；609. 华东理工大学；630. 上海体育学院；

续表

648. 华侨大学；649. 华东师范大学；650. 广东外语外贸大学；654. 西北工业大学；677. 澳门城市大学；730. 上海立信会计金融学院；736. 合肥工业大学；759. 浙江工业大学；767. 电子科技大学；771. 北京交通大学；775. 澳门旅游学院；786. 华南师范大学；788. 海南大学；795. 安徽财经大学；807. 中国东北大学；812. 苏州大学；823. 南京理工大学；824. 广州大学；827. 青岛大学；869. 广东金融学院；879. 中国矿业大学；898. 上海对外经贸大学；909. 南昌大学；927. 北京科技大学；933. 香港公开大学；953. 南方科技大学；963. 北京第二外国语学院；975. 上海外国语大学；977. 山东财经大学；1020. 香港恒生大学；1024. 江南大学；1031. 重庆工商大学；1047. 南京航空航天大学；1053. 长江商学院；1057. 中国社会科学院大学；1058. 东华大学；1063. 河海大学；1072. 河南大学；1077. 北京工商大学；1104. 北京联合大学；1119. 宁波大学；1130. 西安电子科技大学；1143. 云南财经大学；1153. 上海师范大学；1157. 北京邮电大学；1159. 天津财经大学；1167. 华中师范大学；1171. 中国海洋大学；1189. 南京信息工程大学；1193. 汕头大学；1202. 上海商学院；1204. 中国金融研究院；1215. 陕西师范大学；1217. 华中农业大学；1222. 江苏大学；1225. 山西大学；1241. 广东工业大学

十八、公共管理

表 2-42 公共管理（5 强与中国大学）

排名	英文名称	中文名称	国家/地区	总得分
1	UNIV-TORONTO	多伦多大学	加拿大	100.00
2	HARVARD-UNIV	哈佛大学	美国	85.20
3	UNIV-WASHINGTON	华盛顿大学	美国	83.30
4	UNIV-MICHIGAN	密歇根大学	美国	75.70
5	UNIV-CALIF-SAN-FRANCISCO	加利福尼亚大学旧金山分校	美国	73.40
其他中国机构：95. 香港大学；121. 中国科学院；124. 北京大学；152. 香港理工大学；160. 浙江大学；165. 中山大学；184. 香港中文大学；195. 清华大学；209. 复旦大学；223. 武汉大学；224. 华中科技大学；226. 香港城市大学；252. 四川大学；282. 上海交通大学；303. 中国科学院；305. 北京师范大学；319. 同济大学；333. 中国人民大学；342. 香港浸会大学；375. 南京大学；394. 山东大学；425. 西安交通大学；429. 华东师范大学；484. 首都医科大学；502. 北京理工大学；540. 东南大学；550. 暨南大学；573. 中南大学；598. 深圳大学；608. 中国医学科学院；621. 南京医科大学；623. 哈尔滨工业大学；641. 大连理工大学；688. 厦门大学；690. 重庆大学；693. 南方医科大学；712. 青岛大学；726. 郑州大学；735. 吉林大学；742. 兰州大学；765. 苏州大学；780. 西南财经大学；817. 中国医科大学；826. 中国地质大学；846. 上海财经大学；896. 广州大学；920. 中央财经大学；952. 澳门大学；963. 哈尔滨医科大学；1003. 浙江财经大学；1010. 天津大学；1033. 福建医科大学；1036. 华南理工大学；1045. 重庆医科大学；1057. 南京师范大学；1070. 湖南大学；1091. 中国疾病预防控制中心；1122. 香港教育大学；1126. 南开大学；1132. 安徽医科大学；1138. 北京航空航天大学；1158. 浙江工商大学；1174. 上海大学；1189. 河南大学；1191. 安徽财经大学；1195. 天津医科大学；1218. 海军军医大学；1247. 西交利物浦大学；1276. 电子科技大学；1287. 对外经济贸易大学；1298. 北京交通大学；1299. 中国农业大学；1352. 中国科学技术大学；1384. 北京协和医学院；1404. 中南财经政法大学；1410. 广州医科大学；1427. 南昌大学；1442. 江苏师范大学；1443. 河海大学；1484. 温州医科大学；1513. 北京林业大学；1517. 中国东北大学；1527. 合肥工业大学；1555. 广东外语外贸大学；1560. 陕西师范大学；1568. 华中师范大学；1577. 北京工业大学；1580. 华南师范大学；1625. 江苏大学；1628. 南京信息工程大学；1650. 广州中医药大学；1652. 浙江工业大学；1655. 中国药科大学；1658. 中国矿业大学；1666. 宁波诺丁汉大学；1679. 西南大学；1693. 江西财经大学；1703. 河北医科大学；1714. 杭州师范大学；1753. 西南交通大学；1756. 西南大学；1779. 华中农业大学；1798. 中国社会科学院大学；1809. 广东医科大学；1843. 北京邮电大学；1851. 上海中医药大学；1859. 北京中医药大学；1861. 香港科技大学；1862. 岭南大学；1864. 西安电子科技大学；1941. 南京财经大学；1951. 南通大学；1983. 宁波大学；1985. 长安大学				

十九、公共卫生与预防医学(可授医学、理学学位)

表 2-43　公共卫生与预防医学（可授医学、理学学位）(5 强与中国大学)

排名	英文名称	中文名称	国家/地区	总得分
1	CHINESE-CTR-DIS-CONTROL-&-PREVENT	中国疾病预防控制中心	中国	100.00
2	UNIV-WASHINGTON	华盛顿大学	美国	90.90
3	HARVARD-UNIV	哈佛大学	美国	88.40
4	UNIV-CALIF-SAN-FRANCISCO	加利福尼亚大学旧金山分校	美国	81.50
5	UNIV-N-CAROLINA	北卡罗来纳大学	美国	76.20

其他中国机构：72. 香港大学；79. 中国科学院；84. 浙江大学；87. 北京大学；90. 中国疾病预防控制中心；106. 复旦大学；126. 中山大学；145. 上海交通大学；160. 香港中文大学；181. 华中科技大学；196. 首都医科大学；200. 中国医学科学院；209. 四川大学；223. 中国农业大学；241. 江南大学；243. 武汉大学；258. 中国农业科学院；275. 山东大学；325. 中国科学院；345. 香港理工大学；347. 西安交通大学；375. 南京医科大学；380. 南方医科大学；382. 清华大学；402. 中南大学；404. 郑州大学；428. 华南理工大学；448. 同济大学；467. 吉林大学；471. 重庆医科大学；483. 南昌大学；484. 东南大学；493. 南京农业大学；496. 南京大学；500. 安徽医科大学；503. 中国医科大学；510. 苏州大学；550. 华中农业大学；558. 江苏大学；567. 北京协和医学院；568. 西北农林科技大学；578. 暨南大学；602. 华南农业大学；634. 北京师范大学；636. 广州医科大学；660. 哈尔滨医科大学；698. 青岛大学；721. 温州医科大学；731. 深圳大学；748. 天津医科大学；776. 厦门大学；787. 香港城市大学；809. 兰州大学；832. 西南大学；833. 中国海洋大学；842. 四川农业大学；846. 扬州大学；870. 海军军医大学；924. 澳门大学；943. 福建医科大学；956. 哈尔滨工业大学；966. 广西医科大学；1029. 东北农业大学；1040. 合肥工业大学；1054. 天津大学；1058. 宁波大学；1078. 中国人民解放军陆军军医大学；1088. 北京工商大学；1102. 陕西师范大学；1171. 香港浸会大学；1176. 福建农林大学；1177. 汕头大学；1187. 南开大学；1198. 昆明医科大学；1204. 浙江工商大学；1242. 天津理工大学；1252. 中国人民大学；1255. 空军军医大学；1279. 中国地质大学；1299. 河海大学；1328. 新疆医科大学；1343. 南通大学；1350. 河北医科大学；1391. 湖南农业大学；1393. 华东师范大学；1424. 重庆大学；1425. 中国人民解放军军事医学科学院；1435. 广东省预防控制中心；1455. 中国药科大学；1462. 杭州师范大学；1465. 中国科学技术大学；1477. 安徽农业大学；1495. 中国矿业大学；1524. 南方科技大学；1545. 河南大学；1560. 大连工业大学；1576. 广东药科大学；1599. 山西医科大学；1632. 山东农业大学；1636. 北京林业大学；1683. 青岛农业大学；1694. 浙江中医药大学；1697. 广州大学；1737. 大连医科大学；1738. 南京中医药大学；1746. 电子科技大学；1748. 南京师范大学

二十、管理科学与工程(可授管理学、工学学位)

表 2-44　管理科学与工程（可授管理学、工学学位）(5 强与中国大学)

排名	英文名称	中文名称	国家/地区	总得分
1	HONG-KONG-POLYTECH-UNIV	香港理工大学	中国	100.00
2	NATL-UNIV-SINGAPORE	新加坡国立大学	新加坡	63.80
3	CITY-UNIV-HONG-KONG	香港城市大学	中国	58.60
4	SHANGHAI-JIAO-TONG-UNIV	上海交通大学	中国	57.30
5	TSINGHUA-UNIV	清华大学	中国	56.20

其他中国机构：14. 华中科技大学；17. 浙江大学；18. 同济大学；19. 北京航空航天大学；25. 中国科学院；26. 西安交通大学；27. 中国科学技术大学；31. 天津大学；34. 哈尔滨工业大学；37. 香港大学；43. 香港科技大学；45. 东南大学；54. 中山大学；57. 电子科技大学；64. 大连理工大学；76. 华南理工大学；80. 北京交通大学；82. 香港中文大学；86. 中国东北大学；92. 西北工业大学；96. 北京理工大学；97. 重庆大学；98. 北京大学；116. 四川大学；119. 上海大学；

续表

127. 武汉大学；132. 南京航空航天大学；133. 湖南大学；134. 复旦大学；140. 南京大学；141. 西南财经大学；155. 中国人民大学；157. 合肥工业大学；182. 深圳大学；186. 中国科学院；192. 山东大学；197. 西南交通大学；201. 南京理工大学；207. 南开大学；212. 西安电子科技大学；217. 北京科技大学；226. 厦门大学；240. 中南大学；241. 上海财经大学；249. 武汉理工大学；263. 香港浸会大学；269. 暨南大学；272. 宁波诺丁汉大学；279. 广东工业大学；284. 国防科技大学；287. 澳门大学；304. 上海海事大学；305. 对外经济贸易大学；312. 浙江工业大学；318. 中国矿业大学；323. 北京工业大学；343. 中欧国际工商学院；344. 东华大学；364. 东北财经大学；388. 福州大学；393. 吉林大学；412. 苏州大学；416. 大连海事大学；432. 北京邮电大学；441. 杭州电子科技大学；442. 河海大学；460. 浙江工商大学；469. 华东理工大学；486. 浙江财经大学；493. 澳门科技大学；499. 中央财经大学；509. 岭南大学；511. 江西财经大学；512. 南京信息工程大学；514. 南京邮电大学；518. 中国地质大学；535. 中国石油大学；550. 上海理工大学；554. 中南财经政法大学；559. 华北电力大学；563. 郑州大学；567. 北京师范大学；568. 燕山大学；573. 南京财经大学；574. 西交利物浦大学；617. 华东师范大学；618. 曲阜师范大学；625. 南京审计大学；639. 江苏大学；659. 江南大学；660. 广州大学；669. 华侨大学；671. 长安大学；687. 山东科技大学；690. 安徽大学；691. 青岛大学；700. 南方科技大学；703. 哈尔滨工程大学；724. 兰州大学；729. 南京师范大学；730. 西南大学；734. 重庆交通大学；745. 重庆工商大学；755. 浙江师范大学；759. 河北工业大学；772. 武汉科技大学；773. 温州大学；774. 长沙理工大学；785. 北京化工大学；806. 华南师范大学；814. 南昌大学；822. 重庆邮电大学；829. 沈阳航空航天大学

二十一、光学工程

表2-45 光学工程（5强与中国大学）

排名	英文名称	中文名称	国家/地区	总得分
1	CHINESE-ACAD-SCI	中国科学院	中国	100.00
2	UNIV-CHINESE-ACAD-SCI	中国科学院大学	中国	32.70
3	HUAZHONG-UNIV-SCI-&-TECHNOL	华中科技大学	中国	30.40
4	RUSSIAN-ACAD-SCI	俄罗斯科学院	俄罗斯	28.30
5	ZHEJIANG-UNIV	浙江大学	中国	25.00
其他中国机构：6. 清华大学；7. 中国科学技术大学；9. 哈尔滨工业大学；10. 上海交通大学；12. 深圳大学；13. 电子科技大学；15. 北京邮电大学；16. 北京大学；17. 天津大学；19. 国防科技大学；20. 南京大学；22. 山东大学；23. 北京理工大学；26. 复旦大学；28. 东南大学；29. 吉林大学；37. 南开大学；40. 华南师范大学；41. 北京航空航天大学；42. 西安交通大学；43. 华南理工大学；46. 南京理工大学；48. 山西大学；49. 中山大学；50. 西安电子科技大学；51. 苏州大学；58. 上海大学；59. 香港理工大学；60. 湖南大学；66. 台湾交通大学；69. 四川大学；71. 台湾大学；75. 厦门大学；77. 香港城市大学；79. 中国工程物理学院；84. 南京邮电大学；88. 华东师范大学；89. 暨南大学；90. 北京交通大学；93. 上海理工大学；94. 大连理工大学；97. 中国计量大学；98. 西北工业大学；102. 南京航空航天大学；110. 山东师范大学；111. 哈尔滨工程大学；114. 武汉大学；119. 长春理工大学；120. 重庆大学；122. 香港中文大学；130. 同济大学；144. 北京工业大学；158. 广东工业大学；170. 中国东北大学；171. 宁波大学；202. 武汉理工大学；208. 江苏师范大学；209. 香港科技大学；214. 西北大学；216. 太原理工大学；221. 香港大学；227. 合肥工业大学；230. 福州大学；235. 南京信息工程大学；238. 江苏大学；239. 西南交通大学；244. 中南大学；253. 北京师范大学；257. 杭州电子科技大学；258. 郑州大学；262. 武汉工程大学；263. 南昌大学；264. 桂林电子科技大学；265. 兰州大学；271. 南方科技大学；282. 武汉东湖学院；284. 首都师范大学；285. 北京科技大学；289. 燕山大学；291. 安徽大学；293. 江南大学；315. 陕西师范大学；321. 福建师范大学；322. 中国地质大学；327. 南京工业大学；329. 浙江师范大学；345. 中国人民解放军空军工程大学；346. 东北师范大学；351. 浙江工业大学；352. 湖南师范大学；381. 天津科技大学；404. 上海科技大学；417. 重庆邮电大学；432. 西安工业大学；434. 中国矿业大学；438. 中北大学；442. 河北工业大学；450. 河北大学；468. 南京师范大学；471. 西南大学；477. 青岛大学；503. 西安理工大学；504. 大连海事大学；506. 江西师范大学；511. 哈尔滨理工大学；517. 聊城大学；528. 华东交通大学；538. 西安邮电大学；549. 南昌航空大学；565. 浙江理工大学；569. 浙江农林大学；578. 华中师范大学；587. 天津工业大学				

二十二、海洋科学

表 2-46　海洋科学（5 强与中国大学）

排名	英文名称	中文名称	国家/地区	总得分
1	CHINESE-ACAD-SCI	中国科学院	中国	100. 00
2	NOAA	美国国家海洋和大气管理局	美国	94. 00
3	OCEAN-UNIV-CHINA	中国海洋大学	中国	86. 90
4	WOODS-HOLE-OCEANOG-INST	伍兹霍尔海洋研究所	美国	80. 60
5	UNIV-WASHINGTON	华盛顿大学	美国	70. 50
其他中国机构：12. 中国科学院；16. 上海交通大学；27. 浙江大学；28. 厦门大学；31. 大连理工大学；35. 哈尔滨工程大学；46. 华东师范大学；57. 河海大学；70. 台湾海洋大学；76. 天津大学；81. 台湾大学；82. 大连海事大学；96. 武汉理工大学；102. 同济大学；105. 中山大学；110. 上海海洋大学；124. 南京信息工程大学；135. 中国科学院；157. 清华大学；169. 南京大学；175. 中国地质大学；213. 中国石油大学；215. 上海海事大学；225. 武汉大学；231. 江苏科技大学；244. 华中科技大学；248. 香港科技大学；260. 哈尔滨工业大学；273. 浙江海洋大学；279. 西北工业大学；285. 山东科技大学；295. 山东大学；305. 广东海洋大学；365. 复旦大学；366. 国防科技大学；389. 天津理工大学；413. 宁波大学；418. 西南石油大学；420. 集美大学；444. 东南大学；445. 香港理工大学；472. 暨南大学；475. 香港大学；480. 北京师范大学；515. 中国石油大学(华东)；518. 深圳大学；519. 四川大学；529. 北京大学；549. 西南交通大学；575. 华南理工大学；579. 香港中文大学；583. 北京航空航天大学；584. 大连海洋大学；601. 广西大学；607. 南方科技大学；620. 海南大学；644. 北京理工大学；659. 温州大学；668. 青岛理工大学；673. 北京工业大学；693. 长沙理工大学；731. 西安交通大学；736. 中国人民解放军海军工程大学；741. 湖南大学；744. 中国矿业大学；746. 香港城市大学；751. 上海大学；752. 重庆大学；771. 南京理工大学；781. 南京师范大学；807. 鲁东大学；834. 汕头大学；837. 福州大学；842. 吉林大学；889. 中国人民解放军陆军工程大学；893. 南京航空航天大学；931. 重庆交通大学；940. 中国气象科学院；949. 中国科学技术大学；961. 江苏大学；963. 中南大学；970. 南京工业大学；975. 郑州大学；979. 青岛大学；1014. 青岛农业大学；1017. 烟台大学；1027. 浙江工业大学				

二十三、航空宇航科学与技术

表 2-47　航空宇航科学与技术（5 强与中国大学）

排名	英文名称	中文名称	国家/地区	总得分
1	BEIHANG-UNIV	北京航空航天大学	中国	100. 00
2	NORTHWESTERN-POLYTECH-UNIV	西北工业大学	中国	67. 50
3	NATL-UNIV-DEF-TECHNOL	国防科技大学	中国	54. 90
4	NANJING-UNIV-AERONAUT-&-ASTRONAUT	南京航空航天大学	中国	54. 40
5	HARBIN-INST-TECHNOL	哈尔滨工业大学	中国	53. 90
其他中国机构：7. 北京理工大学；8. 中国科学院；9. 清华大学；19. 上海交通大学；23. 中国科学院；29. 西安交通大学；31. 西安电子科技大学；37. 武汉大学；42. 大连理工大学；50. 浙江大学；52. 南京理工大学；62. 中国人民解放军空军工程大学；73. 东南大学；75. 电子科技大学；85. 北京大学；86. 香港理工大学；87. 哈尔滨工程大学；94. 华中科技大学；102. 英奈科(北京)智能系统有限公司；115. 中国东北大学；121. 天津大学；139. 中山大学；140. 中国科学技术大学；163. 重庆大学；175. 复旦大学；177. 同济大学；178. 香港科技大学；191. 湖南大学；193. 中南大学；224. 沈阳航空航天大学；225. 中国民航大学；231. 中国人民解放军海军航空大学；237. 长安大学；238. 南京大学；249. 北京工业大学；254. 山东大学；260. 厦门大学；268. 西南交通大学；275. 深圳大学；278. 中国矿业大学；293. 北京科技大学；297. 浙江工业大学；303. 河海大学；319. 四川大学；337. 西安工业大学；341. 香港城市大学；346. 中北大学；				

续表

356. 杭州电子科技大学；359. 中国地震局；377. 武汉科技大学；378. 长沙理工大学；384. 山东科技大学；387. 上海大学；393. 南昌航空大学；400. 中国地质大学；401. 南开大学；405. 华北电力大学；407. 江苏大学；412. 北京交通大学；415. 燕山大学；422. 合肥工业大学；429. 上海海事大学；430. 南京工业大学；431. 中国工程物理学院；462. 大连海事大学；478. 中国人民解放军海军工程大学；489. 吉林大学；494. 北京邮电大学；506. 华南理工大学；508. 南方科技大学；509. 南京信息工程大学；511. 北京航空航天大学；516. 西安科技大学；517. 香港大学；523. 青岛理工大学；525. 信息工程大学；529. 江苏科技大学；557. 浙江理工大学；580. 武汉理工大学；584. 中国人民解放军陆军工程大学

二十四、核科学与技术

表 2-48 核科学与技术（5 强与中国大学）

排名	英文名称	中文名称	国家/地区	总得分
1	CHINESE-ACAD-SCI	中国科学院	中国	100.00
2	OAK-RIDGE-NATL-LAB	美国橡树岭国家实验室	美国	60.20
3	JAPAN-ATOM-ENERGY-AGCY	日本原子能科学研究院	日本	50.20
4	KOREA-ATOM-ENERGY-RES-INST	韩国原子能科学研究院	韩国	49.60
5	CEA	法国原子能和替代能源委员会	法国	47.00
其他中国机构：7. 清华大学；10. 西安交通大学；13. 中国科学技术大学；16. 中国科学院；30. 上海交通大学；31. 哈尔滨工程大学；33. 中国工程物理学院；56. 北京大学；73. 四川大学；88. 北京科技大学；92. 兰州大学；95. 南华大学；103. 华北电力大学；124. 大连理工大学；129. 华中科技大学；152. 北京航空航天大学；153. 西南科技大学；160. 中山大学；161. 南京航空航天大学；194. 复旦大学；202. 江苏大学；205. 西北工业大学；208. 重庆大学；223. 哈尔滨工业大学；228. 电子科技大学；238. 华东理工大学；248. 天津大学；257. 合肥工业大学；261. 北京师范大学；267. 山东大学；292. 武汉大学；299. 华南理工大学；305. 深圳大学；312. 成都理工大学；337. 中国东北大学；338. 上海大学；342. 香港城市大学；347. 同济大学；380. 厦门大学；383. 苏州大学；413. 浙江大学；414. 西北工业大学；457. 中国核电总公司；463. 湖南大学；483. 北京工业大学；539. 武汉理工大学；574. 中国科学院高能物理研究所；575. 北京理工大学；576. 中国人民解放军海军工程大学；600. 中南大学；613. 国防科技大学；615. 中国地质大学；633. 南京大学；661. 西南交通大学；673. 郑州大学；688. 吉林大学；700. 广西大学；723. 华中师范大学；731. 中国矿业大学；734. 南京理工大学；784. 大连海事大学；812. 上海科技大学；833. 香港理工大学；837. 东南大学；848. 中国石油大学；868. 浙江工业大学；889. 北京化工大学；895. 中国科学院；903. 南开大学；919. 湘潭大学；927. 上海理工大学；935. 河海大学；981. 上海电力学院；1008. 山西大学；1017. 广东工业大学；1022. 香港大学；1050. 中国疾病预防控制中心；1056. 南京工业大学；1127. 福州大学；1157. 西南石油大学；1158. 山东理工大学；1197. 绍兴文理学院；1202. 西南大学；1208. 安徽大学；1222. 陕西师范大学；1224. 西安电子科技大学；1231. 西安工业大学；1266. 汕头大学；1320. 三峡大学；1328. 香港中文大学；1334. 东北师范大学；1356. 太原理工大学；1379. 宁波大学；1407. 烟台大学				

二十五、护理学(可授医学、理学学位)

表 2-49 护理学（可授医学、 理学学位）（5 强与中国大学）

排名	英文名称	中文名称	国家/地区	总得分
1	UNIV-PENN	宾夕法尼亚大学	美国	100.00
2	UNIV-SAO-PAULO	圣保罗大学	巴西	91.70
3	MONASH-UNIV	莫纳什大学	澳大利亚	79.60
4	UNIV-N-CAROLINA	北卡罗来纳大学	美国	75.50
5	GRIFFITH-UNIV	格里菲斯大学	澳大利亚	74.50

续表

其他中国机构：59. 香港理工大学；64. 香港中文大学；73. 台北医学大学；80. 长庚大学；82. 台北护理健康大学；91. 长庚大学；105. 高雄医科大学；110. 台湾大学；120. 台湾阳明大学；136. 四川大学；137. 中山大学；145. 北京大学；166. 香港大学；187. 山东大学；219. 武汉大学；253. 复旦大学；260. 中南大学；278. 上海交通大学；327. 首都医科大学；339. 华中科技大学；362. 浙江大学；392. 吉林大学；397. 重庆医科大学；427. 北京协和医学院；492. 海军军医大学；496. 南京医科大学；508. 郑州大学；509. 西安交通大学；543. 中国医学科学院；581. 南方医科大学；592. 哈尔滨医科大学；600. 安徽医科大学；609. 天津医科大学；612. 福建医科大学；632. 中国医科大学；663. 广州医科大学；716. 南京中医药大学；729. 南通大学；743. 同济大学；767. 天津中医药大学；771. 香港东华学院；786. 广州中医药大学；830. 青岛大学；853. 苏州大学；948. 江南大学；967. 香港城市大学；968. 温州医科大学；1017. 澳门大学；1071. 兰州大学；1075. 广西医科大学；1140. 暨南大学；1173. 杭州师范大学；1175. 厦门大学；1225. 湖北医药学院；1244. 大连医科大学；1245. 扬州大学；1290. 澳门理工学院；1305. 丽水大学；1335. 桂林医科大学；1369. 福建中医药大学；1372. 上海中医药大学；1397. 电子科技大学；1409. 浙江中医药大学；1486. 深圳大学；1537. 香港公开大学；1547. 香港教育大学；1551. 成都中医药大学；1620. 山西医科大学；1723. 空军军医大学；1749. 山东中医药大学；1762. 天津医科大学；1769. 蚌埠医学院；1771. 南京大学；1805. 清华大学；1824. 东南大学；1829. 河北医科大学；1949. 西南大学；1964. 湖南师范大学；1996. 河北大学；2021. 南华大学；2032. 中国人民解放军陆军军医大学；2039. 广东药科大学；2057. 北京中医药大学；2096. 汕头大学；2125. 石河子大学；2159. 昆明医科大学；2167. 湖南中医药大学；2180. 徐州医科大学；2342. 济宁医学院；2399. 华南理工大学；2419. 南昌大学；2440. 宁夏医科大学；2517. 新疆医科大学；2552. 遵义医学院；2561. 湖州师范学院；2623. 海南医学院；2629. 上海健康医学院

二十六、化学

表 2-50　化学（5 强与中国大学）

排名	英文名称	中文名称	国家/地区	总得分
1	CHINESE-ACAD-SCI	中国科学院	中国	100.00
2	UNIV-CHINESE-ACAD-SCI	中国科学院大学	中国	30.20
3	RUSSIAN-ACAD-SCI	俄罗斯科学院	俄罗斯	24.20
4	TSINGHUA-UNIV	清华大学	中国	18.70
5	ZHEJIANG-UNIV	浙江大学	中国	17.80
其他中国机构：6. 中国科学技术大学；7. 吉林大学；9. 北京大学；10. 华南理工大学；11. 天津大学；12. 四川大学；13. 南京大学；14. 上海交通大学；15. 复旦大学；16. 苏州大学；17. 南开大学；21. 华中科技大学；22. 山东大学；24. 哈尔滨工业大学；26. 中山大学；30. 厦门大学；31. 大连理工大学；32. 北京化工大学；33. 西安交通大学；34. 郑州大学；35. 武汉大学；43. 湖南大学；44. 南京工业大学；45. 北京理工大学；54. 兰州大学；55. 武汉理工大学；56. 福州大学；58. 北京科技大学；60. 东南大学；61. 江苏大学；65. 江南大学；66. 重庆大学；69. 台湾大学；71. 北京航空航天大学；75. 上海大学；81. 同济大学；84. 深圳大学；88. 香港城市大学；90. 华东理工大学；91. 西北工业大学；92. 中南大学；94. 南京理工大学；96. 浙江工业大学；97. 华东师范大学；99. 东华大学；103. 西南大学；107. 香港科技大学；108. 青岛科技大学；114. 电子科技大学；127. 香港理工大学；136. 西北大学；140. 南昌大学；141. 暨南大学；142. 扬州大学；143. 东北师范大学；156. 青岛大学；157. 陕西师范大学；160. 香港中文大学；181. 中国东北大学；183. 太原理工大学；184. 中国石油大学；190. 中国农业大学；194. 中国药科大学；199. 合肥工业大学；202. 中国地质大学；210. 北京师范大学；214. 北京工业大学；217. 南京林业大学；223. 河南大学；225. 中国农业科学院；226. 中国海洋大学；230. 香港大学；231. 华南师范大学；232. 南方科技大学；234. 南京航空航天大学；240. 湘潭大学；241. 广东工业大学；244. 广西大学；246. 河南师范大学；255. 浙江理工大学；256. 安徽大学；261. 常州大学；265. 中国矿业大学；268. 华中师范大学；269. 中国医学科学院；270. 南京师范大学；272. 宁波大学；276. 中国工程物理学院；279. 山西大学；292. 昆明理工大学；301. 西北农林科技大学；307. 哈尔滨工程大学；312. 湖北大学；319. 南京邮电大学；322. 山东师范大学；327. 浙江师范大学；341. 华中农业大学；343. 齐鲁工业大学；350. 陕西科技大学；352. 中国石油大学(华东)；353. 江西师范大学；357. 河北工业大学；361. 华南农业大学；370. 西北师范大学；375. 黑龙江大学；379. 燕山大学；387. 沈阳药科大学；397. 山东科技大学；400. 南京农业大学；405. 贵州大学；408. 天津科技大学				

二十七、化学工程与技术

表 2-51 化学工程与技术（5 强与中国大学）

排名	英文名称	中文名称	国家/地区	总得分
1	CHINESE-ACAD-SCI	中国科学院	中国	100.00
2	TSINGHUA-UNIV	清华大学	中国	37.80
3	UNIV-CHINESE-ACAD-SCI	中国科学院大学	中国	36.20
4	TIANJIN-UNIV	天津大学	中国	34.30
5	ZHEJIANG-UNIV	浙江大学	中国	28.80

其他中国机构：6. 中国石油大学；7. 华南理工大学；8. 中国矿业大学；9. 大连理工大学；10. 北京化工大学；11. 哈尔滨工业大学；12. 中国科学技术大学；14. 西安交通大学；15. 上海交通大学；16. 华中科技大学；18. 四川大学；20. 南京工业大学；22. 江苏大学；23. 华东理工大学；24. 湖南大学；26. 东南大学；27. 重庆大学；28. 同济大学；29. 北京理工大学；31. 山东大学；32. 郑州大学；33. 武汉理工大学；38. 南京大学；41. 中国石油大学(华东)；42. 福州大学；44. 浙江工业大学；46. 中国地质大学；47. 西南石油大学；48. 太原理工大学；51. 吉林大学；53. 中山大学；55. 厦门大学；58. 北京科技大学；61. 中南大学；62. 南京理工大学；63. 武汉大学；65. 华北电力大学；66. 苏州大学；68. 北京大学；71. 南开大学；74. 香港理工大学；77. 江南大学；81. 青岛科技大学；83. 山东科技大学；87. 中国东北大学；90. 昆明理工大学；97. 台湾大学；101. 复旦大学；105. 北京工业大学；107. 香港城市大学；108. 东华大学；111. 广东工业大学；117. 南京林业大学；122. 广西大学；129. 深圳大学；132. 兰州大学；133. 河北工业大学；138. 上海大学；147. 香港科技大学；152. 北京航空航天大学；155. 合肥工业大学；158. 西北工业大学；168. 天津工业大学；169. 常州大学；171. 扬州大学；185. 北京林业大学；194. 河南理工大学；197. 西北大学；199. 中国海洋大学；200. 浙江理工大学；205. 香港大学；209. 青岛大学；219. 南昌大学；221. 电子科技大学；227. 北京师范大学；229. 暨南大学；235. 上海理工大学；248. 湘潭大学；249. 西安建筑科技大学；253. 广州大学；258. 华东师范大学；263. 南京师范大学；264. 江苏科技大学；265. 武汉工程大学；266. 哈尔滨工程大学；272. 陕西科技大学；276. 陕西师范大学；280. 浙江师范大学；284. 中国农业大学；286. 河海大学；287. 宁夏大学；291. 南京航空航天大学；300. 天津理工大学；301. 南方科技大学；311. 华南师范大学；316. 齐鲁工业大学；320. 中国工程物理学院；322. 西南科技大学；332. 安徽工业大学；340. 香港中文大学；346. 黑龙江大学；349. 东北师范大学；355. 中北大学；357. 成都理工大学；362. 宁波大学；370. 东北林业大学；371. 河南大学；375. 西安科技大学

二十八、环境科学与工程(可授工学、理学、农学学位)

表 2-52 环境科学与工程（可授工学、理学、农学学位）（5 强与中国大学）

排名	英文名称	中文名称	国家/地区	总得分
1	CHINESE-ACAD-SCI	中国科学院	中国	100.00
2	UNIV-CHINESE-ACAD-SCI	中国科学院大学	中国	36.30
3	TSINGHUA-UNIV	清华大学	中国	24.10
4	ZHEJIANG UNIV	浙江大学	中国	16.20
5	PEKING-UNIV	北京大学	中国	16.20

其他中国机构：6. 北京师范大学；7. 南京大学；9. 同济大学；12. 中山大学；13. 哈尔滨工业大学；14. 武汉大学；17. 上海交通大学；21. 天津大学；24. 中国地质大学；26. 香港理工大学；33. 山东大学；34. 湖南大学；40. 复旦大学；42. 河海大学；49. 西北农林科技大学；50. 南京信息工程大学；51. 华中科技大学；55. 华南理工大学；57. 中国矿业大学；64. 中国农业大学；70. 南开大学；72. 香港大学；73. 四川大学；74. 中国科学技术大学；76. 重庆大学；79. 大连理工大学；90. 华东师范大学；92. 暨南大学；95. 厦门大学；97. 兰州大学；104. 西安交通大学；111. 南京农业大学；

续表

112. 香港城市大学；115. 华北电力大学；116. 东南大学；122. 中国农业科学院；125. 中国海洋大学；129. 江苏大学；141. 北京理工大学；146. 北京林业大学；149. 中南大学；151. 吉林大学；152. 华中农业大学；160. 广东工业大学；161. 香港科技大学；162. 武汉理工大学；167. 浙江工业大学；170. 深圳大学；173. 郑州大学；175. 香港中文大学；191. 上海大学；192. 南京师范大学；197. 北京科技大学；206. 北京工业大学；212. 南京林业大学；216. 长安大学；225. 福州大学；228. 中国石油大学；232. 北京化工大学；234. 华南农业大学；235. 广州大学；236. 苏州大学；242. 中国科学院；243. 西安建筑科技大学；264. 华南师范大学；272. 华东理工大学；284. 西南大学；287. 广西大学；288. 北京航空航天大学；306. 南京理工大学；307. 东华大学；327. 南方科技大学；330. 东北农业大学；331. 南京工业大学；334. 东北师范大学；335. 昆明理工大学；337. 浙江农林大学；342. 合肥工业大学；347. 香港浸会大学；362. 青岛大学；364. 四川农业大学；372. 中国人民大学；375. 山东科技大学；384. 扬州大学；390. 中国气象科学院；395. 江南大学；415. 湖南农业大学；426. 电子科技大学；428. 中国疾病预防控制中心；430. 陕西师范大学；441. 河南大学；452. 中国东北大学；453. 福建农林大学；461. 成都理工大学；465. 西南交通大学；478. 西北工业大学；480. 太原理工大学；488. 福建师范大学；490. 南昌大学；499. 上海理工大学；500. 北京交通大学；512. 南京航空航天大学；535. 青岛科技大学；536. 山西大学；537. 华中师范大学

二十九、会计与金融

表 2-53　会计与金融（5 强与中国大学）

排名	英文名称	中文名称	国家/地区	总得分
1	NBER	全国经济研究所	美国	100.00
2	UNIV-CHICAGO	芝加哥大学	美国	48.50
3	NYU	纽约大学	美国	46.30
4	UNIV-PENN	宾夕法尼亚大学	美国	41.00
5	MONASH-UNIV	莫纳什大学	澳大利亚	33.30
其他中国机构：13. 香港中文大学；14. 西南财经大学；18. 中国人民大学；25. 香港大学；28. 中央财经大学；31. 香港城市大学；41. 香港理工大学；44. 清华大学；49. 上海财经大学；51. 北京大学；57. 厦门大学；60. 台湾大学；73. 对外经济贸易大学；74. 香港科技大学；77. 上海交通大学；85. 复旦大学；89. 台湾政治大学；106. 浙江大学；118. 中南财经政法大学；120. 中山大学；126. 湖南大学；180. 西安交通大学；186. 暨南大学；196. 中国科学院；205. 南开大学；209. 南京大学；228. 天津大学；230. 西南交通大学；232. 澳门大学；238. 香港浸会大学；245. 岭南大学；261. 江西财经大学；284. 华中科技大学；296. 中国科学院；304. 南京审计大学；311. 首都经济贸易大学；312. 北京航空航天大学；326. 武汉大学；356. 南京财经大学；360. 浙江财经大学；368. 北京师范大学；382. 重庆大学；383. 上海立信会计金融学院；384. 中南大学；398. 广东外语外贸大学；411. 山东大学；413. 深圳大学；429. 西交利物浦大学；437. 中欧国际工商学院；450. 华南理工大学；474. 南京理工大学；478. 宁波诺丁汉大学；482. 上海大学；493. 南昌大学；502. 山东财经大学；508. 东北财经大学；512. 华东理工大学；541. 四川大学；559. 中国金融研究院；570. 长江商学院；575. 北京交通大学；577. 上海对外经贸大学；587. 北京工商大学；609. 北京理工大学；618. 同济大学；624. 南方科技大学；625. 中国科学技术大学；631. 云南财经大学；651. 上海商学院；662. 东南大学；663. 天津财经大学；676. 华东师范大学；685. 浙江工商大学；687. 哈尔滨工业大学；695. 中国社会科学院大学；714. 青岛大学；722. 广州大学；726. 吉林大学；769. 广东金融学院；791. 电子科技大学；795. 长沙理工大学；803. 苏州大学；809. 澳门科技大学；818. 大连理工大学；833. 上海外国语大学；864. 北京外国语大学；868. 安徽财经大学；873. 浙江工业大学；875. 中国矿业大学；887. 中国东北大学；888. 中国海洋大学；913. 香港恒生大学；950. 河南大学；984. 北京科技大学；1000. 湖北经济学院；1010. 宁波诺丁汉大学；1024. 广西大学；1069. 福州外语外贸学院；1070. 重庆工商大学；1072. 合肥工业大学；1079. 华东政法大学；1089. 南京信息工程大学；1119. 华南农业大学；1127. 江南大学；1128. 杭州电子科技大学；1138. 江苏大学；1139. 西北工业大学；1153. 南京航空航天大学；1189. 海南大学；1209. 中国地质大学；1213. 香港公开大学；1214. 山西大学；1229. 闽江学院；1233. 辽宁大学；1242. 宁波大学				

三十、机械工程

表 2-54 机械工程（5 强与中国大学）

排名	英文名称	中文名称	国家/地区	总得分
1	XI-AN-JIAO-TONG-UNIV	西安交通大学	中国	100.00
2	SHANGHAI-JIAO-TONG-UNIV	上海交通大学	中国	86.60
3	TSINGHUA-UNIV	清华大学	中国	78.60
4	CHINESE-ACAD-SCI	中国科学院	中国	73.90
5	HARBIN-INST-TECHNOL	哈尔滨工业大学	中国	62.40

其他中国机构：6. 北京航空航天大学；9. 大连理工大学；10. 西北工业大学；11. 重庆大学；12. 华中科技大学；13. 浙江大学；14. 天津大学；15. 西南交通大学；16. 南京航空航天大学；17. 同济大学；18. 北京理工大学；19. 东南大学；20. 湖南大学；22. 中国科学技术大学；23. 香港理工大学；24. 华南理工大学；25. 中国科学院；26. 中国矿业大学；29. 中国东北大学；36. 江苏大学；37. 北京工业大学；40. 北京交通大学；42. 北京科技大学；45. 山东大学；46. 南京理工大学；47. 哈尔滨工程大学；49. 武汉理工大学；52. 华北电力大学；53. 吉林大学；58. 中南大学；61. 合肥工业大学；63. 香港城市大学；73. 四川大学；77. 河海大学；78. 上海大学；82. 中国石油大学；89. 国防科技大学；96. 台湾成功大学；102. 北京大学；105. 燕山大学；106. 上海理工大学；123. 西南石油大学；129. 电子科技大学；130. 南京工业大学；132. 武汉大学；133. 香港科技大学；159. 浙江工业大学；164. 山东科技大学；167. 太原理工大学；179. 中山大学；187. 广东工业大学；195. 中国石油大学(华东)；196. 兰州理工大学；198. 厦门大学；199. 江南大学；206. 长安大学；207. 浙江理工大学；218. 西安工业大学；222. 郑州大学；223. 中国工程物理学院；226. 宁波大学；248. 香港大学；260. 大连海事大学；262. 河南科技大学；267. 西安电子科技大学；272. 华东理工大学；274. 江苏科技大学；282. 河北工业大学；287. 青岛理工大学；290. 上海工程技术大学；293. 北京化工大学；294. 中国地质大学；301. 广州大学；302. 武汉科技大学；305. 昆明理工大学；310. 深圳大学；312. 长沙理工大学；315. 中国海洋大学；318. 西安建筑科技大学；326. 苏州大学；327. 湖南科技大学；329. 华侨大学；330. 澳门大学；333. 福州大学；349. 重庆交通大学；350. 上海海事大学；353. 扬州大学；364. 北京邮电大学；365. 广西大学；370. 香港中文大学；373. 东华大学；379. 常州大学；383. 中国农业大学；397. 安徽工业大学；399. 复旦大学；400. 中北大学；403. 北京建筑大学；422. 湘潭大学；430. 南方科技大学；440. 南京林业大学；444. 河南理工大学；447. 中国人民解放军海军工程大学；451. 山东理工大学；452. 兰州交通大学；453. 杭州电子科技大学；470. 华东交通大学；473. 沈阳航空航天大学；479. 西华大学；491. 石家庄铁道大学；492. 温州大学；504. 中国计量大学

三十一、机械及航空航天和制造工程

表 2-55 机械及航空航天和制造工程（5 强与中国大学）

排名	英文名称	中文名称	国家/地区	总得分
1	SHANGHAI-JIAO-TONG-UNIV	上海交通大学	中国	100.00
2	XI-AN-JIAO-TONG-UNIV	西安交通大学	中国	99.90
3	HARBIN-INST-TECHNOL	哈尔滨工业大学	中国	90.60
4	BEIHANG-UNIV	北京航空航天大学	中国	88.10
5	TSINGHUA-UNIV	清华大学	中国	87.30

其他中国机构：6. 中国科学院；7. 西北工业大学；8. 南京航空航天大学；9. 华中科技大学；10. 大连理工大学；13. 天津大学；14. 浙江大学；15. 重庆大学；16. 北京理工大学；17. 香港理工大学；20. 西南交通大学；21. 同济大学；22. 华南理工大学；23. 中国科学技术大学；24. 中国科学院；28. 湖南大学；30. 中国东北大学；31. 山东大学；32. 东南大学；34. 国防科技大学；43. 中国矿业大学；46. 北京工业大学；49. 南京理工大学；50. 北京科技大学；52. 江苏大学；

续表

55. 北京交通大学；56. 武汉理工大学；61. 吉林大学；63. 香港城市大学；68. 哈尔滨工程大学；71. 中南大学；77. 合肥工业大学；80. 四川大学；81. 上海大学；84. 华北电力大学；95. 北京大学；97. 电子科技大学；99. 台湾成功大学；104. 武汉大学；107. 中国石油大学；111. 河海大学；112. 香港科技大学；126. 燕山大学；127. 广东工业大学；137. 上海理工大学；151. 浙江工业大学；158. 香港大学；165. 西安电子科技大学；168. 南京工业大学；169. 中山大学；182. 厦门大学；184. 西南石油大学；206. 深圳大学；209. 山东科技大学；212. 太原理工大学；224. 中国工程物理学院；230. 东华大学；237. 长安大学；240. 兰州理工大学；244. 西安工业大学；253. 江南大学；256. 郑州大学；259. 复旦大学；267. 宁波大学；272. 青岛理工大学；273. 香港中文大学；279. 江苏科技大学；287. 中国石油大学(华东)；288. 武汉科技大学；289. 浙江理工大学；300. 上海工程技术大学；310. 大连海事大学；314. 北京化工大学；316. 河南科技大学；319. 苏州大学；327. 华东理工大学；334. 中国地质大学；337. 沈阳航空航天大学；341. 河北工业大学；345. 湖南科技大学；348. 福州大学；353. 哈尔滨理工大学；356. 上海海事大学；360. 长沙理工大学；366. 南方科技大学；368. 昆明理工大学；376. 澳门大学；377. 华侨大学；386. 广州大学；392. 中国海洋大学；396. 暨南大学；401. 北京邮电大学；412. 扬州大学；414. 山东理工大学；419. 中国人民解放军空军工程大学；420. 杭州电子科技大学；429. 西安建筑科技大学；433. 河南理工大学；441. 南开大学；444. 宁波诺丁汉大学；446. 中北大学；458. 广西大学；463. 南京林业大学；464. 安徽工业大学；468. 重庆交通大学；482. 南昌大学；488. 哈尔滨工业大学；490. 西安科技大学；494. 湘潭大学；496. 常州大学

三十二、基础医学(可授医学、理学学位)

表 2-56　基础医学（可授医学、 理学学位）(5 强与中国大学)

排名	英文名称	中文名称	国家/地区	总得分
1	HARVARD-UNIV	哈佛大学	美国	100.00
2	HARVARD-MED-SCH	哈佛大学医学院	美国	83.70
3	UNIV-CALIF-SAN-FRANCISCO	加利福尼亚大学旧金山分校	英国	76.70
4	UNIV-PENN	宾夕法尼亚大学	美国	75.20
5	JOHNS-HOPKINS-UNIV	约翰·霍普金斯大学	美国	75.20
其他中国机构：10. 中国科学院；16. 上海交通大学；22. 复旦大学；27. 浙江大学；29. 中山大学；30. 首都医科大学；39. 南京医科大学；43. 华中科技大学；52. 北京大学；55. 山东大学；71. 四川大学；72. 中国医学科学院；73. 南方医科大学；83. 中国医科大学；89. 郑州大学；90. 武汉大学；91. 苏州大学；95. 吉林大学；104. 西安交通大学；106. 重庆医科大学；107. 中国科学院；123. 同济大学；124. 温州医科大学；141. 南京大学；144. 香港大学；146. 中南大学；155. 安徽医科大学；157. 广州医科大学；167. 哈尔滨医科大学；177. 空军军医大学；182. 青岛大学；183. 天津医科大学；209. 暨南大学；221. 中国人民解放军陆军军医大学；222. 香港中文大学；225. 南昌大学；241. 东南大学；246. 南通大学；252. 海军军医大学；255. 河北医科大学；265. 福建医科大学；276. 清华大学；277. 北京协和医学院；278. 厦门大学；303. 中国农业科学院；318. 广西医科大学；328. 大连医科大学；337. 北京师范大学；347. 深圳大学；373. 中国疾病预防控制中心；392. 中国科学技术大学；394. 电子科技大学；412. 江苏大学；416. 上海中医药大学；428. 南京中医药大学；438. 中国药科大学；444. 昆明医科大学；453. 华中农业大学；462. 山西医科大学；465. 西南大学；472. 徐州医科大学；486. 南开大学；487. 广州中医药大学；496. 兰州大学；502. 扬州大学；505. 中国农业大学；533. 新疆医科大学；547. 浙江中医药大学；580. 南京农业大学；593. 宁波大学；595. 北京中医药大学；596. 新乡医学院；597. 汕头大学；627. 华东师范大学；631. 南华大学；632. 西北农林科技大学；636. 中国科学院；637. 华南理工大学；641. 华南农业大学；649. 中国海洋大学；651. 西南大学；672. 香港理工大学；683. 宁夏医科大学；692. 华南师范大学；695. 杭州师范大学；723. 江南大学；728. 河南大学；780. 中国医学科学院；789. 山东第一医科大学；802. 四川农业大学；807. 天津大学；819. 贵州医科大学；830. 湖北医药学院；839. 广东医科大学；844. 济宁医学院；850. 湖南师范大学；861. 蚌埠医学院；862. 东北农业大学；877. 香港城市大学；884. 澳门大学；918. 重庆大学；939. 上海大学；963. 成都中医药大学；973. 中国人民解放军军事医学科学院；974. 滨州医学院；975. 遵义医学院；995. 潍坊医学院；1000. 沈阳药科大学				

三十三、计算机科学与技术(可授工学、理学学位)

表 2-57 计算机科学与技术(可授工学、理学学位)(5强与中国大学)

排名	英文名称	中文名称	国家/地区	总得分
1	NANYANG-TECHNOL-UNIV	南洋理工学院	新加坡	100.00
2	TSINGHUA-UNIV	清华大学	中国	53.40
3	CHINESE-ACAD-SCI	中国科学院	中国	45.00
4	XIDIAN-UNIV	西安电子科技大学	中国	44.40
5	UNIV-ELECT-SCI-&-TECHNOL-CHINA	电子科技大学	中国	44.00
其他中国机构：6. 华中科技大学；7. 上海交通大学；8. 哈尔滨工业大学；9. 东南大学；10. 浙江大学；11. 北京航空航天大学；12. 香港城市大学；13. 武汉大学；15. 中国科学院；17. 北京邮电大学；18. 香港理工大学；19. 大连理工大学；20. 西安交通大学；21. 西北工业大学；23. 中国东北大学；24. 华南理工大学；25. 中国科学技术大学；26. 北京理工大学；27. 天津大学；29. 北京大学；30. 中山大学；31. 国防科技大学；33. 四川大学；34. 南京理工大学；35. 同济大学；37. 深圳大学；39. 湖南大学；40. 北京交通大学；42. 南京信息工程大学；43. 南京航空航天大学；44. 香港中文大学；46. 重庆大学；52. 南京大学；55. 南京邮电大学；59. 山东大学；64. 合肥工业大学；65. 上海大学；66. 澳门大学；69. 广东工业大学；74. 香港科技大学；76. 中南大学；79. 厦门大学；86. 西南交通大学；88. 复旦大学；89. 香港大学；91. 北京科技大学；93. 杭州电子科技大学；97. 中国地质大学；104. 吉林大学；106. 中国矿业大学；114. 河海大学；122. 北京工业大学；129. 广州大学；134. 重庆邮电大学；136. 大连海事大学；144. 山东科技大学；147. 哈尔滨工程大学；150. 安徽大学；156. 西南大学；158. 福州大学；161. 华东师范大学；164. 南开大学；167. 浙江工业大学；177. 苏州大学；179. 武汉理工大学；190. 青岛大学；199. 江南大学；201. 山东师范大学；205. 华北电力大学；211. 北京师范大学；214. 燕山大学；231. 暨南大学；233. 澳门科技大学；234. 桂林电子科技大学；244. 华东理工大学；250. 渤海大学；251. 香港浸会大学；252. 辽宁工业大学；255. 江苏大学；258. 郑州大学；260. 上海理工大学；262. 温州大学；264. 扬州大学；279. 东华大学；284. 南方科技大学；292. 长沙理工大学；301. 曲阜师范大学；305. 上海海事大学；308. 中国农业大学；316. 陕西师范大学；318. 西安工业大学；322. 南京师范大学；323. 中国人民大学；325. 福建师范大学；331. 中国石油大学；338. 华侨大学；375. 兰州大学；386. 西南财经大学；395. 中国海洋大学；397. 山东财经大学；399. 山西大学；407. 南昌大学；418. 武汉科技大学；429. 华中师范大学；435. 浙江工商大学；437. 西安邮电大学；456. 北京化工大学；459. 长安大学；463. 中国人民解放军空军工程大学；466. 浙江师范大学；469. 华南师范大学；470. 宁波大学				

三十四、建筑学

表 2-58 建筑学(5强与中国大学)

排名	英文名称	中文名称	国家/地区	总得分
1	UNIV-MINHO	米尼奥大学	葡萄牙	100.00
2	POLITECN-MILAN	米兰理工大学	意大利	70.30
3	KYUNG-HEE-UNIV	庆熙大学	韩国	64.50
4	SOUTHEAST-UNIV	东南大学	中国	52.70
5	UNIV-NAPLES-FEDERICO-II	那不勒斯费德里克二世大学	意大利	51.90
其他中国机构：10. 同济大学；23. 西安建筑科技大学；38. 华南理工大学；43. 浙江大学；51. 香港大学；58. 重庆大学；63. 台湾成功大学；65. 南京林业大学；70. 哈尔滨工业大学；78. 天津大学；80. 香港城市大学；81. 清华大学；88. 台湾大学；92. 北京建筑大学；100. 兰州大学；112. 郑州大学；113. 台北科技大学；117. 西南交通大学；124. 武汉				

续表

大学；129. 上海交通大学；130. 中国矿业大学；131. 北京工业大学；133. 四川大学；145. 西安工业大学；153. 华侨大学；154. 宁波大学；157. 兰州理工大学；189. 北京大学；203. 香港中文大学；207. 厦门大学；208. 北京交通大学；218. 长安大学；222. 香港理工大学；225. 南京大学；227. 青岛理工大学；234. 广州大学；235. 中南大学；236. 武汉理工大学；244. 西北大学；266. 苏州大学；277. 大连理工大学；283. 福州大学；305. 华中科技大学；316. 北京航空航天大学；319. 山东建筑大学；329. 长江大学；338. 南京航空航天大学；339. 华北水利水电大学；363. 东北林业大学；372. 长沙理工大学；373. 天津科技大学；376. 西南石油大学；378. 湖北工业大学；379. 西安交通大学；383. 合肥工业大学；422. 上海大学；434. 扬州大学；435. 南京工业大学；458. 中国科学院；459. 重庆交通大学；465. 澳门大学；468. 深圳大学；471. 敦煌学院；476. 西南林业大学；491. 西安科技大学；506. 泉州师范学院；526. 长春工程学院；543. 浙江科技学院；564. 北京理工大学；566. 广东工业大学；571. 浙江理工大学；584. 香港浸会大学；601. 太原理工大学；620. 郑州轻工业大学；626. 中国东北大学；650. 太原科技大学；655. 石河子大学；661. 南京师范大学；681. 中国地震局；682. 复旦大学；691. 河海大学；694. 福建农林大学；695. 中国城市规划设计研究院；707. 西交利物浦大学；708. 中国地质大学；710. 天津城建大学；711. 武汉科技大学；712. 东莞理工学院；713. 河南财经政法大学；715. 集美大学；721. 上海财经大学；722. 山东科技大学；723. 河南理工大学；732. 山东财经大学；747. 湖南第一师范学院；751. 昆明理工大学；757. 内蒙古工业大学；759. 河南工业大学；762. 河南大学；773. 对外经济贸易大学；781. 中国人民解放军陆军工程大学；782. 暨南大学；792. 北京林业大学；793. 湖南大学；797. 海南大学；802. 河北大学

三十五、交通运输工程

表 2-59　交通运输工程（5 强与中国大学）

排名	英文名称	中文名称	国家/地区	总得分
1	BEIJING-JIAO-TONG-UNIV	北京交通大学	中国	100.00
2	SOUTHEAST-UNIV	东南大学	中国	96.60
3	DELFT-UNIV-TECHNOL	代尔夫特大学	荷兰	88.60
4	TONGJI-UNIV	同济大学	中国	85.80
5	TSINGHUA-UNIV	清华大学	中国	82.80

其他中国机构：6. 香港理工大学；7. 西南交通大学；10. 上海交通大学；13. 北京航空航天大学；19. 中国科学院；25. 浙江大学；28. 北京理工大学；29. 香港大学；31. 西安电子科技大学；39. 大连理工大学；41. 香港科技大学；43. 哈尔滨工业大学；47. 电子科技大学；49. 北京邮电大学；50. 长安大学；51. 中山大学；54. 华南理工大学；56. 华中科技大学；57. 北京大学；58. 大连海事大学；59. 重庆大学；66. 香港城市大学；68. 吉林大学；69. 南京航空航天大学；70. 上海海事大学；77. 中南大学；78. 北京工业大学；80. 深圳大学；83. 武汉理工大学；85. 天津大学；89. 武汉大学；90. 中国科学技术大学；91. 南京邮电大学；101. 湖南大学；105. 台湾大学；107. 合肥工业大学；115. 西安交通大学；117. 西北工业大学；123. 中国科学院；130. 江苏大学；141. 国防科技大学；151. 上海大学；163. 南京大学；165. 南京理工大学；172. 山东大学；180. 厦门大学；193. 香港中文大学；205. 广东工业大学；211. 暨南大学；213. 中国东北大学；215. 重庆邮电大学；235. 澳门大学；247. 福州大学；275. 长沙理工大学；279. 上海理工大学；288. 河海大学；289. 北京科技大学；294. 对外经济贸易大学；306. 苏州大学；308. 中国矿业大学；309. 宁波大学；311. 华北理工大学；314. 浙江工业大学；316. 四川大学；324. 兰州交通大学；328. 重庆交通大学；334. 郑州大学；346. 澳门科技大学；366. 香港浸会大学；368. 青岛大学；390. 华东交通大学；393. 华东师范大学；395. 哈尔滨工程大学；401. 桂林电子科技大学；404. 昆明理工大学；408. 南京信息工程大学；415. 广州大学；437. 南方科技大学；442. 杭州电子科技大学；443. 中国人民解放军陆军工程大学；468. 燕山大学；469. 复旦大学；471. 西交利物浦大学；475. 北京化工大学；482. 西安工业大学；504. 陕西师范大学；513. 宁波诺丁汉大学；515. 安徽大学；518. 南开大学；522. 南通大学；523. 华北电力大学；524. 上海工程技术大学；529. 内蒙古大学；532. 中国民航大学；541. 西南大学；545. 北京师范大学；550. 西南财经大学；552. 山东科技大学；555. 西安邮电大学；573. 南京林业大学；590. 中国地质大学；610. 南昌大学；622. 上海财经大学；624. 南京财经大学；637. 曲阜师范大学；643. 东华大学；652. 青岛科技大学

三十六、教育学

表 2-60 教育学（5 强与中国大学）

排名	英文名称	中文名称	国家/地区	总得分
1	UNIV-ILLINOIS	伊利诺伊大学	美国	100.00
2	UNIV-N-CAROLINA	北卡罗来纳大学	美国	95.30
3	UNIV-TORONTO	多伦多大学	加拿大	92.00
4	MICHIGAN-STATE-UNIV	密歇根州立大学	美国	91.70
5	UNIV-MICHIGAN	密歇根大学	美国	89.50

其他中国机构：10. 香港大学；36. 台湾师范大学；55. 香港中文大学；61. 北京师范大学；63. 台湾大学；72. 香港教育大学；123. 澳门大学；129. 华东师范大学；218. 香港理工大学；270. 华中师范大学；304. 浙江大学；321. 北京大学；366. 香港城市大学；392. 香港浸会大学；449. 清华大学；452. 华南师范大学；542. 中山大学；543. 南京师范大学；557. 陕西师范大学；578. 广东外语外贸大学；595. 上海交通大学；606. 复旦大学；622. 西南大学；686. 首都师范大学；699. 华中科技大学；708. 中国科学院；734. 岭南大学；735. 上海师范大学；759. 东北师范大学；762. 中国人民大学；767. 西安交通大学；779. 浙江师范大学；785. 武汉大学；790. 北京外国语大学；819. 四川大学；878. 杭州师范大学；896. 同济大学；913. 山东大学；959. 青岛大学；960. 上海外国语大学；1019. 北京航空航天大学；1024. 暨南大学；1054. 厦门大学；1059. 天津大学；1068. 南京大学；1087. 中国科学院；1106. 北京邮电大学；1108. 吉林大学；1114. 上海财经大学；1135. 深圳大学；1140. 东南大学；1161. 中国科学技术大学；1179. 河南大学；1207. 哈尔滨工业大学；1222. 广州大学；1223. 重庆大学；1230. 香港公开大学；1245. 西交利物浦大学；1246. 汕头大学；1262. 温州大学；1289. 中国医科大学；1352. 郑州大学；1403. 湖南大学；1405. 北京理工大学；1414. 对外经济贸易大学；1421. 宁波大学；1451. 电子科技大学；1462. 曲阜师范大学；1483. 上海体育学院；1541. 江苏师范大学；1554. 苏州大学；1561. 福建师范大学；1563. 山东师范大学；1568. 四川师范大学；1583. 北京科技大学；1679. 中南大学；1686. 中国海洋大学；1727. 澳门城市大学；1732. 澳门科技大学；1740. 香港科技大学；1758. 南方医科大学；1768. 中央民族大学；1792. 中央财经大学；1846. 江南大学；1855. 湖州师范学院；1874. 兰州大学；1899. 天津师范大学；1964. 南京医科大学；1968. 南开大学；1986. 北京联合大学；1989. 集美大学；2000. 北京语言大学；2002. 重庆医科大学；2006. 中国人民解放军陆军军医大学；2029. 宁波诺丁汉大学；2050. 香港树仁大学；2057. 哈尔滨医科大学；2136. 华南理工大学；2162. 四川外国语大学；2166. 长安大学；2249. 江西师范大学；2258. 浙江工商大学；2261. 北京交通大学；2295. 华侨大学；2296. 首都医科大学；2306. 澳门理工学院；2311. 西安外国语大学；2326. 上海对外经贸大学；2411. 香港东华学院；2439. 河海大学；2448. 杭州电子科技大学；2465. 西南财经大学；2467. 空军军医大学；2513. 西北大学；2554. 浙江工业大学；2566. 合肥工业大学；2570. 中国医学科学院；2580. 江苏大学

三十七、经济学与计量经济学

表 2-61 经济学与计量经济学（5 强与中国大学）

排名	英文名称	中文名称	国家/地区	总得分
1	NBER	全国经济研究所	美国	100.00
2	HARVARD-UNIV	哈佛大学	美国	50.10
3	UNIV-CALIF-BERKELEY	加利福尼亚大学伯克利分校	美国	40.10
4	UNIV-CHICAGO	芝加哥大学	美国	39.80
5	UNIV-OXFORD	牛津大学	英国	39.00

续表

其他中国机构：30. 北京大学；38. 清华大学；40. 中国人民大学；55. 西南财经大学；59. 厦门大学；67. 上海财经大学；75. 香港大学；76. 中国科学院；82. 中央财经大学；86. 浙江大学；87. 香港中文大学；88. 对外经济贸易大学；96. 香港理工大学；99. 上海交通大学；102. 香港科技大学；111. 复旦大学；131. 暨南大学；151. 湖南大学；157. 香港城市大学；165. 北京理工大学；175. 中南财经政法大学；183. 武汉大学；199. 中山大学；207. 南京大学；216. 北京师范大学；231. 北京航空航天大学；234. 西安交通大学；247. 南开大学；269. 北京交通大学；276. 华中科技大学；295. 山东大学；296. 中国科学院；311. 西南交通大学；314. 同济大学；315. 天津大学；319. 首都经济贸易大学；332. 东南大学；336. 四川大学；381. 南京审计大学；404. 华南理工大学；414. 南京财经大学；419. 中国社会科学院大学；427. 中国农业大学；434. 南京航空航天大学；438. 上海大学；442. 江西财经大学；450. 华东师范大学；456. 中国科学技术大学；469. 澳门大学；490. 香港浸会大学；492. 重庆大学；500. 大连理工大学；509. 南京农业大学；520. 浙江财经大学；529. 深圳大学；553. 中国矿业大学；561. 华北电力大学；571. 广东外语外贸大学；589. 哈尔滨工业大学；591. 南昌大学；605. 岭南大学；606. 中南大学；613. 大连海事大学；625. 西交利物浦大学；643. 上海立信会计金融学院；665. 浙江工商大学；684. 河南大学；687. 东北财经大学；689. 华中农业大学；691. 青岛大学；693. 南京理工大学；708. 中国海洋大学；725. 合肥工业大学；740. 宁波诺丁汉大学；756. 吉林大学；759. 中国石油大学；763. 华南农业大学；790. 上海海事大学；794. 安徽财经大学；796. 南京信息工程大学；800. 苏州大学；802. 华东理工大学；824. 湖北经济学院；825. 电子科技大学；827. 西北农林科技大学；860. 中国地质大学；868. 上海对外经贸大学；902. 华南师范大学；918. 山东财经大学；924. 浙江工业大学；936. 陕西师范大学；939. 中国东北大学；1009. 云南财经大学；1015. 广州大学；1016. 福州大学；1018. 广东金融学院；1021. 闽江学院；1023. 河海大学；1072. 宁波大学；1074. 北京工商大学；1080. 北京工业大学；1087. 江苏大学；1111. 兰州大学；1126. 湖南师范大学；1148. 天津财经大学；1181. 华侨大学；1182. 北京科技大学；1190. 武汉理工大学；1193. 北京化工大学；1207. 中欧国际工商学院；1209. 重庆工商大学；1239. 北京林业大学；1255. 南京师范大学；1264. 西北大学；1295. 澳门科技大学

三十八、考古学

表 2-62　考古学（5 强与中国大学）

排名	英文名称	中文名称	国家/地区	总得分
1	UCL	伦敦大学学院	英国	100.00
2	UNIV-OXFORD	牛津大学	英国	97.80
3	UNIV-CAMBRIDGE	剑桥大学	英国	76.00
4	AUSTRALIAN-NATL-UNIV	澳大利亚国立大学	澳大利亚	56.40
5	CNRS	法国国家科学研究中心	法国	55.10

其他中国机构：9. 中国科学院；50. 中国科学院；59. 北京大学；128. 中国社会科学院大学；165. 浙江大学；169. 北京科技大学；180. 西北大学；187. 山东大学；202. 中国科学技术大学；212. 兰州大学；230. 四川大学；289. 吉林大学；313. 复旦大学；344. 郑州大学；400. 敦煌学院；526. 武汉大学；561. 南京大学；577. 河南大学；597. 西北工业大学；610. 中山大学；622. 山西大学；665. 陕西师范大学；694. 中国地质大学；720. 南开大学；726. 厦门大学；727. 西安交通大学；737. 中国人民大学；778. 浙江工业大学；818. 宁波诺丁汉大学；863. 安徽大学；889. 云南大学；919. 首都师范大学；1007. 清华大学；1076. 北京建筑大学；1106. 上海大学；1110. 中央民族大学；1119. 南京农业大学；1126. 北京师范大学；1192. 河北师范大学；1193. 南京林业大学；1225. 华侨大学；1239. 香港中文大学；1331. 同济大学；1372. 香港大学；1376. 江苏师范大学；1377. 北京联合大学；1407. 天津大学；1436. 中国矿业大学；1469. 北京工商大学；1521. 广西民族大学；1604. 中国农业科学院；1781. 中国农业大学；1799. 北京化工大学；1801. 福州大学；1839. 河海大学；1844. 福建师范大学；1848. 南方科技大学；1916. 北京科技大学；2034. 重庆大学；2101. 江西省国学文化研究会；2103. 北京工业大学；2112. 陕西科技大学；2206. 浙江理工大学；2217. 华中科技大学；2235. 中国科学院；2247. 青海师范大学；2250. 景德镇陶瓷大学；2303. 重庆师范大学

三十九、科学技术史(分学科，可授理学、工学、农学、医学学位)

表2-63　科学技术史（分学科，可授理学、工学、农学、医学学位）（5强与中国大学）

排名	英文名称	中文名称	国家/地区	总得分
1	UNIV-OXFORD	牛津大学	英国	100.00
2	UNIV-CAMBRIDGE	剑桥大学	英国	94.90
3	RUSSIAN-ACAD-SCI	俄罗斯科学院	俄罗斯	67.40
4	UCL	伦敦大学学院	英国	61.10
5	UNIV-EDINBURGH	英国爱丁堡大学	英国	58.10
其他中国机构：160. 香港大学；288. 中山大学；317. 岭南大学；342. 北京大学；357. 香港理工大学；373. 清华大学；412. 中国科学院；433. 复旦大学；604. 同济大学；637. 中国科学技术大学；653. 武汉大学；725. 香港浸会大学；764. 北京师范大学；782. 澳门大学；836. 南京大学；847. 浙江大学；944. 中国科学院；947. 苏州大学；974. 山东大学；1019. 香港城市大学；1040. 天津大学；1063. 中国人民大学；1070. 香港中文大学；1077. 南京航空航天大学；1098. 四川大学；1155. 华东师范大学；1163. 中国农业大学；1174. 上海交通大学；1213. 青岛大学；1232. 山西大学；1269. 华中科技大学；1282. 大连理工大学；1289. 西北农林科技大学；1310. 浙江师范大学；1324. 香港教育大学；1406. 温州医科大学；1410. 西安交通大学；1495. 宁波诺丁汉大学；1528. 南京农业大学；1540. 广东外语外贸大学；1590. 西北大学；1629. 天津财经大学；1671. 东南大学；1701. 厦门大学；1721. 中国农业科学院；1740. 广东药科大学；1742. 海军军医大学；1762. 南开大学；1776. 华南理工大学；1893. 华南师范大学；1898. 北京协和医学院；1938. 临沂大学；2060. 腾讯；2188. 中国社会科学院大学；2196. 山东建筑大学；2244. 中国矿业大学；2247. 上海纽约大学；2270. 昆山杜克大学；2285. 上海大学；2422. 合肥工业大学；2445. 上海财经大学；2449. 重庆工商大学；2488. 西南大学；2521. 中国科学院；2536. 上海应用技术大学；2547. 中国医科大学；2598. 常州工学院；2622. 上海理工大学；2708. 东北财经大学；2723. 华中师范大学；2776. 广东海洋大学；2822. 北京交通大学；2930. 中国科学院；2948. 首都师范大学；2989. 北京林业大学；3006. 北京科技大学；3073. 宁波诺丁汉大学；3128. 兰州交通大学；3174. 南京师范大学；3190. 内蒙古师范大学；3202. 山东科技大学；3348. 中国政法大学；3411. 南京信息工程大学；3529. 福建农林大学；3556. 辽宁石油化工大学；3566. 中南大学；3593. 江苏第二师范大学；3726. 恒生管理学院；3767. 河北师范大学；3832. 大连海事大学；3837. 吉林大学；3858. 中央财经大学；4062. 山东师范大学；4178. 温州大学；4216. 北京邮电大学；4230. 北京师范大学珠海分校；4297. 西安交通大学；4314. 杭州师范大学；4390. 南京理工大学；4433. 黄冈师范学院；4448. 天津科技大学				

四十、控制科学与工程

表2-64　控制科学与工程（5强与中国大学）

排名	英文名称	中文名称	国家/地区	总得分
1	HARBIN-INST-TECHNOL	哈尔滨工业大学	中国	100.00
2	CHINESE-ACAD-SCI	中国科学院	中国	75.20
3	BEIHANG-UNIV	北京航空航天大学	中国	69.70
4	SOUTHEAST-UNIV	东南大学	中国	63.70
5	ZHEJIANG-UNIV	浙江大学	中国	60.90
其他中国机构：6. 中国东北大学；7. 上海交通大学；8. 清华大学；9. 华中科技大学；11. 北京理工大学；12. 南京航空航天大学；13. 香港城市大学；14. 西北工业大学；15. 南京理工大学；16. 山东大学；17. 华南理工大学；19. 电子科技				

续表

大学；20. 天津大学；21. 大连理工大学；22. 西安交通大学；24. 重庆大学；25. 广东工业大学；29. 北京科技大学；30. 中国科学技术大学；32. 西安电子科技大学；33. 香港理工大学；35. 同济大学；36. 北京大学；39. 香港大学；42. 山东科技大学；44. 渤海大学；47. 中国科学院；48. 燕山大学；52. 湖南大学；53. 澳门大学；54. 曲阜师范大学；56. 江南大学；57. 香港中文大学；59. 上海大学；60. 哈尔滨工程大学；63. 北京交通大学；65. 浙江工业大学；67. 杭州电子科技大学；68. 大连海事大学；69. 吉林大学；71. 华东理工大学；72. 南京邮电大学；75. 国防科技大学；79. 合肥工业大学；80. 香港科技大学；82. 中南大学；88. 辽宁工业大学；89. 中山大学；93. 中国地质大学；94. 西南交通大学；99. 上海理工大学；101. 青岛大学；106. 东华大学；110. 四川大学；113. 江苏大学；114. 武汉大学；115. 山东师范大学；122. 深圳大学；127. 北京工业大学；128. 青岛科技大学；131. 华北电力大学；132. 南开大学；135. 武汉理工大学；136. 中国矿业大学；139. 澳门科技大学；140. 厦门大学；156. 北京化工大学；160. 北京邮电大学；162. 河海大学；170. 哈尔滨理工大学；171. 西南大学；179. 扬州大学；180. 南京师范大学；187. 聊城大学；192. 中国石油大学；193. 南京信息工程大学；199. 安徽大学；204. 安徽工业大学；214. 福州大学；222. 复旦大学；225. 南方科技大学；231. 苏州大学；236. 重庆邮电大学；245. 上海海事大学；252. 河南理工大学；254. 暨南大学；257. 上海工程技术大学；262. 武汉科技大学；266. 郑州大学；285. 昆明理工大学；286. 华侨大学；297. 河北工业大学；300. 中国人民解放军空军工程大学；302. 成都大学；303. 天津工业大学；304. 沈阳航空航天大学；306. 西安工业大学；311. 浙江师范大学；313. 广州大学；315. 南通大学；336. 安徽工程大学；341. 中国海洋大学；351. 湖南师范大学；354. 湖北师范大学；363. 浙江理工大学；368. 哈尔滨工业大学；372. 河南科技大学；376. 南京工业大学；381. 湖南科技大学；382. 山西大学；383. 温州大学

四十一、口腔医学

表 2-65　口腔医学（5 强与中国大学）

排名	英文名称	中文名称	国家/地区	总得分
1	UNIV-SAO-PAULO	圣保罗大学	巴西	100.00
2	UNIV-BERN	伯尔尼大学	瑞士	67.30
3	UNIV-MICHIGAN	密歇根大学	美国	63.50
4	UNIV-ZURICH	苏黎世大学	瑞士	59.40
5	KINGS-COLL-LONDON	伦敦国王学院	英国	48.50
其他中国机构：6. 四川大学；7. 香港大学；16. 北京大学；20. 上海交通大学；36. 武汉大学；52. 中山大学；75. 空军军医大学；99. 首都医科大学；177. 山东大学；184. 南京医科大学；186. 浙江大学；225. 中国医科大学；226. 重庆医科大学；228. 南方医科大学；285. 北京大学；298. 南京大学；300. 福建医科大学；308. 西安交通大学；316. 同济大学；333. 复旦大学；376. 华中科技大学；405. 广州医科大学；422. 吉林大学；444. 中南大学；447. 温州医科大学；457. 青岛大学；463. 天津医科大学；474. 安徽医科大学；486. 中国科学院；491. 郑州大学；537. 中国医学科学院；567. 广西医科大学；571. 哈尔滨医科大学；579. 兰州大学；670. 昆明医科大学；758. 南开大学；761. 暨南大学；766. 香港中文大学；810. 哈尔滨工程大学；815. 清华大学；827. 大连医科大学；837. 河北医科大学；860. 浙江中医药大学；925. 华南理工大学；1069. 新疆医科大学；1183. 南昌大学；1190. 滨州医学院；1247. 苏州大学；1249. 北京协和医学院；1279. 北京航空航天大学；1312. 北京化工大学；1315. 山西医科大学；1330. 西南大学；1339. 湖北医药学院；1343. 中国人民解放军陆军军医大学；1364. 中国科学院；1433. 深圳大学；1486. 厦门大学；1696. 杭州师范大学；1713. 潍坊医学院；1717. 南通大学；1725. 北京大学；1737. 济宁医学院；1797. 川北医学院；1837. 海军军医大学；1931. 中国疾病预防控制中心；2084. 佳木斯大学；2107. 遵义医学院；2174. 浙江工业大学；2195. 新乡医学院；2199. 桂林医科大学；2233. 广东药科大学；2289. 东南大学；2362. 汕头大学；2385. 福建师范大学；2409. 贵州医科大学				

四十二、矿业工程

表 2-66 矿业工程（5 强与中国大学）

排名	英文名称	中文名称	国家/地区	总得分
1	CHINESE-ACAD-SCI	中国科学院	中国	100.00
2	CHINA-UNIV-GEOSCI	中国地质大学	中国	81.60
3	CHINA-UNIV-MIN-&-TECHNOL	中国矿业大学	中国	75.00
4	BEIJING-UNIV-SCI-&-TECHNOL	北京科技大学	中国	61.60
5	RUSSIAN-ACAD-SCI	俄罗斯科学院	俄罗斯	59.50

其他中国机构：6. 中南大学；7. 中国东北大学；8. 中国科学院；11. 中国科学院；14. 昆明理工大学；18. 山东科技大学；20. 吉林大学；21. 北京大学；23. 南京大学；26. 重庆大学；27. 武汉理工大学；32. 中国石油大学；37. 四川大学；38. 成都理工大学；44. 江西科技学院；45. 太原理工大学；46. 中山大学；47. 中国地质大学(北京)；49. 河海大学；50. 浙江大学；55. 武汉科技大学；57. 华东理工大学；63. 大连理工大学；64. 长安大学；66. 清华大学；67. 合肥工业大学；69. 武汉大学；72. 同济大学；73. 山东大学；79. 中国科学技术大学；81. 天津大学；84. 河南理工大学；87. 西南科技大学；93. 香港大学；97. 广西大学；101. 东南大学；112. 武汉工程大学；116. 上海交通大学；122. 西安科技大学；129. 安徽科技学院；131. 福州大学；133. 郑州大学；144. 哈尔滨工业大学；163. 上海大学；167. 西安建筑科技大学；170. 贵州大学；172. 西北大学；173. 西安交通大学；177. 桂林理工大学；194. 北京工业大学；195. 中国海洋大学；196. 中国石油大学(华东)；207. 西南交通大学；208. 云南大学；217. 西南石油大学；222. 湖南科技大学；228. 香港理工大学；235. 新疆大学；236. 西北工业大学；243. 南方科技大学；259. 华中科技大学；262. 长江大学；272. 河北地质大学；273. 辽宁科技大学；277. 深圳大学；289. 北京航空航天大学；296. 温州大学；298. 辽宁工程技术大学；308. 暨南大学；311. 安徽工业大学；319. 华北理工大学；322. 江苏大学；331. 中国地震局；332. 绍兴文理学院；333. 湖南大学；337. 华南理工大学；346. 燕山大学；352. 香港城市大学；402. 河北工业大学；404. 山东理工大学；408. 江苏科技大学；413. 北京理工大学；414. 南京工业大学；439. 兰州大学；457. 中国地质大学(武汉)；458. 西安工业大学；464. 南昌大学

四十三、理论经济

表 2-67 理论经济学（5 强与中国大学）

排名	英文名称	中文名称	国家/地区	总得分
1	NBER	全国经济研究所	美国	100.00
2	HARVARD-UNIV	哈佛大学	美国	50.10
3	UNIV-CALIF-BERKELEY	加利福尼亚大学伯克利分校	美国	40.10
4	UNIV-CHICAGO	芝加哥大学	美国	39.80
5	UNIV-OXFORD	牛津大学	英国	39.00

其他中国机构：30. 北京大学；38. 清华大学；40. 中国人民大学；55. 西南财经大学；59. 厦门大学；67. 上海财经大学；75. 香港大学；76. 中国科学院；82. 中央财经大学；86. 浙江大学；87. 香港中文大学；88. 对外经济贸易大学；96. 香港理工大学；99. 上海交通大学；102. 香港科技大学；111. 复旦大学；131. 暨南大学；151. 湖南大学；157. 香港城市大学；165. 北京理工大学；175. 中南财经政法大学；183. 武汉大学；199. 中山大学；207. 南京大学；216. 北京师范大学；231. 北京航空航天大学；234. 西安交通大学；247. 南开大学；269. 北京交通大学；276. 华中科技大学；295. 山东大学；296. 中国科学院；311. 西南交通大学；314. 同济大学；315. 天津大学；319. 首都经济贸易大学；332. 东南大学；336. 四川大学；381. 南京审计大学；404. 华南理工大学；414. 南京财经大学；419. 中国社会科学院大学；

续表

427. 中国农业大学；434. 南京航空航天大学；438. 上海大学；442. 江西财经大学；450. 华东师范大学；456. 中国科学技术大学；469. 澳门大学；490. 香港浸会大学；492. 重庆大学；500. 大连理工大学；509. 南京农业大学；520. 浙江财经大学；529. 深圳大学；553. 中国矿业大学；561. 华北电力大学；571. 广东外语外贸大学；589. 哈尔滨工业大学；591. 南昌大学；605. 岭南大学；606. 中南大学；613. 大连海事大学；625. 西交利物浦大学；643. 上海立信会计金融学院；665. 浙江工商大学；684. 河南大学；687. 东北财经大学；689. 华中农业大学；691. 青岛大学；693. 南京理工大学；708. 中国海洋大学；725. 合肥工业大学；740. 宁波诺丁汉大学；756. 吉林大学；759. 中国石油大学；763. 华南农业大学；790. 上海海事大学；794. 安徽财经大学；796. 南京信息工程大学；800. 苏州大学；802. 华东理工大学；824. 湖北经济学院；825. 电子科技大学；827. 西北农林科技大学；860. 中国地质大学；868. 上海对外经贸大学；902. 华南师范大学；918. 山东财经大学；924. 浙江工业大学；936. 陕西师范大学；939. 中国东北大学；1009. 云南财经大学；1015. 广州大学；1016. 福州大学；1018. 广东金融学院；1021. 闽江学院；1023. 河海大学；1072. 宁波大学；1074. 北京工商大学；1080. 北京工业大学；1087. 江苏大学；1111. 兰州大学；1126. 湖南师范大学；1148. 天津财经大学；1181. 华侨大学；1182. 北京科技大学；1190. 武汉理工大学；1193. 北京化工大学；1207. 中欧国际工商学院；1209. 重庆工商大学；1239. 北京林业大学；1255. 南京师范大学；1264. 西北大学；1295. 澳门科技大学

四十四、力学(可授工学、理学学位)

表 2-68　力学（可授工学、 理学学位）(5 强与中国大学)

排名	英文名称	中文名称	国家/地区	总得分
1	TSINGHUA-UNIV	清华大学	中国	100.00
2	SHANGHAI-JIAO-TONG-UNIV	上海交通大学	中国	84.20
3	XI-AN-JIAO-TONG-UNIV	西安交通大学	中国	78.90
4	CHINESE-ACAD-SCI	中国科学院	中国	72.70
5	HARBIN-INST-TECHNOL	哈尔滨工业大学	中国	69.60

其他中国机构：7. 大连理工大学；9. 华中科技大学；11. 西北工业大学；12. 浙江大学；13. 北京航空航天大学；14. 同济大学；15. 天津大学；16. 湖南大学；17. 重庆大学；19. 南京航空航天大学；20. 北京理工大学；23. 东南大学；24. 中国科学技术大学；25. 华南理工大学；27. 香港理工大学；32. 香港城市大学；35. 西南交通大学；38. 中国科学院；39. 中国矿业大学；42. 北京工业大学；45. 华北电力大学；46. 哈尔滨工程大学；47. 北京交通大学；49. 北京大学；52. 河海大学；56. 中国东北大学；58. 上海大学；63. 江苏大学；64. 中南大学；66. 南京理工大学；73. 武汉大学；79. 山东大学；81. 北京科技大学；93. 香港科技大学；94. 四川大学；104. 武汉理工大学；109. 台湾成功大学；123. 中国石油大学；130. 合肥工业大学；137. 国防科技大学；149. 中山大学；168. 上海理工大学；174. 郑州大学；180. 吉林大学；181. 电子科技大学；183. 南京工业大学；187. 香港大学；197. 宁波大学；206. 广东工业大学；217. 山东科技大学；218. 太原理工大学；225. 厦门大学；231. 中国石油大学(华东)；241. 西南石油大学；253. 深圳大学；262. 南方科技大学；267. 湘潭大学；268. 兰州理工大学；270. 河北工业大学；271. 长沙理工大学；273. 中国工程物理学院；277. 广州大学；280. 浙江工业大学；291. 中国地质大学；301. 燕山大学；304. 长安大学；305. 华东理工大学；321. 兰州大学；324. 广西大学；325. 中国海洋大学；330. 昆明理工大学；331. 东华大学；340. 西安电子科技大学；358. 沈阳航空航天大学；363. 西安建筑科技大学；367. 复旦大学；373. 西安工业大学；393. 浙江理工大学；394. 北京邮电大学；401. 石家庄铁道大学；402. 江南大学；403. 华侨大学；406. 扬州大学；407. 江苏科技大学；408. 福州大学；419. 苏州大学；436. 河南理工大学；442. 香港中文大学；445. 杭州电子科技大学；447. 上海工程技术大学；474. 西南大学；479. 中国人民解放军海军工程大学；480. 上海海洋大学；493. 南京林业大学；496. 重庆交通大学；501. 北京建筑大学；505. 常州大学；518. 南昌大学；537. 中国计量大学；539. 大连海事大学；542. 北京化工大学；545. 湖南科技大学；552. 武汉科技大学；556. 新疆大学；558. 西北农林科技大学；561. 上海海事大学；567. 兰州交通大学；568. 青岛理工大学；572. 浙江师范大学

四十五、林学

表 2-69 林学（5 强与中国大学）

排名	英文名称	中文名称	国家/地区	总得分
1	US-FOREST-SERV	美国森林服务局	美国	100.00
2	CHINESE-ACAD-SCI	中国科学院	中国	96.30
3	SWEDISH-UNIV-AGR-SCI	瑞典农业科技大学	瑞典	48.60
4	CHINESE-ACAD-FISHERY-SCI	中国科学院	中国	38.60
5	BEIJING-FORESTRY-UNIV	北京林业大学	中国	36.60

其他中国机构：7. 中国科学院；11. 南京林业大学；12. 东北林业大学；23. 西北农林科技大学；54. 北京师范大学；73. 北京大学；79. 浙江农林大学；97. 福建农林大学；100. 兰州大学；140. 中国农业大学；158. 中南林业科技大学；188. 清华大学；206. 华南农业大学；211. 中国农业科学院；213. 华东师范大学；223. 四川农业大学；226. 广西大学；228. 中山大学；247. 江西农业大学；248. 南京大学；262. 河南大学；272. 南京信息工程大学；290. 华中农业大学；291. 沈阳农业大学；294. 南京农业大学；296. 西南林业大学；300. 福建师范大学；317. 浙江大学；320. 武汉大学；347. 香港大学；355. 安徽农业大学；359. 东北师范大学；364. 西南大学；413. 华南理工大学；414. 山东农业大学；422. 复旦大学；452. 海南大学；476. 西北大学；484. 内蒙古农业大学；495. 云南大学；500. 陕西师范大学；501. 贵州大学；509. 同济大学；514. 中国科学院；575. 中国科学院大学；578. 厦门大学；597. 上海财经大学；601. 上海交通大学；636. 河海大学；648. 四川大学；688. 山西农业大学；693. 河南农业大学；719. 华南师范大学；738. 河南科技大学；751. 中国矿业大学；753. 杭州师范大学；754. 新疆大学；769. 河北农业大学；773. 扬州大学；784. 石河子大学；804. 中国人民大学；809. 台州学院；811. 香港中文大学；813. 甘肃农业大学；827. 西华师范大学；832. 西安交通大学；842. 中国气象科学院；853. 浙江师范大学；872. 重庆大学；889. 中国地质大学；911. 北华大学；935. 南京师范大学；936. 电子科技大学；966. 江西师范大学；976. 内蒙古大学；981. 鲁东大学；993. 青岛农业大学；1029. 河北大学；1038. 绵阳师范学院；1056. 江苏师范大学；1064. 哈尔滨工业大学；1098. 香港理工大学；1103. 上海师范大学；1106. 湖南省林业科学院；1109. 黑龙江大学；1120. 天津大学；1128. 山西大学；1129. 新疆农业大学；1134. 华中师范大学；1136. 成都理工大学；1183. 安徽师范大学；1204. 西北师范大学；1208. 香港城市大学；1215. 东北农业大学；1232. 福州大学；1245. 江苏大学；1259. 宁夏大学

四十六、林业工程

表 2-70 林业工程（5 强与中国大学）

排名	英文名称	中文名称	国家/地区	总得分
1	US-FOREST-SERV	美国森林服务局	美国	100.00
2	CHINESE-ACAD-SCI	中国科学院	中国	96.30
3	SWEDISH-UNIV-AGR-SCI	瑞典农业科技大学	瑞典	48.60
4	CHINESE-ACAD-FISHERY-SCI	中国科学院	中国	38.60
5	BEIJING-FORESTRY-UNIV	北京林业大学	中国	36.60

其他中国机构：7. 中国科学院；11. 南京林业大学；12. 东北林业大学；23. 西北农林科技大学；54. 北京师范大学；73. 北京大学；79. 浙江农林大学；97. 福建农林大学；100. 兰州大学；140. 中国农业大学；158. 中南林业科技大学；188. 清华大学；206. 华南农业大学；211. 中国农业科学院；213. 华东师范大学；223. 四川农业大学；226. 广西大学；228. 中山大学；247. 江西农业大学；248. 南京大学；262. 河南大学；272. 南京信息工程大学；290. 华中农业大学；291. 沈阳农业大学；294. 南京农业大学；296. 西南林业大学；300. 福建师范大学；317. 浙江大学；320. 武汉大学；

续表

347. 香港大学；355. 安徽农业大学；359. 东北师范大学；364. 西南大学；413. 华南理工大学；414. 山东农业大学；422. 复旦大学；452. 海南大学；476. 西北大学；484. 内蒙古农业大学；495. 云南大学；500. 陕西师范大学；501. 贵州大学；509. 同济大学；514. 中国科学院；575. 中国科学院大学；578. 厦门大学；597. 上海财经大学；602. 上海交通大学；636. 河海大学；648. 四川大学；688. 山西农业大学；693. 河南农业大学；719. 华南师范大学；738. 河南科技大学；751. 中国矿业大学；753. 杭州师范大学；754. 新疆大学；769. 河北农业大学；773. 扬州大学；784. 石河子大学；804. 中国人民大学；809. 台州学院；811. 香港中文大学；813. 甘肃农业大学；827. 西华师范大学；832. 西安交通大学；842. 中国气象科学院；853. 浙江师范大学；872. 重庆大学；889. 中国地质大学；911. 北华大学；935. 南京师范大学；936. 电子科技大学；966. 江西师范大学；976. 内蒙古大学；981. 鲁东大学；993. 青岛农业大学；1029. 河北大学；1038. 绵阳师范学院；1056. 江苏师范大学；1063. 哈尔滨工业大学；1098. 香港理工大学；1103. 上海师范大学；1106. 湖南省林业科学院；1109. 黑龙江大学；1120. 天津大学；1128. 山西大学；1129. 新疆农业大学；1134. 华中师范大学；1136. 成都理工大学；1183. 安徽师范大学；1204. 西北师范大学；1208. 香港城市大学；1215. 东北农业大学；1232. 福州大学；1245. 江苏大学；1259. 宁夏大学

四十七、临床医学

表 2-71　临床医学（5 强与中国大学）

排名	英文名称	中文名称	国家/地区	总得分
1	MAYO-CLIN	梅奥医学中心	美国	100.00
2	HARVARD-UNIV	哈佛大学	美国	94.00
3	HARVARD-MED-SCH	哈佛大学医学院	美国	91.40
4	UNIV-CALIF-SAN-FRANCISCO	加利福尼亚大学旧金山分校	美国	84.10
5	UNIV-WASHINGTON	华盛顿大学	美国	80.30
其他中国机构：31. 上海交通大学；45. 复旦大学；49. 中山大学；51. 首都医科大学；67. 中国医学科学院；72. 北京大学；80. 浙江大学；83. 四川大学；96. 南京医科大学；103. 华中科技大学；107. 香港中文大学；126. 香港大学；133. 山东大学；155. 南方医科大学；184. 中国科学院；195. 中国医科大学；201. 郑州大学；214. 武汉大学；219. 苏州大学；224. 重庆医科大学；227. 同济大学；231. 中南大学；243. 北京协和医学院；247. 温州医科大学；249. 西安交通大学；261. 广州医科大学；279. 天津医科大学；281. 南京大学；285. 吉林大学；303. 哈尔滨医科大学；314. 海军军医大学；326. 福建医科大学；327. 安徽医科大学；381. 空军军医大学；399. 青岛大学；436. 中国人民解放军陆军军医大学；443. 南昌大学；448. 河北医科大学；477. 广西医科大学；492. 暨南大学；526. 中国疾病预防控制中心；528. 东南大学；555. 中国科学院；560. 清华大学；588. 大连医科大学；596. 厦门大学；611. 上海中医药大学；617. 香港理工大学；627. 北京中医药大学；646. 南通大学；672. 南京中医药大学；683. 兰州大学；740. 昆明医科大学；748. 广州中医药大学；801. 中国医学科学院；866. 浙江中医药大学；882. 山西医科大学；890. 深圳大学；892. 新疆医科大学；903. 江苏大学；985. 徐州医科大学；997. 中国药科大学；1029. 山东第一医科大学；1044. 汕头大学；1103. 湖北医药学院；1121. 西南大学；1122. 中国科学技术大学；1127. 电子科技大学；1152. 扬州大学；1184. 南开大学；1202. 澳门大学；1220. 成都中医药大学；1296. 天津医科大学；1353. 南华大学；1403. 新乡医学院；1405. 宁夏医科大学；1427. 天津中医药大学；1430. 北京师范大学；1498. 宁波大学；1506. 山东中医药大学；1542. 蚌埠医学院；1574. 南方科技大学；1586. 华南理工大学；1601. 广东医科大学；1638. 河南大学；1646. 贵州医科大学；1806. 济宁医学院；1830. 潍坊医学院；1892. 广东药科大学；1919. 湖南师范大学；1947. 杭州师范大学；1958. 遵义医学院；1968. 武汉科技大学；1980. 香港浸会大学；1983. 西南大学；1991. 内蒙古医科大学；2006. 江南大学				

四十八、美术学

表2-72 美术学（5强与中国大学）

排名	英文名称	中文名称	国家/地区	总得分
1	CNR	意大利国家研究委员会	意大利	100.00
2	DELFT-UNIV-TECHNOL	代尔夫特大学	荷兰	85.30
3	UNIV-BOLOGNA	博洛尼亚大学	意大利	62.70
4	UNIV-FLORENCE	佛罗伦萨大学	意大利	52.50
5	UCL	伦敦大学学院	英国	51.40
其他中国机构：16. 浙江大学；20. 中国科学院；36. 敦煌学院；64. 台湾大学；82. 兰州大学；91. 中国科学技术大学；101. 香港理工大学；109. 西北大学；110. 北京科技大学；137. 北京大学；161. 中国科学院；174. 四川大学；188. 清华大学；197. 西北工业大学；200. 浙江工业大学；209. 北京建筑大学；215. 南京林业大学；248. 山东大学；255. 中国人民大学；282. 同济大学；293. 北京工商大学；310. 河南大学；314. 西安交通大学；323. 中国矿业大学；330. 香港教育大学；345. 中国地质大学；411. 南京大学；414. 南开大学；430. 天津大学；431. 上海大学；436. 湖南大学；525. 重庆大学；557. 香港大学；558. 北京师范大学；610. 华中科技大学；620. 福州大学；643. 北京化工大学；649. 宁波诺丁汉大学；673. 南京工业大学；692. 重庆科技学院；695. 四川美术学院；732. 中国东北大学；753. 北京工业大学；768. 广东工业大学；772. 复旦大学；793. 北京农学院；795. 江西省国学文化研究会；813. 香港城市大学；838. 浙江理工大学；844. 武汉大学；857. 大连理工大学；863. 菏泽学院；897. 陕西师范大学；938. 陕西科技大学；940. 西北师范大学；950. 西安理工大学；1057. 哈尔滨工业大学；1096. 黑龙江中医药大学；1105. 中国社会科学院大学；1136. 西交利物浦大学；1215. 上海交通大学；1233. 中国工程物理学院；1236. 景德镇陶瓷大学；1249. 首都师范大学；1292. 闽江学院；1309. 河北师范大学；1385. 西南交通大学；1391. 吉林师范大学；1398. 四川轻化工大学；1400. 河北大学；1405. 太原理工大学；1439. 福建师范大学；1448. 云南师范大学				

四十九、民族学

表2-73 民族学（5强与中国大学）

排名	英文名称	中文名称	国家/地区	总得分
1	UNIV-CALIF-LOS-ANGELES	加利福尼亚大学洛杉矶分校	美国	100.00
2	UNIV-MICHIGAN	密歇根大学	美国	79.80
3	UNIV-AMSTERDAM	阿姆斯特丹大学	荷兰	78.90
4	UNIV-OXFORD	牛津大学	英国	68.80
5	HARVARD-UNIV	哈佛大学	美国	66.40
其他中国大学：195. 香港中文大学；365. 香港大学；374. 中山大学；382. 香港教育大学；400. 香港城市大学；454. 香港浸会大学；530. 香港科技大学；581. 东南大学；647. 香港理工大学；685. 南京大学；747. 北京师范大学；788. 华南师范大学；789. 暨南大学；864. 岭南大学；925. 北京外国语大学；985. 湖南师范大学；986. 澳门大学；1012. 复旦大学；1025. 湖南大学；1034. 浙江大学；1057. 中国科学院大学中丹学院；1062. 浙江理工大学；1128. 中国社会科学院大学；1137. 西南财经大学；1171. 华东师范大学；1256. 对外经济贸易大学；1267. 上海交通大学；1279. 上海外国语大学；1338. 西安交通大学；1366. 广州大学；1413. 上海财经大学；1473. 清华大学；1474. 首都师范大学；1476. 华东理工大学；1564. 浙江师范大学；1582. 上海纽约大学；1700. 西交利物浦大学；1719. 新疆医科大学；1805. 北京科技大学；1876. 四川大学；1949. 上海体育学院；1988. 中南大学；2094. 中国人民解放军陆军军医大学；2095. 香港浸会大学；2128. 厦门大学；2147. 中国科学院大学中丹学院；2157. 天津医科大学；2162. 济宁医学院；2191. 广西医科大学；2250. 香港树仁大学；2371. 南方科技大学；2384. 三峡大学；2431. 云南大学；2458. 四川外国语大学；2463. 香港中文大学；2573. 上海大学；2740. 同济大学；3002. 浙江海洋大学；3016. 中国政法大学；3038. 福州大学；3066. 武汉大学				

五十、农林经济管理

表 2-74 农林经济管理(5 强与中国大学)

排名	英文名称	中文名称	国家/地区	总得分
1	MICHIGAN-STATE-UNIV	密歇根州立大学	美国	100.00
2	INT-FOOD-POLICY-RES-INST	国际食品政策研究所	美国	95.60
3	CORNELL-UNIV	康奈尔大学	美国	88.40
4	WAGENINGEN-UNIV	瓦格宁根大学	荷兰	82.60
5	PURDUE-UNIV	普渡大学	美国	79.60

其他中国机构：20. 浙江大学；23. 中国农业大学；29. 中国人民大学；35. 南京农业大学；38. 中国科学院；39. 北京大学；49. 华中农业大学；92. 西北农林科技大学；107. 台湾大学；120. 中国农业科学院；157. 华南农业大学；176. 西南财经大学；178. 中央财经大学；182. 江南大学；183. 暨南大学；203. 北京师范大学；225. 四川农业大学；230. 中国社会科学院大学；257. 吉林农业大学；259. 北京理工大学；270. 曲阜师范大学；271. 兰州大学；302. 陕西师范大学；321. 苏州大学；339. 上海财经大学；368. 上海交通大学；374. 南京财经大学；386. 北京工商大学；392. 华中科技大学；393. 河南农业大学；396. 湖南大学；398. 对外经济贸易大学；411. 南京大学；412. 武汉大学；424. 四川大学；451. 江西财经大学；458. 福建农林大学；465. 南开大学；487. 中南财经政法大学；492. 中国科学院；508. 浙江财经大学；512. 西安交通大学；530. 清华大学；549. 中国海洋大学；572. 厦门大学；582. 西北大学；597. 上海海洋大学；598. 广东外语外贸大学；601. 合肥工业大学；615. 南京师范大学；644. 西南大学；651. 闽江学院；676. 安徽农业大学；699. 青岛农业大学；710. 华南理工大学；711. 南京信息工程大学；729. 澳门科技大学；748. 湖南农业大学；760. 中南大学；765. 中国矿业大学；787. 福州大学；790. 哈尔滨工业大学；795. 华侨大学；800. 中山大学；807. 湖南师范大学；830. 东北财经大学；864. 海南大学；875. 安徽财经大学；884. 复旦大学；901. 首都经济贸易大学；915. 浙江工业大学；933. 温州大学；943. 浙江农林大学；952. 西交利物浦大学；957. 沈阳农业大学；961. 香港中文大学；962. 南京工业大学；997. 华南师范大学；998. 浙江工商大学；1002. 东北农业大学；1030. 中国疾病预防控制中心；1044. 吉林大学；1050. 北京航空航天大学；1059. 山东大学；1077. 江西农业大学；1086. 天津大学；1094. 杭州电子科技大学；1115. 澳门大学；1143. 北京林业大学；1160. 南京理工大学；1167. 同济大学；1179. 山东师范大学；1183. 江苏大学；1248. 广州大学；1252. 山东财经大学；1314. 浙江理工大学；1324. 贵州大学；1326. 北京工商大学；1337. 杭州师范大学；1351. 宁波大学；1352. 昆山杜克大学；1392. 青岛大学；1397. 中国地质大学；1406. 北京科技大学；1415. 香港理工大学；1426. 东北林业大学；1427. 中国石油大学；1460. 西南财经大学；1477. 香港科技大学；1479. 香港大学；1491. 澳门城市大学；1569. 上海健康医学院

五十一、农业工程

表 2-75 农业工程(5 强与中国大学)

排名	英文名称	中文名称	国家/地区	总得分
1	CHINESE-ACAD-SCI	中国科学院	中国	100.00
2	HARBIN-INST-TECHNOL	哈尔滨工业大学	中国	45.50
3	CHINA-AGR-UNIV	中国农业大学	中国	42.00
4	NORTHWEST-A&F-UNIV	西北农林科技大学	中国	36.90
5	ZHEJIANG-UNIV	浙江大学	中国	36.80

其他中国机构：7. 华南理工大学；8. 中国科学院；9. 北京林业大学；11. 清华大学；12. 南京林业大学；14. 台湾成功大学；16. 江苏大学；17. 同济大学；19. 台湾大学；20. 北京工业大学；21. 山东大学；22. 华南农业大学；23. 湖南大学；

续表

27. 东北农业大学；29. 江南大学；31. 中国农业科学院；34. 天津大学；36. 大连理工大学；39. 上海交通大学；43. 北京化工大学；44. 重庆大学；46. 中国科学技术大学；47. 华中科技大学；50. 南京农业大学；51. 南京工业大学；52. 西安建筑科技大学；53. 广西大学；60. 天津理工大学；62. 台湾大学；67. 华中农业大学；72. 东北林业大学；73. 东南大学；78. 齐鲁工业大学；80. 中国科学院；81. 南昌大学；88. 河南农业大学；90. 中国海洋大学；92. 东海大学；99. 北京大学；100. 香港浸会大学；107. 浙江农林大学；116. 南开大学；117. 复旦大学；118. 香港理工大学；121. 河海大学；123. 武汉大学；125. 浙江工业大学；126. 四川大学；128. 福建农林大学；134. 华东理工大学；140. 南京大学；142. 厦门大学；143. 湖南农业大学；144. 东华大学；149. 广东工业大学；158. 北京师范大学；162. 中山大学；176. 北京科技大学；181. 吉林大学；183. 郑州大学；187. 昆明理工大学；188. 上海大学；200. 暨南大学；202. 四川农业大学；205. 香港城市大学；206. 西南大学；216. 中国石油大学；217. 大连工业大学；223. 山东理工大学；225. 杭州师范大学；228. 海南大学；233. 浙江工商大学；236. 武汉理工大学；242. 西安交通大学；249. 南京理工大学；251. 中南大学；254. 南京师范大学；255. 石河子大学；258. 天津工业大学；259. 天津城建大学；261. 中国人民大学；263. 河南科技大学；264. 华东师范大学；267. 中国地质大学；268. 江西农业大学；273. 中南林业科技大学；278. 兰州大学；280. 常州大学；304. 浙江理工大学；306. 青岛大学；315. 北京工商大学；318. 太原理工大学；324. 安徽农业大学；329. 中国矿业大学；332. 山东农业大学；335. 合肥工业大学；341. 苏州科技大学；344. 扬州大学；352. 沈阳农业大学；357. 中国科学院大学；361. 青岛农业大学；377. 湖北工业大学；388. 青岛科技大学；403. 华北电力大学；404. 福州大学；408. 浙江海洋大学；414. 浙江师范大学；428. 深圳大学

五十二、农业资源与环境

表 2-76 农业资源与环境（5 强与中国大学）

排名	英文名称	中文名称	国家/地区	总得分
1	CHINESE-ACAD-SCI	中国科学院	中国	100.00
2	UNIV-CHINESE-ACAD-SCI	中国科学院大学	中国	35.60
3	NORTHWEST-A&F-UNIV	西北农林科技大学	中国	25.40
4	USDA-ARS	美国农业部	美国	15.20
5	CHINA-AGR-UNIV	中国农业大学	中国	14.50
其他中国机构：6. 中国农业科学院；7. 南京农业大学；14. 浙江大学；19. 北京师范大学；22. 华中农业大学；23. 兰州大学；40. 南京师范大学；48. 中国科学院；49. 西南大学；59. 浙江农林大学；63. 北京大学；73. 沈阳农业大学；76. 南京大学；79. 北京林业大学；82. 中山大学；89. 中国科学院；93. 福建师范大学；95. 福建农林大学；96. 四川农业大学；102. 南京信息工程大学；103. 山东农业大学；113. 南京林业大学；121. 东北师范大学；124. 华南农业大学；126. 清华大学；127. 河海大学；143. 中国地质大学；144. 河南大学；157. 东北农业大学；171. 东北林业大学；174. 武汉大学；190. 西安工业大学；196. 江西农业大学；232. 华东师范大学；234. 西北大学；239. 云南大学；248. 海南大学；249. 山西农业大学；259. 广西大学；263. 湖南农业大学；266. 吉林农业大学；268. 天津大学；271. 贵州大学；272. 扬州大学；286. 河南农业大学；290. 甘肃农业大学；303. 四川大学；306. 青岛农业大学；307. 吉林农业科技学院；311. 内蒙古农业大学；328. 石河子大学；340. 安徽农业大学；358. 宁夏大学；366. 青海大学；374. 中南林业科技大学；379. 内蒙古大学；396. 复旦大学；400. 陕西师范大学；408. 佛山大学；414. 西安科技大学；425. 成都理工大学；427. 中国科学院大学；438. 厦门大学；441. 山西大学；443. 临沂大学；449. 新疆大学；469. 上海交通大学；472. 长江大学；474. 云南农业大学；503. 中国矿业大学；508. 吉林大学；511. 长安大学；512. 湖南大学；535. 中国科学院；558. 杭州师范大学；565. 南开大学；576. 同济大学；585. 香港浸会大学；600. 天津师范大学；609. 华南师范大学；625. 贵州师范大学；628. 河北农业大学；631. 盐城师范学院；637. 江苏大学；654. 香港科技大学；661. 西北工业大学；664. 山东大学；685. 鲁东大学；693. 山东省农业科学院				

五十三、轻工技术与工程

表 2-77　轻工技术与工程(5 强与中国大学)

排名	英文名称	中文名称	国家/地区	总得分
1	S-CHINA-UNIV-TECHNOL	华南理工大学	中国	100.00
2	NANJING-FORESTRY-UNIV	南京林业大学	中国	82.60
3	BEIJING-FORESTRY-UNIV	北京林业大学	中国	74.50
4	AALTO-UNIV	阿尔托大学	芬兰	62.50
5	NORTHEAST-FORESTRY-UNIV	东北林业大学	中国	53.90

其他中国机构：6. 中国科学院；10. 中国科学院；15. 齐鲁工业大学；17. 福建农林大学；20. 天津理工大学；25. 东华大学；26. 广西大学；32. 陕西科技大学；36. 武汉纺织大学；46. 江南大学；53. 西南大学；55. 浙江理工大学；71. 青岛大学；73. 台湾大学；74. 江苏大学；76. 中南林业科技大学；77. 四川大学；78. 浙江农林大学；84. 西南林业大学；85. 武汉大学；102. 中国科学技术大学；106. 华南农业大学；108. 中国科学院；149. 西北农林科技大学；151. 安徽农业大学；154. 苏州大学；156. 浙江大学；158. 内蒙古农业大学；159. 昆明理工大学；161. 南京工业大学；176. 东南大学；178. 香港理工大学；180. 青岛科技大学；192. 郑州大学；196. 南京农业大学；198. 武汉理工大学；205. 天津工业大学；218. 天津大学；219. 盐城工学院；232. 华北电力大学；240. 四川农业大学；241. 清华大学；243. 上海交通大学；244. 厦门大学；246. 浙江科技学院；249. 南京理工大学；250. 北京化工大学；261. 华中农业大学；273. 华中科技大学；276. 北京理工大学；283. 暨南大学；291. 哈尔滨工业大学；306. 中国农业大学；318. 大连工业大学；333. 河南农业大学；341. 湖北工业大学；344. 中国农业科学院；349. 北京工商大学；353. 北华大学；363. 南京信息工程大学；371. 山东农业大学；388. 南开大学；392. 东北农业大学；394. 武汉工程大学；402. 重庆大学；407. 天津工业大学；417. 齐鲁工业大学；422. 福州大学；423. 南京大学；426. 广东工业大学；436. 湖南师范大学；437. 海南大学；443. 扬州大学；447. 中国东北大学；454. 南昌大学；456. 泰山学院；461. 复旦大学；465. 同济大学；474. 鲁东大学；477. 山东理工大学；479. 福建师范大学；480. 贵州大学；487. 河南工业大学；488. 绍兴文理学院；489. 太原理工大学；494. 安徽工程大学；496. 西南科技大学；500. 西南交通大学；506. 北京科技大学；516. 安徽科技学院；518. 山东大学；519. 长沙理工大学；522. 杭州电子科技大学；525. 中国科学院大学；529. 山东科技大学；539. 大连理工大学；557. 中国石油大学；571. 河北科技大学；575. 中南民族大学；577. 安徽大学；584. 北京大学

五十四、软件工程

表 2-78　软件工程(5 强与中国大学)

排名	英文名称	中文名称	国家/地区	总得分
1	CHINESE-ACAD-SCI	中国科学院	中国	100.00
2	TSINGHUA-UNIV	清华大学	中国	68.20
3	ZHEJIANG-UNIV	浙江大学	中国	65.60
4	BEIHANG-UNIV	北京航空航天大学	中国	39.90
5	NANYANG-TECHNOL-UNIV	南阳理工学院	新加坡	38.70

其他中国机构：8. 电子科技大学；9. 中国科学技术大学；10. 上海交通大学；11. 武汉大学；12. 香港城市大学；15. 北京大学；16. 香港中文大学；17. 中国科学院；19. 国防科技大学；20. 华中科技大学；21. 南京大学；22. 西安电子科技大学；25. 大连理工大学；30. 北京邮电大学；31. 天津大学；33. 山东大学；34. 哈尔滨工业大学；37. 西安交通大学；39. 中山大学；42. 香港理工大学；46. 北京理工大学；48. 湖南大学；51. 南京信息工程大学；54. 东南大学；58. 西北工业大学；59. 香港科技大学；61. 南京航空航天大学；62. 华南理工大学；65. 杭州电子科技大学；69. 南京理工大学；

续表

71. 上海大学；74. 北京交通大学；75. 深圳大学；84. 合肥工业大学；89. 同济大学；90. 香港大学；97. 南京邮电大学；107. 重庆大学；109. 华东师范大学；112. 复旦大学；128. 厦门大学；129. 北京工业大学；138. 中国东北大学；151. 澳门大学；154. 广州大学；161. 河海大学；163. 四川大学；164. 吉林大学；168. 中国地质大学；171. 中南大学；183. 北京科技大学；195. 福建师范大学；200. 中国矿业大学；213. 福州大学；221. 苏州大学；238. 西南交通大学；245. 香港浸会大学；254. 南开大学；261. 桂林电子科技大学；271. 安徽大学；278. 重庆邮电大学；300. 武汉理工大学；304. 山东师范大学；307. 青岛大学；310. 暨南大学；312. 南京师范大学；318. 山东科技大学；324. 澳门科技大学；327. 哈尔滨工程大学；329. 浙江工业大学；330. 广东工业大学；331. 江苏大学；335. 浙江工商大学；345. 大连海事大学；351. 宁波大学；354. 长沙理工大学；374. 杭州师范大学；380. 武汉科技大学；386. 河南大学；391. 北京师范大学；398. 郑州大学；407. 广西师范大学；408. 华侨大学；412. 西南大学；415. 上海理工大学；422. 中国人民大学；430. 西安工业大学；437. 江南大学；439. 湖南科技大学；445. 南昌大学；462. 陕西师范大学；470. 扬州大学；481. 中国海洋大学；486. 太原科技大学；491. 江西财经大学；495. 辽宁师范大学；501. 山东财经大学；505. 曲阜师范大学；510. 西安邮电大学；528. 温州大学；536. 中国石油大学；574. 华南师范大学；575. 西北大学；578. 天津科技大学；589. 南京财经大学；595. 齐鲁工业大学；598. 云南大学；605. 兰州大学；615. 西交利物浦大学；618. 河南理工大学

五十五、商业与管理

表 2-79　商业与管理（5 强与中国大学）

排名	英文名称	中文名称	国家/地区	总得分
1	ERASMUS-UNIV	鹿特丹大学	荷兰	100.00
2	HONG-KONG-POLYTECH-UNIV	香港理工大学	中国	87.90
3	PENN-STATE-UNIV	宾夕法尼亚州立大学	美国	82.90
4	COPENHAGEN-BUSINESS-SCH	哥本哈根商学院	丹麦	82.20
5	INDIANA-UNIV	印第安纳大学	美国	81.50
其他中国机构：16. 香港城市大学；50. 中山大学；55. 清华大学；62. 西安交通大学；66. 浙江大学；68. 香港中文大学；70. 香港科技大学；71. 中国人民大学；78. 上海交通大学；85. 北京大学；101. 香港大学；106. 西南财经大学；119. 华中科技大学；123. 中国科学技术大学；127. 复旦大学；139. 同济大学；154. 南京大学；179. 厦门大学；187. 香港浸会大学；188. 天津大学；197. 武汉大学；200. 四川大学；211. 上海大学；217. 对外经济贸易大学；220. 上海财经大学；232. 哈尔滨工业大学；234. 华南理工大学；248. 中国科学院；250. 澳门大学；271. 中欧国际工商学院；273. 湖南大学；280. 北京理工大学；290. 南开大学；297. 暨南大学；309. 大连理工大学；311. 宁波诺丁汉大学；346. 中国科学院；369. 东南大学；378. 电子科技大学；381. 合肥工业大学；387. 重庆大学；399. 山东大学；400. 深圳大学；404. 岭南大学；411. 东北财经大学；417. 北京交通大学；423. 中央财经大学；427. 吉林大学；432. 北京师范大学；434. 西北工业大学；449. 北京航空航天大学；456. 浙江工商大学；458. 中南财经政法大学；478. 西交利物浦大学；480. 西南交通大学；523. 中南大学；527. 中国东北大学；536. 浙江财经大学；551. 江西财经大学；558. 浙江工业大学；561. 南京审计大学；578. 苏州大学；583. 南京财经大学；590. 澳门科技大学；598. 南京航空航天大学；608. 华东理工大学；652. 北京科技大学；660. 华东师范大学；711. 华侨大学；732. 河海大学；735. 南京理工大学；745. 中国矿业大学；757. 首都经济贸易大学；772. 东华大学；777. 安徽财经大学；810. 西安电子科技大学；811. 广东外语外贸大学；812. 武汉理工大学；823. 江南大学；851. 广东工业大学；878. 南京信息工程大学；879. 广州大学；918. 上海海事大学；922. 兰州大学；923. 华南师范大学；929. 重庆工商大学；942. 青岛大学；947. 南方科技大学；953. 北京邮电大学；962. 广东金融学院；970. 香港公开大学；975. 福州大学；977. 上海外国语大学；994. 汕头大学；1017. 山东财经大学；1018. 海南大学；1034. 上海立信会计金融学院；1046. 大连海事大学；1049. 华中师范大学；1059. 杭州电子科技大学；1072. 江苏大学；1074. 浙江理工大学；1081. 香港恒生大学；1084. 澳门城市大学；1097. 上海对外经贸大学；1110. 长安大学；1116. 华中农业大学；1124. 华北电力大学；1136. 北京工业大学；1141. 陕西师范大学；1151. 安徽大学；1155. 河南大学；1163. 中国社会科学院大学；1164. 南昌大学；1185. 上海师范大学；1187. 华南农业大学				

五十六、社会学

表 2-80　社会学（5 强与中国大学）

排名	英文名称	中文名称	国家/地区	总得分
1	UNIV-MICHIGAN	密歇根大学	美国	100.00
2	UNIV-TORONTO	多伦多大学	加拿大	84.30
3	UNIV-OXFORD	牛津大学	英国	82.80
4	HARVARD-UNIV	哈佛大学	美国	72.50
5	UNIV-N-CAROLINA	北卡罗来纳大学	美国	70.70

其他中国机构：168. 香港城市大学；236. 北京大学；240. 中国科学院；241. 北京师范大学；265. 中国人民大学；289. 中山大学；340. 复旦大学；341. 香港浸会大学；351. 浙江大学；373. 东南大学；394. 清华大学；399. 澳门大学；425. 同济大学；438. 南京大学；460. 岭南大学；470. 香港教育大学；478. 西安交通大学；498. 四川大学；515. 西南大学；524. 武汉大学；546. 山东大学；549. 中国科学院；563. 中国农业大学；565. 华东师范大学；609. 华南师范大学；632. 厦门大学；647. 中国社会科学院大学；655. 中南大学；666. 上海交通大学；673. 暨南大学；685. 香港科技大学；717. 华中师范大学；718. 上海大学；737. 陕西师范大学；743. 西南财经大学；753. 华中科技大学；767. 深圳大学；770. 吉林大学；797. 哈尔滨工业大学；835. 北京交通大学；922. 广州大学；949. 南开大学；964. 中国科学技术大学；1029. 上海财经大学；1047. 湖南大学；1053. 华南理工大学；1059. 首都师范大学；1077. 西南交通大学；1078. 北京航空航天大学；1096. 郑州大学；1104. 中央财经大学；1113. 武汉理工大学；1143. 华东理工大学；1177. 南京师范大学；1178. 上海师范大学；1211. 北京工业大学；1258. 西北大学；1261. 山东师范大学；1284. 天津大学；1312. 山西大学；1329. 广东外语外贸大学；1441. 北京科技大学；1475. 中南财经政法大学；1485. 浙江工商大学；1521. 长安大学；1542. 合肥工业大学；1551. 浙江师范大学；1556. 苏州大学；1564. 中央民族大学；1578. 华侨大学；1609. 对外经济贸易大学；1613. 重庆大学；1619. 北京理工大学；1646. 兰州大学；1666. 浙江财经大学；1682. 湖南师范大学；1689. 河海大学；1710. 宁波诺丁汉大学；1727. 西交利物浦大学；1747. 福建师范大学；1798. 南京农业大学；1809. 上海理工大学；1837. 上海外国语大学；1853. 安徽大学；1870. 河南大学；1904. 杭州师范大学；1908. 江苏大学；1920. 东北师范大学；1921. 电子科技大学；1934. 中国政法大学；1936. 中国矿业大学；1941. 南京信息工程大学；1954. 香港树仁大学；1983. 上海海事大学；1997. 上海纽约大学；2000. 江西财经大学；2025. 东北财经大学；2059. 南京航空航天大学；2131. 长沙理工大学；2145. 云南大学；2156. 西北农林科技大学；2165. 天津师范大学；2271. 澳门科技大学；2285. 安徽医科大学；2289. 西北工业大学；2295. 大连理工大学；2345. 华北电力大学；2348. 北京林业大学；2369. 中国东北大学；2379. 首都医科大学；2403. 中国医学科学院；2434. 香港公开大学

五十七、社会政策与管理

表 2-81　社会政策与管理（5 强与中国大学）

排名	英文名称	中文名称	国家/地区	总得分
1	UNIV-UTRECHT	乌得勒支大学	荷兰	100.00
2	ERASMUS-UNIV	鹿特丹大学	荷兰	67.60
3	CHINESE-ACAD-SCI	中国科学院	中国	65.90
4	UCL	伦敦大学学院	英国	65.50
5	UNIV-MELBOURNE	墨尔本大学	澳大利亚	64.70

其他中国机构：17. 香港大学；25. 清华大学；26. 香港理工大学；33. 香港城市大学；35. 北京大学；39. 浙江大学；50. 北京师范大学；51. 中国科学院；53. 中山大学；54. 武汉大学；74. 中国人民大学；80. 同济大学；92. 华东师范大

续表

学；96. 南京大学；111. 香港中文大学；150. 北京理工大学；170. 复旦大学；171. 上海交通大学；200. 大连理工大学；220. 中国地质大学；221. 东南大学；231. 重庆大学；241. 上海财经大学；246. 华中科技大学；254. 深圳大学；257. 西南财经大学；259. 浙江财经大学；265. 暨南大学；275. 西安交通大学；298. 广州大学；301. 中央财经大学；303. 湖南大学；306. 南京师范大学；322. 厦门大学；332. 安徽财经大学；333. 青岛大学；362. 哈尔滨工业大学；370. 四川大学；378. 中国农业大学；405. 山东大学；413. 浙江工商大学；414. 香港浸会大学；420. 西交利物浦大学；437. 华南理工大学；448. 江苏师范大学；456. 北京林业大学；462. 对外经济贸易大学；474. 河海大学；485. 天津大学；506. 南开大学；518. 上海大学；527. 浙江工业大学；535. 华中农业大学；543. 西南交通大学；544. 香港教育大学；552. 河南大学；557. 江西财经大学；561. 华中师范大学；564. 广东外语外贸大学；565. 南京财经大学；580. 西南大学；601. 长安大学；602. 北京航空航天大学；606. 南京农业大学；608. 华南师范大学；612. 中国矿业大学；622. 陕西师范大学；635. 北京交通大学；643. 宁波诺丁汉大学；648. 中国社会科学院大学；653. 吉林大学；668. 中国科学技术大学；678. 中南财经政法大学；685. 四川农业大学；713. 岭南大学；726. 南京信息工程大学；732. 东北师范大学；735. 中国海洋大学；747. 香港科技大学；770. 西北农林科技大学；780. 合肥工业大学；783. 苏州大学；805. 中南大学；837. 江苏大学；852. 首都经济贸易大学；868. 山东财经大学；888. 北京工业大学；903. 上海师范大学；906. 西北大学；920. 兰州大学；944. 南京审计大学；979. 南京航空航天大学；994. 广西大学；1001. 浙江农林大学；1002. 宁波大学；1008. 辽宁大学；1009. 中国东北大学；1019. 福州大学；1023. 华侨大学；1029. 北京邮电大学；1030. 南昌大学；1034. 华南农业大学；1053. 澳门大学；1064. 山东师范大学；1073. 华东理工大学；1109. 西安建筑科技大学；1133. 南京林业大学；1139. 江西师范大学；1156. 南京理工大学；1168. 电子科技大学

五十八、生态学

表 2-82 生态学（5 强与中国大学）

排名	英文名称	中文名称	国家/地区	总得分
1	CHINESE-ACAD-SCI	中国科学院	中国	100.00
2	US-GEOL-SURVEY	美国地质勘探局	美国	50.10
3	CSIC	国家科研委员会	西班牙	40.40
4	UNIV-QUEENSLAND	昆士兰大学	澳大利亚	39.30
5	UNIV-OXFORD	牛津大学	英国	38.40
其他中国机构：11. 中国科学院；72. 北京师范大学；88. 北京大学；184. 西北农林科技大学；194. 中国科学院；214. 北京林业大学；215. 中国农业科学院；220. 香港大学；227. 中国农业大学；231. 中山大学；261. 浙江大学；267. 兰州大学；269. 华东师范大学；280. 南京农业大学；321. 清华大学；331. 南京大学；397. 厦门大学；400. 复旦大学；411. 中国海洋大学；478. 东北师范大学；491. 武汉大学；495. 华中农业大学；496. 南京林业大学；508. 中国地质大学；524. 云南大学；554. 南京师范大学；560. 四川大学；596. 东北林业大学；598. 河海大学；614. 福建农林大学；630. 四川农业大学；641. 上海交通大学；655. 华南农业大学；682. 西南大学；741. 台州学院；744. 广西大学；747. 内蒙古大学；748. 南京信息工程大学；755. 西北大学；772. 河南大学；786. 同济大学；820. 天津大学；831. 浙江农林大学；842. 上海海洋大学；847. 中南林业科技大学；869. 福建师范大学；884. 中国矿业大学；942. 沈阳农业大学；949. 海南大学；950. 华南师范大学；956. 陕西师范大学；959. 西华师范大学；973. 香港中文大学；978. 内蒙古农业大学；986. 山东大学；1084. 长安大学；1096. 暨南大学；1113. 重庆大学；1118. 中国科学院；1120. 江苏大学；1122. 中央民族大学；1123. 香港城市大学；1128. 湖南农业大学；1152. 广州大学；1162. 南昌大学；1165. 杭州师范大学；1168. 西南林业大学；1169. 安徽农业大学；1179. 扬州大学；1200. 江西农业大学；1204. 香港科技大学；1237. 吉林大学；1241. 西安工业大学；1255. 南开大学；1270. 河南农业大学；1280. 青海大学；1290. 华中师范大学；1302. 东北农业大学；1329. 海南师范大学；1334. 山东农业大学；1338. 新疆大学；1359. 香港理工大学；1380. 江西师范大学；1398. 首都师范大学；1403. 华北电力大学；1409. 湖南大学；1412. 贵州大学；1415. 甘肃农业大学；1429. 贵州师范大学；1442. 西交利物浦大学；1466. 安徽师范大学；1468. 大连理工大学；1500. 南方科技大学；1520. 青岛农业大学；1528. 山西农业大学；1554. 西北师范大学；1555. 湖北大学；1574. 中国科学技术大学；1585. 浙江海洋大学；1592. 哈尔滨工业大学；1601. 西安交通大学；1619. 石河子大学；1622. 山西大学；1623. 河北大学；1632. 吉林农业大学				

五十九、生物学

表 2-83　生物学（5 强与中国大学）

排名	英文名称	中文名称	国家/地区	总得分
1	CHINESE-ACAD-SCI	中国科学院	中国	100.00
2	HARVARD-UNIV	哈佛大学	美国	75.20
3	STANFORD-UNIV	斯坦福大学	美国	46.60
4	UNIV-OXFORD	牛津大学	英国	45.30
5	UNIV-WASHINGTON	华盛顿大学	美国	44.50
其他中国机构：21. 中国科学院；24. 浙江大学；25. 上海交通大学；42. 中山大学；44. 复旦大学；51. 北京大学；62. 中国农业科学院；83. 中国医学科学院；84. 四川大学；85. 华中科技大学；91. 山东大学；97. 南京医科大学；101. 中国农业大学；113. 南京农业大学；119. 华中农业大学；120. 清华大学；124. 武汉大学；129. 香港大学；134. 吉林大学；149. 首都医科大学；152. 西北农林科技大学；174. 南方医科大学；180. 同济大学；193. 苏州大学；195. 郑州大学；199. 西安交通大学；217. 南京大学；224. 厦门大学；228. 北京协和医学院；238. 香港中文大学；239. 华南农业大学；261. 中国科学院；268. 中国海洋大学；271. 广州医科大学；272. 暨南大学；274. 温州医科大学；275. 重庆医科大学；278. 中国医科大学；280. 哈尔滨医科大学；301. 中南大学；318. 南开大学；329. 西南大学；343. 海军军医大学；344. 中国科学技术大学；354. 空军军医大学；361. 南昌大学；365. 扬州大学；375. 四川农业大学；391. 安徽医科大学；397. 天津医科大学；399. 江南大学；415. 青岛大学；417. 中国人民解放军陆军军医大学；430. 福建农林大学；431. 东南大学；438. 江苏大学；464. 兰州大学；467. 中国药科大学；488. 深圳大学；494. 华南理工大学；505. 山东农业大学；517. 上海海洋大学；521. 华东师范大学；537. 南通大学；550. 东北农业大学；553. 大连医科大学；567. 天津大学；575. 福建医科大学；589. 中国疾病预防控制中心；611. 北京林业大学；612. 宁波大学；644. 北京师范大学；653. 南京中医药大学；655. 河北医科大学；659. 电子科技大学；690. 哈尔滨工业大学；698. 汕头大学；701. 南京师范大学；710. 上海中医药大学；711. 上海科技大学；715. 广西医科大学；727. 西北大学；732. 香港城市大学；737. 广西大学；745. 云南大学；748. 重庆大学；759. 河南大学；761. 贵州大学；768. 青岛农业大学；769. 湖南农业大学；788. 香港科技大学；790. 华南师范大学；801. 沈阳药科大学；809. 安徽农业大学；814. 南京林业大学；824. 吉林农业大学；831. 河南农业大学；833. 香港理工大学；839. 大连理工大学；840. 澳门大学；841. 昆明医科大学；845. 湖南师范大学；857. 东北林业大学；859. 海南大学；861. 广州中医药大学；891. 香港浸会大学；892. 徐州医科大学；931. 浙江工业大学；943. 杭州师范大学；946. 上海大学；953. 陕西师范大学；976. 南华大学				

六十、生物医学工程(可授工学、理学、医学学位)

表 2-84　生物医学工程（可授工学、理学、医学学位）(5 强与中国大学）

排名	英文名称	中文名称	国家/地区	总得分
1	CHINESE-ACAD-SCI	中国科学院	中国	100.00
2	SHANGHAI-JIAO-TONG-UNIV	上海交通大学	中国	72.50
3	HARVARD-UNIV	哈佛大学	美国	67.70
4	STANFORD-UNIV	斯坦福大学	美国	55.80
5	UNIV-MICHIGAN	密歇根大学	美国	43.40
其他中国机构：7. 四川大学；9. 浙江大学；13. 复旦大学；17. 北京大学；19. 中山大学；20. 清华大学；23. 苏州大学；29. 中国科学院；43. 中国医学科学院；48. 南方医科大学；51. 西安交通大学；52. 华中科技大学；59. 首都医科大学；64. 香港大学；67. 同济大学；70. 吉林大学；71. 香港中文大学；75. 武汉大学；80. 山东大学；87. 东南大学；88. 北京航空航天大学；91. 空军军医大学；94. 天津大学；95. 台湾大学；98. 南京医科大学；104. 中国科学技术大学；				

续表

114. 暨南大学；115. 南京大学；121. 华南理工大学；133. 郑州大学；141. 南开大学；144. 深圳大学；148. 北京协和医学院；170. 重庆大学；173. 香港城市大学；179. 温州医科大学；189. 香港理工大学；192. 重庆医科大学；196. 中国人民解放军陆军军医大学；205. 北京理工大学；209. 中南大学；210. 东华大学；213. 厦门大学；223. 广州医科大学；236. 中国医科大学；238. 天津医科大学；244. 哈尔滨工业大学；271. 中国东北大学；278. 上海大学；289. 电子科技大学；293. 海军军医大学；304. 西南交通大学；305. 南通大学；306. 大连理工大学；315. 青岛大学；318. 西北工业大学；319. 江苏大学；321. 哈尔滨医科大学；324. 北京工业大学；340. 中国药科大学；385. 大连医科大学；387. 安徽医科大学；401. 华东师范大学；403. 湖南大学；411. 南昌大学；421. 澳门大学；434. 南方科技大学；438. 福建医科大学；446. 香港科技大学；455. 上海理工大学；463. 华东理工大学；489. 上海科技大学；492. 南京航空航天大学；510. 沈阳药科大学；522. 兰州大学；529. 北京化工大学；551. 西南大学；577. 中国人民解放军军事医学科学院；590. 南京理工大学；592. 北京科技大学；623. 山西医科大学；636. 华南师范大学；637. 宁波大学；638. 广西医科大学；640. 河北医科大学；644. 西安电子科技大学；657. 徐州医科大学；658. 西北大学；671. 昆明医科大学；685. 合肥工业大学；694. 南京中医药大学；701. 太原理工大学；703. 武汉理工大学；710. 汕头大学；716. 上海中医药大学；718. 福州大学；751. 浙江工业大学；756. 北京师范大学；759. 南京工业大学；760. 广州中医药大学；764. 杭州电子科技大学；770. 哈尔滨工程大学；783. 江南大学；785. 广东医科大学；820. 西南大学；825. 广东工业大学；835. 新乡医学院；837. 温州大学；845. 河北大学；854. 北京交通大学；874. 国防科技大学

六十一、石油与天然气工程

表 2-85　石油与天然气工程（5 强与中国大学）

排名	英文名称	中文名称	国家/地区	总得分
1	CHINESE-ACAD-SCI	中国科学院	中国	100.00
2	TSINGHUA-UNIV	清华大学	中国	43.10
3	UNIV-CHINESE-ACAD-SCI	中国科学院大学	中国	34.40
4	XI-AN-JIAO-TONG-UNIV	西安交通大学	中国	29.30
5	CHINA-UNIV-PETR	中国石油大学	中国	29.10
其他中国机构：6. 天津大学；7. 华中科技大学；8. 上海交通大学；9. 浙江大学；10. 中国科学技术大学；11. 哈尔滨工业大学；12. 中国矿业大学；13. 华南理工大学；15. 华北电力大学；16. 重庆大学；17. 北京理工大学；20. 大连理工大学；23. 东南大学；24. 山东大学；26. 湖南大学；28. 北京大学；30. 中国地质大学；31. 香港理工大学；33. 同济大学；34. 中国石油大学(华东)；39. 厦门大学；41. 江苏大学；42. 北京化工大学；43. 香港城市大学；44. 吉林大学；45. 西南石油大学；46. 武汉理工大学；47. 武汉大学；54. 北京航空航天大学；56. 四川大学；59. 苏州大学；60. 南京工业大学；61. 北京科技大学；65. 复旦大学；67. 南开大学；70. 中山大学；75. 台湾成功大学；76. 北京工业大学；80. 郑州大学；87. 南京大学；88. 太原理工大学；91. 中南大学；96. 台湾大学；101. 南京理工大学；104. 深圳大学；107. 香港科技大学；108. 南京航空航天大学；115. 华东理工大学；128. 上海大学；134. 山东科技大学；135. 广东工业大学；136. 合肥工业大学；140. 电子科技大学；149. 福州大学；150. 西北工业大学；158. 广西大学；163. 青岛科技大学；167. 中国东北大学；168. 上海理工大学；174. 南京林业大学；177. 北京交通大学；180. 哈尔滨工程大学；185. 兰州大学；186. 浙江工业大学；195. 河南理工大学；202. 东华大学；207. 中国农业大学；212. 昆明理工大学；215. 西北农林科技大学；227. 香港大学；234. 青岛大学；236. 北京师范大学；238. 河海大学；240. 西南交通大学；241. 香港中文大学；244. 北京林业大学；245. 南昌大学；246. 暨南大学；249. 河北工业大学；257. 西安建筑科技大学；258. 南方科技大学；264. 东北石油大学；266. 中国海洋大学；270. 中国石油天然气股份有限公司；282. 华东师范大学；287. 南京师范大学；290. 扬州大学；295. 西北大学；298. 湘潭大学；310. 常州大学；314. 江南大学；319. 陕西师范大学；321. 上海电力学院；326. 成都理工大学；331. 燕山大学；336. 湖北大学；341. 安徽工业大学；344. 宁波大学；351. 长江大学；367. 华南农业大学；370. 西安科技大学；377. 兰州理工大学；378. 西南大学；380. 中国工程物理学院；382. 广州大学；388. 长沙理工大学；395. 华南师范大学；396. 武汉科技大学				

六十二、食品科学与工程(可授工学、农学学位)

表 2-86　食品科学与工程（可授工学、农学学位）(5 强与中国大学)

排名	英文名称	中文名称	国家/地区	总得分
1	JIANGNAN-UNIV	江南大学	中国	100.00
2	CHINA-AGR-UNIV	中国农业大学	中国	67.20
3	S-CHINA-UNIV-TECHNOL	华南理工大学	中国	56.60
4	CHINESE-ACAD-AGR-SCI	中国农业科学院	中国	53.90
5	CHINESE-ACAD-SCI	中国科学院	中国	50.00
其他中国机构：6. 浙江大学；9. 南京农业大学；11. 西北农林科技大学；13. 南昌大学；20. 江苏大学；22. 华中农业大学；29. 东北农业大学；34. 天津理工大学；38. 北京工商大学；40. 上海交通大学；48. 中国海洋大学；56. 吉林大学；58. 华南农业大学；63. 西南大学；66. 暨南大学；71. 大连工业大学；77. 中国科学院；84. 扬州大学；86. 台湾大学；87. 浙江工商大学；90. 福建农林大学；92. 合肥工业大学；96. 河南工业大学；100. 中国医科大学；109. 安徽农业大学；113. 四川大学；121. 陕西师范大学；125. 上海海洋大学；133. 山东农业大学；146. 宁波大学；149. 青岛农业大学；167. 南京财经大学；172. 四川农业大学；175. 沈阳农业大学；177. 浙江工业大学；183. 湖南农业大学；193. 中山大学；208. 渤海大学；217. 海南大学；223. 南开大学；224. 香港大学；229. 华中科技大学；236. 湖北工业大学；241. 天津大学；245. 武汉轻工大学；269. 苏州大学；271. 福州大学；280. 北京大学；282. 哈尔滨工业大学；284. 西北大学；285. 齐鲁工业大学；295. 深圳大学；300. 北京林业大学；303. 江西农业大学；305. 武汉大学；315. 南京林业大学；326. 吉林农业大学；329. 中国医学科学院；332. 成都大学；335. 澳门大学；336. 中国药科大学；337. 中国科学院；338. 郑州大学；342. 河南科技大学；350. 香港中文大学；351. 广西大学；352. 江西师范大学；353. 中国科学院大学；355. 上海应用技术大学；358. 昆明理工大学；360. 石河子大学；361. 郑州轻工业大学；362. 贵州大学；363. 山东大学；366. 兰州大学；377. 陕西科技大学；378. 厦门大学；385. 集美大学；393. 上海理工大学；395. 浙江海洋大学；409. 东北林业大学；410. 内蒙古农业大学；414. 沈阳药科大学；425. 北京工商大学；427. 清华大学；429. 南京师范大学；430. 青岛大学；432. 河南农业大学；437. 广东药科大学；439. 复旦大学；451. 河南科技学院；454. 北京工商大学；474. 甘肃农业大学；478. 中南林业科技大学；484. 中南大学；485. 湖南大学；491. 山西大学；492. 浙江农林大学；496. 山东省农业科学院；504. 华东理工大学；509. 西安交通大学；513. 河北农业大学；515. 广东海洋大学；516. 南京工业大学；520. 北京化工大学；524. 南京中医药大学；537. 长江大学；546. 广州中医药大学				

六十三、世界史

表 2-87　世界史（5 强与中国大学）

排名	英文名称	中文名称	国家/地区	总得分
1	UNIV-CAMBRIDGE	剑桥大学	英国	100.00
2	UNIV-OXFORD	牛津大学	英国	96.70
3	HARVARD-UNIV	哈佛大学	美国	84.90
4	UNIV-UTRECHT	乌得勒支大学	荷兰	64.60
5	UNIV-LONDON	伦敦大学	英国	53.90
其他中国机构：211. 香港大学；332. 北京大学；340. 香港中文大学；381. 岭南大学；452. 上海交通大学；569. 香港科技大学；576. 暨南大学；592. 复旦大学；597. 香港浸会大学；640. 澳门大学；681. 香港城市大学；685. 上海体育学院；756. 浙江大学；783. 华东师范大学；794. 清华大学；807. 上海大学；826. 香港理工大学；867. 中国人民大学；929. 江西师范大学；930. 香港教育大学；1048. 上海理工大学；1056. 深圳大学；1176. 武汉大学；1206. 厦门大学；1227. 宁波大学；1279. 西交利物浦大学；1290. 华南师范大学；1311. 苏州大学；1339. 山东大学；1386. 昆山杜克大学；				

续表

1406. 上海外国语大学；1433. 东南大学；1459. 宁波诺丁汉大学；1499. 西南大学；1532. 东北师范大学；1547. 同济大学；1570. 吉林大学；1595. 中国社会科学院大学；1649. 中山大学；1672. 浙江师范大学；1689. 上海纽约大学；1725. 江西财经大学；1952. 天津大学；1968. 安徽师范大学；2072. 南京大学；2127. 阿尔伯塔艺术设计学院；2132. 洛阳师范学院；2143. 南京师范大学；2144. 成都体育学院；2230. 香港高等科技教育学院；2247. 中央财经大学；2259. 首都体育学院；2275. 北京外国语大学；2314. 广东外语外贸大学；2334. 武汉体育学院；2348. 西北农林科技大学；2370. 电子科技大学；2514. 恒生管理学院；2535. 陕西师范大学；2620. 中国矿业大学；2637. 宁波诺丁汉大学；2658. 四川师范大学；2726. 华中科技大学；2756. 中国城市规划设计研究院；2893. 湖北工业大学；2894. 南洋理工学院；2959. 香港岭南大学；3157. 东北财经大学；3163. 鲁东大学；3253. 杭州师范大学；3272. 南京农业大学；3422. 中国科学技术大学；3509. 外交学院；3944. 武汉体育学院；4060. 四川科技大学；4199. 华南农业大学；4307. 浙江传媒学院；4314. 淮北师范大学；4343. 湖南城市学院；4404. 湖南大学；4411. 重庆大学

六十四、兽医学

表 2-88 兽医学（5 强与中国大学）

排名	英文名称	中文名称	国家/地区	总得分
1	UNIV-CALIF-DAVIS	加利福尼亚大学戴维斯分校	美国	100.00
2	UNIV-GUELPH	圭尔夫大学	加拿大	69.20
3	UNIV-GHENT	根特大学	比利时	64.30
4	COLORADO-STATE-UNIV	科罗拉多州立大学	美国	61.80
5	UNIV-SAO-PAULO	圣保罗大学	巴西	60.30
其他中国机构：14. 中国科学院；22. 中国农业科学院；47. 中国科学院；48. 南京农业大学；61. 中国农业大学；63. 西北农林科技大学；70. 华中农业大学；71. 华南农业大学；79. 四川农业大学；89. 扬州大学；99. 中国科学院；109. 中山大学；127. 东北农业大学；133. 中国海洋大学；138. 上海海洋大学；140. 浙江大学；161. 广东海洋大学；169. 山东农业大学；179. 宁波大学；186. 吉林大学；197. 青岛农业大学；202. 大连海洋大学；239. 河南农业大学；244. 吉林农业大学；258. 广西大学；290. 四川理工学院；293. 安徽农业大学；294. 浙江海洋大学；299. 厦门大学；303. 集美大学；306. 西南大学；307. 南京师范大学；315. 华南师范大学；327. 湖南农业大学；356. 黑龙江八一农垦大学；372. 福建农林大学；375. 华东师范大学；381. 河南科技大学；383. 山东师范大学；386. 海南大学；394. 香港城市大学；399. 甘肃农业大学；423. 山东大学；448. 内蒙古农业大学；459. 山西农业大学；460. 湖南师范大学；461. 河南师范大学；497. 佛山大学；514. 中国人民解放军军事医学科学院；518. 汕头大学；527. 兰州大学；559. 石河子大学；569. 上海交通大学；599. 仲恺农业工程学院；604. 江西农业大学；615. 长江大学；624. 香港大学；657. 南昌大学；658. 东北林业大学；671. 云南农业大学；672. 山东省农业科学院；705. 青海大学；706. 沈阳农业大学；743. 浙江农林大学；749. 郑州大学；802. 江苏大学；813. 四川大学；841. 北京大学；857. 中国疾病预防控制中心；859. 天津师范大学；867. 华东理工大学；870. 复旦大学；918. 盐城工学院；940. 华南理工大学；961. 中国科学院大学；967. 苏州大学；973. 河北农业大学；991. 延边大学；1024. 西南民族大学；1037. 新疆农业大学；1042. 暨南大学；1100. 河南科技学院；1102. 淮海工学院；1107. 中国医学科学院；1124. 内蒙古大学；1125. 塔里木大学；1136. 榆林学院；1145. 贵州大学；1161. 天津农业大学；1162. 鲁东大学；1216. 宁夏大学；1224. 南方医科大学；1264. 武汉大学；1265. 首都医科大学；1296. 武汉轻工大学				

六十五、数学

表 2-89 数学（5 强与中国大学）

排名	英文名称	中文名称	国家/地区	总得分
1	CHINESE-ACAD-SCI	中国科学院	中国	100.00
2	UNIV-WISCONSIN	威斯康星大学	美国	82.10

续表

排名	英文名称	中文名称	国家/地区	总得分
3	KING-ABDULAZIZ-UNIV	阿卜杜勒阿齐兹国王大学	沙特阿拉伯	79.40
4	RUSSIAN-ACAD-SCI	俄罗斯科学院	俄罗斯	78.70
5	MIT	麻省理工学院	美国	66.80

其他中国机构：20. 上海交通大学；21. 北京大学；24. 哈尔滨工业大学；25. 东南大学；27. 清华大学；33. 大连理工大学；36. 华中科技大学；37. 浙江大学；38. 山东大学；39. 复旦大学；45. 电子科技大学；49. 北京师范大学；53. 西安交通大学；54. 中国科学技术大学；57. 南开大学；58. 中山大学；59. 厦门大学；61. 武汉大学；63. 西北工业大学；65. 同济大学；68. 香港城市大学；69. 北京航空航天大学；70. 曲阜师范大学；71. 山东科技大学；74. 华东师范大学；75. 香港中文大学；76. 上海大学；78. 天津大学；81. 湖南大学；83. 中国医科大学；88. 北京理工大学；92. 南京航空航天大学；98. 四川大学；99. 中国矿业大学；101. 南京大学；105. 香港大学；109. 浙江师范大学；110. 中南大学；111. 吉林大学；113. 兰州大学；114. 重庆大学；116. 香港理工大学；120. 河海大学；124. 南京师范大学；131. 中国科学院；135. 华南理工大学；139. 中国东北大学；142. 北京交通大学；149. 南京理工大学；157. 华中师范大学；164. 西南大学；171. 华南师范大学；183. 苏州大学；196. 北京工业大学；211. 香港浸会大学；219. 东北师范大学；226. 湘潭大学；238. 西安电子科技大学；239. 河南理工大学；241. 长沙理工大学；243. 上海师范大学；245. 郑州大学；253. 安徽大学；254. 湖南师范大学；256. 中国人民大学；265. 香港科技大学；272. 新疆大学；276. 深圳大学；278. 南京信息工程大学；279. 山东师范大学；281. 哈尔滨工程大学；283. 广州大学；298. 杭州电子科技大学；299. 江苏师范大学；300. 上海理工大学；309. 西南交通大学；310. 东华大学；312. 湖州师范学院；314. 上海财经大学；315. 西南财经大学；324. 江苏大学；326. 华北电力大学；336. 河南师范大学；347. 北京科技大学；361. 国防科技大学；364. 中国地质大学；367. 杭州师范大学；368. 山西大学；375. 北京邮电大学；381. 澳门大学；382. 首都师范大学；388. 西北师范大学；392. 重庆师范大学；396. 合肥工业大学；404. 云南大学；411. 福州大学；413. 江南大学；433. 青岛大学；434. 陕西师范大学；447. 天津工业大学；462. 暨南大学；464. 浙江工业大学；466. 中国石油大学；469. 宁波大学；473. 扬州大学；476. 武汉理工大学；480. 贵州大学；485. 福建师范大学；498. 太原理工大学；500. 南京邮电大学；503. 南昌大学；529. 兰州理工大学；536. 淮阴师范学院；538. 江西师范大学；541. 西北大学；544. 广东工业大学

六十六、水产

表 2-90　水产（5 强与中国大学）

排名	英文名称	中文名称	国家/地区	总得分
1	CHINESE-ACAD-SCI	中国科学院	中国	100.00
2	CHINESE-ACAD-FISHERY-SCI	中国科学院	中国	98.60
3	NOAA	美国国家海洋和大气管理局	美国	67.00
4	OCEAN-UNIV-CHINA	中国海洋大学	中国	58.00
5	FISHERIES-&-OCEANS-CANADA	加拿大渔业及海洋部	加拿大	56.60

其他中国机构：6. 上海海洋大学；11. 中国科学院；16. 华中农业大学；17. 宁波大学；19. 中山大学；22. 广东海洋大学；23. 南京农业大学；27. 大连海洋大学；33. 四川农业大学；45. 华南农业大学；46. 浙江海洋大学；52. 厦门大学；54. 集美大学；55. 华东师范大学；58. 西北农林科技大学；76. 浙江大学；82. 华南师范大学；83. 海南大学；85. 汕头大学；91. 青岛农业大学；97. 台湾海洋大学；99. 四川理工学院；104. 南京师范大学；114. 中国农业科学院；120. 西南大学；156. 河南师范大学；184. 山东大学；235. 东北农业大学；242. 湖南师范大学；246. 吉林农业大学；275. 仲恺农业工程学院；293. 苏州大学；309. 南昌大学；320. 天津农业大学；322. 扬州大学；326. 福建农林大学；340. 盐城工学院；401. 长江大学；408. 广西大学；431. 暨南大学；443. 安徽农业大学；449. 湖南农业大学；458. 湖州师范学院；461. 大连理工大学；493. 淮海工学院；495. 山东师范大学；501. 中国农业大学；506. 天津师范大学；526. 华南理工大学；578. 鲁东大学；605. 山东农业大学；617. 香港大学；648. 香港城市大学；656. 长沙学院；682. 内江师范学院；684. 江苏海洋大学；695. 大连工业大学；698. 浙江农林大学；707. 云南农业大学；715. 盐城师范学院；721. 上海交通大学；728. 烟台大学；736. 电子科技大学；759. 河海大学；797. 江苏大学；798. 江西农业大学；833. 武汉轻工大学；869. 佛山大学；920. 辽宁师范大学；934. 浙江万里学院；941. 华东理工大学；966. 河北大学；967. 河南科技大学；972. 三峡大学；990. 温州医科大学；1002. 深圳大学；1008. 云南大学；1009. 南京大学；1054. 山东大学；1055. 中国科学院大学；1057. 华中师范大学

六十七、水利工程

表2-91 水利工程（5强与中国大学）

排名	英文名称	中文名称	国家/地区	总得分
1	CHINESE-ACAD-SCI	中国科学院	中国	100.00
2	UNIV-CHINESE-ACAD-SCI	中国科学院大学	中国	31.60
3	HOHAI-UNIV	河海大学	中国	27.80
4	DELFT-UNIV-TECHNOL	代尔夫特大学	荷兰	26.00
5	BEIJING-NORMAL-UNIV	北京师范大学	中国	23.20

其他中国机构：7. 清华大学；8. 武汉大学；9. 西北农林科技大学；11. 同济大学；12. 中国地质大学；19. 南京大学；20. 哈尔滨工业大学；24. 中山大学；27. 中国农业大学；31. 浙江大学；37. 中国矿业大学；39. 天津大学；44. 四川大学；54. 大连理工大学；55. 北京大学；63. 长安大学；67. 台湾大学；83. 西安工业大学；85. 香港科技大学；100. 南京信息工程大学；105. 香港大学；115. 华中科技大学；117. 北京林业大学；131. 上海交通大学；138. 湖南大学；140. 兰州大学；145. 吉林大学；159. 华东师范大学；168. 中国海洋大学；172. 重庆大学；178. 中国科学技术大学；199. 郑州大学；204. 华南理工大学；205. 香港理工大学；215. 中国农业科学院；222. 山东大学；227. 华北电力大学；229. 广东工业大学；230. 北京工业大学；244. 南方科技大学；249. 南京师范大学；254. 南开大学；265. 华中农业大学；282. 西安建筑科技大学；293. 暨南大学；296. 东南大学；306. 成都理工大学；307. 西安交通大学；313. 中国科学院；323. 华北水利水电大学；324. 中国科学院；329. 东北农业大学；331. 合肥工业大学；336. 西南大学；349. 中国科学院；355. 西安科技大学；359. 中国地质大学(北京)；361. 南京农业大学；362. 山东科技大学；364. 复旦大学；392. 中南大学；406. 浙江工业大学；419. 南京林业大学；428. 西北大学；429. 厦门大学；430. 武汉理工大学；457. 中国地震局；467. 东华大学；468. 广西大学；477. 扬州大学；478. 南京工业大学；480. 江苏大学；481. 北京理工大学；484. 深圳大学；496. 太原理工大学；502. 长江大学；503. 中国石油大学；506. 香港城市大学；507. 云南大学；510. 北京科技大学；513. 东北师范大学；514. 天津工业大学；518. 华南师范大学；526. 陕西师范大学；530. 香港中文大学；539. 上海大学；544. 四川农业大学；572. 西南交通大学；574. 广州大学；582. 河北工程大学；584. 三峡大学；585. 新疆大学；588. 青海大学；602. 内蒙古农业大学；605. 北京建筑大学；618. 华东理工大学；619. 南京理工大学；624. 天津师范大学；625. 贵州大学；631. 南昌大学；641. 福州大学

六十八、体育学

表2-92 体育学（5强与中国大学）

排名	英文名称	中文名称	国家/地区	总得分
1	UNIV-QUEENSLAND	昆士兰大学	澳大利亚	100.00
2	UNIV-SAO-PAULO	圣保罗大学	巴西	86.90
3	UNIV-BRITISH-COLUMBIA	英属哥伦比亚大学	加拿大	80.20
4	UNIV-N-CAROLINA	北卡罗来纳大学	美国	79.80
5	MCMASTER-UNIV	麦克马斯特大学	加拿大	79.70

其他中国机构：161. 上海体育学院；172. 香港理工大学；270. 香港中文大学；278. 上海交通大学；293. 香港大学；418. 北京大学；425. 四川大学；462. 北京体育大学；554. 复旦大学；682. 香港浸会大学；841. 浙江大学；857. 南京医科大学；955. 中山大学；980. 香港教育大学；984. 深圳大学；1020. 重庆医科大学；1025. 河北医科大学；1039. 同济大学；1052. 首都医科大学；1064. 宁波大学；1150. 南方医科大学；1162. 中国国际体育科学院；1179. 苏州大学；1184. 福建医科大学；1250. 天津体育学院；1298. 山东体育学院；1310. 中国科学院；1313. 华中科技大学；1371. 中南

续表

大学；1400. 中国人民解放军陆军军医大学；1406. 温州医科大学；1443. 吉林大学；1510. 空军军医大学；1511. 西安交通大学；1583. 华南师范大学；1608. 沈阳体育学院；1641. 香港高等科技教育学院；1679. 山东大学；1681. 华东师范大学；1696. 澳门理工学院；1769. 北京航空航天大学；1805. 中国医科大学；1812. 北京师范大学；1864. 清华大学；1921. 武汉体育学院；1926. 武汉大学；2004. 暨南大学；2127. 南京大学；2158. 陕西师范大学；2197. 天津医科大学；2213. 首都体育学院；2293. 中国医学科学院；2313. 海军军医大学；2315. 郑州大学；2323. 青岛大学；2328. 广州体育学院；2357. 上海中医药大学；2402. 东南大学；2409. 澳门大学；2441. 福建中医药大学；2479. 广州中医药大学；2482. 青海大学；2550. 成都体育学院；2595. 河北师范大学；2656. 上海大学；2685. 山东体育科学院；2784. 扬州大学；2841. 中国科学技术大学；2869. 南通大学；2882. 厦门大学；2925. 成都体育学院；3050. 兰州大学；3091. 徐州医科大学；3249. 香港公开大学；3309. 河南大学；3348. 湖南师范大学；3513. 南京体育学院；3521. 大连理工大学；3551. 西南大学；3628. 南京中医药大学；3649. 上海健康医学院；3914. 华南理工大学；3936. 南昌大学；4004. 山东体育科技大学；4007. 中国科学院；4039. 山东师范大学；4152. 浙江师范大学；4179. 山西医科大学；4225. 中国东北大学；4256. 北京协和医学院；4269. 福建师范大学；4274. 安徽医科大学；4549. 华中师范大学；4608. 昆明医科大学；4628. 武汉理工大学

六十九、天文学

表 2-93　天文学（5 强与中国大学）

排名	英文名称	中文名称	国家/地区	总得分
1	CALTECH	加利福尼亚理工学院	美国	100.00
2	CHINESE-ACAD-SCI	中国科学院	中国	81.90
3	NASA	美国航空航天局	美国	73.00
4	UNIV-CALIF-BERKELEY	加利福尼亚大学伯克利分校	美国	70.30
5	HARVARD-SMITHSONIAN-CTR-ASTROPHYS	哈佛史密森尼天文学和天体物理学研究中心	美国	62.70

其他中国机构：37. 北京大学；46. 中国科学院；64. 中国科学院；78. 中国科学技术大学；103. 南京大学；117. 清华大学；211. 上海交通大学；213. 中山大学；244. 山东大学；286. 北京师范大学；339. 北京航空航天大学；351. 武汉大学；403. 华中师范大学；406. 中国科学院高能物理研究所；433. 香港大学；487. 香港中文大学；534. 兰州大学；599. 复旦大学；607. 南京师范大学；681. 广西大学；683. 华中科技大学；689. 南开大学；698. 云南大学；732. 浙江大学；774. 中国科学院；790. 香港科技大学；823. 湖南师范大学；826. 四川大学；884. 郑州大学；888. 厦门大学；894. 河南师范大学；931. 澳门科技大学；946. 哈尔滨工业大学；965. 广州大学；969. 广西师范大学；984. 湖南大学；997. 山西大学；1007. 苏州大学；1048. 东南大学；1053. 南华大学；1086. 辽宁大学；1094. 杭州师范大学；1102. 黄山学院；1103. 河南科技大学；1126. 辽宁师范大学；1149. 南昌大学；1175. 扬州大学；1231. 上海师范大学；1264. 北京石油化工学院；1268. 国防科技大学；1278. 吉林大学；1287. 重庆大学；1342. 辽宁科技大学；1429. 中国地质大学；1431. 河北师范大学；1437. 浙江工业大学；1448. 西华师范大学；1454. 南京信息工程大学；1465. 暨南大学；1488. 信阳师范学院；1511. 华南师范大学；1514. 曲阜师范大学；1621. 天津师范大学；1629. 云南师范大学；1667. 贵州大学；1690. 西安交通大学；1726. 华北电力大学；1731. 北京理工大学；1739. 安徽师范大学；1753. 中国东北大学；1788. 中国地震局；1802. 新疆大学；1814. 南京航空航天大学；1816. 湘潭大学；1821. 同济大学；1832. 西南交通大学；1847. 大连理工大学；1852. 天津大学；1856. 昆明理工大学；1874. 西南大学；1880. 贵州师范大学；1888. 河北大学；1918. 山东师范大学；1930. 重庆邮电大学；1945. 山西师范大学；2003. 南方科技大学；2092. 西北工业大学；2167. 烟台大学；2176. 上海大学；2201. 电子科技大学；2283. 三峡大学；2303. 安徽大学；2327. 西安电子科技大学；2355. 中国矿业大学；2375. 宁波大学；2389. 山东大学；2445. 西藏大学

七十、统计学(可授理学、经济学学位)

表 2-94　统计学（可授理学、经济学学位）(5 强与中国大学)

排名	英文名称	中文名称	国家/地区	总得分
1	UNIV-WISCONSIN	威斯康星大学	美国	100.00
2	UNIV-MICHIGAN	密歇根大学	美国	87.90
3	HARVARD-UNIV	哈佛大学	美国	85.00
4	MCMASTER-UNIV	麦克马斯特大学	加拿大	84.70
5	COLUMBIA-UNIV	哥伦比亚大学	美国	80.40
其他中国机构：10. 中国科学院；34. 香港大学；47. 北京大学；56. 华东师范大学；68. 南开大学；71. 香港中文大学；75. 复旦大学；84. 中国人民大学；90. 上海财经大学；91. 浙江大学；95. 厦门大学；96. 北京师范大学；97. 山东大学；98. 清华大学；100. 香港城市大学；103. 武汉大学；104. 上海交通大学；119. 中国科学技术大学；158. 香港浸会大学；166. 中山大学；168. 吉林大学；171. 天津大学；174. 东北师范大学；177. 中国科学院；179. 香港科技大学；183. 同济大学；186. 北京理工大学；189. 华中科技大学；202. 电子科技大学；219. 北京工业大学；221. 中南大学；225. 西安交通大学；228. 西南财经大学；231. 深圳大学；244. 安徽大学；246. 哈尔滨工业大学；258. 湖南大学；263. 香港理工大学；264. 东南大学；283. 华中师范大学；291. 中央财经大学；292. 苏州大学；304. 四川大学；309. 云南大学；312. 大连理工大学；328. 暨南大学；332. 曲阜师范大学；335. 重庆大学；339. 南京理工大学；347. 西北工业大学；367. 南京审计大学；396. 浙江工商大学；398. 北京航空航天大学；421. 北京交通大学；426. 华南理工大学；436. 中国东北大学；441. 江苏师范大学；448. 东华大学；452. 安徽师范大学；454. 西南大学；455. 南京大学；463. 澳门大学；465. 河海大学；515. 中国矿业大学；519. 中南财经政法大学；521. 首都师范大学；524. 南京航空航天大学；525. 广州大学；526. 西安电子科技大学；543. 兰州大学；560. 对外经济贸易大学；566. 南京信息工程大学；572. 南方科技大学；577. 南京师范大学；579. 首都经济贸易大学；582. 上海师范大学；600. 江西财经大学；604. 上海大学；605. 国防科技大学；613. 湖南师范大学；652. 上海对外经贸大学；669. 华北电力大学；681. 浙江工业大学；704. 武汉理工大学；721. 云南财经大学；723. 浙江财经大学；728. 合肥工业大学；759. 福建师范大学；778. 华东理工大学；781. 中国农业大学；790. 重庆工商大学；792. 长春工业大学；806. 河南大学；819. 郑州大学；823. 杭州电子科技大学；828. 河南师范大学；833. 广西师范大学；840. 西北大学；842. 西南交通大学；849. 南通大学；871. 青岛大学；876. 南京邮电大学；879. 陕西师范大学；884. 上海纽约大学；885. 苏州科技大学；895. 北京化工大学；896. 广东工业大学；908. 江苏大学；909. 中国地质大学；919. 西交利物浦大学；922. 华中农业大学；930. 哈尔滨医科大学；932. 山东师范大学；950. 西北师范大学；958. 嘉兴学院；960. 上海海事大学				

七十一、统计学与运筹学

表 2-95　统计学与运筹学（5 强与中国大学）

排名	英文名称	中文名称	国家/地区	总得分
1	UNIV-WISCONSIN	威斯康星大学	美国	100.00
2	UNIV-MICHIGAN	密歇根大学	美国	97.30
3	HONG-KONC-POLYTECH-UNIV	香港理工大学	中国	92.90
4	NATL-UNIV-SINGAPORE	新加坡国立大学	新加坡	88.80
5	CHINESE-ACAD-SCI	中国科学院	中国	80.10
其他中国机构：14. 清华大学；17. 上海交通大学；21. 香港城市大学；22. 香港大学；29. 华中科技大学；32. 中国科学技术大学；37. 北京航空航天大学；39. 电子科技大学；45. 浙江大学；48. 同济大学；52. 天津大学；56. 香港中文大学；63. 香港科技大学；69. 北京大学；70. 东南大学；75. 西安交通大学；84. 北京理工大学；86. 复旦大学；87. 大连理工大学；90. 北京交通大学；92. 南开大学；94. 武汉大学；96. 中国东北大学；97. 哈尔滨工业大学；105. 中山大学；				

续表

106. 西北工业大学；112. 华南理工大学；113. 四川大学；117. 重庆大学；122. 厦门大学；133. 上海财经大学；134. 南京理工大学；135. 中国科学院；137. 山东大学；141. 上海大学；142. 西南财经大学；143. 湖南大学；145. 南京航空航天大学；147. 中国人民大学；151. 华东师范大学；159. 深圳大学；161. 合肥工业大学；174. 中南大学；179. 西安电子科技大学；182. 国防科技大学；194. 南京大学；200. 北京师范大学；213. 西南交通大学；216. 北京工业大学；232. 香港浸会大学；235. 暨南大学；239. 吉林大学；256. 武汉理工大学；260. 北京科技大学；264. 东华大学；271. 中国矿业大学；289. 苏州大学；302. 广东工业大学；322. 曲阜师范大学；332. 安徽大学；341. 中央财经大学；345. 东北师范大学；350. 上海海事大学；370. 河海大学；390. 浙江工业大学；391. 福州大学；393. 大连海事大学；402. 对外经济贸易大学；407. 杭州电子科技大学；410. 南京审计大学；419. 东北财经大学；423. 浙江工商大学；430. 南京信息工程大学；452. 郑州大学；459. 澳门大学；471. 华中师范大学；472. 南京师范大学；474. 西南大学；481. 云南大学；489. 中国石油大学；494. 中国地质大学；508. 浙江财经大学；509. 江西财经大学；512. 北京邮电大学；517. 南京邮电大学；520. 华东理工大学；541. 中南财经政法大学；549. 华北电力大学；554. 江苏师范大学；569. 南方科技大学；576. 兰州大学；577. 上海理工大学；581. 南京财经大学；587. 广州大学；595. 燕山大学；620. 宁波诺丁汉大学；628. 温州大学；646. 青岛大学；674. 重庆工商大学；677. 江南大学；683. 北京化工大学；684. 山东科技大学；685. 安徽师范大学；689. 山东师范大学；707. 南昌大学；708. 浙江师范大学；717. 重庆师范大学；731. 重庆交通大学；735. 湖南师范大学；749. 江苏大学；756. 西交利物浦大学；766. 首都经济贸易大学；769. 沈阳航空航天大学；784. 哈尔滨工程大学；800. 长沙理工大学

七十二、图书情报与档案管理

表 2-96　图书情报与档案管理（5 强与中国大学）

排名	英文名称	中文名称	国家/地区	总得分
1	WUHAN-UNIV	武汉大学	中国	100.00
2	CITY-UNIV-HONG-KONG	香港城市大学	中国	77.90
3	INDIANA-UNIV	印第安纳大学	美国	70.30
4	UNIV-ILLINOIS	伊利诺伊大学	美国	67.70
5	UNIV-WISCONSIN	威斯康星大学	美国	61.10
其他中国机构：20. 香港理工大学；24. 中国科学院；25. 南京大学；38. 香港科技大学；43. 香港大学；48. 中国科学技术大学；58. 清华大学；59. 中山大学；66. 华中科技大学；67. 北京大学；70. 大连理工大学；73. 复旦大学；83. 哈尔滨工业大学；84. 浙江大学；88. 台湾大学；103. 香港中文大学；120. 香港浸会大学；124. 同济大学；138. 西安交通大学；143. 中国科学院；165. 北京航空航天大学；167. 中国人民大学；176. 北京理工大学；177. 天津大学；185. 上海交通大学；208. 南京理工大学；215. 西南财经大学；234. 南开大学；235. 北京师范大学；248. 深圳大学；273. 合肥工业大学；289. 吉林大学；294. 华东师范大学；305. 上海财经大学；311. 对外经济贸易大学；323. 华南理工大学；328. 华中师范大学；333. 电子科技大学；336. 中国地质大学；337. 四川大学；343. 上海大学；354. 宁波诺丁汉大学；359. 北京邮电大学；361. 南京师范大学；376. 浙江财经大学；382. 浙江工业大学；403. 暨南大学；413. 苏州大学；414. 武汉科技大学；422. 西交利物浦大学；452. 湖南大学；453. 浙江工商大学；454. 杭州电子科技大学；511. 西南交通大学；536. 厦门大学；540. 东南大学；545. 北京交通大学；549. 中南财经政法大学；560. 中央财经大学；562. 北京工业大学；563. 武汉理工大学；572. 华南师范大学；618. 河海大学；619. 西安电子科技大学；624. 广州大学；639. 东北财经大学；649. 汕头大学；655. 福州大学；676. 南京农业大学；679. 澳门科技大学；682. 国防科技大学；685. 北京科技大学；690. 山东大学；694. 江苏大学；707. 重庆大学；730. 广东工业大学；736. 南京航空航天大学；746. 西安理工大学；751. 南京财经大学；766. 华南农业大学；777. 山东财经大学；785. 中南大学；805. 陕西师范大学；807. 西北工业大学；809. 武汉纺织大学；879. 安徽大学；888. 江南大学；889. 天津师范大学；899. 南京邮电大学；903. 南方科技大学；912. 温州大学；927. 青岛大学；956. 西南大学；958. 广东外语外贸大学；977. 江苏科技大学；978. 华中农业大学；1016. 南京审计大学；1019. 山西大学；1037. 上海外国语大学；1039. 中国矿业大学；1040. 郑州大学；1068. 东华大学；1088. 澳门大学；1099. 河北工业大学；1112. 中国医学科学院；1117. 南京医科大学；1122. 宁波大学；1150. 首都经济贸易大学；1172. 南京信息工程大学；1199. 燕山大学；1205. 岭南大学；1218. 华侨大学				

七十三、土木工程

表 2-97 土木工程（5 强与中国大学）

排名	英文名称	中文名称	国家/地区	总得分
1	TONGJI-UNIV	同济大学	中国	100.00
2	SOUTHEAST-UNIV	东南大学	中国	67.00
3	TSINGHUA-UNIV	清华大学	中国	64.30
4	HONG-KONG-POLYTECH-UNIV	香港理工大学	中国	59.10
5	CHINESE-ACAD-SCI	中国科学院	中国	52.00
其他中国机构：6. 大连理工大学；7. 哈尔滨工业大学；8. 河海大学；10. 上海交通大学；11. 天津大学；12. 浙江大学；14. 湖南大学；15. 长安大学；16. 重庆大学；19. 西南交通大学；20. 武汉理工大学；24. 武汉大学；25. 香港大学；26. 北京交通大学；28. 华中科技大学；31. 北京工业大学；33. 西安建筑科技大学；34. 中国矿业大学；39. 香港科技大学；40. 香港城市大学；42. 华南理工大学；43. 中南大学；54. 深圳大学；63. 中国科学院；75. 台湾大学；77. 南京工业大学；80. 中山大学；89. 山东大学；95. 四川大学；96. 广州大学；102. 长沙理工大学；111. 哈尔滨工程大学；114. 中国地质大学；133. 北京师范大学；141. 北京航空航天大学；144. 合肥工业大学；151. 南京大学；155. 郑州大学；157. 广东工业大学；159. 福州大学；161. 西北工业大学；162. 西安工业大学；164. 北京科技大学；165. 西安交通大学；168. 青岛理工大学；170. 广西大学；173. 大连海事大学；175. 南京航空航天大学；179. 中国海洋大学；185. 中国东北大学；195. 山东科技大学；196. 重庆交通大学；204. 北京理工大学；208. 中国科学技术大学；210. 北京大学；215. 南京林业大学；237. 西北农林科技大学；238. 浙江工业大学；244. 吉林大学；257. 华北电力大学；277. 北京建筑大学；281. 江苏科技大学；284. 上海大学；293. 中国石油大学；296. 上海理工大学；306. 河北工业大学；314. 西南石油大学；317. 沈阳建筑大学；319. 中国地震局；320. 香港中文大学；321. 上海海事大学；327. 河南理工大学；339. 山东建筑大学；340. 厦门大学；345. 太原理工大学；346. 南京理工大学；349. 华侨大学；350. 澳门大学；354. 扬州大学；367. 宁波大学；380. 江苏大学；383. 中国农业大学；404. 湖南科技大学；408. 西安科技大学；425. 兰州大学；430. 暨南大学；437. 国防科技大学；439. 安徽科技学院；443. 华北水利水电大学；453. 华东师范大学；454. 西南科技大学；460. 华东交通大学；464. 石家庄铁道大学；469. 南京信息工程大学；477. 武汉科技大学；487. 电子科技大学；490. 成都理工大学；495. 兰州理工大学；504. 天津城建大学；505. 南方科技大学；538. 东北林业大学；554. 兰州交通大学；555. 苏州大学；556. 湖北工业大学；559. 三峡大学；561. 中国石油大学(华东)				

七十四、外国语言文学

表 2-98 外国语言文学（5 强与中国大学）

排名	英文名称	中文名称	国家/地区	总得分
1	UNIV-VALENCIA	瓦伦西亚理工大学	西班牙	100.00
2	TEXAS-TECH-UNIV	得克萨斯理工大学	美国	72.70
3	UNIV-SEVILLE	塞维利亚大学	西班牙	60.00
4	UNIV-N-CAROLINA	北卡罗来纳大学	美国	60.00
5	UNIV-NAVARRA	西班牙纳瓦拉大学	西班牙	58.20
其他中国机构：249. 西南大学				

七十五、物理学

表 2-99　物理学（5 强与中国大学）

排名	英文名称	中文名称	国家/地区	总得分
1	CHINESE-ACAD-SCI	中国科学院	中国	100.00
2	RUSSIAN-ACAD-SCI	俄罗斯科学院	俄罗斯	36.10
3	UNIV-CHINESE-ACAD-SCI	中国科学院大学	中国	31.10
4	TSINGHUA-UNIV	清华大学	中国	28.50
5	MIT	麻省理工学院	美国	27.60

其他中国机构：6. 中国科学技术大学；8. 北京大学；15. 上海交通大学；16. 浙江大学；18. 南京大学；21. 华中科技大学；26. 西安交通大学；33. 复旦大学；34. 哈尔滨工业大学；39. 山东大学；43. 北京航空航天大学；44. 天津大学；46. 吉林大学；58. 中山大学；59. 电子科技大学；60. 苏州大学；85. 东南大学；86. 台湾大学；99. 四川大学；100. 华南理工大学；105. 北京理工大学；107. 武汉大学；108. 南开大学；120. 西北工业大学；125. 大连理工大学；128. 深圳大学；155. 重庆大学；163. 香港城市大学；169. 上海大学；172. 厦门大学；175. 香港科技大学；177. 湖南大学；180. 武汉理工大学；191. 北京科技大学；192. 郑州大学；193. 兰州大学；199. 同济大学；206. 香港中文大学；213. 南京理工大学；220. 南京航空航天大学；221. 国防科技大学；229. 香港理工大学；242. 香港大学；253. 中国工程物理学院；265. 北京邮电大学；269. 西安电子科技大学；271. 北京师范大学；281. 华东师范大学；288. 华南师范大学；291. 江苏大学；297. 华中师范大学；299. 山西大学；301. 北京化工大学；320. 南京工业大学；341. 南京邮电大学；352. 北京工业大学；353. 中南大学；361. 中国东北大学；364. 北京交通大学；382. 西南交通大学；404. 南方科技大学；409. 哈尔滨工程大学；430. 福州大学；431. 中国矿业大学；442. 上海理工大学；455. 合肥工业大学；462. 宁波大学；464. 太原理工大学；472. 中国科学院高能物理研究所；473. 安徽大学；479. 南京师范大学；494. 暨南大学；497. 广东工业大学；501. 东华大学；502. 陕西师范大学；511. 西南大学；531. 华北电力大学；539. 燕山大学；544. 河南师范大学；545. 浙江工业大学；548. 中国地质大学；551. 广西大学；555. 南昌大学；561. 河北工业大学；565. 青岛大学；574. 山东师范大学；578. 西北大学；580. 湖南师范大学；581. 湘潭大学；605. 杭州电子科技大学；615. 中国计量大学；619. 长春理工大学；629. 江南大学；631. 河南大学；646. 扬州大学；668. 东北师范大学；675. 浙江师范大学；696. 昆明理工大学；705. 中国石油大学；706. 上海科技大学；712. 西安工业大学；713. 南京信息工程大学；733. 天津科技大学；741. 中北大学；745. 华东理工大学；752. 桂林电子科技大学；769. 山东科技大学；775. 西南科技大学；783. 青岛科技大学

七十六、戏剧与影视学

表 2-100　戏剧与影视学（5 强与中国大学）

排名	英文名称	中文名称	国家/地区	总得分
1	UNIV-AMSTERDAM	阿姆斯特丹大学	荷兰	100.00
2	OHIO-STATE-UNIV	俄亥俄州立大学	美国	71.20
3	PENN-STATE-UNIV	宾夕法尼亚州立大学	美国	65.80
4	MICHIGAN-STATE-UNIV	密歇根州立大学	美国	60.60
5	UNIV-SYDNEY	悉尼大学	澳大利亚	58.10

其他中国机构：73. 台湾交通大学；85. 香港中文大学；93. 台湾政治大学；145. 中国传媒大学；158. 香港浸会大学；187. 暨南大学；218. 上海交通大学；239. 南京大学；241. 深圳大学；282. 澳门大学；286. 香港大学；295. 香港城市大学；331. 西交利物浦大学；364. 华东师范大学；406. 中国科学技术大学；415. 香港教育大学；421. 武汉大学；429. 常

续表

州大学；456. 香港理工大学；473. 浙江大学；481. 复旦大学；490. 上海大学；503. 宁波诺丁汉大学；509. 北京师范大学；518. 中国人民大学；588. 岭南大学；595. 澳门科技大学；657. 上海师范大学；692. 青岛大学；703. 苏州大学；715. 上海理工大学；773. 长江大学；780. 中国社会科学院大学；789. 杭州电子科技大学；826. 北京外国语大学；840. 广东外语外贸大学；908. 西北大学

七十七、现代语言学

表 2-101 现代语言学（5 强与中国大学）

排名	英文名称	中文名称	国家/地区	总得分
1	UCL	伦敦大学学院	英国	100.00
2	PENN-STATE-UNIV	宾夕法尼亚州立大学	美国	92.60
3	UNIV-TORONTO	多伦多大学	加拿大	91.60
4	RADBOUD-UNIV-NIJMEGEN	内梅亨大学	荷兰	90.00
5	UNIV-ILLINOIS	伊利诺伊大学	美国	81.60
其他中国机构：6. 香港大学；30. 香港中文大学；39. 香港理工大学；92. 广东外语外贸大学；93. 香港城市大学；114. 澳门大学；120. 北京师范大学；132. 香港教育大学；135. 浙江大学；198. 香港浸会大学；209. 华中科技大学；212. 上海交通大学；227. 中山大学；232. 北京大学；245. 复旦大学；247. 上海外国语大学；253. 北京外国语大学；260. 中国科学院；295. 华南师范大学；327. 厦门大学；359. 北京航空航天大学；368. 华东师范大学；370. 西安交通大学；398. 西南大学；405. 北京语言大学；407. 清华大学；422. 中国人民大学；434. 深圳大学；438. 上海财经大学；443. 岭南大学；457. 吉林大学；462. 南京师范大学；472. 西交利物浦大学；493. 华中师范大学；495. 汕头大学；503. 中国科学院；508. 对外经济贸易大学；511. 南京大学；534. 西安外国语大学；548. 东南大学；552. 湖南大学；571. 首都师范大学；596. 暨南大学；626. 大连外国语大学；639. 山东大学；641. 同济大学；642. 东北师范大学；660. 南开大学；673. 四川外国语大学；729. 重庆大学；747. 杭州师范大学；759. 苏州大学；768. 宁波大学；774. 江苏师范大学；779. 香港公开大学；791. 集美大学；797. 哈尔滨工业大学；821. 中央民族大学；831. 西南财经大学；839. 北京科技大学；846. 中国海洋大学；852. 香港科技大学；854. 大连理工大学；857. 武汉大学；886. 天津师范大学；887. 电子科技大学；889. 宁波诺丁汉大学；898. 中国社会科学院大学；942. 中南财经政法大学；945. 辽宁师范大学；969. 北京第二外国语学院；993. 华南理工大学；1012. 首都医科大学；1024. 华侨大学；1025. 浙江财经大学；1027. 浙江工商大学；1033. 上海海事大学；1071. 陕西师范大学；1082. 江西师范大学；1085. 上海大学；1094. 上海师范大学；1107. 曲阜师范大学；1179. 中国地质大学；1201. 澳门理工学院；1272. 四川大学；1277. 青岛大学；1306. 云南大学；1320. 西北农林科技大学；1342. 华南农业大学；1347. 南京航空航天大学；1365. 南京理工大学；1371. 浙江师范大学；1378. 河南大学；1379. 黑龙江大学；1385. 西南交通大学；1401. 贵州大学；1418. 香港恒生大学；1438. 北京理工大学；1440. 北京邮电大学；1455. 浙江外国语学院；1487. 澳门科技大学；1495. 天津大学；1503. 福建师范大学；1514. 北京交通大学；1533. 北京联合大学；1551. 四川师范大学；1554. 中国东北大学；1579. 昆山杜克大学；1591. 江苏大学；1594. 中央财经大学；1599. 香港树仁大学；1605. 西南政法大学；1659. 大连海事大学；1661. 北京师范大学-香港浸会大学联合国际学院；1666. 浙江大学城市学院；1685. 上海对外经贸大学				

七十八、心理学(可授教育学、理学学位)

表 2-102 心理学（可授教育学、 理学学位）(5 强与中国大学)

排名	英文名称	中文名称	国家/地区	总得分
1	HARVARD-UNIV	哈佛大学	美国	100.00

续表

排名	英文名称	中文名称	国家/地区	总得分
2	UNIV-MICHIGAN	密歇根大学	美国	94.10
3	UNIV-TORONTO	多伦多大学	加拿大	93.90
4	UCL	伦敦大学学院	英国	92.80
5	UNIV-CALIF-LOS-ANGELES	加利福尼亚大学洛杉矶分校	美国	87.9

其他中国机构：77. 北京师范大学；96. 香港大学；113. 香港中文大学；135. 中国科学院；159. 北京大学；238. 西南大学；269. 香港理工大学；285. 浙江大学；291. 澳门大学；308. 华东师范大学；311. 华南师范大学；315. 中国人民大学；318. 中国科学院；321. 中山大学；340. 香港城市大学；364. 香港教育大学；371. 上海交通大学；374. 清华大学；399. 深圳大学；424. 复旦大学；436. 陕西师范大学；475. 华中师范大学；499. 四川大学；522. 南京大学；540. 首都医科大学；543. 华中科技大学；570. 首都师范大学；601. 武汉大学；621. 杭州师范大学；626. 上海师范大学；650. 香港浸会大学；665. 电子科技大学；671. 山东大学；679. 西安交通大学；693. 山东师范大学；696. 浙江师范大学；721. 南京师范大学；722. 香港科技大学；766. 广州大学；775. 苏州大学；780. 中南大学；803. 岭南大学；814. 同济大学；822. 天津师范大学；835. 中国科学技术大学；862. 暨南大学；885. 辽宁师范大学；899. 宁波大学；905. 东北师范大学；909. 东南大学；920. 郑州大学；938. 河南大学；946. 南开大学；965. 中央财经大学；974. 南京医科大学；982. 安徽医科大学；996. 湖南师范大学；998. 江西师范大学；1003. 吉林大学；1038. 西南财经大学；1041. 重庆医科大学；1046. 上海体育学院；1095. 广东外语外贸大学；1098. 温州医科大学；1147. 厦门大学；1181. 上海大学；1186. 上海外国语大学；1195. 南方医科大学；1205. 中国医科大学；1210. 青岛大学；1228. 北京理工大学；1236. 天津大学；1237. 广州医科大学；1255. 空军军医大学；1301. 哈尔滨工业大学；1302. 江苏大学；1304. 北京航空航天大学；1324. 上海财经大学；1338. 天津医科大学；1355. 浙江工业大学；1380. 浙江工商大学；1402. 福建师范大学；1405. 四川师范大学；1416. 香港树仁大学；1475. 中国医学科学院；1477. 西北师范大学；1537. 大连理工大学；1542. 华南理工大学；1553. 对外经济贸易大学；1562. 湖北大学；1575. 北京交通大学；1593. 浙江理工大学；1624. 中欧国际工商学院；1645. 中南财经政法大学；1674. 兰州大学；1697. 新乡医学院；1710. 中国人民解放军陆军军医大学；1743. 南昌大学；1749. 湖南大学；1751. 江苏师范大学；1754. 华侨大学；1767. 武汉理工大学；1781. 贵州师范大学；1784. 江南大学；1785. 温州大学；1793. 重庆大学；1805. 南通大学；1806. 北京体育大学；1809. 西安电子科技大学；1869. 河海大学；1893. 大连医科大学；1899. 哈尔滨医科大学；1901. 浙江财经大学；1953. 北京语言大学

七十九、新闻传播学

表 2-103　新闻传播学（5 强与中国大学）

排名	英文名称	中文名称	国家/地区	总得分
1	UNIV-AMSTERDAM	阿姆斯特丹大学	荷兰	100.00
2	UNIV-TEXAS-AUSTIN	得克萨斯大学奥斯汀分校	美国	79.70
3	MICHIGAN-STATE-UNIV	密歇根州立大学	美国	61.50
4	OHIO-STATE-UNIV	俄亥俄州立大学	美国	55.50
5	UNIV-WISCONSIN	威斯康星大学	美国	50.70

其他中国机构：36. 香港中文大学；46. 香港城市大学；53. 香港浸会大学；153. 香港大学；211. 香港理工大学；219. 浙江大学；221. 中山大学；236. 上海交通大学；277. 复旦大学；281. 清华大学；291. 澳门大学；301. 北京师范大学；324. 中国人民大学；338. 暨南大学；362. 武汉大学；375. 北京大学；423. 中国传媒大学；441. 南京大学；452. 厦门大学；458. 岭南大学；471. 中国科学技术大学；474. 深圳大学；475. 宁波诺丁汉大学；477. 澳门科技大学；505. 广东外语外贸大学；508. 华中科技大学；625. 中国社会科学院大学；659. 上海大学；661. 对外经济贸易大学；664. 西南大学；682. 西南交通大学；709. 山东大学；742. 华东师范大学；756. 西交利物浦大学；768. 四川大学；774. 苏州大学；779. 湖南大学；785. 华中师范大学；791. 北京邮电大学；803. 香港教育大学；807. 上海理工大学；808. 江西财经大学；845. 吉林大学；866. 同济大学；883. 杭州电子科技大学；885. 北京航空航天大学；886. 电子科技大学；912. 北京

续表

外国语大学；920. 上海外国语大学；926. 重庆大学；961. 中国科学院；966. 天津大学；968. 华南理工大学；971. 哈尔滨工业大学；988. 浙江工商大学；989. 西安交通大学；1030. 大连理工大学；1075. 上海师范大学；1084. 浙江财经大学；1088. 恒生管理学院；1089. 香港科技大学；1112. 香港恒生大学；1126. 西安外国语大学；1128. 西南财经大学；1139. 上海财经大学；1148. 青岛大学；1188. 中国科学院；1263. 华南师范大学；1318. 北京交通大学；1359. 大连外国语大学；1375. 南京师范大学；1385. 宁波诺丁汉大学；1437. 北京科技大学；1457. 南开大学；1502. 云南大学；1552. 哈尔滨工程大学；1559. 中国东北大学；1563. 江南大学；1569. 北京理工大学；1630. 南昌大学；1654. 南京财经大学；1660. 中央财经大学；1678. 山西大学；1694. 东北师范大学；1695. 东南大学；1726. 香港树仁大学；1745. 华南农业大学；1771. 扬州大学；1788. 杭州师范大学；1811. 江苏大学；1822. 北京语言大学；1847. 合肥工业大学；1851. 华侨大学；1881. 上海应用技术大学；1919. 汕头大学；1924. 华东政法大学；1927. 中南财经政法大学；1957. 浙大宁波理工学院；1990. 集美大学；2031. 北京师范大学-香港浸会大学联合国际学院；2051. 上海社科院；2095. 兰州大学；2129. 北京第二外国语学院；2137. 西南石油大学；2154. 陕西师范大学；2170. 郑州大学；2198. 香港公开大学；2216. 广西大学；2232. 中国政法大学；2298. 西安电子科技大学；2313. 昆山杜克大学；2357. 广州大学；2376. 河海大学；2380. 武汉理工大学；2390. 南京工业大学；2393. 首都经济贸易大学；2394. 浙江外国语学院；2415. 浙江大学城市学院

八十、信息与通信工程

表 2-104 信息与通信工程（5 强与中国大学）

排名	英文名称	中文名称	国家/地区	总得分
1	XIDIAN-UNIV	西安电子科技大学	中国	100.00
2	UNIV-ELECT-SCI-&-TECHNOL-CHINA	电子科技大学	中国	99.10
3	BEIJING-UNIV-POSTS-&-TELECOMMUN	北京邮电大学	中国	97.90
4	SOUTHEAST-UNIV	东南大学	中国	88.00
5	TSINGHUA-UNIV	清华大学	中国	83.40
其他中国机构：6. 中国科学院；7. 上海交通大学；9. 浙江大学；11. 华中科技大学；12. 北京交通大学；13. 南京邮电大学；14. 北京航空航天大学；15. 北京理工大学；16. 华南理工大学；17. 国防科技大学；18. 哈尔滨工业大学；19. 香港城市大学；20. 大连理工大学；24. 深圳大学；25. 西安交通大学；26. 西北工业大学；27. 南京航空航天大学；28. 中国科学技术大学；29. 武汉大学；33. 南京理工大学；34. 中山大学；37. 北京大学；38. 中国科学院；41. 天津大学；42. 重庆大学；47. 香港理工大学；48. 南京信息工程大学；49. 香港科技大学；57. 重庆邮电大学；59. 哈尔滨工程大学；61. 香港中文大学；62. 同济大学；63. 西南交通大学；65. 中国东北大学；68. 广东工业大学；69. 山东大学；71. 南京大学；77. 上海大学；78. 北京科技大学；79. 厦门大学；80. 湖南大学；81. 香港大学；86. 杭州电子科技大学；88. 吉林大学；90. 台湾大学；91. 澳门大学；93. 台湾交通大学；95. 中南大学；97. 广州大学；101. 台湾成功大学；108. 河海大学；110. 复旦大学；113. 中国人民解放军陆军工程大学；115. 桂林电子科技大学；117. 中国人民解放军空军工程大学；131. 华北电力大学；133. 合肥工业大学；136. 四川大学；143. 浙江工业大学；144. 中国矿业大学；160. 北京工业大学；164. 暨南大学；165. 福州大学；175. 大连海事大学；181. 武汉理工大学；182. 郑州大学；183. 山东科技大学；199. 西安邮电大学；211. 西南大学；212. 燕山大学；215. 苏州大学；225. 中国地质大学；237. 青岛大学；238. 江苏大学；242. 西安工业大学；249. 华侨大学；252. 华东师范大学；257. 南方科技大学；262. 南昌大学；276. 澳门科技大学；288. 安徽大学；289. 宁波大学；291. 长沙理工大学；292. 南通大学；294. 上海海事大学；298. 上海科技大学；300. 福建师范大学；321. 山东师范大学；324. 长安大学；330. 南开大学；334. 曲阜师范大学；350. 江南大学；356. 浙江工商大学；364. 湖南科技大学；382. 天津科技大学；391. 广东石油化工学院；398. 华东交通大学；402. 上海理工大学；406. 陕西师范大学；407. 东华大学；409. 扬州大学；416. 中国石油大学；419. 华南师范大学；423. 河北工业大学；431. 福建理工大学；435. 齐鲁工业大学；445. 河南理工大学；454. 西北大学；456. 中国海洋大学				

八十一、药学(可授医学、理学学位)

表 2-105 药学（可授医学、 理学学位）(5 强与中国大学)

排名	英文名称	中文名称	国家/地区	总得分
1	CHINESE-ACAD-SCI	中国科学院	中国	100.00
2	CHINA-PHARMACEUT-UNIV	中国药科大学	中国	59.40
3	SHANGHAI-JIAO-TONG-UNIV	上海交通大学	中国	50.60
4	CHINESE-ACAD-MED-SCI	中国医学科学院	中国	49.80
5	ZHEJIANG-UNIV	浙江大学	中国	48.40
其他中国机构：6. 复旦大学；7. 中山大学；11. 山东大学；14. 四川大学；15. 北京大学；16. 沈阳药科大学；24. 南京医科大学；32. 首都医科大学；36. 华中科技大学；38. 中国科学院；45. 北京协和医学院；49. 郑州大学；52. 吉林大学；54. 南方医科大学；55. 温州医科大学；62. 南京中医药大学；64. 苏州大学；65. 暨南大学；70. 上海中医药大学；76. 西安交通大学；86. 南京大学；92. 海军军医大学；99. 北京中医药大学；100. 武汉大学；106. 中国医科大学；111. 安徽医科大学；117. 广州中医药大学；121. 重庆医科大学；123. 香港中文大学；143. 中南大学；145. 同济大学；153. 青岛大学；157. 广州医科大学；162. 哈尔滨医科大学；170. 成都中医药大学；173. 大连医科大学；176. 澳门大学；184. 兰州大学；187. 香港大学；211. 东南大学；215. 空军军医大学；219. 天津中医药大学；221. 南昌大学；226. 天津医科大学；230. 浙江中医药大学；242. 南开大学；272. 河北医科大学；277. 南通大学；283. 清华大学；301. 江苏大学；308. 厦门大学；310. 广东药科大学；326. 中国海洋大学；330. 福建医科大学；334. 西南大学；349. 中国人民解放军陆军军医大学；362. 广西医科大学；390. 河南大学；396. 徐州医科大学；409. 深圳大学；422. 香港浸会大学；428. 澳门科技大学；431. 浙江工业大学；437. 江西中医药大学；442. 中国科学技术大学；452. 昆明医科大学；462. 西南大学；475. 西北农林科技大学；478. 天津大学；481. 中国农业科学院；487. 山东中医药大学；499. 烟台大学；509. 中国农业大学；510. 山西医科大学；518. 宁夏医科大学；521. 香港理工大学；538. 安徽中医药大学；550. 扬州大学；564. 西北大学；566. 电子科技大学；567. 贵州医科大学；572. 华东师范大学；606. 华南理工大学；609. 延边大学；615. 华南农业大学；620. 江南大学；623. 南华大学；630. 湖南中医药大学；635. 新乡医学院；638. 新疆医科大学；642. 黑龙江中医药大学；653. 遵义医学院；677. 华东理工大学；683. 云南大学；701. 华中农业大学；702. 重庆大学；710. 广东医科大学；723. 南京农业大学；734. 广西师范大学；740. 宁波大学；756. 辽宁中医药大学；759. 滨州医学院；770. 河北大学；784. 大连理工大学；801. 潍坊医学院；805. 湖北医药学院；807. 福建中医药大学；810. 济宁医学院				

八十二、冶金工程

表 2-106 冶金工程（5 强与中国大学）

排名	英文名称	中文名称	国家/地区	总得分
1	CHINESE-ACAD-SCI	中国科学院	中国	100.00
2	BEIJING-UNIV-SCI-&-TECHNOL	北京科技大学	中国	72.40
3	NORTHEASTERN-UNIV	中国东北大学	中国	53.50
4	CENT-S-UNIV	中南大学	中国	43.20
5	NORTHWESTERN-POLYTECH-UNIV	西北工业大学	中国	42.50
其他中国机构：6. 哈尔滨工业大学；7. 上海交通大学；8. 重庆大学；12. 清华大学；13. 西安交通大学；15. 中国科学技术大学；17. 北京航空航天大学；18. 华中科技大学；19. 上海大学；20. 中国科学院；22. 天津大学；23. 大连理工大学；26. 燕山大学；27. 华南理工大学；28. 浙江大学；30. 昆明理工大学；31. 山东大学；32. 吉林大学；35. 太原理工大学；38. 四川大学；45. 香港城市大学；47. 南京理工大学；49. 武汉理工大学；50. 北京理工大学；53. 北京工业大学；				

续表

54. 湖南大学；55. 南京航空航天大学；58. 武汉科技大学；59. 江苏大学；61. 东南大学；66. 郑州大学；67. 南京工业大学；78. 中国矿业大学；79. 西安工业大学；80. 哈尔滨工程大学；85. 兰州理工大学；87. 江苏科技大学；88. 中国工程物理学院；91. 同济大学；100. 北京大学；104. 安徽工业大学；110. 西南交通大学；114. 河北工业大学；117. 电子科技大学；123. 香港理工大学；124. 深圳大学；125. 西安建筑科技大学；126. 江西科技学院；129. 厦门大学；132. 合肥工业大学；134. 中北大学；138. 南昌航空大学；139. 河海大学；149. 沈阳工业大学；151. 苏州大学；157. 湘潭大学；158. 广东工业大学；159. 山东科技大学；164. 南京大学；177. 广西大学；178. 陕西科技大学；182. 武汉大学；183. 河南科技大学；187. 中国石油大学；189. 杭州电子科技大学；191. 常州大学；193. 复旦大学；197. 南昌大学；199. 福州大学；200. 中国地质大学；208. 浙江工业大学；211. 太原科技大学；217. 北京交通大学；219. 宁波大学；223. 哈尔滨理工大学；227. 长安大学；232. 中山大学；235. 北京化工大学；238. 西南大学；241. 长沙理工大学；244. 暨南大学；247. 重庆理工大学；248. 上海工程技术大学；250. 国防科技大学；252. 桂林电子科技大学；253. 内蒙古科技大学；264. 青岛大学；265. 上海理工大学；267. 香港大学；271. 重庆科技学院；272. 西南石油大学；273. 西安理工大学；283. 辽宁科技大学；286. 湖南科技大学；292. 贵州大学；298. 南方科技大学；299. 兰州大学；300. 齐鲁工业大学；301. 安徽大学；316. 西南科技大学；327. 沈阳航空航天大学；334. 扬州大学；336. 东华大学；342. 武汉工程大学；343. 华北理工大学；350. 浙江理工大学

八十三、仪器科学与技术

表 2-107 仪器科学与技术（5 强与中国大学）

排名	英文名称	中文名称	国家/地区	总得分
1	CHINESE-ACAD-SCI	中国科学院	中国	100.00
2	HARBIN-INST-TECHNOL	哈尔滨工业大学	中国	48.70
3	TSINGHUA-UNIV	清华大学	中国	41.50
4	BEIHANG-UNIV	北京航空航天大学	中国	39.20
5	ZHEJIANG-UNIV	浙江大学	中国	37.40
其他中国机构：6. 中国科学院大学；7. 西安交通大学；8. 华中科技大学；9. 东南大学；10. 吉林大学；11. 上海交通大学；12. 天津大学；16. 中国科学技术大学；17. 大连理工大学；18. 重庆大学；21. 电子科技大学；22. 中国东北大学；23. 南京航空航天大学；27. 西北工业大学；28. 北京理工大学；29. 武汉大学；33. 北京大学；36. 山东大学；43. 华南理工大学；44. 国防科技大学；45. 香港理工大学；49. 南京理工大学；50. 同济大学；56. 湖南大学；57. 台湾大学；65. 香港城市大学；72. 台湾成功大学；74. 合肥工业大学；77. 西南交通大学；81. 深圳大学；84. 哈尔滨工程大学；86. 西安电子科技大学；93. 上海大学；94. 北京交通大学；103. 江苏大学；109. 四川大学；111. 暨南大学；125. 厦门大学；126. 中山大学；127. 武汉理工大学；132. 北京科技大学；138. 北京化工大学；150. 中国矿业大学；151. 西南大学；152. 南京大学；169. 江南大学；173. 中北大学；181. 复旦大学；185. 苏州大学；186. 杭州电子科技大学；197. 南开大学；198. 中国工程物理学院；202. 燕山大学；203. 中南大学；206. 郑州大学；216. 北京工业大学；226. 浙江工业大学；239. 华北电力大学；241. 兰州大学；247. 青岛科技大学；249. 香港中文大学；263. 河海大学；264. 山西大学；270. 山东科技大学；279. 福州大学；289. 澳门大学；290. 广东工业大学；291. 中国地质大学；293. 大连海事大学；306. 香港大学；310. 安徽大学；316. 北京邮电大学；323. 香港科技大学；340. 华中师范大学；343. 中国计量大学；349. 青岛大学；351. 中国石油大学；352. 上海理工大学；367. 南京邮电大学；372. 河北工业大学；373. 太原理工大学；374. 宁波大学；381. 南京工业大学；386. 西北大学；399. 华东理工大学；408. 曲阜师范大学；419. 中国石油大学（华东）；437. 渤海大学；441. 华南师范大学；449. 东华大学；456. 南昌大学；459. 桂林电子科技大学；470. 中国科学院高能物理研究所；472. 扬州大学；482. 西北农林科技大学；489. 中国海洋大学；494. 长安大学；501. 南京师范大学；502. 中国农业大学；507. 天津工业大学；513. 北京师范大学；514. 南京信息工程大学；519. 陕西师范大学；520. 浙江师范大学；526. 山东师范大学；527. 南方科技大学；539. 广西大学；543. 昆明理工大学；546. 重庆邮电大学；551. 广州大学；553. 西安工业大学；554. 武汉科技大学；579. 天津科技大学				

八十四、艺术理论学

表 2-108　艺术理论学（5 强与中国大学）

排名	英文名称	中文名称	国家/地区	总得分
1	CNR	意大利国家研究委员会	意大利	100.00
2	DELFT-UNIV-TECHNOL	代尔夫特大学	荷兰	85.30
3	UNIV-BOLOGNA	博洛尼亚大学	意大利	62.70
4	UNIV-FLORENCE	佛罗伦萨大学	意大利	52.50
5	UCL	伦敦大学学院	英国	51.40

其他中国机构：16. 浙江大学；20. 中国科学院；36. 敦煌学院；64. 台湾大学；82. 兰州大学；91. 中国科学技术大学；101. 香港理工大学；109. 西北大学；110. 北京科技大学；137. 北京大学；161. 中国科学院大学；174. 四川大学；188. 清华大学；197. 西北工业大学；200. 浙江工业大学；210. 北京建筑大学；216. 南京林业大学；248. 山东大学；255. 中国人民大学；282. 同济大学；294. 北京工商大学；309. 河南大学；314. 西安交通大学；323. 中国矿业大学；330. 香港教育大学；344. 中国地质大学；409. 南京大学；413. 南开大学；428. 上海大学；431. 天津大学；437. 湖南大学；525. 重庆大学；555. 北京师范大学；558. 香港大学；606. 华中科技大学；617. 福州大学；645. 北京化工大学；649. 宁波诺丁汉大学；670. 南京工业大学；689. 四川美术学院；692. 重庆科技学院；741. 中国东北大学；754. 北京工业大学；760. 广东工业大学；773. 复旦大学；795. 江西省国学文化研究会；797. 北京农学院；816. 香港城市大学；837. 武汉大学；849. 浙江理工大学；850. 菏泽学院；857. 大连理工大学；889. 陕西师范大学；938. 西北师范大学；941. 西安理工大学；951. 陕西科技大学；1060. 哈尔滨工业大学；1076. 黑龙江中医药大学；1105. 中国社会科学院大学；1140. 西交利物浦大学；1185. 上海交通大学；1234. 景德镇陶瓷大学；1235. 中国工程物理学院；1283. 首都师范大学；1302. 闽江学院；1322. 河北师范大学；1327. 西南交通大学；1429. 吉林师范大学；1433. 东南大学；1452. 四川轻化工大学；1453. 福建师范大学；1468. 河北大学

八十五、音乐与舞蹈学

表 2-109　音乐与舞蹈学（5 强与中国大学）

排名	英文名称	中文名称	国家/地区	总得分
1	UNIV-MELBOURNE	墨尔本大学	澳大利亚	100.00
2	UNIV-JYVASKYLA	尤瓦斯吉拉大学	芬兰	99.30
3	UNIV-LONDON	伦敦大学	英国	84.60
4	UNIV-SYDNEY	悉尼大学	澳大利亚	77.00
5	MONASH-UNIV	莫纳什大学	澳大利亚	72.60

其他中国机构：42. 香港教育大学；100. 香港浸会大学；249. 上海师范大学；294. 香港大学；304. 华南师范大学；520. 上海交通大学；561. 西南大学；591. 广州大学；614. 福建师范大学；620. 香港中文大学；624. 北京师范大学；654. 陕西师范大学；676. 宁波大学；744. 香港城市大学；765. 华东师范大学；831. 上海体育学院；860. 南京师范大学；873. 中国科学院；907. 湖南第一师范学院；954. 华东交通大学；1080. 广东外语外贸大学；1086. 浙江大学；1103. 首都师范大学；1108. 香港理工大学；1117. 中国人民大学；1256. 香港演艺学院；1318. 通化师范学院；1323. 湖南师范大学；1331. 苏州科技大学；1333. 哈尔滨音乐学院；1342. 北京舞蹈学院；1353. 首都医科大学；1360. 广西师范大学；1384. 澳门科技大学；1387. 湖南民族职业学院；1389. 深圳大学；1392. 云南大学；1402. 东北师范大学；1475. 河南理工大学；1562. 中国矿业大学；1572. 北京体育大学；1601. 徐州广播电视大学；1623. 中国科学院；1643. 香港科技大学；1677. 广州医科大学；1683. 海南大学；1753. 南京特殊教育师范学院；1766. 贵州师范大学

八十六、应用经济学

表 2-110　应用经济学（5 强与中国大学）

排名	英文名称	中文名称	国家/地区	总得分
1	NBER	全国经济研究所	美国	100.00
2	HARVARD-UNIV	哈佛大学	美国	50.10
3	UNIV-CALIF-BERKELEY	加利福尼亚大学伯克利分校	美国	40.10
4	UNIV-CHICAGO	芝加哥大学	美国	39.80
5	UNIV-OXFORD	牛津大学	英国	39.00
其他中国机构：30. 北京大学；38. 清华大学；40. 中国人民大学；55. 西南财经大学；59. 厦门大学；67. 上海财经大学；75. 香港大学；76. 中国科学院；82. 中央财经大学；86. 浙江大学；87. 香港中文大学；88. 对外经济贸易大学；96. 香港理工大学；99. 上海交通大学；102. 香港科技大学；111. 复旦大学；131. 暨南大学；151. 湖南大学；157. 香港城市大学；165. 北京理工大学；175. 中南财经政法大学；183. 武汉大学；199. 中山大学；207. 南京大学；216. 北京师范大学；231. 北京航空航天大学；234. 西安交通大学；247. 南开大学；269. 北京交通大学；276. 华中科技大学；295. 山东大学；296. 中国科学院；311. 西南交通大学；314. 同济大学；315. 天津大学；319. 首都经济贸易大学；332. 东南大学；336. 四川大学；381. 南京审计大学；404. 华南理工大学；414. 南京财经大学；419. 中国社会科学院大学；427. 中国农业大学；434. 南京航空航天大学；438. 上海大学；442. 江西财经大学；450. 华东师范大学；456. 中国科学技术大学；469. 澳门大学；490. 香港浸会大学；492. 重庆大学；500. 大连理工大学；509. 南京农业大学；520. 浙江财经大学；529. 深圳大学；553. 中国矿业大学；561. 华北电力大学；571. 广东外语外贸大学；589. 哈尔滨工业大学；591. 南昌大学；605. 岭南大学；606. 中南大学；613. 大连海事大学；625. 西交利物浦大学；643. 上海立信会计金融学院；665. 浙江工商大学；684. 河南大学；687. 东北财经大学；689. 华中农业大学；691. 青岛大学；693. 南京理工大学；708. 中国海洋大学；725. 合肥工业大学；740. 宁波诺丁汉大学；756. 吉林大学；759. 中国石油大学；763. 华南农业大学；790. 上海海事大学；794. 安徽财经大学；796. 南京信息工程大学；800. 苏州大学；802. 华东理工大学；824. 湖北经济学院；825. 电子科技大学；827. 西北农林科技大学；860. 中国地质大学；868. 上海对外经贸大学；902. 华南师范大学；918. 山东财经大学；924. 浙江工业大学；936. 陕西师范大学；939. 中国东北大学；1009. 云南财经大学；1015. 广州大学；1016. 福州大学；1018. 广东金融学院；1021. 闽江学院；1023. 河海大学；1072. 宁波大学；1074. 北京工商大学；1080. 北京工业大学；1087. 江苏大学；1111. 兰州大学；1126. 湖南师范大学；1148. 天津财经大学；1181. 华侨大学；1182. 北京科技大学；1190. 武汉理工大学；1193. 北京化工大学；1207. 中欧国际工商学院；1209. 重庆工商大学；1239. 北京林业大学；1255. 南京师范大学；1264. 西北大学；1295. 澳门科技大学				

八十七、语言学

表 2-111　语言学（5 强与中国大学）

排名	英文名称	中文名称	国家/地区	总得分
1	UCL	伦敦大学学院	英国	100.00
2	PENN-STATE-UNIV	宾夕法尼亚州立大学	美国	92.60
3	UNIV-TORONTO	多伦多大学	加拿大	91.60
4	RADBOUD-UNIV-NIJMEGEN	内梅亨大学	荷兰	90.00
5	UNIV-ILLINOIS	伊利诺伊大学	美国	81.60
其他中国机构：6. 香港大学；30. 香港中文大学；39. 香港理工大学；92. 广东外语外贸大学；93. 香港城市大学；114. 澳门大学；120. 北京师范大学；132. 香港教育大学；135. 浙江大学；198. 香港浸会大学；209. 华中科技大学；212. 上				

续表

海交通大学；227. 中山大学；232. 北京大学；245. 复旦大学；247. 上海外国语大学；253. 北京外国语大学；260. 中国科学院；295. 华南师范大学；327. 厦门大学；359. 北京航空航天大学；368. 华东师范大学；370. 西安交通大学；398. 西南大学；405. 北京语言大学；407. 清华大学；422. 中国人民大学；434. 深圳大学；438. 上海财经大学；443. 中山大学；457. 吉林大学；462. 南京师范大学；472. 西交利物浦大学；493. 华中师范大学；495. 汕头大学；503. 中国科学院；508. 对外经济贸易大学；511. 南京大学；534. 西安外国语大学；548. 东南大学；552. 湖南大学；571. 首都师范大学；596. 暨南大学；626. 大连外国语大学；639. 山东大学；641. 同济大学；642. 东北师范大学；660. 南开大学；673. 四川外国语大学；729. 重庆大学；747. 杭州师范大学；759. 苏州大学；768. 宁波大学；774. 江苏师范大学；779. 香港公开大学；791. 集美大学；797. 哈尔滨工业大学；821. 中央民族大学；831. 西南财经大学；839. 北京科技大学；846. 中国海洋大学；852. 香港科技大学；854. 大连理工大学；857. 武汉大学；886. 天津师范大学；887. 电子科技大学；889. 宁波诺丁汉大学；898. 中国社会科学院大学；942. 中南财经政法大学；945. 辽宁师范大学；969. 北京第二外国语学院；993. 华南理工大学；1012. 首都医科大学；1024. 华侨大学；1025. 浙江财经大学；1027. 浙江工商大学；1032. 上海海事大学；1071. 陕西师范大学；1082. 江西师范大学；1085. 上海大学；1094. 上海师范大学；1107. 曲阜师范大学；1179. 中国地质大学；1201. 澳门理工学院；1272. 四川大学；1277. 青岛大学；1305. 云南大学；1320. 西北农林科技大学；1342. 华南农业大学；1347. 南京航空航天大学；1365. 南京理工大学；1371. 浙江师范大学；1378. 河南大学；1379. 黑龙江大学；1384. 西南交通大学；1401. 贵州大学；1417. 香港恒生大学；1438. 北京理工大学；1440. 北京邮电大学；1455. 浙江外国语学院；1488. 澳门科技大学；1494. 天津大学；1503. 福建师范大学；1514. 北京交通大学；1533. 北京联合大学；1551. 四川师范大学；1554. 中国东北大学；1579. 昆山杜克大学；1591. 江苏大学；1595. 中央财经大学；1599. 香港树仁大学；1607. 西南政法大学；1658. 大连海事大学；1662. 北京师范大学-香港浸会大学联合国际学院；1665. 浙江大学城市学院；1685. 上海对外经贸大学

八十八、园艺学

表 2-112　园艺学（5 强与中国大学）

排名	英文名称	中文名称	国家/地区	总得分
1	CHINESE-ACAD-AGR-SCI	中国农业科学院	中国	100.00
2	USDA-ARS	美国农业部	美国	96.30
3	ARS	美国农业科学研究院	美国	88.30
4	NANJING-AGR-UNIV	南京农业大学	中国	86.10
5	UNIV-FLORIDA	佛罗里达大学	美国	77.00
其他中国机构：6. 中国科学院；7. 西北农林科技大学；9. 中国农业大学；10. 华中农业大学；13. 浙江大学；18. 山东农业大学；23. 华南农业大学；26. 沈阳农业大学；27. 四川农业大学；31. 中国科学院；39. 西南大学；41. 北京林业大学；53. 福建农林大学；68. 河南农业大学；69. 东北农业大学；71. 中国科学院大学；76. 扬州大学；84. 南京林业大学；86. 台湾大学；96. 安徽农业大学；99. 甘肃农业大学；104. 海南大学；119. 浙江农林大学；124. 青岛农业大学；131. 上海交通大学；151. 长江大学；157. 中国科学院；166. 江苏大学；167. 山西农业大学；169. 江西农业大学；179. 湖南农业大学；180. 河北农业大学；187. 河南科技大学；223. 山东省农业科学院；235. 石河子大学；240. 新疆农业大学；259. 宁波大学；260. 贵州大学；267. 广西大学；268. 山东理工大学；281. 东北林业大学；282. 重庆大学；292. 中南林业科技大学；322. 河南科技学院；329. 兰州大学；333. 合肥工业大学；388. 江南大学；410. 浙江工商大学；412. 吉林农业科技学院；414. 天津理工大学；418. 杭州师范大学；420. 昆明理工大学；427. 西北大学；441. 云南农业大学；454. 鲁东大学；455. 北京农学院；461. 中国科学院；467. 渤海大学；471. 四川大学；475. 重庆文理学院；486. 浙江万里学院；495. 黑龙江八一农垦大学；497. 武汉大学；501. 云南大学；569. 河南大学；574. 浙江师范大学；595. 仲恺农业工程学院；602. 内蒙古农业大学；610. 复旦大学；614. 齐鲁工业大学；622. 沈阳师范大学；645. 宁夏大学；648. 郑州轻工业大学；657. 天津大学；662. 南京师范大学；671. 广州大学；672. 湘潭大学；678. 电子科技大学；685. 大连民族大学；705. 江苏科技大学；708. 青海大学；713. 上海理工大学；719. 南京信息工程大学；723. 中国人民大学；747. 陕西师范大学；773. 吉林农业大学；780. 华南理工大学				

八十九、哲学

表 2-113 哲学（5 强与中国大学）

排名	英文名称	中文名称	国家/地区	总得分
1	UNIV-OXFORD	牛津大学	英国	100.00
2	MONASH-UNIV	莫纳什大学	澳大利亚	41.50
3	UNIV-TORONTO	多伦多大学	加拿大	40.20
4	UNIV-MELBOURNE	墨尔本大学	澳大利亚	38.10
5	UNIV-OSLO	奥斯陆大学	挪威	38.00

其他中国机构：101. 厦门大学；147. 香港大学；153. 上海交通大学；159. 西南财经大学；160. 香港城市大学；182. 中国人民大学；189. 中山大学；193. 西安交通大学；200. 香港中文大学；204. 香港浸会大学；209. 武汉大学；245. 北京大学；252. 浙江大学；262. 香港理工大学；280. 中欧国际工商学院；296. 澳门大学；305. 同济大学；310. 华中科技大学；346. 岭南大学；348. 复旦大学；352. 上海大学；384. 山东大学；388. 对外经济贸易大学；391. 上海财经大学；399. 南京大学；411. 清华大学；467. 湖南大学；487. 西北工业大学；492. 宁夏医科大学；530. 南开大学；532. 中央财经大学；555. 宁波诺丁汉大学；596. 汕头大学；607. 暨南大学；683. 香港教育大学；684. 北京师范大学；731. 中南大学；755. 华南理工大学；759. 深圳大学；817. 中国科学院；878. 北京科技大学；883. 湖南商学院；892. 澳门科技大学；968. 天津大学；995. 中南财经政法大学；1015. 东北财经大学；1019. 东南大学；1031. 西南交通大学；1037. 苏州大学；1074. 西交利物浦大学；1075. 中国医学科学院；1087. 山西大学；1113. 中国科学技术大学；1141. 广州大学；1151. 华东师范大学；1181. 恒生管理学院；1201. 中国科学院；1206. 四川大学；1209. 华东理工大学；1246. 南京审计大学；1260. 哈尔滨工业大学；1398. 华侨大学；1424. 北京协和医学院；1431. 华南师范大学；1536. 华中师范大学；1563. 香港科技大学；1629. 温州医科大学；1645. 浙江工业大学；1670. 昆山杜克大学；1693. 中国政法大学；1727. 河北工业大学；1781. 大连理工大学；1783. 华中农业大学；1813. 浙江工商大学；1866. 浙江财经大学；1912. 西南大学；1941. 兰州大学；1942. 遵义医学院；1984. 厦门海洋职业技术学院；2058. 河海大学；2122. 南方医科大学；2139. 中国社会科学院大学；2149. 北京工商大学；2150. 浙江金融职业学院；2167. 西北大学；2220. 新疆财经大学；2288. 大连海事大学；2295. 南京医科大学；2346. 云南财经大学；2354. 常州大学；2414. 江苏大学；2423. 陕西师范大学；2547. 中国矿业大学；2653. 北京理工大学；2705. 广东工业大学；2723. 上海理工大学；2734. 上海纽约大学；2739. 河北医科大学；2789. 北京第二外国语学院；2792. 南京理工大学；2867. 重庆大学；2872. 上海师范大学；2882. 河南财经政法大学；2885. 广东技术师范学院；2895. 香港高等科技教育学院；2911. 中国地质大学；2931. 中南民族大学；2939. 北京工业大学；3002. 南京工业大学；3011. 科尔科沃莫斯科管理学院 ；3044. 山东大学；3071. 上海社科院；3079. 福州大学；3105. 广州航海学院

九十、政治学

表 2-114 政治学（5 强与中国大学）

排名	英文名称	中文名称	国家/地区	总得分
1	HARVARD-UNIV	哈佛大学	美国	100.00
2	UNIV-OXFORD	牛津大学	英国	89.60
3	STANFORD-UNIV	斯坦福大学	美国	79.80
4	UNIV-AMSTERDAM	阿姆斯特丹大学	荷兰	68.00
5	PRINCETON-UNIV	普林斯顿大学	美国	67.30

其他中国机构：181. 中国人民大学；188. 香港城市大学；199. 清华大学；223. 复旦大学；225. 北京大学；228. 香港大学；253. 香港中文大学；270. 浙江大学；294. 西南财经大学；298. 厦门大学；348. 上海交通大学；351. 武汉大学；

续表

364. 中国海洋大学；399. 对外经济贸易大学；401. 上海财经大学；432. 中山大学；435. 湖南大学；453. 中央财经大学；481. 暨南大学；522. 西安交通大学；523. 南京大学；543. 澳门大学；547. 北京师范大学；564. 山东大学；567. 香港科技大学；576. 中南财经政法大学；577. 华东师范大学；587. 香港浸会大学；632. 大连海事大学；638. 华北电力大学；650. 岭南大学；651. 四川大学；659. 香港理工大学；668. 宁波诺丁汉大学；669. 中国社会科学院大学；672. 南开大学；700. 中国科学院；704. 香港教育大学；745. 首都经济贸易大学；750. 华中科技大学；765. 南京财经大学；780. 外交学院；805. 江西财经大学；858. 中国农业大学；936. 中国政法大学；938. 东南大学；953. 同济大学；956. 南京审计大学；969. 上海立信会计金融学院；978. 吉林大学；979. 广东外语外贸大学；984. 深圳大学；994. 重庆大学；996. 广州大学；1047. 上海海事大学；1056. 哈尔滨工业大学；1058. 西交利物浦大学；1065. 华南理工大学；1071. 上海海洋大学；1131. 西南交通大学；1135. 上海外国语大学；1151. 天津大学；1153. 北京航空航天大学；1194. 浙江财经大学；1213. 昆山杜克大学；1222. 东北财经大学；1230. 中国科学院；1238. 浙江工商大学；1278. 华东政法大学；1335. 南昌大学；1349. 西北农林科技大学；1359. 上海对外经贸大学；1387. 广东金融学院；1390. 大连理工大学；1455. 中南大学；1456. 广西大学；1501. 青岛大学；1502. 长沙理工大学；1535. 华侨大学；1547. 郑州大学；1557. 浙江工业大学；1565. 海南大学；1579. 北京理工大学；1587. 南京农业大学；1622. 湖南师范大学；1645. 山东财经大学；1646. 北京外国语大学；1650. 南京信息工程大学；1681. 华中农业大学；1744. 云南大学；1754. 南京师范大学；1765. 电子科技大学；1766. 西南大学；1776. 合肥工业大学；1779. 重庆工商大学；1782. 上海大学；1786. 河南大学；1797. 中国科学技术大学；1821. 河海大学；1928. 北京工商大学；1953. 北京工业大学；2003. 安徽财经大学；2019. 武汉理工大学；2035. 中国矿业大学；2052. 西南政法大学；2088. 江南大学；2091. 中国石油大学；2122. 贵州财经大学；2129. 华南师范大学；2134. 闽江学院；2144. 浙江理工大学；2212. 南方科技大学；2238. 四川农业大学；2250. 桂林理工大学；2260. 苏州大学

九十一、植物保护

表 2-115　植物保护（5 强与中国大学）

排名	英文名称	中文名称	国家/地区	总得分
1	CHINESE-ACAD-SCI	中国科学院	中国	100.00
2	USDA-ARS	美国农业部	美国	79.30
3	CHINESE-ACAD-AGR-SCI	中国农业科学院	中国	68.20
4	CHINA-AGR-UNIV	中国农业大学	中国	57.60
5	NORTHWEST-A&F-UNIV	西北农林科技大学	中国	51.80
其他中国机构：9. 南京农业大学；12. 中国科学院大学；16. 华中农业大学；32. 浙江大学；42. 山东农业大学；45. 华南农业大学；50. 四川农业大学；52. 扬州大学；60. 兰州大学；62. 北京林业大学；76. 沈阳农业大学；78. 西南大学；79. 广西大学；84. 北京师范大学；86. 东北农业大学；88. 福建农林大学；93. 南京林业大学；110. 甘肃农业大学；115. 河南农业大学；127. 湖南农业大学；132. 中国科学院；138. 东北林业大学；149. 山东省农业科学院；150. 华南理工大学；158. 浙江农林大学；159. 北京大学；166. 武汉大学；168. 河海大学；169. 长江大学；186. 石河子大学；191. 江苏大学；197. 海南大学；205. 安徽农业大学；212. 青岛农业大学；216. 山西农业大学；223. 内蒙古农业大学；231. 江西农业大学；242. 中国科学院大学；248. 中山大学；269. 清华大学；275. 南京信息工程大学；296. 河北农业大学；297. 贵州大学；299. 吉林农业大学；311. 中国科学院；329. 天津理工大学；340. 河南科技大学；383. 上海交通大学；391. 云南农业大学；404. 东北师范大学；422. 南京大学；427. 山东省农业科学院；432. 四川大学；438. 西安工业大学；439. 吉林农业科技学院；448. 齐鲁工业大学；451. 香港中文大学；453. 中南林业科技大学；472. 郑州大学；480. 云南大学；488. 天津大学；492. 江南大学；536. 河南大学；552. 复旦大学；556. 青海大学；572. 福建师范大学；574. 吉林大学；579. 杭州师范大学；583. 华东师范大学；590. 南开大学；628. 鲁东大学；637. 黑龙江八一农垦大学；638. 南京师范大学；642. 新疆农业大学；649. 山东大学；650. 山东理工大学；659. 宁夏大学；660. 河南科技学院；667. 厦门大学；675. 宁波大学；678. 陕西师范大学；714. 仲恺农业工程学院；722. 山西大学；745. 重庆大学；748. 湖南大学；751. 昆明理工大学；775. 西南林业大学；792. 山东师范大学				

九十二、作物学

表2-116 作物学（5强与中国大学）

排名	英文名称	中文名称	国家/地区	总得分
1	CHINESE-ACAD-SCI	中国科学院	中国	100.00
2	USDA-ARS	美国农业部	美国	79.30
3	CHINESE-ACAD-AGR-SCI	中国农业科学院	中国	68.20
4	CHINA-AGR-UNIV	中国农业大学	中国	57.60
5	NORTHWEST-A&F-UNIV	西北农林科技大学	中国	51.80
其他中国机构：9. 南京农业大学；12. 中国科学院大学；16. 华中农业大学；32. 浙江大学；42. 山东农业大学；45. 华南农业大学；50. 四川农业大学；52. 扬州大学；60. 兰州大学；62. 北京林业大学；76. 沈阳农业大学；78. 西南大学；79. 广西大学；84. 北京师范大学；86. 东北农业大学；88. 福建农林大学；93. 南京林业大学；110. 甘肃农业大学；115. 河南农业大学；127. 湖南农业大学；132. 中国科学院；138. 东北林业大学；149. 山东省农业科学院；150. 华南理工大学；158. 浙江农林大学；159. 北京大学；166. 武汉大学；168. 河海大学；169. 长江大学；186. 石河子大学；191. 江苏大学；197. 海南大学；205. 安徽农业大学；212. 青岛农业大学；216. 山西农业大学；223. 内蒙古农业大学；231. 江西农业大学；242. 中国科学院大学；248. 中山大学；269. 清华大学；275. 南京信息工程大学；296. 河北农业大学；297. 贵州大学；299. 吉林农业大学；311. 中国科学院；329. 天津理工大学；340. 河南科技大学；383. 上海交通大学；391. 云南农业大学；404. 东北师范大学；422. 南京大学；432. 四川大学；438. 西安工业大学；439. 吉林农业科技学院；448. 齐鲁工业大学；451. 香港中文大学；453. 中南林业科技大学；472. 郑州大学；480. 云南大学；488. 天津大学；492. 江南大学；536. 河南大学；552. 复旦大学；556. 青海大学；572. 福建师范大学；574. 吉林大学；579. 杭州师范大学；583. 华东师范大学；590. 南开大学；628. 鲁东大学；637. 黑龙江八一农垦大学；638. 南京师范大学；642. 新疆农业大学；649. 山东大学；650. 山东理工大学；659. 宁夏大学；660. 河南科技学院；667. 厦门大学；675. 宁波大学；679. 陕西师范大学；714. 仲恺农业工程学院；722. 山西大学；745. 重庆大学；748. 湖南大学；751. 昆明理工大学；775. 西南林业大学；792. 山东师范大学				

九十三、工程

表2-117 工程（5强与中国大学）

排名	英文名称	中文名称	国家/地区	总得分
1	CHINESE-ACAD-SCI	中国科学院	中国	100.00
2	TSINGHUA-UNIV	清华大学	中国	77.10
3	SHANGHAI-JIAO-TONG-UNIV	上海交通大学	中国	55.10
4	HARBIN-INST-TECHNOL	哈尔滨工业大学	中国	54.30
5	XI-AN-JIAO-TONG-UNIV	西安交通大学	中国	49.40
其他中国机构：6. 浙江大学；7. 东南大学；8. 华中科技大学；11. 北京航空航天大学；12. 天津大学；14. 同济大学；15. 大连理工大学；16. 香港理工大学；18. 重庆大学；19. 电子科技大学；20. 北京理工大学；21. 华南理工大学；24. 中国科学院；26. 西北工业大学；27. 香港城市大学；29. 中国科学技术大学；30. 南京航空航天大学；33. 湖南大学；34. 西安电子科技大学；38. 华北电力大学；39. 中国矿业大学；43. 山东大学；47. 北京交通大学；48. 中国东北大学；50. 南京理工大学；51. 武汉大学；52. 北京大学；57. 西南交通大学；61. 台湾成功大学；63. 国防科技大学；66. 中国石油大学；67. 香港大学；68. 香港科技大学；72. 四川大学；73. 台湾大学；77. 中南大学；82. 河海大学；85. 哈尔滨工程大学；91. 北京工业大学；93. 中山大学；94. 江苏大学；96. 上海大学；97. 北京科技大学；101. 吉林大学；				

续表

104. 合肥工业大学；106. 武汉理工大学；118. 台湾交通大学；127. 北京邮电大学；128. 南京大学；132. 厦门大学；133. 深圳大学；135. 中国地质大学；143. 广东工业大学；150. 香港中文大学；176. 复旦大学；186. 山东科技大学；207. 浙江工业大学；226. 燕山大学；228. 江南大学；231. 澳门大学；239. 长安大学；245. 上海理工大学；248. 北京师范大学；249. 南京工业大学；251. 苏州大学；255. 西南石油大学；256. 北京化工大学；257. 南京邮电大学；261. 南开大学；262. 太原理工大学；264. 大连海事大学；268. 中国石油大学(华东)；270. 福州大学；271. 杭州电子科技大学；274. 郑州大学；306. 东华大学；328. 南京信息工程大学；332. 西安工业大学；337. 华东理工大学；344. 兰州大学；352. 广州大学；353. 长沙理工大学；360. 西安建筑科技大学；361. 昆明理工大学；374. 中国海洋大学；379. 暨南大学；380. 广西大学；382. 中国农业大学；388. 河南理工大学；396. 中国工程物理学院；402. 宁波大学；403. 华东师范大学；404. 上海海事大学；413. 河北工业大学；416. 西南大学；424. 南京师范大学；442. 青岛大学；449. 南昌大学；452. 中国人民解放军空军工程大学；463. 青岛科技大学；478. 江苏科技大学；480. 西北农林科技大学；488. 扬州大学；492. 华侨大学；513. 重庆邮电大学；516. 南京林业大学；525. 武汉科技大学；534. 安徽大学；541. 曲阜师范大学；547. 中国人民解放军陆军工程大学；552. 浙江理工大学；556. 天津工业大学；574. 山东师范大学；582. 兰州理工大学；584. 渤海大学

九十四、电子电气工程

表 2-118　电子电气工程（5 强与中国大学）

排名	英文名称	中文名称	国家/地区	总得分
1	CHINESE-ACAD-SCI	中国科学院	中国	100.00
2	TSINGHUA-UNIV	清华大学	中国	69.00
3	UNIV-ELECT-SCI-&-TECHNOL-CHINA	电子科技大学	中国	59.80
4	SOUTHEAST-UNIV	东南大学	中国	57.50
5	XIDIAN-UNIV	西安电子科技大学	中国	57.30
其他中国机构：6. 哈尔滨工业大学；7. 浙江大学；9. 华中科技大学；10. 上海交通大学；11. 北京航空航天大学；12. 西安交通大学；13. 中国科学院大学；15. 武汉大学；16. 北京邮电大学；17. 北京理工大学；18. 西北工业大学；19. 香港城市大学；21. 天津大学；22. 华南理工大学；23. 国防科技大学；24. 重庆大学；25. 南京理工大学；26. 南京航空航天大学；27. 香港理工大学；30. 北京大学；31. 北京交通大学；33. 中国科学技术大学；36. 中山大学；37. 中国东北大学；39. 大连理工大学；41. 深圳大学；42. 香港中文大学；43. 西南交通大学；45. 湖南大学；46. 南京邮电大学；48. 山东大学；51. 香港科技大学；56. 香港大学；59. 华北电力大学；61. 同济大学；63. 澳门大学；65. 南京大学；67. 台湾交通大学；73. 四川大学；74. 台湾成功大学；75. 广东工业大学；78. 台湾大学；79. 复旦大学；81. 合肥工业大学；83. 哈尔滨工程大学；84. 上海大学；87. 杭州电子科技大学；90. 南京信息工程大学；92. 厦门大学；97. 吉林大学；106. 北京科技大学；119. 台湾清华大学；121. 中国矿业大学；127. 重庆邮电大学；129. 中南大学；130. 大连海事大学；133. 中国地质大学；142. 河海大学；147. 江苏大学；150. 武汉理工大学；151. 江南大学；166. 北京工业大学；172. 山东科技大学；183. 燕山大学；188. 浙江工业大学；202. 桂林电子科技大学；209. 福州大学；219. 中国人民解放军空军工程大学；221. 安徽大学；227. 青岛大学；229. 苏州大学；233. 南开大学；242. 西南大学；252. 广州大学；253. 西安工业大学；255. 华东师范大学；280. 郑州大学；282. 渤海大学；287. 暨南大学；296. 上海理工大学；320. 宁波大学；321. 北京师范大学；328. 南方科技大学；329. 北京化工大学；330. 河北工业大学；332. 中国人民解放军陆军工程大学；337. 曲阜师范大学；338. 南京师范大学；343. 中国石油大学；345. 山东师范大学；354. 长沙理工大学；357. 辽宁工业大学；359. 南昌大学；360. 华东理工大学；370. 南通大学；376. 东华大学；377. 哈尔滨理工大学；382. 上海科技大学；388. 上海海事大学；408. 澳门科技大学；421. 长安大学；425. 华侨大学；427. 扬州大学；429. 中国海洋大学；430. 中北大学；437. 西安邮电大学；439. 昆明理工大学；451. 广西大学；467. 中国计量大学；488. 天津科技大学；492. 华南师范大学；499. 太原理工大学				

九十五、农学

表2-119 农学（5强与中国大学）

排名	英文名称	中文名称	国家/地区	总得分
1	CHINA-AGR-UNIV	中国农业大学	中国	100.00
2	CHINESE-ACAD-SCI	中国科学院	中国	62.00
3	ARS	美国农业科学研究院	美国	58.90
4	CHINESE-ACAD-AGR-SCI	中国农业科学院	中国	53.80
5	INRA	法国国家农业科学研究院	法国	53.10

其他中国机构：9. 西北农林科技大学；10. 江南大学；12. 南京农业大学；16. 浙江大学；21. 华南理工大学；24. 中国科学院；25. 华中农业大学；70. 华南农业大学；72. 南昌大学；78. 江苏大学；81. 东北农业大学；96. 山东农业大学；100. 西南大学；101. 上海交通大学；107. 台湾大学；116. 扬州大学；119. 四川农业大学；120. 天津理工大学；132. 福建农林大学；159. 北京工商大学；165. 中国海洋大学；166. 北京林业大学；168. 沈阳农业大学；176. 兰州大学；181. 吉林大学；188. 北京师范大学；200. 北京大学；202. 暨南大学；205. 中山大学；223. 安徽农业大学；232. 湖南农业大学；256. 四川大学；263. 青岛农业大学；265. 浙江工商大学；287. 广西大学；294. 中国科学院；296. 河南工业大学；297. 陕西师范大学；299. 合肥工业大学；301. 大连工业大学；306. 浙江农林大学；315. 南京林业大学；328. 南京师范大学；342. 河南农业大学；362. 东北林业大学；363. 香港大学；365. 武汉大学；366. 甘肃农业大学；382. 上海海洋大学；387. 石河子大学；388. 香港中文大学；397. 天津大学；403. 河南科技大学；407. 江西农业大学；410. 南京大学；412. 海南大学；413. 内蒙古农业大学；415. 南开大学；419. 吉林农业大学；433. 中国科学院大学；441. 宁波大学；450. 南京财经大学；452. 华中科技大学；463. 浙江工业大学；478. 清华大学；503. 苏州大学；509. 长江大学；510. 哈尔滨工业大学；511. 复旦大学；552. 渤海大学；557. 山西农业大学；565. 贵州大学；566. 河海大学；568. 武汉轻工大学；571. 湖北工业大学；579. 厦门大学；605. 中国医学科学院；609. 西北大学；633. 云南农业大学；636. 中南林业科技大学；638. 山东大学；650. 中国疾病预防控制中心；667. 福州大学；677. 昆明理工大学；680. 南京信息工程大学；694. 河南科技学院；699. 齐鲁工业大学；704. 深圳大学；712. 上海应用技术大学；720. 青岛大学；732. 中国科学院；733. 郑州大学；743. 山西大学；751. 东北师范大学；754. 河北农业大学；759. 香港浸会大学；768. 江西师范大学；785. 郑州轻工业大学；797. 河南大学；800. 中南大学；812. 澳门大学；820. 中国药科大学；837. 黑龙江八一农垦大学

九十六、艺术与设计

表2-120 艺术与设计（5强与中国大学）

排名	英文名称	中文名称	国家/地区	总得分
1	CNR	意大利国家研究委员会	意大利	100.00
2	DELFT-UNIV-TECHNOL	代尔夫特大学	荷兰	85.30
3	UNIV-BOLOGNA	博洛尼亚大学	意大利	62.70
4	UNIV-FLORENCE	佛罗伦萨大学	意大利	52.50
5	UCL	伦敦大学学院	英国	51.40

其他中国机构：16. 浙江大学；20. 中国科学院；36. 敦煌学院；64. 台湾大学；82. 兰州大学；91. 中国科学技术大学；101. 香港理工大学；109. 西北大学；110. 北京科技大学；137. 北京大学；161. 中国科学院大学；174. 四川大学；188. 清华大学；197. 西北工业大学；199. 浙江工业大学；209. 北京建筑大学；216. 南京林业大学；248. 山东大学；255. 中国人民大学；282. 同济大学；294. 北京工商大学；310. 河南大学；311. 西安交通大学；323. 中国矿业大学；330. 香港教育大学；344. 中国地质大学；409. 南京大学；415. 南开大学；426. 上海大学；428. 天津大学；436. 湖南大学；

续表

526. 重庆大学；550. 北京师范大学；553. 香港大学；609. 华中科技大学；625. 福州大学；645. 北京化工大学；647. 宁波诺丁汉大学；671. 南京工业大学；689. 重庆科技学院；693. 四川美术学院；732. 中国东北大学；754. 北京工业大学；770. 广东工业大学；777. 复旦大学；792. 北京农学院；798. 江西省国学文化研究会；815. 香港城市大学；845. 武汉大学；846. 浙江理工大学；852. 大连理工大学；860. 菏泽学院；899. 陕西师范大学；938. 西北师范大学；940. 西安理工大学；949. 陕西科技大学；1073. 哈尔滨工业大学；1084. 黑龙江中医药大学；1118. 中国社会科学院大学；1130. 西交利物浦大学；1211. 上海交通大学；1231. 景德镇陶瓷大学；1234. 中国工程物理学院；1251. 首都师范大学；1286. 河北师范大学；1302. 闽江学院；1376. 西南交通大学；1398. 福建师范大学；1432. 东南大学；1446. 四川轻化工大学；1456. 太原理工大学；1457. 吉林师范大学；1458. 河北大学

九十七、系统科学

该学科没有 ESI 收录数据。

九十八、公安学

该学科没有 ESI 收录数据。

九十九、中药学

该学科没有 ESI 收录数据。

一〇〇、兵器科学与技术

该学科没有 ESI 收录数据。

一〇一、中医学

该学科没有 ESI 收录数据。

一〇二、中国语言文学

该学科没有 ESI 收录数据。

一〇三、风景园林学

该学科没有 ESI 收录数据。

一〇四、设计学

该学科没有 ESI 收录数据。

一〇五、马克思主义理论

该学科没有 ESI 收录数据。

一〇六、中西医结合

该学科没有 ESI 收录数据。

一〇七、草学

该学科没有 ESI 收录数据。

一〇八、中国史

该学科没有 ESI 收录数据。

一〇九、集成电路科学与工程

该学科没有 ESI 收录数据。

第五节 世界一流大学一级指标排行榜（2024）（分3个指标）

一、教学水平排行榜

表2-121 教学水平排行榜（10强与中国大学）

排名	英文名称	中文名称	国家/地区
1	HARVARD UNIVERSITY	哈佛大学	美国
2	CORNELL UNIVERSITY	康奈尔大学	美国
3	RICE UNIVERSITY	莱斯大学	美国
4	AIX-MARSEILLE UNIVERSITE	艾克斯-马赛大学	法国
5	UNIVERSITY OF BERGEN	卑尔根大学	挪威
5	EOTVOS LORAND UNIVERSITY	罗兰大学	匈牙利
7	BRANDEIS UNIVERSITY	布兰迪斯大学	美国
7	SZEGED UNIVERSITY	赛格德大学	匈牙利
9	STANFORD UNIVERSITY	斯坦福大学	美国
10	TSINGHUA UNIVERSITY	清华大学	中国

其他中国机构：14. 香港大学；24. 北京大学；24. 浙江大学；36. 复旦大学；39. 香港城市大学；39. 北京理工大学；44. 西北工业大学；51. 上海交通大学；51. 天津大学；63. 苏州大学；69. 武汉大学；71. 华南理工大学；71. 电子科技大学；74. 中山大学；74. 中南大学；74. 南开大学；74. 湖南大学；81. 华中科技大学；81. 南京大学；81. 南方科技大学；86. 中国农业大学；92. 西安交通大学；100. 中国地质大学；103. 香港理工大学；103. 东南大学；103. 吉林大学；103. 北京化工大学；116. 哈尔滨工业大学；116. 北京航空航天大学；116. 重庆大学；127. 山东大学；127. 四川大学；127. 大连理工大学；127. 深圳大学；127. 武汉理工大学；135. 南昌大学；147. 香港中文大学；147. 厦门大学；147. 南京航空航天大学；147. 广东工业大学；162. 华中农业大学；162. 福州大学；162. 台湾阳明交通大学；178. 澳门大学；178. 香港科技大学；178. 辽宁工业大学；194. 台湾大学；194. 北京师范大学；194. 华东理工大学；194. 上海理工大学；194. 南京农业大学；194. 中国医学科学院-中国协和医学院；224. 郑州大学；224. 华东师范大学；224. 江苏大学；224. 上海大学；224. 浙江工业大学；224. 青岛大学；224. 中国石油大学；224. 南京信息工程大学；224. 南京工业大学；224. 安徽大学；224. 南京邮电大学；224. 渤海大学；224. 西北农林科技大学；261. 中国东北大学；261. 北京科技大学；261. 南京理工大学；261. 中国海洋大学；311. 暨南大学；311. 西安电子科技大学；311. 兰州大学；311. 江南大学；311. 南京师范大学；311. 华南农业大学；311. 东华大学；311. 华中师范大学；311. 扬州大学；311. 河南大学；311. 广州大学；311. 南京医科大学；311. 陕西师范大学；311. 澳门科技大学；311. 山东农业大学；311. 海南大学；311. 常州大学；311. 河北大学；311. 黑龙江大学；388. 同济大学；388. 台湾成功大学；388. 中国人民大学；388. 北京邮电大学；388. 合肥工业大学；388. 北京工业大学；388. 广西大学；388. 南京林业大学；388. 西北大学；388. 台湾科技大学；388. 杭州电子科技大学；388. 南方医科大学；388. 淡江大学；388. 福建师范大学；388. 重庆邮电大学；388. 温州大学；388. 东北农业大学；388. 江西师范大学；388. 湖南科技大学；388. 中央民族大学；388. 广州医科大学；388. 太原科技大学；388. 湖南工业大学；388. 中国矿业大学；509. 台湾清华大学；509. 北京交通大学；509. 香港浸会大学；509. 河海大学；509. 华南师范大学；509. 台湾中国医药大学；509. 国防科学技术大学；509. 台湾中山大学；509. 哈尔滨工程大学；509. 东北师范大学；509. 山东科技大学；509. 首都医科大学；509. 香港教育大学；509. 云南大学；509. 湖南师范大学；509. 上海科技大学；509. 青岛科技大学；509. 河北工业大学；509. 大连海事大学；509. 西安建筑科技大学；509. 湖北大学；509. 浙江理工大学；509. 西安理工大学；509. 首都师范大学；509. 昆明理工大学；509. 陕西科技大学；509. 西交利物浦大学；509. 北京工商大学；509. 对外经济贸易大学；509. 安徽农业大学；

续表

509. 齐鲁工业大学；509. 西安科技大学；509. 苏州科技大学；509. 河南科技大学；509. 天津科技大学；509. 岭南大学；509. 内蒙古大学；509. 集美大学；509. 上海海洋大学；509. 南京中医药大学；509. 亚洲大学(中国台湾)；509. 广东海洋大学；509. 青岛农业大学；509. 哈尔滨理工大学；509. 聊城大学；509. 河南师范大学；509. 大连工业大学；509. 东北石油大学；509. 兰州理工大学；509. 辽宁师范大学；509. 沈阳航空航天大学；509. 华北水利水电大学；509. 浙江中医药大学；509. 吉首大学；826. 中国科学技术大学；826. 中国科学院大学；826. 西南交通大学；826. 西南大学；826. 台湾师范大学；826. 华北电力大学；826. 台湾"中央"大学；826. 长安大学；826. 北京林业大学；826. 太原理工大学；826. 山东师范大学；826. 宁波大学；826. 高雄医科大学；826. 台湾中兴大学；826. 浙江师范大学；826. 山西大学；826. 台北医学大学；826. 台湾医学院 826. 燕山大学；826. 济南大学；826. 四川农业大学；826. 中国药科大学；826. 西南财经大学；826. 贵州大学；826. 高雄科技大学；826. 湘潭大学；826. 台北科技大学；826. 华侨大学；826. 汕头大学；826. 长庚大学；826. 南通大学；826. 中国医科大学；826. 福建农林大学；826. 武汉科技大学；826. 长沙理工大学；826. 西南石油大学；826. 重庆医科大学；826. 成都理工大学；826. 杭州师范大学；826. 东北林业大学；826. 上海师范大学；826. 河南理工大学；826. 温州医科大学；826. 空军军医大学；826. 台湾政治大学；826. 哈尔滨医科大学；826. 宁波诺丁汉大学；826. 逢甲大学；826. 上海海事大学；826. 东海大学(中国台湾)；826. 山东理工大学；826. 曲阜师范大学；826. 安徽医科大学；826. 西南科技大学；826. 江苏科技大学；826. 中央财经大学；826. 台湾云林科技大学；826. 浙江农林大学；826. 辅仁大学；826. 武汉工程大学；826. 浙江工商大学；826. 福建医科大学；826. 广西师范大学；826. 长江大学；826. 桂林电子科技大学；826. 新疆大学；826. 台湾海洋大学；826. 台湾中原大学；826. 湖南农业大学；826. 台湾中正大学；826. 中国计量大学；826. 中北大学；826. 河南农业大学；826. 安徽师范大学；826. 安徽工业大学；826. 天津医科大学；826. 上海财经大学；826. 东莞理工学院 826. 天津理工大学；826. 四川师范大学；826. 烟台大学；826. 元智大学；826. 三峡大学；826. 湖北工业大学；826. 佛山科学技术学院 826. 西北师范大学；826. 上海工程技术大学；826. 江苏师范大学；826. 中南财经政法大学；826. 成都大学；826. 广东外语外贸大学；826. 河南工业大学；826. 南华大学；826. 上海中医药大学；826. 台湾东华大学；826. 宁夏大学；826. 桂林工业大学；826. 郑州轻工业大学；826. 广州中医药大学；826. 重庆工商大学；826. 安徽理工大学；826. 江西财经大学；826. 广西医科大学；826. 武汉纺织大学；826. 天津工业大学；826. 重庆师范大学；826. 南昌航空大学；826. 天津师范大学；826. 台湾屏东科技大学；826. 义守大学；826. 成都信息工程大学；826. 东北财经大学；826. 成都中医药大学；826. 中南民族大学；826. 河北师范大学；826. 河北农业大学；826. 北京建筑大学土木与交通工程学院 826. 中南林业科技大学；826. 青岛理工大学；826. 重庆理工大学；826. 上海电力大学；826. 北京中医药大学；826. 沈阳农业大学；826. 南京财经大学；826. 鲁东大学；826. 长春科技大学；826. 浙江财经大学；826. 首都经济贸易大学；826. 浙江海洋大学；826. 沈阳工业大学；826. 山东建筑大学；826. 安徽工程大学；826. 北京协和医学院 826. 上海应用技术大学；826. 福建理工大学；826. 西安邮电大学；826. 云南师范大学；826. 石河子大学；826. 台湾嘉义大学；826. 江西农业大学；826. 临沂大学；826. 中山医学大学；826. 吉林农业大学；826. 兰州交通大学；826. 山东财经大学；826. 河北医科大学；826. 徐州医科大学；826. 明志科技大学；826. 沈阳药科大学；826. 华东交通大学；826. 四川轻化工大学；826. 天津中医药大学；826. 绍兴文理学院；826. 西安工业大学；826. 河北科技大学；826. 甘肃农业大学；826. 长春工业大学；826. 哈尔滨师范大学；826. 嘉兴学院；826. 青海大学；826. 山西农业大学；826. 闽江学院 826. 西华师范大学；826. 大连医科大学；826. 山西医科大学；826. 西南民族大学；826. 上海体育大学；826. 湖州学院；826. 内蒙古农业大学；826. 滨州医学院；826. 山东中医药大学；826. 江汉大学；826. 云南农业大学；826. 淮阴师范学院；826. 广东药科大学；826. 安徽财经大学；826. 华北理工大学；826. 西安工程大学；826. 新乡医学院；826. 武汉轻工大学；826. 仲恺农业工程学院；826. 贵州医科大学；826. 河南科技学院；826. 中原工学院；826. 延边大学；826. 延安大学；826. 内蒙古工业大学；826. 五邑大学；826. 昆明医科大学；826. 盐城工学院；826. 重庆科技大学；826. 信阳师范学院；826. 辽宁石油化工大学；826. 河南中医药大学；826. 海南医学院；826. 东华理工大学；826. 湖北经济学院；826. 新疆医科大学；826. 山东第二医科大学；826. 广东石油化工学院；826. 安徽建筑大学；826. 江西中医药大学；826. 湖北中医药大学；826. 宁夏医科大学；826. 辽宁大学；826. 新疆农业大学；826. 齐齐哈尔大学；826. 湖北大学医学院；826. 内蒙古科技大学；826. 西南林业大学；826. 山东第一医科大学；826. 广东医科大学；826. 安徽中医药大学；826. 沈阳化工大学；826. 淮北师范大学；826. 大连交通大学；826. 桂林医学院；826. 江西科技师范大学；826. 遵义医学院；826. 中国人民解放军空军工程大学；826. 湖南中医学院；826. 福建中医药大学；826. 湖北文理学院；826. 广西中医药大学；826. 陕西中医药大学；826. 黑龙江中医药大学；826. 宁波工程学院；826. 黑龙江八一农垦大学；826. 锦州医科大学；826. 辽宁中医药大学；826. 长庚科技大学；826. 中国人民解放军陆军工程大学；826. 江西科技学院；826. 香港中文大学(深圳)；826. 西南医科大学；826. 济宁医学院；826. 辽宁科技大学；826. 西安医学院；826. 泰州学院；826. 吉林师范大学；826. 中国人民解放军信息工程大学；826. 中国人民解放军陆军军医大学；826. 长江师范学院；826. 中国人民解放军海军军医大学；826. 重庆文理学院；826. 北方民族大学

二、科研能力排行榜

表 2-122 科研能力排行榜（10 强与中国大学）

排名	英文名称	中文名称	国家/地区
1	HARVARD UNIVERSITY	哈佛大学	美国
2	STANFORD UNIVERSITY	斯坦福大学	美国
3	UNIVERSITY OF TORONTO	多伦多大学	加拿大
4	UNIVERSITY COLLEGE LONDON	伦敦大学学院	英国
5	UNIVERSITY OF CHINESE ACADEMY OF SCIENCES, CAS	中国科学院大学	中国
6	MASSACHUSETTS INSTITUTE OF TECHNOLOGY (MIT)	麻省理工学院	美国
7	UNIVERSITY OF OXFORD	牛津大学	英国
8	UNIVERSITE PARIS CITE	巴黎西岱大学	法国
9	JOHNS HOPKINS UNIVERSITY	约翰·霍普金斯大学	美国
10	UNIVERSITY OF WASHINGTON	华盛顿大学	美国

其他中国机构：11. 清华大学；17. 浙江大学；20. 上海交通大学；24. 北京大学；42. 中山大学；43. 华中科技大学；49. 复旦大学；58. 南京工业大学；61. 中国科学技术大学；78. 中南大学；83. 四川大学；88. 武汉大学；89. 西安交通大学；92. 南京大学；93. 武汉工程大学；106. 南京中医药大学；107. 哈尔滨工业大学；115. 山东大学；123. 天津大学；124. 台湾清华大学；133. 华南理工大学；136. 吉林大学；137. 香港大学；143. 同济大学；148. 东南大学；150. 郑州大学；155. 香港中文大学；167. 湖南大学；173. 电子科技大学；174. 北京理工大学；183. 香港理工大学；187. 西安医学院；195. 苏州大学-中国；204. 台湾大学；208. 香港城市大学；209. 中国医学科学院-中国协和医学院；212. 重庆大学；216. 南开大学；218. 北京航空航天大学；223. 厦门大学；226. 大连理工大学；228. 西北工业大学；250. 深圳大学；256. 台湾中山大学；269. 香港科技大学；290. 中国地质大学；313. 江苏大学；314. 北京化工大学；316. 北京师范大学；319. 中国农业大学；321. 北京协和医学院；331. 武汉理工大学；345. 首都医科大学；350. 北京科技大学；379. 青岛大学；381. 华中师范大学；383. 福州大学；394. 中国石油大学；400. 上海大学；404. 兰州大学；405. 南方科技大学；410. 华东师范大学；415. 华东理工大学；417. 南京理工大学；421. 南京医科大学；423. 台湾政治大学；427. 中国矿业大学；428. 西北农林科技大学；440. 暨南大学；448. 南京航空航天大学；455. 江南大学；463. 南京农业大学；470. 浙江工业大学；472. 台湾中国医药大学；479. 华中农业大学；483. 广东工业大学；496. 南方医科大学；508. 南昌大学；520. 台湾阳明交通大学；522. 上海科技大学；544. 东华大学；554. 北京邮电大学；557. 南京信息工程大学；559. 西南大学；562. 中国东北大学；582. 西安电子科技大学；604. 南京林业大学；607. 扬州大学；610. 澳门大学；611. 台湾成功大学；615. 北京工业大学；623. 西南交通大学；634. 合肥工业大学；653. 华北电力大学；665. 山东中医药大学；673. 中国海洋大学；684. 长庚科技大学；693. 河海大学；698. 中国人民解放军海军军医大学；699. 山东科技大学；703. 华南农业大学；712. 广州医科大学；722. 山东师范大学；732. 中国人民解放军陆军军医大学；743. 南京师范大学；757. 南京邮电大学；762. 广州大学；764. 温州医科大学；775. 天津医科大学；782. 青岛科技大学；794. 长沙理工大学；798. 温州大学；801. 香港浸会大学；804. 广西大学；833. 河南大学；834. 陕西科技大学；838. 哈尔滨医科大学；844. 北京交通大学；847. 浙江师范大学；851. 济南大学；871. 台湾东华大学；874. 空军军医大学；885. 山西大学；890. 华南师范大学；893. 陕西师范大学；904. 中国医科大学；908. 山东农业大学；910. 哈尔滨工程大学；929. 西北大学；942. 重庆医科大学；945. 中国药科大学；948. 长安大学；949. 国防科学技术大学；952. 台北医学大学；954. 汕头大学；983. 台湾海洋大学；996. 宁波大学；997. 安徽大学；999. 北京林业大学；1009. 山东第一医科大学；1010. 长庚大学；1011. 东北师范大学；1035. 杭州师范大学；1040. 上海理工大学；1042. 福建农林大学；1046. 上海师范大学；1051. 东北农业大学；1052. 渤海大学；1055. 辽宁工业大学；1057. 太原理工大学；1060. 安徽医科大学；1077. 澳门科技大学；1078. 中原工学院；1105. 天津理工大学；1106. 台湾“中央”大学；1111. 湖南农业大学；1114. 上海电力大学；1115. 黑龙江大学；1118. 湖北大学；1134. 沈阳药科大学；1137. 三峡大学；1139. 湖州学院；1143. 浙江理工大学；1152. 南通大学；1164. 浙江农林大学；1166. 江苏科技大学；1170. 新疆医科大学；1172. 中国人民大学；1177. 河北工业大学；1178. 湘潭大学；1182. 重庆邮电大学；1191. 河南师范大学；1194. 昆明理工大学；1195. 南华大学；1200. 海南大学；1201. 江西师范大学；1205. 燕山大学；1207. 中国计量大学；1217. 湖南工业大学；1221. 台湾科技大学；

续表

1223. 河南理工大学；1225. 武汉科技大学；1232. 四川农业大学；1233. 西南科技大学；1234. 江苏师范大学；1240. 亚洲大学(中国台湾)；1246. 齐鲁工业大学；1264. 香港中文大学(深圳)；1273. 曲阜师范大学；1274. 高雄医科大学；1277. 常州大学；1283. 上海海洋大学；1284. 重庆工商大学；1285. 南昌航空大学；1293. 广东医科大学；1310. 浙江工商大学；1320. 西安建筑科技大学；1325. 淮北师范大学；1334. 哈尔滨师范大学；1336. 大连医科大学；1338. 福建师范大学；1341. 天津工业大学；1346. 湖南师范大学；1350. 杭州电子科技大学；1359. 桂林电子科技大学；1361. 华侨大学；1364. 郑州轻工业大学；1370. 东北林业大学；1381. 青岛农业大学；1383. 天津科技大学；1387. 贵州大学；1391. 台湾中兴大学；1395. 西安理工大学；1396. 广西医科大学；1401. 大连海事大学；1405. 安徽农业大学；1407. 上海财经大学；1412. 吉首大学；1418. 中北大学；1419. 河南科技大学；1424. 福建医科大学；1425. 云南大学；1428. 北京工商大学；1436. 中南民族大学；1439. 沈阳农业大学；1444. 安徽工业大学；1446. 西南财经大学；1447. 聊城大学；1448. 东莞理工学院；1466. 辅仁大学；1470. 青岛理工大学；1478. 宁波诺丁汉大学；1491. 广州中医药大学；1492. 内蒙古大学；1504. 四川师范大学；1508. 上海工程技术大学；1509. 首都师范大学；1510. 西南石油大学；1511. 上海中医药大学；1519. 香港教育大学；1523. 淡江大学；1526. 河南农业大学；1537. 成都大学；1544. 广西师范大学；1554. 中南林业科技大学；1556. 安徽财经大学；1559. 新疆大学；1560. 佛山科学技术学院；1565. 浙江海洋大学；1573. 徐州医科大学；1582. 台北科技大学；1590. 湖北大学医学院；1592. 安徽师范大学；1593. 山东财经大学；1605. 烟台大学；1607. 山西农业大学；1616. 湖南科技大学；1620. 东北财经大学；1623. 中山医学大学；1624. 江西科技学院；1628. 河北医科大学；1632. 南京财经大学；1636. 西华师范大学；1642. 天津师范大学；1645. 浙江财经大学；1649. 中央民族大学；1659. 哈尔滨理工大学；1662. 河南工业大学；1663. 华北理工大学；1664. 长春工业大学；1672. 上海海事大学；1680. 西安科技大学；1687. 河北农业大学；1688. 成都理工大学；1692. 西交利物浦大学；1694. 江西科技师范大学；1696. 武汉纺织大学；1699. 台湾中原大学；1701. 河北大学；1704. 兰州交通大学；1705. 绍兴文理学院；1718. 浙江中医药大学；1736. 兰州理工大学；1737. 北京中医药大学；1745. 滨州医学院；1746. 江西财经大学；1747. 西北师范大学；1768. 湖北工业大学；1769. 五邑大学；1770. 大连工业大学；1782. 台湾师范大学；1785. 江汉大学；1791. 明志科技大学；1793. 盐城工学院；1794. 广东石油化工学院；1802. 石河子大学；1810. 广东药科大学；1813. 泰州学院；1819. 高雄科技大学；1821. 重庆理工大学；1824. 桂林工业大学；1828. 昆明医科大学；1829. 长江大学；1834. 西南医科大学；1835. 淮阴师范学院；1837. 重庆师范大学；1839. 济宁医学院；1841. 遵义医学院；1847. 吉林师范大学；1853. 北京建筑大学土木与交通工程学院；1855. 新乡医学院；1857. 辽宁大学；1858. 山东理工大学；1859. 信阳师范学院；1861. 桂林医学院；1862. 云南农业大学；1863. 江西农业大学；1864. 苏州科技大学；1871. 台湾医学院；1878. 宁夏医科大学；1879. 天津中医药大学；1883. 河北师范大学；1890. 安徽理工大学；1897. 对外经济贸易大学；1902. 西安工业大学；1905. 武汉轻工大学；1906. 东海大学(中国台湾)；1913. 临沂大学；1919. 闽江学院；1921. 成都中医药大学；1925. 山东建筑大学；1927. 湖南中医学院；1936. 山西医科大学；1945. 重庆文理学院；1959. 台湾云林科技大学；1961. 黑龙江中医药大学；1964. 上海应用技术大学；1966. 广东外语外贸大学；1967. 太原科技大学；1969. 河北科技大学；1971. 华东交通大学；1972. 云南师范大学；1973. 嘉兴学院；1975. 吉林农业大学；1986. 湖北文理学院；1987. 安徽建筑大学；1995. 辽宁石油化工大学；1999. 海南医学院；2003. 鲁东大学；2007. 仲恺农业工程学院；2008. 锦州医科大学；2009. 延边大学；2011. 贵州医科大学；2015. 中南财经政法大学；2019. 广东海洋大学；2021. 湖北经济学院；2023. 青海大学；2025. 延安大学；2028. 长江师范学院；2032. 宁夏大学；2034. 中央财经大学；2035. 西南民族大学；2036. 成都信息工程大学；2037. 逢甲大学；2038. 齐齐哈尔大学；2040. 宁波工程学院；2043. 元智大学；2044. 义守大学；2047. 东华理工大学；2051. 岭南大学；2053. 长春科技大学；2057. 沈阳航空航天大学；2058. 北方民族大学；2062. 湖北中医药大学；2065. 台湾中正大学；2067. 辽宁中医药大学；2069. 集美大学；2070. 福建理工大学；2072. 安徽工程大学；2073. 中国人民解放军信息工程大学；2078. 大连交通大学；2082. 山东第二医科大学；2087. 福建中医药大学；2088. 辽宁师范大学；2094. 甘肃农业大学；2097. 中国人民解放军空军工程大学；2099. 中国人民解放军陆军工程大学；2101. 台湾嘉义大学；2105. 沈阳工业大学；2110. 四川轻化工大学；2112. 东北石油大学；2114. 江西中医药大学；2119. 辽宁科技大学；2134. 内蒙古科技大学；2139. 西南林业大学；2141. 沈阳化工大学；2142. 台湾屏东科技大学；2144. 河南科技学院；2146. 内蒙古农业大学；2155. 首都经济贸易大学；2156. 河南中医药大学；2157. 西安邮电大学；2162. 安徽中医药大学；2164. 广西中医药大学；2170. 内蒙古工业大学；2175. 西安工程大学；2180. 上海体育大学；2181. 黑龙江八一农垦大学；2182. 重庆科技大学；2183. 陕西中医药大学；2187. 新疆农业大学；2190. 华北水利水电大学

三、影响力排行榜

表 2-123 影响力排行榜（10 强与中国大学）

排名	英文名称	中文名称	国家/地区
1	HARVARD UNIVERSITY	哈佛大学	美国
2	UNIVERSITY OF TORONTO	多伦多大学	加拿大
3	UNIVERSITY COLLEGE LONDON	伦敦大学学院	英国
4	UNIVERSITY OF OXFORD	牛津大学	英国
5	SWISS FEDERAL INSTITUTES OF TECHNOLOGY DOMAIN	瑞士联邦理工学院	瑞士
6	IMPERIAL COLLEGE LONDON	伦敦帝国学院	英国
7	UNIVERSITY OF CAMBRIDGE	剑桥大学	英国
8	UNIVERSITY OFCOPENHAGEN	哥本哈根大学	丹麦
9	UNIVERSITY OF SYDNEY	悉尼大学	澳大利亚
10	JOHNS HOPKINS UNIVERSITY	约翰·霍普金斯大学	美国

其他中国机构：19. 中国科学院大学；28. 北京大学；34. 浙江大学；36. 上海交通大学；42. 清华大学；68. 中山大学；73. 复旦大学；104. 香港中文大学；105. 香港大学；116. 华中科技大学；118. 四川大学；124. 西安交通大学；127. 山东大学；128. 武汉大学；131. 南京大学；142. 中南大学；154. 台湾大学；157. 同济大学；183. 厦门大学；195. 吉林大学；199. 中国科学技术大学；211. 苏州大学-中国；219. 深圳大学；222. 暨南大学；239. 香港理工大学；243. 郑州大学；272. 电子科技大学；274. 北京师范大学；280. 南开大学；284. 华东师范大学；302. 香港城市大学；307. 天津大学；318. 东南大学；323. 台湾中国医药大学；327. 西南大学；330. 台湾成功大学；333. 重庆大学；338. 华南理工大学；352. 哈尔滨工业大学；356. 香港科技大学；357. 中国农业大学；366. 兰州大学；378. 台湾阳明交通大学；386. 湖南大学；391. 江苏大学；407. 大连理工大学；427. 南昌大学；429. 香港浸会大学；449. 华中农业大学；450. 南方医科大学；465. 南京师范大学；466. 北京理工大学；468. 北京航空航天大学；469. 上海大学；471. 南京医科大学；473. 华南农业大学；476. 西北工业大学；477. 中国医学科学院-中国协和医学院；487. 中国海洋大学；496. 福州大学；497. 澳门大学；498. 首都医科大学；502. 青岛大学；505. 高雄医科大学；506. 华南师范大学；508. 扬州大学；529. 西北大学；531. 宁波大学；532. 中国东北大学；534. 陕西师范大学；535. 杭州师范大学；537. 台北医学大学；544. 中国人民大学；559. 长庚大学；568. 河海大学；569. 河南大学；575. 台湾清华大学；577. 南京理工大学；578. 江南大学；579. 台湾中山大学；587. 华东理工大学；591. 北京工业大学；604. 南京农业大学；611. 武汉理工大学；616. 华中师范大学；618. 西南交通大学；622. 南京信息工程大学；628. 重庆医科大学；632. 昆明理工大学；635. 东北师范大学；643. 北京协和医学院；645. 北京化工大学；646. 台湾中兴大学；647. 合肥工业大学；648. 安徽医科大学；649. 北京科技大学；655. 浙江工业大学；660. 湖南师范大学；667. 山西大学；669. 南京航空航天大学；671. 汕头大学；678. 福建农林大学；684. 温州医科大学；690. 中国石油大学；691. 台湾“中央”大学；701. 北京交通大学；703. 云南大学；706. 安徽大学；710. 北京林业大学；723. 山东师范大学；724. 上海科技大学；733. 西安电子科技大学；734. 广州大学；748. 中国地质大学；750. 四川农业大学；751. 台湾师范大学；765. 南通大学；767. 中国医科大学；774. 澳门科技大学；780. 上海理工大学；783. 南京林业大学；786. 浙江师范大学；788. 哈尔滨医科大学；816. 亚洲大学(中国台湾)；817. 广西大学；828. 天津医科大学；836. 东华大学；837. 福建师范大学；841. 南京工业大学；845. 海南大学；849. 中国药科大学；856. 山东科技大学；859. 台湾科技大学；866. 广州医科大学；867. 空军军医大学；869. 广东工业大学；877. 东北农业大学；882. 齐鲁工业大学；889. 华北电力大学；891. 济南大学；897. 长安大学；911. 哈尔滨工程大学；925. 国防科学技术大学；927. 东北林业大学；928. 西安理工大学；936. 上海师范大学；941. 北京邮电大学；942. 首都师范大学；943. 河南理工大学；963. 香港教育大学；964. 贵州大学；966. 福建医科大学；976. 大连海事大学；984. 西南财经大学；986. 长江大学；989. 新疆大学；993. 河南农业大学；1000. 湖南农业大学；1003. 华侨大学；1007. 湘潭大学；1008. 武汉科技大学；1011. 湖北大学；1012. 南京邮电大学；1014. 长沙理工大学；1026. 杭州电子科技大学；1031. 太原理工大学；1052. 山东农业大学；1058. 河北工业大学；1060. 江苏师范大学；1063. 北京工商大学；1067. 浙江农林大学；1076. 浙江工商大学；1079. 安徽农业大学；1088. 广州中医药大学；1095. 成都理工大学；1106. 河南科技大学；1108. 温州大学；1112. 河北大学；1122. 佛山科学技术学院；1143. 上海海洋大学；1150. 曲阜师范大学；1153. 河南师

续表

范大学；1159. 燕山大学；1165. 青岛科技大学；1167. 西北农林科技大学；1170. 台北科技大学；1183. 武汉工程大学；1185. 南京中医药大学；1192. 淡江大学；1193. 高雄科技大学；1196. 台湾海洋大学；1199. 浙江理工大学；1202. 西南石油大学；1203. 西安建筑科技大学；1207. 江西师范大学；1208. 西交利物浦大学；1211. 西安科技大学；1219. 天津科技大学；1223. 三峡大学；1230. 陕西科技大学；1249. 上海海事大学；1250. 山东理工大学；1251. 逢甲大学；1252. 内蒙古大学；1255. 江苏科技大学；1256. 中南林业科技大学；1262. 中南财经政法大学；1263. 石河子大学；1265. 西南科技大学；1266. 常州大学；1277. 南华大学；1280. 对外经济贸易大学；1286. 上海中医药大学；1295. 台湾东华大学；1297. 台湾医学院；1300. 桂林工业大学；1303. 桂林电子科技大学；1311. 台湾中原大学；1312. 重庆邮电大学；1315. 苏州科技大学；1320. 中国计量大学；1321. 山东第一医科大学；1323. 安徽师范大学；1326. 台湾中正大学；1327. 天津工业大学；1328. 东莞理工学院；1333. 上海财经大学；1335. 江西财经大学；1338. 天津理工大学；1339. 湖南科技大学；1340. 烟台大学；1343. 宁波诺丁汉大学；1345. 四川师范大学；1351. 湖北工业大学；1357. 青岛农业大学；1359. 成都大学；1376. 河北农业大学；1384. 西北师范大学；1385. 东海大学(中国台湾)；1398. 河南工业大学；1408. 辅仁大学；1411. 中央财经大学；1413. 徐州医科大学；1420. 广西师范大学；1435. 郑州轻工业大学；1436. 沈阳药科大学；1437. 重庆工商大学；1448. 安徽理工大学；1453. 元智大学；1454. 中北大学；1460. 安徽工业大学；1466. 广西医科大学；1481. 天津师范大学；1485. 广东海洋大学；1491. 台湾云林科技大学；1497. 青岛理工大学；1504. 上海工程技术大学；1506. 台湾政治大学；1517. 集美大学；1524. 聊城大学；1525. 江西农业大学；1528. 大连医科大学；1531. 吉林农业大学；1534. 北京中医药大学；1541. 宁夏大学；1543. 河北医科大学；1596. 浙江海洋大学；1606. 武汉纺织大学；1619. 台湾屏东科技大学；1623. 成都信息工程大学；1626. 重庆师范大学；1627. 南昌航空大学；1631. 成都中医药大学；1634. 大连工业大学；1635. 岭南大学；1641. 上海应用技术大学；1646. 中南民族大学；1651. 哈尔滨理工大学；1652. 河北师范大学；1657. 云南师范大学；1659. 中山医学大学；1660. 青海大学；1669. 重庆理工大学；1675. 中央民族大学；1680. 广东外语外贸大学；1683. 上海电力大学；1691. 兰州交通大学；1692. 沈阳农业大学；1696. 南京财经大学；1704. 鲁东大学；1716. 长春科技大学；1729. 浙江财经大学；1730. 广东药科大学；1732. 沈阳工业大学；1734. 华北理工大学；1739. 黑龙江大学；1751. 义守大学；1757. 安徽工程大学；1768. 东北财经大学；1770. 兰州理工大学；1774. 绍兴文理学院；1778. 昆明医科大学；1782. 嘉兴学院；1785. 北京建筑大学土木与交通工程学院；1786. 临沂大学；1787. 山西医科大学；1798. 山东财经大学；1799. 西华师范大学；1803. 明志科技大学；1831. 湖南工业大学；1836. 首都经济贸易大学；1845. 四川轻化工大学；1851. 山东建筑大学；1854. 东北石油大学；1862. 福建理工大学；1863. 西安邮电大学；1865. 西安工业大学；1866. 渤海大学；1868. 广东医科大学；1871. 天津中医药大学；1872. 河北科技大学；1873. 太原科技大学；1875. 山西农业大学；1880. 长春工业大学；1881. 湖州学院；1882. 台湾嘉义大学；1883. 浙江中医药大学；1884. 哈尔滨师范大学；1897. 内蒙古农业大学；1904. 滨州医学院；1906. 江汉大学；1912. 淮阴师范学院；1913. 仲恺农业工程学院；1915. 新乡医学院；1920. 华东交通大学；1925. 辽宁师范大学；1939. 沈阳航空航天大学；1941. 延边大学；1945. 甘肃农业大学；1949. 华北水利水电大学；1951. 五邑大学；1955. 盐城工学院；1956. 闽江学院；1958. 信阳师范学院；1961. 中国矿业大学；1962. 上海体育大学；1966. 西南民族大学；1967. 香港中文大学(深圳)；1971. 东华理工大学；1973. 辽宁石油化工大学；1976. 云南农业大学；1977. 山东中医药大学；1978. 广东石油化工学院；1980. 安徽财经大学；1981. 辽宁大学；1982. 贵州医科大学；1984. 武汉轻工大学；1986. 西安工程大学；1988. 吉首大学；1990. 河南科技学院；1993. 中原工学院；1996. 延安大学；1999. 内蒙古工业大学；2004. 重庆科技大学；2007. 海南医学院；2008. 淮北师范大学；2012. 湖北经济学院；2013. 河南中医药大学；2016. 山东第二医科大学；2018. 新疆医科大学；2023. 安徽建筑大学；2024. 江西中医药大学；2025. 宁夏医科大学；2027. 湖北中医药大学；2030. 辽宁工业大学；2031. 新疆农业大学；2032. 齐齐哈尔大学；2033. 湖北大学医学院；2035. 西南林业大学；2040. 内蒙古科技大学；2046. 安徽中医药大学；2047. 沈阳化工大学；2053. 宁波工程学院；2058. 桂林医学院；2059. 大连交通大学；2061. 江西科技师范大学；2062. 遵义医学院；2064. 湖南中医学院；2065. 中国人民解放军空军工程大学；2067. 湖北文理学院；2069. 福建中医药大学；2074. 广西中医药大学；2077. 陕西中医药大学；2079. 黑龙江中医药大学；2080. 黑龙江八一农垦大学；2082. 锦州医科大学；2088. 辽宁中医药大学；2090. 长庚科技大学；2103. 江西科技学院；2111. 中国人民解放军陆军工程大学；2135. 南方科技大学；2146. 西南医科大学；2154. 中国人民解放军海军军医大学；2155. 济宁医学院；2160. 中国人民解放军陆军军医大学；2161. 辽宁科技大学；2167. 西安医学院；2168. 泰州学院；2173. 吉林师范大学；2179. 重庆文理学院；2188. 北方民族大学；2189. 长江师范学院；2191. 中国人民解放军信息工程大学

第六节 世界一流大学基本指标排行榜（2024）（分 9 个指标）

一、高被引论文数排行榜

表 2-124 高被引论文数排行榜（10 强与中国大学）

排名	英文名称	中文名称	国家/地区
1	HARVARD UNIVERSITY	哈佛大学	美国
2	STANFORD UNIVERSITY	斯坦福大学	美国
3	UNIVERSITY COLLEGE LONDON	伦敦大学学院	英国
4	UNIVERSITY OF TORONTO	多伦多大学	加拿大
5	MASSACHUSETTS INSTITUTE OF TECHNOLOGY（MIT）	麻省理工学院	美国
6	UNIVERSITY OF OXFORD	牛津大学	英国
7	UNIVERSITE PARIS CITE	巴黎西岱大学	法国
8	JOHNS HOPKINS UNIVERSITY	约翰·霍普金斯大学	美国
9	UNIVERSITY OF WASHINGTON	华盛顿大学	美国
10	UNIVERSITY OF CHINESE ACADEMY OF SCIENCES，CAS	中国科学院大学	中国

其他中国机构：16. 清华大学；25. 北京大学；29. 浙江大学；35. 上海交通大学；48. 中国科学技术大学；53. 中山大学；54. 华中科技大学；57. 复旦大学；77. 武汉大学；83. 中南大学；85. 南京大学；90. 四川大学；91. 郑州大学；101. 西安交通大学；110. 香港中文大学；112. 香港大学；113. 湖南大学；120. 天津大学；121. 哈尔滨工业大学；127. 电子科技大学；129. 北京理工大学；134. 香港理工大学；136. 华南理工大学；141. 同济大学；147. 香港城市大学；148. 山东大学；153. 东南大学；156. 苏州大学-中国；163. 南开大学；166. 吉林大学；171. 重庆大学；178. 深圳大学；180. 厦门大学；188. 中国医学科学院-中国协和医学院；193. 西北工业大学；197. 台湾大学；209. 北京航空航天大学；211. 大连理工大学；220. 青岛大学；237. 中国地质大学；240. 北京师范大学；243. 江苏大学；245. 武汉理工大学；252. 中国农业大学；256. 香港科技大学；257. 南方科技大学；267. 北京化工大学；285. 华东师范大学；290. 福州大学；291. 上海大学；299. 北京协和医学院；301. 台湾中国医药大学；310. 北京科技大学；321. 南京理工大学；325. 西北农林科技大学；328. 暨南大学；329. 首都医科大学；337. 中国石油大学；342. 兰州大学；352. 南京农业大学；353. 广东工业大学；354. 南京工业大学；358. 浙江工业大学；363. 南京信息工程大学；363. 南京医科大学；366. 南京航空航天大学；366. 华中农业大学；368. 南昌大学；374. 华东理工大学；376. 中国矿业大学；380. 南方医科大学；385. 江南大学；390. 南京林业大学；404. 扬州大学；412. 广州大学；417. 中国东北大学；419. 山东科技大学；430. 西南大学；431. 澳门大学；439. 西安电子科技大学；439. 浙江师范大学；449. 东华大学；452. 西南交通大学；460. 广西大学；464. 河海大学；470. 南京师范大学；476. 北京工业大学；488. 华中师范大学；493. 中国海洋大学；498. 华北电力大学；503. 河南大学；505. 台湾成功大学；512. 华南农业大学；516. 上海理工大学；521. 南京邮电大学；524. 山东师范大学；527. 广州医科大学；530. 台湾阳明交通大学；530. 上海科技大学；540. 台湾清华大学；547. 合肥工业大学；547. 海南大学；556. 青岛科技大学；557. 中国人民解放军海军军医大学；567. 北京交通大学；574. 长沙理工大学；574. 温州医科大学；583. 北京邮电大学；589. 东北农业大学；592. 杭州师范大学；592. 成都大学；594. 华南师范大学；595. 温州大学；599. 天津医科大学；613. 陕西师范大学；614. 安徽大学；614. 宁波大学；630. 西北大学；630. 福建农林大学；630. 河南理工大学；639. 香港浸会大学；642. 贵州大学；642. 哈尔滨医科大学；655. 北京林业大学；662. 中国人民解放军陆军军医大学；664. 长安大学；665. 中国人民大学；665. 西南财经大学；672. 哈尔滨工程大学；675. 中国医科大学；690. 国防科学技术大学；690. 济南大学；690. 江苏科技大学；690. 渤海大学；700. 澳门科技大学；700. 昆明理工大学；700. 湖州学院；711. 西安建筑科技大学；713. 河南师范大学；714. 重庆医科大学；717. 河北工业大学；722. 曲阜师范大学；728. 山东第一医科大学；733. 大连海事大学；738. 东北师范大学；748. 安徽医科大学；753. 四川农业大学；759. 西南科技大学；769. 香港中文大学(深圳)；776. 福建师范大学；785. 西安理工大学；

续表

789. 浙江农林大学；792. 陕西科技大学；795. 杭州电子科技大学；795. 山西大学；795. 亚洲大学(中国台湾)；801. 北京工商大学；813. 武汉科技大学；815. 燕山大学；815. 空军军医大学；815. 齐鲁工业大学；815. 武汉工程大学；815. 青岛理工大学；820. 南通大学；823. 湖南农业大学；825. 天津理工大学；829. 太原理工大学；834. 湖北大学；837. 台北医学大学；847. 中国药科大学；851. 聊城大学；856. 福建医科大学；868. 湘潭大学；874. 东北林业大学；874. 常州大学；883. 云南大学；883. 湖南师范大学；890. 台湾"中央"大学；890. 汕头大学；890. 上海师范大学；899. 浙江工商大学；901. 长庚大学；901. 山东农业大学；911. 天津工业大学；914. 佛山科学技术学院；921. 重庆邮电大学；926. 浙江理工大学；929. 河南科技大学；938. 上海海事大学；938. 南华大学；944. 新疆大学；948. 河南农业大学；963. 中北大学；968. 台湾科技大学；968. 黑龙江大学；975. 三峡大学；976. 绍兴文理学院；979. 兰州交通大学；985. 南京中医药大学；990. 台湾中山大学；990. 安徽工业大学；990. 烟台大学；1000. 西南石油大学；1004. 华侨大学；1010. 西安科技大学；1010. 上海财经大学；1010. 安徽财经大学；1020. 高雄医科大学；1024. 河北大学；1024. 成都中医药大学；1028. 对外经济贸易大学；1028. 安徽农业大学；1028. 江西科技学院；1037. 江西师范大学；1046. 桂林电子科技大学；1046. 苏州科技大学；1046. 江苏师范大学；1054. 四川师范大学；1067. 成都理工大学；1067. 重庆工商大学；1067. 青岛农业大学；1067. 中南林业科技大学；1086. 长江大学；1086. 天津科技大学；1086. 太原科技大学；1096. 泰州学院；1101. 台湾中兴大学；1101. 重庆师范大学；1106. 兰州理工大学；1113. 中国计量大学；1116. 南昌航空大学；1116. 辽宁工业大学；1131. 中南财经政法大学；1149. 西南医科大学；1158. 东莞理工学院；1169. 广西医科大学；1175. 首都师范大学；1175. 上海海洋大学；1175. 上海中医药大学；1175. 郑州轻工业大学；1175. 浙江海洋大学；1175. 湖南工业大学；1209. 安徽师范大学；1214. 广西师范大学；1214. 大连工业大学；1221. 西交利物浦大学；1221. 湖南科技大学；1232. 山东理工大学；1232. 西安工业大学；1232. 华北理工大学；1232. 广东医科大学；1243. 香港教育大学；1243. 台湾云林科技大学；1243. 吉首大学；1250. 宁波诺丁汉大学；1250. 广州中医药大学；1250. 徐州医科大学；1269. 西北师范大学；1269. 内蒙古大学；1269. 哈尔滨理工大学；1279. 哈尔滨师范大学；1295. 南京财经大学；1295. 山西医科大学；1295. 北方民族大学；1309. 河北农业大学；1317. 湖北工业大学；1317. 江西农业大学；1330. 北京中医药大学；1338. 河北医科大学；1354. 临沂大学；1370. 大连医科大学；1381. 桂林工业大学；1381. 中南民族大学；1381. 山东财经大学；1392. 江西财经大学；1392. 昆明医科大学；1401. 仲恺农业工程学院；1401. 广东石油化工学院；1412. 北京建筑大学土木与交通工程学院；1422. 武汉纺织大学；1422. 上海电力大学；1431. 高雄科技大学；1431. 西华师范大学；1450. 淡江大学；1462. 河南工业大学；1462. 安徽理工大学；1462. 淮阴师范学院；1462. 淮北师范大学；1480. 东海大学(中国台湾)；1480. 浙江中医药大学；1489. 广东海洋大学；1489. 沈阳药科大学；1489. 华东交通大学；1489. 海南医学院；1514. 台湾师范大学；1514. 中央民族大学；1514. 云南师范大学；1514. 延安大学；1533. 上海工程技术大学；1533. 安徽工程大学；1545. 广东外语外贸大学；1545. 东北财经大学；1545. 吉林农业大学；1562. 天津师范大学；1562. 东北石油大学；1562. 滨州医学院；1562. 贵州医科大学；1562. 辽宁大学；1577. 盐城工学院；1600. 台湾中原大学；1600. 石河子大学；1613. 沈阳农业大学；1613. 浙江财经大学；1613. 闽江学院；1625. 中央财经大学；1625. 重庆理工大学；1625. 沈阳工业大学；1625. 中国人民解放军空军工程大学；1645. 天津中医药大学；1645. 宁夏医科大学；1662. 台湾海洋大学；1662. 西安邮电大学；1662. 嘉兴学院；1678. 首都经济贸易大学；1685. 河北师范大学；1685. 鲁东大学；1685. 新疆医科大学；1700. 成都信息工程大学；1700. 辽宁师范大学；1700. 云南农业大学；1700. 信阳师范学院；1714. 集美大学；1721. 台北科技大学；1721. 辅仁大学；1721. 宁夏大学；1721. 辽宁科技大学；1721. 吉林师范大学；1737. 沈阳航空航天大学；1737. 五邑大学；1737. 湖北经济学院；1737. 湖北大学医学院；1756. 义守大学；1756. 河北科技大学；1777. 上海应用技术大学；1777. 中山医学大学；1777. 四川轻化工大学；1777. 山西农业大学；1777. 西南民族大学；1777. 山东中医药大学；1777. 武汉轻工大学；1777. 湖北文理学院；1799. 江汉大学；1814. 新乡医学院；1814. 西南林业大学；1827. 元智大学；1827. 山东建筑大学；1827. 福建理工大学；1827. 甘肃农业大学；1827. 中原工学院；1845. 东华理工大学；1854. 广东药科大学；1871. 长春科技大学；1871. 西安工程大学；1871. 河南科技学院；1871. 安徽建筑大学；1871. 重庆文理学院；1889. 台湾医学院；1889. 重庆科技大学；1909. 青海大学；1909. 山东第二医科大学；1909. 江西中医药大学；1909. 遵义医学院；1924. 华北水利水电大学；1939. 江西科技师范大学；1939. 湖南中医学院；1939. 中国人民解放军陆军工程大学；1939. 长江师范学院；1959. 台湾嘉义大学；1959. 长春工业大学；1959. 辽宁石油化工大学；1959. 西安医学院；1987. 大连交通大学；2002. 明志科技大学；2002. 济宁医学院；2016. 台湾中正大学；2016. 岭南大学；2035. 内蒙古农业大学；2035. 齐齐哈尔大学；2035. 宁波工程学院；2048. 台湾东华大学；2067. 逢甲大学；2067. 中国人民解放军信息工程大学；2078. 内蒙古科技大学；2078. 锦州医科大学；2097. 延边大学；2107. 内蒙古工业大学；2107. 桂林医学院；2119. 湖北中医药大学；2119. 安徽中医药大学；2119. 黑龙江八一农垦大学；2119. 长庚科技大学；2134. 新疆农业大学；2146. 广西中医药大学；2155. 台湾政治大学；2155. 沈阳化工大学；2162. 台湾屏东科技大学；2162. 上海体育大学；2173. 河南中医药大学；2177. 陕西中医药大学；2184. 辽宁中医药大学；2188. 黑龙江中医药大学；2191. 福建中医药大学

二、高被引科学家数排行榜

表 2-125　高被引科学家数排行榜（10 强与中国大学）

排名	英文名称	中文名称	国家/地区
1	HARVARD UNIVERSITY	哈佛大学	美国
2	STANFORD UNIVERSITY	斯坦福大学	美国
3	TSINGHUA UNIVERSITY	清华大学	中国
4	MASSACHUSETTS INSTITUTE OF TECHNOLOGY（MIT）	麻省理工学院	美国
5	UNIVERSITY OF PENNSYLVANIA	宾夕法尼亚大学	美国
6	UNIVERSITY OF OXFORD	牛津大学	英国
7	UNIVERSITY COLLEGE LONDON	伦敦大学学院	英国
7	UNIVERSITY OF HONG KONG	香港大学	中国
9	WASHINGTON UNIVERSITY（WUSTL）	圣路易斯华盛顿大学	美国
10	JOHNS HOPKINS UNIVERSITY	约翰·霍普金斯大学	美国

其他中国机构：17. 北京大学；17. 浙江大学；30. 复旦大学；33. 香港城市大学；33. 北京理工大学；38. 西北工业大学；45. 上海交通大学；45. 天津大学；57. 苏州大学-中国；63. 武汉大学；65. 华南理工大学；65. 电子科技大学；68. 中山大学；68. 中南大学；68. 南开大学；68. 湖南大学；75. 华中科技大学；75. 南京大学；75. 南方科技大学；80. 中国农业大学；86. 西安交通大学；94. 中国地质大学；97. 香港理工大学；97. 东南大学；97. 吉林大学；97. 北京化工大学；110. 哈尔滨工业大学；110. 北京航空航天大学；110. 重庆大学；121. 山东大学；121. 四川大学；121. 大连理工大学；121. 深圳大学；121. 武汉理工大学；130. 南昌大学；142. 香港中文大学；142. 厦门大学；142. 南京航空航天大学；142. 广东工业大学；157. 华中农业大学；157. 福州大学；157. 台湾阳明交通大学；174. 澳门大学；174. 香港科技大学；174. 辽宁工业大学；190. 台湾大学；190. 北京师范大学；190. 华东理工大学；190. 上海理工大学；190. 南京农业大学；190. 中国医学科学院-中国协和医学院；220. 郑州大学；220. 华东师范大学；220. 江苏大学；220. 上海大学；220. 浙江工业大学；220. 青岛大学；220. 中国石油大学；220. 南京信息工程大学；220. 南京工业大学；220. 安徽大学；220. 南京邮电大学；220. 渤海大学；220. 西北农林科技大学；257. 中国东北大学；257. 北京科技大学；257. 南京理工大学；257. 中国海洋大学；307. 暨南大学；307. 西安电子科技大学；307. 兰州大学；307. 江南大学；307. 南京师范大学；307. 华南农业大学；307. 东华大学；307. 华中师范大学；307. 扬州大学；307. 河南大学；307. 广州大学；307. 南京医科大学；307. 陕西师范大学；307. 澳门科技大学；307. 山东农业大学；307. 海南大学；307. 常州大学；307. 河北大学；307. 黑龙江大学；384. 同济大学；384. 台湾成功大学；384. 中国人民大学；384. 北京邮电大学；384. 合肥工业大学；384. 北京工业大学；384. 广西大学；384. 南京林业大学；384. 西北大学；384. 台湾科技大学；384. 杭州电子科技大学；384. 南方医科大学；384. 淡江大学；384. 福建师范大学；384. 重庆邮电大学；384. 温州大学；384. 东北农业大学；384. 江西师范大学；384. 湖南科技大学；384. 中央民族大学；384. 广州医科大学；384. 太原科技大学；384. 湖南工业大学；384. 中国矿业大学；505. 台湾清华大学；505. 北京交通大学；505. 香港浸会大学；505. 河海大学；505. 华南师范大学；505. 台湾中国医药大学；505. 国防科学技术大学；505. 台湾中山大学；505. 哈尔滨工程大学；505. 东北师范大学；505. 山东科技大学；505. 首都医科大学；505. 香港教育大学；505. 云南大学；505. 湖南师范大学；505. 上海科技大学；505. 青岛科技大学；505. 河北工业大学；505. 大连海事大学；505. 西安建筑科技大学；505. 湖北大学；505. 浙江理工大学；505. 西安理工大学；505. 首都师范大学；505. 昆明理工大学；505. 陕西科技大学；505. 西交利物浦大学；505. 北京工商大学；505. 对外经济贸易大学；505. 安徽农业大学；505. 齐鲁工业大学；505. 西安科技大学；505. 苏州科技大学；505. 河南科技大学；505. 天津科技大学；505. 岭南大学；505. 内蒙古大学；505. 集美大学；505. 上海海洋大学；505. 南京中医药大学；505. 亚洲大学(中国台湾)；505. 广东海洋大学；505. 青岛农业大学；505. 哈尔滨理工大学；505. 聊城大学；505. 河南师范大学；505. 大连工业大学；505. 东北石油大学；505. 兰州理工大学；505. 辽宁师范大学；505. 沈阳航空航天大学；505. 华北水利水电大学；505. 浙江中医药大学；505. 吉首大学；824. 中国科学技术大学；824. 中国科学院大学；824. 西南交通大学；824. 西南大学；824. 台湾师范大学；

续表

824. 华北电力大学；824. 台湾“中央”大学；824. 长安大学；824. 北京林业大学；824. 太原理工大学；824. 山东师范大学；824. 宁波大学；824. 高雄医科大学；824. 台湾中兴大学；824. 浙江师范大学；824. 山西大学；824. 台北医学大学；824. 台湾医学院；824. 燕山大学；824. 济南大学；824. 四川农业大学；824. 中国药科大学；824. 西南财经大学；824. 贵州大学；824. 高雄科技大学；824. 湘潭大学；824. 台北科技大学；824. 华侨大学；824. 汕头大学；824. 长庚大学；824. 南通大学；824. 中国医科大学；824. 福建农林大学；824. 武汉科技大学；824. 长沙理工大学；824. 西南石油大学；824. 重庆医科大学；824. 成都理工大学；824. 杭州师范大学；824. 东北林业大学；824. 上海师范大学；824. 河南理工大学；824. 温州医科大学；824. 空军军医大学；824. 台湾政治大学；824. 哈尔滨医科大学；824. 宁波诺丁汉大学；824. 逢甲大学；824. 上海海事大学；824. 东海大学(中国台湾)；824. 山东理工大学；824. 曲阜师范大学；824. 安徽医科大学；824. 西南科技大学；824. 江苏科技大学；824. 中央财经大学；824. 台湾云林科技大学；824. 浙江农林大学；824. 辅仁大学；824. 武汉工程大学；824. 浙江工商大学；824. 福建医科大学；824. 广西师范大学；824. 长江大学；824. 桂林电子科技大学；824. 新疆大学；824. 台湾海洋大学；824. 台湾中原大学；824. 湖南农业大学；824. 台湾中正大学；824. 中国计量大学；824. 中北大学；824. 河南农业大学；824. 安徽师范大学；824. 安徽工业大学；824. 天津医科大学；824. 上海财经大学；824. 东莞理工学院；824. 天津理工大学；824. 四川师范大学；824. 烟台大学；824. 元智大学；824. 三峡大学；824. 湖北工业大学；824. 佛山科学技术学院；824. 西北师范大学；824. 上海工程技术大学；824. 江苏师范大学；824. 中南财经政法大学；824. 成都大学；824. 广东外语外贸大学；824. 河南工业大学；824. 南华大学；824. 上海中医药大学；824. 台湾东华大学；824. 宁夏大学；824. 桂林工业大学；824. 郑州轻工业大学；824. 广州中医药大学；824. 重庆工商大学；824. 安徽理工大学；824. 江西财经大学；824. 广西医科大学；824. 武汉纺织大学；824. 天津工业大学；824. 重庆师范大学；824. 南昌航空大学；824. 天津师范大学；824. 台湾屏东科技大学；824. 义守大学；824. 成都信息工程大学；824. 东北财经大学；824. 成都中医药大学；824. 中南民族大学；824. 河北师范大学；824. 河北农业大学；824. 北京建筑大学土木与交通工程学院；824. 中南林业科技大学；824. 青岛理工大学；824. 重庆理工大学；824. 上海电力大学；824. 北京中医药大学；824. 沈阳农业大学；824. 南京财经大学；824. 鲁东大学；824. 长春科技大学；824. 浙江财经大学；824. 首都经济贸易大学；824. 浙江海洋大学；824. 沈阳工业大学；824. 山东建筑大学；824. 安徽工程大学；824. 北京协和医学院；824. 上海应用技术大学；824. 福建理工大学；824. 西安邮电大学；824. 云南师范大学；824. 石河子大学；824. 台湾嘉义大学；824. 江西农业大学；824. 临沂大学；824. 中山医学大学；824. 吉林农业大学；824. 兰州交通大学；824. 山东财经大学；824. 河北医科大学；824. 徐州医科大学；824. 明志科技大学；824. 沈阳药科大学；824. 华东交通大学；824. 四川轻化工大学；824. 天津中医药大学；824. 绍兴文理学院；824. 西安工业大学；824. 河北科技大学；824. 甘肃农业大学；824. 长春工业大学；824. 哈尔滨师范大学；824. 嘉兴学院；824. 青海大学；824. 山西农业大学；824. 闽江学院；824. 西华师范大学；824. 大连医科大学；824. 山西医科大学；824. 西南民族大学；824. 上海体育大学；824. 湖州学院；824. 内蒙古农业大学；824. 滨州医学院；824. 山东中医药大学；824. 江汉大学；824. 云南农业大学；824. 淮阴师范学院；824. 广东药科大学；824. 安徽财经大学；824. 华北理工大学；824. 西安工程大学；824. 新乡医学院；824. 武汉轻工大学；824. 仲恺农业工程学院；824. 贵州医科大学；824. 河南科技学院；824. 中原工学院；824. 延边大学；824. 延安大学；824. 内蒙古工业大学；824. 五邑大学；824. 昆明医科大学；824. 盐城工学院；824. 重庆科技大学；824. 信阳师范学院；824. 辽宁石油化工大学；824. 河南中医药大学；824. 海南医学院；824. 东华理工大学；824. 湖北经济学院；824. 新疆医科大学；824. 山东第二医科大学；824. 广东石油化工学院；824. 安徽建筑大学；824. 江西中医药大学；824. 湖北中医药大学；824. 宁夏医科大学；824. 辽宁大学；824. 新疆农业大学；824. 齐齐哈尔大学；824. 湖北大学医学院；824. 内蒙古科技大学；824. 西南林业大学；824. 山东第一医科大学；824. 广东医科大学；824. 安徽中医药大学；824. 沈阳化工大学；824. 淮北师范大学；824. 大连交通大学；824. 桂林医学院；824. 江西科技师范大学；824. 遵义医学院；824. 中国人民解放军空军工程大学；824. 湖南中医学院；824. 福建中医药大学；824. 湖北文理学院；824. 广西中医药大学；824. 陕西中医药大学；824. 黑龙江中医药大学；824. 宁波工程学院；824. 黑龙江八一农垦大学；824. 锦州医科大学；824. 辽宁中医药大学；824. 长庚科技大学；824. 中国人民解放军陆军工程大学；824. 江西科技学院；824. 香港中文大学(深圳)；824. 西南医科大学；824. 济宁医学院；824. 辽宁科技大学；824. 西安医学院；824. 泰州学院；824. 吉林师范大学；824. 中国人民解放军信息工程大学；824. 中国人民解放军陆军军医大学；824. 长江师范学院；824. 中国人民解放军海军军医大学；824. 重庆文理学院；824. 北方民族大学

三、杰出校友数排行榜

表 2-126 杰出校友数排行榜（8 强与中国大学）

排名	英文名称	中文名称	国家/地区
1	HARVARD UNIVERSITY	哈佛大学	美国
1	CORNELL UNIVERSITY	康奈尔大学	美国
1	RICEUNIVERSITY	莱斯大学	美国
1	UNIVERSITY OF BERGEN	卑尔根大学	挪威
1	AIX-MARSEILLE UNIVERSITE	艾克斯-马赛大学	法国
1	EOTVOS LORAND UNIVERSITY	罗兰大学	匈牙利
1	BRANDEIS UNIVERSITY	布兰迪斯大学	美国
1	SZEGED UNIVERSITY	赛格德大学	匈牙利
其他中国机构：无			

四、进入 ESI 学科数排行榜

表 2-127 进入 ESI 学科数排行榜（41 强与中国大学）

排名	英文名称	中文名称	国家/地区
1	HARVARD UNIVERSITY	哈佛大学	美国
1	STANFORD UNIVERSITY	斯坦福大学	美国
1	UNIVERSITY OF OXFORD	牛津大学	英国
1	UNIVERSITY OF MICHIGAN	密歇根大学	美国
1	UNIVERSITY OF CALIFORNIA BERKELEY	加利福尼亚大学伯克利分校	美国
1	CORNELL UNIVERSITY	康奈尔大学	美国
1	UNIVERSITY OF WASHINGTON	华盛顿大学	美国
1	COLUMBIA UNIVERSITY	哥伦比亚大学	美国
1	UNIVERSITY OF PENNSYLVANIA	宾夕法尼亚大学	美国
1	JOHNS HOPKINS UNIVERSITY	约翰·霍普金斯大学	美国
1	UNIVERSITY OF CAMBRIDGE	剑桥大学	英国
1	YALE UNIVERSITY	耶鲁大学	美国
1	UNIVERSITY OF CALIFORNIA LOS ANGELES	加利福尼亚大学洛杉矶分校	美国
1	UNIVERSITY COLLEGE LONDON	伦敦大学学院	英国
1	UNIVERSITY OF TORONTO	多伦多大学	加拿大
1	UNIVERSITY OF CALIFORNIA SAN DIEGO	加利福尼亚大学圣迭戈分校	美国
1	PENNSYLVANIA STATE UNIVERSITY	宾夕法尼亚州立大学	美国
1	UNIVERSITY OF WISCONSIN MADISON	威斯康星大学麦迪逊分校	美国
1	PEKING UNIVERSITY	北京大学	中国
1	UNIVERSITY OF BRITISH COLUMBIA	英属哥伦比亚大学	加拿大

续表

排名	英文名称	中文名称	国家/地区
1	UNIVERSITY OF TEXAS AUSTIN	得克萨斯大学奥斯汀分校	美国
1	UNIVERSITY OF CHICAGO	芝加哥大学	美国
1	ETH ZURICH	苏黎世联邦理工学院	瑞士
1	SWISS FEDERAL INSTITUTES OF TECHNOLOGY DOMAIN	瑞士联邦理工学院	瑞士
1	UNIVERSITY OF FLORIDA	佛罗里达大学	美国
1	IMPERIAL COLLEGELONDON	伦敦帝国学院	英国
1	OHIO STATE UNIVERSITY	俄亥俄州立大学	美国
1	UNIVERSITY OF CALIFORNIA DAVIS	加利福尼亚大学戴维斯分校	美国
1	UNIVERSITY OF EDINBURGH	爱丁堡大学	英国
1	MONASH UNIVERSITY	莫纳什大学	澳大利亚
1	UNIVERSITY OF SYDNEY	悉尼大学	澳大利亚
1	UNIVERSITY OF AMSTERDAM	阿姆斯特丹大学	荷兰
1	MCGILLUNIVERSITY	麦吉尔大学	加拿大
1	UNIVERSITY OF COPENHAGEN	哥本哈根大学	丹麦
1	KU LEUVEN	荷语鲁汶大学	比利时
1	UNIVERSITY OF CHINESE ACADEMY OF SCIENCES, CAS	中国科学院大学	中国
1	UNIVERSITE PARIS SACLAY	巴黎萨克雷大学	法国
1	AIX-MARSEILLE UNIVERSITE	艾克斯-马赛大学	法国
1	UNIVERSITY OF MINNESOTA TWINCITIES	明尼苏达大学双城分校	美国
1	UNIVERSITE DE TOULOUSE	图卢兹大学	法国
1	UNIVERSITY OF MUNICH	慕尼黑大学	德国
其他中国机构：42. 清华大学；42. 浙江大学；42. 上海交通大学；42. 复旦大学；42. 中山大学；95. 香港中文大学；95. 香港大学；95. 华中科技大学；95. 武汉大学；95. 南京大学；95. 山东大学；95. 四川大学；150. 台湾大学；150. 西安交通大学；150. 同济大学；150. 中南大学；150. 厦门大学；150. 吉林大学；150. 苏州大学-中国；150. 暨南大学；213. 深圳大学；250. 中国科学技术大学；250. 南开大学；250. 郑州大学；250. 华东师范大学；250. 西南大学；304. 香港理工大学；304. 北京师范大学；304. 电子科技大学；304. 台湾成功大学；304. 台湾中国医药大学；304. 香港科技大学；304. 中国医学科学院-中国协和医学院；350. 香港城市大学；350. 天津大学；350. 华南理工大学；350. 重庆大学；350. 中国农业大学；350. 兰州大学；350. 台湾阳明交通大学；399. 东南大学；399. 湖南大学；399. 江苏大学；399. 香港浸会大学；399. 南昌大学；399. 南方医科大学；399. 西北农林科技大学；443. 哈尔滨工业大学；443. 大连理工大学；443. 华中农业大学；443. 南京师范大学；443. 华南农业大学；443. 南京医科大学；443. 高雄医科大学；443. 杭州师范大学；443. 北京协和医学院；501. 上海大学；501. 福州大学；501. 澳门大学；501. 华南师范大学；501. 中国海洋大学；501. 青岛大学；501. 扬州大学；501. 陕西师范大学；501. 西北大学；501. 宁波大学；501. 首都医科大学；501. 台北医学大学；501. 长庚大学；562. 北京航空航天大学；562. 北京理工大学；562. 西北工业大学；562. 中国人民大学；562. 河南大学；562. 台湾中山大学；562. 重庆医科大学；562. 南京农业大学；562. 昆明理工大学；562. 安徽医科大学；562. 南方科技大学；623. 中国东北大学；623. 台湾清华大学；623. 南京理工大学；623. 华东理工大学；623. 河海大学；623. 江南大学；623. 北京工业大学；623. 华中师范大学；623. 东北师范大学；623. 湖南师范大学；623. 台湾中兴大学；623. 山西大学；623. 汕头大学；623. 福建农林大学；623. 温州医科大学；623. 亚洲大学(中国台湾)；623. 广州医科大学；623. 中国人民解放军海军军医大学；710. 武汉理工大学；710. 西南交通大学；710. 北京化工大学；710. 合肥工业大学；710. 浙江工业大学；710. 南京信息工程大学；710. 台湾“中央”大学；710. 安徽大学；710. 北京林业大学；710. 山东师范大学；710. 云南大学；710. 上海科技大学；710. 四川农业大学；710. 南通大学；710. 中国医科大学；710. 澳门科技大学；710. 哈尔滨医科大学；710. 天津医科大学；710. 山东第一医科大学；710. 中国人民解放军陆军军医大学；797. 中国地质大学；797. 北京科技大学；797. 南京航空航天大学；797. 北京交通大学；797. 台湾师范			

续表

大学；797. 中国石油大学；797. 广州大学；797. 上海理工大学；797. 浙江师范大学；797. 中国药科大学；797. 福建师范大学；797. 空军军医大学；797. 东北农业大学；797. 海南大学；797. 齐鲁工业大学；797. 香港中文大学(深圳)；797. 中国矿业大学；891. 西安电子科技大学；891. 东华大学；891. 广西大学；891. 南京林业大学；891. 南京工业大学；891. 山东科技大学；891. 台湾科技大学；891. 济南大学；891. 西安理工大学；891. 首都师范大学；891. 东北林业大学；891. 上海师范大学；891. 河南理工大学；891. 福建医科大学；891. 长江大学；891. 新疆大学；891. 湖南农业大学；891. 河南农业大学；891. 江苏师范大学；891. 广州中医药大学；891. 河南师范大学；891. 石河子大学；1000. 广东工业大学；1000. 华北电力大学；1000. 长安大学；1000. 国防科学技术大学；1000. 哈尔滨工程大学；1000. 香港教育大学；1000. 大连海事大学；1000. 西南财经大学；1000. 贵州大学；1000. 湘潭大学；1000. 华侨大学；1000. 湖北大学；1000. 武汉科技大学；1000. 长沙理工大学；1000. 山东农业大学；1000. 北京工商大学；1000. 浙江农林大学；1000. 安徽农业大学；1000. 浙江工商大学；1000. 河南科技大学；1000. 河北大学；1000. 佛山科学技术学院；1000. 上海海洋大学；1000. 南京中医药大学；1000. 中南林业科技大学；1000. 徐州医科大学；1000. 沈阳药科大学；1000. 大连医科大学；1109. 北京邮电大学；1109. 南京邮电大学；1109. 杭州电子科技大学；1109. 太原理工大学；1109. 河北工业大学；1109. 成都理工大学；1109. 温州大学；1109. 曲阜师范大学；1109. 武汉工程大学；1109. 台湾海洋大学；1109. 江西师范大学；1109. 西安科技大学；1109. 天津科技大学；1109. 三峡大学；1109. 内蒙古大学；1109. 中南财经政法大学；1109. 南华大学；1109. 上海中医药大学；1109. 台湾东华大学；1109. 桂林工业大学；1109. 江西财经大学；1109. 天津工业大学；1109. 青岛农业大学；1109. 河北农业大学；1109. 江西农业大学；1109. 吉林农业大学；1109. 河北医科大学；1109. 青海大学；1109. 广东药科大学；1109. 华北理工大学；1109. 昆明医科大学；1109. 广东医科大学；1278. 青岛科技大学；1278. 燕山大学；1278. 淡江大学；1278. 高雄科技大学；1278. 台北科技大学；1278. 西安建筑科技大学；1278. 西南石油大学；1278. 浙江理工大学；1278. 陕西科技大学；1278. 逢甲大学；1278. 西交利物浦大学；1278. 上海海事大学；1278. 山东理工大学；1278. 西南科技大学；1278. 常州大学；1278. 对外经济贸易大学；1278. 江苏科技大学；1278. 桂林电子科技大学；1278. 台湾中原大学；1278. 台湾中正大学；1278. 中国计量大学；1278. 安徽师范大学；1278. 上海财经大学；1278. 东莞理工学院；1278. 苏州科技大学；1278. 天津理工大学；1278. 湖南科技大学；1278. 四川师范大学；1278. 烟台大学；1278. 湖北工业大学；1278. 西北师范大学；1278. 成都大学；1278. 河南工业大学；1278. 郑州轻工业大学；1278. 重庆工商大学；1278. 安徽理工大学；1278. 广西医科大学；1278. 天津师范大学；1278. 广东海洋大学；1278. 青岛理工大学；1278. 聊城大学；1278. 北京中医药大学；1278. 浙江海洋大学；1278. 大连工业大学；1278. 上海应用技术大学；1278. 云南师范大学；1278. 中山医学大学；1278. 兰州交通大学；1278. 绍兴文理学院；1278. 嘉兴学院；1278. 西华师范大学；1278. 山西医科大学；1278. 湖南工业大学；1278. 渤海大学；1278. 泰州学院；1486. 台湾医学院；1486. 重庆邮电大学；1486. 宁波诺丁汉大学；1486. 东海大学(中国台湾)；1486. 中央财经大学；1486. 辅仁大学；1486. 广西师范大学；1486. 中北大学；1486. 安徽工业大学；1486. 元智大学；1486. 上海工程技术大学；1486. 集美大学；1486. 宁夏大学；1486. 武汉纺织大学；1486. 重庆师范大学；1486. 南昌航空大学；1486. 台湾屏东科技大学；1486. 成都信息工程大学；1486. 成都中医药大学；1486. 中南民族大学；1486. 哈尔滨理工大学；1486. 河北师范大学；1486. 中央民族大学；1486. 重庆理工大学；1486. 上海电力大学；1486. 沈阳农业大学；1486. 南京财经大学；1486. 鲁东大学；1486. 长春科技大学；1486. 浙江财经大学；1486. 沈阳工业大学；1486. 黑龙江大学；1486. 安徽工程大学；1486. 兰州理工大学；1486. 临沂大学；1486. 山东财经大学；1486. 明志科技大学；1486. 四川轻化工大学；1486. 天津中医药大学；1486. 西安工业大学；1486. 河北科技大学；1486. 长春工业大学；1486. 太原科技大学；1486. 哈尔滨师范大学；1486. 山西农业大学；1486. 浙江中医药大学；1486. 湖州学院；1486. 内蒙古农业大学；1486. 滨州医学院；1486. 江汉大学；1486. 淮阴师范学院；1486. 新乡医学院；1486. 仲恺农业工程学院；1486. 延边大学；1486. 五邑大学；1486. 盐城工学院；1486. 信阳师范学院；1486. 辽宁石油化工大学；1486. 东华理工大学；1486. 广东石油化工学院；1486. 辽宁大学；1486. 淮北师范大学；1486. 宁波工程学院；1486. 江西科技学院；1486. 西南医科大学；1486. 辽宁科技大学；1486. 吉林师范大学；1486. 重庆文理学院；1764. 台湾政治大学；1764. 台湾云林科技大学；1764. 岭南大学；1764. 广东外语外贸大学；1764. 义守大学；1764. 东北财经大学；1764. 北京建筑大学土木与交通工程学院；1764. 首都经济贸易大学；1764. 山东建筑大学；1764. 东北石油大学；1764. 福建理工大学；1764. 西安邮电大学；1764. 台湾嘉义大学；1764. 华东交通大学；1764. 辽宁师范大学；1764. 沈阳航空航天大学；1764. 甘肃农业大学；1764. 华北水利水电大学；1764. 闽江学院；1764. 西南民族大学；1764. 上海体育大学；1764. 山东中医药大学；1764. 云南农业大学；1764. 安徽财经大学；1764. 西安工程大学；1764. 武汉轻工大学；1764. 吉首大学；1764. 贵州医科大学；1764. 河南科技学院；1764. 中原工学院；1764. 延安大学；1764. 内蒙古工业大学；1764. 重庆科技大学；1764. 河南中医药大学；1764. 海南医学院；1764. 湖北经济学院；1764. 新疆医科大学；1764. 山东第二医科大学；1764. 安徽建筑大学；1764. 江西中医药大学；1764. 湖北中医药大学；1764. 宁夏医科大

续表

学；1764. 辽宁工业大学；1764. 新疆农业大学；1764. 齐齐哈尔大学；1764. 湖北大学医学院；1764. 内蒙古科技大学；1764. 西南林业大学；1764. 安徽中医药大学；1764. 沈阳化工大学；1764. 大连交通大学；1764. 桂林医学院；1764. 江西科技师范大学；1764. 遵义医学院；1764. 中国人民解放军空军工程大学；1764. 湖南中医学院；1764. 福建中医药大学；1764. 湖北文理学院；1764. 广西中医药大学；1764. 陕西中医药大学；1764. 黑龙江中医药大学；1764. 黑龙江八一农垦大学；1764. 锦州医科大学；1764. 辽宁中医药大学；1764. 长庚科技大学；1764. 中国人民解放军陆军工程大学；1764. 济宁医学院；1764. 西安医学院；1764. 中国人民解放军信息工程大学；1764. 长江师范学院；1764. 北方民族大学

五、ESI收录论文数排行榜

表2-128　ESI收录论文数排行榜（10强与中国大学）

排名	英文名称	中文名称	国家/地区
1	HARVARD UNIVERSITY	哈佛大学	美国
2	UNIVERSITY OF CHINESE ACADEMY OF SCIENCES, CAS	中国科学院大学	中国
3	UNIVERSITY OF TORONTO	多伦多大学	加拿大
4	SHANGHAI JIAO TONG UNIVERSITY	上海交通大学	中国
5	ZHEJIANG UNIVERSITY	浙江大学	中国
6	UNIVERSITE PARIS CITE	巴黎西岱大学	法国
7	UNIVERSITY COLLEGE LONDON	伦敦大学学院	英国
8	JOHNS HOPKINS UNIVERSITY	约翰·霍普金斯大学	美国
9	TSINGHUA UNIVERSITY	清华大学	中国
10	UNIVERSITY OF OXFORD	牛津大学	英国

其他中国机构：13. 北京大学；18. 中山大学；24. 复旦大学；27. 华中科技大学；28. 四川大学；35. 中南大学；38. 西安交通大学；39. 山东大学；46. 中国科学技术大学；52. 哈尔滨工业大学；56. 吉林大学；58. 武汉大学；63. 南京大学；68. 同济大学；75. 东南大学；76. 天津大学；90. 郑州大学；100. 华南理工大学；104. 台湾大学；107. 中国医学科学院-中国协和医学院；122. 苏州大学-中国；125. 首都医科大学；126. 大连理工大学；134. 香港大学；139. 北京航空航天大学；141. 重庆大学；153. 电子科技大学；154. 西北工业大学；155. 厦门大学；160. 北京理工大学；166. 中国地质大学；167. 香港理工大学；168. 南京医科大学；175. 北京协和医学院；178. 香港中文大学；191. 深圳大学；196. 北京师范大学；200. 南开大学；207. 台湾阳明交通大学；209. 北京科技大学；216. 兰州大学；221. 中国东北大学；222. 南方医科大学；223. 湖南大学；224. 江苏大学；225. 中国矿业大学；229. 中国石油大学；235. 香港城市大学；245. 中国农业大学；254. 暨南大学；255. 上海大学；262. 南京航空航天大学；272. 江南大学；282. 西北农林科技大学；287. 南京理工大学；296. 青岛大学；297. 台湾成功大学；301. 华东理工大学；303. 南昌大学；309. 华东师范大学；313. 西安电子科技大学；320. 武汉理工大学；326. 西南大学；335. 南京农业大学；338. 台湾中国医药大学；341. 中国海洋大学；342. 西南交通大学；350. 北京工业大学；352. 河海大学；354. 扬州大学；369. 香港科技大学；373. 北京化工大学；376. 南京工业大学；377. 温州医科大学；378. 南方科技大学；385. 中国医科大学；388. 长庚大学；391. 国防科学技术大学；392. 华中农业大学；394. 浙江工业大学；405. 天津医科大学；410. 南京信息工程大学；411. 北京交通大学；413. 合肥工业大学；416. 重庆医科大学；417. 福州大学；429. 宁波大学；447. 广东工业大学；450. 山东第一医科大学；455. 广西大学；466. 广州医科大学；467. 南京林业大学；473. 华北电力大学；476. 华南农业大学；479. 西北大学；480. 昆明理工大学；483. 安徽医科大学；488. 华南师范大学；491. 哈尔滨工程大学；495. 南京师范大学；498. 台湾清华大学；499. 中国人民解放军海军军医大学；513. 北京邮电大学；514. 台北医学大学；515. 东华大学；524. 福建医科大学；527. 哈尔滨医科大学；530. 太原理工大学；536. 山东科技大学；553. 澳门大学；558. 南通大学；565. 空军军医大学；569. 河南大学；575. 陕西师范大学；576. 中国人民解放军陆军军医大学；588. 高雄医科大学；

续表

589. 上海理工大学；603. 安徽大学；606. 南京邮电大学；609. 贵州大学；611. 北京林业大学；613. 济南大学；616. 山西大学；619. 长安大学；623. 广州大学；637. 燕山大学；643. 中国药科大学；653. 云南大学；654. 台湾中兴大学；657. 河北工业大学；660. 青岛科技大学；676. 东北师范大学；684. 四川农业大学；690. 华中师范大学；696. 山东师范大学；703. 湖南师范大学；705. 齐鲁工业大学；711. 杭州电子科技大学；715. 河北医科大学；716. 南京中医药大学；717. 台湾"中央"大学；722. 台湾中山大学；731. 海南大学；736. 中国人民大学；738. 浙江理工大学；746. 福建农林大学；749. 西南石油大学；753. 西安理工大学；757. 台湾科技大学；761. 广西医科大学；774. 河南师范大学；775. 汕头大学；778. 武汉科技大学；779. 东北农业大学；783. 浙江师范大学；784. 广州中医药大学；785. 东北林业大学；787. 大连医科大学；789. 上海中医药大学；793. 湘潭大学；811. 杭州师范大学；813. 香港浸会大学；821. 河南科技大学；823. 天津工业大学；828. 常州大学；832. 新疆大学；836. 河北大学；839. 江苏科技大学；840. 河南理工大学；844. 徐州医科大学；847. 西安建筑科技大学；852. 亚洲大学(中国台湾)；854. 山东农业大学；857. 福建师范大学；866. 成都理工大学；877. 大连海事大学；878. 北京中医药大学；885. 南华大学；887. 上海科技大学；897. 山西医科大学；904. 兰州理工大学；910. 西南科技大学；912. 浙江中医药大学；915. 长沙理工大学；921. 曲阜师范大学；924. 台北科技大学；929. 长江大学；935. 湖北大学；937. 中北大学；952. 陕西科技大学；958. 首都师范大学；960. 上海海洋大学；965. 西北师范大学；968. 华侨大学；980. 昆明医科大学；981. 温州大学；988. 上海师范大学；989. 北京工商大学；993. 石河子大学；994. 台湾医学院；999. 桂林电子科技大学；1004. 澳门科技大学；1009. 天津科技大学；1011. 山东理工大学；1015. 沈阳药科大学；1034. 中国计量大学；1039. 台湾师范大学；1041. 聊城大学；1046. 湖南农业大学；1058. 江西师范大学；1060. 三峡大学；1066. 中山医学大学；1067. 天津理工大学；1071. 西南医科大学；1076. 河南农业大学；1078. 武汉工程大学；1082. 烟台大学；1092. 成都中医药大学；1094. 重庆邮电大学；1096. 浙江农林大学；1101. 安徽农业大学；1105. 江苏师范大学；1106. 桂林工业大学；1108. 青岛农业大学；1121. 高雄科技大学；1126. 长春科技大学；1133. 西安科技大学；1137. 安徽理工大学；1151. 安徽师范大学；1153. 哈尔滨理工大学；1155. 辅仁大学；1157. 湖南科技大学；1161. 广西师范大学；1167. 上海工程技术大学；1168. 上海海事大学；1175. 安徽工业大学；1177. 成都大学；1181. 河南工业大学；1183. 新疆医科大学；1190. 浙江工商大学；1191. 苏州科技大学；1197. 广东医科大学；1207. 贵州医科大学；1208. 华北理工大学；1224. 吉林农业大学；1224. 江西科技学院；1238. 宁夏大学；1241. 沈阳农业大学；1244. 中国人民解放军陆军工程大学；1244. 香港中文大学(深圳)；1246. 黑龙江大学；1260. 内蒙古大学；1266. 台湾海洋大学；1271. 湖北工业大学；1277. 台湾中原大学；1278. 逢甲大学；1286. 佛山科学技术学院；1287. 西南财经大学；1291. 湖州学院；1303. 遵义医学院；1304. 香港教育大学；1304. 新乡医学院；1306. 青岛理工大学；1313. 广东药科大学；1316. 郑州轻工业大学；1334. 河北农业大学；1336. 中南林业科技大学；1345. 嘉兴学院；1363. 上海应用技术大学；1366. 河北师范大学；1368. 兰州交通大学；1375. 天津师范大学；1376. 义守大学；1378. 大连工业大学；1386. 广东海洋大学；1392. 中国人民解放军空军工程大学；1394. 天津中医药大学；1395. 江西农业大学；1398. 东莞理工学院；1400. 青海大学；1407. 鲁东大学；1415. 宁夏医科大学；1417. 四川师范大学；1428. 华东交通大学；1429. 南昌航空大学；1434. 山东中医药大学；1435. 滨州医学院；1442. 中南民族大学；1448. 台湾云林科技大学；1451. 华北水利水电大学；1459. 山西农业大学；1469. 海南医学院；1471. 上海财经大学；1473. 东华理工大学；1475. 绍兴文理学院；1476. 泰州学院；1477. 武汉纺织大学；1478. 辽宁大学；1480. 元智大学；1485. 沈阳工业大学；1487. 集美大学；1494. 台湾中正大学；1501. 山东第二医科大学；1502. 临沂大学；1505. 成都信息工程大学；1508. 西安工业大学；1512. 重庆师范大学；1515. 淡江大学；1517. 辽宁师范大学；1520. 盐城工学院；1524. 内蒙古农业大学；1526. 重庆理工大学；1531. 东北石油大学；1534. 云南师范大学；1541. 西交利物浦大学；1550. 上海电力大学；1550. 山东建筑大学；1552. 湖北大学医学院；1554. 甘肃农业大学；1560. 浙江海洋大学；1561. 太原科技大学；1590. 西安医学院；1598. 延边大学；1604. 东海大学(中国台湾)；1617. 四川轻化工大学；1618. 渤海大学；1630. 河北科技大学；1636. 济宁医学院；1637. 宁波诺丁汉大学；1648. 台湾东华大学；1652. 信阳师范学院；1655. 西华师范大学；1656. 中央财经大学；1659. 辽宁科技大学；1660. 北京建筑大学土木与交通工程学院；1662. 重庆工商大学；1663. 中南财经政法大学；1664. 中国人民解放军信息工程大学；1671. 安徽工程大学；1675. 长春工业大学；1676. 西安邮电大学；1680. 锦州医科大学；1687. 内蒙古工业大学；1695. 南京财经大学；1698. 明志科技大学；1700. 对外经济贸易大学；1704. 云南农业大学；1706. 哈尔滨师范大学；1714. 武汉轻工大学；1734. 江汉大学；1736. 内蒙古科技大学；1740. 江西中医药大学；1750. 西安工程大学；1752. 湖南中医学院；1760. 长庚科技大学；1762. 河南中医药大学；1763. 延安大学；1769. 西南林业大学；1773. 湖南工业大学；1780. 台湾屏东科技大学；1781. 吉林师范大学；1784. 河南科技学院；1787. 五邑大学；1789. 西南民族大学；1791. 桂林医学院；1794. 台湾政治大学；1798. 重庆科技大学；1801. 淮阴师范学院；1805. 沈阳航空航天大学；1806. 重庆文理学院；1810. 闽江学院；1819. 仲恺农业工程学院；1826. 安徽建筑大学；1831. 江西财经大学；1831. 辽宁石油化工大学；1833. 台湾嘉义大学；1849. 安徽中医药大学；

续表

1856. 福建理工大学；1870. 齐齐哈尔大学；1871. 浙江财经大学；1877. 北方民族大学；1889. 江西科技师范大学；1901. 中原工学院；1908. 中央民族大学；1915. 沈阳化工大学；1919. 淮北师范大学；1921. 福建中医药大学；1921. 黑龙江中医药大学；1936. 山东财经大学；1936. 黑龙江八一农垦大学；1939. 长江师范学院；1947. 湖北文理学院；1951. 广东石油化工学院；1969. 广东外语外贸大学；1971. 大连交通大学；1975. 广西中医药大学；1976. 上海体育大学；1981. 陕西中医药大学；1986. 新疆农业大学；2018. 吉首大学；2026. 宁波工程学院；2029. 湖北中医药大学；2041. 首都经济贸易大学；2056. 东北财经大学；2058. 辽宁工业大学；2067. 岭南大学；2095. 安徽财经大学；2125. 辽宁中医药大学；2152. 湖北经济学院

六、篇均被引次数排行榜

表 2-129 篇均被引次数排行榜（10 强与中国大学）

排名	英文名称	中文名称	国家/地区
1	UNIVERSITY OF TRNAVA	特尔纳瓦大学	斯洛伐克
2	BIRZEIT UNIVERSITY	比尔泽特大学	巴勒斯坦
3	MIZAN TEPI UNIV	米赞边缘大学	埃塞俄比亚
4	VALL D'HEBRON INSTITUTD'ONCOLOGIA (VHIO)	韦伯斯特学院霍里戴分校	西班牙
5	ROYAL SWEDISH ACADEMY OF SCIENCES	瑞典皇家科学院	瑞典
6	DANUBE UNIVERSITY KREMS	克雷姆斯多瑙河大学	奥地利
7	SIMMONS UNIVERSITY	西蒙斯大学	美国
8	UNIVERSIDAD DE CARTAGENA	卡塔赫纳大学	哥伦比亚
9	CAG UNIVERSITY-TURKEY	土耳其卡格大学	土耳其
10	SALK INSTITUTE	索尔克学院	美国
其他中国机构：162. 香港科技大学；224. 香港中文大学；269. 香港大学；332. 清华大学；352. 北京化工大学；361. 湖南大学；377. 香港城市大学；452. 南开大学；467. 上海科技大学；501. 南京大学；503. 中国科学技术大学；521. 北京大学；536. 香港理工大学；560. 武汉理工大学；569. 华南理工大学；574. 辽宁工业大学；593. 香港浸会大学；630. 台湾清华大学；664. 苏州大学-中国；669. 东华大学；682. 渤海大学；683. 南京工业大学；689. 台湾大学；699. 福州大学；706. 华中师范大学；719. 华中科技大学；721. 复旦大学；729. 华东理工大学；739. 武汉大学；744. 淮北师范大学；756. 厦门大学；775. 中国人民解放军海军军医大学；784. 中国人民解放军陆军军医大学；788. 黑龙江大学；801. 华中农业大学；828. 中国科学院大学；840. 澳门大学；840. 南方科技大学；847. 重庆工商大学；851. 空军军医大学；858. 湖南工业大学；861. 中山大学；867. 天津大学；869. 华东师范大学；874. 中国农业大学；889. 南京农业大学；907. 上海交通大学；916. 浙江大学；932. 深圳大学；940. 湖南农业大学；955. 中国药科大学；966. 澳门科技大学；967. 青岛科技大学；968. 北京理工大学；976. 济南大学；977. 广州医科大学；978. 天津理工大学；983. 北京师范大学；988. 西北农林科技大学；998. 中南大学；1001. 同济大学；1006. 湖北大学；1007. 大连理工大学；1007. 中国医学科学院-中国协和医学院；1007. 哈尔滨师范大学；1011. 东北师范大学；1022. 哈尔滨工业大学；1026. 中南民族大学；1028. 武汉工程大学；1033. 哈尔滨医科大学；1035. 浙江农林大学；1045. 兰州大学；1051. 浙江师范大学；1067. 西安交通大学；1069. 江苏大学；1069. 香港中文大学(深圳)；1072. 北京航空航天大学；1075. 北京协和医学院；1078. 北京科技大学；1080. 吉林大学；1087. 中国地质大学；1090. 郑州大学；1093. 宁波诺丁汉大学；1100. 台北医学大学；1110. 重庆大学；1111. 吉首大学；1113. 陕西师范大学；1122. 台湾"中央"大学；1131. 南京理工大学；1135. 东北财经大学；1137. 华南农业大学；1137. 杭州师范大学；1141. 温州大学；1143. 南京师范大学；1146. 东南大学；1150. 广东工业大学；1150. 青岛大学；1158. 江苏师范大学；1165. 长沙理工大学；1166. 福建农林大学；1179. 电子科技大学；1179. 中央民族大学；1184. 西南大学；1188. 暨南大学；1190. 浙江工业大学；1195. 天津医科大学；1196. 华北电力大学；1197. 广东医科大学；1201. 西北工业大学；1204. 上海大学；1212. 山东师范大学；1216. 上海电力大学；1230. 北			

续表

京林业大学；1230. 东莞理工学院；1234. 江西师范大学；1238. 山东大学；1245. 香港教育大学；1247. 南京信息工程大学；1247. 台湾中国医药大学；1249. 四川大学；1257. 台湾科技大学；1269. 南京邮电大学；1277. 西华师范大学；1282. 山东科技大学；1282. 陕西科技大学；1294. 江南大学；1296. 南京医科大学；1300. 山东农业大学；1310. 南昌航空大学；1318. 河南大学；1332. 东北农业大学；1341. 中国石油大学；1346. 湘潭大学；1350. 南昌大学；1352. 安徽财经大学；1355. 天津科技大学；1355. 沈阳药科大学；1359. 湖北大学医学院；1361. 河南师范大学；1362. 温州医科大学；1363. 曲阜师范大学；1365. 四川师范大学；1369. 南方医科大学；1376. 台湾成功大学；1379. 上海师范大学；1381. 大连医科大学；1390. 台湾阳明交通大学；1398. 首都医科大学；1398. 西南科技大学；1401. 中国人民大学；1407. 合肥工业大学；1410. 江西财经大学；1419. 广东石油化工学院；1421. 青岛农业大学；1433. 广州大学；1433. 华侨大学；1433. 汕头大学；1433. 中山医学大学；1438. 华南师范大学；1444. 西北大学；1444. 武汉科技大学；1453. 扬州大学；1456. 中南林业科技大学；1459. 安徽工业大学；1462. 江汉大学；1471. 中国海洋大学；1478. 五邑大学；1492. 江西科技师范大学；1496. 山西大学；1496. 吉林师范大学；1500. 台湾中原大学；1503. 亚洲大学(中国台湾)；1504. 聊城大学；1507. 福建师范大学；1507. 安徽师范大学；1512. 北京工业大学；1514. 高雄医科大学；1514. 淡江大学；1519. 滨州医学院；1526. 中国医科大学；1529. 安徽大学；1530. 长庚大学；1533. 安徽农业大学；1533. 天津工业大学；1533. 淮阴师范学院；1538. 首都师范大学；1544. 西南财经大学；1545. 山东第一医科大学；1547. 信阳师范学院；1550. 郑州轻工业大学；1554. 重庆医科大学；1557. 江苏科技大学；1559. 北京工商大学；1561. 浙江理工大学；1563. 台北科技大学；1565. 南京林业大学；1571. 南京中医药大学；1574. 武汉轻工大学；1576. 四川农业大学；1581. 浙江工商大学；1584. 武汉纺织大学；1585. 华北理工大学；1588. 天津师范大学；1594. 哈尔滨工程大学；1594. 中国矿业大学；1604. 广东药科大学；1606. 台湾中山大学；1608. 常州大学；1617. 安徽医科大学；1620. 湖南科技大学；1620. 湖州学院；1623. 重庆文理学院；1625. 中国计量大学；1625. 佛山科学技术学院；1625. 青岛理工大学；1635. 浙江财经大学；1637. 太原理工大学；1637. 绍兴文理学院；1640. 西南交通大学；1645. 台湾中兴大学；1647. 三峡大学；1654. 南京财经大学；1656. 南京航空航天大学；1656. 上海中医药大学；1665. 台湾东华大学；1665. 辽宁大学；1669. 广西大学；1670. 中国东北大学；1671. 盐城工学院；1673. 燕山大学；1675. 河南农业大学；1677. 新乡医学院；1680. 江西科技学院；1689. 大连工业大学；1689. 闽江学院；1693. 徐州医科大学；1694. 北京交通大学；1702. 东北林业大学；1707. 内蒙古大学；1713. 辅仁大学；1716. 西安建筑科技大学；1716. 长庚科技大学；1721. 湖北经济学院；1724. 西交利物浦大学；1727. 上海理工大学；1732. 宁夏医科大学；1736. 浙江海洋大学；1737. 湖南师范大学；1739. 河海大学；1742. 台湾师范大学；1745. 广西医科大学；1750. 宁波工程学院；1758. 辽宁石油化工大学；1762. 上海海事大学；1763. 桂林医学院；1764. 湖北文理学院；1773. 河南理工大学；1773. 长春工业大学；1773. 泰州学院；1776. 北京建筑大学土木与交通工程学院；1778. 烟台大学；1782. 重庆师范大学；1786. 西北师范大学；1788. 江西农业大学；1789. 齐鲁工业大学；1793. 对外经济贸易大学；1793. 辽宁中医药大学；1799. 广西师范大学；1803. 长江师范学院；1804. 西南石油大学；1806. 宁波大学；1806. 锦州医科大学；1811. 临沂大学；1811. 湖北中医药大学；1816. 大连海事大学；1818. 台湾医学院；1824. 西安电子科技大学；1824. 上海财经大学；1824. 黑龙江中医药大学；1837. 东海大学(中国台湾)；1837. 明志科技大学；1840. 兰州交通大学；1840. 天津中医药大学；1842. 上海海洋大学；1846. 河南工业大学；1850. 杭州电子科技大学；1850. 湖北工业大学；1854. 南通大学；1856. 上海应用技术大学；1857. 河北工业大学；1860. 延边大学；1864. 西安医学院；1869. 河北农业大学；1869. 西南民族大学；1872. 福建中医药大学；1875. 昆明理工大学；1879. 北京邮电大学；1879. 河北科技大学；1885. 台湾海洋大学；1889. 长安大学；1889. 北京中医药大学；1889. 济宁医学院；1893. 海南大学；1893. 沈阳农业大学；1900. 湖南中医学院；1905. 云南师范大学；1909. 广州中医药大学；1909. 石河子大学；1911. 山东财经大学；1914. 沈阳航空航天大学；1920. 重庆邮电大学；1927. 西安理工大学；1930. 河北师范大学；1935. 桂林电子科技大学；1940. 兰州理工大学；1941. 成都大学；1943. 新疆医科大学；1944. 昆明医科大学；1946. 云南农业大学；1947. 仲恺农业工程学院；1948. 鲁东大学；1952. 西安科技大学；1952. 河南科技大学；1952. 桂林工业大学；1952. 西南医科大学；1957. 中央财经大学；1961. 云南大学；1966. 中北大学；1966. 河北大学；1969. 嘉兴学院；1971. 台湾云林科技大学；1971. 南华大学；1976. 元智大学；1984. 台湾嘉义大学；1989. 延安大学；1989. 北方民族大学；1992. 逢甲大学；1992. 岭南大学；1992. 中原工学院；2004. 苏州科技大学；2005. 台湾中正大学；2008. 义守大学；2008. 东华理工大学；2013. 中南财经政法大学；2015. 山东第二医科大学；2022. 江西中医药大学；2024. 西安工业大学；2026. 成都信息工程大学；2028. 广东外语外贸大学；2028. 沈阳化工大学；2032. 山西农业大学；2034. 国防科学技术大学；2038. 新疆大学；2039. 齐齐哈尔大学；2043. 吉林农业大学；2044. 太原科技大学；2045. 山东理工大学；2050. 河北医科大学；2050. 四川轻化工大学；2053. 上海工程技术大学；2054. 哈尔滨理工大学；2054. 重庆理工大学；2059. 长江大学；2061. 福建理工大学；2063. 辽宁科技大学；2065. 福建医科大学；2068. 大连交通大学；2069. 华东交通大学；2070. 成都理工大学；2072. 河南科技学院；2073. 成都中医药大

续表

学；2073. 贵州医科大学；2078. 台湾屏东科技大学；2079. 集美大学；2080. 山西医科大学；2082. 辽宁师范大学；2083. 遵义医学院；2084. 广西中医药大学；2086. 海南医学院；2088. 中国人民解放军空军工程大学；2090. 高雄科技大学；2091. 内蒙古科技大学；2093. 山东中医药大学；2095. 中国人民解放军陆军工程大学；2101. 东北石油大学；2101. 浙江中医药大学；2104. 安徽中医药大学；2106. 甘肃农业大学；2106. 青海大学；2108. 西南林业大学；2110. 广东海洋大学；2111. 台湾政治大学；2113. 宁夏大学；2116. 安徽工程大学；2123. 首都经济贸易大学；2125. 安徽建筑大学；2131. 上海体育大学；2140. 内蒙古农业大学；2141. 贵州大学；2143. 沈阳工业大学；2144. 陕西中医药大学；2145. 安徽理工大学；2145. 黑龙江八一农垦大学；2147. 西安邮电大学；2150. 长春科技大学；2164. 新疆农业大学；2167. 西安工程大学；2173. 河南中医药大学；2174. 重庆科技大学；2176. 山东建筑大学；2181. 内蒙古工业大学；2188. 华北水利水电大学；2190. 中国人民解放军信息工程大学

七、国际合作论文数排行榜

表 2-130 国际合作论文数排行榜（10 强与中国大学）

排名	英文名称	中文名称	国家/地区
1	HARVARD UNIVERSITY	哈佛大学	美国
2	UNIVERSITY OF TORONTO	多伦多大学	加拿大
3	UNIVERSITY COLLEGE LONDON	伦敦大学学院	英国
4	UNIVERSITY OF OXFORD	牛津大学	英国
5	SWISS FEDERAL INSTITUTES OF TECHNOLOGYDOMAIN	瑞士联邦理工学院	瑞士
6	UNIVERSITE PARIS CITE	巴黎西岱大学	法国
7	IMPERIAL COLLEGE LONDON	伦敦帝国学院	英国
8	NATIONAL UNIVERSITY OF SINGAPORE	新加坡国立大学	新加坡
9	UNIVERSITY OF CAMBRIDGE	剑桥大学	英国
10	KING SAUD UNIVERSITY	沙特国王大学	沙特阿拉伯

其他中国机构：21. 中国科学院大学；29. 浙江大学；36. 上海交通大学；40. 北京大学；52. 清华大学；79. 中山大学；96. 复旦大学；102. 西安交通大学；118. 香港中文大学；125. 香港大学；134. 中南大学；139. 四川大学；140. 中国科学技术大学；144. 东南大学；154. 华中科技大学；160. 哈尔滨工业大学；171. 山东大学；174. 香港理工大学；186. 台湾大学；190. 同济大学；192. 武汉大学；204. 南京大学；227. 电子科技大学；235. 天津大学；240. 郑州大学；246. 台湾中国医药大学；252. 北京师范大学；253. 深圳大学；254. 香港城市大学；256. 厦门大学；279. 南方科技大学；290. 重庆大学；308. 北京理工大学；315. 吉林大学；320. 华南理工大学；322. 西北工业大学；323. 北京航空航天大学；342. 江苏大学；342. 中国医学科学院-中国协和医学院；364. 大连理工大学；372. 苏州大学-中国；382. 首都医科大学；391. 湖南大学；398. 台湾阳明交通大学；398. 香港科技大学；413. 中国农业大学；417. 兰州大学；418. 上海大学；421. 南京信息工程大学；427. 台湾成功大学；447. 华东师范大学；449. 中国石油大学；455. 河海大学；457. 北京科技大学；471. 南开大学；476. 西北农林科技大学；478. 江南大学；479. 暨南大学；483. 南京航空航天大学；493. 南京林业大学；496. 中国矿业大学；499. 西安电子科技大学；500. 中国海洋大学；516. 中国东北大学；519. 北京协和医学院；520. 武汉理工大学；522. 西南交通大学；530. 南方医科大学；538. 华中农业大学；544. 南京理工大学；549. 南京农业大学；573. 扬州大学；576. 台北医学大学；580. 南京医科大学；586. 青岛大学；588. 北京工业大学；594. 台湾清华大学；608. 南昌大学；621. 西南大学；627. 福州大学；632. 广州大学；633. 澳门大学；651. 海南大学；660. 广西大学；664. 广东工业大学；666. 宁波大学；681. 北京交通大学；682. 南京师范大学；684. 南京工业大学；686. 云南大学；723. 华东理工大学；725. 长庚大学；741. 华南师范大学；744. 亚洲大学(中国台湾)；754. 浙江工业大学；771. 温州医科大学；781. 合肥工业大学；784. 香港浸会大学；787. 河南大学；793. 广州医科大学；796. 浙江师范大学；802. 中国人民大学；804. 西北大学；806. 北京邮电大学；808. 华南农业大学；811. 台湾中山大学；814. 北京化工大学；

续表

818. 汕头大学；829. 华北电力大学；833. 天津医科大学；836. 长安大学；840. 西交利物浦大学；842. 高雄医科大学；850. 香港中文大学(深圳)；859. 华中师范大学；867. 东华大学；868. 哈尔滨工程大学；875. 台湾中兴大学；880. 上海科技大学；885. 贵州大学；905. 山东科技大学；907. 上海理工大学；912. 福建农林大学；918. 南京邮电大学；923. 台湾科技大学；926. 安徽大学；934. 台北科技大学；936. 台湾云林科技大学；941. 河北工业大学；960. 昆明理工大学；962. 杭州师范大学；964. 北京林业大学；968. 台湾“中央”大学；974. 陕西师范大学；981. 重庆医科大学；984. 南通大学；988. 杭州电子科技大学；1007. 福建医科大学；1012. 山东第一医科大学；1013. 中国医科大学；1017. 成都理工大学；1019. 福建师范大学；1033. 温州大学；1035. 安徽医科大学；1038. 山西大学；1041. 齐鲁工业大学；1045. 太原理工大学；1045. 湖南师范大学；1049. 澳门科技大学；1055. 宁波诺丁汉大学；1076. 浙江理工大学；1079. 成都大学；1086. 东北师范大学；1113. 山东师范大学；1118. 台湾师范大学；1126. 燕山大学；1137. 济南大学；1137. 大连海事大学；1144. 重庆邮电大学；1148. 东北林业大学；1149. 西南石油大学；1151. 四川农业大学；1159. 元智大学；1165. 哈尔滨医科大学；1167. 江苏科技大学；1188. 高雄科技大学；1193. 佛山科学技术学院；1200. 国防科学技术大学；1217. 武汉科技大学；1220. 浙江工商大学；1223. 西南财经大学；1226. 香港教育大学；1233. 浙江农林大学；1243. 河南师范大学；1252. 陕西科技大学；1265. 山东理工大学；1274. 青岛科技大学；1275. 空军军医大学；1278. 河南农业大学；1281. 上海师范大学；1287. 苏州科技大学；1291. 西安理工大学；1306. 长沙理工大学；1311. 青岛理工大学；1323. 河北大学；1328. 天津工业大学；1335. 华侨大学；1335. 河南科技大学；1347. 上海海事大学；1355. 上海海洋大学；1358. 西安建筑科技大学；1364. 河南理工大学；1371. 长江大学；1377. 南华大学；1379. 中国人民解放军陆军军医大学；1390. 中国人民解放军海军军医大学；1397. 湖北大学；1399. 常州大学；1403. 北京工商大学；1403. 南京中医药大学；1420. 桂林电子科技大学；1420. 新疆大学；1422. 湖州学院；1425. 广西师范大学；1427. 明志科技大学；1440. 首都师范大学；1441. 台湾中原大学；1448. 宁夏大学；1455. 湘潭大学；1456. 东海大学(中国台湾)；1459. 曲阜师范大学；1463. 淡江大学；1469. 烟台大学；1473. 西南科技大学；1481. 山东农业大学；1481. 台湾海洋大学；1499. 东莞理工学院；1500. 安徽农业大学；1506. 湖北工业大学；1506. 山西医科大学；1511. 徐州医科大学；1512. 中国药科大学；1518. 安徽师范大学；1524. 东北农业大学；1531. 聊城大学；1532. 中山医学大学；1535. 河南工业大学；1535. 西南医科大学；1539. 三峡大学；1548. 台湾医学院；1556. 辅仁大学；1557. 逢甲大学；1559. 武汉工程大学；1559. 大连医科大学；1563. 湖南农业大学；1579. 中南财经政法大学；1583. 河北农业大学；1594. 广州中医药大学；1599. 中国计量大学；1599. 辽宁大学；1601. 对外经济贸易大学；1604. 上海工程技术大学；1617. 浙江中医药大学；1619. 北京中医药大学；1621. 上海财经大学；1621. 集美大学；1621. 武汉纺织大学；1625. 西安科技大学；1625. 广西医科大学；1633. 内蒙古大学；1633. 青岛农业大学；1636. 江西师范大学；1636. 上海中医药大学；1643. 贵州医科大学；1648. 中南林业科技大学；1672. 临沂大学；1672. 吉林农业大学；1675. 湖南科技大学；1675. 天津科技大学；1675. 浙江海洋大学；1687. 山西农业大学；1690. 中央财经大学；1692. 东北石油大学；1695. 安徽工业大学；1697. 桂林工业大学；1699. 义守大学；1701. 河北医科大学；1703. 台湾东华大学；1703. 广东海洋大学；1706. 江西农业大学；1709. 重庆工商大学；1711. 海南医学院；1715. 天津理工大学；1717. 江西科技学院；1721. 江苏师范大学；1727. 岭南大学；1733. 昆明医科大学；1734. 嘉兴学院；1737. 中北大学；1737. 成都中医药大学；1741. 辽宁师范大学；1744. 四川师范大学；1744. 仲恺农业工程学院；1748. 太原科技大学；1749. 台湾政治大学；1751. 闽江学院；1754. 台湾中正大学；1756. 成都信息工程大学；1756. 甘肃农业大学；1767. 天津师范大学；1767. 河北师范大学；1773. 信阳师范学院；1777. 安徽理工大学；1780. 沈阳工业大学；1781. 辽宁科技大学；1784. 西安工业大学；1795. 沈阳农业大学；1805. 山东建筑大学；1805. 广东医科大学；1807. 台湾屏东科技大学；1811. 南京财经大学；1814. 石河子大学；1828. 兰州理工大学；1828. 华北水利水电大学；1832. 福建理工大学；1836. 青海大学；1842. 西安邮电大学；1848. 绍兴文理学院；1850. 泰州学院；1853. 新乡医学院；1856. 安徽财经大学；1858. 重庆理工大学；1858. 大连工业大学；1860. 哈尔滨理工大学；1866. 安徽工程大学；1869. 云南师范大学；1877. 山东财经大学；1877. 东华理工大学；1879. 北京建筑大学土木与交通工程学院；1882. 江西财经大学；1882. 上海体育大学；1890. 西南林业大学；1902. 内蒙古农业大学；1905. 中南民族大学；1908. 广东外语外贸大学；1909. 长春科技大学；1912. 东北财经大学；1921. 云南农业大学；1922. 郑州轻工业大学；1924. 黑龙江大学；1926. 四川轻化工大学；1935. 上海电力大学；1939. 广东石油化工学院；1950. 华北理工大学；1950. 重庆科技大学；1955. 西北师范大学；1959. 遵义医学院；1963. 延边大学；1970. 西安医学院；1979. 武汉轻工大学；1982. 鲁东大学；1985. 重庆师范大学；1985. 华东交通大学；1989. 浙江财经大学；1990. 盐城工学院；1992. 南昌航空大学；1996. 首都经济贸易大学；1996. 河南科技学院；2003. 滨州医学院；2007. 河北科技大学；2008. 上海应用技术大学；2012. 山东第二医科大学；2015. 沈阳药科大学；2016. 延安大学；2021. 江汉大学；2024. 五邑大学；2027. 西南民族大学；2029. 广东药科大学；2029. 北方民族大学；2031. 西华师范大学；2032. 西安工程大学；2032. 宁夏医科大学；2038. 天津中医药大学；2038. 中原工学院；2044. 中央民族大学；2044. 长庚科技大学；2046. 湖

续表

北文理学院；2052. 湖北经济学院；2057. 山东中医药大学；2058. 新疆医科大学；2060. 湖北大学医学院；2063. 淮阴师范学院；2065. 安徽建筑大学；2073. 台湾嘉义大学；2074. 渤海大学；2077. 兰州交通大学；2078. 济宁医学院；2085. 沈阳航空航天大学；2095. 内蒙古工业大学；2096. 哈尔滨师范大学；2104. 宁波工程学院；2106. 桂林医学院；2110. 长江师范学院；2112. 新疆农业大学；2113. 黑龙江八一农垦大学；2113. 重庆文理学院；2117. 河南中医药大学；2119. 江西中医药大学；2121. 吉首大学；2121. 沈阳化工大学；2124. 内蒙古科技大学；2125. 淮北师范大学；2125. 湖南中医学院；2127. 长春工业大学；2127. 湖南工业大学；2127. 辽宁石油化工大学；2131. 湖北中医药大学；2133. 锦州医科大学；2134. 吉林师范大学；2137. 齐齐哈尔大学；2142. 中国人民解放军空军工程大学；2145. 中国人民解放军陆军工程大学；2145. 中国人民解放军信息工程大学；2147. 安徽中医药大学；2149. 大连交通大学；2150. 江西科技师范大学；2152. 陕西中医药大学；2153. 福建中医药大学；2153. 广西中医药大学；2155. 黑龙江中医药大学；2158. 辽宁工业大学；2165. 辽宁中医药大学；2169. 中国地质大学

八、发明专利数排行榜

表 2-131 发明专利数排行榜（10 强与中国大学）

排名	英文名称	中文名称	国家/地区
1	UNIVERSITY OF CHESTER	切斯特大学	英国
2	UNIVERSITY COLLEGE OF SOUTHEAST NORWAY	挪威东南大学学院	挪威
3	SHOOLINI UNIVERSITY	苏里尼大学	印度
3	UNIVERSITY OF SHIZUOKA	静冈县立大学	日本
5	UNIVERSIDAD TECNICA FEDERICO SANTA MARIA	费德里科圣玛丽亚科技大学	智利共和国
6	UNIVERSITY OF SAN FRANCISCO	旧金山大学	美国
6	SABANCI UNIVERSITY	萨班哲大学	土耳其
6	UNIVERSITY OF SAN DIEGO	圣地亚哥大学	美国
9	UNIVERSIDAD DE GUANAJUATO	瓜纳华托大学	墨西哥
10	WUHAN INSTITUTE OF TECHNOLOGY	武汉工程大学	中国

其他中国机构：11. 南京中医药大学；12. 南京工业大学；14. 西安医学院；15. 台湾清华大学；17. 台湾中山大学；19. 台湾政治大学；36. 山东中医药大学；42. 长庚科技大学；53. 台湾东华大学；55. 中原工学院；56. 浙江大学；61. 台湾海洋大学；67. 华中师范大学；72. 北京邮电大学；101. 新疆医科大学；106. 华中科技大学；107. 清华大学；109. 上海交通大学；110. 西安交通大学；123. 陕西科技大学；124. 东南大学；126. 电子科技大学；128. 重庆邮电大学；129. 中山大学；134. 哈尔滨工业大学；135. 北京理工大学；136. 北京航空航天大学；137. 南华大学；138. 华南理工大学；145. 山东大学；146. 吉林大学；148. 西北工业大学；149. 上海电力大学；150. 山东农业大学；151. 上海工程技术大学；152. 三峡大学；153. 中南大学；154. 长安大学；155. 温州大学；157. 沈阳农业大学；158. 北京大学；160. 山西农业大学；161. 南京航空航天大学；162. 复旦大学；163. 汕头大学；171. 天津大学；185. 上海海洋大学；190. 中国计量大学；194. 长沙理工大学；195. 湖州学院；199. 四川大学；200. 山东师范大学；200. 山西大学；200. 上海科技大学；200. 上海师范大学；200. 上海财经大学；200. 山东建筑大学；200. 沈阳药科大学；207. 浙江工业大学；208. 山东财经大学；209. 重庆大学；210. 广东工业大学；213. 桂林电子科技大学；214. 中国人民解放军信息工程大学；218. 中国矿业大学；220. 合肥工业大学；221. 西安电子科技大学；223. 南京林业大学；224. 大连理工大学；236. 武汉大学；238. 同济大学；246. 辅仁大学；250. 江南大学；258. 郑州轻工业大学；259. 中国石油大学；259. 中北大学；259. 重庆理工大学；259. 长春工业大学；263. 哈尔滨理工大学；275. 遵义医学院；279. 南京理工大学；280. 西南交通大学；282. 国防科学技术大学；290. 北京工业大学；303. 浙江工商大学；304. 安徽建筑大学；306. 南昌航空大学；314. 华北电力大学；315. 北京科技大学；316. 南京邮电大学；319. 福州大学；320. 内蒙古大学；323. 河海大学；328. 中国医学科学院-中国协和医学院；328. 北京协和医学院；333. 安徽理工大学；335. 浙江财经大学；335. 浙江海洋大学；337. 浙江理

续表

工大学；337. 浙江中医药大学；345. 明志科技大学；346. 江苏大学；354. 哈尔滨工程大学；355. 湖南大学；356. 河南科技大学；358. 中国科学技术大学；359. 高雄科技大学；365. 河北工业大学；367. 济宁医学院；368. 深圳大学；371. 广西师范大学；372. 云南农业大学；375. 齐鲁工业大学；376. 河南理工大学；379. 江西师范大学；385. 南京大学；386. 淡江大学；390. 厦门大学；391. 台湾中国医药大学；392. 河北农业大学；405. 山东科技大学；406. 常州大学；410. 广州大学；411. 南通大学；411. 江苏科技大学；415. 太原理工大学；416. 河南工业大学；420. 南京财经大学；421. 上海大学；425. 南昌大学；427. 中国农业大学；428. 华南农业大学；429. 广东外语外贸大学；429. 广州中医药大学；429. 广西医科大学；429. 广东医科大学；429. 桂林医学院；434. 安徽农业大学；435. 南京信息工程大学；437. 吉首大学；438. 安徽大学；442. 贵州大学；444. 江苏师范大学；444. 江西科技师范大学；446. 广西大学；456. 湖南中医学院；469. 北京交通大学；470. 亚洲大学(中国台湾)；475. 西交利物浦大学；475. 新疆大学；477. 北京化工大学；479. 成都理工大学；480. 中国地质大学；481. 燕山大学；482. 中国海洋大学；482. 扬州大学；484. 华东理工大学；485. 西北农林科技大学；487. 西安理工大学；487. 西安科技大学；487. 西安工业大学；490. 湖南工业大学；492. 青岛科技大学；492. 青岛农业大学；492. 齐齐哈尔大学；495. 青海大学；497. 南方科技大学；500. 天津师范大学；502. 东华大学；505. 大连交通大学；515. 哈尔滨师范大学；516. 华东交通大学；517. 西安建筑科技大学；519. 大连海事大学；523. 河北师范大学；523. 河北医科大学；523. 河南中医药大学；523. 黑龙江中医药大学；528. 中国人民解放军陆军军医大学；529. 海南大学；531. 台湾成功大学；532. 辽宁工业大学；533. 郑州大学；538. 岭南大学；544. 湘潭大学；547. 济南大学；548. 澳门大学；550. 青岛理工大学；551. 台湾阳明交通大学；553. 香港理工大学；557. 杭州电子科技大学；557. 海南医学院；564. 南京农业大学；577. 宁波大学；578. 香港科技大学；585. 香港城市大学；585. 西南科技大学；596. 东北林业大学；597. 南开大学；597. 华侨大学；597. 湖北工业大学；603. 华中农业大学；604. 西南大学；607. 云南大学；608. 福建理工大学；615. 兰州交通大学；617. 暨南大学；618. 广东海洋大学；621. 湖南师范大学；621. 湖北大学医学院；634. 兰州大学；634. 武汉科技大学；636. 河南大学；637. 长春科技大学；638. 台湾大学；645. 武汉纺织大学；647. 安徽医科大学；647. 安徽工程大学；649. 安徽工业大学；649. 北京建筑大学土木与交通工程学院；649. 安徽财经大学；652. 华南师范大学；654. 东北农业大学；658. 大连医科大学；668. 桂林工业大学；673. 盐城工学院；691. 上海理工大学；691. 内蒙古工业大学；693. 重庆医科大学；698. 宁夏大学；702. 天津理工大学；702. 天津工业大学；702. 天津中医药大学；705. 烟台大学；707. 华东师范大学；716. 四川农业大学；717. 西北大学；719. 天津科技大学；724. 沈阳工业大学；725. 东海大学(中国台湾)；734. 湖南科技大学；735. 河南农业大学；735. 石河子大学；737. 山东理工大学；742. 中国药科大学；754. 佛山科学技术学院；755. 中国科学院大学；755. 江西科技学院；758. 山东第一医科大学；762. 广州医科大学；766. 五邑大学；768. 温州医科大学；769. 甘肃农业大学；773. 青岛大学；779. 福建医科大学；783. 南京师范大学；783. 哈尔滨医科大学；788. 四川师范大学；791. 台北科技大学；791. 东莞理工学院；794. 北京林业大学；800. 香港中文大学；803. 武汉理工大学；804. 浙江农林大学；804. 集美大学；809. 长江大学；812. 北京师范大学；813. 台湾科技大学；821. 太原科技大学；822. 香港大学；822. 河北科技大学；828. 苏州科技大学；834. 延安大学；835. 内蒙古农业大学；844. 首都医科大学；845. 福建农林大学；853. 湖北大学；857. 吉林农业大学；858. 北京工商大学；859. 陕西师范大学；859. 首都师范大学；871. 曲阜师范大学；874. 成都大学；877. 成都信息工程大学；878. 河南师范大学；878. 内蒙古科技大学；882. 浙江师范大学；884. 江汉大学；888. 澳门科技大学；892. 贵州医科大学；893. 昆明理工大学；893. 昆明医科大学；895. 大连工业大学；896. 台湾中兴大学；902. 湖南农业大学；907. 福建师范大学；908. 天津医科大学；909. 台湾“中央”大学；913. 泰州学院；914. 闽江学院；915. 宁夏医科大学；926. 嘉兴学院；932. 中南林业科技大学；933. 中国医科大学；937. 杭州师范大学；938. 台北医学大学；941. 辽宁师范大学；942. 仲恺农业工程学院；948. 华北理工大学；949. 广东药科大学；950. 上海海事大学；951. 香港中文大学(深圳)；956. 江西农业大学；957. 黑龙江大学；961. 台湾屏东科技大学；968. 成都中医药大学；969. 首都经济贸易大学；982. 徐州医科大学；983. 西南财经大学；983. 西南石油大学；983. 西南林业大学；983. 西南医科大学；995. 重庆师范大学；1012. 台湾中原大学；1020. 东华理工大学；1021. 滨州医学院；1027. 安徽师范大学；1027. 湖北文理学院；1031. 兰州理工大学；1031. 绍兴文理学院；1038. 河北大学；1038. 上海中医药大学；1043. 东北财经大学；1044. 云南师范大学；1054. 新乡医学院；1055. 聊城大学；1055. 临沂大学；1055. 辽宁大学；1055. 辽宁中医药大学；1059. 北京中医药大学；1069. 长庚大学；1069. 台湾云林科技大学；1076. 台湾中正大学；1086. 延边大学；1087. 宁波诺丁汉大学；1087. 重庆工商大学；1121. 中南民族大学；1136. 辽宁石油化工大学；1137. 淮阴师范学院；1138. 中国人民大学；1139. 台湾师范大学；1144. 东北师范大学；1144. 中央财经大学；1146. 中国东北大学；1147. 高雄医科大学；1155. 南京医科大学；1174. 江西财经大学；1174. 长江师范学院；1202. 逢甲大学；1202. 锦州医科大学；1212. 吉林师范大学；1213. 西华师范大学；1235. 苏州大学-中国；1235. 东北石油大学；1247. 鲁东大学；1248. 中山医学大学；1262. 信阳师范学院；1279. 湖北中医药大学；1301. 中国人民解放军海军军医大学；1336. 山西医科大学；

续表

1337. 香港浸会大学；1357. 湖北经济学院；1375. 义守大学；1391. 香港教育大学；1391. 元智大学；1488. 西北师范大学；1515. 中南财经政法大学；1580. 四川轻化工大学；1581. 台湾医学院；1581. 南方医科大学；1581. 空军军医大学；1581. 对外经济贸易大学；1581. 中央民族大学；1581. 上海应用技术大学；1581. 西安邮电大学；1581. 台湾嘉义大学；1581. 沈阳航空航天大学；1581. 华北水利水电大学；1581. 西南民族大学；1581. 上海体育大学；1581. 西安工程大学；1581. 武汉轻工大学；1581. 河南科技学院；1581. 渤海大学；1581. 重庆科技大学；1581. 山东第二医科大学；1581. 广东石油化工学院；1581. 江西中医药大学；1581. 新疆农业大学；1581. 安徽中医药大学；1581. 沈阳化工大学；1581. 淮北师范大学；1581. 中国人民解放军空军工程大学；1581. 福建中医药大学；1581. 广西中医药大学；1581. 陕西中医药大学；1581. 宁波工程学院；1581. 黑龙江八一农垦大学；1581. 中国人民解放军陆军工程大学；1581. 辽宁科技大学；1581. 重庆文理学院；1581. 北方民族大学

九、网络影响力排行榜

表 2-132　网络影响力排行榜（10 强与中国大学）

排名	英文名称	中文名称	国家/地区
1	HARVARD UNIVERSITY	哈佛大学	美国
2	STANFORD UNIVERSITY	斯坦福大学	美国
3	MASSACHUSETTS INSTITUTE OF TECHNOLOGY	麻省理工学院	美国
4	UNIVERSITY OF OXFORD	牛津大学	英国
5	UNIVERSITY OF MICHIGAN	密歇根大学	美国
6	UNIVERSITY OF CALIFORNIA BERKELEY	加利福尼亚大学伯克利分校	美国
7	CORNELL UNIVERSITY	康奈尔大学	美国
8	UNIVERSITY OF WASHINGTON	华盛顿大学	美国
9	COLUMBIA UNIVERSITY	哥伦比亚大学	美国
10	UNIVERSITY OF PENNSYLVANIA	宾夕法尼亚大学	美国
10	JOHNS HOPKINS UNIVERSITY	约翰·霍普金斯大学	美国
其他中国机构：22. 清华大学；25. 北京大学；61. 浙江大学；64. 上海交通大学；79. 香港中文大学；81. 香港大学；86. 香港城市大学；94. 中国科学技术大学；97. 复旦大学；125. 华中科技大学；128. 武汉大学；145. 南京大学；147. 台湾大学；156. 香港理工大学；158. 中山大学；170. 山东大学；182. 西安交通大学；186. 中国东北大学；189. 哈尔滨工业大学；193. 四川大学；204. 同济大学；212. 中国科学院大学；213. 中南大学；224. 天津大学；242. 东南大学；243. 厦门大学；254. 北京师范大学；256. 北京航空航天大学；273. 华南理工大学；280. 吉林大学；281. 北京理工大学；297. 南开大学；303. 电子科技大学；303. 重庆大学；303. 大连理工大学；316. 郑州大学；334. 西北工业大学；350. 华东师范大学；351. 深圳大学；353. 中国农业大学；358. 苏州大学-中国；372. 湖南大学；373. 中国地质大学；411. 台湾成功大学；417. 暨南大学；422. 西安电子科技大学；423. 北京科技大学；430. 兰州大学；450. 武汉理工大学；453. 台湾清华大学；459. 南京航空航天大学；460. 中国人民大学；471. 江苏大学；477. 上海大学；482. 北京交通大学；494. 香港浸会大学；500. 西南交通大学；502. 南京理工大学；513. 华东理工大学；514. 北京邮电大学；519. 北京化工大学；538. 华中农业大学；542. 合肥工业大学；552. 河海大学；553. 福州大学；553. 澳门大学；558. 西南大学；560. 台湾师范大学；562. 江南大学；571. 华南师范大学；576. 中国海洋大学；579. 南昌大学；586. 浙江工业大学；591. 南京师范大学；592. 华南农业大学；601. 广东工业大学；603. 北京工业大学；622. 青岛大学；627. 中国石油大学；628. 南京信息工程大学；633. 华北电力大学；637. 东华大学；649. 台湾中国医药大学；657. 华中师范大学；662. 台湾阳明交通大学；668. 广西大学；671. 扬州大学；675. 台湾"中央"大学；681. 长安大学；682. 南京林业大学；686. 河南大学；688. 广州大学；689. 南京医科大学；690. 陕西师范大学；703. 国防科学技术大学；717. 台湾中山大			

续表

学；717. 哈尔滨工程大学；723. 东北师范大学；732. 香港科技大学；732. 西北大学；750. 南京工业大学；764. 安徽大学；767. 南京邮电大学；773. 山东科技大学；773. 台湾科技大学；786. 北京林业大学；795. 上海理工大学；800. 杭州电子科技大学；808. 太原理工大学；810. 山东师范大学；821. 宁波大学；823. 首都医科大学；855. 香港教育大学；858. 云南大学；863. 高雄医科大学；866. 湖南师范大学；868. 台湾中兴大学；880. 浙江师范大学；882. 山西大学；886. 上海科技大学；891. 青岛科技大学；901. 台北医学大学；901. 台湾医学院；910. 燕山大学；911. 河北工业大学；912. 济南大学；913. 四川农业大学；929. 南方医科大学；937. 大连海事大学；946. 淡江大学；955. 中国药科大学；955. 西南财经大学；960. 福建师范大学；963. 贵州大学；993. 高雄科技大学；995. 湘潭大学；995. 台北科技大学；997. 华侨大学；998. 汕头大学；1002. 长庚大学；1009. 西安建筑科技大学；1014. 南通大学；1014. 中国医科大学；1016. 重庆邮电大学；1019. 湖北大学；1026. 福建农林大学；1035. 武汉科技大学；1037. 长沙理工大学；1040. 西南石油大学；1045. 浙江理工大学；1054. 西安理工大学；1056. 澳门科技大学；1061. 重庆医科大学；1064. 成都理工大学；1064. 杭州师范大学；1071. 南京农业大学；1075. 首都师范大学；1079. 东北林业大学；1085. 上海师范大学；1086. 昆明理工大学；1088. 温州大学；1091. 河南理工大学；1098. 温州医科大学；1108. 空军军医大学；1113. 台湾政治大学；1116. 陕西科技大学；1125. 哈尔滨医科大学；1129. 宁波诺丁汉大学；1132. 东北农业大学；1137. 逢甲大学；1144. 西交利物浦大学；1148. 山东农业大学；1158. 上海海事大学；1160. 海南大学；1168. 东海大学(中国台湾)；1171. 山东理工大学；1174. 曲阜师范大学；1175. 安徽医科大学；1178. 西南科技大学；1180. 北京工商大学；1191. 常州大学；1193. 对外经济贸易大学；1201. 江苏科技大学；1211. 中央财经大学；1212. 台湾云林科技大学；1217. 浙江农林大学；1224. 辅仁大学；1233. 安徽农业大学；1246. 齐鲁工业大学；1255. 武汉工程大学；1255. 浙江工商大学；1267. 福建医科大学；1272. 广西师范大学；1272. 长江大学；1276. 桂林电子科技大学；1280. 新疆大学；1289. 台湾海洋大学；1293. 台湾中原大学；1295. 湖南农业大学；1301. 台湾中正大学；1303. 中国计量大学；1310. 中北大学；1310. 河南农业大学；1312. 江西师范大学；1320. 安徽师范大学；1325. 西安科技大学；1326. 安徽工业大学；1326. 天津医科大学；1330. 上海财经大学；1334. 东莞理工学院；1334. 苏州科技大学；1338. 天津理工大学；1349. 湖南科技大学；1355. 河南科技大学；1355. 四川师范大学；1362. 天津科技大学；1370. 河北大学；1376. 烟台大学；1381. 元智大学；1386. 三峡大学；1386. 湖北工业大学；1400. 岭南大学；1411. 佛山科学技术学院；1424. 西北师范大学；1433. 上海工程技术大学；1437. 内蒙古大学；1442. 江苏师范大学；1444. 集美大学；1450. 中南财经政法大学；1455. 上海海洋大学；1460. 成都大学；1467. 广东外语外贸大学；1476. 河南工业大学；1480. 南华大学；1488. 上海中医药大学；1492. 台湾东华大学；1495. 宁夏大学；1497. 桂林工业大学；1517. 郑州轻工业大学；1534. 广州中医药大学；1535. 南京中医药大学；1541. 重庆工商大学；1547. 安徽理工大学；1562. 江西财经大学；1569. 亚洲大学(中国台湾)；1580. 广西医科大学；1582. 武汉纺织大学；1587. 天津工业大学；1591. 重庆师范大学；1593. 南昌航空大学；1594. 天津师范大学；1594. 台湾屏东科技大学；1598. 义守大学；1600. 成都信息工程大学；1607. 广东海洋大学；1608. 东北财经大学；1611. 青岛农业大学；1611. 成都中医药大学；1627. 中南民族大学；1634. 哈尔滨理工大学；1642. 河北师范大学；1643. 河北农业大学；1645. 北京建筑大学土木与交通工程学院；1646. 中南林业科技大学；1651. 青岛理工大学；1653. 中央民族大学；1661. 重庆理工大学；1664. 聊城大学；1671. 上海电力大学；1673. 北京中医药大学；1682. 河南师范大学；1684. 沈阳农业大学；1690. 广州医科大学；1691. 南京财经大学；1695. 鲁东大学；1712. 长春科技大学；1722. 浙江财经大学；1727. 首都经济贸易大学；1731. 浙江海洋大学；1736. 沈阳工业大学；1738. 黑龙江大学；1752. 山东建筑大学；1753. 安徽工程大学；1756. 中国医学科学院-中国协和医学院；1756. 北京协和医学院；1760. 大连工业大学；1760. 上海应用技术大学；1762. 东北石油大学；1765. 兰州理工大学；1767. 福建理工大学；1768. 西安邮电大学；1779. 云南师范大学；1780. 石河子大学；1781. 台湾嘉义大学；1783. 江西农业大学；1785. 临沂大学；1794. 中山医学大学；1796. 吉林农业大学；1799. 兰州交通大学；1800. 山东财经大学；1806. 河北医科大学；1814. 徐州医科大学；1815. 明志科技大学；1818. 沈阳药科大学；1840. 华东交通大学；1845. 四川轻化工大学；1852. 辽宁师范大学；1853. 沈阳航空航天大学；1872. 天津中医药大学；1873. 绍兴文理学院；1874. 西安工业大学；1878. 河北科技大学；1880. 甘肃农业大学；1886. 华北水利水电大学；1887. 长春工业大学；1888. 太原科技大学；1890. 哈尔滨师范大学；1890. 嘉兴学院；1892. 青海大学；1893. 山西农业大学；1895. 闽江学院；1897. 西华师范大学；1898. 大连医科大学；1898. 山西医科大学；1902. 浙江中医药大学；1903. 西南民族大学；1904. 上海体育大学；1908. 湖州学院；1911. 内蒙古农业大学；1913. 滨州医学院；1915. 山东中医药大学；1915. 江汉大学；1917. 湖南工业大学；1921. 云南农业大学；1922. 淮阴师范学院；1923. 广东药科大学；1925. 安徽财经大学；1926. 华北理工大学；1928. 西安工程大学；1929. 新乡医学院；1929. 武汉轻工大学；1931. 仲恺农业工程学院；1933. 吉首大学；1934. 贵州医科大学；1937. 河南科技学院；1943. 中原工学院；1944. 延边大学；1945. 渤海大学；1950. 延安大学；1951. 内蒙古工业大学；1956. 五邑大学；1957. 昆明医科大学；1959. 盐城工学院；1961. 重庆科技大学；1965. 信阳师范学院；1970. 辽宁石油化工大学；

续表

1975. 河南中医药大学；1975. 海南医学院；1975. 东华理工大学；1979. 湖北经济学院；1983. 新疆医科大学；1983. 山东第二医科大学；1989. 广东石油化工学院；1990. 安徽建筑大学；1992. 江西中医药大学；1993. 湖北中医药大学；1995. 宁夏医科大学；1997. 辽宁工业大学；1997. 辽宁大学；2000. 新疆农业大学；2001. 齐齐哈尔大学；2002. 湖北大学医学院；2005. 内蒙古科技大学；2006. 西南林业大学；2007. 山东第一医科大学；2011. 广东医科大学；2013. 安徽中医药大学；2017. 沈阳化工大学；2022. 淮北师范大学；2027. 大连交通大学；2028. 桂林医学院；2030. 江西科技师范大学；2032. 遵义医学院；2033. 中国人民解放军空军工程大学；2034. 湖南中医学院；2037. 福建中医药大学；2039. 湖北文理学院；2046. 广西中医药大学；2049. 陕西中医药大学；2052. 黑龙江中医药大学；2053. 宁波工程学院；2054. 黑龙江八一农垦大学；2055. 锦州医科大学；2060. 辽宁中医药大学；2064. 长庚科技大学；2081. 中国人民解放军陆军工程大学；2083. 西北农林科技大学；2084. 江西科技学院；2088. 香港中文大学(深圳)；2092. 中国矿业大学；2114. 西南医科大学；2115. 济宁医学院；2120. 辽宁科技大学；2122. 西安医学院；2126. 泰州学院；2128. 吉林师范大学；2130. 中国人民解放军信息工程大学；2130. 南方科技大学；2130. 中国人民解放军陆军军医大学；2130. 长江师范学院；2130. 中国人民解放军海军军医大学；2130. 重庆文理学院；2130. 北方民族大学

第七节 世界一流大学各大洲排行榜(2024)

一、亚洲一流大学排行榜(前100名)

表2-133 亚洲一流大学排行榜(前100名)

所在洲排名	英文名称	中文名称	国家/地区	世界排名
1	TSINGHUA UNIVERSITY	清华大学	中国	10
2	UNIVERSITY OF CHINESE ACADEMY OF SCIENCES, CAS	中国科学院大学	中国	12
3	PEKING UNIVERSITY	北京大学	中国	20
4	NATIONAL UNIVERSITY OF SINGAPORE	新加坡国立大学	新加坡	22
5	ZHEJIANG UNIVERSITY	浙江大学	中国	27
6	SHANGHAI JIAOTONG UNIVERSITY	上海交通大学	中国	28
7	NANYANG TECHNOLOGICAL UNIVERSITY	南洋理工大学	新加坡	45
8	FUDAN UNIVERSITY	复旦大学	中国	47
9	SUN YAT SEN UNIVERSITY	中山大学	中国	53
10	UNIVERSITY OF TOKYO	东京大学	日本	57
11	HUAZHONG UNIVERSITY OF SCIENCE & TECHNOLOGY	华中科技大学	中国	60
12	UNIVERSITY OF HONG KONG	香港大学	中国	69
13	SEOUL NATIONAL UNIVERSITY (SNU)	首尔大学	韩国	73
14	KING SAUD UNIVERSITY	沙特国王大学	沙特阿拉伯	82
15	NANJING UNIVERSITY	南京大学	中国	83
16	WUHAN UNIVERSITY	武汉大学	中国	85
17	UNIVERSITY OF SCIENCE & TECHNOLOGY OF CHINA, CAS	中国科学技术大学	中国	86
18	SICHUAN UNIVERSITY	四川大学	中国	87
19	XI'AN JIAOTONG UNIVERSITY	西安交通大学	中国	88
20	CENTRAL SOUTH UNIVERSITY	中南大学	中国	95
21	KING ABDULAZIZ UNIVERSITY	阿卜杜勒阿齐兹国王大学	沙特阿拉伯	100
22	SHANDONG UNIVERSITY	山东大学	中国	109
23	HARBIN INSTITUTE OF TECHNOLOGY	哈尔滨工业大学	中国	111
24	KYOTO UNIVERSITY	京都大学	日本	116
25	CHINESE UNIVERSITY OF HONG KONG	香港中文大学	中国	122
26	JILIN UNIVERSITY	吉林大学	中国	136
27	TONGJI UNIVERSITY	同济大学	中国	139
28	YONSEI UNIVERSITY	延世大学	韩国	140
29	TIANJIN UNIVERSITY	天津大学	中国	151
30	NATIONAL TAIWAN UNIVERSITY	台湾大学	中国	155

续表

所在洲排名	英文名称	中文名称	国家/地区	世界排名
31	SUNGKYUNKWAN UNIVERSITY (SKKU)	成均馆大学	韩国	159
32	ZHENGZHOU UNIVERSITY	郑州大学	中国	168
33	XIAMEN UNIVERSITY	厦门大学	中国	171
34	KOREA UNIVERSITY	高丽大学	韩国	172
35	SOUTH CHINA UNIVERSITY OF TECHNOLOGY	华南理工大学	中国	174
36	UNIVERSITY OF ELECTRONIC SCIENCE &TECHNOLOGY OF CHINA	电子科技大学	中国	175
37	BEIHANG UNIVERSITY	北京航空航天大学	中国	178
38	HONG KONG POLYTECHNIC UNIVERSITY	香港理工大学	中国	180
39	CITY UNIVERSITY OF HONG KONG	香港城市大学	中国	183
40	SOUTHEAST UNIVERSITY-CHINA	东南大学	中国	186
41	TEL AVIV UNIV	特拉维夫大学	以色列	197
42	NANKAI UNIVERSITY	南开大学	中国	201
43	SOOCHOW UNIVERSITY-CHINA	苏州大学	中国	203
44	HEBREW UNIVERSITY OF JERUSALEM	耶路撒冷希伯来大学	以色列	208
45	HUNAN UNIVERSITY	湖南大学	中国	220
46	CHONGQING UNIVERSITY	重庆大学	中国	227
47	TOHOKU UNIVERSITY	日本东北大学	日本	230
48	BEIJING INSTITUTE OF TECHNOLOGY	北京理工大学	中国	239
49	KING ABDULLAH UNIVERSITY OF SCIENCE & TECHNOLOGY	阿卜杜拉国王理工大学	沙特阿拉伯	250
50	UNIVERSITI MALAYA	马来亚大学	马来西亚	252
51	NAGOYA UNIVERSITY	名古屋大学	日本	258
52	HANYANG UNIVERSITY	汉阳大学	韩国	259
53	KYUSHU UNIVERSITY	九州大学	日本	263
54	BEIJINGNORMAL UNIVERSITY	北京师范大学	中国	264
55	JINAN UNIVERSITY	暨南大学	中国	272
56	DALIAN UNIVERSITY OF TECHNOLOGY	大连理工大学	中国	284
57	NORTHWESTERN POLYTECHNICAL UNIVERSITY	西北工业大学	中国	286
58	HONG KONG UNIVERSITY OF SCIENCE & TECHNOLOGY	香港科技大学	中国	288
59	CHINA AGRICULTURAL UNIVERSITY	中国农业大学	中国	293
60	EAST CHINA NORMAL UNIVERSITY	华东师范大学	中国	306
61	SHENZHEN UNIVERSITY	深圳大学	中国	307
62	ZHEJIANG UNIVERSITY OF TECHNOLOGY	浙江工业大学	中国	327
63	KYUNG HEE UNIVERSITY	庆熙大学	韩国	329
64	TECHNION ISRAEL INSTITUTE OF TECHNOLOGY	以色列理工大学	以色列	332
65	HOKKAIDO UNIVERSITY	北海道大学	日本	334

续表

所在洲排名	英文名称	中文名称	国家/地区	世界排名
66	CHINESE ACADEMY OF MEDICAL SCIENCES-PEKING UNION MEDICAL COLLEGE	中国医学科学院-中国协和医学院	中国	336
67	BEN GURION UNIVERSITY	本古里安大学	以色列	342
68	SHOOLINI UNIVERSITY	苏里尼大学	印度	346
69	EAST CHINA UNIVERSITY OF SCIENCE &TECHNOLOGY	华东理工大学	中国	348
70	CHINA MEDICAL UNIVERSITY TAIWAN	台湾中国医药大学	中国	353
71	LANZHOU UNIVERSITY	兰州大学	中国	361
72	TEHRAN UNIVERSITY OF MEDICAL SCIENCES	德黑兰医科大学	伊朗	366
73	SOUTHWEST UNIVERSITY-CHINA	西南大学	中国	378
74	NATIONAL CHENG KUNG UNIVERSITY	台湾成功大学	中国	382
75	KOREA ADVANCED INSTITUTE OF SCIENCE & TECHNOLOGY（KAIST）	韩国科学技术院	韩国	386
76	NATIONAL YANG MING CHIAO TUNG UNIVERSITY	台湾阳明交通大学	中国	387
77	UNIVERSITY OF TEHRAN	德黑兰大学	伊朗	393
78	UNIVERSITY OF TSUKUBA	筑波大学	日本	400
79	RENMIN UNIVERSITY OF CHINA	中国人民大学	中国	402
80	NANCHANG UNIVERSITY	南昌大学	中国	404
81	OCEAN UNIVERSITY OF CHINA	中国海洋大学	中国	405
82	SHANGHAI UNIVERSITY	上海大学	中国	416
83	PUSAN NATIONAL UNIVERSITY	釜山国立大学	韩国	418
84	HUAZHONG AGRICULTURAL UNIVERSITY	华中农业大学	中国	419
85	JIANGSU UNIVERSITY	江苏大学	中国	420
86	CHULALONGKORN UNIVERSITY	朱拉隆功大学	泰国	424
87	FUZHOU UNIVERSITY	福州大学	中国	425
88	NATIONAL SUN YAT SEN UNIVERSITY	台湾中山大学	中国	426
89	NANJING MEDICAL UNIVERSITY	南京医科大学	中国	432
90	HIROSHIMA UNIVERSITY	广岛大学	日本	434
91	CAPITAL MEDICAL UNIVERSITY	首都医科大学	中国	435
92	QINGDAO UNIVERSITY	青岛大学	中国	438
93	SOUTHERN MEDICAL UNIVERSITY-CHINA	南方医科大学	中国	446
94	KEIO UNIVERSITY	庆应义塾大学	日本	448
95	NATIONAL TSING HUA UNIVERSITY	台湾清华大学	中国	451
96	WUHAN UNIVERSITY OF TECHNOLOGY	武汉理工大学	中国	460
97	MAHIDOL UNIVERSITY	国立玛希隆大学	泰国	462
98	UNIVERSITI SAINS MALAYSIA	马来西亚大学	马来西亚	463
99	TOKYO INSTITUTE OF TECHNOLOGY	东京工业大学	日本	466
100	BEIJING UNIVERSITY OF CHEMICAL TECHNOLOGY	北京化工大学	中国	467

亚洲一百强主要由中国、日本、韩国的高校占据。中国高校占据了亚洲一百强的半壁江山，共有66所高校进入排名，清华大学、中国科学院大学、北京大学分别位列亚洲第1名、第2名和第3名；前十名中共有7所中国高校，在亚洲的实力不容小觑。日本共有10所高校进入亚洲一流高校一百强，其中东京大学位居亚洲第10名，京都大学位列亚洲第24名，较去年有下降。韩国共有8所高校进入亚洲一百强，其中首尔大学位列亚洲第13名，实力非常强。而中国台湾和中国香港地区分别有6所和5所高校进入一百强，其中香港大学位列亚洲第12名，台湾大学位列亚洲第30名，仍有上升空间。亚洲一流高校前十名的中国内地高校有清华大学、中国科学院大学、北京大学、浙江大学、上海交通大学、复旦大学、中山大学。

二、北美洲一流大学排行榜(前100名)

表2-134　北美洲一流大学排行榜（前100名）

所在洲排名	英文名称	中文名称	国家/地区	世界排名
1	HARVARD UNIVERSITY	哈佛大学	美国	1
2	STANFORD UNIVERSITY	斯坦福大学	美国	2
3	MASSACHUSETTS INSTITUTE OF TECHNOLOGY（MIT)	麻省理工学院	美国	6
4	JOHNS HOPKINS UNIVERSITY	约翰·霍普金斯大学	美国	7
5	UNIVERSITY OF TORONTO	多伦多大学	加拿大	9
6	UNIVERSITY OF PENNSYLVANIA	宾夕法尼亚大学	美国	11
7	COLUMBIA UNIVERSITY	哥伦比亚大学	美国	13
8	UNIVERSITY OF MICHIGAN	密歇根大学	美国	14
9	UNIVERSITY OF WASHINGTON	华盛顿大学	美国	16
10	YALE UNIVERSITY	耶鲁大学	美国	17
11	CORNELL UNIVERSITY	康奈尔大学	美国	18
12	UNIVERSITY OF CALIFORNIALOS ANGELES	加利福尼亚大学洛杉矶分校	美国	19
13	UNIVERSITY OF CALIFORNIA SAN DIEGO	加利福尼亚大学圣迭戈分校	美国	23
14	PRINCETON UNIVERSITY	普林斯顿大学	美国	26
15	UNIVERSITY OF CALIFORNIA BERKELEY	加利福尼亚大学伯克利分校	美国	31
16	UNIVERSITY OF BRITISH COLUMBIA	英属哥伦比亚大学	加拿大	32
17	DUKE UNIVERSITY	杜克大学	美国	37
18	NORTHWESTERN UNIVERSITY	美国西北大学	美国	38
19	CALIFORNIA INSTITUTE OF TECHNOLOGY	加州理工学院	美国	39
20	WASHINGTON UNIVERSITY（WUSTL)	圣路易斯华盛顿大学	美国	44
21	MCGILL UNIVERSITY	麦吉尔大学	加拿大	48
22	UNIVERSITY OF NORTH CAROLINA CHAPEL HILL	北卡罗来纳大学教堂山分校	美国	50
23	UNIVERSITY OF CALIFORNIA SAN FRANCISCO	加利福尼亚大学旧金山分校	美国	51
24	UNIVERSITY OF PITTSBURGH	匹兹堡大学	美国	52
25	OHIO STATE UNIVERSITY	俄亥俄州立大学	美国	55
26	UNIVERSITY OF MINNESOTA TWIN CITIES	明尼苏达大学双城分校	美国	56
27	UNIVERSITY OF CHICAGO	芝加哥大学	美国	58
28	UNIVERSITY OFWISCONSIN MADISON	威斯康星大学麦迪逊分校	美国	61

续表

所在洲排名	英文名称	中文名称	国家/地区	世界排名
29	NEW YORK UNIVERSITY	纽约大学	美国	64
30	UNIVERSITY OF FLORIDA	佛罗里达大学	美国	65
31	UNIVERSITY OF CALIFORNIA DAVIS	加利福尼亚大学戴维斯分校	美国	71
32	UNIVERSITY OF TEXAS AUSTIN	得克萨斯大学奥斯汀分校	美国	72
33	PENNSYLVANIA STATE UNIVERSITY	宾夕法尼亚州立大学	美国	74
34	UNIVERSITY OF SOUTHERN CALIFORNIA	南加利福尼亚大学	美国	78
35	UNIVERSITY OF MARYLAND COLLEGE PARK	马里兰大学帕克分校	美国	81
36	UNIVERSITY OF ALBERTA	阿尔伯塔大学	加拿大	90
37	BRANDEIS UNIVERSITY	布兰迪斯大学	美国	97
38	MCMASTER UNIVERSITY	麦克马斯特大学	加拿大	98
39	VANDERBILTUNIVERSITY	范德比尔特大学	美国	101
40	EMORY UNIVERSITY	埃默里大学	美国	106
41	UNIVERSITE DE MONTREAL	蒙特利尔大学	加拿大	108
42	BOSTON UNIVERSITY	波士顿大学	美国	112
43	UNIVERSITY OF CALIFORNIA IRVINE	加利福尼亚大学尔湾分校	美国	114
44	UNIVERSITY OF ILLINOIS URBANA-CHAMPAIGN	伊利诺伊大学厄巴纳香槟分校	美国	115
45	UNIVERSITY OF ARIZONA	亚利桑那大学	美国	117
46	ICAHN SCHOOL OF MEDICINE AT MOUNT SINAI	西奈山伊坎医学院	美国	123
47	UNIVERSITY OF UTAH	犹他大学	美国	124
48	UNIVERSITY OF COLORADO BOULDER	科罗拉多大学博尔德分校	美国	127
49	UNIVERSITY OF CALGARY	卡尔加里大学	加拿大	131
50	UNIVERSITY OF OTTAWA	渥太华大学	加拿大	132
51	PURDUE UNIVERSITY	普渡大学	美国	133
52	GEORGIA INSTITUTE OF TECHNOLOGY	佐治亚理工学院	美国	137
53	MICHIGAN STATE UNIVERSITY	密歇根州立大学	美国	142
54	UNIVERSITY OF VIRGINIA	弗吉尼亚大学	美国	150
55	TEXAS A&M UNIVERSITY COLLEGE STATION	得克萨斯农工大学	美国	152
56	ARIZONASTATE UNIVERSITY	亚利桑那州立大学	美国	153
57	UNIVERSITY OF NORTH CAROLINA	北卡罗来纳大学	美国	158
58	UNIVERSITY OF CALIFORNIA SANTA BARBARA	加利福尼亚大学圣塔芭芭拉分校	美国	170
59	BROWN UNIVERSITY	布朗大学	美国	173
60	CASE WESTERN RESERVE UNIVERSITY	凯斯西储大学	美国	176
61	WESTERN UNIVERSITY(UNIVERSITY OF WESTERN ONTARIO)	西安大略大学	加拿大	181
62	UNIVERSITY OF MASSACHUSETTS AMHERST	马萨诸塞大学阿默斯特分校	美国	188
63	UNIVERSITY OF WATERLOO	滑铁卢大学	加拿大	189

续表

所在洲排名	英文名称	中文名称	国家/地区	世界排名
64	NORTH CAROLINA STATE UNIVERSITY	北卡罗来纳州立大学	美国	193
65	UNIVERSITY OF IOWA	艾奥瓦大学	美国	195
66	RICE UNIVERSITY	莱斯大学	美国	206
67	UNIVERSITY OF ILLINOIS CHICAGO	伊利诺伊大学芝加哥分校	美国	209
68	UNIVERSITY OF MIAMI	迈阿密大学	美国	213
69	UNIVERSITY OF CONNECTICUT	康涅狄格大学	美国	216
70	UNIVERSIDAD NACIONAL AUTONOMA DE MEXICO	墨西哥国立自治大学	墨西哥	217
71	PURDUE UNIVERSITY WEST LAFAYETTE CAMPUS	普渡大学-西拉斐特	美国	218
72	VIRGINIA POLYTECHNIC INSTITUTE & STATE UNIVERSITY	弗吉尼亚理工学院暨州立大学	美国	219
73	UNIVERSITY OF ROCHESTER	罗切斯特大学	美国	222
74	UNIVERSITY OF SOUTH FLORIDA	南佛罗里达大学	美国	229
75	BAYLOR COLLEGE OF MEDICINE	贝勒医学院	美国	232
76	UNIVERSITY OF TENNESSEEKNOXVILLE	田纳西大学诺克斯维尔分校	美国	234
77	COLORADO STATE UNIVERSITY	科罗拉多州立大学	美国	235
78	UNIVERSITY OF CINCINNATI	辛辛那提大学	美国	237
79	LAVAL UNIVERSITY	拉瓦尔大学	加拿大	238
80	UNIVERSITY OF CALIFORNIA SANTA CRUZ	加利福尼亚大学圣克鲁兹分校	美国	243
81	TUFTS UNIVERSITY	塔夫茨大学	美国	248
82	UNIVERSITY OF KENTUCKY	肯塔基大学	美国	251
83	UNIVERSITY OF GEORGIA	佐治亚大学	美国	253
84	STATE UNIVERSITY OF NEW YORK (SUNY) STONY BROOK	纽约州立大学石溪分校	美国	260
85	WASHINGTON STATE UNIVERSITY	华盛顿州立大学	美国	266
86	STATE UNIVERSITY OF NEW YORK (SUNY) BUFFALO	纽约州立大学布法罗分校	美国	267
87	CARNEGIE MELLON UNIVERSITY	卡内基梅隆大学	美国	268
88	UNIVERSITY OF MANITOBA	曼尼托巴大学	加拿大	269
89	IOWA STATE UNIVERSITY	艾奥瓦州立大学	美国	273
90	UNIVERSITY OF MARYLAND BALTIMORE	马里兰大学巴尔的摩分校	美国	277
91	UNIVERSITY OF NEW MEXICO	新墨西哥大学	美国	279
92	UNIVERSITY OF SOUTH CAROLINA COLUMBIA	南卡罗来纳大学哥伦比亚分校	美国	281
93	UNIVERSITY OF CALIFORNIA RIVERSIDE	加利福尼亚大学河滨分校	美国	282
94	UNIVERSITY OF KANSAS	堪萨斯大学	美国	285
95	NORTHEASTERN UNIVERSITY	美国东北大学	美国	289
96	DALHOUSIE UNIVERSITY	达尔豪西大学	加拿大	290
97	UNIVERSITY OF NEBRASKA LINCOLN	内布拉斯加大学林肯分校	美国	291

续表

所在洲排名	英文名称	中文名称	国家/地区	世界排名
98	GEORGE WASHINGTON UNIVERSITY	乔治·华盛顿大学	美国	294
99	UNIVERSITY OF ALABAMA BIRMINGHAM	亚拉巴马大学伯明翰分校	美国	296
100	UNIVERSITY OF MISSOURI COLUMBIA	密苏里大学哥伦比亚分校	美国	304

北美洲一流高校一百强中只有美国、加拿大和墨西哥三国的高校进入。其中美国高校为 86 所，加拿大高校为 13 所，墨西哥高校为 1 所。结合全球高校三十强排行榜来看，美国进入了 13 所，可见美国高校仍然占据绝对优势。加拿大高校排名最靠前的是多伦多大学，位列第 5 名，英属哥伦比亚大学位列第 16 名，今年排名有所前进，麦吉尔大学位列第 21 名，阿尔伯塔大学位列第 36 名，而这四所高校也已进入全球一流高校排行榜的一百强，表现值得关注。

三、南美洲一流大学排行榜(前 30 名)

表 2-135 南美洲一流大学排行榜（前 30 名）

所在洲排名	英文名称	中文名称	国家/地区	世界排名
1	UNIVERSIDADE DE SAO PAULO	圣保罗大学	巴西	46
2	UNIVERSIDADE ESTADUAL DE CAMPINAS	坎皮纳斯州立大学	巴西	283
3	UNIVERSIDAD DE CHILE	智利大学	智利共和国	295
4	UNIVERSIDADE FEDERAL DE MINAS GERAIS	米纳斯吉拉斯联邦大学	巴西	360
5	UNIVERSITY OF BUENOS AIRES	布宜诺斯艾利斯大学	阿根廷	368
6	UNIVERSIDADE FEDERAL DO RIO DE JANEIRO	里约热内卢联邦大学	巴西	373
7	UNIVERSIDADE FEDERAL DO RIO GRANDE DO SUL	南大河联邦大学	巴西	375
8	UNIVERSIDADE ESTADUAL PAULISTA	圣保罗州立大学	巴西	385
9	UNIVERSIDAD TECNICA FEDERICO SANTA MARIA	费德里科圣玛丽亚科技大学	智利共和国	454
10	UNIVERSIDADE FEDERAL DE SAO PAULO（UNIFESP）	圣保罗联邦大学	巴西	533
11	UNIVERSIDADE FEDERAL DE SANTA CATARINA（UFSC）	圣卡塔琳娜联邦大学(UFSC)	巴西	588
12	UNIVERSIDAD NACIONAL DE COLOMBIA	哥伦比亚国立大学	哥伦比亚	630
13	UNIVERSIDADE FEDERAL DE SAO CARLOS	巴西圣保罗联邦大学	巴西	643
14	UNIVERSIDADE FEDERAL DO PARANA	巴拉那联邦大学	巴西	658
15	NATIONALUNIVERSITY OF LA PLATA	拉普拉塔国立大学	阿根廷	666
16	UNIVERSIDADE FEDERAL DO RIO GRANDE DO NORTE	北大河联邦大学	巴西	688
17	UNIVERSIDADE FEDERAL DE PERNAMBUCO	贝南博古联邦大学	巴西	712
18	UNIVERSIDADE DO ESTADO DO RIO DE JANEIRO	里约热内卢天主教大学	巴西	794
19	UNIVERSIDAD DE CONCEPCION	康塞普森大学	智利共和国	799
20	UNIVERSIDADE FEDERAL DO CEARA	塞阿拉联邦大学	巴西	830
21	UNIVERSIDAD DE ANTIOQUIA	安蒂奥基亚大学	哥伦比亚	844
22	UNIVERSIDADE FEDERAL DE SANTA MARIA（UFSM）	圣玛丽亚联邦大学	巴西	862
23	UNIVERSIDADE FEDERAL FLUMINENSE	弗鲁米嫩塞联邦大学	巴西	903

续表

所在洲排名	英文名称	中文名称	国家/地区	世界排名
24	UNIVERSIDAD DE LOS ANDES (COLOMBIA)	安第斯大学	哥伦比亚	913
25	UNIVERSIDADE FEDERAL DE VICOSA	维索萨联邦大学	巴西	921
26	UNIVERSIDADE FEDERAL DA BAHIA	巴伊亚州联邦大学	巴西	926
27	UNIVERSIDADE FEDERAL DE GOIAS	戈亚斯联邦大学	巴西	944
28	UNIVERSIDADE FEDERAL DA PARAIBA	帕拉伊巴联邦大学	巴西	959
29	UNIVERSIDAD DE LAREPUBLICA, URUGUAY	乌拉圭共和国大学	乌拉圭	962
30	NATIONAL UNIVERSITY OF CORDOBA	国立科尔多瓦大学	阿根廷	997

南美洲一流高校三十强中巴西占据了20席，表现不俗，其中圣保罗大学、坎皮纳斯州立大学、米纳斯吉拉斯联邦大学，分别位列南美洲一流高校第1、2、4名。里约热内卢联邦大学位列第6名。智利虽然只有3所大学进入三十强，但是智利大学、费德里科圣玛丽亚科技大学分别以第3名和第9名的身份进入十强，表现不错。

四、欧洲一流大学排行榜(前30名)

表2-136 欧洲一流大学排行榜（前30名）

所在洲排名	英文名称	中文名称	国家/地区	世界排名
1	UNIVERSITY OF OXFORD	牛津大学	英国	3
2	UNIVERSITY OF CAMBRIDGE	剑桥大学	英国	4
3	UNIVERSITY COLLEGE LONDON	伦敦大学学院	英国	5
4	IMPERIAL COLLEGE LONDON	伦敦帝国学院	英国	8
5	UNIVERSITE PARIS SACLAY	巴黎萨克雷大学	法国	15
6	UNIVERSITE PARIS CITE	巴黎西岱大学	法国	21
7	ETH ZURICH	苏黎世联邦理工学院	瑞士	24
8	UNIVERSITY OF COPENHAGEN	哥本哈根大学	丹麦	29
9	SORBONNE UNIVERSITE	索邦大学	法国	33
10	UNIVERSITY OF AMSTERDAM	阿姆斯特丹大学	荷兰	34
11	KU LEUVEN	荷语鲁汶大学	比利时	36
12	UNIVERSITY OF EDINBURGH	爱丁堡大学	英国	41
13	KING'S COLLEGE LONDON	伦敦国王学院	英国	43
14	UTRECHT UNIVERSITY	乌得勒支大学	荷兰	49
15	UNIVERSITY OF MANCHESTER	曼彻斯特大学	英国	54
16	UNIVERSITY OF ZURICH	苏黎世大学	瑞士	59
17	UNIVERSITY OF BARCELONA	巴塞罗那大学	西班牙	62
18	UNIVERSITY OF GRONINGEN	格罗宁根大学	荷兰	63
19	GHENT UNIVERSITY	根特大学	比利时	66
20	HUMBOLDT UNIVERSITY OF BERLIN	柏林洪堡大学	德国	67

续表

所在洲排名	英文名称	中文名称	国家/地区	世界排名
21	RUPRECHT KARLS UNIVERSITY HEIDELBERG	海德堡大学	德国	68
22	FREE UNIVERSITY OF BERLIN	柏林自由大学	德国	70
23	KAROLINSKA INSTITUTET	卡罗林斯卡医学院	瑞典	75
24	UNIVERSITY OF HELSINKI	赫尔辛基大学	芬兰	76
25	AIX-MARSEILLE UNIVERSITE	艾克斯-马赛大学	法国	77
26	VRIJE UNIVERSITEIT AMSTERDAM	阿姆斯特丹自由大学	荷兰	79
27	UNIVERSITY OF OSLO	奥斯陆大学	挪威	80
28	AARHUS UNIVERSITY	奥尔胡斯大学	丹麦	84
29	UNIVERSITY OF PADUA	帕多瓦大学	意大利	89
30	UNIVERSITY OF BRISTOL	布里斯托尔大学	英国	91

欧洲一流高校排行榜三十强中各国大学表现较为均衡，英国、丹麦、法国、瑞士、德国、芬兰、荷兰、西班牙、比利时、意大利等国均有高校进入三十强。其中英国共有 8 名高校进入，前 10 名中，有 4 所高校为英国高校，牛津大学、剑桥大学、伦敦大学学院、伦敦帝国学院位列前 4 名。

五、非洲一流大学排行榜(前 30 名)

表 2-137 非洲一流大学排行榜（前 30 名）

所在洲排名	英文名称	中文名称	国家/地区	世界排名
1	UNIVERSITY OF CAPE TOWN	开普敦大学	南非	261
2	CAIROUNIVERSITY	开罗大学	埃及	335
3	UNIVERSITY OF WITWATERSRAND	金山大学	南非	349
4	STELLENBOSCH UNIVERSITY	斯坦陵布什大学	南非	364
5	UNIVERSITY OF KWAZULU NATAL	夸祖鲁纳塔尔大学	南非	374
6	UNIVERSITY OF PRETORIA	比勒陀利亚大学	南非	449
7	UNIVERSITY OF JOHANNESBURG	约翰内斯堡大学	南非	472
8	MANSOURAUNIVERSITY	曼苏尔大学	埃及	491
9	AIN SHAMS UNIVERSITY	艾因·夏姆斯大学	埃及	517
10	ALEXANDRIA UNIVERSITY	亚历山大大学	埃及	621
11	ZAGAZIG UNIVERSITY	扎加齐克大学	埃及	694
12	NORTH WEST UNIVERSITY-SOUTH AFRICA	南非西北大学	南非	705
13	UNIVERSITY OF IBADAN	伊巴丹大学	尼日利亚	767
14	ASSIUTUNIVERSITY	艾斯尤特大学	埃及	785
15	ADDIS ABABA UNIVERSITY	亚的斯亚贝巴大学	埃塞俄比亚	823
16	UNIVERSITY OF SOUTH AFRICA	南非大学	南非	839
17	AL AZHAR UNIVERSITY	爱资哈尔大学	埃及	872
18	TANTA UNIVERSITY	坦塔大学	埃及	898

续表

所在洲排名	英文名称	中文名称	国家/地区	世界排名
19	SIDI MOHAMED BEN ABDELLAH UNIVERSITY OF FEZ	西迪·穆罕默德·本·阿卜杜拉大学	摩洛哥	927
20	UNIVERSITY OF NAIROBI	内罗毕大学	肯尼亚	928
21	UNIVERSITE DE SFAX	斯法克斯大学	突尼斯	943
22	UNIVERSITY OF THE FREE STATE	自由州大学	南非	971
23	SUEZ CANAL UNIVERSITY	苏伊士运河大学	埃及	974
24	UNIVERSITY OF THE WESTERN CAPE	南非西开普大学	南非	982
25	MEKELLE UNIVERSITY	默克莱大学	埃塞俄比亚	1002
26	KAFRELSHEIKH UNIVERSITY	谢赫村大学	埃及	1025
27	UNIVERSITE DE TUNIS-EL-MANAR	突尼斯玛纳尔大学	突尼斯	1034
28	UNIVERSITY OF LAGOS	拉各斯大学	尼日利亚	1109
29	MAKERERE UNIVERSITY	麦克雷雷大学	乌干达	1116
30	CADI AYYAD UNIVERSITY OF MARRAKECH	卡迪阿亚德大学	摩洛哥	1117

非洲一流高校排行榜三十强中南非和埃及都有 10 所高校进入，数量并列第一。南非开普敦大学、金山大学、斯坦陵布什大学分别位列第 1 名、第 3 名、第 4 名。

六、大洋洲一流大学排行榜(前 30 名)

表 2-138　大洋洲一流大学排行榜（前 30 名）

所在洲排名	英文名称	中文名称	国家/地区	世界排名
1	UNIVERSITY OF MELBOURNE	墨尔本大学	澳大利亚	25
2	UNIVERSITY OF SYDNEY	悉尼大学	澳大利亚	30
3	MONASH UNIVERSITY	莫纳什大学	澳大利亚	35
4	UNIVERSITY OF QUEENSLAND	昆士兰大学	澳大利亚	40
5	UNIVERSITY OF NEW SOUTH WALES SYDNEY	新南威尔斯大学	澳大利亚	42
6	UNIVERSITY OF WESTERN AUSTRALIA	西澳大学	澳大利亚	102
7	UNIVERSITY OF ADELAIDE	阿德莱德大学	澳大利亚	125
8	AUSTRALIAN NATIONAL UNIVERSITY	澳大利亚国立大学	澳大利亚	130
9	UNIVERSITY OFAUCKLAND	新西兰奥克兰大学	新西兰	166
10	UNIVERSITY OF TECHNOLOGY SYDNEY	悉尼科技大学	澳大利亚	205
11	QUEENSLAND UNIVERSITY OF TECHNOLOGY (QUT)	昆士兰科技大学	澳大利亚	228
12	GRIFFITH UNIVERSITY	格里菲斯大学	澳大利亚	241
13	UNIVERSITY OF NEWCASTLE	澳大利亚纽卡斯尔大学	澳大利亚	274
14	MACQUARIE UNIVERSITY	麦考瑞大学	澳大利亚	275
15	UNIVERSITY OF WOLLONGONG	伍伦贡大学	澳大利亚	300
16	DEAKIN UNIVERSITY	迪肯大学	澳大利亚	310

续表

所在洲排名	英文名称	中文名称	国家/地区	世界排名
17	ROYAL MELBOURNE INSTITUTE OF TECHNOLOGY (RMIT)	皇家墨尔本理工大学	澳大利亚	311
18	CURTIN UNIVERSITY	科廷大学	澳大利亚	324
19	UNIVERSITY OF OTAGO	奥塔哥大学	新西兰	356
20	WESTERNSYDNEY UNIVERSITY	西悉尼大学	澳大利亚	357
21	UNIVERSITY OF SOUTH AUSTRALIA	南澳大利亚大学	澳大利亚	365
22	LA TROBE UNIVERSITY	拉特巴大学	澳大利亚	376
23	FLINDERS UNIVERSITY SOUTH AUSTRALIA	南澳大利亚佛林德斯大学	澳大利亚	396
24	UNIVERSITY OF TASMANIA	塔斯马尼亚大学	澳大利亚	401
25	SWINBURNE UNIVERSITY OFTECHNOLOGY	斯文本科技大学	澳大利亚	445
26	JAMES COOK UNIVERSITY	詹姆斯库克大学	澳大利亚	482
27	MURDOCH UNIVERSITY	莫道克大学	澳大利亚	512
28	UNIVERSITY OF CANTERBURY	坎特伯雷大学	新西兰	553
29	MASSEY UNIVERSITY	梅西大学	新西兰	569
30	EDITH COWAN UNIVERSITY	埃迪科文大学	澳大利亚	618

大洋洲一流高校排行榜三十强中，澳大利亚入选 26 所，新西兰入选 4 所。澳大利亚墨尔本大学、悉尼大学和莫纳什大学占据了前三名。十强中，只有奥克兰大学来自新西兰，其余 9 所均为澳大利亚的大学。

第 三 章

数 据 分 析

第一节 我们离世界一流大学还有多远?

一、国家(地区)科研竞争力排名与分析

本次的国家(地区)科研竞争力评价以进入 ESI 学科数大于等于两个学科的所有大学作为统计样本，得出国家(地区)科研竞争力排行榜。在科研竞争力方面，美国牢牢占据了榜首位置，除专利外其他指标的得分都位居首位，显示了绝对领先的科研水平；紧随其后的是中国、英国、法国、德国、意大利、澳大利亚、日本、加拿大、西班牙、韩国(表 3-1)。中国大陆(内地)位于第 2 位，中国台湾位于第 19 位，中国香港未进入前 30。从各个具体指标来看，中国大学的 ESI 收录论文数和专利数继续保持较高水平，高被引论文数、国际合作论文得分相对偏低。这说明中国大学的科研能力和影响力发展不均衡，虽然科研能力迅速提高，但影响力水平提高不是特别显著。因此，中国大学未来努力的重点和方向是在保持科研产出数量稳定的前提下适当偏重质量，以求得科研能力和影响力水平的同步发展。

表 3-1 国家(地区)科研竞争力 30 强(2024)

排名	国家/地区	发表论文得分	论文被引得分	专利得分	高被引论文得分	国际合作论文得分	总分
1	美国	100.00	100.00	83.71	100.00	100.00	100.00
2	中国大陆(内地)	99.96	92.22	100.00	88.71	89.62	98.38
3	英国	73.46	76.29	72.93	74.45	82.83	93.74
4	法国	72.35	72.39	53.99	67.25	72.63	91.89
5	德国	69.53	68.79	58.61	66.28	75.21	91.39
6	意大利	64.69	66.69	52.4	59.75	69.41	90.00
7	澳大利亚	64.00	61.76	37.72	62.09	70.08	89.29
8	日本	63.47	64.58	80.54	51.15	58.32	89.24
9	加拿大	63.86	60.09	45.64	60.48	69.69	88.96
10	西班牙	59.5	62.82	47.21	52.69	63.84	88.28
11	韩国	62.21	59.3	63.45	50.88	57.22	87.58
12	印度	51.49	62.02	71.07	40.81	52.45	87.17
13	伊朗	54.47	62.16	46.99	44.03	53.31	86.86
14	荷兰	56.33	49.13	27.01	56.61	62.65	85.95
15	土耳其	50.61	59.05	60.64	39.77	48.59	85.87
16	巴西	57.46	54.54	57.2	42.45	55.70	85.78
17	瑞典	50.39	54.42	24.59	48.34	56.41	85.25
18	瑞士	51.93	47.37	26.12	52.51	59.14	84.69
19	中国台湾	50.29	50.37	64.88	39.49	48.81	84.21
20	波兰	49.33	53.27	46.98	39.15	49.54	84.15
21	沙特阿拉伯	45.62	45.63	38.04	43.40	61.30	83.78
22	奥地利	41.72	51.51	39.92	39.40	47.75	83.08
23	埃及	42.72	47.85	17.36	37.27	52.78	82.50

续表

排名	国家/地区	发表论文得分	论文被引得分	专利得分	高被引论文得分	国际合作论文得分	总分
24	比利时	45.96	43.13	39.04	45.01	52.10	82.33
25	马来西亚	40.78	47.76	44.00	36.81	47.90	82.10
26	挪威	40.83	44.57	57.67	38.28	46.53	81.90
27	葡萄牙	44.06	44.85	35.11	37.88	48.53	81.59
28	南非	41.67	43.82	41.36	37.72	47.24	81.18
29	巴基斯坦	39.28	45.73	26.04	35.82	47.29	81.17
30	希腊	39.32	46.44	34.96	36.36	43.05	81.08

从进入国家(地区)世界科研竞争力排行榜前600名的大学来看，国家或地区科研竞争力前10位为美国、中国、英国、德国、法国、意大利、澳大利亚、加拿大、西班牙、韩国、荷兰、日本。如表3-2所示，从具体的科研竞争力前600名大学国家分布来看，美国有125所，中国有99所，英国有40所，德国有35所，法国有30所，意大利有29所，澳大利亚有24所，加拿大有18所，西班牙16所，韩国有13所。这10个国家一共占前600名的71.5%。可见世界上优秀的大学和科研院所大多集中在这几个国家，它们拥有其他国家地区难以企及的科研实力。中国大陆(内地)有14所大学进入前100名，101名至200名中有18所，前300名中有44所，前400名中有58所；前500名中有77所；前600名中有87所。

表3-2　科研竞争力前600名大学国家(地区)分布与比例

国家/地区	前600名		前500名		前400名		前300名		前200名		前100位	
	数量/所	比例/%	数量/所	比例/%	数量/所	比例/%	数量/所	比例/%	数量/所	比例/%	数量/所	比例/%
美国	125	20.83	113	22.60	94	23.50	69	23.00	50	25.00	32	32.00
中国	99	16.50	87	17.40	66	16.50	51	17.00	37	18.50	15	15.00
英国	40	6.67	36	7.20	29	7.25	24	8	20	10.00	9	9.00
德国	35	5.83	30	6.00	28	7.00	23	7.67	10	5.00	6	6.00
法国	30	5.00	26	5.20	20	5.00	17	5.67	11	5.50	4	4.00
意大利	29	4.83	19	3.80	14	3.50	12	4	6	3.00	2	2.00
澳大利亚	24	4.00	24	4.80	21	5.25	13	4.33	9	4.50	5	5.00
加拿大	18	3.00	17	3.40	14	3.50	10	3.33	8	4.00	3	3.00
西班牙	16	2.67	13	2.60	9	2.25	6	2	2	1.00	1	1.00
韩国	13	2.17	10	2.00	6	1.50	4	1.33	3	1.50	1	1.00
荷兰	13	2.17	13	2.60	11	2.75	11	3.67	10	5.00	7	7.00
日本	13	2.17	8	1.60	7	1.75	6	2	3	1.50	1	1.00

从ESI收录论文数来看，2024年国家科研竞争力排名前5位的国家发文量均在1465294篇以上，其中排名第1位的美国发文量达到了惊人的6271525篇。中国的发文量位居世界第2位，达6257668篇。从篇均被引次数来看，中国居于第2位，排名比去年高。从高被引论文数来看，国家科研竞争力排名前5位的国家高被引论文数均在31680篇以上，排名第1位的美国为164169篇。中国的高被引论文数排名世界第2位，为101652篇，较去年84592篇有了较大幅度的提高。从绝对数量来看，占排名第1位的美国的61.93%，而上一年为50.09%。这反映出虽然中国的科研影响力在不断提升，但与发达国家相比还存在较大的差距。从国际合作论文数来看，国家科研竞争力排名前5位的国家国际合作论文数均在195944篇以上，排名第1位的美国为704292篇，中国排名第二，为454092篇。排名与2023年相同，但与第1名的

美国的差距仍然较大，在国际合作论文方面还有很大的进步空间。从发明专利来看，国家科研竞争力前5位的国家差异比较大。一个国家的专利水平反映了它在世界上的科研创新力。中国的专利数排名世界第1位，证明了我国在专利方面生产能力比较强大，但同时也可以看到我国的专利核心竞争力不足、层次比较低。在今后一段时间内，我们在继续保持这种创新优势的同时，也要扩大专利成果的转化力度，将我国大学所具有的创新能力转化为实际的生产力，以此推动我国的经济发展和社会进步。

二、中国进入ESI排行的大学排名与分析

2024年世界大学综合竞争力评价中，有2个及以上学科进入ESI排行的大学有2190所。其中，中国有413所，美国有308所，英国有110所，法国有94所，日本有79所，德国有74所，意大利有67所，印度有67所，伊朗有66所，土耳其有65所。上述10个国家2个及以上学科进入ESI排行的大学数目约占总数的59.3%，说明世界上比较优秀的大学集中分布在少数国家，特别是中国、美国、英国、法国、日本、德国、意大利七国在进入ESI排行大学总数方面占据着绝对优势。通过以上数据可以看出，中国的整体科研实力是在稳步提升的，学校总数和去年一样保持世界第一。而且中国是唯一以发展中国家身份进入科研竞争力世界前10强的国家，这一点是值得充分肯定的。

表3-3中显示的是世界顶尖大学，即进入此次排行的前1%的20所大学，以及中国进入此次排行的大学名单。可以看出，美国的大学依旧牢牢占据世界顶尖大学军团的阵容。

2024年中国大学科学研究在世界大学中的表现不凡，国内名牌大学在本次评价中的排名普遍上升，这是中国大学加大加强科研力度的重要表现。另外，中国香港进入排行的共有8所学校，其中有5所进入了世界大学科研竞争力排行榜的前600强；中国台湾进入此次排行的大学有34所，其中有6所学校进入世界大学科研竞争力排行榜的前600强；此外，中国澳门的澳门大学以12个ESI学科保持在此次排行之列。

以上大学的科研竞争力排行如表3-3所示。

表3-3 世界顶尖大学与中国进入ESI排行的大学科研竞争力排名

排名	学校名称	国家/地区
1	哈佛大学	美国
2	伦敦大学学院	英国
3	斯坦福大学	美国
4	多伦多大学	加拿大
5	巴黎西岱大学	法国
6	牛津大学	英国
7	中国科学院大学	中国
8	约翰·霍普金斯大学	美国
9	剑桥大学	英国
10	华盛顿大学	美国
11	麻省理工学院	美国
12	伦敦帝国学院	英国
13	清华大学	中国
14	密歇根大学	美国
15	宾夕法尼亚大学	美国
16	哥伦比亚大学	美国
17	加利福尼亚大学洛杉矶分校	美国

续表

排名	学校名称	国家/地区
18	耶鲁大学	美国
19	哥本哈根大学	丹麦
20	浙江大学	中国
21	北京大学	中国
25	上海交通大学	中国
45	中山大学	中国
46	中国科学技术大学	中国
49	复旦大学	中国
61	中南大学	中国
62	华中科技大学	中国
67	四川大学	中国
73	西安交通大学	中国
81	武汉大学	中国
86	南京大学	中国
90	香港中文大学	中国
105	郑州大学	中国
107	电子科技大学	中国
111	同济大学	中国
113	哈尔滨工业大学	中国
115	香港大学	中国
117	山东大学	中国
122	北京理工大学	中国
134	天津大学	中国
136	香港理工大学	中国
140	东南大学	中国
148	香港城市大学	中国
154	华南理工大学	中国
157	湖南大学	中国
163	吉林大学	中国
170	南开大学	中国
182	重庆大学	中国
184	南京工业大学	中国
186	西北工业大学	中国
191	台湾大学	中国
194	苏州大学-中国	中国
198	厦门大学	中国
199	中国医学科学院-中国协和医学院	中国

续表

排名	学校名称	国家/地区
201	深圳大学	中国
212	大连理工大学	中国
214	北京航空航天大学	中国
246	台湾清华大学	中国
251	北京师范大学	中国
255	南方科技大学	中国
260	青岛大学	中国
264	武汉工程大学	中国
269	武汉理工大学	中国
273	南京中医药大学	中国
274	首都医科大学	中国
279	江苏大学	中国
283	中国农业大学	中国
287	香港科技大学	中国
305	中国石油大学	中国
306	上海大学	中国
310	北京协和医学院	中国
311	台湾中国医药大学	中国
326	南京航空航天大学	中国
330	华东师范大学	中国
331	北京化工大学	中国
340	北京科技大学	中国
341	福州大学	中国
352	暨南大学	中国
370	南京理工大学	中国
377	兰州大学	中国
379	浙江工业大学	中国
380	江南大学	中国
395	中国矿业大学	中国
402	华东理工大学	中国
403	南京林业大学	中国
404	西北农林科技大学	中国
406	南京信息工程大学	中国
412	南昌大学	中国
418	南京农业大学	中国
423	广东工业大学	中国
425	南方医科大学	中国

续表

排名	学 校 名 称	国家/地区
429	西安医学院	中国
452	华中农业大学	中国
455	扬州大学	中国
456	台湾中山大学	中国
457	台湾阳明交通大学	中国
461	南京医科大学	中国
466	南京师范大学	中国
467	西南大学	中国
469	西安电子科技大学	中国
475	中国东北大学	中国
490	东华大学	中国
494	广州大学	中国
498	西南交通大学	中国
503	华中师范大学	中国
528	上海科技大学	中国
530	北京工业大学	中国
541	广西大学	中国
548	台湾成功大学	中国
557	合肥工业大学	中国
561	华北电力大学	中国
566	澳门大学	中国
575	河南大学	中国
584	山东师范大学	中国
598	北京邮电大学	中国
599	河海大学	中国
602	上海理工大学	中国
605	温州医科大学	中国
612	中国地质大学	中国
615	中国海洋大学	中国
617	南京邮电大学	中国
618	渤海大学	中国
619	华南农业大学	中国
634	广州医科大学	中国
635	西北大学	中国
639	杭州师范大学	中国
648	山东科技大学	中国
654	贵州大学	中国

续表

排名	学校名称	国家/地区
656	华南师范大学	中国
658	河南理工大学	中国
661	北京交通大学	中国
668	海南大学	中国
693	哈尔滨医科大学	中国
696	宁波大学	中国
698	青岛科技大学	中国
701	中国人民解放军海军军医大学	中国
707	长安大学	中国
718	温州大学	中国
723	天津医科大学	中国
733	浙江师范大学	中国
734	安徽大学	中国
743	台湾政治大学	中国
748	东北农业大学	中国
750	北京林业大学	中国
757	香港浸会大学	中国
761	中国人民解放军陆军军医大学	中国
764	哈尔滨工程大学	中国
781	台北医学大学	中国
793	成都大学	中国
798	长沙理工大学	中国
812	济南大学	中国
813	浙江工商大学	中国
824	国防科学技术大学	中国
854	湖南工业大学	中国
855	汕头大学	中国
867	陕西师范大学	中国
869	澳门科技大学	中国
870	重庆医科大学	中国
880	香港中文大学(深圳)	中国
886	中国医科大学	中国
889	福建农林大学	中国
898	西南科技大学	中国
914	陕西科技大学	中国
925	东北师范大学	中国
926	山西大学	中国

续表

排名	学校名称	国家/地区
947	齐鲁工业大学	中国
951	武汉科技大学	中国
952	天津工业大学	中国
958	安徽医科大学	中国
959	中国药科大学	中国
966	太原理工大学	中国
968	上海师范大学	中国
970	西安理工大学	中国
974	常州大学	中国
975	昆明理工大学	中国
977	山东第一医科大学	中国
983	中国人民大学	中国
991	长庚大学	中国
1013	山东中医药大学	中国
1014	山东农业大学	中国
1022	新疆大学	中国
1023	空军军医大学	中国
1026	曲阜师范大学	中国
1043	亚洲大学(中国台湾)	中国
1047	河北工业大学	中国
1064	河南科技大学	中国
1065	燕山大学	中国
1068	江苏科技大学	中国
1075	北京工商大学	中国
1076	福建医科大学	中国
1080	东北林业大学	中国
1084	长庚科技大学	中国
1092	河南师范大学	中国
1094	南通大学	中国
1095	杭州电子科技大学	中国
1100	台湾“中央”大学	中国
1107	浙江农林大学	中国
1115	天津理工大学	中国
1122	南华大学	中国
1124	西交利物浦大学	中国
1129	桂林电子科技大学	中国
1130	浙江理工大学	中国

续表

排名	学校名称	国家/地区
1131	湖北大学	中国
1147	云南大学	中国
1150	重庆邮电大学	中国
1154	湖南师范大学	中国
1159	福建师范大学	中国
1167	湖州学院	中国
1177	湖南农业大学	中国
1180	西安建筑科技大学	中国
1199	大连海事大学	中国
1205	高雄医科大学	中国
1211	西南财经大学	中国
1213	中国计量大学	中国
1217	四川农业大学	中国
1220	台湾科技大学	中国
1225	聊城大学	中国
1226	黑龙江大学	中国
1229	辽宁工业大学	中国
1231	吉首大学	中国
1244	台湾东华大学	中国
1271	江西师范大学	中国
1274	台湾海洋大学	中国
1276	西南石油大学	中国
1280	三峡大学	中国
1290	湘潭大学	中国
1294	台湾中兴大学	中国
1304	佛山科学技术学院	中国
1309	青岛农业大学	中国
1316	上海海洋大学	中国
1317	中北大学	中国
1325	浙江海洋大学	中国
1329	上海电力大学	中国
1336	江西科技学院	中国
1342	江苏师范大学	中国
1348	华侨大学	中国
1355	上海财经大学	中国
1360	安徽财经大学	中国
1367	南昌航空大学	中国

续表

排名	学校名称	国家/地区
1368	天津科技大学	中国
1371	上海中医药大学	中国
1373	内蒙古大学	中国
1379	青岛理工大学	中国
1381	中原工学院	中国
1384	重庆工商大学	中国
1387	绍兴文理学院	中国
1392	安徽工业大学	中国
1393	河南农业大学	中国
1398	西安科技大学	中国
1399	河北农业大学	中国
1402	湖南科技大学	中国
1404	沈阳药科大学	中国
1414	长江大学	中国
1431	安徽农业大学	中国
1434	哈尔滨师范大学	中国
1446	大连医科大学	中国
1449	中南民族大学	中国
1452	广西医科大学	中国
1453	淮北师范大学	中国
1454	烟台大学	中国
1459	宁波诺丁汉大学	中国
1461	广东医科大学	中国
1462	太原科技大学	中国
1465	河北大学	中国
1471	淡江大学	中国
1474	新疆医科大学	中国
1478	四川师范大学	中国
1484	台湾师范大学	中国
1492	泰州学院	中国
1496	成都理工大学	中国
1503	成都中医药大学	中国
1513	对外经济贸易大学	中国
1515	山东财经大学	中国
1519	郑州轻工业大学	中国
1530	上海工程技术大学	中国
1536	临沂大学	中国

续表

排名	学校名称	国家/地区
1541	徐州医科大学	中国
1543	广州中医药大学	中国
1545	安徽师范大学	中国
1549	台湾云林科技大学	中国
1553	香港教育大学	中国
1554	中南林业科技大学	中国
1559	湖北工业大学	中国
1560	广西师范大学	中国
1566	辅仁大学	中国
1580	华北理工大学	中国
1582	西北师范大学	中国
1586	兰州交通大学	中国
1589	台北科技大学	中国
1590	东莞理工学院	中国
1592	兰州理工大学	中国
1596	武汉纺织大学	中国
1606	沈阳农业大学	中国
1614	湖北大学医学院	中国
1618	上海海事大学	中国
1628	首都师范大学	中国
1635	山东理工大学	中国
1651	苏州科技大学	中国
1658	浙江财经大学	中国
1662	重庆理工大学	中国
1664	西安工业大学	中国
1682	哈尔滨理工大学	中国
1685	华东交通大学	中国
1697	江西财经大学	中国
1707	河北医科大学	中国
1709	南京财经大学	中国
1711	北京中医药大学	中国
1712	中央民族大学	中国
1726	山西农业大学	中国
1734	西南医科大学	中国
1737	石河子大学	中国
1738	天津师范大学	中国
1748	江西科技师范大学	中国

续表

排名	学校名称	国家/地区
1752	江西农业大学	中国
1756	新乡医学院	中国
1770	浙江中医药大学	中国
1774	重庆师范大学	中国
1776	河南工业大学	中国
1779	山西医科大学	中国
1784	大连工业大学	中国
1787	中山医学大学	中国
1790	中南财经政法大学	中国
1791	桂林工业大学	中国
1792	东北财经大学	中国
1798	山东建筑大学	中国
1801	台湾中原大学	中国
1804	河北师范大学	中国
1805	盐城工学院	中国
1806	西华师范大学	中国
1810	北京建筑大学土木与交通工程学院	中国
1812	五邑大学	中国
1818	高雄科技大学	中国
1820	吉林师范大学	中国
1829	嘉兴学院	中国
1834	仲恺农业工程学院	中国
1838	广东石油化工学院	中国
1840	滨州医学院	中国
1841	安徽理工大学	中国
1849	昆明医科大学	中国
1856	贵州医科大学	中国
1865	宁夏大学	中国
1867	辽宁大学	中国
1870	东海大学(中国台湾)	中国
1891	济宁医学院	中国
1893	明志科技大学	中国
1894	长春工业大学	中国
1898	辽宁科技大学	中国
1900	福建理工大学	中国
1903	广东药科大学	中国
1905	信阳师范学院	中国

续表

排名	学校名称	国家/地区
1910	义守大学	中国
1919	上海应用技术大学	中国
1932	中央财经大学	中国
1933	江汉大学	中国
1935	闽江学院	中国
1936	广东外语外贸大学	中国
1937	湖北文理学院	中国
1942	台湾医学院	中国
1943	淮阴师范学院	中国
1946	元智大学	中国
1948	武汉轻工大学	中国
1953	北方民族大学	中国
1959	沈阳工业大学	中国
1962	云南农业大学	中国
1964	湖北经济学院	中国
1969	遵义医学院	中国
1970	吉林农业大学	中国
1974	天津中医药大学	中国
1976	宁夏医科大学	中国
1978	岭南大学	中国
1982	云南师范大学	中国
1994	广东海洋大学	中国
2002	桂林医学院	中国
2010	重庆文理学院	中国
2012	河北科技大学	中国
2013	安徽工程大学	中国
2019	西南民族大学	中国
2023	山东第二医科大学	中国
2028	海南医学院	中国
2032	成都信息工程大学	中国
2036	湖南中医学院	中国
2043	集美大学	中国
2045	辽宁石油化工大学	中国
2053	东华理工大学	中国
2058	延安大学	中国
2065	长江师范学院	中国
2066	鲁东大学	中国

续表

排名	学校名称	国家/地区
2067	安徽建筑大学	中国
2069	东北石油大学	中国
2073	辽宁师范大学	中国
2077	逢甲大学	中国
2078	青海大学	中国
2082	延边大学	中国
2083	黑龙江中医药大学	中国
2085	甘肃农业大学	中国
2096	长春科技大学	中国
2098	锦州医科大学	中国
2099	台湾中正大学	中国
2103	中国人民解放军空军工程大学	中国
2104	沈阳航空航天大学	中国
2109	首都经济贸易大学	中国
2110	宁波工程学院	中国
2113	齐齐哈尔大学	中国
2114	江西中医药大学	中国
2116	中国人民解放军陆军工程大学	中国
2119	西南林业大学	中国
2121	沈阳化工大学	中国
2123	四川轻化工大学	中国
2125	湖北中医药大学	中国
2127	西安工程大学	中国
2128	河南科技学院	中国
2129	中国人民解放军信息工程大学	中国
2134	大连交通大学	中国
2136	西安邮电大学	中国
2138	内蒙古农业大学	中国
2141	台湾屏东科技大学	中国
2142	台湾嘉义大学	中国
2145	辽宁中医药大学	中国
2146	华北水利水电大学	中国
2149	安徽中医药大学	中国
2150	福建中医药大学	中国
2155	重庆科技大学	中国
2161	上海体育大学	中国
2166	内蒙古科技大学	中国

续表

排名	学校名称	国家/地区
2170	内蒙古工业大学	中国
2178	河南中医药大学	中国
2180	广西中医药大学	中国
2183	黑龙江八一农垦大学	中国
2189	陕西中医药大学	中国
2190	新疆农业大学	中国

为了更详细、更有针对性地分析排名结果，在这一部分，我们对中国进入世界一流大学综合竞争力排行榜前100名的15所大学进行单个指标的科研竞争力比较分析。

2024年，中国进入世界一流大学综合竞争力排行榜前100名的大学有15所，分别是清华大学(第10位)、中国科学院大学(第12位)、北京大学(第20位)、浙江大学(第27位)、上海交通大学(第28位)、复旦大学(第47位)、中山大学(第53位)、华中科技大学(第60位)、香港大学(第69位)、南京大学(第83位)、武汉大学(第85位)、中国科学技术大学(第86位)、四川大学(第87位)、西安交通大学(第88位)、中南大学(第95位)。

我们按照各项评价指标，将其与它们同档次的大学进行比较，因中国科学院大学、清华大学、北京大学的名次接近，故我们放在一起进行比较，浙江大学与上海交通大学一起比较，复旦大学、中山大学、华中科技大学和香港大学一起比较，南京大学、武汉大学、中国科学技术大学、四川大学、西安交通大学一起比较，中南大学单独与其他国外高校比较，以更好地分析排名结果。

(一)清华大学、中国科学院大学与北京大学

清华大学在此次排名中处于第10位，中国科学院大学处于第12位，北京大学位于第20位，在2190所大学中，相对来说比较靠前。我们选取与中国科学院大学、清华大学和北京大学排名处于同一阶段的其他8所大学进行比较分析，分别是宾夕法尼亚大学(美国)、哥伦比亚大学(美国)、密歇根大学(美国)、巴黎萨克雷大学(法国)、华盛顿大学(美国)、耶鲁大学(美国)、康奈尔大学(美国)、加利福尼亚大学洛杉矶分校(美国)。

1. 综合竞争力排名分析

这11所大学的综合竞争力排名如表3-4所示。其中，只有中国科学院大学、清华大学和北京大学是在发展中国家，其余8所均分布在美国和法国两个发达国家。

表3-4　清华大学、中国科学院大学、北京大学与同档次大学综合竞争力排名比较

排名	学校名称	国家/地区	排名	学校名称	国家/地区
10	清华大学	中国	16	华盛顿大学	美国
11	宾夕法尼亚大学	美国	17	耶鲁大学	美国
12	中国科学院大学	中国	18	康奈尔大学	美国
13	哥伦比亚大学	美国	19	加利福尼亚大学洛杉矶分校	美国
14	密歇根大学	美国	20	北京大学	中国
15	巴黎萨克雷大学	法国	—	—	—

注：阴影覆盖的表单元是本书所列举的中国大学范例的情况，下同。

2. 高被引科学家数排名分析

从表3-5中可以看出，清华大学的高被引科学家数排名领先于其综合竞争力排名，北京大学的高被引科学家排名与其综合排名存在差距，而中国科学院大学的高被引科学家数排名明显落后于其综合竞争力排名。这说明仍需要进一步加强高影响力科研队伍的建设。

表3-5 清华大学、中国科学院大学、北京大学与同档次大学高被引科学家数排名比较

综合竞争力排名	学校名称	国家/地区	高被引科学家数排名
10	清华大学	中国	3
11	宾夕法尼亚大学	美国	5
12	中国科学院大学	中国	824
13	哥伦比亚大学	美国	14
14	密歇根大学	美国	43
15	巴黎萨克雷大学	法国	41
16	华盛顿大学	美国	824
17	耶鲁大学	美国	11
18	康奈尔大学	美国	23
19	加利福尼亚大学洛杉矶分校	美国	41
20	北京大学	中国	17

3. 进入ESI学科数排名分析

从学科数来看，如表3-6所示，中国科学院进入ESI的学科数为22个。北京大学进入ESI的学科数为22个。清华大学进入ESI的学科数为21个，仅一个学科未进入ESI排名，与2023年学科数量一致。

表3-6 清华大学、中国科学院大学、北京大学与同档次大学进入ESI学科数比较

综合竞争力排名	学校名称	国家/地区	学科数
10	清华大学	中国	21
11	宾夕法尼亚大学	美国	22
12	中国科学院大学	中国	22
13	哥伦比亚大学	美国	22
14	密歇根大学	美国	22
15	巴黎萨克雷大学	法国	22
16	华盛顿大学	美国	22
17	耶鲁大学	美国	22
18	康奈尔大学	美国	22
19	加利福尼亚大学洛杉矶分校	美国	22
20	北京大学	中国	22

4. ESI收录论文数排名分析

从ESI收录论文数来看，中国科学院大学在ESI收录论文数的排名为2，清华大学在ESI收录论文数的排名为 9，北京大学的排名为 13。从表 3-7 中可以看出，与同档次的大学相比，中国科学院大学、清华大学和北京大学排名都相对靠前，表明其论文产出较多。而且，相较于 2023 年，清华大学的 ESI 收录论文数排名上升 5 位，北京大学的 ESI 收录论文数排名上升 2 位。

表 3-7 清华大学、中国科学院大学、北京大学与同档次大学 ESI 收录论文数排名比较

综合竞争力排名	学校名称	国家/地区	ESI 收录论文数排名
10	清华大学	中国	9
11	宾夕法尼亚大学	美国	20
12	中国科学院大学	中国	2
13	哥伦比亚大学	美国	32
14	密歇根大学	美国	12
15	巴黎萨克雷大学	法国	16
16	华盛顿大学	美国	17
17	耶鲁大学	美国	45
18	康奈尔大学	美国	41
19	加利福尼亚大学洛杉矶分校	美国	25
20	北京大学	中国	13

5. 篇均被引次数排名分析

从篇均被引次数来看，在综合竞争力排名相近的 11 所大学中，华盛顿大学的篇均被引次数最多，高居榜首。如表 3-8 所示，在 11 所排名相近的大学中，中国科学院大学、清华大学与北京大学的篇均被引次数排名均靠后，三所高校的篇均被引次数排名位次明显落后于其综合竞争力排名位次，三所学校都需要提高论文质量与影响力。

表 3-8 清华大学、中国科学院大学、北京大学与同档次大学篇均被引次数排名比较

综合竞争力排名	学校名称	国家/地区	篇均被引次数排名
10	清华大学	中国	332
11	宾夕法尼亚大学	美国	82
12	中国科学院大学	中国	828
13	哥伦比亚大学	美国	62
14	密歇根大学	美国	140
15	巴黎萨克雷大学	法国	222
16	华盛顿大学	美国	61
17	耶鲁大学	美国	70
18	康奈尔大学	美国	79
19	加利福尼亚大学洛杉矶分校	美国	77
20	北京大学	中国	521

6. 高被引论文数排名分析

从高被引论文数来看，在综合竞争力排名相近的 11 所大学中，中国科学院大学的高被引论文数是

3580篇，排名第10。清华大学高被引论文数是3255篇，北京大学高被引论文数是2586篇，与中国科学院大学有一定的差距。如表3-9所示，清华大学的高被引论文数排名在第16位，北京大学排名在第25位，和同档次的学校相比，中国科学院大学排名靠前，清华大学排名位于中段，北京大学的高被引论文数排名处于相对落后的位置。

表3-9 清华大学、中国科学院大学、北京大学与同档次大学高被引论文数排名比较

综合竞争力排名	学校名称	国家/地区	高被引论文数排名
10	清华大学	中国	16
11	宾夕法尼亚大学	美国	13
12	中国科学院大学	中国	10
13	哥伦比亚大学	美国	14
14	密歇根大学	美国	15
15	巴黎萨克雷大学	法国	24
16	华盛顿大学	美国	9
17	耶鲁大学	美国	21
18	康奈尔大学	美国	22
19	加利福尼亚大学洛杉矶分校	美国	18
20	北京大学	中国	25

7. 国际合作论文数排名分析

如表3-10所示，在这11所大学中，排名最靠前的是巴黎萨克雷大学，中国科学院大学的国际合作论文数排名处于靠前的位置，北京大学的国际合作论文数排名处于靠后的位置，清华大学的国际合作论文数排名位于最后，仍有较大进步空间。

表3-10 清华大学、中国科学院大学、北京大学与同档次大学国际合作论文数排名比较

综合竞争力排名	学校名称	国家/地区	国际合作论文数排名
10	清华大学	中国	52
11	宾夕法尼亚大学	美国	38
12	中国科学院大学	中国	21
13	哥伦比亚大学	美国	28
14	密歇根大学	美国	32
15	巴黎萨克雷大学	法国	13
16	华盛顿大学	美国	34
17	耶鲁大学	美国	34
18	康奈尔大学	美国	46
19	加利福尼亚大学洛杉矶分校	美国	45
20	北京大学	中国	40

8. 发明专利数排名分析

从发明专利数来看，清华大学排名为107名，北京大学排名为第158名，中国科学院大学排名为755

名。如表 3-11 所示，与同档次的大学相比，清华大学与北京大学的发明专利数排名有显著优势，中国科学院大学排名处于靠后位置。

表 3-11 清华大学、中国科学院大学、北京大学与同档次大学发明专利数排名比较

综合竞争力排名	学校名称	国家/地区	发明专利数排名
10	清华大学	中国	107
11	宾夕法尼亚大学	美国	620
12	中国科学院大学	中国	755
13	哥伦比亚大学	美国	615
14	密歇根大学	美国	394
15	巴黎萨克雷大学	法国	983
16	华盛顿大学	美国	655
17	耶鲁大学	美国	725
18	康奈尔大学	美国	683
19	加利福尼亚大学洛杉矶分校	美国	1581
20	北京大学	中国	158

9. 网络影响力排名分析

从表 3-12 中可以看出，相对于同档次的大学，中国科学院大学的网络影响力排名靠后，落后于其他同档次的大学，表明中国科学院大学在国际上的影响力仍有待进一步提升。

表 3-12 中国科学院大学、清华大学、北京大学与同档次大学网络影响力排名比较

综合竞争力排名	学校名称	国家/地区	网络影响力排名
10	清华大学	中国	20
11	宾夕法尼亚大学	美国	10
12	中国科学院大学	中国	207
13	哥伦比亚大学	美国	9
14	密歇根大学	美国	5
15	巴黎萨克雷大学	法国	211
16	华盛顿大学	美国	8
17	耶鲁大学	美国	13
18	康奈尔大学	美国	7
19	加利福尼亚大学洛杉矶分校	美国	14
20	北京大学	中国	23

(二)浙江大学与上海交通大学

浙江大学在综合竞争力排名中处于第 27 名，上海交通大学在综合竞争力排名中处于第 28 名，我们选取与两所高校排名处于同一阶段的其他 3 所大学进行比较分析。

1. 综合竞争力排名分析

这5所大学的综合竞争力排名如表3-13所示。与浙江大学、上海交通大学排名处于同一阶段的其他大学分别为丹麦的哥本哈根大学、澳大利亚的悉尼大学和美国的加利福尼亚大学伯克利分校。

表3-13　浙江大学、上海交通大学与同档次大学综合竞争力排名比较

排名	学校名称	国家/地区
27	浙江大学	中国
28	上海交通大学	中国
29	哥本哈根大学	丹麦
30	悉尼大学	澳大利亚
31	加利福尼亚大学伯克利分校	美国

2. 高被引科学家数排名分析

从表3-14中可以看出，除浙江大学和加利福尼亚大学伯克利分校以外，上海交通大学和其他同档次大学的高被引科学家数排名较其综合竞争力排名均与各自的综合竞争力排名有一定差距，表明上海交通大学需要引进和培育更高影响力的科研人才。

表3-14　浙江大学、上海交通大学与同档次大学高被引科学家数排名分析

综合竞争力排名	学校名称	国家/地区	高被引科学家数排名
27	浙江大学	中国	17
28	上海交通大学	中国	45
29	哥本哈根大学	丹麦	57
30	悉尼大学	澳大利亚	38
31	加利福尼亚大学伯克利分校	美国	23

3. 进入ESI学科数排名分析

从进入ESI学科数来看，如表3-15所示，浙江大学和上海交通大学进入ESI的学科数均为21，仅一个学科未进入ESI排名表中。

表3-15　浙江大学、上海交通大学与同档次大学进入ESI学科数比较

综合竞争力排名	学校名称	国家/地区	学科数
27	浙江大学	中国	21
28	上海交通大学	中国	21
29	哥本哈根大学	丹麦	22
30	悉尼大学	澳大利亚	22
31	加利福尼亚大学伯克利分校	美国	22

4. ESI 收录论文数排名分析

从 ESI 收录论文数排名来看，如表 3-16 所示，上海交通大学排行第 4 位，与同档次的大学比较，其表现最佳，共 145826 篇，浙江大学排行第 5 位，与 2023 年相同。

表 3-16 浙江大学、上海交通大学与同档次大学 ESI 收录论文数排名比较

综合竞争力排名	学校名称	国家/地区	ESI 收录论文数排名
27	浙江大学	中国	5
28	上海交通大学	中国	4
29	哥本哈根大学	丹麦	33
30	悉尼大学	澳大利亚	26
31	加利福尼亚大学伯克利分校	美国	55

5. 篇均被引次数排名分析

从篇均被引次数来看，浙江大学的篇均被引次数排名为第 916 名，上海交通大学的篇均被引次数排名为第 907 名，说明两所高校在科研影响力方面距离世界顶尖大学水平还有很大的差距。如表 3-17 所示，在科研竞争力排名相近的 5 所大学中，浙江大学和上海交通大学的篇均被引次数排在最后，严重落后于其综合竞争力排名。

表 3-17 浙江大学、上海交通大学与同档次大学篇均被引次数排名比较

综合竞争力排名	学校名称	国家/地区	篇均被引次数排名
27	浙江大学	中国	916
28	上海交通大学	中国	907
29	哥本哈根大学	丹麦	139
30	悉尼大学	澳大利亚	253
31	加利福尼亚大学伯克利分校	美国	33

6. 高被引论文数排名分析

从高被引论文数来看，浙江大学的高被引论文数为 2498 篇，上海交通大学的高被引论文数为 2304 篇。如表 3-18 所示，和同档次的学校相比，浙江大学的高被引论文数排在第 29 位，上海交通大学排在第 35 位，相对于两所高校较高的 ESI 收录论文数，高被引论文数较低，表明其论文质量还有待提高。

表 3-18 浙江大学、上海交通大学与同档次大学高被引论文数排名比较

综合竞争力排名	学校名称	国家/地区	高被引论文数排名
27	浙江大学	中国	29
28	上海交通大学	中国	35
29	哥本哈根大学	丹麦	26
30	悉尼大学	澳大利亚	34
31	加利福尼亚大学伯克利分校	美国	23

7. 国际合作论文数排名分析

如表 3-19 所示，浙江大学的国际合作论文数排名第 29 位，上海交通大学的国际合作论文数排名第 36 位，与同档次的大学比较排名处于居中位置，其国际合作程度表现较为良好。

表 3-19　浙江大学、上海交通大学与同档次大学国际合作论文数排名比较

综合竞争力排名	学校名称	国家/地区	国际合作论文数排名
27	浙江大学	中国	29
28	上海交通大学	中国	36
29	哥本哈根大学	丹麦	11
30	悉尼大学	澳大利亚	12
31	加利福尼亚大学伯克利分校	美国	93

8. 发明专利数排名分析

从发明专利数来看，如表 3-20 所示，与同档次的大学相比，浙江大学排在第 56 位，上海交通大学排在第 109 位。与其综合竞争力排名相比，上海交通大学的发明专利数排名明显低于其综合竞争力排名，表明其科技创新能力比较弱。

表 3-20 浙江大学、上海交通大学与同档次大学发明专利数排名比较

综合竞争力排名	学校名称	国家/地区	发明专利数排名
27	浙江大学	中国	56
28	上海交通大学	中国	109
29	哥本哈根大学	丹麦	1189
30	悉尼大学	澳大利亚	1114
31	加利福尼亚大学伯克利分校	美国	1516

9. 网络影响力排名分析

从表 3-21 中可以看出，浙江大学、上海交通大学相对于同档次的大学，其网络影响力排名处于中间位置，低于其综合竞争力排名，表明浙江大学、上海交通大学需进一步提升国际知名度。

表 3-21　浙江大学、上海交通大学与同档次大学网络影响力排名比较

综合竞争力排名	学校名称	国家/地区	网络影响力排名
27	浙江大学	中国	57
28	上海交通大学	中国	60
29	哥本哈根大学	丹麦	75
30	悉尼大学	澳大利亚	56
31	加利福尼亚大学伯克利分校	美国	6

(三) 复旦大学、中山大学、华中科技大学、香港大学

复旦大学、中山大学、华中科技大学和香港大学在综合竞争力排名排行中分别处于第 47 名、第 53

名、第 60 名、第 69 名，在 2190 所大学中比较靠前。我们选取与复旦大学、中山大学、华中科技大学和香港大学排名处于同一范围的其他 19 所大学进行比较分析。

1. 综合竞争力排名分析

这 23 所大学的综合竞争力排名如表 3-22 所示。除中国的 4 所大学外，其余 19 所大学均来自发达国家，它们分别是加拿大的麦吉尔大学，荷兰的乌得勒支大学大学、美国的北卡罗来纳大学教堂山分校、美国的加利福尼亚大学旧金山分校、美国的匹兹堡大学、英国的曼彻斯特大学、美国的俄亥俄州立大学、美国的明尼苏达大学双城分校、日本的东京大学、美国的芝加哥大学、瑞士的苏黎世大学、美国的威斯康星大学麦迪逊分校、西班牙的巴塞罗那大学、荷兰的格罗宁根大学、美国的纽约大学、美国的佛罗里达大学、比利时的根特大学、德国的柏林洪堡大学和德国的海德堡大学。

表 3-22　复旦大学、中山大学、华中科技大学和香港大学与同档次大学综合竞争力排名比较

排名	学 校 名 称	国家/地区	排名	学 校 名 称	国家/地区
47	复旦大学	中国内地	59	苏黎世大学	瑞士
48	麦吉尔大学	加拿大	60	华中科技大学	中国内地
49	乌得勒支大学	荷兰	61	威斯康星大学麦迪逊分校	美国
50	北卡罗来纳大学教堂山分校	美国	62	巴塞罗那大学	西班牙
51	加利福尼亚大学旧金山分校	美国	63	格罗宁根大学	荷兰
52	匹兹堡大学	美国	64	纽约大学	美国
53	中山大学	中国内地	65	佛罗里达大学	美国
54	曼彻斯特大学	英国	66	根特大学	比利时
55	俄亥俄州立大学	美国	67	柏林洪堡大学	德国
56	明尼苏达大学双城分校	美国	68	海德堡大学	德国
57	东京大学	日本	69	香港大学	中国香港
58	芝加哥大学	美国			

2. 高被引科学家数排名分析

从表 3-23 中可以看出，和其他同档次大学相比，复旦大学、中山大学、华中科技大学和香港大学的高被引科学家数排名较前，表明其科研队伍实力较强。

表 3-23　复旦大学、中山大学、华中科技大学和香港大学与同档次大学高被引科学家数排名比较

综合竞争力排名	学 校 名 称	国家/地区	高被引科学家数排名
47	复旦大学	中国内地	30
48	麦吉尔大学	加拿大	80
49	乌得勒支大学	荷兰	45
50	北卡罗来纳大学教堂山分校	美国	21
51	加利福尼亚大学旧金山分校	美国	30
52	匹兹堡大学	美国	52
53	中山大学	中国内地	68

续表

综合竞争力排名	学 校 名 称	国家/地区	高被引科学家数排名
54	曼彻斯特大学	英国	110
55	俄亥俄州立大学	美国	130
56	明尼苏达大学双城分校	美国	36
57	东京大学	日本	121
58	芝加哥大学	美国	45
59	苏黎世大学	瑞士	97
60	华中科技大学	中国内地	75
61	威斯康星大学麦迪逊分校	美国	68
62	巴塞罗那大学	西班牙	157
63	格罗宁根大学	荷兰	80
64	纽约大学	美国	63
65	佛罗里达大学	美国	142
66	根特大学	比利时	45
67	柏林洪堡大学	德国	384
68	海德堡大学	德国	130
69	香港大学	中国香港	7

3. 进入 ESI 学科数分析

从学科数来看，如表 3-24 所示，复旦大学、中山大学、华中科技大学和香港大学进入 ESI 学科数分别为 21 个、21 个、20 个、20 个，和同档次的大学相比，学科有待进一步发展，期待其建立更加完善、强大的学科体系。

表 3-24　复旦大学、中山大学、华中科技大学和香港大学与同档次大学进入 ESI 学科数比较

综合竞争力排名	学 校 名 称	国家/地区	学科数
47	复旦大学	中国内地	21
48	麦吉尔大学	加拿大	22
49	乌得勒支大学	荷兰	20
50	北卡罗来纳大学教堂山分校	美国	21
51	加利福尼亚大学旧金山分校	美国	14
52	匹兹堡大学	美国	21
53	中山大学	中国内地	21
54	曼彻斯特大学	英国	21
55	俄亥俄州立大学	美国	22
56	明尼苏达大学双城分校	美国	22
57	东京大学	日本	21
58	芝加哥大学	美国	22
59	苏黎世大学	瑞士	21

续表

综合竞争力排名	学校名称	国家/地区	学科数
60	华中科技大学	中国内地	20
61	威斯康星大学麦迪逊分校	美国	22
62	巴塞罗那大学	西班牙	21
63	格罗宁根大学	荷兰	21
64	纽约大学	美国	21
65	佛罗里达大学	美国	22
66	根特大学	比利时	20
67	柏林洪堡大学	德国	21
68	海德堡大学	德国	19
69	香港大学	中国香港	20

4. ESI 收录论文数排名分析

从 ESI 收录论文数来看，在 ESI 中收录复旦大学、中山大学、华中科技大学和香港大学的论文数排名分别是 24 位、第 18 位、第 27 位和第 134 位，从表 3-25 中可以看出，与同档次的大学相比，中山大学和复旦大学依次位列第 1 名和第 3 名，表明其发表国际论文数多，科研产出率高。

表 3-25 复旦大学、中山大学、华中科技大学和香港大学与同档次大学 ESI 收录论文数排名比较

综合竞争力排名	学校名称	国家/地区	ESI 收录论文数排名
47	复旦大学	中国内地	24
48	麦吉尔大学	加拿大	61
49	乌得勒支大学	荷兰	64
50	北卡罗来纳大学教堂山分校	美国	69
51	加利福尼亚大学旧金山分校	美国	54
52	匹兹堡大学	美国	53
53	中山大学	中国内地	18
54	曼彻斯特大学	英国	71
55	俄亥俄州立大学	美国	44
56	明尼苏达大学双城分校	美国	47
57	东京大学	日本	22
58	芝加哥大学	美国	123
59	苏黎世大学	瑞士	87
60	华中科技大学	中国内地	27
61	威斯康星大学麦迪逊分校	美国	60
62	巴塞罗那大学	西班牙	77
63	格罗宁根大学	荷兰	98
64	纽约大学	美国	88

续表

综合竞争力排名	学 校 名 称	国家/地区	ESI 收录论文数排名
65	佛罗里达大学	美国	48
66	根特大学	比利时	73
67	柏林洪堡大学	德国	84
68	海德堡大学	德国	82
69	香港大学	中国香港	134

5. 篇均被引次数排名分析

从篇均被引次数来看，复旦大学、中山大学、华中科技大学和香港大学的篇均被引次数排名均远低于综合竞争力排名。如表 3-26 所示，在综合竞争力排名相近的 23 所大学中，复旦大学、中山大学、华中科技大学和香港大学的篇均被引次数排名落后，且与其他高校差距较大，这与复旦大学、中山大学、华中科技大学和香港大学发表国际论文数量多有一定的关系，同时也在一定程度上表明这 4 所大学需要进一步提高论文的质量与影响力。

表 3-26　复旦大学、中山大学、华中科技大学和香港大学与同档次大学篇均被引次数排名比较

综合竞争力排名	学 校 名 称	国家/地区	篇均被引次数排名
47	复旦大学	中国内地	721
48	麦吉尔大学	加拿大	196
49	乌得勒支大学	荷兰	122
50	北卡罗来纳大学教堂山分校	美国	111
51	加利福尼亚大学旧金山分校	美国	36
52	匹兹堡大学	美国	121
53	中山大学	中国内地	861
54	曼彻斯特大学	英国	182
55	俄亥俄州立大学	美国	271
56	明尼苏达大学双城分校	美国	242
57	东京大学	日本	589
58	芝加哥大学	美国	50
59	苏黎世大学	瑞士	158
60	华中科技大学	中国内地	719
61	威斯康星大学麦迪逊分校	美国	229
62	巴塞罗那大学	西班牙	200
63	格罗宁根大学	荷兰	157
64	纽约大学	美国	116
65	佛罗里达大学	美国	512
66	根特大学	比利时	329
67	柏林洪堡大学	德国	215

续表

综合竞争力排名	学 校 名 称	国家/地区	篇均被引次数排名
68	海德堡大学	德国	98
69	香港大学	中国香港	269

6. 高被引论文数排名分析

从高被引论文数来看，复旦大学高被引论文数是 1842 篇，中山大学高被引论文数是 1899 篇，华中科技大学高被引论文数是 1868 篇，香港大学高被引论文数是 1269 篇。如表 3-27 所示，复旦大学、中山大学、华中科技大学和香港大学的高被引论文数排名分别在第 57 位、第 53 位、第 54 位和第 112 位。和同档次的学校相比，复旦大学、中山大学、华中科技大学的高被引论文数排在中游。

表 3-27 复旦大学、 中山大学与南京大学与同档次大学高被引论文数排名比较

综合竞争力排名	学 校 名 称	国家/地区	高被引论文数排名
47	复旦大学	中国内地	57
48	麦吉尔大学	加拿大	59
49	乌得勒支大学	荷兰	45
50	北卡罗来纳大学教堂山分校	美国	42
51	加利福尼亚大学旧金山分校	美国	19
52	匹兹堡大学	美国	40
53	中山大学	中国内地	53
54	曼彻斯特大学	英国	64
55	俄亥俄州立大学	美国	46
56	明尼苏达大学双城分校	美国	52
57	东京大学	日本	71
58	芝加哥大学	美国	55
59	苏黎世大学	瑞士	69
60	华中科技大学	中国内地	54
61	威斯康星大学麦迪逊分校	美国	70
62	巴塞罗那大学	西班牙	61
63	格罗宁根大学	荷兰	75
64	纽约大学	美国	66
65	佛罗里达大学	美国	74
66	根特大学	比利时	80
67	柏林洪堡大学	德国	62
68	海德堡大学	德国	56
69	香港大学	中国香港	112

7. 国际合作论文数排名分析

如表 3-28 所示，在这 23 所大学中，复旦大学、华中科技大学和香港大学的国际合作论文数排名较为靠后，中山大学位于中游，这4所高校需要更加注重国际论文合作。

表3-28　复旦大学、中山大学、华中科技大学和香港大学与同档次大学国际合作论文数排名比较

综合竞争力排名	学校名称	国家/地区	国际合作论文数排名
47	复旦大学	中国内地	96
48	麦吉尔大学	加拿大	30
49	乌得勒支大学	荷兰	39
50	北卡罗来纳大学教堂山分校	美国	129
51	加利福尼亚大学旧金山分校	美国	61
52	匹兹堡大学	美国	94
53	中山大学	中国内地	79
54	曼彻斯特大学	英国	37
55	俄亥俄州立大学	美国	92
56	明尼苏达大学双城分校	美国	106
57	东京大学	日本	64
58	芝加哥大学	美国	161
59	苏黎世大学	瑞士	31
60	华中科技大学	中国内地	154
61	威斯康星大学麦迪逊分校	美国	121
62	巴塞罗那大学	西班牙	46
63	格罗宁根大学	荷兰	58
64	纽约大学	美国	99
65	佛罗里达大学	美国	78
66	根特大学	比利时	43
67	柏林洪堡大学	德国	42
68	海德堡大学	德国	55
69	香港大学	中国香港	125

8. 发明专利数排名分析

从发明专利数来看，复旦排名第162，中山大学排名第129，华中科技大学排名第106，香港大学排名第822。如表3-29所示，与同档次的大学相比，复旦大学、中山大学、华中科技大学发明专利数排名有明显的优势。

表3-29　复旦大学、中山大学与南京大学与同档次大学发明专利数排名比较

综合竞争力排名	学校名称	国家/地区	发明专利数排名
47	复旦大学	中国内地	162
48	麦吉尔大学	加拿大	1045
49	乌得勒支大学	荷兰	1409

续表

综合竞争力排名	学校名称	国家/地区	发明专利数排名
50	北卡罗来纳大学教堂山分校	美国	1581
51	加利福尼亚大学旧金山分校	美国	1581
52	匹兹堡大学	美国	701
53	中山大学	中国内地	129
54	曼彻斯特大学	英国	191
55	俄亥俄州立大学	美国	1516
56	明尼苏达大学双城分校	美国	1581
57	东京大学	日本	264
58	芝加哥大学	美国	629
59	苏黎世大学	瑞士	1060
60	华中科技大学	中国内地	106
61	威斯康星大学麦迪逊分校	美国	1581
62	巴塞罗那大学	西班牙	1248
63	格罗宁根大学	荷兰	265
64	纽约大学	美国	845
65	佛罗里达大学	美国	465
66	根特大学	比利时	1516
67	柏林洪堡大学	德国	958
68	海德堡大学	德国	1170
69	香港大学	中国香港	822

9. 网络影响力排名分析

从表3-30中可以看出，复旦大学、中山大学、华中科技大学相对于同档次的大学，网络影响力排名均靠后，香港大学位于中游，表明这4所大学在国际上的网络影响力仍需进一步提升。

表3-30 复旦大学、中山大学与南京大学与同档次大学网络影响力排名比较

综合竞争力排名	学校名称	国家/地区	网络影响力排名
47	复旦大学	中国内地	93
48	麦吉尔大学	加拿大	61
49	乌得勒支大学	荷兰	70
50	北卡罗来纳大学教堂山分校	美国	28
51	加利福尼亚大学旧金山分校	美国	39
52	匹兹堡大学	美国	46
53	中山大学	中国内地	154
54	曼彻斯特大学	英国	64
55	俄亥俄州立大学	美国	34
56	明尼苏达大学双城分校	美国	553

续表

综合竞争力排名	学 校 名 称	国家/地区	网络影响力排名
57	东京大学	日本	67
58	芝加哥大学	美国	29
59	苏黎世大学	瑞士	95
60	华中科技大学	中国内地	119
61	威斯康星大学麦迪逊分校	美国	19
62	巴塞罗那大学	西班牙	100
63	格罗宁根大学	荷兰	87
64	纽约大学	美国	24
65	佛罗里达大学	美国	32
66	根特大学	比利时	103
67	柏林洪堡大学	德国	216
68	海德堡大学	德国	109
69	香港大学	中国香港	76

(四)南京大学、武汉大学、中国科学技术大学、四川大学、西安交通大学

中国科学技术大学、武汉大学、南京大学、西安交通大学和四川大学在综合竞争力排名中分别位于第 83 名、第 85 名、第 86 名、第 87 名、第 88 名，我们选取与其排名处于同一范围的其他 1 所大学进行比较分析。

1. 综合竞争力排名分析

这 6 所大学的综合竞争力排名如表 3-31 所示。除中国的 5 所大学外，其余 1 所大学是来自丹麦的奥尔胡斯大学。

表 3-31　南京大学、武汉大学、中国科学技术大学、四川大学、西安交通大学与同档次大学综合竞争力排名比较

排名	学 校 名 称	国家/地区
83	南京大学	中国
84	奥尔胡斯大学	丹麦
85	武汉大学	中国
86	中国科学技术大学	中国
87	四川大学	中国
88	西安交通大学	中国

2. 高被引科学家数排名分析

从表 3-32 中可以看出，南京大学的高被引科学家数量排名相对靠前，武汉大学和西安交通大学的高被引科学家数量排名靠前，高于其综合竞争力排名，和其他同档次大学相比，科研队伍实力较强。四川大学高被引科学家数量排名居中，中国科学技术大学排名靠后，还需进一步加强科研队伍的建设，提高科研队伍影响力。

表 3-32 南京大学、武汉大学、中国科学技术大学、四川大学、西安交通大学与同档次大学高被引科学家数排名比较

综合竞争力排名	学校名称	国家/地区	高被引科学家数排名
83	南京大学	中国	75
84	奥尔胡斯大学	丹麦	190
85	武汉大学	中国	63
86	中国科学技术大学	中国	824
87	四川大学	中国	121
88	西安交通大学	中国	86

3. 进入 ESI 学科数分析

从进入 ESI 学科数来看，如表 3-33 所示，南京大学、武汉大学和四川大学进入 ESI 的学科数为 20 个。中国科学技术大学进入 ESI 的学科数为 17，西安交通大学进入 ESI 的学科数为 19，相较于同档次的奥尔胡斯大学，中国科学技术大学和西安交通大学的学科体系有待进一步完善。

表 3-33 南京大学、武汉大学、中国科学技术大学、四川大学、西安交通大学与同档次大学进入 ESI 学科数比较

综合竞争力排名	学校名称	国家/地区	学科数
83	南京大学	中国	20
84	奥尔胡斯大学	丹麦	21
85	武汉大学	中国	20
86	中国科学技术大学	中国	17
87	四川大学	中国	20
88	西安交通大学	中国	19

4. ESI 收录论文数排名分析

从 ESI 收录论文数排名来看，如表 3-34 所示，南京大学、武汉大学、中国科学技术大学、四川大学、西安交通大学 ESI 收录论文数分别排第 63 位、第 58 位、第 46 位、第 28 位和第 38 位，高于同档次其他大学，而且高于其综合竞争力排名，可见 5 所高校在论文发表方面表现较高的产出率。

表 3-34 南京大学、武汉大学、中国科学技术大学、四川大学、西安交通大学与同档次大学 ESI 收录论文数排名比较

综合竞争力排名	学校名称	国家/地区	ESI 收录论文数排名
83	南京大学	中国	63
84	奥尔胡斯大学	丹麦	91
85	武汉大学	中国	58
86	中国科学技术大学	中国	46
87	四川大学	中国	28
88	西安交通大学	中国	38

5. 篇均被引次数排名分析

从篇均被引次数来看，如表 3-35 所示，在综合竞争力排名相近的 6 所大学中，南京大学、武汉大学、中国科学技术大学、四川大学和西安交通大学虽在 ESI 收录论文数指标上表现较为优异，但在篇均被引次数指标上表现较弱，可见需继续努力提高论文质量。

表 3-35　南京大学、武汉大学、中国科学技术大学、四川大学、西安交通大学与同档次大学篇均被引次数排名比较

综合竞争力排名	学 校 名 称	国家/地区	篇均被引次数排名
83	南京大学	中国	501
84	奥尔胡斯大学	丹麦	329
85	武汉大学	中国	739
86	中国科学技术大学	中国	503
87	四川大学	中国	1249
88	西安交通大学	中国	1067

6. 高被引论文数排名分析

从高被引论文数来看，2024 年南京大学的高被引论文数为 1491 篇，武汉大学的高被引论文数为 1583 篇，中国科学技术大学的高被引论文数为 1981 篇，四川大学的高被引论文数为 1419 篇，西安交通大学的高被引论文数为 1342 篇。如表 3-36 所示，和同档次的学校相比，西安交通大学的高被引论文数排名靠后，表明西安交通大学需要产出更多具有高影响力的论文。

表 3-36　南京大学、武汉大学、中国科学技术大学、四川大学、西安交通大学与同档次大学高被引论文数排名比较

综合竞争力排名	学 校 名 称	国家/地区	高被引论文数排名
83	南京大学	中国	85
84	奥尔胡斯大学	丹麦	105
85	武汉大学	中国	77
86	中国科学技术大学	中国	48
87	四川大学	中国	90
88	西安交通大学	中国	101

7. 国际合作论文数排名分析

如表 3-37 所示，南京大学、武汉大学、中国科学技术大学、四川大学、西安交通大学的国际合作论文数排名与同档次的大学比较排名处于较为靠后的位置，其国际合作程度还有待进一步提高。

表 3-37　南京大学、武汉大学、中国科学技术大学、四川大学、西安交通大学与同档次大学国际合作论文数排名比较

综合竞争力排名	学 校 名 称	国家/地区	国际合作论文数排名
83	南京大学	中国	204

续表

综合竞争力排名	学校名称	国家/地区	国际合作论文数排名
84	奥尔胡斯大学	丹麦	50
85	武汉大学	中国	192
86	中国科学技术大学	中国	140
87	四川大学	中国	139
88	西安交通大学	中国	102

8. 发明专利数排名分析

从发明专利数来看，如表 3-38 所示，南京大学排名第 385，武汉大学排名第 236，中国科学技术大学排名第 358，四川大学排名第 199，西安交通大学第 110。这 5 所大学的发明专利数与同档次大学相比位于前列，且与它们拉开了明显的差距，科技创新能力值得肯定。

表 3-38 南京大学、武汉大学、中国科学技术大学、四川大学、西安交通大学与同档次大学发明专利数排名比较

综合竞争力排名	学校名称	国家/地区	发明专利数排名
83	南京大学	中国	385
84	奥尔胡斯大学	丹麦	1109
85	武汉大学	中国	236
86	中国科学技术大学	中国	358
87	四川大学	中国	199
88	西安交通大学	中国	110

9. 网络影响力排名分析

从表 3-39 中可以看出，南京大学、武汉大学、四川大学和西安交通大学相对于同档次的大学，其网络影响力排名均处于较为靠后的位置，仍需要进一步提升国际知名度。

表 3-39 南京大学、武汉大学、中国科学技术大学、四川大学、西安交通大学与同档次大学网络影响力排名比较

综合竞争力排名	学校名称	国家/地区	网络影响力排名
83	南京大学	中国	140
84	奥尔胡斯大学	丹麦	104
85	武汉大学	中国	123
86	中国科学技术人学	中国	90
87	四川大学	中国	187
88	西安交通大学	中国	178

(五) 中南大学

中南大学在综合竞争力排名中处于第 95 名，我们选取与中南大学排名处于同一阶段的其他 4 所大学进行比较分析。

1. 综合竞争力排名分析

这 5 所大学的综合竞争力排名如表 3-40 所示。与中南大学排名处于同一阶段的其他大学分别为荷兰的内梅亨大学、法国的巴黎文理研究大学、英国的伯明翰大学、美国的布兰迪斯大学。

表 3-40 中南大学与同档次大学综合竞争力排名比较

排名	学 校 名 称	国家/地区
93	内梅亨大学	荷兰
94	巴黎文理研究大学	法国
95	中南大学	中国
96	伯明翰大学	英国
97	布兰迪斯大学	美国

2. 高被引科学家数排名分析

从表 3-41 中可以看出，除内梅亨大学和中南大学以外，其他同档次大学的高被引科学家数排名较其综合竞争力排名均与各自的综合竞争力排名有一定差距，表明中南大学的科研能力与其他同档次大学相比较为完备。

表 3-41 中南大学与同档次大学高被引科学家数排名分析

综合竞争力排名	学 校 名 称	国家/地区	高被引科学家数排名
93	内梅亨大学	荷兰	94
94	巴黎文理研究大学	法国	384
95	中南大学	中国	68
96	伯明翰大学	英国	220
97	布兰迪斯大学	美国	824

3. 进入 ESI 学科数排名分析

从进入 ESI 学科数来看，如表 3-42 所示，中南大学进入 ESI 的学科数为 19，仅一个科学未进入 ESI 排名表。

表 3-42 中南大学与同档次大学进入 ESI 学科数比较

综合竞争力排名	学 校 名 称	国家/地区	学科数
93	内梅亨大学	荷兰	20
94	巴黎文理研究大学	法国	21
95	中南大学	中国	19
96	伯明翰大学	英国	21
97	布兰迪斯大学	美国	8

4. ESI 收录论文数排名分析

从 ESI 收录论文数排名来看，如表 3-43 所示，中南大学排行第 35 位，与同档次的大学比较其表现最佳，共 90444 篇。

表 3-43　中南大学与同档次大学 ESI 收录论文数排名比较

综合竞争力排名	学 校 名 称	国家/地区	ESI 收录论文数排名
93	内梅亨大学	荷兰	127
94	巴黎文理研究大学	法国	106
95	中南大学	中国	35
96	伯明翰大学	英国	147
97	布兰迪斯大学	美国	1283

5. 篇均被引次数排名分析

从篇均被引次数来看，中南大学的篇均被引次数排名为第 998 名，说明中南大学在科研影响力方面距离世界顶尖大学水平还有很大的差距。如表 3-44 所示，在科研竞争力排名相近的 5 所大学中，中南大学的篇均被引次数排在最后，严重落后于其综合竞争力排名。

表 3-44　中南大学与同档次大学篇均被引次数排名比较

综合竞争力排名	学 校 名 称	国家/地区	篇均被引次数排名
93	内梅亨大学	荷兰	132
94	巴黎文理研究大学	法国	191
95	中南大学	中国	998
96	伯明翰大学	英国	150
97	布兰迪斯大学	美国	41

6. 高被引论文数排名分析

从高被引论文数来看，中南大学的高被引论文数为 1507 篇。如表 3-45 所示，和同档次的学校相比，中南大学的高被引论文数排在第 83 位，排名差距不大。

表 3-45　中南大学与同档次大学高被引论文数排名比较

综合竞争力排名	学 校 名 称	国家/地区	高被引论文数排名
93	内梅亨大学	荷兰	96
94	巴黎文理研究大学	法国	102
95	中南大学	中国	83
96	伯明翰大学	英国	89
97	布兰迪斯大学	美国	771

7. 国际合作论文数排名分析

如表 3-46 所示，中南大学的国际合作论文数排名第 134 位，与同档次的大学比较排名处于较后位置，其国际合作程度表现有待提高。

表 3-46 中南大学与同档次大学国际合作论文数排名比较

综合竞争力排名	学校名称	国家/地区	国际合作论文数排名
93	内梅亨大学	荷兰	82
94	巴黎文理研究大学	法国	76
95	中南大学	中国	134
96	伯明翰大学	英国	74
97	布兰迪斯大学	美国	1460

8. 发明专利数排名分析

从发明专利数来看，如表 3-47 所示，与同档次的大学相比，中南大学排在第 153 位，位列同档次大学第 1 位。与其综合竞争力排名相比，中南大学的发明专利数排名稍低于其综合竞争力排名。

表 3-47 中南大学与同档次大学发明专利数排名比较

综合竞争力排名	学校名称	国家/地区	发明专利数排名
93	内梅亨大学	荷兰	1581
94	巴黎文理研究大学	法国	1581
95	中南大学	中国	153
96	伯明翰大学	英国	1227
97	布兰迪斯大学	美国	1358

9. 网络影响力排名分析

从表 3-48 中可以看出，中南大学相对于同档次的大学，其网络影响力排名最前，但低于其综合竞争力排名，表明中南大学需进一步提升国际知名度。

表 3-48 中南大学与同档次大学网络影响力排名比较

综合竞争力排名	学校名称	国家/地区	网络影响力排名
93	内梅亨大学	荷兰	287
94	巴黎文理研究大学	法国	251
95	中南大学	中国	208
96	伯明翰大学	英国	515
97	布兰迪斯大学	美国	527

第二节 我们离世界一流学科还有多远？

一、中国大学进入 ESI 学科排行的学科详细列表与分析

表 3-49 给出了中国大学进入 ESI 学科排行的学科数量及学科排名情况，经过综合分析此表和“世界一流大学综合竞争力排行榜”(表 2-2)，我们得出以下结论。

首先，从进入 ESI 学科排行的学科排名来看，中国大学学科的总体实力不是很强，虽然我国很多大学在化学、工程学、材料科学、临床医学、计算机科学、农业科学、生物学与生物化学、环境学与生态学、植物学与动物学领域有不俗的表现，但主要还是集中在浙江大学、清华大学、东南大学、上海交通大学、中国科学院大学、北京大学、中国科学技术大学、哈尔滨工业大学、中国地质大学、中国农业大学、江南大学等少数大学，没有形成一个较大的一流学科建设群体。由此可以表明，我国大学的世界一流学科建设任重而道远。

其次，从进入 ESI 学科排行的学科数排名来看，北京大学、中国科学院大学有 22 个学科进入 ESI 学科排行，复旦大学、清华大学、上海交通大学、浙江大学、中山大学有 21 个学科进入 ESI 学科排行，华中科技大学、南京大学、山东大学、四川大学、武汉大学有 20 个学科进入 ESI 学科排行。

最后，从进入 ESI 学科排行的覆盖面来看，中国大学所有进入 ESI 学科排行学科共计 22 个，与 2022 年世界大学评价的结果相比较，进入 ESI 学科排行学科数量。

表 3-49 进入 ESI 学科排行的中国大学及其学科排名表

学校名称	进入 ESI 学科排行的学科数	详细情况
北京大学	22	农业科学(84/846)、生物学与生物化学(25/890)、化学(10/1378)、临床医学(109/1790)、计算机科学(45/624)、经济学和商学(51/408)、工程学(42/1787)、环境科学与生态学(5/1225)、地球科学(10/639)、免疫学(168/518)、材料科学(9/996)、数学(40/302)、微生物学(133/420)、分子生物学与遗传学(52/571)、综合交叉学(12/114)、神经科学与行为科学(132/652)、药理学与毒物学(36/827)、物理学(10/631)、植物学与动物学(124/1089)、精神病学与行为科学(129/727)、社会科学(20/1428)、空间科学(56/124)
中国科学院大学	22	农业科学(11/846)、生物学与生物化学(19/890)、化学(2/1378)、临床医学(463/1790)、计算机科学(30/624)、经济学和商学(330/408)、工程学(20/1787)、环境科学与生态学(2/1225)、地球科学(2/639)、免疫学(251/518)、材料科学(2/996)、数学(155/302)、微生物学(41/420)、分子生物学与遗传学(34/571)、综合交叉学(49/114)、神经科学与行为科学(184/652)、药理学与毒物学(88/827)、物理学(7/631)、植物学与动物学(1/1089)、精神病学与行为科学(386/727)、社会科学(127/1428)、空间科学(50/124)
复旦大学	21	农业科学(468/846)、生物学与生物化学(68/890)、化学(28/1378)、临床医学(75/1790)、计算机科学(134/624)、经济学和商学(89/408)、工程学(105/1787)、环境科学与生态学(202/1225)、地球科学(234/639)、免疫学(90/518)、材料科学(5/996)、数学(53/302)、微生物学(58/420)、分子生物学与遗传学(48/571)、综合交叉学(32/114)、神经科学与行为科学(81/652)、药理学与毒物学(20/827)、物理学(101/631)、植物学与动物学(398/1089)、精神病学与行为科学(440/727)、社会科学(281/1428)

续表

学校名称	进入ESI学科排行的学科数	详细情况
清华大学	21	农业科学(319/846)、生物学与生物化学(64/890)、化学(1/1378)、临床医学(275/1790)、计算机科学(5/624)、经济学和商学(76/408)、工程学(3/1787)、环境科学与生态学(1/1225)、地球科学(5/639)、免疫学(228/518)、材料科学(1/996)、数学(65/302)、微生物学(191/420)、分子生物学与遗传学(182/571)、综合交叉学(8/114)、神经科学与行为科学(361/652)、药理学与毒物学(357/827)、物理学(6/631)、植物学与动物学(146/1089)、精神病学与行为科学(461/727)、社会科学(87/1428)
上海交通大学	21	农业科学(30/846)、生物学与生物化学(29/890)、化学(31/1378)、临床医学(72/1790)、计算机科学(13/624)、经济学和商学(148/408)、工程学(10/1787)、环境科学与生态学(43/1225)、地球科学(260/639)、免疫学(84/518)、材料科学(15/996)、数学(19/302)、微生物学(51/420)、分子生物学与遗传学(37/571)、综合交叉学(60/114)、神经科学与行为科学(96/652)、药理学与毒物学(4/827)、物理学(33/631)、植物学与动物学(158/1089)、精神病学与行为科学(92/727)、社会科学(32/1428)
浙江大学	21	农业科学(3/846)、生物学与生物化学(28/890)、化学(7/1378)、临床医学(148/1790)、计算机科学(7/624)、经济学和商学(122/408)、工程学(6/1787)、环境科学与生态学(30/1225)、地球科学(134/639)、免疫学(63/518)、材料科学(12/996)、数学(112/302)、微生物学(54/420)、分子生物学与遗传学(42/571)、综合交叉学(34/114)、神经科学与行为科学(146/652)、药理学与毒物学(10/827)、物理学(51/631)、植物学与动物学(12/1089)、精神病学与行为科学(303/727)、社会科学(91/1428)
中山大学	21	农业科学(55/846)、生物学与生物化学(57/890)、化学(30/1378)、临床医学(96/1790)、计算机科学(44/624)、经济学和商学(180/408)、工程学(87/1787)、环境科学与生态学(32/1225)、地球科学(51/639)、免疫学(134/518)、材料科学(51/996)、数学(61/302)、微生物学(87/420)、分子生物学与遗传学(31/571)、综合交叉学(74/114)、神经科学与行为科学(166/652)、药理学与毒物学(41/827)、物理学(61/631)、植物学与动物学(166/1089)、精神病学与行为科学(363/727)、社会科学(130/1428)
华中科技大学	20	农业科学(396/846)、生物学与生物化学(97/890)、化学(49/1378)、临床医学(154/1790)、计算机科学(17/624)、经济学和商学(65/408)、工程学(9/1787)、环境科学与生态学(126/1225)、地球科学(428/639)、免疫学(173/518)、材料科学(18/996)、数学(16/302)、微生物学(227/420)、分子生物学与遗传学(39/571)、神经科学与行为科学(199/652)、药理学与毒物学(47/827)、物理学(55/631)、植物学与动物学(808/1089)、精神病学与行为科学(378/727)、社会科学(181/1428)
南京大学	20	农业科学(417/846)、生物学与生物化学(270/890)、化学(22/1378)、临床医学(326/1790)、计算机科学(69/624)、经济学和商学(128/408)、工程学(47/1787)、环境科学与生态学(13/1225)、地球科学(21/639)、免疫学(307/518)、材料科学(23/996)、数学(123/302)、分子生物学与遗传学(285/571)、综合交叉学(59/114)、神经科学与行为科学(305/652)、药理学与毒物学(174/827)、物理学(20/631)、植物学与动物学(535/1089)、精神病学与行为科学(615/727)、社会科学(277/1428)
山东大学	20	农业科学(545/846)、生物学与生物化学(78/890)、化学(46/1378)、临床医学(262/1790)、计算机科学(112/624)、经济学和商学(278/408)、工程学(41/1787)、环境科学与生态学(20/1225)、地球科学(360/639)、免疫学(234/518)、材料科学

续表

学校名称	进入ESI学科排行的学科数	详细情况
山东大学	20	(22/996)、数学(32/302)、微生物学(94/420)、分子生物学与遗传学(181/571)、神经科学与行为科学(295/652)、药理学与毒物学(67/827)、物理学(62/631)、植物学与动物学(282/1089)、精神病学与行为科学(462/727)、社会科学(346/1428)
四川大学	20	农业科学(58/846)、生物学与生物化学(39/890)、化学(18/1378)、临床医学(142/1790)、计算机科学(26/624)、经济学和商学(239/408)、工程学(39/1787)、环境科学与生态学(87/1225)、地球科学(219/639)、免疫学(225/518)、材料科学(21/996)、数学(141/302)、微生物学(200/420)、分子生物学与遗传学(44/571)、神经科学与行为科学(213/652)、药理学与毒物学(5/827)、物理学(234/631)、植物学与动物学(286/1089)、精神病学与行为科学(339/727)、社会科学(509/1428)
武汉大学	20	农业科学(255/846)、生物学与生物化学(140/890)、化学(36/1378)、临床医学(220/1790)、计算机科学(18/624)、经济学和商学(75/408)、工程学(33/1787)、环境科学与生态学(45/1225)、地球科学(4/639)、免疫学(197/518)、材料科学(52/996)、数学(20/302)、微生物学(48/420)、分子生物学与遗传学(137/571)、神经科学与行为科学(323/652)、药理学与毒物学(155/827)、物理学(148/631)、植物学与动物学(451/1089)、精神病学与行为科学(460/727)、社会科学(25/1428)
吉林大学	19	农业科学(126/846)、生物学与生物化学(187/890)、化学(24/1378)、临床医学(327/1790)、计算机科学(165/624)、工程学(113/1787)、环境科学与生态学(314/1225)、地球科学(145/639)、免疫学(263/518)、材料科学(45/996)、数学(152/302)、微生物学(217/420)、分子生物学与遗传学(222/571)、神经科学与行为科学(365/652)、药理学与毒物学(32/827)、物理学(72/631)、植物学与动物学(639/1089)、精神病学与行为科学(601/727)、社会科学(178/1428)
暨南大学	19	农业科学(223/846)、生物学与生物化学(305/890)、化学(89/1378)、临床医学(519/1790)、计算机科学(299/624)、经济学和商学(131/408)、工程学(390/1787)、环境科学与生态学(209/1225)、地球科学(308/639)、免疫学(358/518)、材料科学(113/996)、微生物学(302/420)、分子生物学与遗传学(195/571)、神经科学与行为科学(286/652)、药理学与毒物学(123/827)、物理学(354/631)、植物学与动物学(521/1089)、精神病学与行为科学(582/727)、社会科学(286/1428)
厦门大学	19	农业科学(537/846)、生物学与生物化学(302/890)、化学(26/1378)、临床医学(430/1790)、计算机科学(101/624)、经济学和商学(105/408)、工程学(83/1787)、环境科学与生态学(112/1225)、地球科学(333/639)、免疫学(330/518)、材料科学(54/996)、数学(91/302)、微生物学(216/420)、分子生物学与遗传学(343/571)、神经科学与行为科学(331/652)、药理学与毒物学(359/827)、物理学(214/631)、植物学与动物学(436/1089)、社会科学(97/1428)
苏州大学	19	农业科学(513/846)、生物学与生物化学(247/890)、化学(19/1378)、临床医学(282/1790)、计算机科学(202/624)、工程学(132/1787)、环境科学与生态学(185/1225)、免疫学(169/518)、材料科学(24/996)、数学(146/302)、微生物学(381/420)、分子生物学与遗传学(224/571)、综合交叉学(61/114)、神经科学与行为科学(312/652)、药理学与毒物学(118/827)、物理学(171/631)、植物学与动物学(1078/1089)、精神病学与行为科学(601/727)、社会科学(946/1428)
同济大学	19	生物学与生物化学(67/890)、化学(57/1378)、临床医学(218/1790)、计算机科学(70/624)、经济学和商学(274/408)、工程学(21/1787)、环境科学与生态学(70/1225)、地球科学(161/639)、免疫学(276/518)、材料科学(61/996)、数学(105/302)、微生物学(358/420)、分子生物学与遗传学(178/571)、神经科学与行为科学(272/652)、药理学与毒物学(71/827)、物理学(135/631)、植物学与动物学(1083/1089)、精神病学与行为科学(569/727)、社会科学(122/1428)

续表

学校名称	进入ESI学科排行的学科数	详细情况
西安交通大学	19	农业科学(654/846)、生物学与生物化学(125/890)、化学(50/1378)、临床医学(274/1790)、计算机科学(55/624)、经济学和商学(158/408)、工程学(2/1787)、环境科学与生态学(177/1225)、地球科学(114/639)、免疫学(324/518)、材料科学(14/996)、数学(71/302)、微生物学(382/420)、分子生物学与遗传学(166/571)、神经科学与行为科学(227/652)、药理学与毒物学(78/827)、物理学(185/631)、精神病学与行为科学(597/727)、社会科学(73/1428)
中南大学	19	农业科学(437/846)、生物学与生物化学(73/890)、化学(37/1378)、临床医学(182/1790)、计算机科学(46/624)、经济学和商学(16/408)、工程学(28/1787)、环境科学与生态学(24/1225)、地球科学(91/639)、免疫学(192/518)、材料科学(6/996)、数学(24/302)、微生物学(257/420)、分子生物学与遗传学(64/571)、神经科学与行为科学(219/652)、药理学与毒物学(53/827)、物理学(167/631)、精神病学与行为科学(290/727)、社会科学(306/1428)
深圳大学	18	农业科学(426/846)、生物学与生物化学(423/890)、化学(40/1378)、临床医学(660/1790)、计算机科学(25/624)、工程学(110/1787)、环境科学与生态学(266/1225)、地球科学(282/639)、免疫学(436/518)、材料科学(50/996)、数学(265/302)、分子生物学与遗传学(184/571)、神经科学与行为科学(424/652)、药理学与毒物学(362/827)、物理学(117/631)、植物学与动物学(423/1089)、精神病学与行为科学(413/727)、社会科学(371/1428)
华东师范大学	17	农业科学(749/846)、生物学与生物化学(313/890)、化学(67/1378)、临床医学(1325/1790)、计算机科学(180/624)、工程学(79/1787)、环境科学与生态学(46/1225)、地球科学(148/639)、材料科学(128/996)、数学(92/302)、分子生物学与遗传学(515/571)、神经科学与行为科学(492/652)、药理学与毒物学(752/827)、物理学(369/631)、植物学与动物学(374/1089)、精神病学与行为科学(439/727)、社会科学(165/1428)
南开大学	17	农业科学(249/846)、生物学与生物化学(318/890)、化学(14/1378)、临床医学(579/1790)、计算机科学(170/624)、经济学和商学(256/408)、工程学(62/1787)、环境科学与生态学(71/1225)、免疫学(474/518)、材料科学(59/996)、数学(84/302)、微生物学(350/420)、分子生物学与遗传学(256/571)、药理学与毒物学(198/827)、物理学(302/631)、植物学与动物学(699/1089)、社会科学(407/1428)
西南大学	17	农业科学(59/846)、生物学与生物化学(475/890)、化学(277/1378)、临床医学(1564/1790)、计算机科学(222/624)、工程学(328/1787)、环境科学与生态学(154/1225)、地球科学(263/639)、材料科学(253/996)、数学(160/302)、分子生物学与遗传学(472/571)、神经科学与行为科学(224/652)、药理学与毒物学(425/827)、物理学(371/631)、植物学与动物学(213/1089)、精神病学与行为科学(379/727)、社会科学(135/1428)
郑州大学	17	农业科学(427/846)、生物学与生物化学(212/890)、化学(27/1378)、临床医学(267/1790)、计算机科学(287/624)、工程学(107/1787)、环境科学与生态学(198/1225)、免疫学(244/518)、材料科学(31/996)、数学(230/302)、微生物学(283/420)、分子生物学与遗传学(66/571)、神经科学与行为科学(293/652)、药理学与毒物学(109/827)、物理学(141/631)、植物学与动物学(304/1089)、社会科学(308/1428)
中国科学技术大学	17	生物学与生物化学(148/890)、化学(3/1378)、临床医学(406/1790)、计算机科学(11/624)、经济学和商学(310/408)、工程学(38/1787)、环境科学与生态学(124/1225)、地球科学(130/639)、免疫学(280/518)、材料科学(10/996)、数学(106/302)、

续表

学校名称	进入ESI学科排行的学科数	详细情况
中国科学技术大学	17	分子生物学与遗传学(379/571)、神经科学与行为科学(326/652)、药理学与毒物学(448/827)、物理学(22/631)、植物学与动物学(737/1089)、社会科学(208/1428)
北京师范大学	16	农业科学(90/846)、生物学与生物化学(664/890)、化学(104/1378)、临床医学(1477/1790)、计算机科学(365/624)、经济学和商学(311/408)、工程学(264/1787)、环境科学与生态学(31/1225)、地球科学(28/639)、材料科学(269/996)、数学(66/302)、神经科学与行为科学(80/652)、物理学(202/631)、植物学与动物学(283/1089)、精神病学与行为科学(186/727)、社会科学(275/1428)
电子科技大学	16	生物学与生物化学(216/890)、化学(23/1378)、临床医学(697/1790)、计算机科学(2/624)、工程学(12/1787)、环境科学与生态学(99/1225)、地球科学(123/639)、材料科学(49/996)、数学(15/302)、分子生物学与遗传学(502/571)、神经科学与行为科学(246/652)、药理学与毒物学(526/827)、物理学(149/631)、植物学与动物学(41/1089)、精神病学与行为科学(529/727)、社会科学(66/1428)
华南理工大学	15	农业科学(7/846)、生物学与生物化学(205/890)、化学(29/1378)、临床医学(1011/1790)、计算机科学(34/624)、工程学(14/1787)、环境科学与生态学(232/1225)、地球科学(356/639)、材料科学(40/996)、数学(192/302)、分子生物学与遗传学(519/571)、药理学与毒物学(545/827)、物理学(104/631)、植物学与动物学(1081/1089)、社会科学(843/1428)
兰州大学	15	农业科学(94/846)、生物学与生物化学(285/890)、化学(132/1378)、临床医学(760/1790)、计算机科学(404/624)、工程学(465/1787)、环境科学与生态学(262/1225)、地球科学(66/639)、材料科学(207/996)、数学(116/302)、分子生物学与遗传学(312/571)、药理学与毒物学(327/827)、物理学(139/631)、植物学与动物学(220/1089)、社会科学(815/1428)
天津大学	15	农业科学(383/846)、生物学与生物化学(204/890)、化学(8/1378)、临床医学(1277/1790)、计算机科学(68/624)、经济学和商学(264/408)、工程学(19/1787)、环境科学与生态学(64/1225)、地球科学(174/639)、材料科学(20/996)、数学(195/302)、药理学与毒物学(513/827)、物理学(166/631)、植物学与动物学(927/1089)、社会科学(787/1428)
中国农业大学	15	农业科学(1/846)、生物学与生物化学(158/890)、化学(504/1378)、临床医学(1424/1790)、计算机科学(378/624)、工程学(294/1787)、环境科学与生态学(191/1225)、地球科学(277/639)、免疫学(420/518)、材料科学(939/996)、微生物学(101/420)、分子生物学与遗传学(289/571)、药理学与毒物学(460/827)、植物学与动物学(2/1089)、社会科学(769/1428)
重庆大学	15	农业科学(190/846)、生物学与生物化学(497/890)、化学(65/1378)、临床医学(1017/1790)、计算机科学(72/624)、工程学(8/1787)、环境科学与生态学(38/1225)、地球科学(71/639)、材料科学(37/996)、数学(205/302)、分子生物学与遗传学(513/571)、药理学与毒物学(673/827)、物理学(278/631)、植物学与动物学(700/1089)、社会科学(219/1428)
东南大学	14	生物学与生物化学(345/890)、化学(60/1378)、临床医学(427/1790)、计算机科学(3/624)、工程学(7/1787)、环境科学与生态学(294/1225)、地球科学(449/639)、材料科学(34/996)、数学(28/302)、分子生物学与遗传学(376/571)、神经科学与行为科学(401/652)、药理学与毒物学(290/827)、物理学(93/631)、社会科学(487/1428)

续表

学校名称	进入ESI学科排行的学科数	详细情况
湖南大学	14	农业科学(814/846)、生物学与生物化学(496/890)、化学(32/1378)、临床医学(1713/1790)、计算机科学(29/624)、经济学和商学(190/408)、工程学(16/1787)、环境科学与生态学(34/1225)、地球科学(128/639)、材料科学(29/996)、数学(11/302)、物理学(81/631)、植物学与动物学(969/1089)、社会科学(463/1428)
江苏大学	14	农业科学(14/846)、生物学与生物化学(259/890)、化学(47/1378)、临床医学(914/1790)、计算机科学(390/624)、工程学(77/1787)、环境科学与生态学(121/1225)、免疫学(477/518)、材料科学(117/996)、分子生物学与遗传学(424/571)、药理学与毒物学(158/827)、物理学(433/631)、植物学与动物学(736/1089)、社会科学(47/1428)
南昌大学	14	农业科学(5/846)、生物学与生物化学(359/890)、化学(253/1378)、临床医学(479/1790)、计算机科学(420/624)、工程学(141/1787)、环境科学与生态学(424/1225)、免疫学(431/518)、材料科学(288/996)、分子生物学与遗传学(167/571)、神经科学与行为科学(438/652)、药理学与毒物学(267/827)、植物学与动物学(930/1089)、社会科学(104/1428)
南方医科大学	14	农业科学(652/846)、生物学与生物化学(202/890)、化学(853/1378)、临床医学(208/1790)、工程学(1650/1787)、环境科学与生态学(1126/1225)、免疫学(222/518)、材料科学(455/996)、微生物学(236/420)、分子生物学与遗传学(120/571)、神经科学与行为科学(273/652)、药理学与毒物学(86/827)、精神病学与行为科学(538/727)、社会科学(1051/1428)
西北农林科技大学	14	农业科学(4/846)、生物学与生物化学(267/890)、化学(639/1378)、临床医学(1691/1790)、计算机科学(480/624)、工程学(439/1787)、环境科学与生态学(141/1225)、地球科学(211/639)、材料科学(901/996)、微生物学(223/420)、分子生物学与遗传学(366/571)、药理学与毒物学(558/827)、植物学与动物学(14/1089)、社会科学(520/1428)
大连理工大学	13	生物学与生物化学(477/890)、化学(38/1378)、临床医学(1502/1790)、计算机科学(21/624)、工程学(29/1787)、环境科学与生态学(312/1225)、地球科学(218/639)、材料科学(81/996)、数学(39/302)、药理学与毒物学(671/827)、物理学(222/631)、植物学与动物学(1027/1089)、社会科学(192/1428)
杭州师范大学	13	农业科学(793/846)、生物学与生物化学(744/890)、化学(678/1378)、临床医学(846/1790)、工程学(759/1787)、环境科学与生态学(910/1225)、材料科学(394/996)、数学(14/302)、神经科学与行为科学(459/652)、药理学与毒物学(683/827)、植物学与动物学(611/1089)、精神病学与行为科学(606/727)、社会科学(652/1428)
华南农业大学	13	农业科学(52/846)、生物学与生物化学(280/890)、化学(256/1378)、计算机科学(476/624)、工程学(725/1787)、环境科学与生态学(248/1225)、免疫学(445/518)、材料科学(313/996)、微生物学(132/420)、分子生物学与遗传学(442/571)、药理学与毒物学(610/827)、植物学与动物学(38/1089)、社会科学(1280/1428)
华中农业大学	13	农业科学(20/846)、生物学与生物化学(199/890)、化学(615/1378)、临床医学(1709/1790)、工程学(595/1787)、环境科学与生态学(244/1225)、免疫学(401/518)、材料科学(701/996)、微生物学(104/420)、分子生物学与遗传学(303/571)、药理学与毒物学(479/827)、植物学与动物学(6/1089)、社会科学(1042/1428)
南京师范大学	13	农业科学(135/846)、生物学与生物化学(700/890)、化学(135/1378)、临床医学(1694/1790)、计算机科学(457/624)、工程学(311/1787)、环境科学与生态学(472/

续表

学校名称	进入ESI学科排行的学科数	详细情况
南京师范大学	13	1225)、地球科学(332/639)、材料科学(387/996)、数学(136/302)、物理学(420/631)、植物学与动物学(612/1089)、社会科学(125/1428)
南京医科大学	13	农业科学(743/846)、生物学与生物化学(161/890)、化学(806/1378)、临床医学(177/1790)、环境科学与生态学(858/1225)、免疫学(130/518)、材料科学(375/996)、微生物学(164/420)、分子生物学与遗传学(59/571)、神经科学与行为科学(210/652)、药理学与毒物学(38/827)、精神病学与行为科学(547/727)、社会科学(1016/1428)
福州大学	12	农业科学(373/846)、生物学与生物化学(804/890)、化学(12/1378)、临床医学(1616/1790)、计算机科学(161/624)、工程学(176/1787)、环境科学与生态学(698/1225)、地球科学(535/639)、材料科学(99/996)、药理学与毒物学(820/827)、物理学(578/631)、社会科学(1239/1428)
哈尔滨工业大学	12	农业科学(590/846)、生物学与生物化学(284/890)、化学(54/1378)、临床医学(1174/1790)、计算机科学(23/624)、工程学(4/1787)、环境科学与生态学(19/1225)、地球科学(135/639)、材料科学(27/996)、数学(51/302)、物理学(115/631)、社会科学(708/1428)
华南师范大学	12	化学(77/1378)、临床医学(1584/1790)、计算机科学(515/624)、工程学(507/1787)、环境科学与生态学(376/1225)、材料科学(292/996)、数学(190/302)、神经科学与行为科学(511/652)、物理学(181/631)、植物学与动物学(554/1089)、精神病学与行为科学(409/727)、社会科学(866/1428)
宁波大学	12	农业科学(41/846)、生物学与生物化学(611/890)、化学(488/1378)、临床医学(1057/1790)、计算机科学(444/624)、工程学(449/1787)、环境科学与生态学(285/1225)、材料科学(303/996)、药理学与毒物学(629/827)、物理学(564/631)、植物学与动物学(496/1089)、社会科学(1216/1428)
青岛大学	12	农业科学(501/846)、生物学与生物化学(364/890)、化学(70/1378)、临床医学(475/1790)、计算机科学(97/624)、工程学(118/1787)、环境科学与生态学(361/1225)、材料科学(57/996)、分子生物学与遗传学(170/571)、神经科学与行为科学(348/652)、药理学与毒物学(217/827)、社会科学(146/1428)
陕西师范大学	12	农业科学(310/846)、生物学与生物化学(417/890)、化学(189/1378)、临床医学(1683/1790)、计算机科学(354/624)、工程学(805/1787)、环境科学与生态学(704/1225)、材料科学(94/996)、物理学(586/631)、植物学与动物学(882/1089)、精神病学与行为科学(633/727)、社会科学(868/1428)
上海大学	12	生物学与生物化学(606/890)、化学(92/1378)、临床医学(1319/1790)、计算机科学(142/624)、经济学和商学(171/408)、工程学(49/1787)、环境科学与生态学(218/1225)、材料科学(68/996)、数学(56/302)、物理学(314/631)、植物学与动物学(1062/1089)、社会科学(123/1428)
首都医科大学	12	生物学与生物化学(112/890)、化学(993/1378)、临床医学(123/1790)、环境科学与生态学(1016/1225)、免疫学(141/518)、材料科学(444/996)、微生物学(221/420)、分子生物学与遗传学(127/571)、神经科学与行为科学(54/652)、药理学与毒物学(57/827)、精神病学与行为科学(381/727)、社会科学(501/1428)
西北大学	12	农业科学(408/846)、生物学与生物化学(673/890)、化学(229/1378)、临床医学(1358/1790)、计算机科学(331/624)、工程学(720/1787)、环境科学与生态学(781/1225)、地球科学(78/639)、材料科学(159/996)、药理学与毒物学(535/827)、植物学与动物学(773/1089)、社会科学(627/1428)

续表

学校名称	进入ESI学科排行的学科数	详细情况
扬州大学	12	农业科学(23/846)、生物学与生物化学(300/890)、化学(117/1378)、临床医学(1077/1790)、计算机科学(282/624)、工程学(373/1787)、环境科学与生态学(278/1225)、材料科学(153/996)、微生物学(122/420)、分子生物学与遗传学(423/571)、药理学与毒物学(521/827)、植物学与动物学(85/1089)
中国海洋大学	12	农业科学(166/846)、生物学与生物化学(413/890)、化学(245/1378)、计算机科学(427/624)、工程学(256/1787)、环境科学与生态学(282/1225)、地球科学(52/639)、材料科学(289/996)、微生物学(262/420)、药理学与毒物学(429/827)、植物学与动物学(202/1089)、社会科学(359/1428)
中国医学科学院-中国协和医学院	12	农业科学(456/846)、生物学与生物化学(69/890)、化学(532/1378)、临床医学(74/1790)、环境科学与生态学(541/1225)、免疫学(119/518)、材料科学(322/996)、微生物学(32/420)、分子生物学与遗传学(58/571)、药理学与毒物学(8/827)、植物学与动物学(630/1089)、社会科学(231/1428)
安徽医科大学	11	生物学与生物化学(188/890)、化学(1292/1378)、临床医学(372/1790)、环境科学与生态学(966/1225)、免疫学(259/518)、材料科学(950/996)、分子生物学与遗传学(362/571)、神经科学与行为科学(392/652)、药理学与毒物学(173/827)、精神病学与行为科学(613/727)、社会科学(1080/1428)
北京航空航天大学	11	生物学与生物化学(834/890)、化学(103/1378)、临床医学(1190/1790)、计算机科学(32/624)、工程学(11/1787)、环境科学与生态学(410/1225)、地球科学(382/639)、材料科学(26/996)、数学(225/302)、物理学(124/631)、社会科学(735/1428)
北京理工大学	11	化学(21/1378)、临床医学(1593/1790)、计算机科学(47/624)、经济学和商学(62/408)、工程学(5/1787)、环境科学与生态学(108/1225)、地球科学(149/639)、材料科学(19/996)、数学(166/302)、物理学(169/631)、社会科学(22/1428)
北京协和医学院	11	农业科学(661/846)、生物学与生物化学(111/890)、化学(635/1378)、临床医学(141/1790)、免疫学(170/518)、材料科学(619/996)、微生物学(125/420)、分子生物学与遗传学(80/571)、药理学与毒物学(29/827)、植物学与动物学(663/1089)、社会科学(361/1428)
河南大学	11	农业科学(505/846)、生物学与生物化学(660/890)、化学(293/1378)、临床医学(1007/1790)、计算机科学(506/624)、工程学(385/1787)、环境科学与生态学(680/1225)、材料科学(124/996)、药理学与毒物学(472/827)、植物学与动物学(109/1089)、社会科学(331/1428)
昆明理工大学	11	农业科学(484/846)、生物学与生物化学(794/890)、化学(338/1378)、临床医学(1200/1790)、计算机科学(562/624)、工程学(360/1787)、环境科学与生态学(391/1225)、地球科学(315/639)、材料科学(216/996)、药理学与毒物学(792/827)、植物学与动物学(717/1089)
南方科技大学	11	生物学与生物化学(231/890)、化学(66/1378)、临床医学(1022/1790)、计算机科学(53/624)、工程学(161/1787)、环境科学与生态学(62/1225)、地球科学(142/639)、材料科学(44/996)、分子生物学与遗传学(199/571)、物理学(200/631)、植物学与动物学(509/1089)
南京农业大学	11	农业科学(8/846)、生物学与生物化学(279/890)、化学(709/1378)、临床医学(1741/1790)、工程学(734/1787)、环境科学与生态学(281/1225)、微生物学(109/420)、分子生物学与遗传学(357/571)、药理学与毒物学(555/827)、植物学与动物学(4/1089)、社会科学(972/1428)

续表

学校名称	进入ESI学科排行的学科数	详细情况
西北工业大学	11	农业科学(839/846)、生物学与生物化学(400/890)、化学(51/1378)、临床医学(1224/1790)、计算机科学(19/624)、工程学(18/1787)、环境科学与生态学(315/1225)、地球科学(74/639)、材料科学(7/996)、数学(46/302)、物理学(46/631)
中国人民大学	11	化学(770/1378)、临床医学(1667/1790)、计算机科学(502/624)、经济学和商学(26/408)、工程学(607/1787)、环境科学与生态学(435/1225)、材料科学(683/996)、数学(226/302)、物理学(577/631)、精神病学与行为科学(417/727)、社会科学(162/1428)
重庆医科大学	11	生物学与生物化学(381/890)、化学(992/1378)、临床医学(322/1790)、免疫学(172/518)、材料科学(715/996)、微生物学(378/420)、分子生物学与遗传学(271/571)、神经科学与行为科学(209/652)、药理学与毒物学(73/827)、精神病学与行为科学(689/727)、社会科学(1235/1428)
北京工业大学	10	生物学与生物化学(650/890)、化学(122/1378)、临床医学(1251/1790)、计算机科学(181/624)、工程学(88/1787)、环境科学与生态学(318/1225)、地球科学(537/639)、材料科学(115/996)、物理学(445/631)、社会科学(571/1428)
东北师范大学	10	农业科学(636/846)、生物学与生物化学(853/890)、化学(306/1378)、计算机科学(618/624)、工程学(932/1787)、环境科学与生态学(555/1225)、材料科学(404/996)、数学(202/302)、植物学与动物学(625/1089)、社会科学(1059/1428)
福建农林大学	10	农业科学(72/846)、生物学与生物化学(350/890)、化学(498/1378)、工程学(1026/1787)、环境科学与生态学(650/1225)、材料科学(849/996)、微生物学(255/420)、分子生物学与遗传学(487/571)、药理学与毒物学(762/827)、植物学与动物学(46/1089)
广州医科大学	10	生物学与生物化学(227/890)、化学(596/1378)、临床医学(362/1790)、免疫学(238/518)、材料科学(644/996)、微生物学(153/420)、分子生物学与遗传学(194/571)、神经科学与行为科学(282/652)、药理学与毒物学(226/827)、精神病学与行为科学(590/727)
河海大学	10	农业科学(406/846)、化学(776/1378)、计算机科学(171/624)、工程学(103/1787)、环境科学与生态学(204/1225)、地球科学(86/639)、材料科学(325/996)、数学(79/302)、植物学与动物学(921/1089)、社会科学(246/1428)
湖南师范大学	10	生物学与生物化学(768/890)、化学(693/1378)、临床医学(1085/1790)、工程学(581/1787)、环境科学与生态学(893/1225)、材料科学(652/996)、数学(94/302)、物理学(544/631)、植物学与动物学(818/1089)、社会科学(1256/1428)
华东理工大学	10	农业科学(608/846)、生物学与生物化学(349/890)、化学(33/1378)、临床医学(1684/1790)、计算机科学(277/624)、工程学(181/1787)、环境科学与生态学(330/1225)、材料科学(110/996)、药理学与毒物学(560/827)、社会科学(1328/1428)
华中师范大学	10	化学(144/1378)、计算机科学(496/624)、工程学(1036/1787)、环境科学与生态学(188/1225)、材料科学(341/996)、数学(124/302)、物理学(183/631)、植物学与动物学(909/1089)、精神病学与行为科学(534/727)、社会科学(750/1428)
江南大学	10	农业科学(6/846)、生物学与生物化学(155/890)、化学(164/1378)、临床医学(1013/1790)、计算机科学(323/624)、工程学(117/1787)、环境科学与生态学(444/1225)、材料科学(158/996)、微生物学(319/420)、药理学与毒物学(501/827)
南京理工大学	10	生物学与生物化学(843/890)、化学(129/1378)、计算机科学(56/624)、工程学(51/1787)、环境科学与生态学(254/1225)、地球科学(341/639)、材料科学(75/996)、数学(266/302)、物理学(143/631)、社会科学(608/1428)

续表

学校名称	进入 ESI 学科排行的学科数	详细情况
山西大学	10	农业科学(630/846)、化学(296/1378)、计算机科学(418/624)、工程学(789/1787)、环境科学与生态学(453/1225)、材料科学(486/996)、药理学与毒物学(818/827)、物理学(323/631)、植物学与动物学(888/1089)、社会科学(1418/1428)
汕头大学	10	生物学与生物化学(370/890)、化学(369/1378)、临床医学(875/1790)、工程学(901/1787)、环境科学与生态学(788/1225)、材料科学(910/996)、分子生物学与遗传学(191/571)、药理学与毒物学(691/827)、植物学与动物学(902/1089)、社会科学(1327/1428)
温州医科大学	10	生物学与生物化学(308/890)、化学(356/1378)、临床医学(325/1790)、工程学(776/1787)、环境科学与生态学(623/1225)、免疫学(191/518)、材料科学(345/996)、分子生物学与遗传学(236/571)、神经科学与行为科学(264/652)、药理学与毒物学(115/827)
中国东北大学	10	化学(211/1378)、临床医学(1539/1790)、计算机科学(10/624)、工程学(30/1787)、环境科学与生态学(818/1225)、地球科学(393/639)、材料科学(84/996)、数学(159/302)、物理学(464/631)、社会科学(597/1428)
中国人民解放军海军军医大学	10	生物学与生物化学(228/890)、化学(892/1378)、临床医学(358/1790)、免疫学(284/518)、材料科学(389/996)、分子生物学与遗传学(254/571)、神经科学与行为科学(433/652)、药理学与毒物学(55/827)、植物学与动物学(883/1089)、社会科学(1319/1428)
安徽大学	9	生物学与生物化学(789/890)、化学(177/1378)、计算机科学(65/624)、工程学(246/1787)、环境科学与生态学(979/1225)、材料科学(147/996)、数学(150/302)、物理学(476/631)、社会科学(662/1428)
北京化工大学	9	农业科学(788/846)、生物学与生物化学(525/890)、化学(11/1378)、计算机科学(451/624)、工程学(165/1787)、环境科学与生态学(360/1225)、地球科学(492/639)、材料科学(47/996)、物理学(475/631)
北京林业大学	9	农业科学(189/846)、生物学与生物化学(594/890)、化学(642/1378)、工程学(676/1787)、环境科学与生态学(156/1225)、地球科学(349/639)、材料科学(498/996)、植物学与动物学(87/1089)、社会科学(1140/1428)
哈尔滨医科大学	9	生物学与生物化学(153/890)、化学(648/1378)、临床医学(364/1790)、免疫学(400/518)、材料科学(956/996)、分子生物学与遗传学(173/571)、神经科学与行为科学(462/652)、药理学与毒物学(233/827)、社会科学(671/1428)
合肥工业大学	9	农业科学(116/846)、生物学与生物化学(846/890)、化学(460/1378)、计算机科学(87/624)、工程学(145/1787)、环境科学与生态学(800/1225)、地球科学(411/639)、材料科学(183/996)、社会科学(348/1428)
南京信息工程大学	9	农业科学(502/846)、化学(496/1378)、计算机科学(27/624)、工程学(190/1787)、环境科学与生态学(269/1225)、地球科学(15/639)、材料科学(551/996)、数学(235/302)、社会科学(345/1428)
南通大学	9	生物学与生物化学(534/890)、化学(516/1378)、临床医学(616/1790)、计算机科学(399/624)、工程学(517/1787)、材料科学(558/996)、分子生物学与遗传学(401/571)、神经科学与行为科学(358/652)、药理学与毒物学(340/827)
山东师范大学	9	化学(93/1378)、计算机科学(182/624)、工程学(382/1787)、环境科学与生态学(500/1225)、材料科学(242/996)、数学(134/302)、物理学(229/631)、植物学与动物学(443/1089)、社会科学(368/1428)

续表

学校名称	进入ESI学科排行的学科数	详细情况
上海科技大学	9	生物学与生物化学(442/890)、化学(175/1378)、临床医学(1207/1790)、计算机科学(196/624)、工程学(677/1787)、材料科学(133/996)、分子生物学与遗传学(179/571)、物理学(459/631)、植物学与动物学(356/1089)
四川农业大学	9	农业科学(67/846)、生物学与生物化学(506/890)、化学(1021/1378)、工程学(1167/1787)、环境科学与生态学(651/1225)、微生物学(279/420)、分子生物学与遗传学(420/571)、植物学与动物学(99/1089)、社会科学(1012/1428)
天津医科大学	9	生物学与生物化学(319/890)、化学(1054/1378)、临床医学(272/1790)、免疫学(317/518)、材料科学(413/996)、分子生物学与遗传学(253/571)、神经科学与行为科学(290/652)、药理学与毒物学(84/827)、社会科学(675/1428)
武汉理工大学	9	生物学与生物化学(877/890)、化学(34/1378)、计算机科学(267/624)、工程学(106/1787)、环境科学与生态学(162/1225)、地球科学(353/639)、材料科学(35/996)、物理学(527/631)、社会科学(968/1428)
西南交通大学	9	化学(447/1378)、计算机科学(124/624)、经济学和商学(179/408)、工程学(59/1787)、环境科学与生态学(867/1225)、地球科学(237/639)、材料科学(123/996)、物理学(570/631)、社会科学(493/1428)
云南大学	9	农业科学(765/846)、化学(221/1378)、计算机科学(302/624)、工程学(1016/1787)、环境科学与生态学(270/1225)、地球科学(447/639)、材料科学(574/996)、药理学与毒物学(678/827)、植物学与动物学(248/1089)
浙江工业大学	9	农业科学(268/846)、生物学与生物化学(211/890)、化学(74/1378)、计算机科学(123/624)、工程学(72/1787)、环境科学与生态学(195/1225)、材料科学(101/996)、药理学与毒物学(507/827)、社会科学(252/1428)
中国人民解放军陆军军医大学	9	生物学与生物化学(388/890)、化学(1041/1378)、临床医学(400/1790)、免疫学(281/518)、材料科学(697/996)、微生物学(391/420)、分子生物学与遗传学(288/571)、神经科学与行为科学(292/652)、药理学与毒物学(349/827)
中国医科大学	9	生物学与生物化学(316/890)、临床医学(344/1790)、免疫学(333/518)、材料科学(483/996)、分子生物学与遗传学(165/571)、神经科学与行为科学(239/652)、药理学与毒物学(165/827)、精神病学与行为科学(695/727)、社会科学(1246/1428)
北京交通大学	8	化学(854/1378)、计算机科学(79/624)、工程学(76/1787)、环境科学与生态学(821/1225)、材料科学(340/996)、数学(148/302)、物理学(424/631)、社会科学(873/1428)
北京科技大学	8	化学(119/1378)、计算机科学(83/624)、工程学(71/1787)、环境科学与生态学(524/1225)、地球科学(433/639)、材料科学(33/996)、物理学(305/631)、社会科学(626/1428)
东北农业大学	8	农业科学(10/846)、生物学与生物化学(485/890)、化学(594/1378)、工程学(913/1787)、环境科学与生态学(483/1225)、微生物学(307/420)、药理学与毒物学(620/827)、植物学与动物学(47/1089)
福建师范大学	8	农业科学(680/846)、化学(620/1378)、计算机科学(131/624)、工程学(791/1787)、环境科学与生态学(700/1225)、材料科学(510/996)、植物学与动物学(1055/1089)、社会科学(1019/1428)
广州大学	8	化学(205/1378)、计算机科学(60/624)、工程学(122/1787)、环境科学与生态学(304/1225)、材料科学(167/996)、数学(97/302)、植物学与动物学(763/1089)、社会科学(239/1428)

续表

学校名称	进入ESI学科排行的学科数	详细情况
海南大学	8	农业科学(124/846)、生物学与生物化学(383/890)、化学(212/1378)、工程学(267/1787)、环境科学与生态学(365/1225)、材料科学(319/996)、植物学与动物学(80/1089)、社会科学(102/1428)
空军军医大学	8	生物学与生物化学(351/890)、化学(1297/1378)、临床医学(409/1790)、免疫学(204/518)、材料科学(639/996)、分子生物学与遗传学(314/571)、神经科学与行为科学(330/652)、药理学与毒物学(305/827)
南京航空航天大学	8	化学(258/1378)、计算机科学(82/624)、工程学(52/1787)、环境科学与生态学(290/1225)、材料科学(43/996)、数学(140/302)、物理学(249/631)、社会科学(791/1428)
齐鲁工业大学	8	农业科学(199/846)、生物学与生物化学(385/890)、化学(483/1378)、计算机科学(136/624)、工程学(576/1787)、环境科学与生态学(933/1225)、材料科学(251/996)、药理学与毒物学(776/827)
山东第一医科大学	8	生物学与生物化学(360/890)、化学(989/1378)、临床医学(310/1790)、免疫学(340/518)、微生物学(177/420)、分子生物学与遗传学(337/571)、神经科学与行为科学(418/652)、药理学与毒物学(218/827)
上海理工大学	8	农业科学(554/846)、化学(95/1378)、计算机科学(369/624)、工程学(162/1787)、环境科学与生态学(455/1225)、材料科学(87/996)、数学(273/302)、物理学(335/631)
香港中文大学(深圳)	8	生物学与生物化学(871/890)、化学(131/1378)、临床医学(1155/1790)、计算机科学(250/624)、工程学(450/1787)、材料科学(276/996)、植物学与动物学(1033/1089)、社会科学(1299/1428)
浙江师范大学	8	化学(197/1378)、计算机科学(412/624)、工程学(285/1787)、环境科学与生态学(171/1225)、材料科学(407/996)、数学(45/302)、植物学与动物学(917/1089)、社会科学(1109/1428)
中国地质大学	8	农业科学(576/846)、化学(56/1378)、计算机科学(95/624)、工程学(46/1787)、环境科学与生态学(89/1225)、地球科学(3/639)、材料科学(72/996)、社会科学(74/1428)
中国矿业大学	8	化学(218/1378)、计算机科学(130/624)、工程学(66/1787)、环境科学与生态学(142/1225)、地球科学(22/639)、材料科学(125/996)、数学(54/302)、社会科学(305/1428)
中国石油大学	8	化学(76/1378)、计算机科学(127/624)、工程学(24/1787)、环境科学与生态学(160/1225)、地球科学(70/639)、材料科学(151/996)、数学(253/302)、社会科学(188/1428)
中国药科大学	8	农业科学(718/846)、生物学与生物化学(146/890)、化学(391/1378)、临床医学(1104/1790)、材料科学(589/996)、分子生物学与遗传学(207/571)、神经科学与行为科学(607/652)、药理学与毒物学(6/827)
东北林业大学	7	农业科学(179/846)、生物学与生物化学(749/890)、化学(416/1378)、工程学(931/1787)、环境科学与生态学(422/1225)、材料科学(441/996)、植物学与动物学(164/1089)
东华大学	7	生物学与生物化学(781/890)、化学(108/1378)、计算机科学(226/624)、工程学(191/1787)、环境科学与生态学(713/1225)、材料科学(64/996)、数学(280/302)
福建医科大学	7	生物学与生物化学(494/890)、化学(263/1378)、临床医学(350/1790)、免疫学(423/518)、分子生物学与遗传学(395/571)、神经科学与行为科学(444/652)、药理学与毒物学(377/827)

续表

学校名称	进入ESI学科排行的学科数	详细情况
广西大学	7	农业科学(165/846)、生物学与生物化学(582/890)、化学(295/1378)、工程学(207/1787)、环境科学与生态学(242/1225)、材料科学(88/996)、植物学与动物学(381/1089)
广州中医药大学	7	农业科学(826/846)、生物学与生物化学(655/890)、化学(1283/1378)、临床医学(671/1790)、分子生物学与遗传学(491/571)、神经科学与行为科学(534/652)、药理学与毒物学(146/827)
河南理工大学	7	化学(762/1378)、计算机科学(488/624)、工程学(334/1787)、环境科学与生态学(321/1225)、地球科学(442/639)、材料科学(229/996)、数学(78/302)
河南农业大学	7	农业科学(326/846)、生物学与生物化学(721/890)、化学(651/1378)、工程学(878/1787)、环境科学与生态学(756/1225)、微生物学(329/420)、植物学与动物学(265/1089)
河南师范大学	7	化学(367/1378)、工程学(851/1787)、环境科学与生态学(805/1225)、材料科学(274/996)、数学(272/302)、物理学(583/631)、植物学与动物学(515/1089)
湖南农业大学	7	农业科学(121/846)、生物学与生物化学(674/890)、化学(838/1378)、工程学(936/1787)、环境科学与生态学(589/1225)、材料科学(907/996)、植物学与动物学(168/1089)
济南大学	7	生物学与生物化学(742/890)、化学(235/1378)、临床医学(1118/1790)、工程学(577/1787)、环境科学与生态学(865/1225)、材料科学(189/996)、药理学与毒物学(720/827)
江苏师范大学	7	化学(410/1378)、计算机科学(605/624)、工程学(1047/1787)、材料科学(679/996)、数学(247/302)、植物学与动物学(1025/1089)、社会科学(1083/1428)
南京工业大学	7	农业科学(327/846)、生物学与生物化学(536/890)、化学(45/1378)、工程学(307/1787)、环境科学与生态学(203/1225)、材料科学(71/996)、物理学(439/631)
南京林业大学	7	农业科学(103/846)、生物学与生物化学(464/890)、化学(99/1378)、工程学(142/1787)、环境科学与生态学(219/1225)、材料科学(116/996)、植物学与动物学(161/1089)
山东科技大学	7	化学(206/1378)、计算机科学(241/624)、工程学(156/1787)、环境科学与生态学(753/1225)、地球科学(100/639)、材料科学(236/996)、数学(9/302)
上海师范大学	7	化学(467/1378)、工程学(1259/1787)、环境科学与生态学(974/1225)、材料科学(553/996)、数学(213/302)、植物学与动物学(319/1089)、社会科学(1063/1428)
石河子大学	7	农业科学(193/846)、化学(769/1378)、临床医学(1383/1790)、工程学(1365/1787)、环境科学与生态学(576/1225)、材料科学(870/996)、植物学与动物学(727/1089)
首都师范大学	7	化学(783/1378)、工程学(1325/1787)、环境科学与生态学(1008/1225)、地球科学(446/639)、材料科学(729/996)、植物学与动物学(604/1089)、社会科学(1229/1428)
西安电子科技大学	7	化学(994/1378)、临床医学(1469/1790)、计算机科学(6/624)、工程学(81/1787)、地球科学(178/639)、材料科学(409/996)、物理学(407/631)
西安理工大学	7	农业科学(599/846)、化学(935/1378)、计算机科学(268/624)、工程学(200/1787)、环境科学与生态学(459/1225)、地球科学(501/639)、材料科学(316/996)
新疆大学	7	化学(473/1378)、计算机科学(561/624)、工程学(716/1787)、环境科学与生态学(193/1225)、地球科学(247/639)、材料科学(569/996)、社会科学(108/1428)

续表

学校名称	进入 ESI 学科排行的学科数	详细情况
长江大学	7	农业科学(216/846)、化学(1008/1378)、临床医学(1170/1790)、工程学(469/1787)、环境科学与生态学(1086/1225)、地球科学(459/639)、植物学与动物学(487/1089)
安徽农业大学	6	农业科学(64/846)、生物学与生物化学(810/890)、化学(1022/1378)、工程学(1479/1787)、环境科学与生态学(862/1225)、植物学与动物学(214/1089)
北京工商大学	6	农业科学(16/846)、生物学与生物化学(777/890)、化学(774/1378)、工程学(752/1787)、环境科学与生态学(216/1225)、材料科学(420/996)
大连海事大学	6	化学(1248/1378)、计算机科学(163/624)、工程学(228/1787)、环境科学与生态学(978/1225)、材料科学(719/996)、社会科学(366/1428)
大连医科大学	6	生物学与生物化学(520/890)、化学(1198/1378)、临床医学(617/1790)、分子生物学与遗传学(400/571)、神经科学与行为科学(493/652)、药理学与毒物学(264/827)
佛山科学技术学院	6	农业科学(180/846)、化学(1120/1378)、工程学(830/1787)、环境科学与生态学(298/1225)、材料科学(534/996)、植物学与动物学(680/1089)
广东工业大学	6	农业科学(341/846)、化学(166/1378)、计算机科学(48/624)、工程学(37/1787)、环境科学与生态学(259/1225)、材料科学(86/996)
贵州大学	6	农业科学(205/846)、化学(360/1378)、工程学(296/1787)、环境科学与生态学(276/1225)、材料科学(549/996)、植物学与动物学(112/1089)
国防科学技术大学	6	化学(578/1378)、计算机科学(57/624)、工程学(125/1787)、地球科学(345/639)、材料科学(436/996)、物理学(418/631)
哈尔滨工程大学	6	化学(279/1378)、计算机科学(237/624)、工程学(95/1787)、环境科学与生态学(1136/1225)、材料科学(181/996)、物理学(462/631)
河北大学	6	化学(195/1378)、临床医学(1421/1790)、工程学(324/1787)、材料科学(214/996)、药理学与毒物学(296/827)、植物学与动物学(734/1089)
河南科技大学	6	农业科学(317/846)、化学(576/1378)、临床医学(1359/1790)、工程学(861/1787)、材料科学(287/996)、植物学与动物学(591/1089)
湖北大学	6	生物学与生物化学(394/890)、化学(374/1378)、工程学(656/1787)、环境科学与生态学(1046/1225)、材料科学(208/996)、植物学与动物学(844/1089)
华北电力大学	6	化学(268/1378)、计算机科学(391/624)、工程学(82/1787)、环境科学与生态学(65/1225)、材料科学(283/996)、社会科学(574/1428)
华侨大学	6	化学(722/1378)、计算机科学(380/624)、工程学(343/1787)、环境科学与生态学(1005/1225)、材料科学(530/996)、社会科学(586/1428)
南京中医药大学	6	生物学与生物化学(470/890)、化学(823/1378)、临床医学(331/1790)、分子生物学与遗传学(300/571)、神经科学与行为科学(554/652)、药理学与毒物学(108/827)
山东农业大学	6	农业科学(102/846)、生物学与生物化学(754/890)、化学(910/1378)、工程学(1471/1787)、环境科学与生态学(456/1225)、植物学与动物学(33/1089)
上海海洋大学	6	农业科学(262/846)、生物学与生物化学(748/890)、工程学(747/1787)、环境科学与生态学(146/1225)、地球科学(597/639)、植物学与动物学(290/1089)
沈阳药科大学	6	农业科学(806/846)、生物学与生物化学(751/890)、化学(438/1378)、临床医学(1546/1790)、材料科学(813/996)、药理学与毒物学(76/827)
武汉科技大学	6	化学(468/1378)、临床医学(1041/1790)、计算机科学(262/624)、工程学(157/1787)、环境科学与生态学(1076/1225)、材料科学(171/996)

续表

学校名称	进入ESI学科排行的学科数	详细情况
西南财经大学	6	计算机科学(242/624)、经济学和商学(13/408)、工程学(261/1787)、环境科学与生态学(930/1225)、数学(284/302)、社会科学(254/1428)
湘潭大学	6	化学(489/1378)、计算机科学(485/624)、工程学(651/1787)、环境科学与生态学(1117/1225)、材料科学(308/996)、数学(121/302)
徐州医科大学	6	生物学与生物化学(622/890)、化学(1305/1378)、临床医学(640/1790)、分子生物学与遗传学(419/571)、神经科学与行为科学(442/652)、药理学与毒物学(344/827)
长安大学	6	化学(908/1378)、工程学(158/1787)、环境科学与生态学(279/1225)、地球科学(192/639)、材料科学(357/996)、社会科学(888/1428)
长沙理工大学	6	化学(469/1378)、计算机科学(193/624)、工程学(313/1787)、环境科学与生态学(507/1225)、材料科学(405/996)、数学(8/302)
浙江工商大学	6	农业科学(226/846)、化学(1101/1378)、计算机科学(108/624)、工程学(596/1787)、环境科学与生态学(445/1225)、社会科学(129/1428)
浙江农林大学	6	农业科学(241/846)、化学(899/1378)、工程学(348/1787)、环境科学与生态学(235/1225)、材料科学(423/996)、植物学与动物学(320/1089)
中南林业科技大学	6	农业科学(485/846)、化学(632/1378)、工程学(909/1787)、环境科学与生态学(745/1225)、材料科学(721/996)、植物学与动物学(689/1089)
北京邮电大学	5	计算机科学(8/624)、工程学(208/1787)、材料科学(600/996)、物理学(267/631)、社会科学(1360/1428)
成都理工大学	5	化学(934/1378)、工程学(740/1787)、环境科学与生态学(758/1225)、地球科学(110/639)、材料科学(771/996)
广东药科大学	5	农业科学(580/846)、生物学与生物化学(803/890)、化学(974/1378)、临床医学(1279/1790)、药理学与毒物学(360/827)
广东医科大学	5	生物学与生物化学(712/890)、化学(612/1378)、临床医学(843/1790)、分子生物学与遗传学(480/571)、药理学与毒物学(237/827)
桂林工业大学	5	化学(502/1378)、工程学(1097/1787)、环境科学与生态学(890/1225)、地球科学(323/639)、材料科学(320/996)
杭州电子科技大学	5	化学(244/1378)、计算机科学(120/624)、工程学(129/1787)、环境科学与生态学(345/1225)、材料科学(261/996)
河北工业大学	5	化学(511/1378)、计算机科学(513/624)、工程学(230/1787)、环境科学与生态学(1115/1225)、材料科学(190/996)
河北农业大学	5	农业科学(162/846)、化学(616/1378)、工程学(846/1787)、环境科学与生态学(960/1225)、植物学与动物学(532/1089)
河北医科大学	5	生物学与生物化学(552/890)、临床医学(532/1790)、分子生物学与遗传学(440/571)、神经科学与行为科学(451/652)、药理学与毒物学(175/827)
湖南工业大学	5	生物学与生物化学(883/890)、化学(1020/1378)、工程学(320/1787)、工程学(1218/1787)、材料科学(360/996)
华北理工大学	5	生物学与生物化学(404/890)、化学(523/1378)、临床医学(1311/1790)、工程学(745/1787)、材料科学(136/996)
吉林农业大学	5	农业科学(329/846)、化学(1285/1378)、环境科学与生态学(1182/1225)、药理学与毒物学(806/827)、植物学与动物学(212/1089)

续表

学校名称	进入ESI学科排行的学科数	详细情况
江苏科技大学	5	化学(377/1378)、计算机科学(612/624)、工程学(288/1787)、工程学(869/1787)、材料科学(260/996)
江西财经大学	5	计算机科学(549/624)、经济学和商学(170/408)、工程学(991/1787)、环境科学与生态学(1212/1225)、社会科学(894/1428)
江西农业大学	5	农业科学(150/846)、化学(671/1378)、工程学(1648/1787)、环境科学与生态学(947/1225)、植物学与动物学(225/1089)
江西师范大学	5	农业科学(176/846)、化学(313/1378)、工程学(1275/1787)、环境科学与生态学(1172/1225)、材料科学(566/996)
昆明医科大学	5	生物学与生物化学(688/890)、临床医学(797/1790)、分子生物学与遗传学(471/571)、神经科学与行为科学(355/652)、药理学与毒物学(529/827)
南华大学	5	生物学与生物化学(368/890)、化学(329/1378)、临床医学(881/1790)、工程学(1129/1787)、药理学与毒物学(550/827)
南京邮电大学	5	化学(310/1378)、计算机科学(73/624)、工程学(65/1787)、材料科学(112/996)、物理学(388/631)
内蒙古大学	5	化学(804/1378)、工程学(1374/1787)、环境科学与生态学(873/1225)、材料科学(175/996)、植物学与动物学(933/1089)
青岛农业大学	5	农业科学(71/846)、化学(768/1378)、工程学(754/1787)、环境科学与生态学(913/1225)、植物学与动物学(189/1089)
青海大学	5	农业科学(736/846)、临床医学(1555/1790)、工程学(1532/1787)、环境科学与生态学(1035/1225)、植物学与动物学(977/1089)
曲阜师范大学	5	化学(566/1378)、计算机科学(207/624)、工程学(275/1787)、材料科学(680/996)、数学(35/302)
三峡大学	5	化学(491/1378)、临床医学(1356/1790)、工程学(461/1787)、环境科学与生态学(1019/1225)、材料科学(658/996)
上海中医药大学	5	生物学与生物化学(535/890)、化学(1148/1378)、临床医学(688/1790)、分子生物学与遗传学(475/571)、药理学与毒物学(62/827)
太原理工大学	5	化学(376/1378)、工程学(245/1787)、环境科学与生态学(1101/1225)、地球科学(363/639)、材料科学(126/996)
天津工业大学	5	化学(470/1378)、工程学(139/1787)、环境科学与生态学(613/1225)、材料科学(343/996)、数学(207/302)
天津科技大学	5	农业科学(91/846)、生物学与生物化学(511/890)、化学(274/1378)、工程学(1148/1787)、材料科学(204/996)
温州大学	5	化学(276/1378)、计算机科学(138/624)、工程学(252/1787)、环境科学与生态学(521/1225)、材料科学(220/996)
西安科技大学	5	化学(1069/1378)、工程学(628/1787)、环境科学与生态学(790/1225)、地球科学(410/639)、材料科学(365/996)
中南财经政法大学	5	计算机科学(489/624)、经济学和商学(36/408)、工程学(1186/1787)、环境科学与生态学(522/1225)、社会科学(176/1428)
安徽理工大学	4	化学(572/1378)、工程学(429/1787)、环境科学与生态学(1038/1225)、材料科学(277/996)
安徽师范大学	4	化学(202/1378)、工程学(1364/1787)、材料科学(672/996)、社会科学(1376/1428)

续表

学校名称	进入ESI学科排行的学科数	详细情况
北京中医药大学	4	生物学与生物化学(665/890)、化学(1210/1378)、临床医学(657/1790)、药理学与毒物学(124/827)
渤海大学	4	农业科学(382/846)、化学(617/1378)、计算机科学(39/624)、工程学(58/1787)
常州大学	4	化学(120/1378)、工程学(149/1787)、环境科学与生态学(965/1225)、材料科学(165/996)
成都大学	4	农业科学(82/846)、化学(124/1378)、工程学(168/1787)、材料科学(255/996)
大连工业大学	4	农业科学(105/846)、化学(930/1378)、工程学(1187/1787)、材料科学(456/996)
东莞理工学院	4	化学(960/1378)、工程学(784/1787)、环境科学与生态学(941/1225)、材料科学(321/996)
广东海洋大学	4	农业科学(526/846)、工程学(1607/1787)、环境科学与生态学(1121/1225)、植物学与动物学(435/1089)
广西医科大学	4	生物学与生物化学(554/890)、临床医学(544/1790)、分子生物学与遗传学(413/571)、药理学与毒物学(426/827)
桂林电子科技大学	4	化学(209/1378)、计算机科学(283/624)、工程学(434/1787)、材料科学(228/996)
河南工业大学	4	农业科学(270/846)、化学(526/1378)、工程学(957/1787)、材料科学(449/996)
湖北工业大学	4	农业科学(411/846)、化学(1084/1378)、工程学(771/1787)、材料科学(735/996)
湖南科技大学	4	化学(746/1378)、计算机科学(468/624)、工程学(513/1787)、材料科学(281/996)
嘉兴学院	4	化学(506/1378)、临床医学(1491/1790)、工程学(1454/1787)、材料科学(295/996)
兰州交通大学	4	化学(267/1378)、工程学(624/1787)、环境科学与生态学(1083/1225)、材料科学(415/996)
聊城大学	4	化学(388/1378)、计算机科学(493/624)、工程学(367/1787)、材料科学(491/996)
青岛科技大学	4	化学(68/1378)、工程学(308/1787)、环境科学与生态学(854/1225)、材料科学(108/996)
青岛理工大学	4	化学(1052/1378)、工程学(152/1787)、环境科学与生态学(1073/1225)、材料科学(539/996)
山东理工大学	4	农业科学(306/846)、化学(752/1378)、工程学(391/1787)、材料科学(368/996)
山西医科大学	4	生物学与生物化学(691/890)、临床医学(811/1790)、神经科学与行为科学(487/652)、药理学与毒物学(222/827)
陕西科技大学	4	农业科学(133/846)、化学(250/1378)、工程学(765/1787)、材料科学(193/996)
上海财经大学	4	经济学和商学(22/408)、工程学(666/1787)、环境科学与生态学(894/1225)、社会科学(720/1428)
上海海事大学	4	计算机科学(363/624)、工程学(426/1787)、材料科学(806/996)、社会科学(546/1428)
上海应用技术大学	4	农业科学(318/846)、化学(792/1378)、工程学(1292/1787)、材料科学(398/996)
绍兴文理学院	4	化学(592/1378)、计算机科学(495/624)、工程学(945/1787)、环境科学与生态学(139/1225)
深圳城市学院	4	临床医学(1750/1790)、计算机科学(511/624)、工程学(335/1787)、环境科学与生态学(119/1225)
四川师范大学	4	化学(836/1378)、计算机科学(454/624)、工程学(610/1787)、材料科学(937/996)

续表

学校名称	进入ESI学科排行的学科数	详细情况
苏州科技大学	4	化学(167/1378)、工程学(508/1787)、环境科学与生态学(926/1225)、材料科学(347/996)
泰州学院	4	化学(481/1378)、临床医学(1548/1790)、环境科学与生态学(1072/1225)、材料科学(177/996)
天津理工大学	4	化学(286/1378)、计算机科学(580/624)、工程学(546/1787)、材料科学(263/996)
天津师范大学	4	化学(513/1378)、工程学(1518/1787)、环境科学与生态学(1158/1225)、材料科学(418/996)
武汉工程大学	4	农业科学(729/846)、化学(528/1378)、工程学(694/1787)、材料科学(402/996)
西安建筑科技大学	4	化学(558/1378)、工程学(124/1787)、环境科学与生态学(118/1225)、材料科学(270/996)
西北师范大学	4	化学(545/1378)、工程学(711/1787)、环境科学与生态学(1059/1225)、材料科学(593/996)
西华师范大学	4	化学(884/1378)、工程学(801/1787)、材料科学(954/996)、植物学与动物学(1015/1089)
西交利物浦大学	4	计算机科学(482/624)、工程学(474/1787)、环境科学与生态学(523/1225)、社会科学(970/1428)
西南科技大学	4	化学(347/1378)、工程学(126/1787)、环境科学与生态学(482/1225)、材料科学(188/996)
西南石油大学	4	化学(361/1378)、工程学(219/1787)、地球科学(408/639)、材料科学(459/996)
烟台大学	4	化学(443/1378)、工程学(939/1787)、材料科学(511/996)、药理学与毒物学(544/827)
燕山大学	4	化学(626/1378)、计算机科学(263/624)、工程学(227/1787)、材料科学(172/996)
云南师范大学	4	化学(1133/1378)、工程学(1270/1787)、数学(299/302)、植物学与动物学(1034/1089)
浙江海洋大学	4	农业科学(277/846)、化学(137/1378)、工程学(398/1787)、植物学与动物学(801/1089)
浙江理工大学	4	化学(281/1378)、工程学(652/1787)、材料科学(174/996)、植物学与动物学(1060/1089)
郑州轻工业大学	4	农业科学(220/846)、化学(716/1378)、工程学(879/1787)、材料科学(789/996)
中国计量大学	4	化学(810/1378)、工程学(380/1787)、环境科学与生态学(988/1225)、材料科学(311/996)
重庆工商大学	4	化学(803/1378)、工程学(561/1787)、环境科学与生态学(573/1225)、材料科学(840/996)
安徽工程大学	3	化学(629/1378)、工程学(989/1787)、材料科学(812/996)
安徽工业大学	3	化学(344/1378)、工程学(455/1787)、材料科学(137/996)
滨州医学院	3	化学(1224/1378)、临床医学(906/1790)、药理学与毒物学(580/827)
成都信息工程大学	3	工程学(1233/1787)、环境科学与生态学(1177/1225)、地球科学(311/639)
成都中医药大学	3	化学(637/1378)、临床医学(920/1790)、药理学与毒物学(46/827)
东华理工大学	3	化学(885/1378)、工程学(1285/1787)、地球科学(496/639)

续表

学校名称	进入ESI学科排行的学科数	详细情况
对外经济贸易大学	3	经济学和商学(28/408)、环境科学与生态学(535/1225)、社会科学(156/1428)
广东石油化工学院	3	化学(1174/1378)、工程学(1063/1787)、环境科学与生态学(525/1225)
广西师范大学	3	化学(433/1378)、计算机科学(484/624)、工程学(967/1787)
哈尔滨理工大学	3	化学(555/1378)、工程学(250/1787)、材料科学(223/996)
哈尔滨师范大学	3	化学(480/1378)、工程学(1476/1787)、材料科学(194/996)
河北科技大学	3	化学(1023/1378)、工程学(1183/1787)、材料科学(293/996)
河北师范大学	3	化学(916/1378)、工程学(1711/1787)、植物学与动物学(879/1089)
黑龙江大学	3	化学(328/1378)、工程学(933/1787)、材料科学(477/996)
湖州师范学院	3	临床医学(1397/1790)、工程学(1039/1787)、数学(50/302)
淮北师范大学	3	化学(784/1378)、环境科学与生态学(1209/1225)、材料科学(914/996)
淮阴师范学院	3	化学(1155/1378)、工程学(1437/1787)、数学(109/302)
吉林师范大学	3	化学(913/1378)、工程学(1516/1787)、材料科学(659/996)
集美大学	3	农业科学(644/846)、工程学(1294/1787)、植物学与动物学(770/1089)
江汉大学	3	化学(1230/1378)、环境科学与生态学(940/1225)、材料科学(816/996)
江西科技学院	3	化学(732/1378)、工程学(618/1787)、材料科学(271/996)
兰州理工大学	3	化学(485/1378)、工程学(297/1787)、材料科学(331/996)
辽宁大学	3	化学(872/1378)、工程学(1358/1787)、材料科学(494/996)
辽宁科技大学	3	化学(622/1378)、工程学(1361/1787)、材料科学(651/996)
辽宁石油化工大学	3	化学(573/1378)、工程学(1240/1787)、材料科学(938/996)
临沂大学	3	化学(579/1378)、工程学(1394/1787)、植物学与动物学(939/1089)
鲁东大学	3	化学(1144/1378)、工程学(689/1787)、材料科学(461/996)
南昌航空大学	3	化学(461/1378)、工程学(806/1787)、材料科学(476/996)
南京财经大学	3	农业科学(300/846)、工程学(1177/1787)、社会科学(547/1428)
内蒙古农业大学	3	农业科学(419/846)、环境科学与生态学(572/1225)、植物学与动物学(745/1089)
宁波工程学院	3	化学(1330/1378)、工程学(1581/1787)、材料科学(911/996)
宁波诺丁汉大学	3	经济学和商学(387/408)、工程学(654/1787)、社会科学(857/1428)
宁夏大学	3	农业科学(571/846)、化学(795/1378)、工程学(1025/1787)
山东财经大学	3	计算机科学(465/624)、工程学(485/1787)、社会科学(250/1428)
山西农业大学	3	农业科学(316/846)、环境科学与生态学(1087/1225)、植物学与动物学(469/1089)
上海电力大学	3	化学(1047/1378)、工程学(743/1787)、材料科学(641/996)
上海工程技术大学	3	化学(544/1378)、工程学(389/1787)、材料科学(495/996)
沈阳工业大学	3	化学(1207/1378)、工程学(621/1787)、材料科学(565/996)
沈阳农业大学	3	农业科学(108/846)、环境科学与生态学(892/1225)、植物学与动物学(391/1089)
四川轻化工大学	3	化学(562/1378)、工程学(1281/1787)、材料科学(468/996)
太原科技大学	3	计算机科学(172/624)、工程学(697/1787)、材料科学(143/996)

续表

学校名称	进入ESI学科排行的学科数	详细情况
天津中医药大学	3	化学(1334/1378)、临床医学(1194/1790)、药理学与毒物学(247/827)
五邑大学	3	化学(1068/1378)、工程学(1591/1787)、材料科学(708/996)
武汉纺织大学	3	化学(867/1378)、工程学(1071/1787)、材料科学(501/996)
西安工业大学	3	化学(386/1378)、工程学(994/1787)、材料科学(232/996)
西南医科大学	3	生物学与生物化学(585/890)、临床医学(796/1790)、药理学与毒物学(188/827)
新乡医学院	3	生物学与生物化学(817/890)、临床医学(991/1790)、药理学与毒物学(626/827)
信阳师范学院	3	化学(900/1378)、工程学(1684/1787)、材料科学(960/996)
延边大学	3	化学(1245/1378)、临床医学(1407/1790)、药理学与毒物学(664/827)
盐城工学院	3	化学(556/1378)、工程学(1143/1787)、材料科学(392/996)
长春工业大学	3	化学(948/1378)、工程学(1243/1787)、材料科学(685/996)
长春科技大学	3	化学(821/1378)、工程学(1105/1787)、材料科学(567/996)
浙江财经大学	3	工程学(1078/1787)、环境科学与生态学(1127/1225)、社会科学(507/1428)
浙江中医药大学	3	生物学与生物化学(356/890)、临床医学(852/1790)、药理学与毒物学(125/827)
中北大学	3	化学(176/1378)、工程学(301/1787)、材料科学(98/996)
中国科技大学	3	化学(1211/1378)、临床医学(1654/1790)、工程学(1428/1787)
中南民族大学	3	化学(432/1378)、工程学(1176/1787)、材料科学(425/996)
中央财经大学	3	经济学和商学(81/408)、工程学(1388/1787)、社会科学(952/1428)
中央民族大学	3	工程学(1465/1787)、环境科学与生态学(592/1225)、材料科学(875/996)
仲恺农业工程学院	3	农业科学(285/846)、工程学(1279/1787)、植物学与动物学(255/1089)
重庆理工大学	3	化学(404/1378)、工程学(958/1787)、材料科学(681/996)
重庆师范大学	3	化学(1067/1378)、工程学(1180/1787)、植物学与动物学(998/1089)
重庆邮电大学	3	计算机科学(61/624)、工程学(375/1787)、材料科学(922/996)
安徽财经大学	2	工程学(482/1787)、社会科学(317/1428)
安徽建筑大学	2	化学(1289/1378)、工程学(1400/1787)
安徽中医药大学	2	临床医学(1493/1790)、药理学与毒物学(447/827)
北方民族大学	2	化学(559/1378)、工程学(1351/1787)
北京建筑大学土木与交通工程学院	2	工程学(364/1787)、环境科学与生态学(496/1225)
大连交通大学	2	工程学(1244/1787)、材料科学(859/996)
东北财经大学	2	工程学(903/1787)、社会科学(956/1428)
东北石油大学	2	化学(1058/1378)、工程学(892/1787)
福建理工大学	2	计算机科学(558/624)、工程学(735/1787)
福建中医药大学	2	临床医学(1332/1790)、药理学与毒物学(758/827)
甘肃农业大学	2	农业科学(297/846)、植物学与动物学(538/1089)
广东外语外贸大学	2	工程学(841/1787)、社会科学(476/1428)
广西中医药大学	2	临床医学(1504/1790)、药理学与毒物学(687/827)
贵州医科大学	2	临床医学(663/1790)、药理学与毒物学(459/827)

续表

学校名称	进入 ESI 学科排行的学科数	详细情况
桂林医学院	2	临床医学(1297/1790)、药理学与毒物学(785/827)
海南医学院	2	临床医学(1156/1790)、药理学与毒物学(706/827)
河南科技学院	2	农业科学(550/846)、植物学与动物学(795/1089)
河南中医药大学	2	临床医学(1453/1790)、药理学与毒物学(572/827)
黑龙江八一农垦大学	2	农业科学(678/846)、植物学与动物学(834/1089)
黑龙江中医药大学	2	临床医学(1475/1790)、药理学与毒物学(606/827)
湖北大学医学院	2	临床医学(723/1790)、药理学与毒物学(711/827)
湖北经济学院	2	工程学(810/1787)、社会科学(1214/1428)
湖北文理学院	2	临床医学(1520/1790)、工程学(881/1787)
湖北中医药大学	2	临床医学(1518/1790)、药理学与毒物学(679/827)
湖南中医学院	2	临床医学(1338/1790)、药理学与毒物学(527/827)
华北水利水电大学	2	工程学(993/1787)、环境科学与生态学(946/1225)
华东交通大学	2	工程学(388/1787)、材料科学(466/996)
淮阴工学院	2	化学(1350/1378)、工程学(1124/1787)
吉首大学	2	化学(243/1378)、工程学(143/1787)
济宁医学院	2	临床医学(1083/1790)、药理学与毒物学(745/827)
江西科技师范大学	2	化学(890/1378)、材料科学(317/996)
江西中医药大学	2	临床医学(1545/1790)、药理学与毒物学(418/827)
锦州医科大学	2	临床医学(1246/1790)、药理学与毒物学(598/827)
辽宁工业大学	2	计算机科学(51/624)、工程学(53/1787)
辽宁师范大学	2	化学(1146/1378)、工程学(1391/1787)
辽宁中医药大学	2	临床医学(1652/1790)、药理学与毒物学(705/827)
闽江学院	2	工程学(663/1787)、社会科学(1339/1428)
内蒙古工业大学	2	工程学(1261/1787)、材料科学(796/996)
内蒙古科技大学	2	工程学(1354/1787)、材料科学(733/996)
宁夏医科大学	2	临床医学(1145/1790)、药理学与毒物学(502/827)
齐齐哈尔大学	2	化学(1239/1378)、工程学(1555/1787)
山东第二医科大学	2	临床医学(1173/1790)、药理学与毒物学(600/827)
山东建筑大学	2	工程学(590/1787)、环境科学与生态学(577/1225)
山东中医药大学	2	临床医学(1150/1790)、药理学与毒物学(181/827)
陕西中医药大学	2	临床医学(1485/1790)、药理学与毒物学(725/827)
上海体育大学	2	临床医学(1401/1790)、社会科学(1322/1428)
沈阳航空航天大学	2	工程学(272/1787)、材料科学(838/996)
沈阳化工大学	2	化学(1053/1378)、工程学(1726/1787)
首都经济贸易大学	2	工程学(893/1787)、社会科学(583/1428)
武汉轻工大学	2	农业科学(385/846)、临床医学(1657/1790)
西安工程大学	2	工程学(1352/1787)、材料科学(429/996)

续表

学校名称	进入ESI学科排行的学科数	详细情况
西安医学院	2	临床医学(1112/1790)、药理学与毒物学(701/827)
西安邮电大学	2	计算机科学(376/624)、工程学(1070/1787)
西南林业大学	2	环境科学与生态学(1079/1225)、植物学与动物学(408/1089)
西南民族大学	2	化学(1254/1378)、工程学(1570/1787)
新疆农业大学	2	农业科学(735/846)、植物学与动物学(830/1089)
新疆医科大学	2	临床医学(844/1790)、药理学与毒物学(632/827)
延安大学	2	临床医学(1598/1790)、工程学(1441/1787)
云南农业大学	2	农业科学(455/846)、植物学与动物学(523/1089)
长江师范学院	2	化学(1158/1378)、工程学(910/1787)
中国人民解放军空军工程大学	2	工程学(491/1787)、材料科学(864/996)
中国人民解放军陆军工程大学	2	计算机科学(257/624)、工程学(622/1787)
中国人民解放军信息工程大学	2	计算机科学(407/624)、工程学(1203/1787)
中原工学院	2	工程学(1267/1787)、材料科学(745/996)
重庆科技大学	2	工程学(1205/1787)、材料科学(857/996)
重庆文理学院	2	工程学(1592/1787)、材料科学(844/996)
遵义医学院	2	临床医学(1140/1790)、药理学与毒物学(538/827)
安阳师范学院	1	化学(608/1378)
宝鸡文理学院	1	工程学(1664/1787)
北方工业大学	1	工程学(969/1787)
北京联合大学	1	社会科学(1259/1428)
北京农学院	1	植物学与动物学(754/1089)
北京师范大学-香港浸会大学联合国际学院	1	农业科学(648/846)
北京信息科技大学	1	工程学(1040/1787)
承德医学院	1	临床医学(1534/1790)
川北医学院	1	临床医学(1157/1790)
大理大学	1	植物学与动物学(437/1089)
大连大学	1	临床医学(1431/1790)
大连海洋大学	1	植物学与动物学(748/1089)
大连民族大学	1	工程学(1420/1787)
东北电力大学	1	工程学(133/1787)
对外经济贸易大学	1	工程学(529/1787)
赣南师范大学	1	化学(976/1378)
赣南医学院	1	临床医学(1463/1790)

续表

学校名称	进入 ESI 学科排行的学科数	详细情况
广东技术师范大学	1	工程学(1707/1787)
广西科技大学	1	工程学(809/1787)
广西民族大学	1	工程学(1453/1787)
贵州师范大学	1	环境科学与生态学(516/1225)
海南师范大学	1	化学(1312/1378)
合肥大学	1	工程学(1571/1787)
河北工程大学	1	工程学(713/1787)
湖北理工学院	1	临床医学(1511/1790)
湖北师范大学	1	工程学(1432/1787)
江苏海洋大学	1	工程学(848/1787)
昆山杜克大学	1	临床医学(1109/1790)
辽宁工程技术大学	1	工程学(1103/1787)
洛阳师范学院	1	化学(262/1378)
闽南师范大学	1	化学(1374/1378)
牡丹江医学院	1	临床医学(1665/1790)
南京工程学院	1	工程学(644/1787)
南京审计大学	1	工程学(1481/1787)
内蒙古医科大学	1	临床医学(1016/1790)
曲靖师范学院	1	植物学与动物学(326/1089)
厦门理工学院	1	工程学(1168/1787)
山东工商学院	1	工程学(332/1787)
山东交通学院	1	工程学(1626/1787)
山西师范大学	1	化学(571/1378)
上海第二工业大学	1	工程学(835/1787)
上海健康医学院	1	临床医学(1371/1790)
深圳信息职业技术学院	1	工程学(1373/1787)
深圳职业技术大学	1	工程学(1342/1787)
沈阳建筑大学	1	工程学(688/1787)
石家庄铁道学院	1	工程学(1057/1787)
天津城建学院	1	工程学(1144/1787)
天津商业大学	1	工程学(698/1787)
天津职业技术师范大学	1	工程学(1623/1787)
西安石油大学	1	工程学(1245/1787)
西藏大学	1	工程学(1658/1787)
西湖大学	1	化学(275/1378)

续表

学校名称	进入ESI学科排行的学科数	详细情况
西华大学	1	工程学(995/1787)
徐州工程学院	1	工程学(539/1787)
应急管理大学	1	临床医学(1790/1790)
云南财经大学	1	工程学(1575/1787)
云南民族大学	1	化学(1310/1378)
长春中医药大学	1	药理学与毒物学(641/827)
浙江科技学院	1	工程学(1084/1787)
浙江水利水电学院	1	工程学(1620/1787)
中国民航大学	1	工程学(559/1787)
中国人民解放军海军工程大学	1	工程学(918/1787)
中国人民解放军火箭军工程大学	1	工程学(1015/1787)
中欧国际工商学院	1	经济学和商学(394/408)
重庆交通大学	1	工程学(719/1788)

二、22个学科的评价分析

本书对ESI收录的22个学科通过学科竞争力的综合排名、科研能力排名、影响力排名、师资力量排名四个方面进行评价，选取具有代表性的指标进行分析。学科竞争力的综合排名评价是对学科的整体情况进行分析；学科科研能力评价是通过选取ESI收录论文数、总被引次数或发明专利数进行分析；学科的影响力评价是通过选取高被引论文指标进行分析；师资力量评价是通过选取高被引科学家进行分析。对ESI收录的22个学科的具体评价分析结果如下。

(一)农业科学

进入ESI农业科学学科排名的大学共有846所。从国家或地区分布来看，这些大学隶属于中国、美国、意大利、西班牙、巴西、英国、法国等71个国家或地区。这些大学的国家或地区分布如图3-1所示。

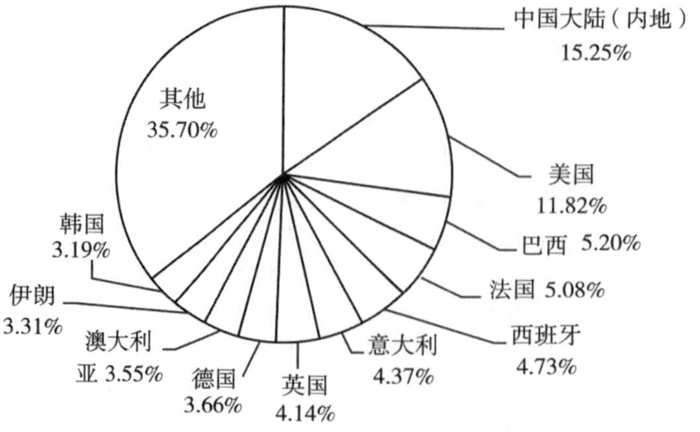

图3-1 进入ESI农业科学学科排名的大学国家或地区分布

注：图中所列数据之和应为100%，如不等于100%，则是由四舍五入造成的，余同。

中国高校的数量位居世界第 1 位，中国大陆(内地)共有 129 所大学，占 15.25%，远高于其他国家或地区。接下来依次是美国(100 所)、巴西(44 所)、法国(43 所)、西班牙(40 所)、意大利(37 所)、英国(35 所)，中国香港有 4 所大学。

1. 农业科学学科竞争力综合排名分析

进入前 100 位的中国大学有 28 所，中国(包含港澳台)其他大学进入 ESI 农业科学排名的名次如表 3-50所示。

表 3-50 农业科学学科综合排名（前 10 位与中国大学）

综合排名	机构名称	星级	档次	国家/地区	综合排名	机构名称	星级	档次	国家/地区
1	中国农业大学	5★+	一流学科	中国	6	江南大学	5★+	一流学科	中国
2	瓦格宁根大学	5★+	一流学科	荷兰	7	华南理工大学	5★+	一流学科	中国
3	浙江大学	5★+	一流学科	中国	8	南京农业大学	5★+	一流学科	中国
4	西北农林科技大学	5★+	一流学科	中国	9	马萨诸塞大学阿默斯特分校	5★	一流学科	美国
5	南昌大学	5★+	一流学科	中国	10	东北农业大学	5★	一流学科	美国

其他中国机构：11. 中国科学院大学；14. 江苏大学；16. 北京工商大学；20. 华中农业大学；23. 扬州大学；30. 上海交通大学；41. 宁波大学；52. 华南农业大学；55. 中山大学；58. 四川大学；59. 西南大学；64. 安徽农业大学；67. 四川农业大学；71. 青岛农业大学；72. 福建农林大学；82. 成都大学；84. 北京大学；90. 北京师范大学；91. 天津科技大学；94. 兰州大学；102. 山东农业大学；103. 南京林业大学；105. 大连工业大学；108. 沈阳农业大学；116. 合肥工业大学；121. 湖南农业大学；124. 海南大学；126. 吉林大学；133. 陕西科技大学；135. 南京师范大学；150. 江西农业大学；162. 河北农业大学；165. 广西大学；166. 中国海洋大学；176. 江西师范大学；179. 东北林业大学；180. 佛山科学技术学院；189. 北京林业大学；190. 重庆大学；193. 石河子大学；199. 齐鲁工业大学；205. 贵州大学；216. 长江大学；220. 郑州轻工业大学；223. 暨南大学；226. 浙江工商大学；241. 浙江农林大学；249. 南开大学；255. 武汉大学；262. 上海海洋大学；264. 台湾大学；268. 浙江工业大学；270. 河南工业大学；277. 浙江海洋大学；285. 仲恺农业工程学院；297. 甘肃农业大学；300. 南京财经大学；306. 山东理工大学；310. 陕西师范大学；311. 香港大学；316. 山西农业大学；317. 河南科技大学；318. 上海应用技术大学；319. 清华大学；326. 河南农业大学；327. 南京工业大学；329. 吉林农业大学；341. 广东工业大学；366. 香港中文大学；373. 福州大学；382. 渤海大学；383. 天津大学；385. 武汉轻工大学；396. 华中科技大学；397. 台湾中国医药大学；406. 河海大学；408. 西北大学；411. 湖北工业大学；417. 南京大学；419. 内蒙古农业大学；426. 深圳大学；427. 郑州大学；437. 中南大学；447. 澳门大学；455. 云南农业大学；456. 中国医学科学院-中国协和医学院；464. 台湾中兴大学；468. 复旦大学；484. 昆明理工大学；485. 中南林业科技大学；501. 青岛大学；502. 南京信息工程大学；505. 河南大学；513. 苏州大学；526. 广东海洋大学；536. 香港浸会大学；537. 厦门大学；545. 山东大学；550. 河南科技学院；554. 上海理工大学；571. 宁夏大学；576. 中国地质大学；580. 广东药科大学；590. 哈尔滨工业大学；599. 西安理工大学；608. 华东理工大学；613. 亚洲大学(中国台湾)；622. 台北医学大学；630. 山西大学；636. 东北师范大学；644. 集美大学；648. 北京师范大学-香港浸会大学联合国际学院；652. 南方医科大学；654. 西安交通大学；661. 北京协和医学院；678. 黑龙江八一农垦大学；680. 福建师范大学；697. 台湾屏东科技大学；700. 香港理工大学；718. 中国药科大学；721. 中山医学大学；729. 武汉工程大学；735. 新疆农业大学；736. 青海大学；743. 南京医科大学；749. 华东师范大学；765. 云南大学；788. 北京化工大学；793. 杭州师范大学；806. 沈阳药科人学；814. 湖南人学；822. 台湾阳明交通大学；826. 广州中医药大学；839. 西北工业大学，841. 高雄医科大学

2. 农业科学学科的科研能力排名分析

从发文量来看，中国农业大学以 8639 篇位居发文量榜首，发文量超过 3000 篇的有 21 所，它们分别是中国农业大学、西北农林科技大学、瓦格宁根大学、江南大学、圣保罗大学、南京农业大学、圣保罗

州立大学、中国科学院大学、浙江大学、佛罗里达大学、华中农业大学、维索萨联邦大学、加利福尼亚大学戴维斯分校、康奈尔大学、费萨拉巴德农业大学、坎皮纳斯州立大学、昆士兰大学、伊斯兰阿扎德大学、华南理工大学、哥本哈根大学、拉夫拉斯联邦大学。超过 2000 篇但少于等于 3000 篇的有 41 所；超过 1000 篇但少于等于 2000 篇的有 146 所；超过 500 篇但少于等于 1000 篇的有 239 所；超过 100 篇但少于等于 500 篇的有 395 所，100 篇及以下的有 4 所。中国大陆(内地)在发文量进入前 100 名的大学共有 23 所，中国(包含港澳台)其他进入 ESI 农业科学排名的大学发文量排名如表 3-51 所示。

表 3-51　农业科学学科发文量排名(前 10 位与中国大学)

发文量排名	机构名称	国家/地区	发文量排名	机构名称	国家/地区
1	中国农业大学	中国	6	南京农业大学	中国
2	西北农林科技大学	中国	7	圣保罗州立大学	巴西
3	瓦格宁根大学	荷兰	8	中国科学院大学	中国
4	江南大学	中国	9	浙江大学	中国
5	圣保罗大学	巴西	10	佛罗里达大学	美国

其他中国机构：11. 华中农业大学；19. 华南理工大学；22. 江苏大学；23. 东北农业大学；25. 华南农业大学；40. 北京工商大学；47. 扬州大学；51. 南昌大学；52. 西南大学；58. 四川农业大学；63. 山东农业大学；73. 福建农林大学；74. 上海交通大学；78. 沈阳农业大学；83. 天津科技大学；96. 南京林业大学；97. 大连工业大学；106. 北京林业大学；113. 安徽农业大学；114. 吉林大学；116. 中国海洋大学；119. 湖南农业大学；123. 兰州大学；128. 青岛农业大学；142. 海南大学；152. 四川大学；153. 北京大学；159. 广西大学；160. 台湾大学；162. 中山大学；164. 河南工业大学；166. 贵州大学；168. 河北农业大学；182. 河南农业大学；185. 石河子大学；189. 暨南大学；195. 山西农业大学；200. 浙江工商大学；203. 浙江农林大学；205. 吉林农业大学；210. 甘肃农业大学；213. 江西农业大学；214. 宁波大学；222. 北京师范大学；228. 合肥工业大学；239. 上海海洋大学；244. 陕西师范大学；250. 内蒙古农业大学；260. 河南科技大学；288. 东北林业大学；299. 武汉大学；308. 浙江工业大学；310. 齐鲁工业大学；319. 郑州大学；321. 长江大学；324. 南京师范大学；326. 台湾中兴大学；329. 台湾中国医药大学；334. 武汉轻工大学；340. 南京财经大学；354. 云南农业大学；354. 中国医学科学院-中国协和医学院；361. 天津大学；364. 清华大学；367. 成都大学；374. 昆明理工大学；377. 南开大学；378. 西北大学；382. 华中科技大学；390. 河海大学；393. 中南林业科技大学；396. 湖北工业大学；399. 深圳大学；400. 渤海大学；400. 南京大学；403. 青岛大学；413. 苏州大学；427. 复旦大学；428. 香港大学；440. 河南科技学院；448. 陕西科技大学；453. 香港中文大学；463. 山东大学；464. 福州大学；471. 宁夏大学；474. 黑龙江八一农垦大学；475. 南京信息工程大学；479. 广东海洋大学；479. 台北医学大学；500. 上海理工大学；504. 中南大学；505. 北京协和医学院；508. 河南大学；524. 新疆农业大学；531. 西安交通大学；539. 华东理工大学；539. 集美大学；543. 仲恺农业工程学院；545. 山东理工大学；550. 哈尔滨工业大学；556. 郑州轻工业大学；558. 江西师范大学；573. 南方医科大学；573. 福建师范大学；579. 上海应用技术大学；580. 云南大学；583. 厦门大学；585. 山西大学；597. 青海大学；613. 浙江海洋大学；614. 东北师范大学；616. 台湾屏东科技大学；637. 中山医学大学；642. 亚洲大学(中国台湾)；652. 南京工业大学；662. 佛山科学技术学院；663. 西安理工大学；664. 南京医科大学；669. 中国地质大学；679. 中国药科大学；688. 广东药科大学；698. 沈阳药科大学；704. 重庆大学；715. 香港浸会大学；715. 华东师范大学；728. 杭州师范大学；751. 澳门大学；752. 广东工业大学；754. 台湾阳明交通大学；762. 北京化工大学；762. 广州中医药大学；765. 高雄医科大学；776. 香港理工大学；811. 湖南大学；826. 武汉工程大学；827. 西北工业大学；838. 北京师范大学-香港浸会大学联合国际学院

3. 农业科学学科科研影响力排名分析

从总被引次数来看，瓦格宁根大学、中国农业大学、西北农林科技大学、江南大学和南京农业大学总被引次数超过 100000 次，总被引次数超过 30000 次的大学共有 78 所；总被引次数在 20000 次以上 30000 次及以下的有 69 所；总被引次数在 10000 次以上 20000 次及以下的有 216 所；总被引次数在 5000 次以上 10000 次及以下的有 273 所；总被引次数在 2000 次以上 5000 次及以下的有 210 所；所有大学的总被引次数均在 3000 次及以上。中国(包含港澳台)在总被引次数方面进入前 100 名的大学共有 20 所，进入

ESI 农业科学排名的高校总被引次数排名如表 3-52 所示。

表 3-52 农业科学学科总被引次数排名（前 10 位与中国大学）

总被引次数排名	机构名称	国家/地区	总被引次数排名	机构名称	国家/地区
1	瓦格宁根大学	荷兰	6	中国科学院大学	中国
2	中国农业大学	中国	7	浙江大学	中国
3	西北农林科技大学	中国	8	圣保罗大学	巴西
4	江南大学	中国	9	华南理工大学	中国
5	南京农业大学	中国	10	加利福尼亚大学戴维斯分校	美国
其他中国机构：12. 华中农业大学；22. 南昌大学；23. 江苏大学；34. 东北农业大学；43. 北京工商大学；49. 华南农业大学；67. 西南大学；73. 上海交通大学；74. 扬州大学；75. 山东农业大学；76. 天津科技大学；77. 福建农林大学；91. 四川农业大学；118. 中国海洋大学；120. 中山大学；121. 安徽农业大学；122. 沈阳农业大学；124. 北京师范大学；132. 兰州大学；134. 北京大学；136. 北京林业大学；146. 暨南大学；148. 大连工业大学；150. 吉林大学；154. 合肥工业大学；164. 湖南农业大学；172. 四川大学；175. 浙江工商大学；177. 南京林业大学；180. 青岛农业大学；182. 台湾大学；210. 海南大学；211. 陕西师范大学；217. 浙江农林大学；225. 河南工业大学；233. 广西大学；244. 宁波大学；248. 江西农业大学；254. 上海海洋大学；257. 武汉大学；268. 东北林业大学；272. 南京财经大学；278. 香港大学；279. 南京师范大学；280. 甘肃农业大学；289. 石河子大学；301. 台湾中国医药大学；310. 清华大学；314. 河南农业大学；317. 浙江工业大学；324. 香港中文大学；325. 吉林农业大学；335. 山西农业大学；336. 河南科技大学；340. 天津大学；341. 河北农业大学；344. 贵州大学；352. 渤海大学；353. 南京大学；355. 华中科技大学；358. 长江大学；359. 齐鲁工业大学；361. 武汉轻工大学；369. 湖北工业大学；373. 中南大学；380. 西北大学；386. 福州大学；388. 南开大学；407. 台湾中兴大学；407. 深圳大学；412. 内蒙古农业大学；427. 苏州大学；431. 成都大学；441. 河海大学；442. 复旦大学；446. 中南林业科技大学；451. 中国医学科学院-中国协和医学院；464. 台北医学大学；467. 郑州大学；470. 郑州轻工业大学；479. 澳门大学；484. 青岛大学；487. 陕西科技大学；491. 江西师范大学；501. 南京信息工程大学；505. 香港浸会大学；507. 厦门大学；517. 上海应用技术大学；521. 昆明理工大学；522. 哈尔滨工业大学；524. 河南大学；536. 云南农业大学；538. 浙江海洋大学；541. 广东药科大学；542. 亚洲大学(中国台湾)；547. 山东大学；551. 华东理工大学；577. 河南科技学院；579. 中山医学大学；585. 北京协和医学院；589. 上海理工大学；598. 东北师范大学；600. 山西大学；607. 福建师范大学；613. 集美大学；615. 山东理工大学；639. 西安交通大学；643. 中国药科大学；654. 中国地质大学；660. 西安理工大学；666. 南方医科大学；667. 宁夏大学；677. 北京化工大学；693. 广东海洋大学；701. 仲恺农业工程学院；706. 华东师范大学；709. 香港理工大学；723. 黑龙江八一农垦大学；724. 杭州师范大学；725. 沈阳药科大学；737. 台湾屏东科技大学；741. 佛山科学技术学院；743. 新疆农业大学；744. 广东工业大学；749. 重庆大学；750. 南京医科大学；753. 云南大学；758. 北京师范大学-香港浸会大学联合国际学院；760. 南京工业大学；766. 广州中医药大学；777. 高雄医科大学；797. 湖南大学；823. 武汉工程大学；832. 西北工业大学；834. 青海大学；840. 台湾阳明交通大学					

4. 农业科学学科的影响力排名分析

从高被引论文数来看，高被引论文数最高的是瓦格宁根大学，高被引论文数为 168 篇，其次是中国农业大学、江南大学，高被引论文数分别为 135 篇、131 篇。高被引论文数在 30 篇以上的大学共有 66 所；20 篇以上 30 篇及以下的大学有 49 所；10 篇以上 20 篇及以下的大学有 163 所；1 篇以上 10 篇及以下的大学有 498 所；剩下的 70 所大学的高被引论文数合计为 49 篇。中国大陆(内地)有 30 所大学进入高被引论文数排名前 100 位，其他大学高被引论文数排名如表 3-53 所示。

表 3-53　农业科学学科高被引论文数排名(前 10 位与中国大学)

高被引论文数排名	机构名称	国家/地区	高被引论文数排名	机构名称	国家/地区
1	瓦格宁根大学	荷兰	6	华南理工大学	中国
2	中国农业大学	中国	6	马萨诸塞大学阿默斯特分校	美国
3	江南大学	中国	8	南京农业大学	中国
4	西北农林科技大学	中国	9	东北农业大学	中国
5	浙江大学	中国	10	中国科学院大学	中国
其他中国机构：11. 南昌大学；11. 江苏大学；17. 北京工商大学；21. 华中农业大学；33. 扬州大学；45. 西南大学；45. 四川农业大学；45. 安徽农业大学；51. 福建农林大学；57. 上海交通大学；61. 成都大学；68. 合肥工业大学；73. 南京林业大学；76. 中山大学；76. 山东农业大学；76. 四川大学；82. 华南农业大学；82. 北京大学；88. 北京师范大学；88. 海南大学；94. 天津科技大学；94. 大连工业大学；103. 武汉大学；103. 浙江工业大学；110. 宁波大学；116. 江西农业大学；116. 郑州轻工业大学；116. 陕西科技大学；125. 湖南农业大学；132. 中国海洋大学；132. 香港大学；146. 浙江农林大学；146. 上海海洋大学；146. 南京财经大学；146. 河北农业大学；159. 浙江工商大学；159. 清华大学；159. 福州大学；176. 青岛农业大学；176. 兰州大学；176. 东北林业大学；176. 齐鲁工业大学；176. 澳门大学；191. 吉林大学；191. 香港中文大学；208. 沈阳农业大学；208. 暨南大学；208. 河南科技大学；225. 北京林业大学；225. 渤海大学；225. 长江大学；225. 河海大学；225. 佛山科学技术学院；249. 甘肃农业大学；279. 广西大学；279. 天津大学；279. 武汉轻工大学；279. 浙江海洋大学；279. 仲恺农业工程学院；279. 北京师范大学-香港浸会大学联合国际学院；311. 江西师范大学；311. 河南工业大学；311. 山西农业大学；311. 华中科技大学；311. 湖北工业大学；311. 中南大学；311. 西北大学；311. 深圳大学；311. 香港浸会大学；311. 中国地质大学；311. 广东海洋大学；311. 重庆大学；355. 吉林农业大学；355. 南京大学；355. 郑州大学；355. 河南大学；355. 云南农业大学；355. 西安理工大学；401. 陕西师范大学；401. 南京师范大学；401. 南开大学；401. 复旦大学；401. 南京信息工程大学；401. 厦门大学；401. 广东药科大学；401. 山东理工大学；401. 广东工业大学；401. 南京工业大学；401. 武汉工程大学；450. 台湾大学；450. 石河子大学；450. 河南农业大学；450. 中国医学科学院-中国协和医学院；450. 昆明理工大学；450. 上海理工大学；450. 宁夏大学；450. 香港理工大学；501. 台湾中国医药大学；501. 贵州大学；501. 中南林业科技大学；501. 青岛大学；501. 亚洲大学(中国台湾)；501. 山东大学；501. 河南科技学院；566. 内蒙古农业大学；566. 哈尔滨工业大学；566. 华东理工大学；566. 东北师范大学；566. 山西大学；566. 南方医科大学；566. 台湾屏东科技大学；625. 台湾中兴大学；625. 苏州大学；625. 上海应用技术大学；625. 集美大学；625. 西安交通大学；625. 中国药科大学；625. 华东师范大学；625. 南京医科大学；625. 湖南大学；625. 青海大学；709. 福建师范大学；709. 北京化工大学；709. 黑龙江八一农垦大学；709. 杭州师范大学；709. 西北工业大学；709. 台湾阳明交通大学；777. 中山医学大学；777. 北京协和医学院；777. 沈阳药科大学；777. 新疆农业大学；777. 云南大学；777. 广州中医药大学					

5. 农业科学学科的师资力量排名分析

从高被引科学家数来看，数量最多的是南昌大学(中国)、华南理工大学(中国)其高被引科学家数分别为 7 位和 5 位。拥有 4 位高被引科学家的大学有 3 所，分别是瓦格宁根大学(荷兰)、浙江大学(中国)和塔伊夫大学(沙特阿拉伯)。拥有 3 位高被引科学家的大学有 5 所，分别是中国农业大学(中国)、马萨诸塞大学阿默斯特分校(美国)、墨尔本大学(澳大利亚)、悉尼大学(澳大利亚)和卡塔尼亚大学(意大利)。拥有 2 位高被引科学家的大学有 10 所，拥有 1 位高被引科学家的大学有 36 所，其余 790 所大学的高被引科学家数均为 0 位。其中南昌大学、华南理工大学高被引科学家分别为 7 位和 5 位，浙江大学、中国农业大学高被引科学家分别为 4 位和 3 位，江南大学、南京农业大学、东北农业大学、扬州大学高被引科学家均为 2 位，西北农林科技大学、江苏大学、北京工商大学、上海交通大学、中山大学、青岛农业大学、江西师范大学高被引科学家均为 1 位。中国(包含港澳台)其他高校高被引科学家数排名如表 3-54 所示。

表 3-54　农业科学学科高被引科学家数排名（前 4 位与中国大学）

高被引科学家数排名	机构名称	国家/地区	高被引科学家数排名	机构名称	国家/地区
1	南昌大学	中国	6	中国农业大学	中国
2	华南理工大学	中国	6	马萨诸塞大学阿默斯特分校	美国
3	瓦格宁根大学	荷兰	6	墨尔本大学	澳大利亚
3	浙江大学	中国	6	悉尼大学	澳大利亚
3	塔伊夫大学	沙特阿拉伯	6	卡塔尼亚大学	意大利
其他中国机构：11. 江南大学；11. 南京农业大学；11. 东北农业大学；11. 扬州大学；21. 西北农林科技大学；21. 江苏大学；21. 北京工商大学；21. 上海交通大学；21. 中山大学；21. 青岛农业大学；21. 江西师范大学					

综合分析上述指标，可以看出美国在各指标中都占据要位，可见其在农业科学领域有着较强的科研实力。中国(包含港澳台)进入 ESI 排行的大学共有 143 所。中国农业大学(第 1 位)、浙江大学(第 3 位)、西北农林科技大学(第 4 位)、南昌大学(第 5 位)、江南大学(第 6 位)、华南理工大学(第 7 位)、南京农业大学(第 8 位)、东北农业大学(第 10 位)、中国科学院大学(第 11 位)、江苏大学(第 14 位)、北京工商大学(第 16 位)、华中农业大学(第 20 位)、扬州大学(第 23 位)、上海交通大学(第 30 位)、宁波大学(第 41 位)15 所院校进入 ESI 农业科学排行前 5%。由此可见，中国在农业科学领域有着一定的研究实力，但实力突出的大学仍然较少，仍需进一步提升科研实力，争取早日跻身世界一流学科行列。

(二)生物学与生物化学

进入 ESI 生物学与生物化学学科排名的大学共有 890 所。从国家或地区分布来看，这些高校隶属于美国、中国、德国、英国、意大利、法国、韩国、日本等 58 个国家或地区。从图 3-2 可以很直观地看出这些高校的国家或地区分布情况。

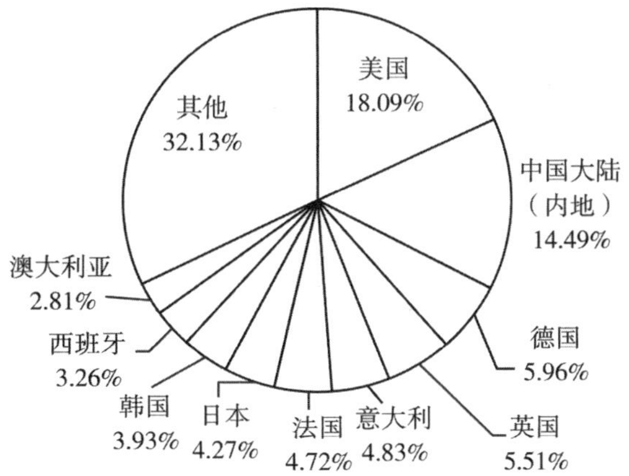

图 3-2　进入 ESI 生物学与生物化学学科排名的大学的国家或地区分布

从图 3-2 可以看出，美国的大学数量最多，位居首位，远远多于其他国家或地区。而中国大陆(内地)只有 129 所，中国台湾有 14 所，中国香港有 6 所。

1. 生物学与生物化学学科竞争力综合排名分析

从综合排名来看，进入前 100 位的中国大陆(内地)的大学只有 13 所。中国(包含港澳台)其他进入 ESI 生物学与生物化学排名的大学如表 3-55 所示。

表3-55 生物学与生物化学学科综合排名(前10位与中国大学)

综合排名	机构名称	星级	档次	国家/地区	综合排名	机构名称	星级	档次	国家/地区
1	哈佛大学	5★+	一流学科	美国	6	哥本哈根大学	5★+	一流学科	丹麦
2	麻省理工学院	5★+	一流学科	美国	7	赛格德大学	5★+	一流学科	匈牙利
3	斯坦福大学	5★+	一流学科	美国	8	加利福尼亚大学圣迭戈分校	5★+	一流学科	美国
4	剑桥大学	5★+	一流学科	英国	9	加利福尼亚大学伯克利分校	5★+	一流学科	美国
5	乌普萨拉大学	5★+	一流学科	瑞典	10	布兰迪斯大学	5★	一流学科	美国
其他中国机构：19. 中国科学院大学；25. 北京大学；28. 浙江大学；29. 上海交通大学；39. 四川大学；57. 中山大学；64. 清华大学；67. 同济大学；68. 复旦大学；69. 中国医学科学院-中国协和医学院；73. 中南大学；78. 山东大学；97. 华中科技大学；111. 北京协和医学院；112. 首都医科大学；125. 西安交通大学；140. 武汉大学；146. 中国药科大学；148. 中国科学技术大学；153. 哈尔滨医科大学；155. 江南大学；158. 中国农业大学；161. 南京医科大学；184. 香港大学；187. 吉林大学；188. 安徽医科大学；199. 华中农业大学；202. 南方医科大学；204. 天津大学；205. 华南理工大学；209. 台湾中国医药大学；211. 浙江工业大学；212. 郑州大学；216. 电子科技大学；227. 广州医科大学；228. 中国人民解放军海军军医大学；231. 南方科技大学；247. 苏州大学；248. 台湾大学；259. 江苏大学；266. 长庚大学；267. 西北农林科技大学；270. 南京大学；279. 南京农业大学；280. 华南农业大学；284. 哈尔滨工业大学；285. 兰州大学；300. 扬州大学；302. 厦门大学；305. 暨南大学；308. 温州医科大学；313. 华东师范大学；316. 中国医科大学；318. 南开大学；319. 天津医科大学；330. 香港理工大学；345. 东南大学；349. 华东理工大学；350. 福建农林大学；351. 空军军医大学；356. 浙江中医药大学；359. 南昌大学；360. 山东第一医科大学；364. 青岛大学；367. 台湾成功大学；368. 南华大学；370. 汕头大学；377. 香港中文大学；381. 重庆医科大学；383. 海南大学；385. 齐鲁工业大学；388. 中国人民解放军陆军军医大学；394. 湖北大学；400. 西北工业大学；404. 华北理工大学；405. 台湾阳明交通大学；413. 中国海洋大学；417. 陕西师范大学；423. 深圳大学；442. 上海科技大学；464. 南京林业大学；470. 南京中医药大学；475. 西南大学；477. 大连理工大学；478. 台北医学大学；485. 东北农业大学；486. 澳门科技大学；494. 福建医科大学；496. 湖南大学；497. 重庆大学；506. 四川农业大学；511. 天津科技大学；520. 大连医科大学；525. 北京化工大学；534. 南通大学；535. 上海中医药大学；536. 南京工业大学；552. 河北医科大学；554. 广西医科大学；566. 澳门大学；574. 高雄医科大学；582. 广西大学；585. 西南医科大学；588. 香港城市大学；594. 北京林业大学；602. 台湾清华大学；606. 上海大学；611. 宁波大学；621. 台湾中兴大学；622. 徐州医科大学；632. 香港浸会大学；650. 北京工业大学；655. 广州中医药大学；660. 河南大学；662. 香港科技大学；664. 北京师范大学；665. 北京中医药大学；673. 西北大学；674. 湖南农业大学；688. 昆明医科大学；691. 山西医科大学；700. 南京师范大学；712. 广东医科大学；721. 河南农业大学；740. 东海大学(中国台湾)；742. 济南大学；744. 杭州师范大学；748. 上海海洋大学；749. 东北林业大学；751. 沈阳药科大学；754. 山东农业大学；768. 湖南师范大学；771. 亚洲大学(中国台湾)；777. 北京工商大学；781. 东华大学；789. 安徽大学；793. 台湾中山大学；794. 昆明理工大学；803. 广东药科大学；804. 福州大学；810. 安徽农业大学；817. 新乡医学院；820. 中山医学大学；834. 北京航空航天大学；843. 南京理工大学；846. 合肥工业大学；849. 台湾科技大学；853. 东北师范大学；871. 香港中文大学(深圳)；877. 武汉理工大学；883. 湖南工业大学									

2. 生物学与生物化学学科的科研能力排名分析

生物学与生物化学学科发文量最多的是哈佛大学，共发文 15419 篇。发文量超过 5000 篇的大学有 23 所，分别是哈佛大学(15419 篇)、上海交通大学(8418 篇)、中国科学院大学(7925 篇)、浙江大学(7013 篇)、巴黎西岱大学(6979 篇)、圣保罗大学(6913 篇)、牛津大学(6868 篇)、哥本哈根大学(6232 篇)、多伦多大学(6134 篇)、斯坦福大学(6033 篇)、东京大学(6025 篇)、剑桥大学(6022 篇)、复旦大学(5987 篇)、约翰·霍普金斯大学(5962 篇)、加利福尼亚大学圣迭戈分校(5916 篇)、伦敦大学学院(5763 篇)、密歇根大学(5494 篇)、北京大学(5333 篇)、巴黎萨克雷大学(5321 篇)、麻省理工学院(5214 篇)、中山大学(5211 篇)、宾夕法尼亚大学(5064 篇)、索邦大学(5022 篇)。超过 4000 篇但少于等于 5000 篇的有18所，超过3000篇但少于等于4000篇的有45所，超过2000篇但少于等于3000篇的有87所，超过1000篇但少于等于2000篇的有240所，超过100篇但少于等于1000篇的有474所，有3所大学的发文量少于等于100篇。中国大陆(内地)在发文量进入前100名的大学有22所。中国(包含港澳台)其他进入ESI生物学与生物化学学科排名的高校发文量排名如表3-56所示。

表3-56 生物学与生物化学学科发文量排名（前10位与中国大学）

发文量排名	机构名称	国家/地区	发文量排名	机构名称	国家/地区
1	哈佛大学	美国	6	圣保罗大学	巴西
2	上海交通大学	中国	7	牛津大学	英国
3	中国科学院大学	中国	8	哥本哈根大学	丹麦
4	浙江大学	中国	9	多伦多大学	加拿大
5	巴黎西岱大学	法国	10	斯坦福大学	美国
其他中国机构：13. 复旦大学；18. 北京大学；21. 中山大学；24. 山东大学；33. 华中科技大学；35. 四川大学；37. 中国医学科学院-中国协和医学院；40. 南京医科大学；53. 中南大学；55. 江南大学；62. 吉林大学；64. 清华大学；67. 首都医科大学；73. 郑州大学；75. 南方医科大学；76. 武汉大学；79. 北京协和医学院；82. 同济大学；90. 苏州大学；101. 西安交通大学；126. 中国农业大学；129. 温州医科大学；135. 南京大学；138. 台湾大学；140. 中国医科大学；146. 暨南大学；149. 山东第一医科大学；153. 南京农业大学；154. 华中农业大学；159. 中国科学技术大学；161. 哈尔滨医科大学；167. 天津医科大学；175. 西北农林科技大学；177. 重庆医科大学；180. 华南理工大学；184. 青岛大学；192. 厦门大学；194. 南昌大学；200. 天津大学；205. 华东理工大学；208. 中国人民解放军海军军医大学；212. 广州医科大学；218. 香港大学；224. 南开大学；231. 空军军医大学；232. 安徽医科大学；237. 哈尔滨工业大学；238. 中国人民解放军陆军军医大学；241. 东南大学；256. 江苏大学；262. 中国海洋大学；265. 长庚大学；266. 深圳大学；270. 台湾阳明交通大学；276. 香港中文大学；278. 福建医科大学；293. 兰州大学；303. 中国药科大学；305. 台北医学大学；309. 南京中医药大学；314. 台湾成功大学；315. 台湾中国医药大学；316. 扬州大学；327. 河北医科大学；330. 华南农业大学；336. 西南大学；343. 广西医科大学；345. 南通大学；356. 天津科技大学；358. 浙江工业大学；364. 南京林业大学；370. 大连医科大学；374. 上海中医药大学；387. 四川农业大学；389. 大连理工大学；397. 东北农业大学；406. 南京工业大学；410. 重庆大学；421. 徐州医科大学；437. 北京化工大学；444. 高雄医科大学；446. 上海科技大学；461. 浙江中医药大学；471. 宁波大学；484. 广州中医药大学；486. 华东师范大学；490. 电子科技大学；500. 山西医科大学；501. 西南医科大学；508. 南华大学；510. 福建农林大学；528. 广西大学；536. 台湾中兴大学；538. 昆明医科大学；540. 西北大学；545. 南方科技大学；551. 上海大学；552. 汕头大学；564. 北京林业大学；568. 北京中医药大学；575. 香港城市大学；587. 南京师范大学；591. 齐鲁工业大学；593. 河南大学；600. 香港科技大学；608. 台湾清华大学；614. 广东医科大学；619. 上海海洋大学；621. 沈阳药科大学；623. 北京工业大学；637. 澳门大学；638. 北京师范大学；642. 湖南大学；643. 香港理工大学；656. 海南大学；661. 河南农业大学；662. 山东农业大学；665. 亚洲大学(中国台湾)；672. 东北林业大学；672. 湖南师范大学；685. 新乡医学院；687. 香港浸会大学；688. 杭州师范大学；697. 湖北大学；706. 湖南农业大学；714. 福州大学；717. 西北工业大学；719. 济南大学；721. 安徽大学；724. 昆明理工大学；737. 广东药科大学；738. 陕西师范大学；751. 台湾中山大学；769. 东华大学；769. 安徽农业大学；773. 北京工商大学；773. 中山医学大学；777. 北京航空航天大学；792. 合肥工业大学；804. 南京理工大学；811. 东北师范大学；833. 东海大学(中国台湾)；841. 武汉理工大学；853. 台湾科技大学；854. 华北理工大学；855. 澳门科技大学；874. 香港中文大学(深圳)；885. 湖南工业大学					

3. 生物学与生物化学学科科研影响力排名分析

从生物学与生物化学学科总被引次数来看，被引次数最多的高校是哈佛大学，达803143次；麻省理工学院以348149次在被引次数排名中位于第2位；斯坦福大学以327437次在被引次数排名中位于第3位。总被引次数在200000次以上300000次及以下的有10所；总被引次数在100000次以上200000次及以下的有50所；总被引次数在50000次以上100000次及以下的有128所；总被引次数在10000次以上50000次及以下的有534所；总被引在7000次以上10000次及以下的有165所。所有大学的总被引次数均在7000次及以上。中国(包含港澳台)进入ESI生物学与生物化学学科总被引次数排名的大学如表3-57所示。

表3-57　生物学与生物化学学科总被引次数排名（前10位与中国大学）

总被引次数排名	机构名称	国家/地区	总被引次数排名	机构名称	国家/地区
1	哈佛大学	美国	6	哥本哈根大学	丹麦
2	麻省理工学院	美国	7	牛津大学	英国
3	斯坦福大学	美国	8	约翰·霍普金斯大学	美国
4	剑桥大学	英国	9	加利福尼亚大学旧金山分校	美国
5	加利福尼亚大学圣迭戈分校	美国	10	多伦多大学	加拿大
其他中国机构：19. 中国科学院大学；24. 上海交通大学；40. 浙江大学；43. 北京大学；56. 清华大学；60. 复旦大学；64. 中山大学；87. 华中科技大学；92. 山东大学；101. 四川大学；121. 中南大学；125. 中国医学科学院-中国协和医学院；131. 江南大学；138. 南京医科大学；145. 同济大学；148. 吉林大学；151. 中国农业大学；158. 武汉大学；166. 香港大学；176. 台湾大学；186. 南方医科大学；189. 北京协和医学院；198. 哈尔滨工业大学；203. 郑州大学；210. 华南理工大学；216. 西北农林科技大学；217. 西安交通大学；218. 苏州大学；223. 首都医科大学；233. 华中农业大学；234. 中国科学技术大学；236. 南京农业大学；238. 南京大学；241. 天津大学；258. 厦门大学；267. 哈尔滨医科大学；276. 东南大学；277. 暨南大学；279. 南开大学；292. 华东理工大学；293. 空军军医大学；301. 香港中文大学；303. 温州医科大学；305. 台湾成功大学；306. 广州医科大学；318. 天津医科大学；324. 南昌大学；325. 中国医科大学；327. 中国人民解放军海军军医大学；348. 中国人民解放军陆军军医大学；357. 中国海洋大学；358. 青岛大学；360. 台湾阳明交通大学；369. 上海科技大学；376. 湖南大学；382. 江苏大学；391. 山东第一医科大学；403. 电子科技大学；406. 大连理工大学；409. 华南农业大学；415. 重庆医科大学；418. 深圳大学；423. 长庚大学；426. 中国药科大学；431. 西南大学；445. 安徽医科大学；446. 东北农业大学；447. 重庆大学；450. 北京化工大学；465. 天津科技大学；471. 南京林业大学；472. 四川农业大学；477. 台北医学大学；479. 浙江工业大学；482. 台湾中国医药大学；484. 南京工业大学；485. 南京中医药大学；493. 兰州大学；495. 华东师范大学；504. 扬州大学；514. 台湾清华大学；515. 大连医科大学；522. 澳门大学；524. 香港理工大学；525. 北京林业大学；535. 上海中医药大学；552. 香港浸会大学；561. 香港城市大学；570. 福建农林大学；574. 北京工业大学；583. 南通大学；590. 广西大学；592. 香港科技大学；593. 北京师范大学；595. 高雄医科大学；601. 台湾中兴大学；625. 福建医科大学；647. 上海大学；650. 河南大学；651. 广西医科大学；655. 西南医科大学；664. 河北医科大学；668. 浙江中医药大学；677. 湖南农业大学；681. 澳门科技大学；687. 宁波大学；688. 汕头大学；694. 南方科技大学；696. 东华大学；698. 西北大学；702. 徐州医科大学；710. 华北理工大学；719. 南京师范大学；724. 杭州师范大学；725. 济南大学；726. 西北工业大学；728. 北京中医药大学；736. 齐鲁工业大学；746. 广州中医药大学；752. 海南大学；762. 台湾科技大学；763. 广东医科大学；781. 南华大学；782. 山东农业大学；783. 台湾中山大学；791. 昆明医科大学；795. 上海海洋大学；797. 北京工商大学；801. 东北林业大学；803. 河南农业大学；804. 沈阳药科大学；809. 湖南工业大学；810. 东海大学(中国台湾)；816. 广东药科大学；821. 陕西师范大学；822. 湖南师范大学；825. 中山医学大学；830. 南京理工大学；832. 昆明理工大学；834. 湖北大学；837. 合肥工业大学；840. 亚洲大学(中国台湾)；842. 东北师范大学；843. 香港中文大学(深圳)；848. 武汉理工大学；855. 安徽大学；862. 福州大学；863. 新乡医学院；864. 山西医科大学；865. 安徽农业大学；883. 北京航空航天大学					

4. 生物学与生物化学学科影响力排名分析

从高被引论文数来看，数量最多的大学是哈佛大学，达771篇。拥有100篇以上高被引论文数的大学共27所；拥有50篇以上100篇及以下高被引论文数的大学共69所；拥有10篇以上50篇及以下高被引论文数的大学共371所；拥有1篇及以上10篇及以下高被引论文数的大学有420所；剩下的3所大学的高被引论文数为0篇。中国(包含港澳台)共有10所大学进入ESI生物学与生物化学学科排名前100位。除此之外，中国(包含港澳台)其他进入ESI生物学与生物化学学科高被引论文数排名的大学如表3-58所示。

表 3-58　生物学与生物化学学科高被引论文数排名（前 10 位与中国大学）

高被引论文数排名	机构名称	国家/地区	高被引论文数排名	机构名称	国家/地区
1	哈佛大学	美国	6	加利福尼亚大学旧金山分校	美国
2	麻省理工学院	美国	7	加利福尼亚大学伯克利分校	美国
3	斯坦福大学	美国	8	牛津大学	英国
4	剑桥大学	英国	8	华盛顿大学	美国
5	加利福尼亚大学圣迭戈分校	美国	10	哥本哈根大学	丹麦

其他中国机构：12. 中国科学院大学；26. 北京大学；28. 上海交通大学；38. 清华大学；48. 浙江大学；58. 中山大学；61. 复旦大学；67. 四川大学；89. 华中科技大学；97. 中南大学；104. 中国医学科学院-中国协和医学院；114. 武汉大学；114. 电子科技大学；128. 中国农业大学；147. 香港大学；162. 台湾成功大学；167. 南京医科大学；167. 南方医科大学；172. 西北农林科技大学；172. 上海科技大学；179. 山东大学；179. 天津大学；193. 同济大学；193. 哈尔滨工业大学；203. 北京协和医学院；203. 郑州大学；203. 西安交通大学；216. 吉林大学；216. 中国科学技术大学；223. 台湾大学；223. 首都医科大学；223. 南开大学；235. 华中农业大学；235. 厦门大学；235. 湖南大学；235. 南京林业大学；260. 南京农业大学；266. 哈尔滨医科大学；266. 中国人民解放军海军军医大学；266. 香港理工大学；274. 天津医科大学；285. 南京大学；285. 东南大学；285. 广州医科大学；285. 华东师范大学；285. 澳门大学；307. 空军军医大学；320. 东北农业大学；320. 南方科技大学；320. 东海大学(中国台湾)；335. 华南理工大学；335. 香港中文大学；335. 中国药科大学；347. 江南大学；347. 深圳大学；347. 南京中医药大学；368. 中国医科大学；368. 台湾阳明交通大学；368. 西南医科大学；368. 湖南农业大学；368. 华北理工大学；390. 暨南大学；390. 大连理工大学；390. 重庆大学；390. 香港城市大学；390. 广西大学；416. 华东理工大学；416. 江苏大学；416. 华南农业大学；416. 香港浸会大学；416. 上海大学；416. 澳门科技大学；442. 中国人民解放军陆军军医大学；442. 青岛大学；442. 四川农业大学；442. 浙江工业大学；442. 湖北大学；468. 苏州大学；468. 温州医科大学；468. 南昌大学；468. 长庚大学；468. 西南大学；468. 海南大学；501. 中国海洋大学；501. 北京化工大学；501. 台北医学大学；501. 兰州大学；501. 大连医科大学；501. 北京中医药大学；501. 南华大学；501. 香港中文大学(深圳)；539. 山东第一医科大学；539. 安徽医科大学；539. 台湾中国医药大学；539. 扬州大学；539. 台湾清华大学；539. 高雄医科大学；539. 宁波大学；539. 河南农业大学；539. 湖南工业大学；581. 北京林业大学；581. 上海中医药大学；581. 福建农林大学；581. 河南大学；581. 浙江中医药大学；581. 汕头大学；581. 北京工商大学；631. 重庆医科大学；631. 天津科技大学；631. 北京工业大学；631. 南通大学；631. 北京师范大学；631. 台湾中兴大学；631. 福建医科大学；631. 济南大学；631. 安徽农业大学；676. 南京工业大学；676. 西北工业大学；676. 广州中医药大学；676. 台湾科技大学；676. 东北林业大学；676. 安徽大学；731. 香港科技大学；731. 杭州师范大学；731. 齐鲁工业大学；731. 广东医科大学；731. 台湾中山大学；731. 昆明医科大学；731. 陕西师范大学；731. 中山医学大学；731. 昆明理工大学；731. 北京航空航天大学；788. 广西医科大学；788. 西北大学；788. 山东农业大学；788. 广东药科大学；788. 湖南师范大学；788. 南京理工大学；788. 亚洲大学(中国台湾)；788. 东北师范大学；788. 福州大学；788. 山西医科大学；836. 河北医科大学；836. 东华大学；836. 徐州医科大学；836. 南京师范大学；836. 合肥工业大学；836. 武汉理工大学；872. 上海海洋大学；872. 沈阳药科大学

5. 生物学与生物化学师资力量排名分析

从高被引科学家数来看，数量最多的大学是美国的哈佛大学，其高被引科学家数为 26 位。其次是斯坦福大学、加利福尼亚大学圣克鲁兹分校、麻省理工学院、南加利福尼亚大学和剑桥大学，其高被引科学家数分别为 16 位、13 位、7 位、7 位和 5 位。拥有 4 位高被引科学家的大学有 1 所，即加利福尼亚大学圣迭戈分校。拥有 3 位高被引科学家的大学有 7 所，即加利福尼亚大学旧金山分校、加利福尼亚大学伯克利分校、哥本哈根大学、苏黎世联邦理工学院、丹麦科技大学、阿尔伯塔大学和京都大学。拥有 2 位高被引科学家的大学有 11 所，是宾夕法尼亚大学、圣路易斯华盛顿大学、北卡罗来纳大学教堂山分校、杜克大学、清华大学、阿卜杜勒阿齐兹国王大学、芝加哥大学、麦吉尔大学、苏黎世大学、昆士兰大学和奥尔堡大学。拥有 1 位高被引科学家的大学有 42 所，其余 823 所大学的高被引科学家数均为 0。中国(包含港澳台)的大学中，高被引科学家数为 1 的是北京大学、浙江大学、江南大学、电子科技大学和澳门科技大学。中国(包含港澳台)其他进入 ESI 生物学与生物化学学科的大学如表 3-59 所示。

表 3-59 生物学与生物化学学科高被引科学家数排名（前 10 位与中国大学）

高被引科学家数排名	机构名称	国家/地区	高被引科学家数排名	机构名称	国家/地区
1	哈佛大学	美国	8	苏黎世联邦理工学院	瑞士
2	斯坦福大学	美国	8	丹麦科技大学	丹麦
3	加利福尼亚大学圣克鲁兹分校	美国	8	加利福尼亚大学旧金山分校	美国
4	麻省理工学院	美国	8	加利福尼亚大学伯克利分校	美国
4	南加利福尼亚大学	美国	8	哥本哈根大学	丹麦
6	剑桥大学	英国	8	阿尔伯塔大学	加拿大
7	加利福尼亚大学圣迭戈分校	美国	8	京都大学	日本
其他中国机构：15. 清华大学；26. 北京大学；26. 浙江大学；26. 电子科技大学；26. 江南大学；26. 澳门科技大学					

从以上几个指标的分析可以看出：每个指标最强的大学基本上分布在美国，各个指标排名前 10 位的大学也大多属于美国，这说明美国在生物学与生物化学方面具有突出的研究实力。中国(包含港澳台)的所有大学中按照综合排名来看，仅有中国科学院大学、北京大学、浙江大学、上海交通大学、四川大学、中山大学、清华大学、复旦大学、同济大学、中国医学科学院-中国协和医学院、中南大学和山东大学十二所处于一流学科档次，华中科技大学、北京协和医学院、首都医科大学、西安交通大学、武汉大学、中国药科大学、中国科学技术大学、哈尔滨医科大学、江南大学、中国农业大学和南京医科大学处于一流培育学科档次，其他中国大学未区分级别；在发文量前 100 名中，中国(包含港澳台)大学只有 22 所；总被引次数前 100 名的中国(包含港澳台)大学也只有 9 所。由此可见中国(包含港澳台)的大学在生物学与生物化学学科上的研究实力较薄弱，应该重点加强该领域的科学研究，在强调发文数量的同时，提高论文的质量，以增强我国在该领域的科研竞争力和影响力。

(三)化学

进入 ESI 化学学科排名的大学共有 1378 所。从国家或地区分布来看，这些大学主要隶属于中国、美国、德国、法国、印度、日本、英国、韩国、意大利、西班牙等 68 个国家或地区，如图 3-3 所示。

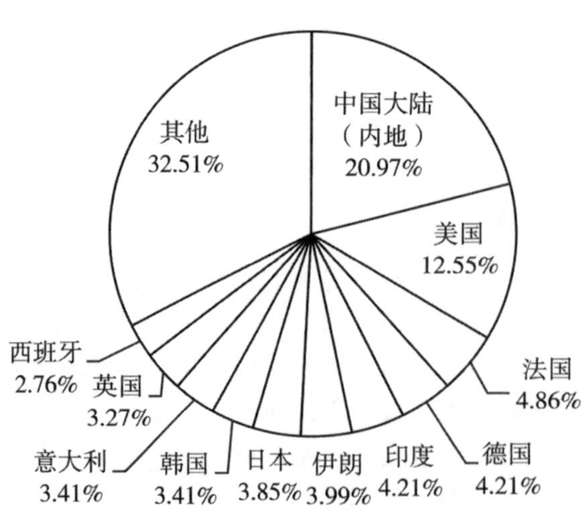

图 3-3 进入 ESI 化学学科排名的大学国家或地区分布

中国大陆(内地)化学学科的大学数量位居第1位，遥遥领先于其他国家或地区。排行榜中大学数量排名前10名的国家或地区分别是：中国大陆(内地)有289所，美国有173所，法国有67所，德国有58所，印度有58所，伊朗有55所，日本有53所，意大利有47所，韩国有47所，意大利有47所，英国有45所，西班牙有38所，中国台湾有20所，中国香港有7所，中国澳门有2所。

1. 化学学科竞争力综合排名分析

从化学学科竞争力综合排名来看，进入前100位的研究机构，中国大陆(内地)有51所，中国香港有4所，中国台湾有1所。中国(包含港澳台)其他进入ESI化学学科排名的大学如表3-60所示。

表3-60 化学学科综合排名（前10位与中国大学）

综合排名	机构名称	星级	档次	国家/地区	综合排名	机构名称	星级	档次	国家/地区
1	清华大学	5★+	一流学科	中国	6	新加坡国立大学	5★+	一流学科	新加坡
2	中国科学院大学	5★+	一流学科	中国	7	浙江大学	5★+	一流学科	中国
3	中国科学技术大学	5★+	一流学科	中国	8	天津大学	5★+	一流学科	中国
4	法国国立高等工程技术与科学师范学院	5★+	一流学科	法国	9	哈佛大学	5★+	一流学科	美国
5	南洋理工大学	5★+	一流学科	新加坡	10	北京大学	5★+	一流学科	中国

其他中国机构：11. 北京化工大学；12. 福州大学；13. 香港城市大学；14. 南开大学；18. 四川大学；19. 苏州大学；21. 北京理工大学；22. 南京大学；23. 电子科技大学；24. 吉林大学；26. 厦门大学；27. 郑州大学；28. 复旦大学；29. 华南理工大学；30. 中山大学；31. 上海交通大学；32. 湖南大学；33. 华东理工大学；34. 武汉理工大学；36. 武汉大学；37. 中南大学；38. 大连理工大学；40. 深圳大学；45. 南京工业大学；46. 山东大学；47. 江苏大学；49. 华中科技大学；50. 西安交通大学；51. 西北工业大学；54. 哈尔滨工业大学；56. 中国地质大学；57. 同济大学；60. 东南大学；65. 重庆大学；66. 南方科技大学；67. 华东师范大学；68. 青岛科技大学；70. 青岛大学；74. 浙江工业大学；76. 中国石油大学；77. 华南师范大学；79. 香港理工大学；89. 暨南大学；90. 香港科技大学；92. 上海大学；93. 山东师范大学；95. 上海理工大学；97. 香港大学；99. 南京林业大学；100. 台湾大学；103. 北京航空航天大学；104. 北京师范大学；108. 东华大学；117. 扬州大学；119. 北京科技大学；120. 常州大学；122. 北京工业大学；124. 成都大学；129. 南京理工大学；130. 香港中文大学；131. 香港中文大学(深圳)；132. 兰州大学；135. 南京师范大学；137. 浙江海洋大学；144. 华中师范大学；164. 江南大学；166. 广东工业大学；167. 苏州科技大学；175. 上海科技大学；176. 中北大学；177. 安徽大学；189. 陕西师范大学；195. 河北大学；197. 浙江师范大学；202. 安徽师范大学；205. 广州大学；206. 山东科技大学；209. 桂林电子科技大学；211. 中国东北大学；212. 海南大学；218. 中国矿业大学；221. 云南大学；229. 西北大学；235. 济南大学；243. 吉首大学；244. 杭州电子科技大学；245. 中国海洋大学；250. 陕西科技大学；253. 南昌大学；256. 华南农业大学；258. 南京航空航天大学；262. 洛阳师范学院；263. 福建医科大学；267. 兰州交通大学；268. 华北电力大学；274. 天津科技大学；275. 西湖大学；276. 温州大学；277. 西南大学；279. 哈尔滨工程大学；281. 浙江理工大学；286. 天津理工大学；293. 河南大学；295. 广西大学；296. 山西大学；306. 东北师范大学；310. 南京邮电大学；313. 江西师范大学；328. 黑龙江大学；329. 南华大学；338. 昆明理工大学；344. 安徽工业大学；347. 西南科技大学；356. 温州医科大学；360. 贵州大学；361. 西南石油大学；367. 河南师范大学；369. 汕头大学；374. 湖北大学；376. 太原理工大学；377. 江苏科技大学；386. 西安工业大学；388. 聊城大学；391. 中国药科大学；404. 重庆理工大学；410. 江苏师范大学；416. 东北林业大学；421. 台湾清华大学；429. 台湾阳明交通大学；432. 中南民族大学；433. 广西师范大学；435. 香港浸会大学；438. 沈阳药科大学；443. 烟台大学；447. 西南交通大学；460. 合肥工业大学；461. 南昌航空大学；467. 上海师范大学；468. 武汉科技大学；469. 长沙理工大学；470. 天津工业大学；473. 新疆大学；479. 长庚大学；480. 哈尔滨师范大学；481. 泰州学院；483. 齐鲁工业大学；485. 兰州理工大学；488. 宁波大学；489. 湘潭大学；491. 三峡大学；496. 南京信息工程大学；498. 福建农林大学；502. 桂林工业大学；504. 中国农业大学；506. 嘉兴学院；511. 河北工业大学；513. 天津师范大学；516. 南通大学；523. 华北理工大学；526. 河南工业大学；528. 武汉工程大学；532. 中国医学科学院-中国协和医学院；544. 上海工程技术大学；545. 西北师范大学；555. 哈尔滨理工大学；556. 盐城工学院；558. 西安建筑科技大学；559. 北方民族大学；562. 四川轻化工大学；566. 曲

续表

阜师范大学；571. 山西师范大学；572. 安徽理工大学；573. 辽宁石油化工大学；576. 河南科技大学；578. 国防科学技术大学；579. 临沂大学；592. 绍兴文理学院；594. 东北农业大学；596. 广州医科大学；608. 安阳师范学院；612. 广东医科大学；615. 华中农业大学；616. 河北农业大学；617. 渤海大学；620. 福建师范大学；622. 辽宁科技大学；623. 台湾科技大学；626. 燕山大学；629. 安徽工程大学；632. 中南林业科技大学；635. 北京协和医学院；637. 成都中医药大学；639. 西北农林科技大学；641. 台湾成功大学；642. 北京林业大学；648. 哈尔滨医科大学；651. 河南农业大学；654. 台北科技大学；671. 江西农业大学；678. 杭州师范大学；681. 高雄医科大学；693. 湖南师范大学；709. 南京农业大学；714. 澳门大学；716. 郑州轻工业大学；719. 台湾中兴大学；722. 华侨大学；732. 江西科技学院；746. 湖南科技大学；752. 山东理工大学；757. 台湾中国医药大学；758. 台湾中原大学；762. 河南理工大学；768. 青岛农业大学；769. 石河子大学；770. 中国人民大学；774. 北京工商大学；776. 河海大学；779. 台湾中山大学；783. 首都师范大学；784. 淮北师范大学；792. 上海应用技术大学；795. 宁夏大学；803. 重庆工商大学；804. 内蒙古大学；806. 南京医科大学；807. 台湾“中央”大学；810. 中国计量大学；821. 长春科技大学；823. 南京中医药大学；836. 四川师范大学；838. 湖南农业大学；853. 南方医科大学；854. 北京交通大学；867. 武汉纺织大学；872. 辽宁大学；884. 西华师范大学；885. 东华理工大学；890. 江西科技师范大学；892. 中国人民解放军海军军医大学；893. 淡江大学；899. 浙江农林大学；900. 信阳师范学院；908. 长安大学；910. 山东农业大学；913. 吉林师范大学；916. 河北师范大学；930. 大连工业大学；934. 成都理工大学；935. 西安理工大学；948. 长春工业大学；957. 台北医学大学；960. 东莞理工学院；974. 广东药科大学；976. 赣南师范大学；989. 山东第一医科大学；992. 重庆医科大学；993. 首都医科大学；994. 西安电子科技大学；1008. 长江大学；1020. 湖南工业大学；1021. 四川农业大学；1022. 安徽农业大学；1023. 河北科技大学；1025. 澳门科技大学；1037. 台湾师范大学；1041. 中国人民解放军陆军军医大学；1047. 上海电力大学；1052. 青岛理工大学；1053. 沈阳化工大学；1054. 天津医科大学；1058. 东北石油大学；1067. 重庆师范大学；1068. 五邑大学；1069. 西安科技大学；1084. 湖北工业大学；1101. 浙江工商大学；1120. 佛山科学技术学院；1133. 云南师范大学；1144. 鲁东大学；1146. 辽宁师范大学；1148. 上海中医药大学；1155. 淮阴师范学院；1158. 长江师范学院；1174. 广东石油化工学院；1198. 大连医科大学；1207. 沈阳工业大学；1210. 北京中医药大学；1211. 中国科技大学；1216. 香港教育大学；1224. 滨州医学院；1230. 江汉大学；1239. 齐齐哈尔大学；1245. 延边大学；1248. 大连海事大学；1254. 西南民族大学；1283. 广州中医药大学；1285. 吉林农业大学；1289. 安徽建筑大学；1291. 明志科技大学；1292. 安徽医科大学；1297. 空军军医大学；1305. 徐州医科大学；1310. 云南民族大学；1312. 海南师范大学；1329. 逢甲大学；1330. 宁波工程学院；1334. 天津中医药大学；1335. 亚洲大学(中国台湾)；1338. 台湾东华大学；1350. 淮阴工学院；1374. 闽南师范大学

2. 化学学科科研能力排名分析

从化学学科发文量来看，超过 10000 篇的有 24 所，不少于 5000 篇但少于 10000 篇的有 71 所，不少于 4000 篇但少于等于 5000 篇的有 58 所，不少于 3000 篇但少于 4000 篇的有 102 所，不少于 2000 篇但少于 3000 篇的有 208 所，不少于 1000 篇但少于 2000 篇的有 433 所，发文量在 1000 篇以下的有 482 所。中国(含港澳台)在发文量进入前 100 名的大学共有 46 所，进入 ESI 化学学科发文量排名的大学如表 3-61 所示。

表 3-61　化学学科发文量排名（前 10 位与中国大学）

发文量排名	机构名称	国家/地区	发文量排名	机构名称	国家/地区
1	法国国立高等工程技术与科学师范学院	法国	6	四川大学	中国
2	中国科学院大学	中国	7	清华大学	中国
3	浙江大学	中国	8	天津大学	中国
4	中国科学技术大学	中国	9	伊斯兰阿扎德大学	伊朗
5	吉林大学	中国	10	华东理工大学	中国

续表

其他中国机构：11. 南京大学；12. 华南理工大学；14. 山东大学；15. 北京大学；17. 南开大学；18. 上海交通大学；19. 大连理工大学；20. 北京化工大学；22. 郑州大学；25. 复旦大学；26. 苏州大学；27. 中山大学；28. 哈尔滨工业大学；29. 厦门大学；30. 西安交通大学；31. 南京工业大学；32. 华中科技大学；34. 中南大学；35. 中国石油大学；39. 武汉大学；42. 北京理工大学；47. 东南大学；48. 兰州大学；49. 湖南大学；50. 江苏大学；53. 福州大学；54. 浙江工业大学；58. 重庆大学；61. 青岛科技大学；65. 台湾大学；67. 江南大学；74. 上海大学；77. 北京科技大学；83. 南京理工大学；87. 华东师范大学；93. 西南大学；97. 西北大学；98. 同济大学；105. 深圳大学；106. 西北工业大学；125. 武汉理工大学；131. 中国矿业大学；132. 中国东北大学；134. 东华大学；136. 扬州大学；140. 中国药科大学；141. 济南大学；145. 太原理工大学；146. 南京林业大学；156. 南方科技大学；163. 东北师范大学；164. 常州大学；165. 中国地质大学；166. 电子科技大学；169. 北京航空航天大学；174. 台湾阳明交通大学；176. 南昌大学；177. 陕西师范大学；178. 青岛大学；181. 北京师范大学；182. 暨南大学；190. 昆明理工大学；195. 河南师范大学；198. 中国医学科学院-中国协和医学院；201. 齐鲁工业大学；207. 香港城市大学；207. 台湾清华大学；214. 浙江理工大学；217. 广东工业大学；218. 宁波大学；219. 河南大学；225. 山西大学；227. 广西大学；228. 贵州大学；236. 中国农业大学；239. 香港科技大学；240. 合肥工业大学；244. 安徽大学；249. 中国海洋大学；252. 天津工业大学；263. 西南石油大学；264. 湘潭大学；268. 北京协和医学院；275. 河北工业大学；283. 华南师范大学；284. 香港理工大学；300. 北京工业大学；308. 南京师范大学；309. 山东师范大学；310. 山东科技大学；314. 西北师范大学；321. 台湾成功大学；336. 聊城大学；340. 陕西科技大学；345. 香港大学；348. 沈阳药科大学；350. 浙江师范大学；352. 江西师范大学；358. 西北农林科技大学；359. 华中师范大学；361. 武汉工程大学；365. 河北大学；367. 中北大学；380. 香港中文大学；385. 西南科技大学；395. 高雄医科大学；407. 台北科技大学；408. 湖北大学；411. 天津科技大学；415. 华南农业大学；416. 哈尔滨工程大学；420. 上海理工大学；426. 台湾科技大学；427. 上海科技大学；430. 新疆大学；434. 福建师范大学；437. 南京航空航天大学；446. 曲阜师范大学；448. 安徽师范大学；451. 天津理工大学；460. 南京邮电大学；465. 燕山大学；467. 台湾中兴大学；472. 江苏科技大学；474. 广西师范大学；478. 黑龙江大学；480. 海南大学；484. 杭州师范大学；487. 云南大学；487. 华北电力大学；491. 山东理工大学；491. 台湾中国医药大学；501. 华中农业大学；502. 烟台大学；518. 湖南师范大学；520. 温州大学；523. 东北林业大学；531. 南京农业大学；532. 石河子大学；537. 上海应用技术大学；539. 北京林业大学；546. 西南交通大学；550. 长庚大学；555. 长春科技大学；563. 广州大学；563. 台湾中山大学；569. 桂林工业大学；571. 北京工商大学；572. 南京中医药大学；583. 江苏师范大学；591. 宁夏大学；607. 武汉科技大学；609. 河南理工大学；621. 中南民族大学；623. 江西科技学院；625. 台湾中原大学；632. 兰州理工大学；637. 南京医科大学；640. 华侨大学；641. 香港浸会大学；649. 洛阳师范学院；651. 南方医科大学；660. 福建农林大学；663. 安徽工业大学；666. 湖南科技大学；667. 河南工业大学；670. 南通大学；673. 首都师范大学；678. 中国计量大学；680. 南华大学；682. 杭州电子科技大学；683. 上海工程技术大学；699. 东华理工大学；703. 成都理工大学；704. 苏州科技大学；706. 嘉兴学院；709. 兰州交通大学；711. 台湾“中央”大学；713. 澳门大学；717. 安徽理工大学；718. 广东药科大学；719. 辽宁大学；734. 江西科技师范大学；736. 南京信息工程大学；738. 上海师范大学；741. 天津师范大学；746. 长春工业大学；752. 四川轻化工大学；753. 郑州轻工业大学；755. 温州医科大学；759. 武汉纺织大学；768. 国防科学技术大学；774. 沈阳化工大学；778. 大连工业大学；780. 台北医学大学；787. 成都大学；789. 山西师范大学；791. 盐城工学院；792. 东北石油大学；796. 中国人民大学；796. 重庆医科大学；801. 长沙理工大学；804. 辽宁石油化工大学；816. 河海大学；816. 内蒙古大学；819. 山东农业大学；822. 三峡大学；823. 青岛农业大学；829. 吉林师范大学；833. 长江大学；835. 泰州学院；842. 河北师范大学；843. 中国人民解放军海军军医大学；845. 华北理工大学；846. 河南科技大学；846. 西安电子科技大学；846. 四川农业大学；849. 北京交通大学；853. 山东第一医科大学；855. 西安建筑科技大学；873. 南昌航空大学；879. 西安科技大学；889. 渤海大学；892. 哈尔滨理工大学；893. 首都医科大学；895. 河北科技大学；900. 长安大学；908. 西安理工大学；917. 福建医科大学；917. 辽宁师范大学；923. 临沂大学；929. 上海中医药大学；934. 湖南农业大学；937. 北京中医药大学；943. 汕头大学；944. 四川师范大学；955. 桂林电子科技大学；956. 东北农业大学；963. 浙江农林大学；963. 大连海事大学；965. 东莞理工学院；966. 哈尔滨师范大学；966. 鲁东大学；971. 齐齐哈尔大学；987. 五邑大学；992. 湖北工业大学；996. 天津医科大学；1002. 淮北师范大学；1012. 河北农业大学；1016. 台湾师范大学；1030. 信阳师范学院；1036. 云南师范大学；1041. 绍兴文理学院；1044. 海南师范大学；1050. 辽宁科技大学；1050. 河南农业大学；1054. 安徽农业大学；1059. 西华师范大学；1059. 吉林农业大学；1067. 成都中医药大学；1069. 淡江大学；1071. 广州医科大学；1078. 大连医科大学；1084. 广州中医药大学；1088. 天津中医药大学；1103. 上海电力大学；1105. 云南民族大学；1113. 长江师范学院；1120. 香港中文大学(深圳)；1130. 重庆理工大学；1133. 江西农业大学；1136. 安徽建筑大学；1139. 浙江工商大学；1140. 中国人

续表

民解放军陆军军医大学；1140. 明志科技大学；1144. 西安工业大学；1149. 安徽医科大学；1154. 广东石油化工学院；1157. 佛山科学技术学院；1160. 安徽工程大学；1176. 重庆师范大学；1178. 沈阳工业大学；1179. 澳门科技大学；1179. 江汉大学；1183. 重庆工商大学；1185. 中南林业科技大学；1201. 安阳师范学院；1206. 亚洲大学(中国台湾)；1207. 赣南师范大学；1209. 逢甲大学；1216. 广东医科大学；1225. 延边大学；1225. 台湾东华大学；1228. 湖南工业大学；1228. 空军军医大学；1232. 宁波工程学院；1234. 淮阴师范学院；1234. 徐州医科大学；1238. 北方民族大学；1244. 西南民族大学；1252. 哈尔滨医科大学；1259. 中国科技大学；1269. 淮阴工学院；1274. 青岛理工大学；1287. 西湖大学；1330. 吉首大学；1336. 闽南师范大学；1337. 浙江海洋大学；1352. 滨州医学院；1377. 香港教育大学

3. 化学学科科研影响力排名分析

从化学学科总被引次数来看，总被引次数超过100000次的大学共有139所；总被引次数在50000次以上100000次及以下的有222所；总被引次数在10000次以上50000次及以下的有891所；总被引次数在5000次以上10000次及以下的有126所；所有大学的总被引次数均在8200次及以上。中国大陆(包含港澳台)在总被引次数进入前100名的大学共有40所。中国(包含港澳台)其他进入ESI化学学科总被引次数指标排名的大学如表3-62所示。

表3-62 化学学科总被引次数排名（前10位与中国大学）

总被引次数排名	机构名称	国家/地区	总被引次数排名	机构名称	国家/地区
1	法国国立高等工程技术与科学师范学院	法国	6	南洋理工大学	新加坡
2	中国科学院大学	中国	7	吉林大学	中国
3	中国科学技术大学	中国	8	天津大学	中国
4	清华大学	中国	9	加利福尼亚大学伯克利分校	美国
5	浙江大学	中国	10	南京大学	中国
其他中国机构：11. 南开大学；12. 华南理工大学；13. 北京大学；16. 四川大学；17. 华东理工大学；20. 复旦大学；22. 苏州大学；23. 北京化工大学；24. 中山大学；25. 上海交通大学；26. 厦门大学；27. 大连理工大学；30. 湖南大学；31. 郑州大学；33. 山东大学；35. 武汉大学；38. 福州大学；40. 华中科技大学；42. 哈尔滨工业大学；44. 南京工业大学；47. 西安交通大学；48. 中南大学；50. 兰州大学；61. 武汉理工大学；62. 江苏大学；63. 北京理工大学；67. 中国石油大学；68. 华东师范大学；77. 东南大学；85. 重庆大学；88. 台湾大学；92. 香港科技大学；99. 浙江工业大学；106. 上海大学；113. 北京科技大学；116. 青岛科技大学；118. 同济大学；120. 西南大学；122. 深圳大学；126. 北京航空航天大学；128. 南京理工大学；129. 江南大学；132. 东华大学；136. 西北工业大学；145. 香港城市大学；147. 南方科技大学；155. 济南大学；164. 东北师范大学；169. 电子科技大学；174. 扬州大学；175. 西北大学；188. 青岛大学；195. 华中师范大学；197. 香港理工大学；198. 中国地质大学；199. 陕西师范大学；211. 南昌大学；213. 北京师范大学；218. 香港大学；219. 南京师范大学；220. 南京林业大学；223. 中国药科大学；224. 香港中文大学；236. 暨南大学；242. 台湾清华大学；244. 北京工业大学；245. 太原理工大学；251. 山东师范大学；252. 浙江师范大学；253. 山东科技大学；259. 中国东北大学；273. 河南师范大学；274. 中国矿业大学；275. 浙江理工大学；278. 山西大学；280. 广东工业大学；288. 常州大学；295. 台湾阳明交通大学；300. 江西师范大学；301. 河南大学；302. 安徽大学；306. 上海科技大学；307. 合肥工业大学；318. 湘潭大学；322. 天津工业大学；328. 华南师范大学；331. 中国海洋大学；340. 天津理工大学；341. 中国农业大学；348. 黑龙江大学；351. 宁波大学；352. 南京邮电大学；357. 齐鲁工业大学；377. 广西大学；380. 西北师范大学；383. 中国医学科学院-中国协和医学院；389. 曲阜师范大学；390. 西南石油大学；400. 安徽师范大学；407. 昆明理工大学；410. 湖北大学；414. 华南农业大学；419. 陕西科技大学；429. 台北科技大学；432. 武汉工程大学；434. 西北农林科技大学；436. 河北工业大学；439. 哈尔滨工程大学；440. 北京林业大学；444. 南京航空航天大学；451. 北京协和医学院；452. 台湾科技大学；460. 台湾成功大学；467. 华中农业大学；469. 西南科技					

续表

大学；470. 香港浸会大学；474. 贵州大学；477. 聊城大学；488. 广州大学；489. 华北电力大学；493. 上海理工大学；503. 天津科技大学；505. 江苏师范大学；511. 湖南师范大学；512. 燕山大学；513. 温州大学；514. 东北林业大学；520. 江苏科技大学；523. 杭州师范大学；525. 福建师范大学；529. 云南大学；541. 广西师范大学；543. 中南民族大学；553. 南京农业大学；557. 海南大学；558. 澳门大学；559. 沈阳药科大学；559. 华侨大学；566. 高雄医科大学；573. 河北大学；574. 中北大学；584. 台湾中兴大学；587. 上海师范大学；589. 台湾中原大学；611. 郑州轻工业大学；613. 中国人民大学；614. 湖南科技大学；625. 石河子大学；626. 首都师范大学；633. 烟台大学；635. 长庚大学；636. 山东理工大学；639. 西南交通大学；648. 长沙理工大学；652. 福建农林大学；657. 新疆大学；658. 武汉科技大学；660. 青岛农业大学；663. 台湾中国医药大学；667. 北京工商大学；670. 兰州交通大学；674. 河南理工大学；684. 杭州电子科技大学；685. 台湾“中央”大学；686. 上海应用技术大学；687. 台湾中山大学；693. 南京医科大学；697. 洛阳师范学院；699. 南昌航空大学；700. 江西科技学院；706. 三峡大学；709. 桂林工业大学；710. 哈尔滨师范大学；716. 淮北师范大学；717. 南方医科大学；719. 重庆工商大学；732. 宁夏大学；734. 天津师范大学；736. 长春科技大学；747. 湖南农业大学；750. 兰州理工大学；752. 南京信息工程大学；753. 安徽工业大学；756. 南京中医药大学；760. 嘉兴学院；762. 河南工业大学；770. 辽宁大学；777. 西华师范大学；779. 中国计量大学；781. 河海大学；788. 山东农业大学；796. 江西科技师范大学；799. 温州医科大学；801. 信阳师范学院；811. 汕头大学；817. 中国人民解放军海军军医大学；818. 内蒙古大学；821. 东华理工大学；823. 苏州科技大学；826. 四川师范大学；833. 华北理工大学；838. 泰州学院；844. 南通大学；846. 武汉纺织大学；849. 大连工业大学；851. 浙江农林大学；853. 广东药科大学；854. 北京交通大学；862. 上海工程技术大学；863. 吉林师范大学；865. 南华大学；869. 台北医学大学；874. 成都大学；884. 盐城工学院；896. 淡江大学；897. 长春工业大学；903. 福建医科大学；909. 中国人民解放军陆军军医大学；910. 四川农业大学；918. 河北师范大学；920. 临沂大学；924. 台湾师范大学；925. 安阳师范学院；930. 山西师范大学；944. 东莞理工学院；947. 哈尔滨理工大学；948. 重庆医科大学；960. 西安建筑科技大学；969. 吉首大学；971. 辽宁石油化工大学；985. 上海电力大学；988. 山东第一医科大学；998. 河北科技大学；1001. 长安大学；1009. 成都理工大学；1014. 安徽农业大学；1017. 赣南师范大学；1020. 四川轻化工大学；1024. 河南科技大学；1027. 首都医科大学；1031. 天津医科大学；1036. 五邑大学；1040. 东北农业大学；1041. 渤海大学；1044. 国防科学技术大学；1045. 安徽理工大学；1046. 沈阳化工大学；1068. 西安理工大学；1074. 河北农业大学；1079. 浙江工商大学；1082. 桂林电子科技大学；1085. 绍兴文理学院；1087. 湖南工业大学；1097. 澳门科技大学；1098. 广州医科大学；1107. 中国科技大学；1108. 西安电子科技大学；1112. 云南师范大学；1114. 上海中医药大学；1116. 湖北工业大学；1135. 大连医科大学；1140. 长江大学；1145. 西安科技大学；1146. 鲁东大学；1148. 中南林业科技大学；1156. 辽宁师范大学；1157. 北京中医药大学；1169. 北方民族大学；1173. 长江师范学院；1175. 香港教育大学；1177. 哈尔滨医科大学；1198. 淮阴师范学院；1199. 广东医科大学；1205. 佛山科学技术学院；1206. 香港中文大学(深圳)；1211. 延边大学；1214. 重庆师范大学；1221. 广州中医药大学；1223. 东北石油大学；1225. 青岛理工大学；1231. 辽宁科技大学；1243. 江汉大学；1244. 齐齐哈尔大学；1251. 徐州医科大学；1258. 大连海事大学；1259. 重庆理工大学；1261. 空军军医大学；1262. 成都中医药大学；1265. 河南农业大学；1266. 西安工业大学；1268. 台湾东华大学；1275. 吉林农业大学；1276. 广东石油化工学院；1279. 西南民族大学；1284. 逢甲大学；1295. 滨州医学院；1296. 安徽工程大学；1302. 明志科技大学；1307. 安徽建筑大学；1309. 江西农业大学；1311. 宁波工程学院；1322. 浙江海洋大学；1326. 闽南师范大学；1327. 云南民族大学；1345. 安徽医科大学；1346. 海南师范大学；1352. 天津中医药大学；1358. 亚洲大学(中国台湾)；1360. 沈阳工业大学；1364. 西湖大学；1366. 淮阴工学院

4. 化学学科影响力排名分析

从化学学科高被引论文数来看，400 篇以上的大学有 5 所；300 篇以上 400 篇及以下的大学有 6 所；200 篇以上 300 篇及以下的大学有 18 所；100 篇以上 200 篇及以下的大学有 52 所；50 篇以上 100 篇及以下的大学有 132 所；10 篇以上 50 篇及以下的大学有 568 所；1 篇及以上 10 篇及以下的大学有 579 所；剩下的 18 所大学的高被引论文数为 0 篇。中国(包含港澳台)有 54 所大学进入 ESI 化学学科高被引论文数排名前 100 位。在这 54 所大学中，中国科学院大学、中国科学技术大学和清华大学的高被引论文篇数在 500 篇以上。中国(包含港澳台)进入 ESI 化学学科高被引论文数排名的大学如表 3-63 所示。

表 3-63　化学学科高被引论文数排名（前 10 位与中国大学）

高被引论文数排名	机构名称	国家/地区	高被引论文数排名	机构名称	国家/地区
1	中国科学院大学	中国	6	浙江大学	中国
2	中国科学技术大学	中国	6	天津大学	中国
3	清华大学	中国	8	郑州大学	中国
4	法国国立高等工程技术与科学师范学院	法国	9	斯坦福大学	美国
5	南洋理工大学	新加坡	10	南开大学	中国

其他中国机构：13. 北京大学；14. 湖南大学；15. 吉林大学；16. 福州大学；17. 苏州大学；19. 南京大学；20. 中山大学；22. 华南理工大学；24. 复旦大学；25. 厦门大学；26. 北京化工大学；27. 武汉理工大学；28. 上海交通大学；30. 北京理工大学；31. 电子科技大学；32. 四川大学；33. 武汉大学；33. 华中科技大学；35. 南京工业大学；36. 华东理工大学；40. 哈尔滨工业大学；44. 西安交通大学；45. 大连理工大学；47. 山东大学；48. 中南大学；49. 深圳大学；50. 香港城市大学；52. 华东师范大学；55. 西北工业大学；55. 南方科技大学；63. 江苏大学；65. 香港科技大学；72. 东南大学；74. 北京航空航天大学；75. 青岛大学；78. 中国石油大学；82. 浙江工业大学；82. 上海大学；85. 浙江师范大学；86. 北京科技大学；86. 同济大学；88. 重庆大学；90. 南京林业大学；95. 中国地质大学；96. 华中师范大学；100. 青岛科技大学；100. 南京师范大学；112. 台湾大学；117. 天津理工大学；120. 香港理工大学；123. 东华大学；123. 扬州大学；129. 兰州大学；130. 北京师范大学；130. 香港中文大学；130. 兰州交通大学；135. 山东科技大学；142. 上海科技大学；144. 南京理工大学；148. 北京工业大学；148. 河南师范大学；148. 广东工业大学；157. 陕西师范大学；157. 暨南大学；157. 山东师范大学；157. 上海理工大学；177. 南京邮电大学；183. 广西大学；183. 成都大学；186. 香港大学；186. 广州大学；197. 安徽大学；202. 东北师范大学；202. 西南科技大学；202. 吉首大学；210. 华南师范大学；214. 南昌大学；223. 江南大学；223. 浙江理工大学；223. 黑龙江大学；230. 江苏科技大学；240. 西北大学；245. 华南农业大学；251. 南京航空航天大学；254. 安徽师范大学；254. 陕西科技大学；254. 华北电力大学；262. 济南大学；262. 太原理工大学；262. 河南大学；271. 江西师范大学；271. 温州大学；271. 海南大学；279. 常州大学；279. 武汉工程大学；288. 河北工业大学；301. 山西大学；308. 天津科技大学；308. 南昌航空大学；308. 泰州学院；316. 福建师范大学；316. 香港中文大学(深圳)；324. 西南大学；324. 中国东北大学；324. 台湾阳明交通大学；324. 苏州科技大学；335. 天津工业大学；335. 江苏师范大学；335. 燕山大学；349. 湖北大学；349. 华中农业大学；349. 贵州大学；349. 郑州轻工业大学；349. 哈尔滨师范大学；349. 河海大学；349. 南华大学；349. 北方民族大学；365. 台湾清华大学；365. 淮北师范大学；377. 中国海洋大学；377. 曲阜师范大学；377. 聊城大学；377. 中北大学；377. 江西科技学院；377. 重庆工商大学；397. 合肥工业大学；397. 东北林业大学；397. 云南大学；397. 浙江海洋大学；409. 宁波大学；409. 昆明理工大学；409. 中南民族大学；409. 长沙理工大学；409. 洛阳师范学院；430. 中国矿业大学；430. 齐鲁工业大学；430. 澳门大学；430. 内蒙古大学；442. 中国药科大学；442. 湘潭大学；442. 三峡大学；442. 西安工业大学；442. 西湖大学；461. 西北师范大学；461. 北京林业大学；461. 台湾科技大学；461. 青岛农业大学；461. 四川师范大学；479. 西南石油大学；479. 哈尔滨工程大学；479. 西南交通大学；479. 杭州电子科技大学；479. 南京信息工程大学；495. 杭州师范大学；495. 烟台大学；495. 兰州理工大学；495. 淡江大学；518. 中国农业大学；518. 高雄医科大学；518. 武汉科技大学；518. 河南理工大学；518. 青岛理工大学；537. 华侨大学；537. 河北大学；537. 上海师范大学；537. 湖南科技大学；537. 华北理工大学；537. 北京交通大学；537. 长安大学；556. 中国人民大学；556. 湖南农业大学；556. 嘉兴学院；556. 赣南师范大学；556. 湖南工业大学；573. 广西师范大学；573. 南京农业大学；573. 中国计量大学；573. 哈尔滨理工大学；573. 西安理工大学；573. 澳门科技大学；573. 重庆师范大学；603. 湖南师范大学；603. 西华师范大学；603. 南通大学；603. 浙江农林大学；603. 西安建筑科技大学；603. 广东医科大学；632. 香港浸会大学；632. 安徽工业大学；632. 信阳师范学院；632. 汕头大学；632. 福建医科大学；632. 桂林电子科技大学；632. 绍兴文理学院；632. 广州医科大学；657. 台湾中山大学；657. 宁夏大学；657. 天津师范大学；657. 温州医科大学；657. 武汉纺织大学；657. 河北师范大学；657. 香港教育大学；699. 台湾中兴大学；699. 台湾中原大学；699. 台湾中国医药大学；699. 北京工商大学；699. 台湾“中央”大学；699. 滨州医学院；699. 安徽工程大学；736. 中国医学科学院-中国协和医学院；736. 台湾成功大学；736. 首都师范大学；736. 中国人民解放军海军军医大学；736. 吉林师范大学；736. 盐城工学院；736. 东莞理工学院；736. 安徽农业大学；736. 四川轻化工大学；736. 河南科技大学；736. 西安电子科技大学；736. 长江大学；736. 佛山科学技术学院；782. 台北科技大学；782. 西北农林科技大学；782. 山东理工大学；

续表

782. 福建农林大学；782. 南京医科大学；782. 首都医科大学；782. 东北农业大学；782. 淮阴师范学院；782. 辽宁科技大学；782. 重庆理工大学；782. 广东石油化工学院；782. 沈阳工业大学；829. 桂林工业大学；829. 上海工程技术大学；829. 临沂大学；829. 辽宁石油化工大学；829. 上海电力大学；829. 国防科学技术大学；829. 安徽理工大学；829. 浙江工商大学；876. 长庚大学；876. 新疆大学；876. 上海应用技术大学；876. 南京中医药大学；876. 中国人民解放军陆军军医大学；876. 山西师范大学；876. 山东第一医科大学；876. 成都理工大学；876. 天津医科大学；876. 湖北工业大学；876. 西安科技大学；876. 中南林业科技大学；876. 东北石油大学；876. 成都中医药大学；936. 石河子大学；936. 河南工业大学；936. 辽宁大学；936. 山东农业大学；936. 江西科技师范大学；936. 东华理工大学；936. 安阳师范学院；936. 河北科技大学；936. 五邑大学；936. 长江师范学院；936. 哈尔滨医科大学；936. 西南民族大学；994. 沈阳药科大学；994. 长春科技大学；994. 大连工业大学；994. 台湾师范大学；994. 河北农业大学；994. 江汉大学；1064. 北京协和医学院；1064. 长春工业大学；1064. 重庆医科大学；1064. 中国科技大学；1064. 云南师范大学；1064. 延边大学；1064. 河南农业大学；1064. 安徽医科大学；1142. 南方医科大学；1142. 台北医学大学；1142. 鲁东大学；1142. 空军军医大学；1142. 明志科技大学；1142. 安徽建筑大学；1209. 四川农业大学；1209. 沈阳化工大学；1209. 大连医科大学；1209. 辽宁师范大学；1209. 徐州医科大学；1209. 宁波工程学院；1209. 亚洲大学(中国台湾)；1209. 淮阴工学院；1270. 渤海大学；1270. 上海中医药大学；1270. 吉林农业大学；1270. 逢甲大学；1270. 江西农业大学；1270. 云南民族大学；1324. 广州中医药大学；1324. 齐齐哈尔大学；1324. 大连海事大学；1324. 台湾东华大学；1324. 闽南师范大学；1324. 海南师范大学；1324. 天津中医药大学

5. 化学学科师资力量排名分析

从化学学科高被引科学家数来看，高被引科学家数最多的是清华大学，为 11 人；美国西北大学高被引科学家是 7 人；新加坡国立大学高被引科学家是 6 人；有 5 位高被引科学家的高校有 1 所为北京理工大学；有 4 位高被引科学家的大学有 7 所，分别是浙江大学、加利福尼亚大学伯克利分校、苏州大学、上海交通大学、得克萨斯大学奥斯汀分校、香港城市大学和阿德莱德大学；有 3 位高被引科学家的大学有 10 所，分别是南洋理工大学、斯坦福大学、福州大学、中山大学、复旦大学、北京化工大学、电子科技大学、阿卜杜拉国王理工大学、中国地质大学和香港大学；有 2 位高被引科学家的大学有 19 所，有 1 位高被引科学家的大学有 64 所；其他 1274 所大学均没有高被引科学家。中国(含港澳台)有 43 所高校有高被引科学家，中国高被引科学家最多的大学是清华大学，有 11 名高被引科学家；北京理工大学有 5 名高被引科学家；浙江大学、苏州大学、上海交通大学、香港城市大学有 4 名高被引科学家；福州大学、复旦大学、中山大学、北京化工大学、电子科技大学、香港大学、中国地质大学有 3 名高被引科学家；天津大学、北京大学、湖南大学、华南理工大学、厦门大学、华东理工大学、大连理工大学、江苏大学、香港科技大学和华中师范大学有 2 名高被引科学家；还有 20 所大学有 1 名高被引科学家，如表 3-64 所示。

表 3-64 化学学科高被引科学家数排名（前 5 位与中国大学）

高被引科学家数排名	机构名称	国家/地区	高被引科学家数排名	机构名称	国家/地区
1	清华大学	中国内地	5	加利福尼亚大学伯克利分校	美国
2	美国西北大学	美国	5	苏州大学	中国内地
3	新加坡国立大学	新加坡	5	上海交通大学	中国内地
4	北京理工大学	中国内地	5	得克萨斯大学奥斯汀分校	美国
5	浙江大学	中国内地	5	香港城市大学	中国香港
5	阿德莱德大学	澳大利亚			

续表

其他中国机构：12. 福州大学；12. 中山大学；12. 复旦大学；12. 北京化工大学；12. 电子科技大学；12. 中国地质大学；12. 香港大学；22. 天津大学；22. 北京大学；22. 湖南大学；22. 华南理工大学；22. 厦门大学；22. 华东理工大学；22. 大连理工大学；22. 江苏大学；22. 香港科技大学；22. 华中师范大学；41. 郑州大学；41. 南开大学；41. 南京大学；41. 武汉理工大学；41. 四川大学；41. 武汉大学；41. 华中科技大学；41. 中南大学；41. 西北工业大学；41. 南方科技大学；41. 青岛大学；41. 南京师范大学；41. 台湾大学；41. 香港理工大学；41. 北京工业大学；41. 上海理工大学；41. 华南师范大学；41. 苏州科技大学；41. 洛阳师范学院；41. 河北大学

从以上几个指标的分析可以看出：与往年相比，化学学科的每个指标中最强的大学基本分布在中国。从综合排名、发文数量和高被引论文数等指标看，中国高校，特别是中国科学院大学在多项指标上表现优异。在高被引科学家数这一指标上，中国的大学仍处于领先位置，说明中国在化学学科方面具有优秀的科研团队和突出的研究实力。在发文量前 100 名中，中国大学有 46 所；总被引次数前 100 名的中国大学有 40 所；高被引论文前 100 名的中国大学有 54 所。由此可见，中国在化学学科上的研究实力有了很大提升，在该领域的科研实践、科研竞争力和影响力有了很大的提升。

(四)临床医学

进入 ESI 临床医学学科排名的大学共有 1790 所。从国家或地区分布来看，这些大学隶属于美国、中国、瑞士、英国、日本、土耳其、西班牙、德国、意大利、巴西、法国等 100 多个国家或地区，如图 3-4 所示。

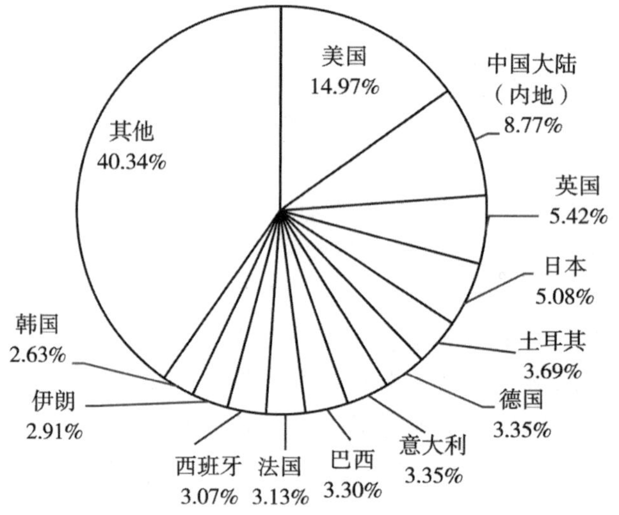

图 3-4　进入 ESI 临床医学学科排名的大学的国家或地区分布

从图 3-4 可以看出，美国的大学数量位居第 1 位，达 268 所，遥遥领先于其他国家或地区，中国、英国、日本、土耳其的大学占比也比较大。中国大陆(内地)有 157 所，中国台湾有 25 所，中国香港有 6 所，中国澳门有 2 所。

1. 临床医学学科竞争力综合排名分析

从临床医学学科竞争力综合排名来看，前 10 名中美国占了 4 席，占据绝对优势。中国(包含港澳台)在临床医学学科排名前 100 位的大学仅有 6 所，进入前 200 位的大学有 15 所，进入前 400 位的大学为 41 所。中国(包含港澳台)进入 ESI 临床医学学科综合排名的大学如表 3-65 所示。

表 3-65　临床医学学科综合排名（前 10 位与中国大学）

综合排名	机构名称	名次所居比例/%	档次	国家/地区	综合排名	机构名称	名次所居比例/%	档次	国家/地区
1	哈佛大学	5★+	一流学科	美国	6	阿姆斯特丹大学	5★+	一流学科	荷兰
2	约翰·霍普金斯大学	5★+	一流学科	美国	7	范德比尔特大学	5★+	一流学科	美国
3	剑桥大学	5★+	一流学科	英国	8	牛津大学	5★+	一流学科	英国
4	多伦多大学	5★+	一流学科	加拿大	9	斯坦福大学	5★+	一流学科	美国
5	伦敦大学学院	5★+	一流学科	英国	10	巴黎萨克雷大学	5★+	一流学科	法国

其他中国机构：47. 香港中文大学；72. 上海交通大学；74. 中国医学科学院-中国协和医学院；75. 复旦大学；90. 台湾大学；96. 中山大学；109. 北京大学；123. 首都医科大学；141. 北京协和医学院；142. 四川大学；145. 香港大学；148. 浙江大学；154. 华中科技大学；177. 南京医科大学；182. 中南大学；208. 南方医科大学；218. 同济大学；220. 武汉大学；260. 台湾阳明交通大学；262. 山东大学；267. 郑州大学；272. 天津医科大学；274. 西安交通大学；275. 清华大学；282. 苏州大学；310. 山东第一医科大学；314. 台湾中国医药大学；319. 长庚大学；322. 重庆医科大学；325. 温州医科大学；326. 南京大学；327. 吉林大学；331. 南京中医药大学；340. 台北医学大学；344. 中国医科大学；350. 福建医科大学；358. 中国人民解放军海军军医大学；362. 广州医科大学；364. 哈尔滨医科大学；372. 安徽医科大学；400. 中国人民解放军陆军军医大学；406. 中国科学技术大学；409. 空军军医大学；421. 台湾成功大学；427. 东南大学；428. 高雄医科大学；430. 厦门大学；463. 中国科学院大学；475. 青岛大学；479. 南昌大学；492. 香港理工大学；519. 暨南大学；532. 河北医科大学；544. 广西医科大学；579. 南开大学；616. 南通大学；617. 大连医科大学；640. 徐州医科大学；657. 北京中医药大学；660. 深圳大学；663. 贵州医科大学；671. 广州中医药大学；688. 上海中医药大学；692. 中山医学大学；697. 电子科技大学；723. 湖北大学医学院；760. 兰州大学；796. 西南医科大学；797. 昆明医科大学；811. 山西医科大学；820. 亚洲大学（中国台湾）；843. 广东医科大学；844. 新疆医科大学；846. 杭州师范大学；852. 浙江中医药大学；857. 香港城市大学；875. 汕头大学；881. 南华大学；887. 辅仁大学；906. 滨州医学院；914. 江苏大学；920. 成都中医药大学；924. 义守大学；987. 慈济大学；991. 新乡医学院；1007. 河南大学；1011. 华南理工大学；1013. 江南大学；1016. 内蒙古医科大学；1017. 重庆大学；1022. 南方科技大学；1038. 台湾师范大学；1041. 武汉科技大学；1057. 宁波大学；1077. 扬州大学；1083. 济宁医学院；1085. 湖南师范大学；1104. 中国药科大学；1106. 台湾清华大学；1109. 昆山杜克大学；1112. 西安医学院；1118. 济南大学；1134. 台湾中兴大学；1140. 遵义医学院；1145. 宁夏医科大学；1150. 山东中医药大学；1155. 香港中文大学（深圳）；1156. 海南医学院；1157. 川北医学院；1170. 长江大学；1173. 山东第二医科大学；1174. 哈尔滨工业大学；1190. 北京航空航天大学；1194. 天津中医药大学；1200. 昆明理工大学；1207. 上海科技大学；1211. 台湾中山大学；1224. 西北工业大学；1238. 澳门大学；1240. 长庚科技大学；1246. 锦州医科大学；1250. 香港浸会大学；1251. 北京工业大学；1277. 天津大学；1279. 广东药科大学；1297. 桂林医学院；1311. 华北理工大学；1318. 台北护理健康大学；1319. 上海大学；1325. 华东师范大学；1332. 福建中医药大学；1338. 湖南中医学院；1356. 三峡大学；1358. 西北大学；1359. 河南科技大学；1371. 上海健康医学院；1381. 香港科技大学；1383. 石河子大学；1394. 澳门科技大学；1396. 弘光科技大学；1397. 湖州师范学院；1401. 上海体育大学；1404. 嘉南药理科技大学；1407. 延边大学；1421. 河北大学；1424. 中国农业大学；1431. 大连大学；1453. 河南中医药大学；1463. 赣南医学院；1469. 西安电子科技大学；1475. 黑龙江中医药大学；1477. 北京师范大学；1485. 陕西中医药大学；1491. 嘉兴学院；1493. 安徽中医药大学；1502. 大连理工大学；1504. 广西中医药大学；1511. 湖北理工学院；1514. 中台科技大学；1518. 湖北中医药大学；1520. 湖北文理学院；1534. 承德医学院；1539. 中国东北大学；1545. 江西中医药大学；1546. 沈阳药科大学；1548. 泰州学院；1555. 青海大学；1564. 西南大学；1584. 华南师范大学；1593. 北京理工大学；1598. 延安大学；1611. 南台科技大学；1616. 福州大学；1647. 台湾"中央"大学；1652. 辽宁中医药大学；1654. 中国科技大学；1657. 武汉轻工大学；1665. 牡丹江医学院；1667. 中国人民大学；1668. 辅英科技大学；1683. 陕西师范大学；1684. 华东理工大学；1691. 西北农林科技大学；1694. 南京师范大学；1698. 台湾中正大学；1709. 华中农业大学；1713. 湖南大学；1741. 南京农业大学；1750. 深圳城市学院；1790. 应急管理大学

2. 临床医学学科科研能力排名分析

从临床医学学科竞争力发文量来看，哈佛大学发文量高达 115755 篇，多伦多大学发文超过了 50000 篇，另外，巴黎西岱大学、约翰·霍普金斯大学、宾夕法尼亚大学、伦敦大学学院都超过了 40000 篇；加利福尼亚大学旧金山分校、密歇根大学、斯坦福大学、华盛顿大学、上海交通大学、悉尼大学、杜克大学、匹兹堡大学、卡罗林斯卡医学院、哥本哈根大学都超过了30000篇。不少于20000篇但少于30000篇的有44所，不少于10000篇但少于20000篇的有111所，不少于5000篇但少于10000篇的有182所，不少于3000篇但少于5000篇的有169所，不少于1000篇但少于3000篇的有426所，不少于500篇但少于1000篇的有330所，500篇以下的有512所。中国(包含港澳台)发文量进入前100名的大学共有14所，位于100名以后200名以前的大学共有18所，进入临床医学学科发文量排名的大学如表3-66所示。

表3-66　临床医学学科发文量排名（前10位与中国大学）

发文量排名	机构名称	国家/地区	发文量排名	机构名称	国家/地区
1	哈佛大学	美国	6	伦敦大学学院	英国
2	多伦多大学	加拿大	7	加利福尼亚大学旧金山分校	美国
3	巴黎西岱大学	法国	8	密歇根大学	美国
4	约翰·霍普金斯大学	美国	9	斯坦福大学	美国
5	宾夕法尼亚大学	美国	10	华盛顿大学	美国
其他中国机构：11. 上海交通大学；20. 复旦大学；21. 中国医学科学院-中国协和医学院；23. 中山大学；25. 首都医科大学；36. 北京大学；39. 四川大学；47. 浙江大学；54. 北京协和医学院；60. 南京医科大学；75. 华中科技大学；85. 中南大学；86. 南方医科大学；99. 山东大学；110. 郑州大学；112. 台湾大学；132. 台湾阳明交通大学；136. 天津医科大学；137. 中国医科大学；143. 长庚大学；148. 香港大学；151. 香港中文大学；156. 苏州大学；163. 同济大学；164. 武汉大学；165. 吉林大学；167. 重庆医科大学；171. 山东第一医科大学；172. 温州医科大学；177. 西安交通大学；182. 福建医科大学；198. 中国人民解放军海军军医大学；201. 台湾中国医药大学；210. 台北医学大学；211. 广州医科大学；223. 南京大学；224. 安徽医科大学；232. 哈尔滨医科大学；240. 青岛大学；245. 空军军医大学；263. 中国人民解放军陆军军医大学；279. 河北医科大学；286. 南昌大学；295. 高雄医科大学；299. 暨南大学；308. 广西医科大学；349. 台湾成功大学；364. 大连医科大学；374. 东南大学；375. 厦门大学；384. 广州中医药大学；385. 中国科学院大学；400. 南通大学；425. 兰州大学；427. 上海中医药大学；429. 南京中医药大学；430. 浙江中医药大学；433. 山西医科大学；434. 清华大学；447. 徐州医科大学；450. 中山医学大学；453. 昆明医科大学；454. 北京中医药大学；505. 西南医科大学；515. 新疆医科大学；517. 深圳大学；518. 香港理工大学；533. 汕头大学；544. 电子科技大学；545. 亚洲大学(中国台湾)；564. 江苏大学；565. 辅仁大学；569. 慈济大学；583. 中国科学技术大学；587. 成都中医药大学；629. 南开大学；634. 广东医科大学；641. 华南理工大学；647. 南华大学；657. 宁波大学；658. 扬州大学；671. 江南大学；672. 遵义医学院；677. 义守大学；682. 贵州医科大学；704. 川北医学院；710. 滨州医学院；712. 山东中医药大学；718. 湖北大学医学院；729. 台湾中兴大学；733. 西安医学院；736. 宁夏医科大学；743. 山东第二医科大学；750. 海南医学院；762. 济南大学；785. 天津中医药大学；791. 新乡医学院；795. 台湾中山大学；803. 河南大学；805. 重庆大学；813. 中国药科大学；815. 长庚科技大学；820. 内蒙古医科大学；828. 济宁医学院；834. 湖南师范大学；840. 北京航空航天大学；847. 南方科技大学；848. 锦州医科大学；889. 台北护理健康大学；895. 天津大学；895. 华北理工大学；914. 福建中医药大学；917. 广东药科大学；923. 桂林医学院；938. 杭州师范大学；980. 湖南中医学院；997. 上海健康医学院；1004. 石河子大学；1007. 台湾清华大学；1011. 河南科技大学；1018. 湖州师范学院；1025. 嘉南药理科技大学；1031. 澳门大学；1035. 三峡大学；1037. 香港浸会大学；1038. 西北大学；1041. 河南中医药大学；1047. 上海体育大学；1050. 华东师范大学；1069. 河北大学；1072. 上海大学；1075. 弘光科技大学；1084. 大连大学；1095. 香港城市大学；1096. 赣南医学院；1105. 嘉兴学院；1116. 陕西中医药大学；1124. 黑龙江中医药大学；1134. 广西中医药大学；1137. 长江大学；1145. 武汉科技大学；1148. 延边大学；1150. 昆明理工大学；1162. 安徽中医药大学；1165. 哈尔滨工业大学；1183. 江西中医药大学；1185. 承德医学院；1194. 中台科技大学；1197. 澳门科技大学；1204. 青海大学；1205. 香港科技大学；1209. 泰州学院；1217. 北京师范大学；1217. 湖北中医药大学；1236. 台湾师范大学；1251. 大连理工大学；1264. 中国农业大学；1284. 延安大学；1285. 中国东北大学；1289. 香港中文大学(深圳)；1289. 南台科技大学；1318. 牡丹江医学院；1322. 辅英科技大学；1331. 北京理工大学；1334. 湖北文理学院；1347. 沈阳药科大学；1348. 西南大学；1362. 北京工业大学；1368. 西北工业大学；1381. 西安电子科技大学；1381. 福州大学；1385. 上海科技大学；1408. 辽宁中医药大学；1410. 台湾“中央”大学；1411. 陕西师范大学；1434. 华南师范大学；1466. 华东理工大学；1471. 台湾中正大学；1514. 昆山杜克大学；1514. 南京师范大学；1524. 湖南大学；1528. 华中农业大学；1530. 西北农林科技大学；1540. 深圳城市学院；1542. 南京农业大学；1545. 中国人民大学；1563. 湖北理工学院；1573. 中国科技大学；1689. 武汉轻工大学；1784. 应急管理大学					

3. 临床医学学科科研影响力排名分析

从临床医学学科总被引次数来看，总被引次数超过100万次的大学共有16所，哈佛大学的被引次数超过420万次。总被引次数在50万次以上100万次及以下的有63所；总被引次数在40万次以上50万次及以下的有24所；总被引次数在10万次以上40万次及以下的有290所；总被引次数在5万次以上10万次及以下的有229所；总被引次数在1万次以上5万次及以下的有697所；总被引在5000次以上1万次及以下的有368所；少于等于5000次的有103所。所有大学的总被引次数均在4000次以上。中国(包含港澳台)有6所大学论文总被引次数进入前100名，有17所大学进入前200名，如表3-67所示。

表3-67　临床医学学科总被引次数排名（前10位与中国大学）

总被引次数排名	机构名称	国家/地区	总被引次数排名	机构名称	国家/地区
1	哈佛大学	美国	6	宾夕法尼亚大学	美国
2	多伦多大学	加拿大	7	加利福尼亚大学旧金山分校	美国
3	约翰·霍普金斯大学	美国	8	华盛顿大学	美国
4	巴黎西岱大学	法国	9	斯坦福大学	美国
5	伦敦大学学院	英国	10	密歇根大学	美国
其他中国机构：53. 上海交通大学；65. 复旦大学；74. 中国医学科学院-中国协和医学院；80. 中山大学；96. 北京大学；97. 首都医科大学；104. 香港中文大学；120. 华中科技大学；121. 台湾大学；123. 香港大学；124. 北京协和医学院；125. 浙江大学；143. 四川大学；152. 南京医科大学；154. 中南大学；175. 南方医科大学；178. 武汉大学；211. 山东大学；232. 台湾阳明交通大学；236. 郑州大学；243. 南京大学；245. 天津医科大学；260. 同济大学；271. 中国人民解放军海军军医大学；272. 中国医科大学；281. 西安交通大学；282. 山东第一医科大学；285. 台北医学大学；291. 长庚大学；299. 台湾中国医药大学；305. 温州医科大学；316. 广州医科大学；323. 吉林大学；324. 苏州大学；326. 重庆医科大学；331. 空军军医大学；333. 哈尔滨医科大学；353. 清华大学；354. 中国人民解放军陆军军医大学；386. 安徽医科大学；396. 高雄医科大学；406. 福建医科大学；413. 台湾成功大学；436. 东南大学；443. 青岛大学；449. 中国科学院大学；468. 南昌大学；478. 暨南大学；481. 广西医科大学；491. 香港理工大学；521. 河北医科大学；533. 厦门大学；543. 大连医科大学；559. 南京中医药大学；584. 中山医学大学；620. 上海中医药大学；633. 南通大学；634. 兰州大学；676. 广州中医药大学；678. 深圳大学；688. 北京中医药大学；691. 徐州医科大学；694. 辅仁大学；704. 新疆医科大学；708. 昆山杜克大学；713. 昆明医科大学；744. 汕头大学；746. 山西医科大学；758. 南方科技大学；765. 江苏大学；772. 湖北大学医学院；774. 广东医科大学；778. 亚洲大学(中国台湾)；793. 浙江中医药大学；811. 中国科学技术大学；824. 西南医科大学；830. 南开大学；842. 慈济大学；852. 滨州医学院；870. 华南理工大学；876. 南华大学；881. 中国药科大学；891. 江南大学；918. 宁波大学；920. 义守大学；921. 武汉科技大学；925. 济南大学；927. 西安医学院；947. 贵州医科大学；973. 扬州大学；977. 澳门大学；982. 电子科技大学；990. 新乡医学院；997. 台湾中兴大学；1000. 内蒙古医科大学；1012. 河南大学；1021. 宁夏医科大学；1036. 山东中医药大学；1041. 香港浸会大学；1069. 北京航空航天大学；1077. 遵义医学院；1090. 台湾中山大学；1093. 成都中医药大学；1095. 天津中医药大学；1096. 海南医学院；1101. 锦州医科大学；1115. 山东第二医科大学；1127. 长庚科技大学；1133. 重庆大学；1135. 台湾清华大学；1144. 川北医学院；1155. 广东药科大学；1176. 华东师范大学；1183. 桂林医学院；1206. 香港中文大学(深圳)；1214. 香港科技大学；1222. 济宁医学院；1227. 湖南师范大学；1238. 杭州师范大学；1241. 湖北理工学院；1243. 天津大学；1259. 福建中医药大学；1265. 上海大学；1273. 华北理工大学；1288. 台北护理健康大学；1292. 延边大学；1299. 香港城市大学；1333. 西北大学；1334. 澳门科技大学；1335. 河南科技大学；1339. 弘光科技大学；1342. 西安电子科技大学；1344. 嘉南药理科技大学；1353. 三峡大学；1361. 哈尔滨工业大学；1362. 湖南中医学院；1378. 石河子大学；1384. 上海体育大学；1389. 中国农业大学；1398. 武汉轻工大学；1408. 北京师范大学；1412. 上海科技大学；1416. 湖州师范学院；1420. 湖北文理学院；1422. 大连大学；1448. 上海健康医学院；1459. 中国科技大学；1482. 沈阳药科大学；1487. 河北大学；1494. 西南大学；1499. 黑龙江中医药大学；1519. 河南中医药大学；1520. 昆明理工大学；1524. 台湾师范大学；1525. 长江大学；1528. 湖北中医药大学；1548. 中台科技大学；1570. 中国东北大学；1580. 大连理工大学；1591. 福州大学；1599. 华南师范大学；1600. 西北工业大学；1601. 广西中医药大学；1609. 陕西					

续表

中医药大学；1610. 赣南医学院；1625. 北京理工大学；1636. 中国人民大学；1641. 安徽中医药大学；1650. 华东理工大学；1652. 台湾“中央”大学；1666. 嘉兴学院；1667. 南京师范大学；1673. 南台科技大学；1681. 辽宁中医药大学；1693. 西北农林科技大学；1695. 陕西师范大学；1700. 江西中医药大学；1702. 湖南大学；1708. 青海大学；1714. 承德医学院；1715. 泰州学院；1724. 北京工业大学；1734. 台湾中正大学；1742. 延安大学；1747. 牡丹江医学院；1768. 辅英科技大学；1770. 华中农业大学；1777. 南京农业大学；1778. 深圳城市学院；1785. 应急管理大学

4. 临床医学学科影响力排名分析

从高被引论文数来看，排在前 10 位的大学有 1 所是加拿大的高校，1 所是法国的高校，2 所是英国的高校，其他 6 所均隶属于美国。其中，哈佛大学高被引论文数超过 5200 篇，多伦多大学、约翰·霍普金斯大学高被引论文数均超过 2000 篇，高被引论文数在 2000 篇以下 1000 篇及以上的大学有 24 所；1000 篇以下 500 篇及以上的大学有 64 所。高被引论文数为 500 篇以下 100 篇及以上的大学有 284 所；50 篇以上 100 篇以下的大学有 188 所；20 篇以上 50 篇及以下的大学有 366 所；20 篇及以下 10 篇以上的大学有 275 所；10 篇及以下 1 篇及以上的大学有 567 所；剩下的 19 所大学的高被引论文数为 0 篇。高被引论文数排名在前 100 名的中国(包含港澳台)高校为 5 所，进入前 200 名的为 14 所，这 14 所大学的高被引论文数均超过了 200 篇，如表 3-68 所示。

表 3-68　临床医学学科高被引论文数排名（前 10 位与中国大学）

高被引论文数排名	机构名称	国家/地区	高被引论文数排名	机构名称	国家/地区
1	哈佛大学	美国	6	宾夕法尼亚大学加	美国
2	多伦多大学	加拿大	7	加利福尼亚大学旧金山分校	美国
3	约翰·霍普金斯大学	美国	8	华盛顿大学	美国
4	巴黎西岱大学	法国	9	伦敦帝国学院	英国
5	伦敦大学学院	英国	10	斯坦福大学	美国
其他中国机构：81. 香港中文大学；88. 中国医学科学院-中国协和医学院；90. 复旦大学；92. 上海交通大学；96. 中山大学；114. 北京大学；128. 华中科技大学；130. 香港大学；158. 浙江大学；160. 台湾大学；161. 北京协和医学院；176. 四川大学；189. 首都医科大学；194. 南京医科大学；219. 中南大学；223. 南方医科大学；238. 武汉大学；243. 郑州大学；271. 同济大学；306. 西安交通大学；309. 广州医科大学；313. 天津医科大学；316. 中国人民解放军海军军医大学；323. 山东大学；339. 台湾阳明交通大学；342. 南京大学；345. 哈尔滨医科大学；360. 温州医科大学；360. 吉林大学；368. 中国人民解放军陆军军医大学；372. 山东第一医科大学；376. 中国医科大学；377. 苏州大学；383. 中国科学院大学；405. 清华大学；405. 安徽医科大学；405. 福建医科大学；411. 台北医学大学；411. 台湾中国医药大学；414. 东南大学；436. 空军军医大学；440. 重庆医科大学；465. 厦门大学；471. 台湾成功大学；471. 暨南大学；485. 香港理工大学；494. 青岛大学；502. 长庚大学；534. 中国科学技术大学；538. 南京中医药大学；572. 高雄医科大学；572. 南昌大学；593. 深圳大学；643. 广西医科大学；659. 河北医科大学；688. 兰州大学；688. 南方科技大学；724. 广州中医药大学；724. 江南大学；735. 昆山杜克大学；749. 昆明医科大学；749. 汕头大学；764. 大连医科大学；764. 徐州医科大学；779. 上海中医药大学；779. 新疆医科大学；779. 南开大学；807. 广东医科大学；832. 山西医科大学；832. 江苏大学；832. 西南医科大学；832. 中国药科大学；832. 电子科技大学；870. 中山医学大学；870. 贵州医科大学；886. 华南理工大学；886. 南华大学；886. 重庆大学；912. 北京中医药大学；912. 湖北大学医学院；912. 武汉科技大学；930. 南通大学；930. 辅仁大学；958. 滨州医学院；958. 香港城市大学；989. 宁波大学；989. 上海大学；1022. 亚洲大学(中国台湾)；1022. 义守大学；1022. 北京航空航天大学；1051. 扬州大学；1051. 新乡医学院；1072. 济南大学；1072. 河南大学；1072. 香港浸会大学；1072. 海南医学院；1072. 中国农业大学；1101. 澳门大学；1101. 成都中医药大学；1132. 西安医学院；1132. 香港中文大学(深圳)；1132. 天津大学；1132. 澳门科技大学；1132. 西北工业大学；					

续表

1174. 上海科技大学；1205. 台湾中兴大学；1205. 内蒙古医科大学；1205. 宁夏医科大学；1205. 西安电子科技大学；1205. 长江大学；1252. 浙江中医药大学；1252. 天津中医药大学；1252. 台湾清华大学；1252. 华东师范大学；1252. 杭州师范大学；1252. 三峡大学；1252. 湖南中医学院；1309. 台湾中山大学；1309. 山东第二医科大学；1309. 广东药科大学；1309. 香港科技大学；1309. 西北大学；1309. 华南师范大学；1361. 慈济大学；1361. 川北医学院；1361. 武汉轻工大学；1361. 台湾师范大学；1361. 大连理工大学；1420. 桂林医学院；1420. 河南科技大学；1420. 上海健康医学院；1420. 河北大学；1420. 中国人民大学；1480. 遵义医学院；1480. 湖南师范大学；1480. 湖北理工学院；1480. 华北理工大学；1480. 哈尔滨工业大学；1480. 中国东北大学；1480. 华中农业大学；1547. 山东中医药大学；1547. 锦州医科大学；1547. 长庚科技大学；1547. 济宁医学院；1547. 延边大学；1547. 弘光科技大学；1547. 上海体育大学；1547. 湖北文理学院；1547. 沈阳药科大学；1547. 赣南医学院；1547. 北京理工大学；1547. 安徽中医药大学；1547. 台湾“中央”大学；1547. 辽宁中医药大学；1547. 西北农林科技大学；1547. 延安大学；1613. 台北护理健康大学；1613. 石河子大学；1613. 北京师范大学；1613. 湖州师范学院；1613. 大连大学；1613. 中国科技大学；1613. 西南大学；1613. 昆明理工大学；1613. 福州大学；1613. 南京师范大学；1613. 湖南大学；1613. 承德医学院；1613. 泰州学院；1613. 北京工业大学；1613. 台湾中正大学；1679. 湖北中医药大学；1679. 陕西中医药大学；1679. 华东理工大学；1679. 嘉兴学院；1679. 青海大学；1679. 南京农业大学；1735. 黑龙江中医药大学；1735. 中台科技大学；1735. 南台科技大学；1735. 陕西师范大学；1735. 江西中医药大学；1735. 深圳城市学院；1735. 应急管理大学

5. 临床医学学科师资力量排名分析

从高被引科学家数来看，高被引科学家数最多的是 20 人，为美国的哈佛大学；其次是巴黎萨克雷大学(法国)，高被引科学家数为 12 人；再次是麦克马斯特大学(加拿大)其高被引科学家为 8 人；牛津大学(英国)、加利福尼亚大学洛杉矶分校(美国)、耶鲁大学(美国)、西奈山伊坎医学院(美国)有 6 位高被引科学家；有 5 位高被引科学家的科研机构有 8 所，分别是约翰·霍普金斯大学(美国)、伦敦大学学院(英国)、伦敦帝国学院(英国)、斯坦福大学(美国)、悉尼大学(澳大利亚)、范德比尔特大学(美国)、米兰比可卡大学(意大利)、香港中文大学(中国香港)。有 4 位高被引科学家的科研机构有 7 所，分别是哥伦比亚大学(美国)、阿姆斯特丹大学(荷兰)、加利福尼亚大学圣迭戈分校(美国)、墨尔本大学(澳大利亚)、格罗宁根大学(荷兰)、格拉斯哥大学(英国)、新南威尔斯大学(澳大利亚)。有 3 位高被引科学家数的科研机构有 9 所，分别是多伦多大学(加拿大)、杜克大学(美国)、美国西北大学(美国)、荷语鲁汶大学(比利时)、海德堡大学(德国)、贝勒医学院(美国)、首尔大学(韩国)、雅典大学(希腊)、法语布鲁塞尔自由大学(比利时)；有 2 位高被引科学家的科研机构有 30 所；有 1 位高被引科学家的科研机构有 75 所；其他 1654 所科研机构的高产作者数为 0 人。中国(包含港澳台)只有香港中文大学有 5 位高被引科学家，台湾大学有 2 位高被引科学家，中国医学科学院-中国协和医学院、复旦大学、华中科技大学、同济大学、清华大学和南京中医药大学有 1 位高被引科学家，这说明我国在临床医学领域的高水平研究人员还相当欠缺，如表 3-69 所示。

表 3-69 临床医学学科高被引科学家数排名（前 8 位与中国大学）

高被引科学家数排名	机构名称	国家/地区	高被引科学家数排名	机构名称	国家/地区
1	哈佛大学	美国	4	西奈山伊坎医学院	美国
2	巴黎萨克雷大学	法国	8	香港中文大学	中国香港
3	麦克马斯特大学	加拿大	4	范德比尔特大学	美国
4	牛津大学	英国	8	伦敦大学学院	英国
4	加利福尼亚大学洛杉矶分校	美国	8	伦敦帝国学院	英国
4	耶鲁大学	美国	8	约翰·霍普金斯大学	美国

续表

高被引科学家数排名	机构名称	国家/地区	高被引科学家数排名	机构名称	国家/地区
8	斯坦福大学	美国	8	米兰比可卡大学	意大利
8	悉尼大学	澳大利亚			
其他中国机构：32. 台湾大学；62. 中国医学科学院-中国协和医学院；62. 复旦大学；62. 华中科技大学；62. 同济大学；62. 清华大学；62. 南京中医药大学					

(五)计算机科学

进入 ESI 计算机科学学科排名的大学共有 624 所。从国家或地区分布来看，这些大学分别隶属于中国、美国、英国、加拿大、法国、澳大利亚、德国、意大利、西班牙、瑞士、韩国、印度等 52 个国家或地区，如图 3-5 所示。

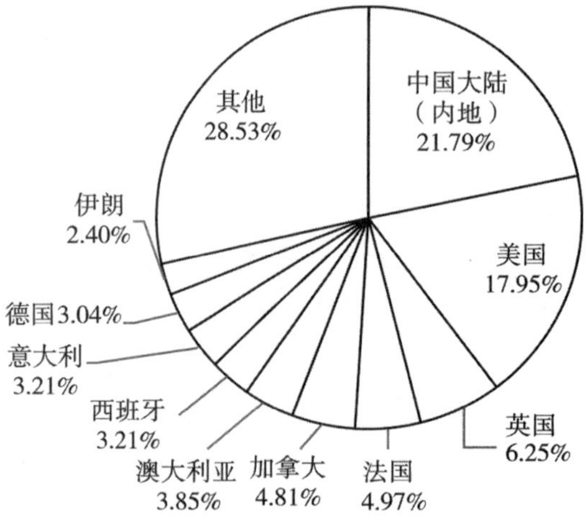

图 3-5 进入 ESI 计算机科学学科排名的大学的国家或地区分布

中国大陆(内地)进入 ESI 计算机科学学科排名的大学数量仍以绝对优势排在首位(136 所，占比 21. 79%)，其数量超过了分别排在第 2 位与第 3 位的美国(112 所，占比 17. 95%)与英国(39 所，占比 6. 25%)。中国大陆(内地)进入 ESI 计算机科学学科的大学数量排在第 1 位，中国台湾有 12 所(占比 1. 92%)，中国香港有 6 所(占比 0. 96%)，中国澳门有 2 所。

总体来看，中国(包含港澳台)共有 156 所大学进入 ESI 计算机科学学科排名之列。

1. 计算机科学学科竞争力综合排名分析

从计算机科学学科的综合排名进入前 10 位的国家或地区来看，中国有 7 所，新加坡有 2 所，美国 1 所，中国的大学在计算机学科领域的发展速度不可小觑。中国(包含港澳台)进入 ESI 计算机科学学科科研竞争力前 50 名的还有 30 所，进入 ESI 计算机科学学科排名的中国(包含港澳台)大学如表 3-70 所示。

表 3-70 计算机科学学科综合排名（前 10 位与中国大学）

综合排名	机构名称	名次所居比例/%	档次	国家/地区	综合排名	机构名称	名次所居比例/%	档次	国家/地区
1	麻省理工学院	5★+	一流学科	美国	3	东南大学	5★+	一流学科	中国
2	电子科技大学	5★+	一流学科	中国	4	南洋理工大学	5★+	一流学科	新加坡

续表

综合排名	机构名称	名次所居比例/%	档次	国家/地区	综合排名	机构名称	名次所居比例/%	档次	国家/地区
5	清华大学	5★+	一流学科	中国	8	北京邮电大学	5★	一流学科	中国
6	西安电子科技大学	5★+	一流学科	中国	9	新加坡国立大学	5★	一流学科	新加坡
7	浙江大学	5★	一流学科	中国	10	中国东北大学	5★	一流学科	中国
其他中国机构：11. 中国科学技术大学；13. 上海交通大学；15. 香港城市大学；17. 华中科技大学；18. 武汉大学；19. 西北工业大学；21. 大连理工大学；23. 哈尔滨工业大学；25. 深圳大学；26. 四川大学；27. 南京信息工程大学；29. 湖南大学；30. 中国科学院大学；32. 北京航空航天大学；33. 香港科技大学；34. 华南理工大学；39. 渤海大学；42. 香港理工大学；44. 中山大学；45. 北京大学；46. 中南大学；47. 北京理工大学；48. 广东工业大学；51. 辽宁工业大学；52. 香港大学；53. 南方科技大学；55. 西安交通大学；56. 南京理工大学；57. 国防科学技术大学；60. 广州大学；61. 重庆邮电大学；65. 安徽大学；68. 天津大学；69. 南京大学；70. 同济大学；72. 重庆大学；73. 南京邮电大学；75. 香港中文大学；79. 北京交通大学；82. 南京航空航天大学；83. 北京科技大学；87. 合肥工业大学；94. 澳门大学；95. 中国地质大学；97. 青岛大学；98. 亚洲大学(中国台湾)；101. 厦门大学；108. 浙江工商大学；112. 山东大学；120. 杭州电子科技大学；123. 浙江工业大学；124. 西南交通大学；127. 中国石油大学；130. 中国矿业大学；131. 福建师范大学；134. 复旦大学；136. 齐鲁工业大学；138. 温州大学；142. 上海大学；161. 福州大学；163. 大连海事大学；165. 吉林大学；170. 南开大学；171. 河海大学；172. 太原科技大学；180. 华东师范大学；181. 北京工业大学；182. 山东师范大学；187. 台湾阳明交通大学；193. 长沙理工大学；196. 上海科技大学；201. 台湾科技大学；202. 苏州大学；206. 澳门科技大学；207. 曲阜师范大学；222. 西南大学；226. 东华大学；237. 哈尔滨工程大学；241. 山东科技大学；242. 西南财经大学；243. 香港浸会大学；250. 香港中文大学(深圳)；257. 中国人民解放军陆军工程大学；262. 武汉科技大学；263. 燕山大学；267. 武汉理工大学；268. 西安理工大学；277. 华东理工大学；282. 扬州大学；283. 桂林电子科技大学；287. 郑州大学；299. 暨南大学；302. 云南大学；311. 台湾成功大学；323. 江南大学；331. 西北大学；346. 台湾大学；354. 陕西师范大学；363. 上海海事大学；365. 北京师范大学；369. 上海理工大学；375. 台湾中国医药大学；376. 西安邮电大学；378. 中国农业大学；380. 华侨大学；390. 江苏大学；391. 华北电力大学；399. 南通大学；400. 台湾中山大学；403. 台湾清华大学；404. 兰州大学；407. 中国人民解放军信息工程大学；412. 浙江师范大学；418. 山西大学；420. 南昌大学；427. 中国海洋大学；429. 台湾“中央”大学；444. 宁波大学；451. 北京化工大学；454. 四川师范大学；457. 南京师范大学；465. 山东财经大学；468. 湖南科技大学；476. 华南农业大学；480. 西北农林科技大学；482. 西交利物浦大学；484. 广西师范大学；485. 湘潭大学；488. 河南理工大学；489. 中南财经政法大学；493. 聊城大学；495. 绍兴文理学院；496. 华中师范大学；502. 中国人民大学；506. 河南大学；511. 深圳城市学院；513. 河北工业大学；515. 华南师范大学；549. 江西财经大学；557. 逢甲大学；558. 福建理工大学；561. 新疆大学；562. 昆明理工大学；580. 天津理工大学；602. 台湾中正大学；605. 江苏师范大学；612. 江苏科技大学；617. 台湾东华大学；618. 东北师范大学									

2. 计算机科学学科的科研能力排名分析

从发文量来看，计算机科学学科发文量大于等于 2000 篇的高校有 64 所，不少于 1500 篇但少于 2000 篇的有 51 所，不少于 1000 篇但少于 1500 篇的有 100 所，不少于 500 篇但少于 1000 篇的有 258 所，少于 500 篇的有 151 所。只有 215 所大学的发文量在 1000 篇以上，其他 409 所大学的发文量均在 1000 篇以下。中国(包含港澳台)大学中计算机科学学科领域的发文量在 1000 篇及以上的共有 78 所，超过全世界范围内该学科发文量在 1000 篇及以上大学数量(215 所)的 1/3，说明中国在计算机科学学科领域有一大批具有高科研生产力的大学。中国(包含港澳台)在发文量进入前 100 名的大学共有 54 所，进入 ESI 计算机科学学科发文量排名的大学如表 3-71 所示。

表 3-71　计算机科学学科发文量排名（前 10 位与中国大学）

发文量排名	机构名称	国家/地区	发文量排名	机构名称	国家/地区
1	清华大学	中国	6	上海交通大学	中国
2	西安电子科技大学	中国	7	东南大学	中国
3	浙江大学	中国	8	布列塔尼-卢瓦尔大学	法国
4	电子科技大学	中国	9	华中科技大学	中国
5	北京邮电大学	中国	10	中国科学院大学	中国

其他中国机构：12. 哈尔滨工业大学；13. 北京航空航天大学；15. 国防科学技术大学；16. 武汉大学；17. 大连理工大学；18. 中国科学技术大学；19. 北京理工大学；20. 香港城市大学；21. 西北工业大学；22. 西安交通大学；23. 中山大学；25. 中南大学；26. 天津大学；27. 中国东北大学；28. 华南理工大学；29. 北京大学；30. 北京交通大学；31. 香港理工大学；32. 深圳大学；33. 南京邮电大学；34. 南京航空航天大学；36. 同济大学；39. 山东大学；41. 四川大学；42. 湖南大学；44. 南京大学；45. 南京理工大学；46. 重庆大学；47. 南京信息工程大学；58. 香港科技大学；62. 复旦大学；64. 香港中文大学；66. 上海大学；68. 北京工业大学；70. 西南交通大学；74. 重庆邮电大学；75. 厦门大学；76. 合肥工业大学；78. 杭州电子科技大学；82. 吉林大学；85. 北京科技大学；87. 台湾阳明交通大学；89. 中国矿业大学；92. 澳门大学；94. 广东工业大学；107. 中国地质大学；111. 香港大学；112. 广州大学；116. 河海大学；127. 安徽大学；133. 华东师范大学；134. 哈尔滨工程大学；140. 福州大学；143. 中国人民解放军陆军工程大学；149. 台湾成功大学；153. 中国人民解放军信息工程大学；157. 桂林电子科技大学；160. 武汉理工大学；161. 苏州大学；166. 台湾科技大学；169. 台湾大学；170. 浙江工业大学；183. 郑州大学；186. 中国石油大学；188. 大连海事大学；189. 西南大学；189. 山东科技大学；192. 暨南大学；199. 南方科技大学；216. 南开大学；218. 江南大学；222. 燕山大学；241. 北京师范大学；244. 山东师范大学；248. 华东理工大学；252. 台湾清华大学；255. 江苏大学；257. 陕西师范大学；260. 亚洲大学(中国台湾)；262. 澳门科技大学；263. 青岛大学；267. 福建师范大学；273. 中国农业大学；291. 西安邮电大学；298. 中国人民大学；305. 齐鲁工业大学；308. 西安理工大学；309. 上海理工大学；319. 东华大学；334. 上海海事大学；340. 华中师范大学；346. 扬州大学；347. 华北电力大学；351. 台湾“中央”大学；356. 云南大学；363. 台湾中国医药大学；364. 长沙理工大学；370. 台湾中山大学；372. 华侨大学；374. 宁波大学；375. 曲阜师范大学；381. 浙江工商大学；388. 南昌大学；389. 中国海洋大学；394. 逢甲大学；398. 华南师范大学；398. 西北大学；407. 香港中文大学(深圳)；419. 新疆大学；426. 南通大学；431. 南京师范大学；438. 香港浸会大学；444. 山西大学；449. 兰州大学；456. 山东财经大学；458. 华南农业大学；465. 湖南科技大学；468. 武汉科技大学；471. 昆明理工大学；471. 河南大学；479. 深圳城市学院；481. 西南财经大学；483. 广西师范大学；489. 河北工业大学；491. 河南理工大学；502. 温州大学；502. 西交利物浦大学；505. 上海科技大学；508. 浙江师范大学；520. 西北农林科技大学；528. 湘潭大学；530. 台湾中正大学；534. 江苏科技大学；539. 天津理工大学；544. 江西财经大学；553. 台湾东华大学；559. 北京化工大学；565. 四川师范大学；568. 福建理工大学；570. 聊城大学；572. 太原科技大学；574. 中南财经政法大学；577. 东北师范大学；603. 渤海大学；604. 绍兴文理学院；605. 辽宁工业大学；611. 江苏师范大学

3. 计算机科学学科科研影响力排名分析

从总被引次数来看，进入前 10 位的大学中，新加坡有 2 所、中国有 7 所、瑞士有 1 所。中国(包含港澳台)的大学中总被引次数最高的是清华大学(119458，第 1 位)，除此之外，进入计算机科学学科总被引次数排名前 100 位的中国大学还有 49 所，其他进入计算机科学学科总被引次数排名的中国(包含港澳台)大学如表 3-72 所示。从总被引次数的情况来看，中国(包含港澳台)进入计算机科学学科总被引次数排名的 156 所大学中，总被引次数大于等于 10000 次的有 98 所，不少于 5000 次但少于 10000 次的有 58 所。总被引次数表明我国大学在计算机学科领域的科研影响力取得了很大的进步，但还有进步空间。

表 3-72 计算机科学学科总被引次数排名（前 10 位与中国大学）

总被引次数排名	机构名称	国家/地区	总被引次数排名	机构名称	国家/地区
1	清华大学	中国	6	华中科技大学	中国
2	南洋理工大学	新加坡	7	新加坡国立大学	新加坡
3	东南大学	中国	8	浙江大学	中国
4	西安电子科技大学	中国	9	苏黎世联邦理工学院	瑞士
5	电子科技大学	中国	10	上海交通大学	中国

其他中国机构：11. 北京邮电大学；12. 香港城市大学；13. 哈尔滨工业大学；16. 大连理工大学；17. 武汉大学；18. 北京航空航天大学；22. 中南大学；25. 华南理工大学；26. 香港理工大学；27. 中国科学技术大学；28. 南京信息工程大学；29. 深圳大学；30. 北京理工大学；31. 中国科学院大学；32. 中山大学；34. 中国东北大学；36. 西北工业大学；37. 西安交通大学；40. 天津大学；42. 四川大学；44. 同济大学；45. 北京大学；46. 湖南大学；48. 香港科技大学；53. 国防科学技术大学；58. 澳门大学；59. 北京交通大学；61. 南京邮电大学；62. 南京理工大学；63. 香港中文大学；66. 南京大学；68. 南京航空航天大学；73. 重庆大学；76. 广东工业大学；78. 山东大学；80. 西南交通大学；83. 厦门大学；84. 合肥工业大学；86. 中国地质大学；91. 香港大学；94. 北京科技大学；98. 上海大学；108. 广州大学；119. 重庆邮电大学；120. 河海大学；123. 中国矿业大学；126. 杭州电子科技大学；137. 大连海事大学；138. 复旦大学；147. 安徽大学；149. 台湾科技大学；152. 北京工业大学；161. 西南大学；163. 青岛大学；170. 福州大学；172. 温州大学；182. 中国人民解放军陆军工程大学；185. 浙江工业大学；192. 哈尔滨工程大学；197. 吉林大学；202. 扬州大学；203. 山东科技大学；204. 台湾阳明交通大学；213. 南方科技大学；215. 南开大学；216. 华东师范大学；217. 山东师范大学；218. 武汉理工大学；219. 亚洲大学(中国台湾)；220. 华东理工大学；225. 长沙理工大学；236. 中国石油大学；238. 辽宁工业大学；244. 渤海大学；248. 台湾成功大学；249. 桂林电子科技大学；254. 澳门科技大学；262. 暨南大学；263. 福建师范大学；267. 东华大学；270. 郑州大学；273. 曲阜师范大学；275. 苏州大学；287. 台湾大学；294. 陕西师范大学；302. 华侨大学；308. 香港浸会大学；314. 江南大学；321. 中国农业大学；323. 华北电力大学；330. 上海理工大学；350. 北京师范大学；351. 燕山大学；352. 上海海事大学；356. 西南财经大学；368. 江苏大学；376. 台湾清华大学；380. 湖南科技大学；387. 台湾中山大学；392. 香港中文大学(深圳)；393. 西北农林科技大学；395. 兰州大学；399. 西安邮电大学；401. 南昌大学；403. 山西大学；407. 台湾“中央”大学；413. 武汉科技大学；415. 台湾中国医药大学；417. 山东财经大学；427. 中国海洋大学；432. 浙江工商大学；442. 西安理工大学；445. 西交利物浦大学；446. 南京师范大学；447. 浙江师范大学；451. 齐鲁工业大学；454. 华南农业大学；466. 北京化工大学；471. 江西财经大学；472. 四川师范大学；473. 中国人民解放军信息工程大学；474. 上海科技大学；479. 太原科技大学；489. 南通大学；490. 深圳城市学院；494. 中南财经政法大学；495. 华中师范大学；507. 中国人民大学；509. 云南大学；516. 聊城大学；518. 湘潭大学；537. 宁波大学；539. 昆明理工大学；547. 广西师范大学；551. 绍兴文理学院；553. 天津理工大学；560. 河南大学；565. 逢甲大学；569. 河南理工大学；573. 新疆大学；586. 江苏师范大学；587. 华南师范大学；590. 江苏科技大学；596. 西北大学；598. 福建理工大学；604. 河北工业大学；614. 台湾东华大学；617. 台湾中正大学；620. 东北师范大学

4. 计算机科学学科影响力排名分析

从高被引论文数来看，高被引论文数大于等于 100 篇的大学仅有 7 所，不少于 50 篇但少于 100 篇的有 38 所，不少于 10 篇但少于 50 篇的有 300 所，其他的 279 所大学均小于 10 篇。中国(包含港澳台)有 54 所大学进入高被引论文指标排名的前 100 位，其中电子科技大学(第 1 位)、清华大学(第 2 位)、东南大学(第 4 位)、西安电子科技大学(第 5 位)、北京邮电大学(第 8 位)、浙江大学(第 10 位)的高被引论文数分别为 159 篇、153 篇、140 篇、124 篇、91 篇、87 篇，进入了该学科高被引论文数排名前 10 强。其他进入计算机科学学科高被引论文数排名的中国(包含港澳台)大学如表 3-73 所示。

表 3-73　计算机科学学科高被引论文数排名(前 10 位与中国大学)

高被引论文数排名	机构名称	国家/地区	高被引论文数排名	机构名称	国家/地区
1	电子科技大学	中国	6	新加坡国立大学	新加坡
2	清华大学	中国	7	阿卜杜勒阿齐兹国王大学	沙特阿拉伯
3	南洋理工大学	新加坡	8	北京邮电大学	中国
4	东南大学	中国	9	悉尼科技大学	澳大利亚
5	西安电子科技大学	中国	10	浙江大学	中国

其他中国机构：11. 哈尔滨工业大学；12. 香港城市大学；13. 大连理工大学；13. 武汉大学；15. 华南理工大学；17. 上海交通大学；18. 华中科技大学；18. 中南大学；20. 南京信息工程大学；20. 天津大学；22. 香港理工大学；22. 中国科学技术大学；26. 深圳大学；26. 西北工业大学；26. 澳门大学；29. 中山大学；31. 中国东北大学；32. 四川大学；32. 广东工业大学；32. 温州大学；36. 北京理工大学；38. 中国科学院大学；38. 湖南大学；42. 北京航空航天大学；42. 南京理工大学；42. 渤海大学；46. 南京邮电大学；46. 青岛大学；52. 北京大学；56. 南京大学；56. 大连海事大学；61. 重庆大学；64. 同济大学；67. 国防科学技术大学；68. 广州大学；71. 厦门大学；73. 西安交通大学；73. 香港科技大学；73. 重庆邮电大学；76. 南京航空航天大学；79. 合肥工业大学；84. 西南交通大学；84. 北京科技大学；89. 香港中文大学；93. 杭州电子科技大学；93. 辽宁工业大学；98. 上海大学；98. 安徽大学；102. 北京交通大学；102. 南开大学；106. 香港大学；113. 中国地质大学；113. 河海大学；121. 山东大学；121. 山东师范大学；126. 中国矿业大学；126. 浙江工业大学；126. 南方科技大学；126. 亚洲大学(中国台湾)；126. 曲阜师范大学；136. 长沙理工大学；140. 台湾科技大学；140. 北京工业大学；149. 山东科技大学；149. 福建师范大学；153. 西南大学；153. 福州大学；153. 扬州大学；153. 华东理工大学；169. 郑州大学；169. 西南财经大学；175. 复旦大学；175. 澳门科技大学；175. 台湾中国医药大学；175. 南通大学；188. 华东师范大学；188. 香港中文大学(深圳)；188. 武汉科技大学；203. 哈尔滨工程大学；203. 中国石油大学；203. 江南大学；203. 上海海事大学；203. 浙江师范大学；203. 齐鲁工业大学；203. 太原科技大学；203. 绍兴文理学院；222. 吉林大学；222. 武汉理工大学；222. 暨南大学；238. 桂林电子科技大学；238. 东华大学；238. 苏州大学；238. 香港浸会大学；238. 西安邮电大学；238. 北京化工大学；238. 四川师范大学；258. 兰州大学；258. 上海科技大学；258. 中南财经政法大学；258. 聊城大学；258. 河南理工大学；277. 上海理工大学；277. 浙江工商大学；277. 西安理工大学；277. 湘潭大学；277. 宁波大学；277. 广西师范大学；291. 北京师范大学；291. 台湾中山大学；291. 山西大学；291. 河北工业大学；315. 中国人民解放军陆军工程大学；315. 陕西师范大学；315. 华侨大学；315. 中国海洋大学；315. 河南大学；346. 华北电力大学；346. 南昌大学；346. 福建理工大学；377. 中国农业大学；377. 江苏大学；377. 西交利物浦大学；377. 南京师范大学；377. 华南农业大学；377. 华南师范大学；416. 台湾"中央"大学；416. 山东财经大学；416. 深圳城市学院；416. 云南大学；416. 江苏师范大学；456. 西北农林科技大学；494. 台湾成功大学；494. 台湾大学；494. 台湾清华大学；494. 湖南科技大学；494. 华中师范大学；494. 西北大学；531. 台湾阳明交通大学；531. 江西财经大学；531. 天津理工大学；531. 台湾中正大学；531. 东北师范大学；562. 燕山大学；562. 中国人民大学；562. 昆明理工大学；562. 逢甲大学；562. 新疆大学；562. 台湾东华大学；596. 江苏科技大学；614. 中国人民解放军信息工程大学

5. 计算机科学学科师资力量排名分析

拥有 4 位高被引科学家的大学有 1 所，是斯文本科技大学(澳大利亚)；有 3 位高被引科学家的科研院所有 6 所，分别是电子科技大学(中国)、南洋理工大学(新加坡)、东南大学(中国)、沙特国王大学(沙特阿拉伯)、格拉纳达大学(西班牙)、辽宁工业大学(中国)。其中有高被引科学家的大学中美国有 6 所，中国(包含港澳台)有 31 所，英国有 7 所。其他进入计算机科学学科师资力量排名的中国(包含港澳台)大学如表 3-74 所示。

表 3-74 计算机科学学科高被引科学家数排名（前 8 位与中国大学）

高被引科学家数排名	机构名称	国家/地区	高被引科学家数排名	机构名称	国家/地区
1	斯文本科技大学	澳大利亚	8	渤海大学	中国
2	格拉纳达大学	西班牙	8	弗吉尼亚理工学院暨州立大学	美国
2	电子科技大学	中国	8	伦敦玛丽王后大学	英国
2	东南大学	中国	8	奥卢大学	芬兰
2	沙特国王大学	沙特阿拉伯	8	布鲁内尔大学	英国
2	辽宁工业大学	中国	8	安徽大学	中国
2	南洋理工大学	新加坡	8	哈里发理工大学	阿拉伯联合酋长国
8	深圳大学	中国	8	南方科技大学	中国
8	西北工业大学	中国	8	惠灵顿瑞士维多利亚大学	新西兰
8	中国东北大学	中国			
其他中国机构：20. 清华大学；20. 西安电子科技大学；20. 北京邮电大学；20. 浙江大学；20. 香港城市大学；20. 大连理工大学；20. 武汉大学；20. 华南理工大学；20. 上海交通大学；20. 南京信息工程大学；20. 四川大学；20. 广东工业大学；20. 青岛大学；20. 广州大学；20. 香港科技大学；20. 重庆邮电大学；20. 北京科技大学；20. 香港大学；20. 亚洲大学(中国台湾)；20. 福建师范大学；20. 中国石油大学；20. 太原科技大学					

（六）经济学与商学

进入 ESI 经济学与商学学科排名的大学共有 408 所。从国家或地区分布来看，这些大学分别隶属于美国、英国、中国、法国、澳大利亚、加拿大、德国、西班牙、瑞士、意大利等 32 个国家或地区，如图 3-6 所示。

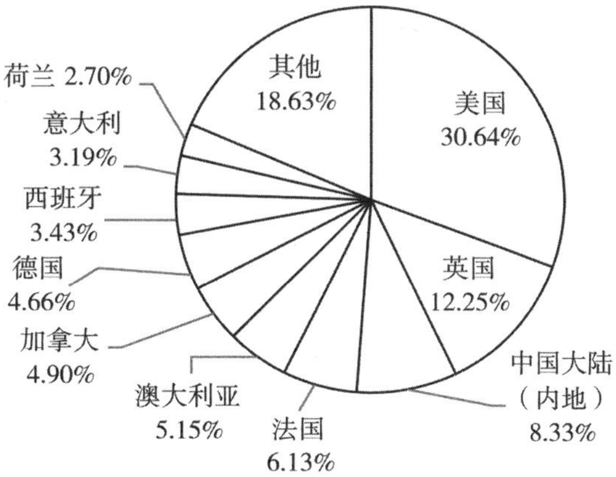

图 3-6 进入 ESI 经济学与商学学科排名的大学的国家或地区分布

从图 3-6 可以很直观地看出各个国家进入排名的大学数量的比例。其中美国(125 所)占 30.64%，英国(50 所)占 12.25%，中国大陆(内地)(34 所)占 8.33%，法国(25 所)占 6.13%等。从进入 ESI 经济学与商学学科排名的大学数量来看，美国属于经济学与商学学科领域的绝对“霸主”。此外，英国的 50 所和中国大陆(内地)的 34 所大学也属于该学科领域不可低估的重要科研主力军。中国目前只有 44 所大学进入该排名，其中，中国内地(大陆)34 所、中国香港 6 所、中国台湾 3 所、中国澳门 1 所。

1. 经济学与商学学科竞争力综合排名分析

如表 3-75 所示，ESI 经济学与商学学科的科研竞争力综合排名位居前 10 位的大学有 7 所来自美国，更值得注意的是，该学科的综合排名居前 20 位的有 11 所来自美国，居该学科前 40 位的有 21 所来自美国，居前 100 位的有 37 所来自美国。可见美国在经济学与商学学科领域的科研竞争综合实力是目前世界上任何一个国家或地区都无法超越的。中国(包含港澳台)进入该学科综合排名前 100 位的大学有 13 所。

表 3-75　经济学与商学学科综合排名（前 10 位与中国大学）

综合排名	机构名称	星级	档次	国家/地区	综合排名	机构名称	星级	档次	国家/地区
1	哈佛大学	5★+	一流学科	美国	6	鹿特丹大学	5★	一流学科	荷兰
2	加利福尼亚大学伯克利分校	5★+	一流学科	美国	7	莫纳什大学	5★	一流学科	澳大利亚
3	麻省理工学院	5★+	一流学科	美国	8	伦敦政治经济学院	5★	一流学科	英国
4	斯坦福大学	5★+	一流学科	美国	9	宾夕法尼亚大学	5★	一流学科	美国
5	芝加哥大学	5★	一流学科	美国	10	纽约大学	5★	一流学科	美国
其他中国机构：13. 西南财经大学；16. 中南大学；22. 上海财经大学；26. 中国人民大学；28. 对外经济贸易大学；36. 中南财经政法大学；51. 北京大学；62. 北京理工大学；65. 华中科技大学；75. 武汉大学；76. 清华大学；81. 中央财经大学；89. 复旦大学；105. 厦门大学；106. 香港理工大学；112. 台湾大学；120. 香港城市大学；122. 浙江大学；128. 南京大学；131. 暨南大学；132. 香港大学；143. 香港中文大学；148. 上海交通大学；158. 西安交通大学；160. 香港科技大学；170. 江西财经大学；171. 上海大学；179. 西南交通大学；180. 中山大学；190. 湖南大学；239. 四川大学；256. 南开大学；264. 天津大学；274. 同济大学；278. 山东大学；310. 中国科学技术大学；311. 北京师范大学；317. 台湾政治大学；330. 中国科学院大学；359. 香港浸会大学；378. 台湾中山大学；382. 澳门大学；387. 宁波诺丁汉大学；394. 中欧国际工商学院									

2. 经济学与商学学科的科研能力排名分析

从发文量来看，如表 3-76 所示，位居前 10 位的大学中有 6 所来自美国，而发文量居前 20 位、前 30 位、前 40 位、前 100 位中分别有 10 所、12 所、15 所、34 所大学来自美国，可见美国是该学科领域绝对的超级科研生产大国。发文量居前 100 位中英国大学占 14 所，其中除伦敦政治经济学院(第 2 名)和牛津大学(第 6 位)进入前 10 位外，曼彻斯特大学(第 17 位)、剑桥大学(第 23 位)、华威大学(第 25 位)、诺丁汉大学(第 35 位)等英国学校在该学科领域的科研生产力也是不容忽视的。中国(包含港澳台)有 44 所大学进入排名。

表 3-76　经济学与商学学科发文量排名（前 10 位与中国大学）

发文量排名	机构名称	国家/地区	发文量排名	机构名称	国家/地区
1	哈佛大学	美国	6	牛津大学	英国
2	伦敦政治经济学院	英国	7	斯坦福大学	美国
3	莫纳什大学	澳大利亚	8	宾夕法尼亚大学	美国
4	北卡罗来纳大学	美国	9	哥伦比亚大学	美国
5	鹿特丹大学	荷兰	10	麻省理工学院	美国

续表

其他中国机构：10. 中国人民大学；19. 北京大学；30. 西南财经大学；41. 清华大学；44. 浙江大学；52. 上海财经大学；54. 中央财经大学；59. 香港理工大学；60. 厦门大学；67. 对外经济贸易大学；69. 香港城市大学；72. 西安交通大学；75. 复旦大学；78. 上海交通大学；87. 香港中文大学；90. 香港大学；93. 中山大学；98. 中南财经政法大学；130. 湖南大学；135. 武汉大学；146. 华中科技大学；151. 台湾大学；157. 南京大学；158. 香港科技大学；163. 暨南大学；201. 南开大学；203. 台湾政治大学；209. 天津大学；225. 山东大学；232. 四川大学；240. 北京师范大学；254. 同济大学；261. 上海大学；290. 中国科学技术大学；304. 北京理工大学；304. 澳门大学；330. 江西财经大学；332. 台湾中山大学；334. 西南交通大学；337. 中国科学院大学；338. 香港浸会大学；349. 中南大学；357. 宁波诺丁汉大学；392. 中欧国际工商学院

从发文数量来看，该学科发文量大于等于 2000 篇的大学有 25 所，不少于 1500 篇但少于 2000 篇的有 33 所，不少于 1000 篇但少于 1500 篇的有 81 所，不少于 500 篇但少于 1000 篇的有 217 所，少于 500 篇的有 52 所(发文量最少的为 85 篇)。由此可见，发文量在 1000 篇以上的大学(139 所)占到入选 ESI 经济学与商学学科排名大学数(408 所)的 34.07%，发文总量(217512 篇)占到入选 ESI 经济学与商学学科排名的 408 所大学发文总量(398424 篇)的 54.59%。其中，发文量在 1000 篇以上的大学有 38 所来自美国，占到入选 ESI 经济学与商学学科排名大学数(408 所)的 9.31%，总发文量(67085 篇)占到了入选 ESI 经济学与商学学科的 408 所大学发文总量(398424 篇)的 16.84%，占到了发文数量在 1000 篇以上的大学发文总量(217512 篇)的 30.84%，该学科领域发文量排名前 1/4 的大学承担了该学科近 4/9 的科研生产力，其中美国的前 65 所大学承担了近 1/4 的科研生产力。中国(包含港澳台)的 44 所大学发文量如下：中国人民大学(2369 篇)、北京大学(2175 篇)、西南财经大学(1948 篇)、清华大学(1705 篇)、浙江大学(1680 篇)、上海财经大学(1599 篇)、中央财经大学(1564 篇)、香港理工大学(1498 篇)、厦门大学(1491 篇)、对外经济贸易大学(1442 篇)、香港城市大学(1417 篇)、西安交通大学(1388 篇)、复旦大学(1349 篇)、上海交通大学(1336 篇)、香港中文大学(1251 篇)、香港大学(1241 篇)、中山大学(1222 篇)、中南财经政法大学(1198 篇)、湖南大学(1052 篇)、武汉大学(1010 篇)、华中科技大学(981 篇)、台湾大学(962 篇)、南京大学(954 篇)、香港科技大学(953 篇)、暨南大学(943 篇)、南开大学(843 篇)、台湾政治大学(834 篇)、天津大学(823 篇)、山东大学(778 篇)、四川大学(767 篇)、北京师范大学(745 篇)、同济大学(717 篇)、上海大学(697 篇)、中国科学技术大学(637 篇)、北京理工大学(602 篇)、澳门大学(602 篇)、江西财经大学(553 篇)、台湾中山大学(551 篇)、西南交通大学(550 篇)、中国科学院大学(542 篇)、香港浸会大学(540 篇)、中南大学(516 篇)、宁波诺丁汉大学(499 篇)、中欧国际工商学院(396 篇)，除前 20 所大学外，发文量均在 1000 篇以下，与美国排名靠前的大学的科研生产力有着巨大的差距。可见，中国想要在该学科领域建设世界高水平知名、著名乃至顶尖水准的学科，在增强学科科研生产力方面还有很长的路要走。

3. 经济学与商学学科科研影响力排名分析

从总被引次数来看，位居前 10 位的大学中美国占 9 所。居前 20 位的美国的大学有 16 所，居前 30 位的美国的大学有 20 所，居前 60 位的美国的大学有 32 所，可见，美国有一大批大学在经济学与商学学科领域有着巨大的科研影响力。除了美国外，在总被引次数方面，荷兰、英国、加拿大等国家的一些大学也值得关注，例如，荷兰的鹿特丹大学、蒂尔堡大学排在第 11 位、第 25 位，英国的伦敦政治经济学院、牛津大学、剑桥大学分别排在第 7 位、第 15 位、第 23 位，加拿大的多伦多大学排在第 26 位，这些大学在该领域也具有较大的科研影响力。中国(包含港澳台)的 44 所大学进入总排名，其中有 11 所进入前 100 位之列，在该学科领域具有一定的科研影响力，如表 3-77 所示。

表 3-77　经济学与商学学科总被引次数排名(前 10 位与中国大学)

总被引次数排名	机构名称	国家/地区	总被引次数排名	机构名称	国家/地区
1	哈佛大学	美国	6	宾夕法尼亚大学	美国
2	麻省理工学院	美国	7	伦敦政治经济学院	英国
3	斯坦福大学	美国	8	哥伦比亚大学	美国
4	加利福尼亚大学伯克利分校	美国	9	纽约大学	美国
5	芝加哥大学	美国	10	北卡罗来纳大学	美国

其他中国机构：41. 北京大学；51. 清华大学；57. 中国人民大学；59. 香港理工大学；62. 香港城市大学；67. 西南财经大学；84. 香港科技大学；89. 香港中文大学；90. 香港大学；95. 厦门大学；100. 浙江大学；102. 上海交通大学；105. 上海财经大学；133. 复旦大学；138. 中央财经大学；141. 中山大学；152. 对外经济贸易大学；156. 西安交通大学；183. 湖南大学；188. 华中科技大学；189. 北京理工大学；219. 南京大学；241. 暨南大学；264. 中南大学；265. 武汉大学；266. 台湾大学；281. 南开大学；283. 同济大学；288. 中南财经政法大学；295. 中国科学技术大学；301. 四川大学；309. 中国科学院大学；311. 香港浸会大学；313. 天津大学；344. 中欧国际工商学院；350. 台湾政治大学；351. 江西财经大学；352. 北京师范大学；353. 上海大学；356. 山东大学；360. 西南交通大学；382. 宁波诺丁汉大学；384. 澳门大学；406. 台湾中山大学

从总被引次数的统计数据看，总被引次数大于等于 50000 次的大学共有 13 所，分别是哈佛大学(美国)、麻省理工学院(美国)、斯坦福大学(美国)、加利福尼亚大学伯克利分校(美国)、芝加哥大学(美国)、宾夕法尼亚大学(美国)、伦敦政治经济学院(英国)、哥伦比亚大学(美国)、纽约大学(美国)、北卡罗来纳大学(美国)、鹿特丹大学(荷兰)、美国西北大学(美国)、密歇根大学(美国)，其中有 11 所来自美国；不少于 30000 次但少于 50000 次的有 37 所，其中 18 所来自美国；不少于 20000 次但少于 30000 次的有 70 所，其中 20 所来自美国；不少于 10000 次但少于 20000 次的有 170 所；不少于 5000 次但少于 10000 次的有 118 所。中国(包含港澳台)的 44 所大学总被引次数如下：北京大学(34222 次)、清华大学(29942 次)、中国人民大学(28616 次)、香港理工大学(28146 次)、香港城市大学(27981 次)、西南财经大学(27415 次)、香港科技大学(24403 次)、香港中文大学(24015 次)、香港大学(24007 次)、厦门大学(22932 次)、浙江大学(22121 次)、上海交通大学(21748 次)、上海财经大学(21324 次)、复旦大学(18606 次)、中央财经大学(18178 次)、中山大学(18010 次)、对外经济贸易大学(17128 次)、西安交通大学(16989 次)、湖南大学(14960 次)、华中科技大学(14538 次)、北京理工大学(14509 次)、南京大学(13128 次)、暨南大学(12183 次)、中南大学(11436 次)、武汉大学(11416 次)、台湾大学(11415 次)、南开大学(10503 次)、同济大学(10368 次)、中南财经政法大学(10097 次)、中国科学技术大学(9877 次)、四川大学(9704 次)、中国科学院大学(9509 次)、香港浸会大学(9505 次)、天津大学(9488 次)、中欧国际工商学院(8529 次)、台湾政治大学(8445 次)、江西财经大学(8426 次)、北京师范大学(8424 次)、上海大学(8357 次)、山东大学(8197 次)、西南交通大学(7988 次)、宁波诺丁汉大学(7310 次)、澳门大学(7298 次)、台湾中山大学(6728 次)。中国在该学科领域有一定的科研影响力，但与美国、英国、加拿大、荷兰等国家相比，还存在不小的差距。

4. 经济学与商学学科影响力排名分析

高被引论文数排名前 10 位的大学有 9 所来自美国，可见美国有一批数量众多的大学始终走在经济学与商科学科的前列，如表 3-78 所示。

表 3-78 经济学与商学学科高被引论文数排名（前 10 位与中国大学）

高被引论文数排名	机构名称	国家/地区	高被引论文数排名	机构名称	国家/地区
1	哈佛大学	美国	6	宾夕法尼亚大学	美国
2	芝加哥大学	美国	7	耶鲁大学	美国
3	麻省理工学院	美国	8	哥伦比亚大学	美国
4	加利福尼亚大学伯克利分校	美国	8	西南财经大学	中国
5	斯坦福大学	美国	10	纽约大学	美国
其他中国机构：14. 中南大学；20. 清华大学；25. 北京理工大学；29. 北京大学；29. 厦门大学；40. 上海财经大学；45. 对外经济贸易大学；49. 香港理工大学；53. 香港大学；58. 香港科技大学；72. 中国人民大学；72. 香港城市大学；79. 复旦大学；79. 西安交通大学；88. 华中科技大学；88. 香港中文大学；98. 中央财经大学；98. 浙江大学；98. 上海交通大学；98. 江西财经大学；108. 南京大学；108. 湖南大学；108. 四川大学；117. 中南财经政法大学；117. 武汉大学；128. 暨南大学；128. 西南交通大学；149. 中山大学；175. 上海大学；184. 同济大学；184. 山东大学；208. 台湾大学；208. 南开大学；208. 天津大学；228. 中国科学院大学；253. 中国科学技术大学；285. 北京师范大学；334. 台湾中山大学；358. 香港浸会大学；358. 宁波诺丁汉大学；358. 中欧国际工商学院；382. 台湾政治大学；403. 澳门大学					

5. 经济学与商学学科师资力量排名分析

从高被引科学家数来看，加利福尼亚大学伯克利分校(美国)的高被引科学家有 5 人；哈佛大学(美国)、麻省理工学院(美国)、斯坦福大学(美国)的高被引科学家有 4 人；有 3 位高被引科学家数的大学有 1 所，是芝加哥大学(美国)；有 2 位高被引科学家的大学有 3 所；有 1 位高被引科学家的大学有 44 所；其他 356 所大学均没有高被引科学家。中国(包含港澳台)拥有经济学与商学学科高被引科学家的大学只有 1 所，如表 3-79 所示。中国的经济学与商学学科师资力量亟待加强。

表 3-79 经济学与商学学科高被引科学家数排名（前 6 位与中国大学）

高被引科学家数排名	机构名称	国家/地区	高被引科学家数排名	机构名称	国家/地区
1	加利福尼亚大学伯克利分校	美国	5	芝加哥大学	美国
2	哈佛大学	美国	6	新加坡国立大学	新加坡
2	麻省理工学院	美国	6	哥本哈根商学院	丹麦
2	斯坦福大学	美国	6	博尔扎诺自由大学	意大利
其他中国机构：9. 台湾大学					

(七)工程学

进入 ESI 工程学学科排名的大学共有 1787 所。从国家或地区分布来看，这些大学分别隶属于中国、美国、英国、印度、法国、土耳其、韩国、德国、伊朗、意大利等 81 个国家或地区。这些大学的国家或地区分布情况如图 3-7 所示。

中国(包含港澳台)的大学数量位居第 1 位，美国的大学数量位居第 2 位，中国大陆(内地)有 337 所大学，中国台湾有 33 所，中国香港有 7 所，中国澳门地区有 2 所。

1. 工程学学科竞争力综合排名分析

从综合排名来看，进入前 100 位的中国(包含港澳台)的大学有 53 所，包括 3 所中国香港的大学。中国(包含港澳台)其他进入 ESI 工程学学科排名的大学如表 3-80 所示。

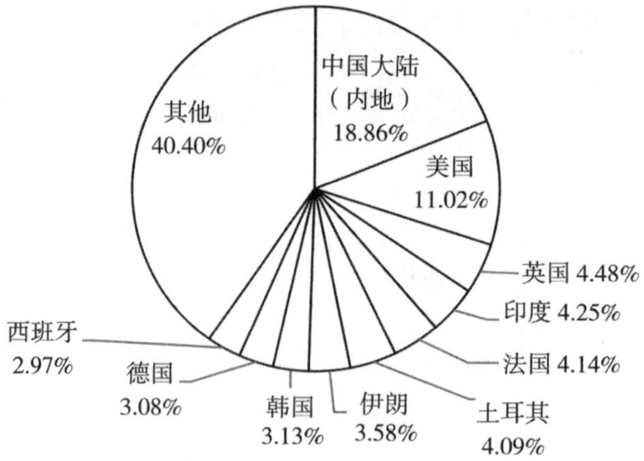

图 3-7 进入 ESI 工程学学科排名的大学的国家或地区分布

表 3-80 工程学学科综合排名(前 10 位与中国大学)

综合排名	机构名称	名次所居比例/%	档次	国家/地区	综合排名	机构名称	名次所居比例/%	档次	国家/地区
1	斯坦福大学	5★+	一流学科	美国	6	浙江大学	5★+	一流学科	中国
2	西安交通大学	5★+	一流学科	中国	7	东南大学	5★+	一流学科	中国
3	清华大学	5★+	一流学科	中国	8	重庆大学	5★+	一流学科	中国
4	哈尔滨工业大学	5★+	一流学科	中国	9	华中科技大学	5★+	一流学科	中国
5	北京理工大学	5★+	一流学科	中国	10	上海交通大学	5★+	一流学科	中国

其他中国机构：11. 北京航空航天大学；12. 电子科技大学；13. 香港理工大学；14. 华南理工大学；16. 湖南大学；18. 西北工业大学；19. 天津大学；20. 中国科学院大学；21. 同济大学；23. 香港城市大学；24. 中国石油大学；28. 中南大学；29. 大连理工大学；30. 中国东北大学；33. 武汉大学；37. 广东工业大学；38. 中国科学技术大学；39. 四川大学；41. 山东大学；42. 北京大学；46. 中国地质大学；47. 南京大学；49. 上海大学；51. 南京理工大学；52. 南京航空航天大学；53. 辽宁工业大学；58. 渤海大学；59. 西南交通大学；62. 南开大学；65. 南京邮电大学；66. 中国矿业大学；71. 北京科技大学；72. 浙江工业大学；76. 北京交通大学；77. 江苏大学；79. 华东师范大学；81. 西安电子科技大学；82. 华北电力大学；83. 厦门大学；86. 澳门大学；87. 中山大学；88. 北京工业大学；95. 哈尔滨工程大学；97. 香港大学；102. 香港科技大学；103. 河海大学；105. 复旦大学；106. 武汉理工大学；107. 郑州大学；110. 深圳大学；113. 吉林大学；117. 江南大学；118. 青岛大学；122. 广州大学；124. 西安建筑科技大学；125. 国防科学技术大学；126. 西南科技大学；128. 香港中文大学；129. 杭州电子科技大学；132. 苏州大学；133. 东北电力大学；139. 天津工业大学；141. 南昌大学；142. 南京林业大学；143. 吉首大学；145. 合肥工业大学；149. 常州大学；152. 青岛理工大学；156. 山东科技大学；157. 武汉科技大学；158. 长安大学；161. 南方科技大学；162. 上海理工大学；164. 台湾成功大学；165. 北京化工大学；168. 成都大学；169. 台湾中国医药大学；176. 福州大学；181. 华东理工大学；190. 南京信息工程大学；191. 东华大学；200. 西安理工大学；207. 广西大学；208. 北京邮电大学；219. 西南石油大学；227. 燕山大学；228. 大连海事大学；230. 河北工业大学；240. 台湾大学；245. 太原理工大学；246. 安徽大学；250. 哈尔滨理工大学；252. 温州大学；256. 中国海洋大学；261. 西南财经大学；264. 北京师范大学；267. 海南大学；272. 沈阳航空航天大学；275. 曲阜师范大学；285. 浙江师范大学；288. 江苏科技大学；294. 中国农业大学；296. 贵州大学；297. 兰州理工大学；301. 中北大学；307. 南京工业大学；308. 青岛科技大学；311. 南京师范大学；313. 长沙理工大学；320. 湖南工业大学；324. 河北大学；328. 西南大学；332. 山东工商学院；334. 河南理工大学；335. 深圳城市学院；343. 华侨大学；348. 浙江农林大学；357. 台湾阳明交通大学；360. 昆明理工大学；364. 北京建筑大学土木与交通工程学院；367. 聊城大学；373. 扬州大学；375. 重庆邮电大学；378. 台湾清华大学；380. 中国计量大学；382. 山东师范大学；385. 河南大学；388. 华东交通大学；389. 上海工程技术大学；390. 暨南大学；391. 山东理工大学；396. 高雄科技大学；397. 亚洲大学(中国台湾)；398. 浙江海洋大学；399. 台湾科技大学；426. 上海海事大学；429. 安徽理工大学；434. 桂林电子科技大学；439. 西北农林科技大学；449. 宁波大学；450. 香港中文大学(深圳)；455. 安徽工业大学；461. 三峡大学；465. 兰州大学；469. 长江大学；473. 元智大学；474. 西交利物浦大学；482. 安徽财经大学；485. 山东财经大学；

续表

491. 中国人民解放军空军工程大学；507. 华南师范大学；508. 苏州科技大学；513. 湖南科技大学；516. 东海大学(中国台湾)；517. 南通大学；524. 台湾云林科技大学；529. 对外经济贸易大学；530. 台北科技大学；539. 徐州工程学院；546. 天津理工大学；559. 中国民航大学；561. 重庆工商大学；576. 齐鲁工业大学；577. 济南大学；581. 湖南师范大学；590. 山东建筑大学；595. 华中农业大学；596. 浙江工商大学；607. 中国人民大学；610. 四川师范大学；611. 勤益科技大学；612. 澳门科技大学；618. 江西科技学院；621. 沈阳工业大学；622. 中国人民解放军陆军工程大学；624. 兰州交通大学；628. 西安科技大学；644. 南京工程学院；651. 湘潭大学；652. 浙江理工大学；654. 宁波诺丁汉大学；656. 湖北大学；663. 闽江学院；666. 上海财经大学；676. 北京林业大学；677. 上海科技大学；688. 沈阳建筑大学；689. 鲁东大学；694. 武汉工程大学；697. 太原科技大学；698. 天津商业大学；711. 西北师范大学；713. 河北工程大学；716. 新疆大学；719. 重庆交通大学；720. 西北大学；725. 华南农业大学；731. 台湾中山大学；734. 南京农业大学；735. 福建理工大学；740. 成都理工大学；743. 上海电力大学；745. 华北理工大学；747. 上海海洋大学；752. 北京工商大学；754. 青岛农业大学；759. 杭州师范大学；765. 陕西科技大学；771. 湖北工业大学；776. 温州医科大学；784. 东莞理工学院；789. 山西大学；791. 福建师范大学；801. 西华师范大学；805. 陕西师范大学；806. 南昌航空大学；809. 广西科技大学；810. 湖北经济学院；812. 台湾中兴大学；815. 台湾“中央”大学；830. 佛山科学技术学院；835. 上海第二工业大学；841. 广东外语外贸大学；846. 河北农业大学；848. 江苏海洋大学；851. 河南师范大学；860. 香港浸会大学；861. 河南科技大学；288. 江苏科技大学；874. 逢甲大学；878. 河南农业大学；879. 郑州轻工业大学；881. 湖北文理学院；892. 东北石油大学；893. 首都经济贸易大学；901. 汕头大学；903. 东北财经大学；909. 中南林业科技大学；910. 长江师范学院；911. 台湾中原大学；913. 东北农业大学；918. 中国人民解放军海军工程大学；931. 东北林业大学；932. 东北师范大学；933. 黑龙江大学；936. 湖南农业大学；939. 烟台大学；945. 绍兴文理学院；957. 河南工业大学；958. 重庆理工大学；967. 广西师范大学；969. 北方工业大学；989. 安徽工程大学；991. 江西财经大学；993. 华北水利水电大学；994. 西安工业大学；995. 西华大学；1015. 中国人民解放军火箭军工程大学；1016. 云南大学；1025. 宁夏大学；1026. 福建农林大学；1036. 华中师范大学；1039. 湖州师范学院；1040. 北京信息科技大学；1047. 江苏师范大学；1057. 石家庄铁道学院；1063. 广东石油化工学院；1064. 长庚大学；1069. 台湾海洋大学；1070. 西安邮电大学；1071. 武汉纺织大学；1078. 浙江财经大学；1084. 浙江科技学院；1097. 桂林工业大学；1103. 辽宁工程技术大学；1105. 长春科技大学；1117. 台湾中正大学；1124. 淮阴工学院；1129. 南华大学；1143. 盐城工学院；1144. 天津城建学院；1148. 天津科技大学；1167. 四川农业大学；1168. 厦门理工学院；1176. 中南民族大学；1177. 南京财经大学；1180. 重庆师范大学；1183. 河北科技大学；1186. 中南财经政法大学；1187. 大连工业大学；1193. 淡江大学；1203. 中国人民解放军信息工程大学；1205. 重庆科技大学；320. 湖南工业大学；1233. 成都信息工程大学；1235. 明志科技大学；1240. 辽宁石油化工大学；1243. 长春工业大学；1244. 大连交通大学；1245. 西安石油大学；1259. 上海师范大学；1261. 内蒙古工业大学；1267. 中原工学院；1270. 云南师范大学；1275. 江西师范大学；1279. 仲恺农业工程学院；1281. 四川轻化工大学；1285. 东华理工大学；1292. 上海应用技术大学；1294. 集美大学；1325. 首都师范大学；1342. 深圳职业技术大学；1351. 北方民族大学；1352. 西安工程大学；1354. 内蒙古科技大学；1358. 辽宁大学；1361. 辽宁科技大学；1364. 安徽师范大学；1365. 石河子大学；1373. 深圳信息职业技术学院；1374. 内蒙古大学；1379. 朝阳科技大学；1388. 中央财经大学；1390. 台湾虎尾科技大学；1391. 辽宁师范大学；1394. 临沂大学；1400. 安徽建筑大学；1420. 大连民族大学；1428. 中国科技大学；1432. 湖北师范大学；1435. 香港教育大学；1437. 淮阴师范学院；1441. 延安大学；1453. 广西民族大学；1454. 嘉兴学院；1465. 中央民族大学；1471. 山东农业大学；1476. 哈尔滨师范大学；1479. 安徽农业大学；1481. 南京审计大学；1484. 台湾师范大学；1492. 宜兰大学；1516. 吉林师范大学；1518. 天津师范大学；1532. 青海大学；1555. 齐齐哈尔大学；1570. 西南民族大学；1571. 合肥大学；1575. 云南财经大学；1581. 宁波工程学院；1591. 五邑大学；1592. 重庆文理学院；1607. 广东海洋大学；1620. 浙江水利水电学院；1623. 天津职业技术师范大学；1626. 山东交通学院；1632. 高雄医科大学；1648. 江西农业大学；1650. 南方医科大学；1658. 西藏大学；1664. 宝鸡文理学院；1684. 信阳师范学院；1689. 华龙科技大学；1707. 广东技术师范大学；1711. 河北师范大学；1714. 台湾联合大学；1722. 台湾屏东科技大学；1726. 沈阳化工大学；1754. 台湾东华大学；1777. 高雄大学

2. 工程学学科科研能力排名分析

工程学学科发文量超过 6000 篇的大学有 83 所，它们分别是：西安交通大学(中国)、清华大学(中国)、哈尔滨工业大学(中国)、北京理工大学(中国)、浙江大学(中国)、东南大学(中国)、重庆大学(中国)、华中科技大学(中国)、上海交通大学(中国)、北京航空航天大学(中国)、电子科技大学(中国)、香港理工大学(中国香港)、华南理工大学(中国)、代尔夫特理工大学(荷兰)、湖南大学(中国)、伊利诺伊大学厄巴纳香槟分校(美国)、西北工业大学(中国)、天津大学(中国)、中国科学院大学(中国)、同济大学(中国)、南洋理工大学(新加坡)、香港城市大学(中国香港)、中国石油大学(中国)、阿卜杜勒阿齐兹国王大学(沙特阿拉伯)、东京大学(日本)、中南大学(中国)、大连理工大学(中国)、中国东北大学(中国)、伊斯兰阿扎德大学(伊朗)、武汉大学(中国)、新南威尔斯大学(澳大利亚)、广东工业大学(中国)、中国科学技术大学(中国)、四川大学(中国)、新加坡国立大学(新加坡)、山东大学(中国)、北京大学(中国)、中国地质大学(中国)、上海大学(中国)、阿尔伯塔大学(加拿大)、南京理工大学(中国)、南京航空航天大学(中国)、麻省理工学院(美国)、奥尔堡大学(丹麦)、伦敦帝国学院(英国)、西南交通大学(中国)、德黑兰大学(伊朗)、汉阳大学(韩国)、中国矿业大学(中国)、密歇根大学(美国)、丹麦科技大学(丹麦)、佐治亚理工学院(美国)、北京科技大学(中国)、苏黎世联邦理工学院(瑞士)、北京交通大学(中国)、江苏大学(中国)、西安电子科技大学(中国)、华北电力大学(中国)、中山大学(中国)、北京工业大学(中国)、挪威科技大学(挪威)、首尔大学(韩国)、哈尔滨工程大学(中国)、米兰大学理工学院(意大利)、河海大学(中国)、瑞典皇家理工学院(瑞典)、武汉理工大学(中国)、深圳大学(中国)、韩国科学技术院(韩国)、吉林大学(中国)、布列塔尼-卢瓦尔大学(法国)、普渡大学(美国)、普渡大学-西拉斐特(美国)、国防科学技术大学(中国)、伊朗科技大学(伊朗)、宾夕法尼亚州立大学(美国)、里斯本大学(葡萄牙)、得克萨斯农工大学(美国)、巴黎萨克雷大学(法国)、合肥工业大学(中国)、谢里夫理工大学(伊朗)、阿米尔卡比尔理工大学(伊朗)、都灵大学理工学院(意大利)。发文量超过5000篇但少于等于6000篇的有33所，超过4000篇但少于等于5000篇的有48所，超过3000篇但少于等于4000篇的有82所，超过2000篇但少于等于3000篇的有153所，超过1000篇但少于等于2000篇的有380所，发文量在100篇以上但少于等于1000篇的有1005所，100篇及以下的有3所。中国(包含港澳台)在ESI工程学学科发文量排名进入前100名的大学共有51所。其他进入ESI工程学学科发文量排名的中国(包含港澳台)大学如表3-81所示。

表3-81　工程学学科发文量排名(前10位与中国大学)

发文量排名	机构名称	国家/地区	发文量排名	机构名称	国家/地区
1	清华大学	中国	6	东南大学	中国
2	哈尔滨工业大学	中国	7	中国科学院大学	中国
3	上海交通大学	中国	8	天津大学	中国
4	西安交通大学	中国	9	北京航空航天大学	中国
5	浙江大学	中国	10	华中科技大学	中国

其他中国机构：11. 同济大学；12. 重庆大学；14. 大连理工大学；15. 西北工业大学；16. 南京航空航天大学；17. 北京理工大学；18. 电子科技大学；19. 华南理工大学；20. 中南大学；21. 香港理工大学；22. 中国矿业大学；24. 中国科学技术大学；25. 山东大学；26. 中国石油大学；27. 西南交通大学；28. 湖南大学；29. 中国东北大学；30. 西安电子科技大学；31. 华北电力大学；33. 北京交通大学；35. 南京理工大学；36. 武汉大学；37. 四川大学；42. 北京工业大学；43. 香港城市大学；44. 国防科学技术大学；46. 河海大学；47. 哈尔滨工程大学；54. 吉林大学；55. 北京大学；57. 中山大学；60. 江苏大学；61. 武汉理工大学；64. 北京科技大学；66. 合肥工业大学；71. 上海大学；73. 深圳大学；77. 中国地质大学；82. 广东工业大学；93. 北京邮电大学；98. 台湾成功大学；104. 香港科技大学；107. 香港大学；109. 台湾大学；111. 山东科技大学；112. 厦门大学；117. 长安大学；124. 郑州大学；125. 复旦大学；130. 浙江工业大学；135. 燕山大学；138. 上海理工大学；139. 南京大学；140. 台湾阳明交通大学；143. 福州大学；148. 华东理工大学；157. 西南石油大学；164. 杭州电子科技大学；167. 南京工业大学；168. 南京邮电大学；171. 大连海事大学；172. 太原理工大学；176. 广西大学；178. 河北工业大学；179. 西安建筑科技大学；181. 西安理工大学；193. 台湾科技大学；195. 广州大学；199. 澳门大学；200. 苏州大学；202. 江南大学；204. 南方科技大学；213. 香港中文大学；215. 昆明理工大学；230. 南京信息工程大学；233. 长沙理工大学；234. 南开大学；256. 台湾清华大学；257. 宁波大学；260. 北京

续表

化工大学；267. 中国海洋大学；268. 河南理工大学；274. 北京师范大学；285. 南京林业大学；286. 东华大学；287. 中国人民解放军陆军工程大学；292. 上海海事大学；294. 台北科技大学；304. 青岛大学；309. 江苏科技大学；311. 暨南大学；326. 安徽大学；327. 重庆邮电大学；330. 扬州大学；334. 中国农业大学；341. 兰州理工大学；345. 青岛理工大学；346. 西南大学；348. 中国人民解放军空军工程大学；350. 武汉科技大学；359. 兰州大学；360. 青岛科技大学；361. 南昌大学；365. 南京师范大学；370. 天津工业大学；377. 西安科技大学；378. 中北大学；379. 重庆交通大学；380. 桂林电子科技大学；381. 哈尔滨理工大学；386. 浙江理工大学；389. 华东师范大学；391. 高雄科技大学；395. 华侨大学；405. 齐鲁工业大学；423. 贵州大学；428. 山东理工大学；430. 东北电力大学；436. 深圳城市学院；438. 上海工程技术大学；447. 台湾中山大学；450. 新疆大学；453. 台湾"中央"大学；455. 温州大学；456. 华东交通大学；460. 安徽理工大学；461. 台湾中国医药大学；461. 山东师范大学；465. 西北农林科技大学；472. 西南科技大学；476. 湘潭大学；483. 上海电力大学；486. 湖南科技大学；492. 台湾云林科技大学；493. 南通大学；500. 北京建筑大学土木与交通工程学院；501. 中国计量大学；503. 常州大学；505. 济南大学；507. 成都理工大学；512. 三峡大学；525. 山东建筑大学；526. 西北大学；538. 华南师范大学；542. 河南科技大学；546. 安徽工业大学；548. 曲阜师范大学；553. 天津理工大学；555. 台湾中兴大学；557. 中国人民解放军海军工程大学；564. 逢甲大学；568. 澳门科技大学；572. 沈阳工业大学；579. 苏州科技大学；586. 湖北工业大学；587. 兰州交通大学；593. 海南大学；596. 南京工程学院；598. 郑州轻工业大学；601. 台湾海洋大学；613. 山西大学；616. 浙江师范大学；620. 西华大学；634. 东北石油大学；640. 石家庄铁道学院；642. 武汉工程大学；654. 北京林业大学；655. 长江大学；668. 东北林业大学；672. 沈阳航空航天大学；672. 东莞理工学院；675. 长春科技大学；682. 重庆理工大学；686. 宁波诺丁汉大学；686. 北京信息科技大学；690. 台湾中原大学；692. 勤益科技大学；693. 宁夏大学；702. 华南农业大学；703. 中国人民解放军火箭军工程大学；706. 华北水利水电大学；716. 汕头大学；717. 聊城大学；717. 南昌航空大学；719. 北方工业大学；722. 辽宁工程技术大学；723. 元智大学；726. 陕西科技大学；730. 中国人民解放军信息工程大学；731. 西安工业大学；746. 中国民航大学；750. 长庚大学；751. 陕西师范大学；762. 西安邮电大学；766. 成都大学；777. 香港中文大学(深圳)；780. 河南大学；785. 云南大学；787. 太原科技大学；787. 河南工业大学；793. 烟台大学；795. 亚洲大学(中国台湾)；804. 湖南师范大学；806. 南京农业大学；811. 沈阳建筑大学；820. 内蒙古工业大学；830. 西安石油大学；838. 台湾中正大学；839. 渤海大学；851. 西交利物浦大学；851. 浙江工商大学；854. 江西科技学院；855. 上海科技大学；857. 佛山科学技术学院；859. 安徽工程大学；862. 华中农业大学；867. 河南师范大学；868. 中国人民大学；871. 西南财经大学；875. 重庆科技大学；888. 桂林工业大学；898. 黑龙江大学；920. 天津城建学院；923. 福建理工大学；926. 重庆工商大学；928. 福建师范大学；930. 河北工程大学；933. 江苏师范大学；935. 长春工业大学；941. 河北大学；950. 南华大学；955. 辽宁工业大学；957. 集美大学；970. 厦门理工学院；978. 辽宁石油化工大学；982. 浙江科技学院；984. 淡江大学；989. 东北师范大学；993. 淮阴工学院；997. 盐城工学院；999. 中南林业科技大学；1008. 成都信息工程大学；1021. 西安工程大学；1029. 香港浸会大学；1034. 湖北大学；1034. 辽宁科技大学；1040. 湖州师范学院；1043. 华中师范大学；1047. 台湾虎尾科技大学；1052. 河北科技大学；1063. 明志科技大学；1068. 绍兴文理学院；1071. 中原工学院；1072. 天津商业大学；1072. 华北理工大学；1072. 天津科技大学；1082. 上海应用技术大学；1083. 鲁东大学；1086. 北京工商大学；1090. 大连交通大学；1102. 朝阳科技大学；1105. 安徽建筑大学；1108. 西北师范大学；1108. 广西师范大学；1113. 福建农林大学；1118. 上海师范大学；1122. 湖南工业大学；1128. 武汉纺织大学；1132. 内蒙古大学；1143. 东北农业大学；1147. 江西财经大学；1149. 台湾师范大学；1164. 四川农业大学；1179. 内蒙古科技大学；1180. 四川轻化工大学；1194. 东北财经大学；1200. 浙江财经大学；1226. 石河子大学；1234. 临沂大学；1240. 重庆师范大学；1246. 中国科技大学；1247. 四川师范大学；1247. 河南农业大学；1247. 深圳职业技术大学；1256. 东海大学(中国台湾)；1260. 山东财经大学；1263. 云南师范大学；1269. 上海海洋大学；1273. 浙江海洋大学；1275. 广西科技大学；1277. 闽江学院；1279. 上海财经大学；1279. 安徽师范大学；1293. 浙江农林大学；1310. 广东石油化工学院；1312. 中南民族大学；1312. 嘉兴学院；1314. 东华理工大学；1317. 中南财经政法大学；1317. 辽宁大学；1321. 宜兰大学；1323. 首都师范大学；1334. 杭州师范大学；1336. 南京财经大学；1339. 广东海洋大学；1340. 广东技术师范大学；1344. 山东交通学院；1353. 天津职业技术师范大学；1354. 江苏科技大学；1354. 大连民族大学；1368. 台湾联合大学；1379. 湖南农业大学；1389. 江西师范大学；1389. 北方民族大学；1395. 南京审计大学；1401. 对外经济贸易大学；1404. 宁波工程学院；1415. 大连工业大学；1426. 天津师范大学；1433. 中央财经大学；1443. 青海大学；1447. 沈阳化工大学；1452. 徐州工程学院；1470. 台湾屏东科技大学；1471. 山东工商学院；1478. 湖北文理学院；1485. 山东农业大学；1495. 青岛农业大学；1495. 合肥大学；1495. 高雄医科大学；1501. 广西民族大学；1509. 齐齐哈尔大学；1511. 安徽农业大学；1518. 湖北师范大学；1525. 五邑大学；1557. 高雄大学；1562. 河北农业大学；1567. 深圳信息职业技术学院；1574. 仲恺农业工程学院；1595. 上海第二工业大学；1597. 温州医科大学；1605. 南方医科大学；1610. 台湾东华大学；

续表

1612. 江苏海洋大学；1612. 河北师范大学；1620. 重庆文理学院；1622. 安徽财经大学；1622. 西南民族大学；1632. 辽宁师范大学；1637. 哈尔滨师范大学；1646. 淮阴师范学院；1650. 延安大学；1655. 湖北经济学院；1663. 首都经济贸易大学；1681. 西华师范大学；1681. 宝鸡文理学院；1681. 信阳师范学院；1688. 广东外语外贸大学；1688. 香港教育大学；1691. 湖南工业大学；1695. 西藏大学；1706. 长江师范学院；1707. 中央民族大学；1708. 浙江水利水电学院；1719. 吉林师范大学；1725. 华龙科技大学；1739. 吉首大学；1754. 江西农业大学；1767. 云南财经大学

3. 工程学学科科研影响力排名分析

从总被引次数来看，总被引次数超过 50000 次的大学共有 234 所，分别是斯坦福大学(美国)、西安交通大学(中国)、清华大学(中国)、哈尔滨工业大学(中国)、北京理工大学(中国)、浙江大学(中国)、东南大学(中国)、重庆大学(中国)、华中科技大学(中国)、上海交通大学(中国)、北京航空航天大学(中国)、电子科技大学(中国)、香港理工大学(中国香港)、华南理工大学(中国)、代尔夫特理工大学(荷兰)、湖南大学(中国)、伊利诺伊大学厄巴纳香槟分校(美国)、西北工业大学(中国)、天津大学(中国)、中国科学院大学(中国)、同济大学(中国)、南洋理工大学(新加坡)、香港城市大学(中国香港)、中国石油大学(中国)、阿卜杜勒阿齐兹国王大学(沙特阿拉伯)、东京大学(日本)、中南大学(中国)、大连理工大学(中国)、中国东北大学(中国)、伊斯兰阿扎德大学(伊朗)、武汉大学(中国)、新南威尔斯大学(澳大利亚)、阿德莱德大学(澳大利亚)、广东工业大学(中国)、中国科学技术大学(中国)、四川大学(中国)、新加坡国立大学(新加坡)、山东大学(中国)、北京大学(中国)、斯文本科技大学(澳大利亚)、沙特国王大学(沙特阿拉伯)、悉尼大学(澳大利亚)、中国地质大学(中国)、南京大学(中国)、悉尼科技大学(澳大利亚)、上海大学(中国)、阿尔伯塔大学(加拿大)、南京理工大学(中国)、南京航空航天大学(中国)、麻省理工学院(美国)、奥尔堡大学(丹麦)、洛桑联邦理工学院(瑞士)、伦敦帝国学院(英国)、西南交通大学(中国)、德黑兰大学(伊朗)、利物浦大学(英国)、南开大学(中国)、汉阳大学(韩国)、法赫德国王石油矿产大学(沙特阿拉伯)、中国矿业大学(中国)、密歇根大学(美国)、丹麦科技大学(丹麦)、佐治亚理工学院(美国)、延世大学(韩国)、北京科技大学(中国)、浙江工业大学(中国)、高丽大学(韩国)、加利福尼亚大学伯克利分校(美国)、苏黎世联邦理工学院(瑞士)、北京交通大学(中国)、江苏大学(中国)、马来亚大学(马来西亚)、剑桥大学(英国)、西安电子科技大学(中国)、华北电力大学(中国)、厦门大学(中国)、得克萨斯大学奥斯汀分校(美国)、马里兰大学帕克分校(美国)、澳门大学(中国澳门)、中山大学(中国)、北京工业大学(中国)、滑铁卢大学(加拿大)、挪威科技大学(挪威)、哈佛大学(美国)、首尔大学(韩国)、马来西亚大学(马来西亚)、多伦多大学(加拿大)、哈尔滨工程大学(中国)、哈里发理工大学(阿拉伯联合酋长国)、香港大学(中国香港)、皇家墨尔本理工大学(澳大利亚)、米兰大学理工学院(意大利)、香港科技大学(中国香港)、河海大学(中国)、瑞典皇家理工学院(瑞典)、复旦大学(中国)、武汉理工大学(中国)、郑州大学(中国)、马来西亚理工大学(马来西亚)、伊斯兰堡通信卫星大学(巴基斯坦)、深圳大学(中国)、科廷大学(澳大利亚)、韩国科学技术院(韩国)、吉林大学(中国)、布列塔尼-卢瓦尔大学(法国)、伦敦大学学院(英国)、普渡大学(美国)、江南大学(中国)、加利福尼亚大学圣迭戈分校(美国)、荷语鲁汶大学(比利时)、莫纳什大学(澳大利亚)、广州大学(中国)、普渡大学-西拉斐特(美国)、国防科学技术大学(中国)、伊朗科技大学(伊朗)、香港中文大学(中国香港)、波尔图大学(葡萄牙)、克兰菲尔德大学(英国)、苏州大学(中国)、宾夕法尼亚州立大学(美国)、里斯本大学(葡萄牙)、普林斯顿大学(美国)、得克萨斯农工大学(美国)、曼彻斯特大学(英国)、巴黎萨克雷大学(法国)、合肥工业大学(中国)、华盛顿大学(美国)、英属哥伦比亚大学(加拿大)、斯凯莱德大学(英国)、牛津大学(英国)、马来西亚国民大学(马来西亚)、诺丁汉大学(英国)、山东科技大学(中国)、长安大学(中国)、宾夕法尼亚州立大学帕克分校(美国)、昆士兰大学(澳大利亚)、上海理工大学(中国)、阿尔托大学(芬兰)、台湾成功大学(中国台湾)、北京化工大学(中国)、阿卜杜拉国王理工大学(沙特阿拉伯)、慕尼黑理工大学(德国)、谢里夫理工大学(伊朗)、卡尔斯鲁厄理工学院(德国)、卡内基梅隆大学(美国)、福州大学(中国)、加利福尼亚大学洛杉矶分校(美国)、南加利福尼亚大学(美国)、阿米尔卡比尔理工大学(伊朗)、华东理工大学(中国)、墨尔本大学(澳大利亚)、科罗拉多大学博尔德分校(美国)、印度理工学院孟买校区(印度)、那不勒斯费德里克二世大学(意大利)、爱丁堡大学(英国)、亚琛工业大学(德国)、京都大学(日本)、都灵大学理工学院(意大利)、南安普敦大学(英国)、弗吉尼亚理工学院暨州立大学(美国)、荷兰埃因霍温科技大学(荷兰)、明尼苏达大学双城分校(美国)、肯高迪亚大学(加拿大)、伯明翰大学(英国)、北京邮电大学(中国)、昆士兰科技大学(澳大利亚)、大不里士大学(伊朗)、马德里理工大学(西班牙)、巴布罗诺什瓦尼技术大学(伊朗)、加泰罗尼亚理工大学(西班牙)、格勒诺布尔阿尔卑斯公社大学(法国)、根特大学(比利时)、西南石油大学(中国)、柏林工业大学(德国)、北卡罗来纳州立大学(美国)、艾奥瓦州立大学(美国)、俄亥俄州立大学(美国)、查尔姆斯理工大学(瑞典)、大连海事大学(中国)、格勒诺布尔-阿尔卑斯大学(法国)、佛罗里达大学(美国)、罗马大学(意大利)、圣保罗大学(巴西)、德里印度理工学院孟买校区(印度)、威斯康星大学麦迪逊分校(美国)、伍伦贡大学(澳大利亚)、台湾大学(中国台湾)、印度理工学院孟买校区鲁尔基分校(印度)、塔比阿特莫达勒斯大学(伊朗)、蒙特利尔大学(加拿大)、孙德盛大学(越南)、卡塔尔大学(卡塔尔)、塞维利亚大学(西班牙)、亚利桑那州立大学(美国)、隆德大学(瑞典)、伊斯法罕理工大学(伊朗)、瓦伦西亚理工大学(西班牙)、索邦大学(法国)、北京师范大学(中国)、帕多瓦大学(意大利)、田纳西大学诺克斯维尔分校(美国)、西澳大学(澳大利亚)、新西兰奥克兰大学(新西兰)、成均馆大学(韩国)、魁北克大学(加拿大)、日本东北大学(日本)、KN 图什理工大学(伊朗)、东京工业大学(日本)、图卢兹大学(法国)、谢菲尔德大学(英国)、位于岘港，暂无可靠中文译名(越南)、北卡罗来纳大学(美国)、拉夫堡大学(英国)、利兹大学(英国)、法国洛林大学(法国)、麦吉尔大学(加拿大)、雅典国家技术大学(希腊)、印度理工学院孟买校区卡拉格普尔分校(印度)、南京工业大学(中国)、格勒诺布尔理工学院(法国)、卡迪夫大学(英国)、印度马德拉斯技术学院(印度)、博洛尼亚大学(意大利)、迪肯大学(澳大利亚)、法国北部里尔大学(法国)、布鲁内尔大学(英国)、华威大学(英国)、马什哈德菲尔多西大学(伊朗)、卡尔加里大学(加拿大)、哥伦比亚大学(美国)、纽约大学(美国)、英国纽卡斯尔大学(英国)、格里菲斯大学(澳大利亚)、约翰·霍普金斯大学(美国)；总被引次数在 30000 次以上 40000 次及以下的有 113 所；总被引次数在 20000 次以上 30000 及次以下的有 173 所；总被引次数在 10000 次以上 20000 及次以下的有 440 所；总被引次数在 5000 次以上 10000 次及以下的有 493 所；总被引次数在 5000 次及以下的有 275 所；所有大学的总被引次数均在 3500 次以上。中国(包含港澳台)进入 ESI 工程学学科总被引次数排名前 100 名的大学共有 50 所。其他进入 ESI 工程学学科总被引次数排名的中国(包含港澳台)大学如表 3-82 所示。

表 3-82 工程学学科总被引次数排名(前 10 位与中国大学)

总被引次数排名	机构名称	国家/地区	总被引次数排名	机构名称	国家/地区
1	清华大学	中国	6	浙江大学	中国
2	哈尔滨工业大学	中国	7	东南大学	中国
3	上海交通大学	中国	8	天津大学	中国
4	西安交通大学	中国	9	南洋理工大学	新加坡
5	华中科技大学	中国	10	伊斯兰阿扎德大学	伊朗
其他中国机构：11. 同济大学；12. 中国科学院大学；13. 香港理工大学；14. 重庆大学；15. 北京航空航天大学；17. 大连理工大学；18. 华南理工大学；19. 北京理工大学；20. 中国科学技术大学；21. 湖南大学；22. 中南大学；24. 西北工业大学；25. 香港城市大学；26. 电子科技大学；31. 中国矿业大学；32. 中国石油大学；35. 华北电力大学；37. 南京航空航天大学；39. 山东大学；42. 中国东北大学；44. 武汉大学；48. 西南交通大学；50. 北京交通大学；51. 北京大学；52. 南京理工大学；54. 四川大学；56. 西安电子科技大学；59. 江苏大学；64. 香港科技大学；65. 香港大学；73. 中山大学；75. 北京科技大学；76. 中国地质大学；79. 北京工业大学；80. 武汉理工大学；81. 深圳大学；82. 广东工业大学；86. 河海大学；94. 南京大学；96. 合肥工业大学；97. 上海大学；99. 哈尔滨工程大学；106. 国防科学技术大学；110. 吉林大学；111. 厦门大学；136. 香港中文大学；138. 华东理工大学；141. 台湾成功大学；142. 山东科技大学；					

续表

150. 郑州大学；158. 浙江工业大学；165. 台湾大学；174. 复旦大学；177. 北京邮电大学；179. 南开大学；185. 澳门大学；186. 北京化工大学；191. 北京师范大学；192. 苏州大学；198. 福州大学；201. 南京工业大学；203. 上海理工大学；210. 长安大学；217. 大连海事大学；219. 广州大学；231. 江南大学；232. 西南石油大学；237. 台湾阳明交通大学；238. 广西大学；239. 太原理工大学；243. 青岛大学；245. 南京信息工程大学；247. 燕山大学；253. 西安建筑科技大学；254. 南京邮电大学；261. 南方科技大学；266. 东华大学；267. 昆明理工大学；271. 长沙理工大学；275. 南京林业大学；276. 台湾科技大学；279. 河北工业大学；280. 杭州电子科技大学；289. 暨南大学；295. 西安理工大学；300. 青岛科技大学；307. 华东师范大学；308. 中国农业大学；309. 兰州大学；310. 中国海洋大学；313. 西北农林科技大学；315. 西南大学；319. 扬州大学；325. 河南理工大学；329. 上海海事大学；333. 南昌大学；348. 台湾清华大学；349. 南京师范大学；363. 台北科技大学；367. 宁波大学；370. 青岛理工大学；378. 深圳城市学院；387. 渤海大学；410. 江苏科技大学；430. 天津工业大学；433. 武汉科技大学；442. 安徽大学；446. 重庆邮电大学；449. 华侨大学；456. 温州大学；458. 济南大学；459. 山东师范大学；463. 台湾中国医药大学；464. 曲阜师范大学；474. 中国人民解放军陆军工程大学；487. 宁波诺丁汉大学；489. 西南科技大学；495. 浙江理工大学；505. 安徽工业大学；508. 桂林电子科技大学；513. 齐鲁工业大学；519. 东北电力大学；525. 北京林业大学；527. 西安科技大学；532. 湘潭大学；533. 兰州理工大学；547. 华南师范大学；548. 澳门科技大学；549. 台湾中山大学；552. 辽宁工业大学；558. 中国人民解放军空军工程大学；559. 南京农业大学；565. 常州大学；568. 浙江师范大学；573. 上海电力大学；574. 西北大学；576. 北京建筑大学土木与交通工程学院；582. 华南农业大学；584. 湖南科技大学；589. 中国计量大学；594. 中北大学；599. 武汉工程大学；600. 高雄科技大学；601. 台湾云林科技大学；608. 台湾“中央”大学；611. 三峡大学；625. 聊城大学；628. 上海工程技术大学；629. 南通大学；633. 东莞理工学院；635. 重庆交通大学；637. 贵州大学；638. 天津理工大学；648. 逢甲大学；650. 台湾中兴大学；651. 新疆大学；652. 华东交通大学；659. 河南大学；664. 山西大学；671. 成都理工大学；674. 西南财经大学；677. 山东理工大学；700. 哈尔滨理工大学；701. 亚洲大学(中国台湾)；703. 苏州科技大学；704. 陕西科技大学；705. 东北财经大学；706. 福建师范大学；710. 华中农业大学；718. 南昌航空大学；719. 汕头大学；721. 陕西师范大学；723. 香港浸会大学；733. 中国人民大学；745. 沈阳航空航天大学；747. 台湾中原大学；751. 成都大学；759. 河南科技大学；764. 重庆工商大学；769. 山东建筑大学；772. 湖北工业大学；778. 东北石油大学；780. 浙江工商大学；784. 河南师范大学；786. 安徽理工大学；789. 江西财经大学；792. 浙江农林大学；794. 郑州轻工业大学；803. 湖南师范大学；810. 江苏师范大学；818. 东北师范大学；823. 东北林业大学；830. 海南大学；843. 浙江财经大学；849. 香港中文大学(深圳)；851. 中南林业科技大学；852. 兰州交通大学；858. 佛山科学技术学院；860. 中国人民解放军火箭军工程大学；863. 中国人民解放军海军工程大学；864. 河南工业大学；865. 北方工业大学；871. 西交利物浦大学；872. 四川师范大学；873. 闽江学院；878. 河南农业大学；890. 烟台大学；892. 江西科技学院；896. 福建农林大学；897. 南京工程学院；898. 黑龙江大学；899. 中国民航大学；901. 元智大学；903. 西华大学；905. 绍兴文理学院；911. 长江大学；913. 湖北大学；917. 东北农业大学；921. 湖南农业大学；924. 宁夏大学；931. 华北水利水电大学；941. 勤益科技大学；950. 云南大学；958. 重庆理工大学；961. 华中师范大学；972. 长庚大学；976. 湖州师范学院；984. 上海科技大学；998. 沈阳建筑大学；1004. 台湾中正大学；1005. 鲁东大学；1006. 山东财经大学；1018. 沈阳工业大学；1021. 上海财经大学；1022. 武汉纺织大学；1031. 天津城建学院；1037. 中南民族大学；1039. 安徽工程大学；1045. 北京信息科技大学；1049. 西安工业大学；1053. 太原科技大学；1060. 广东石油化工学院；1064. 石家庄铁道学院；1073. 台湾海洋大学；1085. 广西师范大学；1086. 湖南工业大学；1088. 淡江大学；1092. 淮阴工学院；1095. 盐城工学院；1107. 河北工程大学；1112. 西北师范大学；1125. 东海大学(中国台湾)；1131. 西安邮电大学；1136. 天津科技大学；1145. 厦门理工学院；1149. 长春科技大学；1152. 中南财经政法大学；1153. 福建理工大学；1156. 南京财经大学；1157. 华北理工大学；1157. 辽宁石油化工大学；1157. 上海师范大学；1172. 河北大学；1177. 安徽财经大学；1178. 河北科技大学；1179. 天津商业大学；1180. 南华大学；1190. 四川农业大学；1197. 桂林工业大学；1206. 长春工业大学；1207. 内蒙古大学；1212. 辽宁工程技术大学；1216. 西安石油大学；1219. 明志科技大学；1224. 中国人民解放军信息工程大学；1227. 浙江科技学院；1229. 北京工商大学；1230. 内蒙古工业大学；1231. 杭州师范大学；1233. 江西师范大学；1236. 对外经济贸易大学；1238. 集美大学；1241. 上海海洋大学；1245. 大连工业大学；1247. 重庆师范大学；1258. 云南师范大学；1264. 重庆科技大学；1287. 上海应用技术大学；1291. 中央财经大学；1296. 浙江海洋大学；1299. 中国科技大学；1300. 辽宁大学；1303. 辽宁科技大学；1306. 成都信息工程大学；1313. 香港教育大学；1316. 青岛农业大学；1321. 中原工学院；1338. 安徽师范大学；1340. 朝阳科技大学；1343. 内蒙古科技大学；1348. 东华理工大学；1357. 台湾虎尾科技大学；1362. 仲恺农业工程学院；1367. 台湾师范大学；1373. 首都师范大学；1385. 温州医科大学；1388. 石河子大学；1401. 大连交通大学；1403. 临沂大学；1407. 四川轻化工大学；1410. 南京审计大学；1417. 嘉兴学院；1420. 西安工程大学；1426. 宜兰大学；1437. 徐州工程学院；1445. 湖南工业大学；

续表

1463. 山东农业大学；1468. 安徽农业大学；1474. 深圳信息职业技术学院；1477. 广东外语外贸大学；1478. 上海第二工业大学；1480. 大连民族大学；1481. 湖北师范大学；1486. 淮阴师范学院；1503. 青海大学；1515. 湖北经济学院；1521. 西华师范大学；1524. 山东工商学院；1530. 江苏海洋大学；1540. 安徽建筑大学；1548. 天津师范大学；1554. 北方民族大学；1562. 吉首大学；1579. 广西民族大学；1580. 五邑大学；1582. 延安大学；1596. 广东海洋大学；1598. 西藏大学；1599. 中央民族大学；1615. 西南民族大学；1623. 哈尔滨师范大学；1627. 高雄医科大学；1635. 华龙科技大学；1636. 深圳职业技术大学；1639. 合肥大学；1650. 首都经济贸易大学；1654. 吉林师范大学；1670. 台湾屏东科技大学；1671. 河北农业大学；1678. 南方医科大学；1679. 信阳师范学院；1683. 长江师范学院；1688. 辽宁师范大学；1692. 重庆文理学院；1698. 沈阳化工大学；1699. 齐齐哈尔大学；1700. 河北师范大学；1710. 江苏科技大学；1723. 云南财经大学；1728. 广西科技大学；1730. 天津职业技术师范大学；1738. 宝鸡文理学院；1745. 山东交通学院；1747. 湖北文理学院；1749. 台湾联合大学；1759. 广东技术师范大学；1762. 台湾东华大学；1763. 宁波工程学院；1765. 高雄大学；1777. 浙江水利水电学院；1779. 江西农业大学

4. 工程学学科影响力排名分析

从高被引论文数来看，排在前10位的大学中，中国(包含港澳台)有9所，新加坡有1所。高被引论文数最高的是中国的清华大学。有100篇以上高被引论文的大学有84所，它们分别是清华大学(中国)、哈尔滨工业大学(中国)、华中科技大学(中国)、西安交通大学(中国)、湖南大学(中国)、重庆大学(中国)、上海交通大学(中国)、浙江大学(中国)、南洋理工大学(新加坡)、香港理工大学(中国香港)、北京理工大学(中国)、东南大学(中国)、同济大学(中国)、新加坡国立大学(新加坡)、伊斯兰阿扎德大学(伊朗)、中国科学院大学(中国)、阿卜杜勒阿齐兹国王大学(沙特阿拉伯)、电子科技大学(中国)、华南理工大学(中国)、天津大学(中国)、香港城市大学(中国香港)、中南大学(中国)、北京航空航天大学(中国)、大连理工大学(中国)、西北工业大学(中国)、中国科学技术大学(中国)、马来亚大学(马来西亚)、悉尼科技大学(澳大利亚)、奥尔堡大学(丹麦)、江苏大学(中国)、武汉大学(中国)、四川大学(中国)、麻省理工学院(美国)、斯坦福大学(美国)、伦敦帝国学院(英国)、法赫德国王石油矿产大学(沙特阿拉伯)、广东工业大学(中国)、德黑兰大学(伊朗)、新南威尔斯大学(澳大利亚)、中国石油大学(中国)、中国东北大学(中国)、北京大学(中国)、山东大学(中国)、南京理工大学(中国)、南京大学(中国)、加利福尼亚大学伯克利分校(美国)、青岛大学(中国)、郑州大学(中国)、马来西亚理工大学(马来西亚)、滑铁卢大学(加拿大)、南京航空航天大学(中国)、苏黎世联邦理工学院(瑞士)、沙特国王大学(沙特阿拉伯)、佐治亚理工学院(美国)、中山大学(中国)、延世大学(韩国)、浙江工业大学(中国)、中国地质大学(中国)、北京科技大学(中国)、武汉理工大学(中国)、悉尼大学(澳大利亚)、华北电力大学(中国)、高丽大学(韩国)、西南交通大学(中国)、中国矿业大学(中国)、深圳大学(中国)、北京交通大学(中国)、斯文本科技大学(澳大利亚)、香港大学(中国香港)、代尔夫特理工大学(荷兰)、阿尔伯塔大学(加拿大)、皇家墨尔本理工大学(澳大利亚)、西安电子科技大学(中国)、位于岘港，暂无可靠中文译名(越南)、上海大学(中国)、伊斯兰堡通信卫星大学(巴基斯坦)、丹麦科技大学(丹麦)、阿德莱德大学(澳大利亚)、瑞典皇家理工学院(瑞典)、密歇根大学(美国)、香港科技大学(中国香港)、沙迦大学(阿拉伯联合酋长国)、广州大学(中国)、苏州大学(中国)；有50篇以上100篇及以下的大学有124所；有10篇以上50及篇以下的大学有699所；有1篇以上10篇及以下的大学有845所；有35所大学的高被引论文数为0篇。中国(包含港澳台)进入ESI工程学学科排名的所有大学中有55所进入排名前100位，这55所大学的高被引论文数均在85篇以上。其他进入ESI工程学学科高被引论文数排名的中国(包含港澳台)大学如表3-83所示。

表3-83　工程学学科高被引论文数排名（前10位与中国大学）

高被引论文数排名	机构名称	国家/地区	高被引论文数排名	机构名称	国家/地区
1	清华大学	中国	6	重庆大学	中国
2	哈尔滨工业大学	中国	7	上海交通大学	中国
3	华中科技大学	中国	8	浙江大学	中国
4	西安交通大学	中国	9	南洋理工大学	新加坡
5	湖南大学	中国	10	香港理工大学	中国香港

其他中国机构：1. 清华大学；2. 哈尔滨工业大学；3. 华中科技大学；4. 西安交通大学；5. 湖南大学；6. 重庆大学；7. 上海交通大学；8. 浙江大学；10. 香港理工大学；11. 北京理工大学；12. 东南大学；13. 同济大学；16. 中国科学院大学；18. 电子科技大学；19. 华南理工大学；20. 天津大学；21. 香港城市大学；22. 中南大学；23. 北京航空航天大学；24. 大连理工大学；25. 西北工业大学；26. 中国科学技术大学；30. 江苏大学；31. 武汉大学；32. 四川大学；37. 广东工业大学；40. 中国石油大学；41. 中国东北大学；42. 北京大学；43. 山东大学；44. 南京理工大学；45. 南京大学；45. 青岛大学；48. 郑州大学；51. 南京航空航天大学；55. 中山大学；57. 浙江工业大学；58. 中国地质大学；59. 北京科技大学；59. 武汉理工大学；61. 华北电力大学；64. 西南交通大学；64. 中国矿业大学；66. 深圳大学；67. 北京交通大学；68. 香港大学；73. 西安电子科技大学；75. 上海大学；80. 香港科技大学；82. 广州大学；82. 苏州大学；85. 南开大学；89. 渤海大学；94. 厦门大学；99. 香港中文大学；103. 青岛理工大学；104. 河海大学；104. 大连海事大学；106. 江南大学；108. 山东科技大学；111. 华东理工大学；114. 华东师范大学；114. 北京工业大学；114. 南京林业大学；114. 北京化工大学；114. 福州大学；119. 青岛科技大学；124. 澳门大学；127. 吉林大学；127. 合肥工业大学；132. 复旦大学；138. 国防科学技术大学；138. 扬州大学；141. 哈尔滨工程大学；143. 东华大学；155. 长安大学；155. 广西大学；158. 上海理工大学；159. 南昌大学；163. 东北电力大学；166. 西安建筑科技大学；166. 台湾中国医药大学；170. 南方科技大学；170. 温州大学；170. 中国海洋大学；170. 北京师范大学；170. 南京工业大学；178. 西南大学；180. 辽宁工业大学；180. 南京邮电大学；183. 南京信息工程大学；183. 河北工业大学；183. 江苏科技大学；188. 西北农林科技大学；193. 台湾成功大学；193. 成都大学；193. 暨南大学；203. 北京邮电大学；203. 浙江师范大学；203. 山东师范大学；209. 安徽大学；209. 昆明理工大学；215. 长沙理工大学；232. 西南科技大学；232. 西安理工大学；232. 曲阜师范大学；232. 河南理工大学；238. 西南石油大学；238. 上海海事大学；249. 聊城大学；257. 重庆邮电大学；272. 杭州电子科技大学；272. 西南财经大学；272. 贵州大学；280. 中国农业大学；280. 南京师范大学；285. 天津工业大学；285. 燕山大学；285. 三峡大学；293. 宁波大学；293. 澳门科技大学；307. 河南大学；307. 亚洲大学(中国台湾)；316. 武汉科技大学；316. 浙江农林大学；316. 安徽工业大学；316. 兰州大学；326. 常州大学；326. 桂林电子科技大学；326. 苏州科技大学；326. 齐鲁工业大学；340. 海南大学；340. 北京建筑大学土木与交通工程学院；340. 济南大学；340. 河南农业大学；346. 中北大学；346. 武汉工程大学；356. 安徽财经大学；356. 中国民航大学；356. 宁波诺丁汉大学；356. 佛山科学技术学院；374. 太原理工大学；374. 台湾科技大学；374. 重庆工商大学；374. 北京林业大学；374. 陕西科技大学；374. 福建师范大学；374. 东北农业大学；374. 湖南农业大学；393. 深圳城市学院；393. 华侨大学；393. 华南农业大学；405. 四川师范大学；405. 南京农业大学；419. 湖北工业大学；419. 广西师范大学；430. 湘潭大学；430. 陕西师范大学；430. 河南师范大学；430. 中南林业科技大学；445. 兰州理工大学；445. 南昌航空大学；445. 香港浸会大学；465. 台湾大学；465. 中国计量大学；465. 湖南师范大学；465. 成都理工大学；465. 绍兴文理学院；484. 哈尔滨理工大学；484. 沈阳航空航天大学；484. 上海财经大学；484. 新疆大学；484. 东北财经大学；484. 黑龙江大学；503. 台湾阳明交通大学；503. 华东交通大学；503. 山东财经大学；503. 华南师范大学；503. 南通大学；503. 西安科技大学；503. 西北大学；503. 东北师范大学；529. 山东理工大学；529. 浙江工商大学；529. 东莞理工学院；529. 湖南工业大学；548. 香港中文大学(深圳)；548. 湖南科技大学；548. 江西科技学院；548. 山西大学；548. 广东石油化工学院；577. 湖南工业大学；577. 台湾清华大学；577. 上海工程技术大学；577. 勤益科技大学；577. 闽江学院；577. 烟台大学；577. 安徽工程大学；607. 台湾云林科技大学；607. 华中农业大学；607. 湖北大学；607. 天津商业大学；633. 山东工商学院；633. 浙江海洋大学；633. 中国人民大学；633. 青岛农业大学；633. 浙江科技学院；633. 大连工业大学；671. 东海大学(中国台湾)；671. 台北科技大学；671. 徐州工程学院；671. 天津理工大学；671. 浙江理工大学；671. 重庆交通大学；671. 上海电力大学；671. 温州医科大学；671. 郑州轻工业大学；671. 东北石油大学；671. 河南工业大学；671. 重庆理工大学；671. 江西财经大学；671. 西安工业大学；671. 福建农林大学；671. 华中师范大学；671. 湖州师范学院；671. 武汉纺织大学；720. 安徽理工大学；720. 西交利物浦大学；720. 对外经济贸易大学；

续表

720. 鲁东大学；720. 西北师范大学；720. 西华师范大学；720. 汕头大学；720. 台湾中原大学；720. 东北林业大学；720. 南京财经大学；720. 重庆师范大学；720. 仲恺农业工程学院；757. 吉首大学；757. 中国人民解放军空军工程大学；757. 沈阳工业大学；757. 上海海洋大学；757. 湖北经济学院；757. 台湾中兴大学；757. 桂林工业大学；757. 四川农业大学；757. 中南财经政法大学；757. 辽宁师范大学；796. 河北大学；796. 元智大学；796. 上海科技大学；796. 台湾中山大学；796. 杭州师范大学；796. 河南科技大学；796. 中国人民解放军海军工程大学；796. 北方工业大学；796. 南华大学；796. 天津科技大学；845. 长江大学；845. 河北工程大学；845. 广西科技大学；845. 华北水利水电大学；845. 云南大学；845. 西安邮电大学；845. 淮阴工学院；845. 中南民族大学；845. 大连交通大学；845. 东华理工大学；845. 北方民族大学；845. 深圳信息职业技术学院；908. 高雄科技大学；908. 山东建筑大学；908. 浙江财经大学；908. 盐城工学院；908. 河北科技大学；908. 江西师范大学；908. 四川轻化工大学；908. 深圳职业技术大学；908. 延安大学；908. 中央民族大学；965. 兰州交通大学；965. 沈阳建筑大学；965. 太原科技大学；965. 福建理工大学；965. 华北理工大学；965. 北京工商大学；965. 上海第二工业大学；965. 广东外语外贸大学；965. 河北农业大学；965. 北京信息科技大学；965. 辽宁工程技术大学；965. 厦门理工学院；965. 成都信息工程大学；965. 云南师范大学；965. 首都师范大学；965. 淮阴师范学院；965. 哈尔滨师范大学；965. 吉林师范大学；965. 云南财经大学；1038. 江苏海洋大学；1038. 明志科技大学；1038. 中原工学院；1038. 湖北师范大学；1038. 广西民族大学；1101. 南京工程学院；1101. 西华大学；1101. 宁夏大学；1101. 江苏师范大学；1101. 长庚大学；1101. 天津城建学院；1101. 重庆科技大学；1101. 大连民族大学；1101. 香港教育大学；1101. 浙江水利水电学院；1101. 江西农业大学；1181. 中国人民解放军陆军工程大学；1181. 逢甲大学；1181. 湖北文理学院；1181. 首都经济贸易大学；1181. 中国人民解放军火箭军工程大学；1181. 石家庄铁道学院；1181. 长春科技大学；1181. 台湾中正大学；1181. 淡江大学；1181. 上海师范大学；1181. 上海应用技术大学；1181. 辽宁大学；1181. 安徽师范大学；1181. 石河子大学；1181. 中央财经大学；1181. 山东农业大学；1181. 安徽农业大学；1181. 齐齐哈尔大学；1181. 西南民族大学；1181. 重庆文理学院；1281. 江苏科技大学；1281. 长江师范学院；1281. 辽宁石油化工大学；1281. 长春工业大学；1281. 内蒙古科技大学；1281. 临沂大学；1281. 安徽建筑大学；1281. 天津师范大学；1281. 合肥大学；1281. 宁波工程学院；1281. 宝鸡文理学院；1388. 台湾“中央”大学；1388. 台湾海洋大学；1388. 西安工程大学；1388. 嘉兴学院；1388. 南京审计大学；1388. 青海大学；1388. 五邑大学；1388. 南方医科大学；1388. 西藏大学；1388. 信阳师范学院；1388. 华龙科技大学；1497. 中国人民解放军信息工程大学；1497. 西安石油大学；1497. 集美大学；1497. 朝阳科技大学；1497. 宜兰大学；1497. 天津职业技术师范大学；1497. 山东交通学院；1497. 高雄医科大学；1497. 河北师范大学；1595. 内蒙古工业大学；1595. 辽宁科技大学；1595. 台湾虎尾科技大学；1595. 中国科技大学；1595. 广东海洋大学；1595. 台湾东华大学；1692. 内蒙古大学；1692. 广东技术师范大学；1692. 台湾联合大学；1692. 台湾屏东科技大学；1692. 沈阳化工大学

5. 工程学学科师资力量排名分析

从高被引科学家数来看，西安交通大学(中国)有 6 位高被引科学家；北京理工大学(中国)有 4 位高被引科学家；有 3 位高被引科学家的大学有 12 所；有 2 位高被引科学家的大学有 12 所；有 1 位高被引科学家的大学有 52 所；其他 1709 所大学高被引科学家数均为 0。中国(包含港澳台)进入 ESI 工程学学科高被引科学家数排名的大学中有 18 所在 2 人及以上，它们是西安交通大学(中国)、清华大学(中国)、哈尔滨工业大学(中国)、北京理工大学(中国)、浙江大学(中国)、东南大学(中国)、重庆大学(中国)、北京航空航天大学(中国)、电子科技大学(中国)、香港理工大学(中国香港)、华南理工大学(中国)、西北工业大学(中国)、香港城市大学(中国香港)、中国东北大学(中国)、广东工业大学(中国)、中国地质大学(中国)、辽宁工业大学(中国)、渤海大学(中国)；有 1 位高被引科学家的大学有 14 所，如表 3-84 所示。

表 3-84 工程学学科高被引科学家数排名（前 3 位与中国大学）

高被引科学家数排名	机构名称	国家/地区	高被引科学家数排名	机构名称	国家/地区
1	西安交通大学	中国内地	2	北京理工大学	中国内地

续表

高被引科学家数排名	机构名称	国家/地区	高被引科学家数排名	机构名称	国家/地区
3	华南理工大学	中国内地	3	西北工业大学	中国内地
3	清华大学	中国内地	3	香港城市大学	中国香港
3	哈尔滨工业大学	中国内地	3	阿德莱德大学	澳大利亚
3	浙江大学	中国内地	3	广东工业大学	中国内地
3	东南大学	中国内地	3	斯文本科技大学	澳大利亚
3	北京航空航天大学	中国内地	3	辽宁工业大学	中国内地
其他中国机构：15. 重庆大学；15. 电子科技大学；15. 香港理工大学；15. 中国东北大学；15. 中国地质大学；15. 渤海大学；27. 华中科技大学；27. 湖南大学；27. 中国石油大学；27. 四川大学；27. 山东大学；27. 上海大学；27. 南京理工大学；27. 南开大学；27. 南京邮电大学；27. 北京科技大学；27. 华东师范大学；27. 澳门大学；27. 哈尔滨理工大学；27. 沈阳航空航天大学					

(八)环境科学与生态学

进入 ESI 环境科学与生态学学科排名高校共有 1225 所。这些高校分别隶属于美国、中国、英国、法国、德国、意大利、西班牙、加拿大、巴西、澳大利亚等 83 个国家或地区。这些高校的国家或地区分布情况如图 3-8 所示。

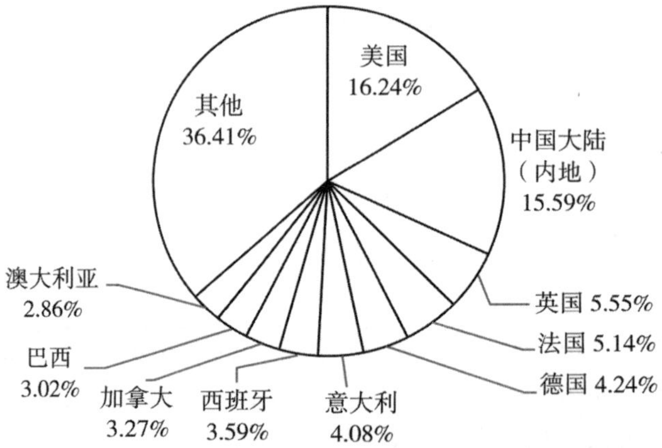

图 3-8　进入 ESI 环境科学与生态学领域排名的大学的国家或地区分布

从图 3-8 可以看出，美国进入 ESI 环境科学与生态学学科排名的高校数量位居第 1 位，遥遥领先于其他国家或地区。中国内地(大陆)有 191 所高校，中国香港有 7 所，中国台湾有 19 所，中国澳门有 1 所。由此可见，中国在环境科学与生态学领域仍存在很大的发展空间。

1. 环境科学与生态学学科竞争力综合排名分析

从综合排名来看，位居环境科学与生态学学科综合排名前 10 位的高校分布在荷兰、美国、瑞士、中国、英国 5 个国家，其中美国占了 2 所。排名前 100 位的高校中的中国(含港澳台)大学共有 25 所，其他进入 ESI 环境科学与生态学学科综合排名的中国(包含港澳台)高校如表 3-85 所示。

表 3-85 环境科学与生态学学科综合排名（前 10 位与中国大学）

综合排名	机构名称	星级	档次	国家/地区	综合排名	机构名称	星级	档次	国家/地区
1	清华大学	5★+	一流学科	中国	6	乌得勒支大学	5★+	一流学科	荷兰
2	中国科学院大学	5★+	一流学科	中国	7	洛桑联邦理工学院	5★+	一流学科	瑞士
3	瓦格宁根大学	5★+	一流学科	荷兰	8	牛津大学	5★+	一流学科	英国
4	苏黎世联邦理工学院	5★+	一流学科	瑞士	9	明尼苏达大学双城分校	5★+	一流学科	美国
5	北京大学	5★+	一流学科	中国	10	斯坦福大学	5★+	一流学科	美国

其他中国机构：13. 南京大学；19. 哈尔滨工业大学；20. 山东大学；24. 中南大学；30. 浙江大学；31. 北京师范大学；32. 中山大学；34. 湖南大学；38. 重庆大学；43. 上海交通大学；45. 武汉大学；46. 华东师范大学；59. 香港城市大学；62. 南方科技大学；64. 天津大学；65. 华北电力大学；70. 同济大学；71. 南开大学；87. 四川大学；89. 中国地质大学；91. 香港大学；99. 电子科技大学；107. 香港理工大学；108. 北京理工大学；112. 厦门大学；118. 西安建筑科技大学；119. 深圳城市学院；121. 江苏大学；124. 中国科学技术大学；126. 华中科技大学；127. 香港科技大学；139. 绍兴文理学院；141. 西北农林科技大学；142. 中国矿业大学；146. 上海海洋大学；154. 西南大学；156. 北京林业大学；160. 中国石油大学；162. 武汉理工大学；171. 浙江师范大学；177. 西安交通大学；185. 苏州大学；188. 华中师范大学；191. 中国农业大学；193. 新疆大学；195. 浙江工业大学；198. 郑州大学；202. 复旦大学；203. 南京工业大学；204. 河海大学；209. 暨南大学；213. 香港中文大学；216. 北京工商大学；218. 上海大学；219. 南京林业大学；232. 华南理工大学；235. 浙江农林大学；242. 广西大学；244. 华中农业大学；248. 华南农业大学；254. 南京理工大学；259. 广东工业大学；262. 兰州大学；266. 深圳大学；269. 南京信息工程大学；270. 云南大学；276. 贵州大学；278. 扬州大学；279. 长安大学；281. 南京农业大学；282. 中国海洋大学；285. 宁波大学；290. 南京航空航天大学；294. 东南大学；298. 佛山科学技术学院；304. 广州大学；312. 大连理工大学；314. 吉林大学；315. 西北工业大学；318. 北京工业大学；321. 河南理工大学；330. 华东理工大学；345. 杭州电子科技大学；350. 台湾大学；360. 北京化工大学；361. 青岛大学；365. 海南大学；376. 华南师范大学；379. 台湾中国医药大学；384. 香港教育大学；391. 昆明理工大学；410. 北京航空航天大学；422. 东北林业大学；424. 南昌大学；435. 中国人民大学；444. 江南大学；445. 浙江工商大学；453. 山西大学；455. 上海理工大学；456. 山东农业大学；459. 西安理工大学；472. 南京师范大学；482. 西南科技大学；483. 东北农业大学；496. 北京建筑大学土木与交通工程学院；500. 山东师范大学；507. 长沙理工大学；516. 贵州师范大学；521. 温州大学；522. 中南财经政法大学；523. 西交利物浦大学；524. 北京科技大学；525. 广东石油化工学院；535. 对外经济贸易大学；539. 台湾阳明交通大学；541. 中国医学科学院-中国协和医学院；555. 东北师范大学；557. 台湾清华大学；572. 内蒙古农业大学；573. 重庆工商大学；576. 石河子大学；577. 山东建筑大学；585. 台湾成功大学；589. 湖南农业大学；592. 中央民族大学；609. 台湾中原大学；613. 天津工业大学；617. 台湾科技大学；623. 温州医科大学；650. 福建农林大学；651. 四川农业大学；672. 香港浸会大学；680. 河南大学；698. 福州大学；700. 福建师范大学；704. 陕西师范大学；713. 东华大学；745. 中南林业科技大学；753. 山东科技大学；756. 河南农业大学；758. 成都理工大学；781. 西北大学；788. 汕头大学；790. 西安科技大学；800. 合肥工业大学；801. 亚洲大学（中国台湾）；805. 河南师范大学；818. 中国东北大学；821. 北京交通大学；854. 青岛科技大学；858. 南京医科大学；862. 安徽农业大学；865. 济南大学；867. 西南交通大学；870. 台湾中兴大学；873. 内蒙古大学；879. 台湾中山大学；890. 桂林工业大学；892. 沈阳农业大学；893. 湖南师范大学；894. 上海财经大学；910. 杭州师范大学；913. 青岛农业大学；926. 苏州科技大学；930. 西南财经大学；933. 齐鲁工业大学；938. 东海大学（中国台湾）；940. 江汉大学；941. 东莞理工学院；943. 高雄科技大学；946. 华北水利水电大学；947. 江西农业大学；960. 河北农业大学；965. 常州大学；966. 安徽医科大学；974. 上海师范大学；978. 大连海事大学；979. 安徽大学；988. 中国计量大学；996. 台湾“中央”大学；1005. 华侨大学；1008. 首都师范大学；1016. 首都医科大学；1019. 三峡大学；1035. 青海大学；1038. 安徽理工大学；1046. 湖北大学；1059. 西北师范大学；1070. 高雄医科大学；1072. 泰州学院；1073. 青岛理工大学；1076. 武汉科技大学；1079. 西南林业大学；1083. 兰州交通大学；1086. 长江大学；1087. 山西农业大学；1089. 台北医学大学；1100. 台北科技大学；1101. 太原理工大学；1115. 河北工业大学；1117. 湘潭大学；1121. 广东海洋大学；1126. 南方医科大学；1127. 浙江财经大学；1136. 哈尔滨工程大学；1149. 澳门大学；1158. 天津师范大学；1172. 江西师范大学；1177. 成都信息工程大学；1182. 吉林农业大学；1185. 台湾东华大学；1190. 台湾师范大学；1197. 台湾海洋大学；1209. 淮北师范大学；1212. 江西财经大学

2. 环境科学与生态学学科科研能力排名分析

从发文量来看，超过3000篇的有69所，分别是中国科学院大学(中国)、清华大学(中国)、北京师范大学(中国)、浙江大学(中国)、瓦格宁根大学(荷兰)、北京大学(中国)、昆士兰大学(澳大利亚)、圣保罗大学(巴西)、佛罗里达大学(美国)、布列塔尼-卢瓦尔大学(法国)、南京大学(中国)、河海大学(中国)、蒙彼利埃大学(法国)、加利福尼亚大学戴维斯分校(美国)、加利福尼亚大学伯克利分校(美国)、中国地质大学(中国)、英属哥伦比亚大学(加拿大)、墨西哥国立自治大学(墨西哥)、中山大学(中国)、瑞典农业科学大学(瑞典)、奥尔胡斯大学(丹麦)、同济大学(中国)、苏黎世联邦理工学院(瑞士)、华盛顿大学(美国)、牛津大学(英国)、哈佛大学(美国)、哥本哈根大学(丹麦)、墨尔本大学(澳大利亚)、北卡罗来纳大学(美国)、西北农林科技大学(中国)、赫尔辛基大学(芬兰)、科罗拉多州立大学(美国)、乌得勒支大学(荷兰)、里斯本大学(葡萄牙)、索邦大学(法国)、俄勒冈州立大学(美国)、新南威尔斯大学(澳大利亚)、武汉大学(中国)、明尼苏达大学双城分校(美国)、多伦多大学(加拿大)、根特大学(比利时)、得克萨斯农工大学(美国)、哈尔滨工业大学(中国)、埃克塞特大学(英国)、波尔图大学(葡萄牙)、康奈尔大学(美国)、中国农业大学(中国)、沙特国王大学(沙特阿拉伯)、阿尔伯塔大学(加拿大)、中国矿业大学(中国)、密歇根州立大学(美国)、巴黎文理研究大学(法国)、魁北克大学(加拿大)、斯坦福大学(美国)、巴黎萨克雷大学(法国)、西澳大学(澳大利亚)、密歇根大学(美国)、斯德哥尔摩大学(瑞典)、威斯康星大学麦迪逊分校(美国)、伦敦帝国学院(英国)、山东大学(中国)、上海交通大学(中国)、亚利桑那大学(美国)、中国海洋大学(中国)、隆德大学(瑞典)、伊斯兰阿扎德大学(伊朗)、伊利诺伊大学厄巴纳香槟分校(美国)、麦吉尔大学(加拿大)、天津大学(中国)；其中中国科学院大学的发文量位居第1位，远远高于位居第2位的清华大学(中国)。超过2000篇但少于等于3000篇的有84所，超过1500篇但少于等于2000篇的有93所，超过1000篇但少于等于1500篇的有189所，超过500篇但少于等于1000篇的有423所，少于等于500篇的有367所。中国(包含港澳台)居前100位的高校有25所，发文量在2600篇以上；其他中国机构发文量都在2600篇以下。其他进入ESI环境科学与生态学学科发文量排名的中国(包含港澳台)高校如表3-86所示。

表3-86　环境科学与生态学学科发文量排名(前10位与中国大学)

发文量排名	机构名称	国家/地区	发文量排名	机构名称	国家/地区
1	中国科学院大学	中国	6	北京大学	中国
2	清华大学	中国	7	昆士兰大学	澳大利亚
3	北京师范大学	中国	8	圣保罗大学	巴西
4	浙江大学	中国	9	佛罗里达大学	美国
5	瓦格宁根大学	荷兰	10	布列塔尼-卢瓦尔大学	法国
其他中国机构：11. 南京大学；12. 河海大学；16. 中国地质大学；19. 中山大学；22. 同济大学；30. 西北农林科技大学；38. 武汉大学；43. 哈尔滨工业大学；47. 中国农业大学；50. 中国矿业大学；61. 山东大学；62. 上海交通大学；64. 中国海洋大学；69. 天津大学；72. 南京信息工程大学；73. 复旦大学；76. 兰州大学；90. 北京林业大学；93. 四川大学；95. 华中科技大学；102. 华东师范大学；103. 中南大学；105. 厦门大学；107. 南京农业大学；109. 暨南大学；110. 台湾大学；112. 香港大学；119. 重庆大学；123. 南开大学；127. 华中农业大学；134. 东南大学；149. 吉林大学；151. 华南理工大学；155. 香港理工大学；160. 大连理工大学；173. 华北电力大学；176. 南京师范大学；183. 西安交通大学；184. 南京林业大学；188. 郑州大学；207. 中国科学技术大学；209. 香港城市大学；209. 长安大学；212. 华南农业大学；220. 浙江工业大学；221. 湖南大学；223. 江苏大学；224. 广东工业大学；251. 西南大学；262. 北京工业大学；264. 深圳大学；276. 北京科技大学；282. 四川农业大学；284. 中国石油大学；292. 台湾成功大学；293. 南方科技大学；294. 东北师范大学；296. 香港中文大学；297. 西安建筑科技大学；298. 香港科技大学；298. 广州大学；302. 广西大学；307. 上海大学；316. 东北农业大学；317. 云南大学；342. 华南师范大学；355. 武汉理工大学；364. 西安理工大学；366. 福建农林大学；367. 海南大学；379. 台湾中国医药大学；388. 北京理工大学；397. 成都理工大学；403. 东					

续表

北林业大学；412. 贵州大学；416. 河南大学；425. 上海海洋大学；431. 华东理工大学；437. 浙江农林大学；443. 山东科技大学；445. 扬州大学；448. 昆明理工大学；453. 西北大学；464. 湖南农业大学；473. 合肥工业大学；485. 陕西师范大学；492. 中国东北大学；495. 新疆大学；498. 江南大学；503. 宁波大学；510. 香港浸会大学；517. 华北水利水电大学；519. 福建师范大学；525. 南昌大学；529. 中国人民大学；542. 山西大学；544. 青岛大学；549. 山东农业大学；550. 福州大学；552. 北京交通大学；554. 西南交通大学；558. 台湾中兴大学；566. 北京航空航天大学；575. 北京化工大学；593. 苏州大学；596. 南京工业大学；597. 东华大学；608. 台湾阳明交通大学；615. 台湾中山大学；616. 南京理工大学；620. 南京医科大学；620. 苏州科技大学；626. 沈阳农业大学；628. 山东师范大学；630. 亚洲大学(中国台湾)；630. 大连海事大学；636. 太原理工大学；639. 河南师范大学；641. 河南农业大学；648. 华中师范大学；650. 安徽医科大学；655. 汕头大学；656. 桂林工业大学；667. 西安科技大学；672. 高雄医科大学；675. 深圳城市学院；678. 高雄科技大学；681. 中南林业科技大学；687. 浙江工商大学；698. 安徽农业大学；703. 安徽理工大学；719. 中国医学科学院-中国协和医学院；731. 西北师范大学；737. 内蒙古农业大学；739. 内蒙古大学；740. 安徽大学；750. 香港教育大学；750. 上海理工大学；750. 齐鲁工业大学；763. 浙江师范大学；768. 西南科技大学；768. 北京建筑大学土木与交通工程学院；776. 河南理工大学；776. 济南大学；783. 青岛农业大学；784. 南京航空航天大学；785. 首都医科大学；787. 贵州师范大学；788. 北京工商大学；795. 石河子大学；813. 杭州师范大学；825. 青海大学；830. 山东建筑大学；833. 台北医学大学；844. 首都师范大学；845. 长江大学；849. 电子科技大学；853. 台北科技大学；864. 温州大学；872. 台湾“中央”大学；872. 武汉科技大学；877. 山西农业大学；877. 青岛理工大学；880. 华侨大学；891. 三峡大学；896. 兰州交通大学；896. 广东海洋大学；908. 青岛科技大学；912. 江西农业大学；914. 中南财经政法大学；914. 湖南师范大学；929. 上海师范大学；930. 吉林农业大学；933. 江汉大学；936. 天津师范大学；941. 湖北大学；943. 常州大学；951. 西南林业大学；962. 西北工业大学；964. 台湾师范大学；975. 江西师范大学；978. 长沙理工大学；979. 南方医科大学；979. 台湾海洋大学；991. 河北农业大学；993. 河北工业大学；1000. 西南财经大学；1009. 泰州学院；1010. 佛山科学技术学院；1022. 东莞理工学院；1026. 成都信息工程大学；1027. 重庆工商大学；1032. 哈尔滨工程大学；1034. 中央民族大学；1044. 西交利物浦大学；1052. 上海财经大学；1055. 澳门大学；1059. 江西财经大学；1072. 东海大学(中国台湾)；1076. 对外经济贸易大学；1080. 温州医科大学；1082. 浙江财经大学；1092. 中国计量大学；1103. 杭州电子科技大学；1113. 台湾科技大学；1117. 台湾中原大学；1126. 湘潭大学；1129. 天津工业大学；1155. 广东石油化工学院；1182. 台湾清华大学；1195. 绍兴文理学院；1201. 台湾东华大学；1218. 淮北师范大学

3. 环境科学与生态学学科科研影响力排名分析

总被引次数最高的是中国科学院大学，达到387417次；总被引次数在50000次以上的有179所，它们是：中国科学院大学(中国)、瓦格宁根大学(荷兰)、昆士兰大学(澳大利亚)、清华大学(中国)、加利福尼亚大学伯克利分校(美国)、苏黎世联邦理工学院(瑞士)、北京大学(中国)、牛津大学(英国)、斯坦福大学(美国)、哈佛大学(美国)、瑞典农业科学大学(瑞典)、英属哥伦比亚大学(加拿大)、佛罗里达大学(美国)、华盛顿大学(美国)、伦敦帝国学院(英国)、北京师范大学(中国)、明尼苏达大学双城分校(美国)、浙江大学(中国)、加利福尼亚大学戴维斯分校(美国)、埃克塞特大学(英国)、南京大学(中国)、蒙彼利埃大学(法国)、乌得勒支大学(荷兰)、哥本哈根大学(丹麦)、布列塔尼-卢瓦尔大学(法国)、奥尔胡斯大学(丹麦)、斯德哥尔摩大学(瑞典)、科罗拉多大学博尔德分校(美国)、新南威尔斯大学(澳大利亚)、詹姆斯库克大学(澳大利亚)、科罗拉多州立大学(美国)、墨尔本大学(澳大利亚)、威斯康星大学麦迪逊分校(美国)、巴黎萨克雷大学(法国)、剑桥大学(英国)、俄勒冈州立大学(美国)、圣保罗大学(巴西)、密歇根州立大学(美国)、马里兰大学帕克分校(美国)、耶鲁大学(美国)、西澳大学(澳大利亚)、杜克大学(美国)、索邦大学(法国)、加利福尼亚大学圣塔芭芭拉分校(美国)、康奈尔大学(美国)、赫尔辛基大学(芬兰)、多伦多大学(加拿大)、中山大学(中国)、麦吉尔大学(加拿大)、北卡罗来纳大学(美国)、密歇根大学(美国)、同济大学(中国)、哥伦比亚大学(美国)、亚利桑那大学(美国)、根特大学(比利时)、伦敦大学学院(英国)、巴黎文理研究大学(法国)、图卢兹大学(法国)、澳大利亚国立大学(澳大利亚)、隆德大学(瑞典)、阿尔伯塔大学(加拿大)、利兹大学(英国)、亚利桑那州立大学(美国)、哈尔滨工业大学(中国)、新加坡国立大学(新加坡)、德国哥廷根大学(德国)、魁北克大学(加拿大)、西北农林科技大学(中国)、加利福尼亚大学洛杉矶分校(美国)、阿姆斯特丹自由大学(荷兰)、爱丁堡大学(英国)、里斯本大学(葡萄牙)、图卢兹第三大学(法国)、伊利诺伊大学厄巴纳香槟分校(美国)、慕尼黑理工大学(德国)、北卡罗来纳州立大学(美国)、伯尔尼大学(瑞士)、墨西哥国立自治大学(墨西哥)、莫纳什大学(澳大利亚)、中国地质大学(中国)、上海交通大学(中国)、宾夕法尼亚州立大学(美国)、悉尼大学(澳大利亚)、普林斯顿大学(美国)、佐治亚大学(美国)、中国农业大学(中国)、波尔图大学(葡萄牙)、得克萨斯农工大学(美国)、苏黎世大学(瑞士)、兰卡斯特大学(英国)、丹麦科技大学(丹麦)、得克萨斯大学奥斯汀分校(美国)、阿德莱德大学(澳大利亚)、塔斯马尼亚大学(澳大利亚)、巴黎高科环境与生命科学工程学院(法国)、巴塞罗那大学(西班牙)、复旦大学(中国)、格勒诺布尔阿尔卑斯公社大学(法国)、格勒诺布尔-阿尔卑斯大学(法国)、格里菲斯大学(澳大利亚)、俄亥俄州立大学(美国)、香港大学(中国香港)、巴黎西岱大学(法国)、洛桑联邦理工学院(瑞士)、麻省理工学院(美国)、武汉大学(中国)、加利福尼亚大学尔湾分校(美国)、荷语鲁汶大学(比利时)、宾夕法尼亚州立大学帕克分校(美国)、东安格利亚大学(英国)、阿伯丁大学(英国)、南安普敦大学(英国)、哥德堡大学(瑞典)、代尔夫特理工大学(荷兰)、马萨诸塞大学阿默斯特分校(美国)、南洋理工大学(新加坡)、华东师范大学(中国)、麦考瑞大学(澳大利亚)、巴塞罗那自治大学(西班牙)、加利福尼亚大学圣迭戈分校(美国)、河海大学(中国)、悉尼科技大学(澳大利亚)、北卡罗来纳大学教堂山分校(美国)、佐治亚理工学院(美国)、萨省大学(加拿大)、湖南大学(中国)、谢菲尔德大学(英国)、香港理工大学(中国香港)、乌普萨拉大学(瑞典)、维也纳大学(奥地利)、南开大学(中国)、安特卫普大学(比利时)、西悉尼大学(澳大利亚)、山东大学(中国)、蒙大拿大学(美国)、天津大学(中国)、加利福尼亚大学圣克鲁兹分校(美国)、蒙彼利埃国立高等农学研究学院(法国)、弗赖堡大学(德国)、卡尔斯鲁厄理工学院(德国)、弗吉尼亚理工学院暨州立大学(美国)、阿维罗大学(葡萄牙)、南京农业大学(中国)、柏林洪堡大学(德国)、康涅狄格大学(美国)、首尔大学(韩国)、挪威科技大学(挪威)、中南大学(中国)、斯坦陵布什大学(南非)、图卢兹联邦大学(法国)、奥斯陆大学(挪威)、新西兰奥克兰大学(新西兰)、圭尔夫大学(加拿大)、雷丁大学(英国)、阿卜杜勒阿齐兹国王大学(沙特阿拉伯)、昆士兰科技大学(澳大利亚)、布里斯托尔大学(英国)、田纳西大学诺克斯维尔分校(美国)、华中科技大学(中国)、艾克斯-马赛大学(法国)、开普敦大学(南非)、维也纳自然资源和生命科学大学(奥地利)、南京信息工程大学(中国)、普渡大学(美国)、中国科学技术大学(中国)、东京大学(日本)、波士顿大学(美国)、普渡大学-西拉斐特(美国)、兰州大学(中国)、达尔豪西大学(加拿大)、沙特国王大学(沙特阿拉伯)、蒙彼利埃第三大学(法国)、阿姆斯特丹大学(荷兰)、萨瓦大学(法国)、暨南大学(中国)、圣保罗州立大学(巴西)、普利茅斯大学(英国)、罗马大学(意大利)、滑铁卢大学(加拿大);总被引次数超过 40000 次少于等于 50000 次的有 57 所;总被引次数超过 30000 次少于等于 40000 次的有 83 所;总被引次数超过 20000 次少于等于 30000 次的有 165 所;总被引次数超过 10000 次少于等于 20000 次的有 307 所;总被引次数在 10000 次及以下的有 434 所;进入排名的所有高校的总被引次数均在 4875 次以上。进入 ESI 环境科学与生态学学科总被引次数排名的中国(包含港澳台)高校共有 218 所,具体总被引次数排名如表 3-87 所示。

表 3-87　环境科学与生态学学科总被引次数排名(前 10 位与中国大学)

总被引次数排名	机构名称	国家/地区	总被引次数排名	机构名称	国家/地区
1	中国科学院大学	中国	6	苏黎世联邦理工学院	瑞士
2	瓦格宁根大学	荷兰	7	北京大学	中国
3	昆士兰大学	澳大利亚	8	牛津大学	英国
4	清华大学	中国	9	斯坦福大学	美国
5	加利福尼亚大学伯克利分校	美国	10	哈佛大学	美国
其他中国机构:16. 北京师范大学;18. 浙江大学;21. 南京大学;48. 中山大学;52. 同济大学;64. 哈尔滨工业大学;68. 西北农林科技大学;80. 中国地质大学;81. 上海交通大学;86. 中国农业大学;97. 复旦大学;102. 香港大学;106. 武汉大学;117. 华东师范大学;121. 河海大学;126. 湖南大学;128. 香港理工大学;131. 南开大学;134. 山东大学;					

续表

136. 天津大学；143. 南京农业大学；148. 中南大学；159. 华中科技大学；163. 南京信息工程大学；165. 中国科学技术大学；169. 兰州大学；175. 暨南大学；180. 中国海洋大学；191. 台湾大学；193. 中国矿业大学；197. 厦门大学；202. 华中农业大学；206. 华南理工大学；207. 香港科技大学；208. 北京林业大学；221. 大连理工大学；227. 重庆大学；229. 香港城市大学；235. 华北电力大学；240. 四川大学；282. 浙江工业大学；286. 广东工业大学；295. 北京理工大学；301. 西安交通大学；304. 南方科技大学；313. 香港中文大学；317. 东南大学；318. 南京师范大学；333. 长安大学；339. 华南农业大学；341. 江苏大学；353. 深圳大学；354. 上海大学；371. 东北农业大学；378. 浙江农林大学；380. 北京工业大学；383. 吉林大学；398. 广州大学；400. 西南大学；406. 东北师范大学；407. 南京林业大学；409. 北京科技大学；428. 郑州大学；438. 湖南农业大学；439. 华东理工大学；441. 西安建筑科技大学；446. 华南师范大学；449. 台湾成功大学；452. 四川农业大学；457. 武汉理工大学；459. 苏州大学；465. 中国石油大学；470. 香港浸会大学；475. 深圳城市学院；476. 香港教育大学；494. 福建农林大学；517. 北京化工大学；530. 台湾中国医药大学；534. 广西大学；543. 陕西师范大学；556. 福建师范大学；563. 南京理工大学；569. 河南大学；580. 北京航空航天大学；587. 青岛大学；588. 云南大学；592. 东华大学；593. 昆明理工大学；603. 上海海洋大学；613. 中国人民大学；619. 江南大学；622. 山西大学；623. 浙江师范大学；637. 华中师范大学；642. 山东农业大学；650. 福州大学；655. 扬州大学；663. 合肥工业大学；666. 海南大学；670. 河南师范大学；682. 汕头大学；691. 电子科技大学；692. 中南林业科技大学；699. 新疆大学；706. 西安理工大学；711. 山东科技大学；717. 宁波大学；725. 成都理工大学；726. 西北大学；727. 东北林业大学；729. 南京工业大学；746. 南昌大学；752. 浙江工商大学；756. 河南农业大学；759. 内蒙古大学；763. 台湾中兴大学；766. 亚洲大学(中国台湾)；772. 北京交通大学；783. 贵州大学；784. 上海理工大学；786. 西南科技大学；790. 台湾清华大学；791. 杭州师范大学；795. 南京医科大学；798. 济南大学；800. 江汉大学；811. 台湾中山大学；817. 北京建筑大学土木与交通工程学院；825. 山东师范大学；827. 佛山科学技术学院；828. 安徽农业大学；832. 中国东北大学；836. 中国医学科学院-中国协和医学院；842. 沈阳农业大学；844. 安徽医科大学；852. 西南交通大学；858. 西安科技大学；863. 首都医科大学；868. 台湾“中央”大学；869. 齐鲁工业大学；879. 台湾阳明交通大学；884. 湖南师范大学；888. 中国计量大学；892. 南京航空航天大学；901. 首都师范大学；909. 高雄科技大学；920. 青岛农业大学；922. 桂林工业大学；933. 苏州科技大学；945. 绍兴文理学院；953. 长沙理工大学；954. 贵州师范大学；961. 东莞理工学院；962. 山西农业大学；965. 青岛科技大学；975. 安徽大学；976. 青海大学；983. 大连海事大学；991. 河北农业大学；993. 高雄医科大学；1000. 江西农业大学；1005. 北京工商大学；1008. 西交利物浦大学；1010. 西北工业大学；1014. 上海师范大学；1016. 上海财经大学；1024. 中南财经政法大学；1030. 内蒙古农业大学；1031. 西南财经大学；1033. 太原理工大学；1036. 石河子大学；1041. 南方医科大学；1046. 华侨大学；1051. 河南理工大学；1051. 台北医学大学；1061. 安徽理工大学；1063. 泰州学院；1064. 台北科技大学；1073. 西南林业大学；1075. 东海大学(中国台湾)；1076. 成都信息工程大学；1080. 重庆工商大学；1083. 台湾中原大学；1085. 三峡大学；1089. 西北师范大学；1093. 天津师范大学；1096. 山东建筑大学；1100. 江西师范大学；1105. 华北水利水电大学；1107. 天津工业大学；1110. 湖北大学；1111. 常州大学；1114. 哈尔滨工程大学；1119. 澳门大学；1122. 中央民族大学；1131. 武汉科技大学；1140. 淮北师范大学；1146. 兰州交通大学；1150. 对外经济贸易大学；1168. 河北工业大学；1172. 温州医科大学；1173. 台湾东华大学；1181. 广东石油化工学院；1188. 台湾科技大学；1195. 吉林农业大学；1197. 台湾师范大学；1200. 青岛理工大学；1202. 长江大学；1203. 浙江财经大学；1204. 温州大学；1207. 广东海洋大学；1213. 台湾海洋大学；1221. 江西财经大学；1222. 湘潭大学；1223. 杭州电子科技大学

4. 环境科学与生态学学科影响力排名分析

从高被引论文数来看，排在前10位的高校中有两个隶属于美国。高被引论文数最多的是中国的中国科学院大学，达到261篇；其次是清华大学(中国)、瓦格宁根大学(荷兰)、北京大学(中国)、苏黎世联邦理工学院(瑞士)、斯坦福大学(美国)、牛津大学(英国)、昆士兰大学(澳大利亚)、加利福尼亚大学伯克利分校(美国)、埃克塞特大学(英国)、明尼苏达大学双城分校(美国)、伦敦帝国学院(英国)、乌得勒支大学(荷兰)、英属哥伦比亚大学(加拿大)、剑桥大学(英国)、华盛顿大学(美国)、瑞典农业科学大学(瑞典)、蒙彼利埃大学(法国)、浙江大学(中国)、佛罗里达大学(美国)、南京大学(中国)、斯德哥尔摩大学(瑞典)、马里兰大学帕克分校(美国)、巴黎萨克雷大学(法国)、哈佛大学(美国)、伦敦大学学院(英国)、湖南大学(中国)、新南威尔士大学(澳大利亚)、哥本哈根大学(丹麦)、耶鲁大学(美国)、北京师范大学(中国)、科罗拉多州立大学(美国)、墨尔本大学(澳大利亚)、上海交通大学(中国)、加利福尼亚大学圣塔芭芭拉分校(美国)、哈尔滨工业大学(中国)、哥伦比亚大学(美国)、科罗拉多大学博尔德分校(美国),高被引论文数均在100篇以上;高被引论文数高篇数段集中在70~100篇,共有47所高校;在50篇以上70篇及以下的高校有52所;高被引论文数在30篇以上50篇及以下的高校有121所;高被引论文数在20篇以上30篇及以下的高校有120所;高被引论文数在10篇以上20篇及以下的高校有291所;高被引论文数在10篇及以下的高校有552所,其中高被引论文数为0篇的高校有4所。在中国(包含港澳台)的高校中,中国科学院大学的高被引论文数为261篇,位居中国第1位,其次是清华大学、北京大学,分别为257篇和196篇。其他进入ESI环境科学与生态学学科高被引论文数排名的中国(包含港澳台)高校如表3-88所示。

表3-88 环境科学与生态学学科高被引论文数排名(前10位与中国大学)

高被引论文数排名	机构名称	国家/地区	高被引论文数排名	机构名称	国家/地区
1	中国科学院大学	中国	6	斯坦福大学	美国
2	清华大学	中国	7	牛津大学	英国
3	瓦格宁根大学	荷兰	8	昆士兰大学	澳大利亚
4	北京大学	中国	9	加利福尼亚大学伯克利分校	美国
5	苏黎世联邦理工学院	瑞士	10	埃克塞特大学	英国

其他中国机构:19. 浙江大学;21. 南京大学;26. 湖南大学;31. 北京师范大学;34. 上海交通大学;36. 哈尔滨工业大学;48. 中山大学;55. 香港理工大学;55. 北京理工大学;60. 同济大学;63. 山东大学;67. 中南大学;67. 华东师范大学;72. 武汉大学;80. 西北农林科技大学;83. 中国科学技术大学;91. 重庆大学;91. 天津大学;98. 香港大学;104. 南开大学;104. 复旦大学;112. 江苏大学;122. 华北电力大学;124. 中国农业大学;134. 华中科技大学;138. 中国地质大学;142. 大连理工大学;153. 南方科技大学;153. 兰州大学;157. 香港科技大学;157. 深圳大学;168. 香港城市大学;168. 西安交通大学;182. 郑州大学;189. 南京信息工程大学;191. 广东工业大学;196. 河海大学;201. 四川大学;204. 暨南大学;218. 厦门大学;218. 华南理工大学;223. 浙江师范大学;223. 长安大学;232. 南京农业大学;232. 中国海洋大学;239. 苏州大学;239. 广州大学;239. 东北农业大学;245. 青岛大学;249. 电子科技大学;249. 深圳城市学院;249. 浙江工业大学;259. 中国矿业大学;259. 北京林业大学;259. 华东理工大学;267. 北京化工大学;275. 海南大学;275. 北京科技大学;286. 绍兴文理学院;286. 上海大学;286. 广西大学;286. 南京理工大学;286. 湖南农业大学;302. 华中农业大学;307. 西南大学;307. 香港中文大学;307. 北京工业大学;318. 武汉理工大学;318. 东北师范大学;327. 中国石油大学;327. 华中师范大学;327. 南京林业大学;327. 浙江农林大学;327. 台湾大学;327. 台湾成功大学;356. 新疆大学;356. 香港教育大学;356. 南京师范大学;356. 福州大学;379. 西安建筑科技大学;396. 上海海洋大学;396. 华南农业大学;396. 吉林大学;396. 台湾中国医药大学;396. 昆明理工大学;415. 贵州大学;415. 南昌大学;415. 福建农林大学;415. 河南大学;415. 东华大学;415. 中南林业科技大学;415. 河南农业大学;446. 南京航空航天大学;446. 浙江工商大学;446. 上海理工大学;446. 西安科技大学;474. 东南大学;474. 佛山科学技术学院;474. 广东石油化工学院;474. 香港浸会大学;474. 福建师范大学;498. 北京航空航天大学;498. 青岛科技大学;534. 南京工业大学;534. 西北工业大学;534. 东北林业大学;534. 长沙理工大学;534. 温州大学;534. 对外经济贸易大学;534. 陕西师范大学;534. 上海财经大学;571. 北京工商大学;571. 扬州大学;571. 华南师范大学;571. 西交利物浦大学;571. 山东科技大学;571. 亚洲大学(中国台湾);571. 东海大学(中国台湾);608. 宁波大学;608. 西南科技大学;608. 中南财经政法大学;608. 四川农业大学;608. 汕头大学;608. 西南财经大学;642. 云南大学;642. 中国人民大学;642. 成都理工大学;670. 北京建筑大学土木与交通工程学院;670. 贵州师范大学;670. 西北大学;670. 中国东北大学;670. 北京交通大学;670. 湖南师范大学;670. 东莞理工学院;670. 常州大学;703. 河南理工大学;703. 江南大学;703. 山西大学;703. 山东农业大学;703. 河南师范大学;703. 安徽农业大学;703. 济南大学;703. 江西农业大学;703. 河北农业大学;757. 山东师范大学;757. 南京医科大学;757. 桂林工业大学;757. 青岛农业大学;757. 上海师范大学;822. 杭州电子科技大学;822. 重庆工商大学;822. 西南交通大学;822. 内蒙古大学;822. 中国计量大学;822. 华侨大学;822. 三峡大学;822. 湖北大学;822. 湘潭大学;875. 西安理工大学;875. 台湾清华大学;875. 合肥工业大学;875. 台湾中山大学;875. 沈阳农业大学;875. 杭州师范大学;875. 苏州科技大学;

续表

875. 齐鲁工业大学；875. 江汉大学；875. 泰州学院；875. 青岛理工大学；875. 浙江财经大学；943. 中央民族大学；943. 台湾中兴大学；943. 高雄科技大学；943. 华北水利水电大学；943. 安徽大学；943. 武汉科技大学；943. 西南林业大学；943. 兰州交通大学；943. 长江大学；943. 河北工业大学；943. 台湾东华大学；1025. 台湾阳明交通大学；1025. 中国医学科学院-中国协和医学院；1025. 山东建筑大学；1025. 台湾中原大学；1025. 天津工业大学；1025. 台湾科技大学；1025. 大连海事大学；1025. 台湾“中央”大学；1025. 首都师范大学；1025. 青海大学；1025. 安徽理工大学；1025. 西北师范大学；1025. 广东海洋大学；1025. 哈尔滨工程大学；1025. 澳门大学；1025. 淮北师范大学；1097. 内蒙古农业大学；1097. 石河子大学；1097. 温州医科大学；1097. 台北医学大学；1097. 台北科技大学；1097. 南方医科大学；1150. 安徽医科大学；1150. 首都医科大学；1150. 山西农业大学；1150. 天津师范大学；1150. 江西师范大学；1150. 成都信息工程大学；1150. 吉林农业大学；1150. 台湾师范大学；1150. 台湾海洋大学；1150. 江西财经大学；1203. 高雄医科大学

5. 环境科学与生态学学科师资力量排名分析

从高被引科学家数来看，排在前 5 位的高校中有 2 个隶属于美国，1 个隶属于中国，2 个分别隶属于荷兰、瑞士。高被引科学家数最多的是中国的清华大学，为 6 人；其次是瓦格宁根大学(荷兰)和明尼苏达大学双城分校(美国)，高被引科学家数为 4 人；苏黎世联邦理工学院(瑞士)、斯坦福大学(美国)，高被引科学家数为 3 人；高被引科学家数为 2 人的高校有 14 所；高被引科学家数为 1 人的高校有 58 所；高被引科学家数为 0 人的高校有 1148 所。在中国(包含港澳台)的高校中，清华大学的高被引科学家数为 6 人，位居中国第 1 位；华东师范大学的高被引科学家数为 2 人，北京大学、哈尔滨工业大学、上海交通大学、香港城市大学、南方科技大学、香港大学、香港科技大学、上海海洋大学、苏州大学、华南农业大学的高被引科学家数为 1 人，其他高校的高被引科学家数均为 0 人，如表 3-89 所示。

表 3-89 环境科学与生态学学科高被引科学家排名（部分前 6 位与中国大学）

高被引科学家数排名	机构名称	国家/地区	高被引科学家数排名	机构名称	国家/地区
1	清华大学	中国	6	牛津大学	英国
2	瓦格宁根大学	荷兰	6	昆士兰大学	澳大利亚
2	明尼苏达大学双城分校	美国	6	阿德莱德大学	澳大利亚
4	苏黎世联邦理工学院	瑞士	6	耶鲁大学	美国
4	斯坦福大学	美国	6	詹姆斯库克大学	澳大利亚
其他中国机构：6. 华东师范大学；20. 北京大学；20. 哈尔滨工业大学；20. 上海交通大学；20. 香港城市大学；20. 南方科技大学；20. 香港大学；20. 香港科技大学；20. 上海海洋大学；20. 苏州大学；20. 华南农业大学					

从高被引科学家数这项指标可以看出，位居前 6 名的大学所在国家分布较为分散，但相对来说还是澳大利亚和美国的高校较多。中国高校在各指标中的排名均靠后，仅有清华大学(中国)、华东师范大学(中国)、北京大学(中国)、哈尔滨工业大学(中国)、上海交通大学(中国)、香港城市大学(中国香港)、南方科技大学(中国)、香港大学(中国香港)、香港科技大学(中国香港)、上海海洋大学(中国)、苏州大学(中国)、华南农业大学(中国)12 所大学跻身前 50 名，表明中国的高校在环境科学与生态学学科领域力量较弱，应以澳大利亚等国际先进的高校为标杆，吸取经验，加快发展。

(九)地球科学

进入 ESI 地球科学学科排名的高校共有 639 所。从图 3-9 的国家或地区分布来看，这些高校分布在美国、中国、英国、法国、德国、意大利、加拿大、瑞士、澳大利亚、西班牙等 55 个国家或地区。其中，美国拥有全球数量最多的从事地球科学研究的高校，共计 141 所，约占全球高校总数的 22.07%。中国内地(大陆)有 75 所进入排名，中国香港有 5 所，中国台湾有 4 所。

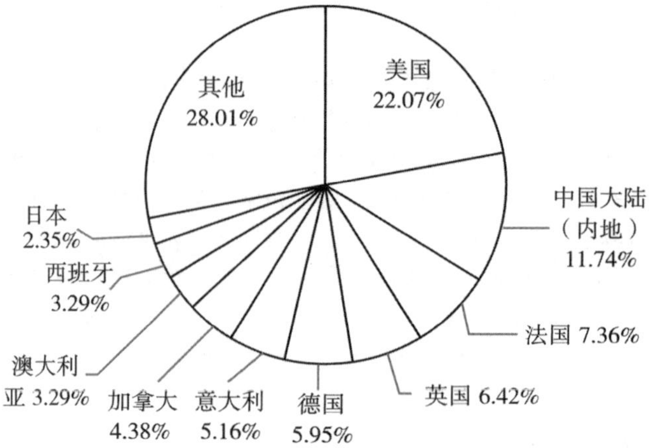

图 3-9　进入 ESI 地球科学领域排名的大学的国家或地区分布

1. **地球科学学科竞争力综合排名分析**

位居前 10 位的高校有 5 所分布在中国，2 所在美国，1 所在瑞士，1 所在法国，1 所在荷兰。表 3-90 列出了 ESI 地球科学学科综合排名前 10 位的高校和该排名中的中国(含港澳台)高校。

表 3-90　地球科学学科综合排名(前 10 位与中国大学)

综合排名	机构名称	星级	档次	国家/地区	综合排名	机构名称	星级	档次	国家/地区
1	苏黎世联邦理工学院	5★+	一流学科	瑞士	6	巴黎西岱大学	5★+	一流学科	法国
2	中国科学院大学	5★+	一流学科	中国	7	科罗拉多大学博尔德分校	5★	一流学科	美国
3	中国地质大学	5★+	一流学科	中国	8	加州理工学院	5★	一流学科	美国
4	武汉大学	5★+	一流学科	中国	9	乌得勒支大学	5★	一流学科	荷兰
5	清华大学	5★+	一流学科	中国	10	北京大学	5★	一流学科	中国
其他中国机构：15. 南京信息工程大学；21. 南京大学；22. 中国矿业大学；28. 北京师范大学；34. 香港大学；51. 中山大学；52. 中国海洋大学；66. 兰州大学；70. 中国石油大学；71. 重庆大学；74. 西北工业大学；78. 西北大学；86. 河海大学；91. 中南大学；100. 山东科技大学；110. 成都理工大学；114. 西安交通大学；123. 电子科技大学；128. 湖南大学；130. 中国科学技术大学；134. 浙江大学；135. 哈尔滨工业大学；142. 南方科技大学；145. 吉林大学；148. 华东师范大学；149. 北京理工大学；161. 同济大学；174. 天津大学；178. 西安电子科技大学；188. 香港理工大学；192. 长安大学；211. 西北农林科技大学；218. 大连理工大学；219. 四川大学；220. 台湾大学；234. 复旦大学；237. 西南交通大学；247. 新疆大学；260. 上海交通大学；263. 西南大学；277. 中国农业大学；282. 深圳大学；301. 香港中文大学；308. 暨南大学；311. 成都信息工程大学；315. 昆明理工大学；323. 桂林工业大学；332. 南京师范大学；333. 厦门大学；341. 南京理工大学；345. 国防科学技术大学；349. 北京林业大学；353. 武汉理工大学；356. 华南理工大学；360. 山东大学；363. 太原理工大学；382. 北京航空航天大学；385. 香港科技大学；393. 中国东北大学；408. 西南石油大学；410. 西安科技大学；411. 合肥工业大学；428. 华中科技大学；431. 台湾“中央”大学；433. 北京科技大学；442. 河南理工大学；446. 首都师范大学；447. 云南大学；449. 东南大学；451. 香港城市大学；459. 长江大学；492. 北京化工大学；496. 东华理工大学；501. 西安理工大学；524. 台湾成功大学；535. 福州大学；537. 北京工业大学；597. 上海海洋大学；636. 台湾师范大学									

2. 地球科学学科的科研能力排名分析

从发文量排名来看，位居前10位的依次是中国科学院大学(中国)、中国地质大学(中国)、南京信息工程大学(中国)、武汉大学(中国)、中国石油大学(中国)、索邦大学(法国)、巴黎西岱大学(法国)、苏黎世联邦理工学院(瑞士)、科罗拉多大学博尔德分校(美国)、加州理工学院(美国)，其中5所来自中国，2所来自法国，2所来自美国，1所来自瑞士。发文量最多的是中国科学院大学，为21 425篇，中国地质大学的发文量是18 901篇，瑞士的苏黎世联邦理工学院发文量是7290篇。表3-91列出了ESI地球科学学科发文量排名前10位的高校和该排名中的中国(包含港澳台)高校。

表3-91 地球科学学科发文量排名（前10位与中国大学）

发文量排名	机构名称	国家/地区	发文量排名	机构名称	国家/地区
1	中国科学院大学	中国	6	索邦大学	法国
2	中国地质大学	中国	7	巴黎西岱大学	法国
3	南京信息工程大学	中国	8	苏黎世联邦理工学院	瑞士
4	武汉大学	中国	9	科罗拉多大学博尔德分校	美国
5	中国石油大学	中国	10	加州理工学院	美国
其他中国机构：11. 北京大学；12. 南京大学；14. 中国矿业大学；17. 中山大学；21. 中国海洋大学；22. 北京师范大学；33. 吉林大学；35. 清华大学；36. 浙江大学；38. 中南大学；39. 同济大学；40. 成都理工大学；47. 河海大学；50. 中国科学技术大学；52. 兰州大学；80. 山东科技大学；83. 西北大学；91. 长安大学；101. 台湾大学；114. 西安电子科技大学；124. 香港大学；135. 国防科学技术大学；136. 复旦大学；151. 天津大学；152. 西南石油大学；156. 西安交通大学；168. 香港理工大学；171. 华东师范大学；194. 南方科技大学；196. 重庆大学；204. 厦门大学；206. 哈尔滨工业大学；206. 上海交通大学；212. 台湾"中央"大学；213. 西南交通大学；223. 中国东北大学；225. 电子科技大学；226. 山东大学；229. 南京师范大学；236. 长江大学；241. 云南大学；242. 东华理工大学；243. 四川大学；259. 合肥工业大学；264. 北京航空航天大学；285. 香港中文大学；292. 成都信息工程大学；293. 河南理工大学；306. 北京科技大学；318. 北京理工大学；318. 昆明理工大学；322. 西安科技大学；326. 西北工业大学；328. 首都师范大学；331. 大连理工大学；340. 香港科技大学；341. 深圳大学；342. 桂林工业大学；344. 东南大学；365. 华中科技大学；369. 武汉理工大学；374. 中国农业大学；376. 台湾成功大学；407. 西北农林科技大学；410. 福州大学；417. 香港城市大学；424. 太原理工大学；427. 上海海洋大学；446. 北京工业大学；451. 新疆大学；462. 暨南大学；483. 北京林业大学；498. 南京理工大学；516. 西安理工大学；539. 西南大学；544. 华南理工大学；546. 台湾师范大学；569. 湖南大学；581. 北京化工大学					

3. 地球科学学科科研影响力排名分析

从总被引次数来看，居前10位的4所是美国的高校，3所是法国的高校，1所是瑞士的高校，2所是中国的高校。其中，中国的中国地质大学的总被引次数最高，高达324329次，排在第2位的是中国科学院大学，总被引次数为318628次。科罗拉多大学博尔德分校排在第3位，总被引次数为250782次。表3-92列出了ESI地球科学学科总被引次数排名前10位的高校和该排名中的中国(包含港澳台)高校。

表3-92 地球科学学科总被引次数排名（前10位与中国大学）

总被引次数排名	机构名称	国家/地区	总被引次数排名	机构名称	国家/地区
1	中国地质大学	中国	4	苏黎世联邦理工学院	瑞士
2	中国科学院大学	中国	5	加州理工学院	美国
3	科罗拉多大学博尔德分校	美国	6	巴黎西岱大学	法国

续表

总被引次数排名	机构名称	国家/地区	总被引次数排名	机构名称	国家/地区
7	索邦大学	法国	9	哥伦比亚大学	美国
8	巴黎萨克雷大学	法国	10	华盛顿大学	美国

其他中国机构：13. 北京大学；14. 武汉大学；16. 南京大学；17. 南京信息工程大学；28. 北京师范大学；33. 清华大学；43. 中国矿业大学；48. 中国石油大学；56. 中山大学；82. 中国海洋大学；83. 兰州大学；95. 中南大学；99. 香港大学；100. 同济大学；103. 中国科学技术大学；110. 浙江大学；111. 西安交通大学；118. 吉林大学；122. 西北大学；125. 河海大学；134. 台湾大学；143. 成都理工大学；174. 山东科技大学；185. 香港理工大学；189. 复旦大学；191. 华东师范大学；212. 香港中文大学；215. 西安电子科技大学；220. 长安大学；250. 厦门大学；258. 重庆大学；261. 南京师范大学；284. 哈尔滨工业大学；286. 天津大学；296. 香港科技大学；299. 四川大学；300. 西北工业大学；304. 山东大学；320. 中国东北大学；323. 国防科学技术大学；329. 台湾"中央"大学；332. 西南交通大学；333. 电子科技大学；335. 北京航空航天大学；337. 上海交通大学；347. 合肥工业大学；359. 南方科技大学；374. 中国农业大学；376. 西北农林科技大学；388. 香港城市大学；396. 西南石油大学；398. 首都师范大学；407. 西安科技大学；409. 华中科技大学；425. 湖南大学；427. 云南大学；431. 北京科技大学；432. 北京理工大学；435. 成都信息工程大学；438. 暨南大学；440. 大连理工大学；447. 深圳大学；455. 河南理工大学；463. 长江大学；477. 东南大学；485. 东华理工大学；492. 台湾成功大学；501. 北京化工大学；507. 桂林工业大学；512. 昆明理工大学；526. 北京林业大学；530. 武汉理工大学；542. 太原理工大学；550. 华南理工大学；585. 福州大学；590. 新疆大学；591. 南京理工大学；602. 北京工业大学；620. 西安理工大学；630. 上海海洋大学；636. 台湾师范大学；637. 西南大学

4. 地球科学学科影响力排名分析

从高被引论文数来看，排名第1位的是加州理工学院，有285篇高被引论文。位居前10位的高校有4所来自美国，1所来自瑞士，3所来自中国，2所来自法国，表3-93为进入ESI地球科学学科高被引论文数排名前10位高校与中国(包含港澳台)高校。

表3-93　地球科学学科高被引论文数排名（前10位与中国大学）

高被引论文数排名	机构名称	国家/地区	高被引论文数排名	机构名称	国家/地区
1	加州理工学院	美国	6	中国地质大学	中国
2	苏黎世联邦理工学院	瑞士	6	巴黎西岱大学	法国
3	中国科学院大学	中国	8	巴黎萨克雷大学	法国
4	科罗拉多大学博尔德分校	美国	9	哥伦比亚大学	美国
5	武汉大学	中国	10	马里兰大学帕克分校	美国

其他中国机构：13. 北京大学；14. 清华大学；17. 南京信息工程大学；19. 北京师范大学；35. 南京大学；37. 中山大学；41. 中国矿业大学；46. 中南大学；65. 重庆大学；74. 中国石油大学；79. 中国海洋大学；92. 兰州大学；93. 西北工业大学；98. 香港大学；99. 电子科技大学；103. 河海大学；113. 西安交通大学；119. 西安电子科技大学；122. 复旦大学；127. 成都理工大学；127. 北京理工大学；127. 同济大学；127. 四川大学；137. 西北大学；137. 山东科技大学；137. 中国科学技术大学；147. 浙江大学；160. 哈尔滨工业大学；160. 华东师范大学；160. 香港理工大学；169. 湖南大学；174. 西南交通大学；187. 长安大学；205. 南方科技大学；205. 天津大学；224. 台湾大学；224. 深圳大学；224. 香港中文大学；232. 吉林大学；232. 中国农业大学；240. 南京师范大学；240. 西安科技大学；246. 山东大学；246. 北京航空航天大学；255. 国防科学技术大学；271. 上海交通大学；271. 厦门大学；271. 香港科技大学；271. 华中科技大学；271. 东南大学；271. 西安理工大学；306. 西北农林科技大学；306. 暨南大学；306. 北京科技大学；306. 河南理工大学；306. 北京化工大学；339. 大连理工大学；339. 昆明理工大学；339. 南京理工大学；339. 中国东北大学；339. 香

续表

港城市大学；352. 桂林工业大学；352. 西南石油大学；352. 合肥工业大学；368. 首都师范大学；404. 北京林业大学；404. 云南大学；404. 长江大学；428. 华南理工大学；428. 北京工业大学；445. 成都信息工程大学；445. 福州大学；487. 新疆大学；487. 武汉理工大学；516. 西南大学；516. 太原理工大学；543. 台湾成功大学；568. 东华理工大学；568. 上海海洋大学；590. 台湾"中央"大学；622. 台湾师范大学

5. 地球科学学科师资力量排名分析

从高被引科学家数来看，高被引科学家数最多的是7人，有1所大学，即清华大学(中国)；其次1所高校的高被引科学家数为5人，3所高校的高被引科学家数为4人，6所高校的高被引科学家数是3人，13所高校的高被引科学家数是2人，41所高校的高被引科学家数是1人，其他574所高校均没有高被引科学家。表3-94为进入ESI地球科学学科的高被引科学家排名前6位的高校与高被引科学家数大于0人的中国(包含港澳台)高校。

表3-94 地球科学学科高被引科学家数排名（前6位与中国大学）

高被引科学家数排名	机构名称	国家/地区	高被引科学家数排名	机构名称	国家/地区
1	清华大学	中国内地	6	埃克塞特大学	英国
2	武汉大学	中国内地	6	加利福尼亚大学尔湾分校	美国
3	苏黎世联邦理工学院	瑞士	6	香港大学	中国香港
3	乌得勒支大学	荷兰	6	奥斯陆大学	挪威
3	北京大学	中国内地	6	西北工业大学	中国内地
6	哥伦比亚大学	美国			
其他中国机构：12. 中国地质大学；12. 南京信息工程大学；12. 湖南大学；25. 南京大学；25. 中国矿业大学；25. 中国海洋大学；25. 兰州大学；25. 西安交通大学；25. 哈尔滨工业大学；25. 北京理工大学；25. 天津大学					

(十)免疫学

进入ESI免疫学学科排名的高校共有518所。从图3-10的国家或地区分布来看，这些高校分布在美国、中国、德国、英国、意大利、法国、瑞士、日本、加拿大、澳大利亚等65个国家或地区。其中，美国拥有全球数量最多的从事免疫学研究的高校，共计108所，约占全球高校总数的20.85%。中国大陆(内地)有45所进入排名，中国香港有2名进入排名，中国台湾有7所进入排名。

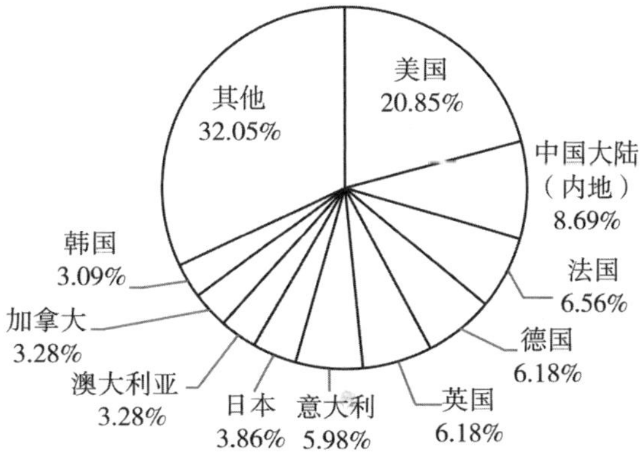

图3-10 进入ESI免疫学学科排名的大学的国家或地区分布

1. 免疫学学科竞争力综合排名分析

通过对多个指标进行综合统计排名，位居前10位的高校有6所分布在美国，1所在英国，1所在中国香港，1所在澳大利亚，1所在法国。表3-95列出了ESI免疫学学科综合排名前10位的高校和该排名中的中国(含港澳台)高校。

表3-95　免疫学学科综合排名（前10位与中国大学）

综合排名	机构名称	名次所居比例/%	档次	国家/地区	综合排名	机构名称	名次所居比例/%	档次	国家/地区
1	哈佛大学	5★+	一流学科	美国	6	加利福尼亚大学旧金山分校	5★	一流学科	美国
2	巴黎西岱大学	5★+	一流学科	法国	7	西奈山伊坎医学院	5★	一流学科	美国
3	宾夕法尼亚大学	5★+	一流学科	美国	8	约翰·霍普金斯大学	5★	一流学科	美国
4	圣路易斯华盛顿大学	5★+	一流学科	美国	9	香港大学	5★	一流学科	中国香港
5	墨尔本大学	5★+	一流学科	澳大利亚	10	牛津大学	5★	一流学科	英国

其他中国机构：63. 浙江大学；84. 上海交通大学；90. 复旦大学；119. 中国医学科学院–中国协和医学院；130. 南京医科大学；134. 中山大学；141. 首都医科大学；147. 台湾大学；168. 北京大学；169. 苏州大学；170. 北京协和医学院；172. 重庆医科大学；173. 华中科技大学；184. 台湾阳明交通大学；191. 温州医科大学；192. 中南大学；197. 武汉大学；204. 空军军医大学；205. 台湾中国医药大学；211. 台湾成功大学；222. 南方医科大学；225. 四川大学；228. 清华大学；234. 山东大学；238. 广州医科大学；244. 郑州大学；249. 香港中文大学；251. 中国科学院大学；259. 安徽医科大学；263. 吉林大学；276. 同济大学；280. 中国科学技术大学；281. 中国人民解放军陆军军医大学；284. 中国人民解放军海军军医大学；287. 长庚大学；307. 南京大学；317. 天津医科大学；324. 西安交通大学；330. 厦门大学；333. 中国医科大学；340. 山东第一医科大学；358. 暨南大学；368. 台北医学大学；400. 哈尔滨医科大学；401. 华中农业大学；420. 中国农业大学；423. 福建医科大学；431. 南昌大学；436. 深圳大学；445. 华南农业大学；473. 高雄医科大学；474. 南开大学；477. 江苏大学

2. 免疫学学科的科研能力排名分析

从发文量排名来看，位居前10位的依次是哈佛大学(美国)、巴黎西岱大学(法国)、约翰·霍普金斯大学(美国)、华盛顿大学(美国)、伦敦帝国学院(英国)、加利福尼亚大学旧金山分校(美国)、牛津大学(英国)、伦敦卫生与热带医学学院(英国)、伦敦大学学院(英国)、卡罗林斯卡医学院(瑞典)，其中美国的高校有4所，4所来自英国，1所来自法国，1所来自瑞典。发文量最多的是哈佛大学，为10902篇，排名第10位的卡罗林斯卡医学院发文量为4021篇。表3-96列出了ESI免疫学学科发文量排名前10位的高校和该排名中的中国(包含港澳台)高校。

表3-96　免疫学学科发文量排名（前10位与中国大学）

发文量排名	机构名称	国家/地区	发文量排名	机构名称	国家/地区
1	哈佛大学	美国	6	加利福尼亚大学旧金山分校	美国
2	巴黎西岱大学	法国	7	牛津大学	英国
3	约翰·霍普金斯大学	美国	8	伦敦卫生与热带医学学院	英国
4	华盛顿大学	美国	9	伦敦大学学院	英国
5	伦敦帝国学院	英国	10	卡罗林斯卡医学院	瑞典

续表

其他中国机构：31. 复旦大学；35. 中国医学科学院-中国协和医学院；39. 上海交通大学；40. 中山大学；42. 浙江大学；44. 首都医科大学；67. 北京协和医学院；73. 北京大学；76. 华中科技大学；80. 中南大学；86. 南京医科大学；91. 南方医科大学；107. 山东大学；112. 四川大学；118. 香港大学；124. 台湾大学；131. 郑州大学；133. 武汉大学；135. 吉林大学；137. 广州医科大学；147. 中国科学院大学；157. 安徽医科大学；161. 重庆医科大学；170. 苏州大学；183. 长庚大学；195. 同济大学；204. 台湾阳明交通大学；205. 中国医科大学；207. 温州医科大学；209. 天津医科大学；219. 香港中文大学；221. 西安交通大学；223. 中国人民解放军陆军军医大学；225. 山东第一医科大学；234. 南京大学；245. 清华大学；253. 中国人民解放军海军军医大学；255. 暨南大学；265. 厦门大学；276. 台湾中国医药大学；298. 南昌大学；299. 福建医科大学；301. 台湾成功大学；302. 空军军医大学；308. 中国科学技术大学；310. 哈尔滨医科大学；311. 华中农业大学；331. 台北医学大学；358. 深圳大学；366. 高雄医科大学；392. 江苏大学；414. 中国农业大学；458. 南开大学；459. 华南农业大学

3. 免疫学学科科研影响力排名分析

从总被引次数来看，位居前10位的5所是美国的高校，3所是英国的高校，1所是法国的高校，1所是澳大利亚的高校，其中哈佛大学的总被引次数最高，高达425434次，排名第10位的伦敦大学学院的总被引次数为139076次。表3-97列出了ESI免疫学学科总被引次数排名前10位的高校和该排名中的中国(包含港澳台)高校。

表3-97 免疫学学科总被引次数排名（前10位与中国大学）

总被引次数排名	机构名称	国家/地区	总被引次数排名	机构名称	国家/地区
1	哈佛大学	美国	6	伦敦帝国学院	英国
2	巴黎西岱大学	法国	7	华盛顿大学	美国
3	约翰·霍普金斯大学	美国	8	宾夕法尼亚大学	美国
4	加利福尼亚大学旧金山分校	美国	9	墨尔本大学	澳大利亚
5	牛津大学	英国	10	伦敦大学学院	英国
其他中国机构：77. 浙江大学；81. 中山大学；82. 复旦大学；87. 上海交通大学；88. 中国医学科学院-中国协和医学院；94. 香港大学；113. 华中科技大学；114. 首都医科大学；116. 北京大学；131. 北京协和医学院；143. 中南大学；144. 武汉大学；155. 清华大学；185. 台湾大学；190. 南京医科大学；199. 山东大学；207. 四川大学；211. 南方医科大学；214. 香港中文大学；216. 中国科学院大学；220. 广州医科大学；234. 吉林大学；243. 中国科学技术大学；245. 中国人民解放军陆军军医大学；249. 安徽医科大学；251. 中国人民解放军海军军医大学；259. 郑州大学；264. 苏州大学；267. 同济大学；275. 南京大学；277. 长庚大学；303. 天津医科大学；317. 重庆医科大学；319. 台湾阳明交通大学；325. 厦门大学；348. 西安交通大学；356. 中国医科大学；366. 山东第一医科大学；368. 中国农业大学；370. 温州医科大学；384. 台北医学大学；390. 暨南大学；394. 空军军医大学；398. 台湾中国医药大学；411. 华中农业大学；414. 哈尔滨医科大学；417. 华南农业大学；438. 台湾成功大学；461. 深圳大学；491. 南昌大学；493. 高雄医科大学；495. 江苏大学；501. 福建医科大学；507. 南开大学					

4. 免疫学学科影响力排名分析

从高被引论文数来看，排在第1位的是哈佛大学，有327篇高被引论文。位居前12位的高校有8所来自美国，3所来自英国，1所来自法国。表3-98为进入ESI免疫学学科高被引论文数排名前12位的高校和该排名中的中国(包含港澳台)高校。

表 3-98　免疫学学科高被引论文数排名（前 12 位与中国大学）

高被引论文数排名	机构名称	国家/地区	高被引论文数排名	机构名称	国家/地区
1	哈佛大学	美国	7	牛津大学	英国
2	巴黎西岱大学	法国	8	加利福尼亚大学旧金山分校	美国
3	宾夕法尼亚大学	美国	8	伦敦帝国学院	英国
4	约翰·霍普金斯大学	美国	8	斯坦福大学	美国
5	伦敦大学学院	英国	8	麻省理工学院	美国
6	圣路易斯华盛顿大学	美国	12	华盛顿大学	美国
其他中国机构：64. 香港大学；64. 中国医学科学院-中国协和医学院；84. 上海交通大学；93. 武汉大学；95. 浙江大学；104. 复旦大学；115. 中山大学；115. 首都医科大学；115. 北京大学；115. 北京协和医学院；115. 清华大学；138. 华中科技大学；153. 南京医科大学；153. 香港中文大学；160. 中南大学；184. 广州医科大学；184. 中国科学技术大学；198. 四川大学；210. 郑州大学；240. 中国人民解放军海军军医大学；261. 台湾大学；261. 安徽医科大学；283. 苏州大学；283. 南方医科大学；310. 重庆医科大学；310. 中国科学院大学；310. 同济大学；310. 中国人民解放军陆军军医大学；310. 台北医学大学；343. 南京大学；343. 厦门大学；380. 空军军医大学；380. 山东大学；380. 华南农业大学；380. 南开大学；417. 台湾阳明交通大学；417. 吉林大学；417. 天津医科大学；417. 西安交通大学；417. 暨南大学；417. 中国农业大学；446. 台湾中国医药大学；446. 台湾成功大学；446. 长庚大学；446. 哈尔滨医科大学；446. 华中农业大学；446. 福建医科大学；446. 深圳大学；478. 温州医科大学；478. 山东第一医科大学；478. 南昌大学；494. 中国医科大学；494. 江苏大学					

5. 免疫学学科师资力量排名分析

从高被引科学家数来看，高被引科学家数最多的是 9 人，有 1 所大学，为香港大学(中国香港)；其次是圣路易斯华盛顿大学(美国)、墨尔本大学(澳大利亚)，有 7 人；2 所高校的高被引科学家数是 6 人，2 所高校的高被引科学家数是 5 人，3 所高校的高被引科学家数是 4 人，1 所高校的高被引科学家数是 3 人，12 所高校的高被引科学家数是 2 人，45 所高校的高被引科学家数是 1 人，其他 450 所高校均没有高被引科学家。表 3-99 为进入 ESI 免疫学学科高被引科学家数排名前 8 的高校和该排名的中国(包含港澳台)高校。

表 3-99　免疫学学科高被引科学家数排名（前 8 位与中国大学）

高被引科学家数排名	机构名称	国家/地区	高被引科学家数排名	机构名称	国家/地区
1	香港大学	中国香港	6	宾夕法尼亚大学	美国
2	圣路易斯华盛顿大学	美国	6	根特大学	比利时
2	墨尔本大学	澳大利亚	8	加利福尼亚大学旧金山分校	美国
4	哈佛大学	美国	8	匹兹堡大学	美国
4	西奈山伊坎医学院	美国	8	洛克菲勒大学	美国
其他中国机构：24. 上海交通大学					

(十一) 材料科学

材料科学学科领域一共有 996 所高校进入了 ESI 材料科学学科排名。从国家或地区分布来看，这些高校隶属于中国、美国、法国、韩国、德国、英国、印度、意大利、伊朗、加拿大等 56 个国家或地区，进入 ESI 材料科学学科排名的高校所属国家或地区分布如图 3-11 所示。

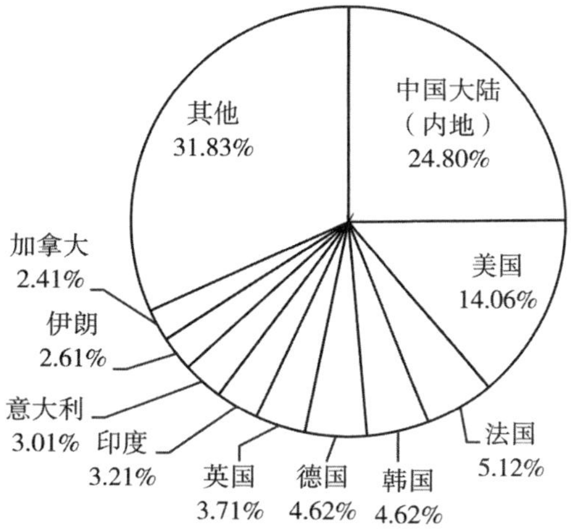

图 3-11 进入 ESI 材料科学学科排名的大学的国家或地区分布

从图 3-11 可以看出，中国内地(大陆)和美国进入 ESI 材料科学学科排名的高校数量较多，分别占 24. 80%和 14. 06%。中国内地(大陆)进入排名的共有 247 所，中国台湾共 21 所，中国香港 7 所，中国澳门 2 所。

1. 材料科学学科竞争力综合排名分析

从综合排名来看，位居全世界材料科学前 10 位的高校分别为清华大学(中国)、中国科学院大学(中国)、美国西北大学(美国)、南洋理工大学(新加坡)、复旦大学(中国)、中南大学(中国)、西北工业大学(中国)、香港城市大学(中国香港)、北京大学(中国)、中国科学技术大学(中国)。进入前 100 位的中国(包含港澳台)的高校有 55 所，其他进入 ESI 材料科学学科综合排名的中国(包含港澳台)高校如表3-100 所示。

表 3-100 材料科学学科综合排名（前 10 位与中国大学）

综合排名	机构名称	名次所居比例/%	档次	国家/地区	综合排名	机构名称	名次所居比例/%	档次	国家/地区
1	清华大学	5★+	一流学科	中国内地	6	中南大学	5★+	一流学科	中国内地
2	中国科学院大学	5★+	一流学科	中国内地	7	西北工业大学	5★+	一流学科	中国内地
3	美国西北大学	5★+	一流学科	美国	8	香港城市大学	5★+	一流学科	中国香港
4	南洋理工大学	5★+	一流学科	新加坡	9	北京大学	5★+	一流学科	中国内地
5	复旦大学	5★+	一流学科	中国内地	10	中国科学技术大学	5★+	一流学科	中国内地
其他中国机构：12. 浙江大学；14. 西安交通大学；15. 上海交通大学；18. 华中科技大学；19. 北京理工大学；20. 天津大学；21. 四川大学；22. 山东大学；23. 南京大学；24. 苏州大学；26. 北京航空航天大学；27. 哈尔滨工业大学；29. 湖南大学；31. 郑州大学；33. 北京科技大学；34. 东南大学；35. 武汉理工大学；37. 重庆大学；40. 华南理工大学；43. 南京航空航天大学；44. 南方科技大学；45. 吉林大学；46. 香港理工大学；47. 北京化工大学；49. 电子科技大学；50. 深圳大学；51. 中山大学；52. 武汉大学；54. 厦门大学；57. 青岛大学；59. 南开大学；61. 同济大学；64. 东华大学；68. 上海大学；71. 南京工业大学；72. 中国地质大学；73. 香港科技大学；75. 南京理工大学；81. 大连理工大学；84. 中国东北大学；86. 广东工业大学；87. 上海理工大学；88. 广西大学；94. 陕西师范大学；95. 香港大学；98. 中北大学；99. 福州大学；101. 浙江工业大学；108. 青岛科技大学；109. 台湾清华大学；110. 华东理工大学；112. 南京邮电大学；113. 暨南大学；115. 北京工业大学；116. 南京林业大学；117. 江苏大学；123. 西南交通大学；124. 河南大学；125. 中国矿业大学；126. 太原理工大学；128. 华东师范大学；130. 台湾大学；131. 香港中文大学；132. 台湾阳明									

续表

交通大学；133. 上海科技大学；136. 华北理工大学；137. 安徽工业大学；143. 太原科技大学；147. 安徽大学；151. 中国石油大学；153. 扬州大学；158. 江南大学；159. 西北大学；165. 常州大学；167. 广州大学；171. 武汉科技大学；172. 燕山大学；174. 浙江理工大学；175. 内蒙古大学；177. 泰州学院；181. 哈尔滨工程大学；183. 合肥工业大学；188. 西南科技大学；189. 济南大学；190. 河北工业大学；193. 陕西科技大学；194. 哈尔滨师范大学；201. 澳门大学；204. 天津科技大学；207. 兰州大学；208. 湖北大学；214. 河北大学；216. 昆明理工大学；220. 温州大学；223. 哈尔滨理工大学；228. 桂林电子科技大学；229. 河南理工大学；232. 西安工业大学；236. 山东科技大学；242. 山东师范大学；251. 齐鲁工业大学；253. 西南大学；255. 成都大学；260. 江苏科技大学；261. 杭州电子科技大学；263. 天津理工大学；269. 北京师范大学；270. 西安建筑科技大学；271. 江西科技学院；274. 河南师范大学；276. 香港中文大学(深圳)；277. 安徽理工大学；281. 湖南科技大学；283. 华北电力大学；287. 河南科技大学；288. 南昌大学；289. 中国海洋大学；292. 华南师范大学；293. 河北科技大学；295. 嘉兴学院；303. 宁波大学；307. 台湾成功大学；308. 湘潭大学；311. 中国计量大学；313. 华南农业大学；316. 西安理工大学；317. 江西科技师范大学；319. 海南大学；320. 桂林工业大学；321. 东莞理工学院；322. 中国医学科学院-中国协和医学院；325. 河海大学；331. 兰州理工大学；340. 北京交通大学；341. 华中师范大学；343. 天津工业大学；345. 温州医科大学；347. 苏州科技大学；357. 长安大学；360. 湖南工业大学；362. 台湾中兴大学；365. 西安科技大学；368. 山东理工大学；375. 南京医科大学；387. 南京师范大学；388. 台湾科技大学；389. 中国人民解放军海军军医大学；392. 盐城工学院；394. 杭州师范大学；398. 上海应用技术大学；402. 武汉工程大学；404. 东北师范大学；405. 长沙理工大学；407. 浙江师范大学；409. 西安电子科技大学；413. 天津医科大学；415. 兰州交通大学；418. 天津师范大学；420. 北京工商大学；423. 浙江农林大学；425. 中南民族大学；429. 西安工程大学；436. 国防科学技术大学；441. 东北林业大学；444. 首都医科大学；449. 河南工业大学；455. 南方医科大学；456. 大连工业大学；459. 西南石油大学；461. 鲁东大学；466. 华东交通大学；468. 四川轻化工大学；471. 淡江大学；476. 南昌航空大学；477. 黑龙江大学；483. 中国医科大学；486. 山西大学；491. 聊城大学；494. 辽宁大学；495. 上海工程技术大学；498. 北京林业大学；501. 武汉纺织大学；509. 台北科技大学；510. 福建师范大学；511. 烟台大学；530. 华侨大学；534. 佛山科学技术学院；539. 青岛理工大学；549. 贵州大学；551. 南京信息工程大学；553. 上海师范大学；558. 南通大学；565. 沈阳工业大学；566. 江西师范大学；567. 长春科技大学；569. 新疆大学；574. 云南大学；582. 台湾“中央”大学；589. 中国药科大学；593. 西北师范大学；600. 北京邮电大学；610. 长庚大学；619. 北京协和医学院；620. 台湾中山大学；639. 空军军医大学；641. 上海电力大学；644. 广州医科大学；651. 辽宁科技大学；652. 湖南师范大学；657. 香港浸会大学；658. 三峡大学；659. 吉林师范大学；672. 安徽师范大学；677. 台湾中国医药大学；679. 江苏师范大学；680. 曲阜师范大学；681. 重庆理工大学；683. 中国人民大学；685. 长春工业大学；697. 中国人民解放军陆军军医大学；701. 华中农业大学；702. 明志科技大学；708. 五邑大学；715. 重庆医科大学；718. 逢甲大学；719. 大连海事大学；721. 中南林业科技大学；729. 首都师范大学；733. 内蒙古科技大学；735. 湖北工业大学；745. 中原工学院；749. 台湾中原大学；771. 成都理工大学；789. 郑州轻工业大学；793. 澳门科技大学；796. 内蒙古工业大学；806. 上海海事大学；812. 安徽工程大学；813. 沈阳药科大学；816. 江汉大学；838. 沈阳航空航天大学；840. 重庆工商大学；844. 重庆文理学院；846. 高雄科技大学；849. 福建农林大学；857. 重庆科技大学；859. 大连交通大学；864. 中国人民解放军空军工程大学；870. 石河子大学；875. 中央民族大学；901. 西北农林科技大学；907. 湖南农业大学；910. 汕头大学；911. 宁波工程学院；913. 台湾海洋大学；914. 淮北师范大学；922. 重庆邮电大学；924. 高雄医科大学；937. 四川师范大学；938. 辽宁石油化工大学；939. 中国农业大学；950. 安徽医科大学；953. 台北医学大学；954. 西华师范大学；956. 哈尔滨医科大学；960. 信阳师范学院；972. 元智大学；986. 台湾师范大学；987. 香港教育大学

2. 材料科学学科科研能力排名分析

从发文量来分析，发文量位居前10位的高校全部是中国大陆(内地)的高校，由此可见，中国在发文量一项上颇具优势。中国科学院大学以发文量22920居第一位，远高于居第二位的哈尔滨工业大学。在10000篇以上15000篇及以下的高校有11所，在5000篇以上10000篇及以下的高校有46所，发文量在2000篇以上5000篇及以下的高校有192所，发文量在1000篇以上2000篇及以下的高校有274所，发文量在500篇以上1000篇及以下的高校有362所，发文量在100篇以上500篇及以下的高校有106所。中国(包含港澳台)发文量进入前100名的高校共有58所，分别是：中国科学院大学、哈尔滨工业大学、中南大学、北京科技大学、清华大学、上海交通大学、西北工业大学、中国科学技术大学、西安交通大学、浙江大学、华南理工大学、中国东北大学、四川大学、华中科技大学、天津大学、吉林大学、重庆大学、山东大学、武汉理工大学、北京大学、苏州大学、东南大学、北京航空航天大学、大连理工大学、郑州大学、上海大学、北京理工大学、同济大学、复旦大学、南京大学、深圳大学、南京工业大学、东华大学、中山大学、武汉大学、香港城市大学、湖南大学、南京航空航天大学、电子科技大学、北京化工大学、南京理工大学、香港理工大学、厦门大学、江苏大学、太原理工大学、南开大学、昆明理工大学、北京工业大学、南方科技大学、台湾大学、西南交通大学、广东工业大学、华东理工大学、燕山大学、中国矿业大学、广西大学、中国石油大学、福州大学。其他进入 ESI 材料科学学科发文量排名的中国(包含港澳台)高校如表 3-101 所示。

表 3-101 材料科学学科发文量排名（前 10 位与中国大学）

发文量排名	机构名称	国家/地区	发文量排名	机构名称	国家/地区
1	中国科学院大学	中国	6	上海交通大学	中国
2	哈尔滨工业大学	中国	7	西北工业大学	中国
3	中南大学	中国	8	中国科学技术大学	中国
4	北京科技大学	中国	9	西安交通大学	中国
5	清华大学	中国	10	浙江大学	中国

其他中国机构：11. 华南理工大学；12. 中国东北大学；13. 四川大学；14. 华中科技大学；15. 天津大学；16. 吉林大学；17. 重庆大学；18. 山东大学；19. 武汉理工大学；20. 北京大学；22. 苏州大学；23. 东南大学；24. 北京航空航天大学；25. 大连理工大学；26. 郑州大学；28. 上海大学；29. 北京理工大学；30. 同济大学；31. 复旦大学；33. 南京大学；36. 深圳大学；37. 南京工业大学；38. 东华大学；39. 中山大学；41. 武汉大学；42. 香港城市大学；43. 湖南大学；45. 南京航空航天大学；46. 电子科技大学；48. 北京化工大学；52. 南京理工大学；54. 香港理工大学；57. 厦门大学；60. 江苏大学；64. 太原理工大学；65. 南开大学；66. 昆明理工大学；69. 北京工业大学；71. 南方科技大学；77. 台湾大学；78. 西南交通大学；81. 广东工业大学；85. 华东理工大学；86. 燕山大学；90. 中国矿业大学；96. 广西大学；97. 中国石油大学；100. 福州大学；110. 武汉科技大学；112. 河北工业大学；113. 青岛大学；114. 江南大学；121. 中国地质大学；121. 南京林业大学；128. 合肥工业大学；131. 香港科技大学；132. 台湾清华大学；133. 兰州大学；134. 浙江工业大学；137. 暨南大学；141. 台湾成功大学；142. 台湾阳明交通大学；144. 陕西科技大学；148. 哈尔滨工程大学；149. 兰州理工大学；152. 青岛科技大学；153. 济南大学；154. 浙江理工大学；158. 宁波大学；159. 西安理工大学；161. 江苏科技大学；164. 西南大学；170. 长安大学；171. 天津工业大学；173. 南昌大学；176. 齐鲁工业大学；177. 湘潭大学；181. 中北大学；183. 常州大学；184. 香港大学；188. 河海大学；194. 华东师范大学；200. 西安建筑科技大学；202. 扬州大学；210. 华南师范大学；213. 安徽大学；217. 上海理工大学；223. 西南科技大学；226. 陕西师范大学；237. 湖北大学；238. 南京邮电大学；239. 国防科学技术大学；244. 安徽工业大学；245. 山东科技大学；249. 河南大学；250. 北京交通大学；254. 台湾科技大学；259. 江西科技学院；261. 香港中文大学；269. 河南科技大学；270. 西安电子科技大学；273. 天津理工大学；274. 桂林电子科技大学；276. 上海工程技术大学；279. 杭州电子科技大学；283. 桂林工业大学；284. 长沙理工大学；285. 哈尔滨理工大学；293. 西南石油大学；296. 台北科技大学；298. 西北大学；302. 贵州大学；305. 东北林业大学；307. 武汉工程大学；314. 武汉纺织大学；317. 华北电力大学；317. 南昌航空大学；331. 沈阳工业大学；335. 长春科技大学；343. 太原科技大学；345. 东北师范大学；347. 广州大学；352. 河南理工大学；356. 中国海洋大学；358. 河北大学；360. 中国计量大学；369. 上海科技大学；375. 北京师范大学；377. 南方医科大学；382. 西安工业大学；383. 山东理工大学；386. 新疆大学；388. 澳门大学；397. 聊城大学；404. 山西大学；407. 温州大学；409. 北京林业大学；411. 海南大学；417. 烟台大学；419. 西安科技大学；422. 河南师范大学；426. 浙江师范大学；430. 华北理工大学；437. 福建师范大学；443. 东莞理工学院；445. 台湾中兴大学；450. 南京师范大学；454. 台湾“中央”大学；457. 苏州科技大学；457. 台湾中山大学；463. 南通大学；472. 成都大学；473. 华侨大学；475. 青岛理工大学；479. 黑龙江大学；480. 佛山科学技术学院；485. 辽宁科技大学；491. 湖南科技大学；492. 云南大学；502. 中国医学科学院-中国协和医学院；508. 明志科技大学；513. 逢甲大学；515. 安徽理工大学；516. 上海应用技术大学；517. 盐城工学院；524. 内蒙古科技大学；526. 南京医科大学；526. 重庆理工大学；529. 长庚大学；550. 内蒙古工业大学；561. 西北师范大学；578. 大连海事大学；579. 湖南工业大学；583. 温州医科大学；587. 湖北工业大学；589. 华南农业大学；598. 上海师范大学；601. 安徽工程大学；602. 吉林师范大学；603. 西安工程大学；

续表

603. 长春工业大学；607. 台湾中国医药大学；608. 高雄科技大学；610. 河北科技大学；616. 三峡大学；621. 山东师范大学；628. 江西师范大学；628. 沈阳航空航天大学；634. 江苏师范大学；640. 成都理工大学；651. 天津科技大学；660. 大连交通大学；661. 嘉兴学院；670. 南京信息工程大学；675. 北京协和医学院；675. 中南林业科技大学；683. 台湾中原大学；685. 哈尔滨师范大学；689. 中国药科大学；691. 郑州轻工业大学；695. 上海电力大学；697. 内蒙古大学；698. 河南工业大学；701. 重庆文理学院；711. 大连工业大学；711. 重庆科技大学；714. 北京邮电大学；724. 空军军医大学；733. 华东交通大学；741. 四川轻化工大学；744. 五邑大学；748. 天津医科大学；751. 湖南师范大学；761. 曲阜师范大学；763. 广州医科大学；766. 安徽师范大学；770. 鲁东大学；772. 中国人民解放军空军工程大学；775. 中原工学院；779. 北京工商大学；787. 兰州交通大学；796. 香港中文大学(深圳)；800. 重庆医科大学；801. 中国人民解放军陆军军医大学；806. 福建农林大学；809. 首都医科大学；813. 中国人民解放军海军军医大学；817. 西北农林科技大学；819. 石河子大学；820. 辽宁石油化工大学；825. 华中师范大学；828. 杭州师范大学；830. 台湾海洋大学；839. 香港浸会大学；845. 汕头大学；852. 上海海事大学；857. 首都师范大学；862. 天津师范大学；866. 中国医科大学；867. 高雄医科大学；868. 宁波工程学院；875. 华中农业大学；877. 台北医学大学；879. 泰州学院；879. 江汉大学；881. 中国人民大学；883. 重庆邮电大学；886. 中南民族大学；889. 浙江农林大学；892. 元智大学；901. 台湾师范大学；913. 安徽医科大学；921. 淡江大学；924. 中国农业大学；925. 四川师范大学；926. 澳门科技大学；935. 江西科技师范大学；940. 沈阳药科大学；941. 辽宁大学；941. 信阳师范学院；955. 淮北师范大学；958. 哈尔滨医科大学；968. 湖南农业大学；984. 西华师范大学；985. 重庆工商大学；995. 中央民族大学；996. 香港教育大学

3. 材料科学学科科研影响力排名分析

从总被引次数来看，总被引次数高于100000次的高校有106所，总被引次数在50000次以上100000次及以下的高校有121所；总被引次数在20000次以上50000次及以下的高校有319所；总被引次数在10000次以上20000次及以下的高校有355所；总被引次数在10000次及以下的高校有95所。这996所高校的总被引次数均在8300次以上。中国(包含港澳台)进入ESI材料科学学科总被引次数排名前100名的高校共有49所，其他进入ESI材料科学学科总被引次数排名的中国(包含港澳台)高校如表3-102所示。

表3-102　材料科学学科总被引次数排名（前10位与中国大学）

总被引次数排名	机构名称	国家/地区	总被引次数排名	机构名称	国家/地区
1	中国科学院大学	中国	6	上海交通大学	中国
2	清华大学	中国	7	北京大学	中国
3	南洋理工大学	新加坡	8	哈尔滨工业大学	中国
4	中国科学技术大学	中国	9	华中科技大学	中国
5	浙江大学	中国	10	佐治亚理工学院	美国

其他中国机构：11. 华南理工大学；13. 中南大学；15. 苏州大学；16. 天津大学；17. 西安交通大学；19. 北京科技大学；20. 复旦大学；21. 吉林大学；22. 西北工业大学；23. 四川大学；24. 武汉理工大学；25. 香港城市大学；28. 南京大学；29. 郑州大学；30. 北京航空航天大学；33. 重庆大学；35. 北京理工大学；36. 山东大学；37. 武汉大学；39. 中山大学；42. 湖南大学；43. 大连理工大学；44. 深圳大学；45. 同济大学；46. 北京化工大学；47. 南开大学；49. 东南大学；51. 南京工业大学；54. 香港理工大学；56. 厦门大学；58. 东华大学；63. 香港科技大学；65. 上海大学；69. 中国东北大学；71. 电子科技大学；73. 南京理工大学；84. 南京航空航天大学；89. 南方科技大学；97. 台湾大学；99. 华东理工大学；100. 江苏大学；106. 福州大学；108. 台湾清华大学；112. 青岛大学；116. 香港中文大学；118. 北京工业大学；122. 中国石油大学；124. 香港大学；127. 兰州大学；130. 西南交通大学；132. 暨南大学；133. 太原理工大学；135. 广东工业大学；137. 中国地质大学；147. 广西大学；148. 华东师范大学；150. 哈尔滨工程大学；153. 燕山大学；

续表

156. 浙江工业大学；159. 合肥工业大学；160. 青岛科技大学；163. 台湾阳明交通大学；165. 济南大学；167. 西南大学；168. 南京邮电大学；174. 陕西师范大学；179. 中国矿业大学；184. 扬州大学；185. 湖北大学；191. 南京林业大学；193. 昆明理工大学；194. 江南大学；202. 陕西科技大学；210. 江苏科技大学；211. 华南师范大学；214. 河北工业大学；216. 南昌大学；222. 武汉科技大学；224. 湘潭大学；228. 台湾成功大学；232. 浙江理工大学；234. 宁波大学；243. 河南大学；245. 安徽大学；255. 西安理工大学；264. 山东科技大学；267. 上海理工大学；270. 西南科技大学；275. 西北大学；276. 东北师范大学；278. 河海大学；280. 北京交通大学；283. 天津工业大学；285. 天津理工大学；288. 台湾科技大学；293. 兰州理工大学；302. 上海科技大学；304. 南京师范大学；309. 澳门大学；316. 长安大学；319. 河南师范大学；323. 北京师范大学；326. 杭州电子科技大学；327. 中北大学；328. 武汉工程大学；329. 常州大学；333. 浙江师范大学；338. 华北电力大学；340. 齐鲁工业大学；341. 中国海洋大学；345. 安徽工业大学；346. 长沙理工大学；359. 广州大学；363. 西安电子科技大学；364. 黑龙江大学；368. 山西大学；377. 国防科学技术大学；378. 河北大学；385. 西安建筑科技大学；386. 华南农业大学；389. 江西科技学院；399. 温州大学；406. 西南石油大学；407. 中国计量大学；410. 北京林业大学；412. 东北林业大学；415. 中国医学科学院-中国协和医学院；416. 河南理工大学；418. 台北科技大学；419. 华中师范大学；421. 桂林电子科技大学；429. 海南大学；434. 南方医科大学；438. 河南科技大学；442. 南昌航空大学；443. 桂林工业大学；449. 聊城大学；461. 武汉纺织大学；463. 华侨大学；464. 哈尔滨理工大学；466. 东莞理工学院；468. 山东师范大学；476. 上海师范大学；479. 上海工程技术大学；481. 中国药科大学；483. 江西师范大学；485. 福建师范大学；489. 温州医科大学；501. 西安工业大学；503. 哈尔滨师范大学；505. 西北师范大学；508. 台湾中兴大学；523. 北京协和医学院；529. 台湾"中央"大学；535. 烟台大学；536. 南京医科大学；537. 南京信息工程大学；541. 新疆大学；542. 空军军医大学；546. 长庚大学；554. 香港浸会大学；555. 北京邮电大学；556. 上海电力大学；558. 湖南工业大学；564. 长春科技大学；565. 台湾中山大学；566. 青岛理工大学；573. 南通大学；577. 云南大学；584. 佛山科学技术学院；599. 湖南师范大学；601. 中国人民解放军海军军医大学；602. 盐城工学院；605. 山东理工大学；606. 天津医科大学；607. 西安科技大学；612. 曲阜师范大学；618. 长春工业大学；620. 沈阳工业大学；621. 江苏师范大学；622. 三峡大学；624. 苏州科技大学；625. 华中农业大学；629. 中国人民大学；631. 太原科技大学；634. 台湾中国医药大学；641. 中国人民解放军陆军军医大学；650. 杭州师范大学；652. 安徽师范大学；654. 吉林师范大学；655. 上海应用技术大学；663. 首都师范大学；668. 贵州大学；670. 广州医科大学；674. 重庆医科大学；676. 华北理工大学；680. 五邑大学；686. 天津师范大学；695. 明志科技大学；701. 中南民族大学；705. 沈阳药科大学；709. 湖南科技大学；712. 重庆理工大学；715. 逢甲大学；716. 台湾中原大学；728. 内蒙古大学；733. 成都大学；735. 郑州轻工业大学；737. 香港中文大学(深圳)；739. 中南林业科技大学；746. 天津科技大学；757. 安徽理工大学；771. 湖北工业大学；777. 首都医科大学；789. 内蒙古科技大学；794. 嘉兴学院；799. 浙江农林大学；800. 重庆工商大学；806. 泰州学院；810. 成都理工大学；815. 福建农林大学；820. 重庆文理学院；822. 大连海事大学；824. 中原工学院；827. 兰州交通大学；829. 北京工商大学；835. 辽宁科技大学；838. 江汉大学；840. 西华师范大学；852. 河北科技大学；854. 台湾海洋大学；859. 鲁东大学；861. 汕头大学；868. 中央民族大学；869. 西北农林科技大学；870. 石河子大学；877. 湖南农业大学；890. 信阳师范学院；893. 中国人民解放军空军工程大学；894. 宁波工程学院；899. 四川轻化工大学；903. 重庆邮电大学；905. 上海海事大学；908. 澳门科技大学；916. 西安工程大学；920. 四川师范大学；921. 哈尔滨医科大学；922. 高雄医科大学；924. 台北医学大学；925. 淮北师范大学；926. 大连工业大学；927. 华东交通大学；932. 中国农业大学；939. 沈阳航空航天大学；943. 河南工业大学；944. 江西科技师范大学；948. 安徽工程大学；954. 香港教育大学；962. 中国医科大学；970. 内蒙古工业大学；973. 辽宁石油化工大学；974. 元智大学；977. 淡江大学；979. 安徽医科大学；980. 大连交通大学；983. 高雄科技大学；988. 重庆科技大学；993. 台湾师范大学；996. 辽宁大学

4. 材料科学学科影响力排名分析

从高被引论文数排名来看，高被引论文数在 100 篇以上的高校有 74 所；高被引论文数在 50 篇以上 100 篇及以下的高校有 58 所；高被引论文数在 10 篇以上 50 篇及以下的高校有 349 所；高被引论文数在 1 篇以上 10 篇及以下的高校有 484 所；有 31 所高校的高被引论文数为 0 篇。中国大陆(内地)、中国香港、中国台湾进入 ESI 材料科学学科排名的所有高校中有 54 所进入前 100 位，其他进入 ESI 材料科学学科高被引论文数排名的中国(包含港澳台)高校如表 3-103 所示。

表 3-103　材料科学学科高被引论文数排名（前 10 位与中国大学）

高被引论文数排名	机构名称	国家/地区	高被引论文数排名	机构名称	国家/地区
1	中国科学院大学	中国	6	浙江大学	中国
2	清华大学	中国	7	北京大学	中国
3	南洋理工大学	新加坡	8	佐治亚理工学院	美国
3	中国科学技术大学	中国	9	斯坦福大学	美国
5	郑州大学	中国	10	麻省理工学院	美国

其他中国机构：11. 华中科技大学；11. 复旦大学；13. 香港城市大学；14. 上海交通大学；15. 天津大学；16. 苏州大学；17. 西安交通大学；19. 西北工业大学；20. 中南大学；21. 华南理工大学；22. 武汉理工大学；23. 北京理工大学；24. 南京大学；26. 四川大学；27. 吉林大学；27. 湖南大学；31. 深圳大学；32. 南开大学；33. 北京科技大学；34. 北京化工大学；36. 中山大学；37. 哈尔滨工业大学；38. 北京航空航天大学；41. 重庆大学；43. 香港理工大学；44. 武汉大学；45. 山东大学；47. 同济大学；48. 电子科技大学；51. 厦门大学；51. 南方科技大学；53. 青岛大学；55. 南京工业大学；59. 上海大学；59. 南京理工大学；61. 东华大学；61. 香港科技大学；71. 东南大学；73. 南京航空航天大学；78. 大连理工大学；86. 香港中文大学；88. 福州大学；89. 广西大学；91. 广东工业大学；93. 南京林业大学；95. 江苏大学；97. 浙江工业大学；100. 扬州大学；103. 华东理工大学；105. 香港大学；110. 中国地质大学；114. 台湾大学；114. 北京工业大学；118. 暨南大学；120. 中国东北大学；121. 中国石油大学；121. 南京邮电大学；125. 西南交通大学；127. 太原科技大学；130. 台湾清华大学；130. 华东师范大学；134. 陕西师范大学；134. 上海理工大学；140. 青岛科技大学；147. 江苏科技大学；151. 哈尔滨工程大学；151. 广州大学；155. 陕西科技大学；157. 兰州大学；157. 上海科技大学；163. 太原理工大学；163. 济南大学；163. 湖北大学；163. 河南大学；168. 西南大学；168. 河北工业大学；175. 安徽大学；175. 南京师范大学；180. 合肥工业大学；180. 浙江理工大学；180. 西北大学；187. 燕山大学；187. 华南师范大学；187. 山东科技大学；196. 河南师范大学；196. 北京师范大学；200. 澳门大学；200. 中北大学；208. 杭州电子科技大学；208. 浙江师范大学；212. 江南大学；212. 南昌大学；212. 北京交通大学；217. 温州大学；217. 河南科技大学；219. 华南农业大学；219. 江西科技学院；219. 南方医科大学；219. 山东师范大学；229. 中国矿业大学；235. 河北大学；235. 西安工业大学；243. 台湾阳明交通大学；243. 昆明理工大学；243. 华北电力大学；243. 华中师范大学；243. 南京信息工程大学；243. 成都大学；254. 西南科技大学；254. 河海大学；260. 宁波大学；260. 天津理工大学；260. 齐鲁工业大学；260. 中国海洋大学；260. 东莞理工学院；260. 烟台大学；260. 佛山科学技术学院；277. 湘潭大学；277. 东北林业大学；277. 海南大学；277. 聊城大学；277. 苏州科技大学；277. 香港中文大学(深圳)；291. 安徽工业大学；291. 西安电子科技大学；291. 黑龙江大学；291. 福建师范大学；291. 温州医科大学；291. 哈尔滨师范大学；291. 杭州师范大学；310. 西安理工大学；310. 长沙理工大学；310. 中国医学科学院-中国协和医学院；310. 哈尔滨理工大学；310. 青岛理工大学；324. 武汉工程大学；324. 中国计量大学；324. 河南理工大学；324. 南昌航空大学；324. 湖南工业大学；324. 中国人民解放军海军军医大学；324. 广州医科大学；336. 泰州学院；348. 武汉科技大学；348. 西安建筑科技大学；348. 上海师范大学；348. 北京邮电大学；348. 南通大学；348. 天津科技大学；348. 兰州交通大学；361. 北京林业大学；361. 江西师范大学；372. 东北师范大学；372. 浙江农林大学；372. 中央民族大学；372. 澳门科技大学；386. 西南石油大学；386. 云南大学；386. 中国人民大学；386. 北京工商大学；406. 台湾成功大学；406. 山西大学；406. 华侨大学；406. 安徽师范大学；420. 天津工业大学；420. 兰州理工大学；420. 武汉纺织大学；420. 中国药科大学；420. 湖南师范大学；420. 西安科技大学；420. 天津师范大学；420. 内蒙古大学；420. 重庆工商大学；420. 中原工学院；457. 台湾科技大学；457. 上海工程技术大学；457. 北京协和医学院；457. 香港浸会大学；457. 华中农业大学；457. 华北理工大学；457. 中南民族大学；457. 安徽理工大学；457. 辽宁科技大学；457. 上海海事大学；482. 常州大学；482. 桂林电子科技大学；482. 空军军医大学；482. 上海电力大学；482. 曲阜师范大学；482. 中国人民解放军陆军军医大学；482. 首都师范大学；482. 重庆医科大学；482. 香港教育大学；514. 长安大学；514. 桂林工业大学；514. 西北师范大学；514. 吉林师范大学；514. 贵州大学；514. 五邑大学；514. 江汉大学；514. 湖南农业大学；514. 淡江大学；550. 台湾中兴大学；550. 南京医科大学；550. 山东理工大学；550. 三峡大学；550. 中南林业科技大学；550. 河北科技大学；550. 西安工程大学；550. 淮北师范大学；590. 长庚大学；590. 天津医科大学；590. 沈阳工业大学；590. 沈阳药科大学；590. 首都医科大学；590. 嘉兴学院；590. 大连海事大学；590. 河南工业大学；639. 国防科学技术大学；639. 台湾“中央”大学；639. 盐城工学院；639. 江苏师范大学；639. 台湾中国医药大学；639. 上海应用技术大学；639. 湖南科技大学；639. 江西科技师范大学；685. 新疆大学；685. 重庆理工大学；685. 台湾中原大学；

续表

685. 成都理工大学；685. 西华师范大学；685. 石河子大学；685. 四川师范大学；685. 哈尔滨医科大学；685. 大连工业大学；685. 中国农业大学；685. 安徽医科大学；685. 重庆科技大学；746. 长春工业大学；746. 湖北工业大学；746. 福建农林大学；746. 鲁东大学；746. 中国人民解放军空军工程大学；746. 宁波工程学院；746. 重庆邮电大学；746. 高雄医科大学；746. 中国医科大学；746. 辽宁大学；802. 长春科技大学；802. 台湾中山大学；802. 汕头大学；802. 西北农林科技大学；802. 信阳师范学院；802. 华东交通大学；802. 安徽工程大学；802. 辽宁石油化工大学；802. 大连交通大学；857. 郑州轻工业大学；857. 内蒙古科技大学；857. 台湾海洋大学；857. 四川轻化工大学；857. 台北医学大学；857. 沈阳航空航天大学；857. 内蒙古工业大学；857. 元智大学；857. 高雄科技大学；925. 台北科技大学；925. 重庆文理学院；925. 台湾师范大学

5. 材料科学学科师资力量排名分析

从高被引科学家数来看，清华大学(中国)拥有9名高被引科学家，人数最多；其次是复旦大学(中国)，有7位高被引科学家；有4所高校的高被引科学家数为6位，分别是南洋理工大学(新加坡)、香港城市大学(中国香港)、西北工业大学(中国)、美国西北大学(美国)；有5所高校的高被引科学家数为5位，为北京大学(中国)、佐治亚理工学院(美国)、中南大学(中国)、北京理工大学(中国)、莱斯大学(美国)；其次是新加坡国立大学(新加坡)、马里兰大学帕克分校(美国)，高被引科学家数为4人；有3位高被引科学家的高校有12所，分别是斯坦福大学(美国)、麻省理工学院(美国)、天津大学(中国)、苏州大学(中国)、武汉理工大学(中国)、湖南大学(中国)、加利福尼亚大学洛杉矶分校(美国)、北京航空航天大学(中国)、剑桥大学(英国)、洛桑联邦理工学院(瑞士)、首尔大学(韩国)、中国地质大学(中国)；有2位高被引科学家的高校有17所，分别是加利福尼亚大学伯克利分校(美国)、阿卜杜拉国王理工大学(沙特阿拉伯)、中山大学(中国)、得克萨斯大学奥斯汀分校(美国)、山东大学(中国)、南方科技大学(中国)、香港科技大学(中国香港)、蔚山科学技术大学校(韩国)、德雷塞尔大学(美国)、东南大学(中国)、牛津大学(英国)、阿德莱德大学(澳大利亚)、悉尼科技大学(澳大利亚)、香港大学(中国香港)、上海理工大学(中国)、沙特国王大学(沙特阿拉伯)、都柏林大学圣三一学院(爱尔兰)；有1位高被引科学家的高校有42所，其他高校均没有高被引科学家。中国(包含港澳台)进入ESI材料科学学科高被引科学家排名的高校有40所，材料科学学科高被引科学家数排名前7位与中国(包含港澳台)大学如表3-104所示。

表3-104 材料科学学科高被引科学家数排名(前7位与中国大学)

高被引科学家数排名	机构名称	国家/地区	高被引科学家数排名	机构名称	国家/地区
1	清华大学	中国内地	3	美国西北大学	美国
2	复旦大学	中国内地	7	北京大学	中国内地
3	南洋理工大学	新加坡	7	佐治亚理工学院	美国
3	香港城市大学	中国香港	7	中南大学	中国内地
3	西北工业大学	中国内地	7	北京理工大学	中国内地
其他中国机构：14. 天津大学；14. 苏州大学；14. 武汉理工大学；14. 湖南大学；14. 北京航空航天大学；14. 中国地质大学；26. 中山大学；26. 山东大学；26. 南方科技大学；26. 香港科技大学；26. 东南大学；26. 香港大学；26. 上海理工大学；43. 浙江大学；43. 华中科技大学；43. 上海交通大学；43. 西安交通大学；43. 华南理工大学；43. 南京大学；43. 四川大学；43. 南开大学；43. 北京化工大学；43. 重庆大学；43. 武汉大学；43. 电子科技大学；43. 厦门大学；43. 南京理工大学；43. 南京航空航天大学；43. 福州大学；43. 浙江工业大学；43. 陕西师范大学；43. 温州大学；43. 河北大学					

综合分析上述指标可见，中国在材料科学领域有着较强的科研实力。中国(含港澳台)进入 ESI 排行的大学共有 277 所。清华大学、中国科学院大学、美国西北大学、南洋理工大学、复旦大学、中南大学、西北工业大学、香港城市大学、北京大学、中国科学技术大学这 10 所学校进入 ESI 材料科学排行前 1%，其中，清华大学所有的排名均位居第 1 位，在材料科学学科的影响力很高；浙江大学、西安交通大学、上海交通大学、华中科技大学、北京理工大学、天津大学、四川大学、山东大学、南京大学、苏州大学、北京航空航天大学、哈尔滨工业大学、湖南大学、郑州大学、北京科技大学、东南大学、武汉理工大学、重庆大学、华南理工大学、南京航空航天大学、南方科技大学、吉林大学、香港理工大学、北京化工大学、电子科技大学这 25 所大学进入 ESI 材料科学排行前 5%；深圳大学、中山大学、武汉大学、厦门大学、青岛大学、南开大学、同济大学、东华大学、上海大学、南京工业大学、中国地质大学、香港科技大学、南京理工大学、大连理工大学、中国东北大学、广东工业大学、上海理工大学、广西大学、陕西师范大学、香港大学、中北大学、福州大学这 22 所大学进入 ESI 材料科学排行前 10%。总体说来，中国在材料科学领域有着一定的研究实力，但在高被引论文和高被引科学家这两个方面还有上升空间。

(十二)数学

进入 ESI 数学学科排名的高校共有 302 所。从国家或地区分布来看，如图 3-12 所示，这些高校隶属于中国、美国、法国、意大利、德国、加拿大、英国、西班牙、澳大利亚、沙特阿拉伯、中国香港、俄罗斯等 43 个国家或地区。拥有这些研究机构 10 所及以上的国家或地区分别是中国大陆、美国、法国、意大利、德国、加拿大、英国；5 所以上 10 所以下的国家或地区是西班牙、澳大利亚、沙特阿拉伯、中国香港。

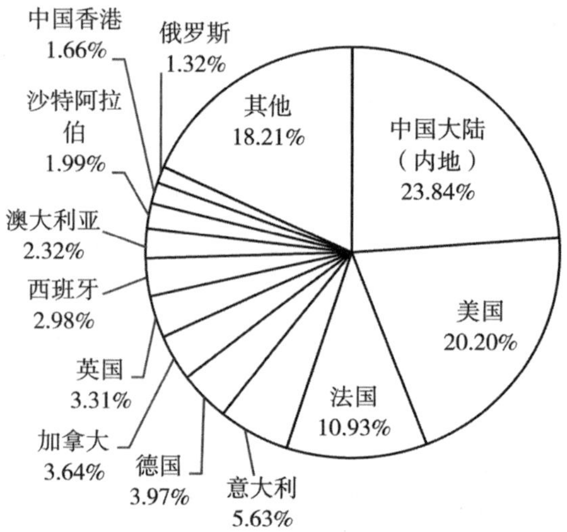

图 3-12　进入 ESI 数学学科排名的大学的国家或地区分布

从图 3-12 可以看出，中国(包含港澳台)进入 ESI 数学学科排名的高校数量遥遥领先，为 78 所，紧着是美国，进入 ESI 数学学科排名的高校数量为 61 所。

1. 数学学科竞争力综合排名分析

从综合排名来看，进入前 100 位的中国(包含港澳台)高校共有 36 所，其他进入 ESI 数学学科综合排名的中国高校如表 3-105 所示。

表 3-105　数学学科综合排名（前 10 位与中国大学）

综合排名	机构名称	星级	档次	国家/地区	综合排名	机构名称	星级	档次	国家/地区
1	剑桥大学	5★+	一流学科	英国	3	斯坦福大学	5★+	一流学科	美国
2	巴黎萨克雷大学	5★+	一流学科	法国	4	阿卜杜勒阿齐兹国王大学	5★	一流学科	沙特阿拉伯

续表

综合排名	机构名称	星级	档次	国家/地区	综合排名	机构名称	星级	档次	国家/地区
5	台湾中国医药大学	5★	一流学科	中国台湾	8	长沙理工大学	5★	一流学科	中国大陆
6	首尔大学	5★	一流学科	韩国	9	山东科技大学	5★	一流学科	中国大陆
7	索邦大学	5★	一流学科	法国	10	巴黎西岱大学	5★	一流学科	法国

其他中国机构：11. 湖南大学；14. 杭州师范大学；15. 电子科技大学；16. 华中科技大学；19. 上海交通大学；20. 武汉大学；24. 中南大学；28. 东南大学；32. 山东大学；35. 曲阜师范大学；39. 大连理工大学；40. 北京大学；45. 浙江师范大学；46. 西北工业大学；47. 香港理工大学；50. 湖州师范学院；51. 哈尔滨工业大学；52. 香港中文大学；53. 复旦大学；54. 中国矿业大学；56. 上海大学；58. 香港城市大学；61. 中山大学；65. 清华大学；66. 北京师范大学；71. 西安交通大学；78. 河南理工大学；79. 河海大学；84. 南开大学；91. 厦门大学；92. 华东师范大学；94. 湖南师范大学；97. 广州大学；105. 同济大学；106. 中国科学技术大学；109. 淮阴师范学院；112. 浙江大学；116. 兰州大学；121. 湘潭大学；123. 南京大学；124. 华中师范大学；134. 山东师范大学；136. 南京师范大学；140. 南京航空航天大学；141. 四川大学；146. 苏州大学；148. 北京交通大学；150. 安徽大学；152. 吉林大学；155. 中国科学院大学；159. 中国东北大学；160. 西南大学；166. 北京理工大学；190. 华南师范大学；192. 华南理工大学；195. 天津大学；198. 香港浸会大学；202. 东北师范大学；205. 重庆大学；207. 天津工业大学；213. 上海师范大学；225. 北京航空航天大学；226. 中国人民大学；230. 郑州大学；235. 南京信息工程大学；247. 江苏师范大学；253. 中国石油大学；265. 深圳大学；266. 南京理工大学；272. 河南师范大学；273. 上海理工大学；280. 东华大学；284. 西南财经大学；292. 香港科技大学；299. 云南师范大学

2. 数学学科的科研能力排名分析

从发文量来看，发文量超过2000篇的有39所。中国(包含港澳台)数学学科发文量进入前100名的高校共有31所，其他进入ESI数学学科发文量排名的中国(包含港澳台)高校如表3-106所示。

表3-106 数学学科发文量排名（前10位与中国大学）

发文量排名	机构名称	国家/地区	发文量排名	机构名称	国家/地区
1	布列塔尼-卢瓦尔大学	法国	6	洛蒙诺索夫莫斯科大学	俄罗斯
2	巴黎西岱大学	法国	7	牛津大学	英国
3	阿卜杜勒阿齐兹国王大学	沙特阿拉伯	8	圣保罗大学	巴西
4	索邦大学	法国	9	台湾中国医药大学	中国台湾
5	巴黎萨克雷大学	法国	10	麻省理工学院	美国

其他中国机构：11. 北京大学；13. 山东大学；14. 复旦大学；18. 北京师范大学；21. 上海交通大学；23. 中南大学；24. 清华大学；25. 南开大学；28. 哈尔滨工业大学；29. 中山大学；30. 中国科学技术大学；38. 华东师范大学；43. 武汉大学；53. 厦门大学；54. 浙江大学；63. 东南大学；66. 四川大学；70. 浙江师范大学；71. 中国科学院大学；73. 曲阜师范大学；75. 吉林大学；76. 西安交通大学；77. 南京大学；86. 南京师范大学；87. 上海大学；91. 北京理工大学；92. 电子科技大学；93. 兰州大学；96. 大连理工大学；98. 华中科技大学；103. 中国矿业大学；106. 南京航空航天大学；110. 天津大学；112. 华南师范大学；114. 华中师范大学；123. 广州大学；126. 香港中文大学；128. 山东科技大学；130. 西南大学；142. 西北工业大学；144. 重庆大学；147. 同济大学；151. 北京航空航天大学；152. 东北师范大学；158. 苏州大学；167. 华南理工大学；170. 上海师范大学；172. 香港城市大学；175. 湖南师范大学；178. 河南师范大学；180. 湖南大学；182. 河南理工大学；187. 中国人民大学；189. 香港理工大学；195. 郑州大学；198. 北京交通大学；200. 南京信息工程大学；215. 安徽大学；222. 江苏师范大学；223. 中国东北大学；228. 南京理工大学；232. 湘潭大学；238. 深圳大学；239. 山东师范大学；245. 河海大学；250. 西南财经大学；251. 天津工业大学；256. 中国石油大学；260. 上海理工大学；267. 杭州师范大学；275. 香港科技大学；278. 香港浸会大学；284. 长沙理工大学；285. 东华大学；288. 湖州师范学院；294. 淮阴师范学院；298. 云南师范大学

3. 数学学科科研影响力排名分析

从总被引次数来看，总被引次数超过 10000 次的高校共有 116 所；总被引次数在 5000 次以上 10000 次及以下的有 186 所；总被引次数在 4000 次以上 5000 及次以下的有 0 所；所有高校的总被引次数均在 5000 次以上。中国(包含港澳台)数学学科总被引次数排在前 100 名的高校共有 31 所，其他进入 ESI 数学学科总被引次数排名的中国(包含港澳台)高校如表 3-107 所示。

表 3-107　数学学科总被引次数排名（前 10 位与中国大学）

总被引次数排名	机构名称	国家/地区	总被引次数排名	机构名称	国家/地区
1	阿卜杜勒阿齐兹国王大学	沙特阿拉伯	6	麻省理工学院	美国
2	巴黎西岱大学	法国	7	台湾中国医药大学	中国台湾
3	索邦大学	法国	8	巴黎萨克雷大学	法国
4	斯坦福大学	美国	9	普林斯顿大学	美国
5	布列塔尼-卢瓦尔大学	法国	10	加利福尼亚大学伯克利分校	美国
其他中国机构：16. 山东科技大学；30. 哈尔滨工业大学；32. 复旦大学；34. 中南大学；35. 北京大学；36. 曲阜师范大学；37. 东南大学；39. 上海交通大学；40. 电子科技大学；42. 北京师范大学；50. 山东大学；51. 湖州师范学院；54. 浙江师范大学；55. 南开大学；58. 厦门大学；59. 香港理工大学；63. 长沙理工大学；67. 中国矿业大学；69. 武汉大学；70. 华中科技大学；72. 香港中文大学；74. 中山大学；76. 清华大学；80. 华东师范大学；82. 兰州大学；87. 西安交通大学；89. 中国科学技术大学；94. 香港城市大学；95. 浙江大学；97. 华中师范大学；104. 杭州师范大学；107. 南京大学；110. 上海大学；116. 香港浸会大学；125. 湖南大学；130. 四川大学；131. 南京航空航天大学；132. 大连理工大学；133. 吉林大学；140. 西北工业大学；143. 南京师范大学；147. 西南大学；148. 苏州大学；149. 中国科学院大学；152. 同济大学；153. 河南理工大学；159. 北京理工大学；167. 重庆大学；169. 华南师范大学；180. 东北师范大学；182. 天津大学；184. 湘潭大学；191. 华南理工大学；200. 河海大学；213. 上海师范大学；215. 天津工业大学；216. 山东师范大学；223. 广州大学；225. 北京航空航天大学；228. 郑州大学；232. 中国人民大学；235. 安徽大学；236. 江苏师范大学；244. 中国石油大学；245. 南京信息工程大学；248. 北京交通大学；254. 南京理工大学；262. 中国东北大学；264. 东华大学；277. 香港科技大学；278. 淮阴师范学院；285. 深圳大学；287. 湖南师范大学；292. 上海理工大学；295. 西南财经大学；300. 河南师范大学；302. 云南师范大学					

4. 数学学科影响力排名分析

从高被引论文数来看，拥有 100 篇以上高被引论文的大学有 5 所，即阿卜杜勒阿齐兹国王大学、台湾中国医药大学、詹卡亚大学、山东科技大学、湖州师范学院；拥有 50 篇以上 100 篇及以下高被引论文的大学有 21 所；拥有 20 篇以上 50 篇及以下的高被引论文大学有 78 所；拥有 10 篇以上 20 篇及以下高被引论文的大学有 109 所；拥有 2 篇以上 10 篇及以下高被引论文的大学有 79 所，拥有 2 篇及以下高被引论文的大学有 10 所。

中国(包含港澳台)进入 ESI 数学学科高被引论文数排名的大学中有 6 所进入高被引论文指标排名的前 10 位，在这 6 所大学中，除台湾中国医药大学、山东科技大学、湖州师范学院高被引论文数大于 100 篇以外，杭州师范大学、长沙理工大学、浙江师范大学均在 100 篇以下。其他进入 ESI 数学学科高被引论文数排名的中国(包含港澳台)大学如表 3-108 所示。

表 3-108 数学学科高被引论文数排名（前 10 位与中国大学）

高被引论文数排名	机构名称	国家/地区	高被引论文数排名	机构名称	国家/地区
1	阿卜杜勒阿齐兹国王大学	沙特阿拉伯	6	斯坦福大学	美国
2	台湾中国医药大学	中国台湾	7	杭州师范大学	中国大陆
3	詹卡亚大学	土耳其	8	长沙理工大学	中国大陆
4	山东科技大学	中国大陆	9	普林斯顿大学	美国
5	湖州师范学院	中国大陆	10	浙江师范大学	中国大陆

其他中国机构：11. 电子科技大学；13. 河南理工大学；17. 东南大学；17. 中国矿业大学；21. 香港理工大学；24. 中南大学；24. 湖南大学；27. 哈尔滨工业大学；32. 上海交通大学；43. 广州大学；46. 曲阜师范大学；46. 华中科技大学；46. 苏州大学；51. 河海大学；54. 复旦大学；54. 香港城市大学；59. 北京师范大学；59. 西北工业大学；59. 天津工业大学；63. 北京大学；65. 武汉大学；65. 大连理工大学；69. 西安交通大学；76. 华东师范大学；82. 山东大学；86. 华中师范大学；86. 南京航空航天大学；86. 南京师范大学；91. 中山大学；95. 南开大学；95. 西南大学；99. 上海大学；99. 湘潭大学；99. 华南理工大学；105. 厦门大学；105. 兰州大学；105. 南京大学；105. 同济大学；110. 浙江大学；120. 淮阴师范学院；128. 香港浸会大学；128. 山东师范大学；128. 云南师范大学；137. 中国人民大学；137. 东华大学；137. 上海理工大学；148. 上海师范大学；148. 郑州大学；148. 南京信息工程大学；148. 北京交通大学；163. 香港中文大学；163. 北京理工大学；163. 中国石油大学；173. 东北师范大学；173. 深圳大学；183. 中国科学技术大学；183. 安徽大学；183. 湖南师范大学；198. 清华大学；198. 四川大学；198. 中国科学院大学；198. 江苏师范大学；198. 中国东北大学；198. 西南财经大学；225. 吉林大学；225. 北京航空航天大学；225. 香港科技大学；236. 重庆大学；236. 天津大学；236. 南京理工大学；248. 华南师范大学；257. 河南师范大学

5. 数学学科师资力量排名分析

从高被引科学家数来看，高被引科学家数最多的是 4 人，有 1 所，即沙特阿拉伯的阿卜杜勒阿齐兹国王大学；其次是台湾中国医药大学（中国台湾）的高被引科学家数为 3 人；斯坦福大学（美国）、长沙理工大学（中国）、阿米尔卡比尔理工大学（伊朗）、米兰-比科卡大学（意大利）、昆士兰科技大学（澳大利亚）的高被引科学家数为 2 人；有 1 位高被引科学家的高校有 22 所，分别是山东科技大学（中国）、湖南大学（中国）、普林斯顿大学（美国）、电子科技大学（中国）、华中科技大学（中国）、上海交通大学（中国）、加利福尼亚大学洛杉矶分校（美国）、宾夕法尼亚大学（美国）、东南大学（中国）、威斯康星大学麦迪逊分校（美国）、山东大学（中国）、曲阜师范大学（中国）、帕德博恩大学（德国）、沙特国王大学（沙特阿拉伯）、格拉纳达大学（西班牙）、香港中文大学（中国香港）、上海大学（中国）、河海大学（中国）、帕尔马大学（意大利）、田纳西大学诺克斯维尔分校（美国）、科廷大学（澳大利亚）、淮阴师范学院（中国）。如表 3-109所示，中国（包含港澳台）在数学学科的师资力量仍需加强。

表 3-109 数学学科高被引科学家数排名（前 8 位与中国大学）

高被引科学家数排名	机构名称	国家/地区	高被引科学家数排名	机构名称	国家/地区
1	阿卜杜勒阿齐兹国王大学	沙特阿拉伯	3	米兰-比科卡大学	意大利
2	台湾中国医药大学	中国台湾	3	昆士兰科技大学	澳大利亚
3	斯坦福大学	美国	8	山东科技大学	中国大陆
3	长沙理工大学	中国大陆	8	湖南大学	中国大陆
3	阿米尔卡比尔理工大学	伊朗	8	普林斯顿大学	美国

其他中国机构：8. 电子科技大学；8. 华中科技大学；8. 上海交通大学；8. 东南大学；8. 山东大学；8. 曲阜师范大学；8. 香港中文大学；8. 上海大学；8. 河海大学；8. 淮阴师范学院

(十三)微生物学

进入ESI微生物学学科排名的高校共有420所。从国家或地区分布来看，这些高校隶属于美国、中国、德国、法国、英国、加拿大、澳大利亚、意大利、日本、巴西、韩国、荷兰等42个国家或地区。具体高校的国家或地区分布情况如图3-13所示。

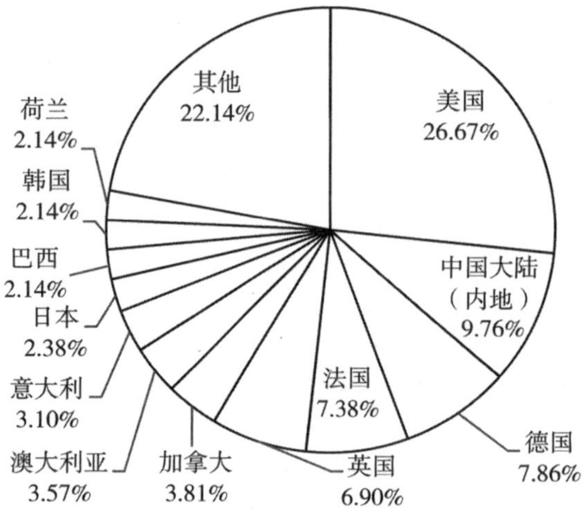

图3-13　进入ESI微生物学学科排名的大学的国家或地区分布

从图3-13可以看出，美国的高校数量遥遥领先于其他国家或地区。美国入围112所高校，占据相对优势，然后依次为中国、德国、法国、英国。由此可见，欧美国家在微生物学学科领域拥有无法撼动的地位，遥遥领先。中国大陆(内地)有41所，中国香港有2所进入排名，中国台湾有2所进入排名。

1. 微生物学学科竞争力综合排名分析

从综合排名来看，中国的高校中只有香港大学进入前10位。其他进入ESI微生物学学科综合排名的中国(包含港澳台)高校如表3-110所示。

表3-110　微生物学学科综合排名(前10位与中国大学)

综合排名	机构名称	星级	档次	国家/地区	综合排名	机构名称	星级	档次	国家/地区
1	哈佛大学	5★+	一流学科	美国	6	巴黎西岱大学	5★	一流学科	法国
2	香港大学	5★+	一流学科	中国香港	7	俄亥俄州立大学	5★	一流学科	美国
3	华盛顿大学(西雅图)	5★+	一流学科	美国	8	牛津大学	5★	一流学科	英国
4	哥本哈根大学	5★+	一流学科	丹麦	9	北卡罗来纳大学教堂山分校	5★	一流学科	美国
5	科克大学学院	5★	一流学科	爱尔兰	10	伦敦帝国学院	5★	一流学科	英国
其他中国高校：32. 中国医学科学院-中国协和医学院；41. 中国科学院大学；48. 武汉大学；51. 上海交通大学；54. 浙江大学；58. 复旦大学；87. 中山大学；94. 山东大学；101. 中国农业大学；104. 华中农业大学；109. 南京农业大学；122. 扬州大学；125. 北京协和医学院；132. 华南农业大学；133. 北京大学；153. 广州医科大学；164. 南京医科大学；177. 山东第一医科大学；191. 清华大学；200. 四川大学；216. 厦门大学；217. 吉林大学；221. 首都医科大学；223. 西北农林科技大学；227. 华中科技大学；236. 南方医科大学；241. 台湾大学；255. 福建农林大学；257. 中南大学；262. 中国海洋大学；279. 四川农业大学；283. 郑州大学；302. 暨南大学；307. 东北农业大学；319. 江南大学；329. 河南农业大学；350. 南开大学；356. 香港中文大学；358. 同济大学；378. 重庆医科大学；381. 苏州大学；382. 西安交通大学；391. 中国人民解放军陆军军医大学；406. 长庚大学									

2. 微生物学学科科研能力排名分析

从发文量来看，发文量超过2000篇的仅有巴黎西岱大学(法国)、哈佛大学(美国)、圣保罗大学(巴西)、中国科学院大学(中国)、浙江大学(中国)及牛津大学(英国)，发文量超过1000篇但少于2000篇的高校有79所。中国(包含港澳台)在发文量方面进入前100名的高校有19所，其他进入ESI微生物学学科发文量排名的中国(包含港澳台)高校如表3-111所示。

表3-111 微生物学学科发文量排名（前10位与中国大学）

发文量排名	机构名称	国家/地区	发文量排名	机构名称	国家/地区
1	巴黎西岱大学	法国	6	牛津大学	英国
2	哈佛大学	美国	7	布列塔尼-卢瓦尔大学	法国
3	圣保罗大学	巴西	8	巴黎萨克雷大学	法国
4	中国科学院大学	中国	9	墨尔本大学	澳大利亚
5	浙江大学	中国	10	艾克斯-马赛大学	法国
其他中国机构：11. 中山大学；21. 中国医学科学院-中国协和医学院；23. 华中农业大学；27. 中国农业大学；28. 复旦大学；30. 南京农业大学；36. 上海交通大学；38. 华南农业大学；47. 山东大学；56. 北京协和医学院；70. 扬州大学；85. 北京大学；89. 西北农林科技大学；92. 吉林大学；93. 四川大学；94. 香港大学；100. 首都医科大学；119. 厦门大学；122. 武汉大学；126. 南方医科大学；137. 中国海洋大学；137. 四川农业大学；172. 东北农业大学；173. 清华大学；178. 中南大学；190. 台湾大学；190. 福建农林大学；198. 广州医科大学；200. 华中科技大学；203. 郑州大学；219. 南京医科大学；224. 江南大学；238. 南开大学；246. 河南农业大学；254. 同济大学；259. 暨南大学；283. 重庆医科大学；319. 山东第一医科大学；340. 苏州大学；342. 西安交通大学；342. 长庚大学；369. 香港中文大学；385. 中国人民解放军陆军军医大学					

3. 微生物学学科科研影响力排名分析

从总被引次数来看，只有哈佛大学(美国)总被引次数超过150000次，且巴黎西岱大学(法国)总被引次数超过100000次；排在第3位、第4位、第5位的分别是麻省理工学院(美国)、牛津大学(英国)和华盛顿大学(美国)，总被引次数在70000次以上80000次以下；总被引次数在60000次以上70000次以下的高校有5所，分别是华盛顿大学(西雅图)(美国)、北卡罗来纳大学(美国)、哥本哈根大学(丹麦)、康奈尔大学(美国)和加利福尼亚大学圣迭戈分校(美国)；总被引次数在40000次以上60000次以下的有33所；总被引次数在20000次以上40000次以下的有87所；总被引次数在20000次以下的有290所。进入排名的所有学校总被引次数均超过5000次。中国(包括港澳台)进入ESI微生物学学科总被引次数排名前100名的高校有12所，其他进入ESI微生物学学科总被引次数排名的中国(包含港澳台)高校如表3-112所示。

表3-112 微生物学学科总被引次数排名（前10位与中国大学）

总被引次数排名	机构名称	国家/地区	总被引次数排名	机构名称	国家/地区
1	哈佛大学	美国	6	华盛顿大学(西雅图)	美国
2	巴黎西岱大学	法国	7	北卡罗来纳大学	美国
3	麻省理工学院	美国	8	哥本哈根大学	丹麦
4	牛津大学	英国	9	康奈尔大学	美国
5	华盛顿大学	美国	10	加利福尼亚大学圣迭戈分校	美国

续表

其他中国机构：17. 中国科学院大学；36. 香港大学；37. 浙江大学；54. 复旦大学；64. 中国医学科学院-中国协和医学院；65. 中山大学；71. 中国农业大学；74. 华中农业大学；84. 南京农业大学；87. 北京协和医学院；96. 北京大学；100. 上海交通大学；106. 华南农业大学；114. 武汉大学；121. 清华大学；153. 华中科技大学；156. 山东大学；196. 四川大学；197. 厦门大学；203. 西北农林科技大学；215. 吉林大学；219. 台湾大学；231. 首都医科大学；234. 南方医科大学；248. 扬州大学；249. 广州医科大学；267. 福建农林大学；282. 中南大学；283. 中国海洋大学；308. 暨南大学；316. 四川农业大学；317. 郑州大学；344. 河南农业大学；345. 东北农业大学；346. 山东第一医科大学；350. 香港中文大学；352. 南开大学；362. 南京医科大学；363. 江南大学；379. 中国人民解放军陆军军医大学；385. 同济大学；393. 苏州大学；394. 西安交通大学；413. 长庚大学；418. 重庆医科大学

4. 微生物学学科影响力排名分析

从高被引论文数来看，有 100 篇以上高被引论文的高校仅有 1 所，即哈佛大学(美国)；50 篇以上 100 篇及以下的有 10 所；30 篇以上 50 篇及以下的高校有 30 所；10 篇以上 30 篇及以下的高校有 142 所；1 篇及以上 10 篇及以下的高校有 234 所；其余高校的高被引论文数为 0 篇。中国(包含港澳台)进入 ESI 微生物学学科高被引论文数排名的高校前 100 位的有 11 所，其他进入 ESI 微生物学学科高被引论文数排名的中国(包含港澳台)高校如表 3-113 所示。

表 3-113　微生物学学科高被引论文数排名（前 10 位与中国大学）

高被引论文数排名	机构名称	国家/地区	高被引论文数排名	机构名称	国家/地区
1	哈佛大学	美国	7	加利福尼亚大学圣迭戈分校	美国
2	麻省理工学院	美国	8	哥本哈根大学	丹麦
3	牛津大学	英国	9	康奈尔大学	美国
4	华盛顿大学	美国	10	乌得勒支大学	荷兰
5	巴黎西岱大学	法国	10	瓦格宁根大学	荷兰
6	华盛顿大学(西雅图)	美国			

其他中国机构：15. 香港大学；27. 浙江大学；31. 中国科学院大学；42. 复旦大学；49. 北京大学；57. 中国医学科学院-中国协和医学院；64. 上海交通大学；70. 中山大学；85. 北京协和医学院；85. 武汉大学；95. 清华大学；104. 中国农业大学；104. 南京农业大学；136. 华南农业大学；136. 台湾大学；152. 华中农业大学；152. 华中科技大学；152. 四川大学；152. 厦门大学；152. 广州医科大学；184. 首都医科大学；184. 香港中文大学；203. 福建农林大学；203. 中南大学；203. 南京医科大学；222. 山东大学；222. 暨南大学；222. 山东第一医科大学；249. 南方医科大学；249. 郑州大学；271. 吉林大学；297. 江南大学；297. 中国人民解放军陆军军医大学；331. 西北农林科技大学；331. 河南农业大学；331. 苏州大学；331. 西安交通大学；367. 中国海洋大学；367. 同济大学；390. 扬州大学；390. 四川农业大学；390. 东北农业大学；390. 南开大学；390. 重庆医科大学

5. 微生物学学科师资力量排名分析

从高被引科学家数来看，如表 3-114 所示，高被引科学家数最多的是 8 人，有 1 所高校，即中国香港的香港大学；其次是美国的北卡罗来纳大学教堂山分校和爱尔兰的科克大学学院，高被引科学家数分别为 6 人和 5 人；美国的哈佛大学、加利福尼亚大学圣迭戈分校、明尼苏达大学双城分校和密歇根大学高被引科学家有 4 人；华盛顿大学(西雅图)(美国)、圣路易斯华盛顿大学(美国)、荷语鲁汶大学(比利时)、宾夕法尼亚大学(美国)、武汉大学(中国)和阿伯丁大学(英国)的高被引科学家有 3 人，康奈尔大学(美国)、俄亥俄州立大学(美国)、斯坦福大学(美国)、昆士兰大学(澳大利亚)、爱丁堡大学(英国)、西奈山伊坎医学院(美国)、鹿特丹大学(荷兰)、芝加哥大学(美国)、英属哥伦比亚大学(加拿大)、中国医学科学院-中国协和医学院(中国)、上海交通大学(中国)、耶路撒冷希伯来大学(以色列)高被引科学家有2人；有1位高被引科学家的高校有51所，分别是麻省理工学院(美国)、牛津大学(英国)、哥本哈根大学(丹麦)、乌得勒支大学(荷兰)、瓦格宁根大学(荷兰)、伦敦帝国学院(英国)、加利福尼亚大学伯克利分校(美国)、墨尔本大学(澳大利亚)、加利福尼亚大学戴维斯分校(美国)、赫尔辛基大学(芬兰)、杜克大学(美国)、耶鲁大学(美国)、复旦大学(中国)、新加坡国立大学(新加坡)、得克萨斯大学医学院加尔维斯顿分校(美国)、哥德堡大学(瑞典)、威斯康星大学麦迪逊分校(美国)、悉尼大学(澳大利亚)、丹麦科技大学(丹麦)、密歇根州立大学(美国)、科罗拉多大学博尔德分校(美国)、埃默里大学(美国)、格拉斯哥大学(英国)、维也纳大学(奥地利)、南洋理工大学(新加坡)、柏林查理特大学医学院(德国)、伦敦卫生与热带医学学院(英国)、得克萨斯大学奥斯汀分校(美国)、乌普萨拉大学(瑞典)、南加利福尼亚大学(美国)、加州理工学院(美国)、艾奥瓦大学(美国)、新南威尔斯大学(澳大利亚)、洛克菲勒大学(美国)、亚利桑那州立大学(美国)、格罗宁根大学(荷兰)、科隆大学(德国)、北卡罗来纳州立大学(美国)、首尔大学(韩国)、俄勒冈州立大学(美国)、拉瓦尔大学(加拿大)、英国纽卡斯尔大学(英国)、北亚利桑那大学(美国)、广州医科大学(中国)、代尔夫特理工大学(荷兰)、伯尔尼大学(瑞士)、弗里德里希席勒耶那大学(德国)、马萨诸塞大学阿默斯特分校(美国)、特伦托大学(意大利)、维索萨联邦大学(巴西)、美国东北大学(美国)。中国(包含港澳台)进入微生物学学科高被引科学家排名的高校仅有香港大学、武汉大学、中国医学科学院-中国协和医学院、上海交通大学、复旦大学、广州医科大学，该学科的发展任重道远。

表3-114 微生物学学科高被引科学家数排名（前8位与中国大学）

高被引科学家数排名	机构名称	国家/地区	高被引科学家数排名	机构名称	国家/地区
1	香港大学	中国香港	8	华盛顿大学(西雅图)	美国
2	北卡罗来纳大学教堂山分校	美国	8	圣路易斯华盛顿大学	美国
3	科克大学学院	爱尔兰	8	荷语鲁汶大学	比利时
4	哈佛大学	美国	8	宾夕法尼亚大学	美国
4	加利福尼亚大学圣迭戈分校	美国	8	武汉大学	中国内地
4	明尼苏达大学双城分校	美国	8	阿伯丁大学	英国
4	密歇根大学	美国			
其他中国机构：14. 中国医学科学院-中国协和医学院；14. 上海交通大学；26. 复旦大学；26. 广州医科大学					

从以上指标可以看出，在微生物学学科领域，美国的研究力量更为强大，中国机构在微生物学学科总被引次数及高被引论文数中排名都比较靠后，距离欧美发达国家的水平还比较远，要达到一流学科水平还有很长的路要走。

(十四)分子生物学与遗传学

进入ESI分子生物学与遗传学学科排名的大学有571所。从国家或地区分布来看，这些大学隶属于美国、中国、德国、法国、意大利、英国、日本、澳大利亚、加拿大、西班牙等51个国家或地区，如图3-14所示。

其中，美国的高校数量位居第1位，以128所遥遥领先于其他国家或地区。中国大陆(内地)以72所居于第2位，德国以37所居于第3位。中国(包含港澳台)共有85所进入排行。

1. 分子生物学与遗传学学科竞争力综合排名分析

从综合排名来看，中国大陆(内地)有13所高校进入前100名。其他进入ESI分子生物学与遗传学学

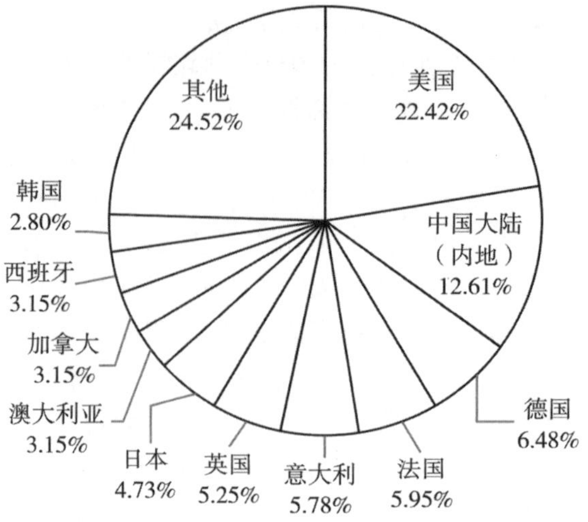

图 3-14 进入 ESI 分子生物学与遗传学学科排名的大学的国家或地区分布

科综合排名的中国(包含港澳台)高校如表 3-115 所示。

表 3-115 分子生物学与遗传学学科综合排名(前 10 位与中国大学)

综合排名	机构名称	星级	档次	国家/地区	综合排名	机构名称	星级	档次	国家/地区
1	哈佛大学	5★+	一流学科	美国	6	加利福尼亚大学旧金山分校	5★+	一流学科	美国
2	麻省理工学院	5★+	一流学科	美国	7	宾夕法尼亚大学	5★	一流学科	美国
3	斯坦福大学	5★+	一流学科	美国	8	卡罗林斯卡医学院	5★	一流学科	瑞典
4	加利福尼亚大学圣迭戈分校	5★+	一流学科	美国	9	剑桥大学	5★	一流学科	英国
5	伦敦大学学院	5★+	一流学科	英国	10	圣路易斯华盛顿大学	5★	一流学科	美国
其他中国机构：31. 中山大学；34. 中国科学院大学；37. 上海交通大学；39. 华中科技大学；42. 浙江大学；44. 四川大学；48. 复旦大学；52. 北京大学；58. 中国医学科学院-中国协和医学院；59. 南京医科大学；64. 中南大学；66. 郑州大学；80. 北京协和医学院；120. 南方医科大学；127. 首都医科大学；137. 武汉大学；162. 香港大学；165. 中国医科大学；166. 西安交通大学；167. 南昌大学；170. 青岛大学；173. 哈尔滨医科大学；178. 同济大学；179. 上海科技大学；181. 山东大学；182. 清华大学；184. 深圳大学；186. 香港中文大学；188. 长庚大学；191. 汕头大学；194. 广州医科大学；195. 暨南大学；196. 台湾大学；199. 南方科技大学；207. 中国药科大学；222. 吉林大学；224. 苏州大学；225. 台湾中国医药大学；236. 温州医科大学；253. 天津医科大学；254. 中国人民解放军海军军医大学；256. 南开大学；271. 重庆医科大学；285. 南京大学；288. 中国人民解放军陆军军医大学；289. 中国农业大学；300. 南京中医药大学；303. 华中农业大学；312. 兰州大学；314. 空军军医大学；337. 山东第一医科大学；343. 厦门大学；357. 南京农业大学；362. 安徽医科大学；363. 香港城市大学；366. 西北农林科技大学；376. 东南大学；379. 中国科学技术大学；389. 台湾阳明交通大学；395. 福建医科大学；400. 大连医科大学；401. 南通大学；413. 广西医科大学；419. 徐州医科大学；420. 四川农业大学；423. 扬州大学；424. 江苏大学；433. 台北医学大学；440. 河北医科大学；442. 华南农业大学；449. 台湾成功大学；471. 昆明医科大学；472. 西南大学；475. 上海中医药大学；480. 广东医科大学；487. 福建农林大学；491. 广州中医药大学；499. 高雄医科大学；502. 电子科技大学；511. 澳门科技大学；513. 重庆大学；515. 华东师范大学；519. 华南理工大学；522. 香港科技大学；532. 亚洲大学(中国台湾)									

2. 分子生物学与遗传学学科科研能力排名分析

从发文量来看，只有哈佛大学(美国)的发文量超过 10000 篇，发文量超过 5000 篇但少于等于 10000

篇的高校有19所，超过4000篇但少于等于5000篇的高校有18所，超过3000篇但少于等于4000篇的高校有30所，超过2000篇但少于等于3000篇的高校有53所，少于等于2000篇的高校有450所。进入ESI分子生物学与遗传学学科发文量排名的中国(包含港澳台)高校如表3-116所示。

表3-116 分子生物学与遗传学学科发文量排名（前10位与中国大学）

发文量排名	机构名称	国家/地区	发文量排名	机构名称	国家/地区
1	哈佛大学	美国	6	麻省理工学院	美国
2	上海交通大学	中国	7	宾夕法尼亚大学	美国
3	巴黎西岱大学	法国	8	浙江大学	中国
4	复旦大学	中国	9	中山大学	中国
5	斯坦福大学	美国	10	剑桥大学	英国
其他中国机构：12. 中国科学院大学；17. 南京医科大学；22. 中国医学科学院-中国协和医学院；23. 北京大学；29. 中南大学；35. 四川大学；37. 华中科技大学；42. 南方医科大学；47. 山东大学；48. 北京协和医学院；49. 郑州大学；51. 首都医科大学；58. 同济大学；66. 武汉大学；71. 吉林大学；82. 中国医科大学；83. 苏州大学；86. 西安交通大学；89. 哈尔滨医科大学；92. 广州医科大学；94. 温州医科大学；102. 清华大学；107. 天津医科大学；114. 重庆医科大学；120. 南京大学；121. 中国人民解放军海军军医大学；125. 山东第一医科大学；135. 中国农业大学；136. 暨南大学；136. 中国人民解放军陆军军医大学；142. 香港大学；143. 华中农业大学；146. 西北农林科技大学；147. 南京农业大学；148. 空军军医大学；149. 台湾大学；154. 安徽医科大学；161. 南昌大学；168. 香港中文大学；171. 厦门大学；176. 福建医科大学；185. 青岛大学；202. 东南大学；208. 南通大学；214. 中国科学技术大学；215. 台湾阳明交通大学；218. 台湾中国医药大学；226. 大连医科大学；227. 四川农业大学；233. 广西医科大学；237. 扬州大学；249. 徐州医科大学；253. 南开大学；257. 深圳大学；267. 河北医科大学；276. 华南农业大学；284. 台北医学大学；287. 江苏大学；293. 长庚大学；299. 上海科技大学；314. 西南大学；319. 南京中医药大学；321. 兰州大学；323. 上海中医药大学；324. 昆明医科大学；331. 台湾成功大学；343. 汕头大学；362. 广州中医药大学；363. 福建农林大学；374. 广东医科大学；391. 中国药科大学；391. 高雄医科大学；395. 南方科技大学；409. 电子科技大学；420. 重庆大学；424. 华南理工大学；457. 香港科技大学；465. 华东师范大学；473. 亚洲大学(中国台湾)；527. 香港城市大学；557. 澳门科技大学					

3. 分子生物学与遗传学学科科研影响力排名分析

从总被引次数来看，总被引次数在一百万次以上的学校仅有1所，即排名第1位的哈佛大学，总被引次数为1562826；总被引次数在50万次以上100万次及以下的学校有2所，即排名第2位和第3位的麻省理工学院和斯坦福大学，总被引次数分别为810099次和511059次；总被引次数在20万次以上50万次及以下的有37所，总被引次数在10万次以上20万次及以下的有78所，总被引次数在10万次及以下的有453所。中国(包含港澳台)进入ESI分子生物学与遗传学学科总被引次数排名最靠前的机构即上海交通大学，位于第29位，总被引次数为227566次。其他进入ESI分子生物学与遗传学学科总被引次数排名的中国(包含港澳台)高校如表3-117所示。

表3-117 分子生物学与遗传学学科总被引次数排名（前10位与中国大学）

总被引次数排名	机构名称	国家/地区	总被引次数排名	机构名称	国家/地区
1	哈佛大学	美国	6	宾夕法尼亚大学	美国
2	麻省理工学院	美国	7	巴黎西岱大学	法国
3	斯坦福大学	美国	8	牛津大学	英国
4	加利福尼亚大学旧金山分校	美国	9	约翰·霍普金斯大学	美国
5	剑桥大学	英国	10	多伦多大学	加拿大

续表

其他中国机构：29. 上海交通大学；44. 复旦大学；47. 中国科学院大学；48. 中山大学；52. 浙江大学；53. 北京大学；67. 南京医科大学；75. 中国医学科学院-中国协和医学院；96. 四川大学；97. 中南大学；103. 清华大学；106. 北京协和医学院；115. 华中科技大学；129. 同济大学；136. 香港大学；140. 南方医科大学；152. 广州医科大学；153. 山东大学；154. 武汉大学；156. 首都医科大学；168. 郑州大学；185. 中国人民解放军海军军医大学；186. 苏州大学；192. 香港中文大学；197. 吉林大学；198. 西安交通大学；202. 哈尔滨医科大学；206. 天津医科大学；212. 温州医科大学；216. 中国人民解放军陆军军医大学；226. 中国医科大学；230. 南京大学；237. 中国农业大学；242. 空军军医大学；247. 台湾大学；248. 华中农业大学；258. 重庆医科大学；273. 台湾中国医药大学；279. 暨南大学；280. 厦门大学；298. 南京农业大学；301. 安徽医科大学；302. 中国科学技术大学；308. 东南大学；309. 西北农林科技大学；311. 上海科技大学；320. 台湾阳明交通大学；323. 山东第一医科大学；327. 青岛大学；333. 南开大学；335. 大连医科大学；346. 南昌大学；365. 江苏大学；385. 台北医学大学；392. 长庚大学；394. 澳门科技大学；400. 徐州医科大学；415. 南通大学；418. 广西医科大学；439. 台湾成功大学；444. 深圳大学；451. 福建医科大学；452. 汕头大学；487. 南京中医药大学；489. 扬州大学；490. 兰州大学；493. 广东医科大学；495. 四川农业大学；496. 华东师范大学；501. 香港科技大学；508. 高雄医科大学；518. 华南农业大学；523. 上海中医药大学；525. 河北医科大学；529. 中国药科大学；533. 亚洲大学(中国台湾)；534. 香港城市大学；537. 福建农林大学；538. 广州中医药大学；541. 西南大学；550. 重庆大学；551. 电子科技大学；552. 昆明医科大学；553. 南方科技大学；566. 华南理工大学

4. 分子生物学与遗传学学科影响力排名分析

从高被引论文数来看，高被引论文数排名第 1 位的是哈佛大学，高被引论文数高达 1051 篇；高被引论文数在 500 篇以上 900 篇及以下的只有 1 所，是麻省理工学院；高被引论文数在 200 篇以上 500 篇及以下的有 16 所；高被引论文数在 100 篇以上 200 篇及以下的有 31 所；高被引论文数在 50 篇以上 100 篇及以下的有 83 所；高被引论文数在 50 篇及以下的有 439 所。中国大陆(内地)进入 ESI 分子生物学与遗传学学科高被引论文数排名前 100 位的高校有 9 所，其他进入 ESI 分子生物学与遗传学学科高被引论文数排名的中国(包含港澳台)高校如表 3-118 所示。

表 3-118　分子生物学与遗传学学科高被引论文数排名（前 10 位与中国大学）

高被引论文数排名	机构名称	国家/地区	高被引论文数排名	机构名称	国家/地区
1	哈佛大学	美国	7	加利福尼亚大学圣迭戈分校	美国
2	麻省理工学院	美国	8	圣路易斯华盛顿大学	美国
3	加利福尼亚大学旧金山分校	美国	9	伦敦大学学院	英国
4	斯坦福大学	美国	10	牛津大学	英国
5	剑桥大学	英国	10	卡罗林斯卡医学院	瑞典
6	宾夕法尼亚大学	美国			

其他中国机构：40. 中国科学院大学；49. 上海交通大学；57. 中山大学；57. 北京大学；64. 浙江大学；65. 复旦大学；68. 中国医学科学院-中国协和医学院；75. 四川大学；99. 中南大学；109. 清华大学；120. 北京协和医学院；135. 香港大学；144. 广州医科大学；158. 南京医科大学；158. 华中科技大学；169. 首都医科大学；176. 南方医科大学；176. 郑州大学；179. 香港中文大学；186. 同济大学；186. 武汉大学；221. 中国人民解放军海军军医大学；232. 中国医科大学；248. 温州医科大学；248. 上海科技大学；259. 中国农业大学；259. 暨南大学；265. 西安交通大学；265. 华中农业大学；265. 台湾中国医药大学；273. 台湾大学；273. 重庆医科大学；273. 厦门大学；281. 天津医科大学；289. 中国人民解放军陆军军医大学；298. 山东大学；298. 苏州大学；298. 哈尔滨医科大学；298. 澳门科技大学；315. 南方科技大学；328. 空军军医大学；328. 东南大学；343. 吉林大学；343. 南京大学；343. 中国科学技术大学；360. 汕头大学；375. 青岛大学；375. 香港城市大学；386. 山东第一医科大学；386. 南开大学；386. 深圳大学；410. 台湾阳明交通大学；

续表

410. 南京中医药大学；437. 南京农业大学；437. 南昌大学；458. 安徽医科大学；458. 长庚大学；458. 广西医科大学；458. 台湾成功大学；479. 江苏大学；479. 南通大学；479. 广东医科大学；479. 华东师范大学；499. 福建医科大学；499. 华南农业大学；499. 中国药科大学；499. 电子科技大学；514. 西北农林科技大学；514. 大连医科大学；514. 兰州大学；514. 香港科技大学；514. 河北医科大学；514. 亚洲大学(中国台湾)；514. 福建农林大学；514. 重庆大学；514. 昆明医科大学；514. 华南理工大学；538. 徐州医科大学；538. 扬州大学；538. 四川农业大学；538. 广州中医药大学；557. 台北医学大学；557. 高雄医科大学；565. 上海中医药大学；565. 西南大学

5. 分子生物学与遗传学学科师资力量排名分析

哈佛大学(美国)拥有 12 名高被引科学家，是人数最多的高校；麻省理工学院(美国)有 9 名高被引科学家；加利福尼亚大学圣迭戈分校(美国)有 5 名高被引科学家；密歇根大学(美国)有 4 名高被引科学家；有 3 位高被引科学家的高校有 7 所；有 2 位高被引科学家的高校有 4 所；有 1 位高被引科学家的高校有 20 所；其他 536 所高校均没有高被引科学家。中国(包含港澳台)在分子生物学与遗传学学科没有高被引科学家，进入 ESI 分子生物学和遗传学学科高被引科学家排名的高校如表 3-119 所示。

表 3-119　分子生物学与遗传学学科高被引科学家数排名（前 5 位与中国大学）

高被引科学家数排名	机构名称	国家/地区	高被引科学家数排名	机构名称	国家/地区
1	哈佛大学	美国	5	宾夕法尼亚大学	美国
2	麻省理工学院	美国	5	哥伦比亚大学	美国
3	加利福尼亚大学圣迭戈分校	美国	5	芝加哥大学	美国
4	密歇根大学	美国	5	纽约大学	美国
5	加利福尼亚大学旧金山分校	美国	5	马萨诸塞大学沃斯特分校	美国
5	斯坦福大学	美国			
其他中国机构：无					

从以上指标可以看出，在分子生物学与遗传学学科领域，美国的研究力量非常强大。中国在分子生物学与遗传学学科各项指标上进入 ESI 排名前 100 名的高校很少，尤其是在高被引论文以及高被引科学家方面与欧美发达国家的差距较大。这说明我国分子生物学与遗传学学科的实力距离世界一流的水平还比较远，中国高校需要在这一学科上努力。

(十五)综合交叉学科

进入 ESI 综合交叉学科排名的高校共有 114 所。从国家或地区分布来看，这些大学隶属于美国、英国、中国、德国、法国、荷兰、澳大利亚、加拿大等 20 个国家或地区。从图 3-15 中可以很直观地看出这些高校的国家或地区分布情况。

美国的高校数目位居第 1 位，并且处于绝对领先的地位，一共有 45 所高校进入排名。排名第 2 位的是英国，有 11 所。相比之下，中国大陆(内地)只有 9 所高校，即清华大学、北京大学、复旦大学、浙江大学、中国科学院大学、南京大学、上海交通大学、苏州大学和中山大学。中国香港只有 1 所大学，即香港大学。

1. 综合交叉学科竞争力综合排名分析

从综合排名来看，中国(包含港澳台)只有清华大学、北京大学、复旦大学、浙江大学、中国科学院

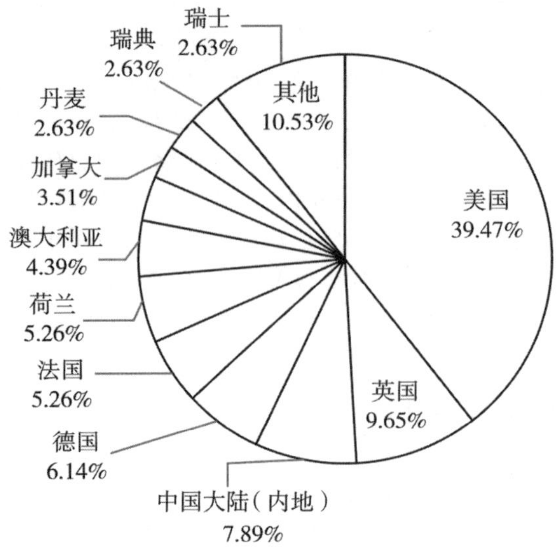

图 3-15　进入 ESI 综合交叉学科排名的大学的国家或地区分布

大学、南京大学、上海交通大学、苏州大学、中山大学和香港大学进入 ESI 综合交叉学科综合排名，如表 3-120 所示。

表 3-120　综合交叉学科综合排名（前 10 位与中国大学）

综合排名	机构名称	星级	档次	国家/地区	综合排名	机构名称	星级	档次	国家/地区
1	哈佛大学	5★+	一流学科	美国	6	香港大学	5★	一流学科	中国香港
2	斯坦福大学	5★	一流学科	美国	7	剑桥大学	5★-	一流学科	英国
3	麻省理工学院	5★	一流学科	美国	8	清华大学	5★-	一流学科	中国内地
4	哥伦比亚大学	5★	一流学科	美国	9	康奈尔大学	5★-	一流学科	美国
5	牛津大学	5★	一流学科	英国	10	多伦多大学	5★-	一流学科	加拿大
其他中国机构：12. 北京大学；32. 复旦大学；34. 浙江大学；49. 中国科学院大学；59. 南京大学；60. 上海交通大学；61. 苏州大学；74. 中山大学									

2. 综合交叉学科的科研能力排名分析

从发文量来看，发文量最高的哈佛大学共有 763 篇文章。发文量在 200 篇以上 500 篇及以下的高校有 19 所，发文量超过 100 篇但少等于 200 篇的高校有 58 所，发文量超过 50 篇但少于等于 100 篇的高校共有 33 所，发文量在 50 篇及以下的高校有 3 所，进入排名学校发文量最低的为 24 篇。综合交叉学科发文量排名前 10 位与中国(包含港澳台)大学如表 3-121 所示。

表 3-121　综合交叉学科发文量排名（前 10 位与中国大学）

发文量排名	机构名称	国家/地区	发文量排名	机构名称	国家/地区
1	哈佛大学	美国	5	伦敦大学学院	英国
2	牛津大学	英国	5	斯坦福大学	美国
3	麻省理工学院	美国	7	加利福尼亚大学圣迭戈分校	美国
4	剑桥大学	英国	8	东京大学	日本

续表

发文量排名	机构名称	国家/地区	发文量排名	机构名称	国家/地区
9	约翰·霍普金斯大学	美国	10	伦敦帝国学院	英国
其他中国机构：19. 中国科学院大学；24. 北京大学；27. 浙江大学；31. 清华大学；32. 上海交通大学；41. 复旦大学；65. 中山大学；69. 香港大学；86. 南京大学；102. 苏州大学					

3. 综合交叉学科科研影响力排名分析

从总被引次数来看，中国(包含港澳台)进入排名的高校有清华大学、北京大学、香港大学、复旦大学、中国科学院大学、南京大学、浙江大学、苏州大学、中山大学和上海交通大学，分别排在第6位、第22位、第31位、第45位、第50位、第74位、第80位、第82位、第93位和第95位，总被引次数分别为19097次、10466次、8640次、6994次、6572次、5160次、4923次、4887次、4553次和4548次。总被引次数位居第1位的高校是哈佛大学，总被引次数共计56422次，其他总被引次数超过20000次的高校共有4所，分别是麻省理工学院(美国)、牛津大学(英国)、哥伦比亚大学(美国)和加利福尼亚大学圣迭戈分校(美国)；清华大学(中国)、斯坦福大学(美国)、加利福尼亚大学伯克利分校(美国)、伦敦帝国学院(英国)、康奈尔大学(美国)、剑桥大学(英国)和约翰·霍普金斯大学(美国)的总被引次数超过15000次；总被引次数在10000次以上15000次及以下的有12所；总被引次数在5000次以上10000次及以下的有53所；总被引次数在5000次及以下的有37所。进入排名的高校总被引次数最少的为4027次，如表3-122所示。

表3-122　综合交叉学科总被引次数排名（前10位与中国大学）

总被引次数排名	机构名称	国家/地区	总被引次数排名	机构名称	国家/地区
1	哈佛大学	美国	6	清华大学	中国
2	麻省理工学院	美国	7	斯坦福大学	美国
3	牛津大学	英国	8	加利福尼亚大学伯克利分校	美国
4	哥伦比亚大学	美国	9	伦敦帝国学院	英国
5	加利福尼亚大学圣迭戈分校	美国	10	康奈尔大学	美国
其他中国机构：22. 北京大学；31. 香港大学；45. 复旦大学；50. 中国科学院大学；74. 南京大学；80. 浙江大学；82. 苏州大学；93. 中山大学；95. 上海交通大学					

4. 综合交叉学科影响力排名分析

从高被引论文数来看，高被引论文数最多的是哈佛大学，共46篇，也是唯一一所超过30篇的大学；排在第2位的是麻省理工学院(美国)，高被引论文数为28篇；高被引论文在10篇以上20篇及以下的有15所；1篇以上10篇及以下的有95所。清华大学位于第10位，篇数为14篇；中国科学院大学位于第14位，篇数为11篇；香港大学位于第23位，篇数为9篇，如表3-123所示。

表3-123　综合交叉学科高被引论文数排名（前10位与中国大学）

高被引论文数排名	机构名称	国家/地区	高被引论文数排名	机构名称	国家/地区
1	哈佛大学	美国	3	华盛顿大学	美国
2	麻省理工学院	美国	4	斯坦福大学	美国

续表

高被引论文数排名	机构名称	国家/地区	高被引论文数排名	机构名称	国家/地区
5	加利福尼亚大学圣迭戈分校	美国	9	加利福尼亚大学旧金山分校	美国
6	哥伦比亚大学	美国	10	清华大学	中国
6	剑桥大学	英国	10	康奈尔大学	美国
6	牛津大学	英国			
其他中国机构：14. 中国科学院大学；23. 香港大学；29. 北京大学；29. 复旦大学；38. 苏州大学；67. 南京大学；85. 浙江大学；85. 上海交通大学；101. 中山大学					

5. 综合交叉学科师资力量排名分析

综合交叉学科的高被引科学家人数排名前10的高校是哈佛大学(美国)、斯坦福大学(美国)、清华大学(中国)、宾夕法尼亚大学(美国)、麻省理工学院(美国)、约翰·霍普金斯大学(美国)、牛津大学(英国)、剑桥大学(英国)、香港大学(中国香港)、北京大学(中国)。其中高被引科学家最多的高校是哈佛大学，有112位，也是唯一一个高被引科学家超过70人的高校；高被引科学家人数在30人以上70人及以下的有5所；20人以上30人及以下的有12所，10人以上20人及以下的有25所；10人及以下的有60所；其他11所高校没有高被引科学家。中国大陆(内地)八所高校清华大学、北京大学、浙江大学、复旦大学、南京大学、苏州大学、上海交通大学和中山大学分别以35人、25人、24人、20人、14人、13人、11人和11人位列第3位、第9位、第11位、第19位、第32位、第34位、第39位和第39位；中国香港的香港大学以25人位列第9位，如表3-124所示。

表3-124　综合交叉学科高被引科学家数排名（前9位与中国大学）

高被引科学家数排名	机构名称	国家/地区	高被引科学家数排名	机构名称	国家/地区
1	哈佛大学	美国	5	约翰·霍普金斯大学	美国
2	斯坦福大学	美国	7	牛津大学	英国
3	清华大学	中国内地	8	剑桥大学	英国
3	宾夕法尼亚大学	美国	9	香港大学	中国香港
5	麻省理工学院	美国	9	北京大学	中国内地
其他中国机构：11. 浙江大学；19. 复旦大学；32. 南京大学；34. 苏州大学；39. 上海交通大学；39. 中山大学					

从以上各项指标的分析可以看出，综合交叉学科在世界范围内的发展还比较薄弱，相对于其他学科，该学科进入排名的学校少，发文量少，被引次数和高被引论文数值都偏低，该学科的发展任重道远。另外，各项指标均反映出英、美两国在综合交叉学科占有主要优势。虽然中国(包含港澳台)有10所大学进入排名，但离排名靠前的大学还有一定差距，我国要进一步加强综合交叉学科的建设。

(十六)神经科学与行为科学

进入ESI神经科学与行为科学学科排名的大学共有652所。从国家或地区分布来看，这些大学隶属美国、中国、德国、英国、意大利、日本、澳大利亚、法国、加拿大等62个国家或地区。从图3-16中可以很直观地看出这些大学的国家或地区分布情况。

从图3-16可以看出，美国有137所大学，位居第1位，遥遥领先于其他国家或地区。中国大陆(内地)有55所，德国有42所，法国有40所，英国有39所，意大利有37所，日本有34所，澳大利亚有26所，加拿大有22所，中国台湾有7所，中国香港有4所。

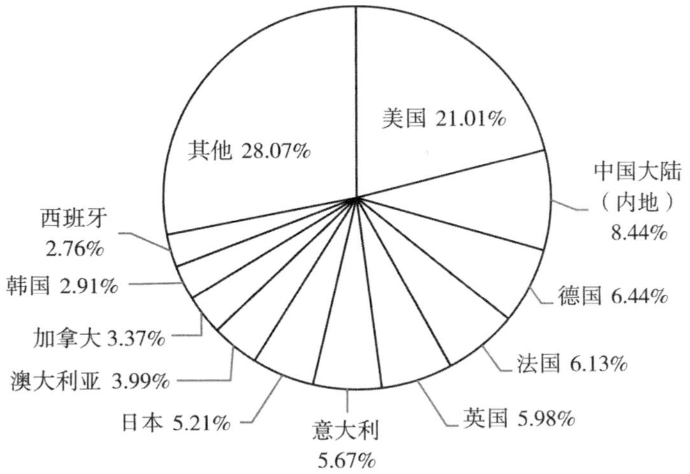

图 3-16 进入 ESI 神经科学与行为科学学科的大学的国家或地区分布

1. 神经科学与行为科学学科竞争力综合排名分析

进入 ESI 神经科学与行为科学学科综合排名的中国(包含港澳台)大学如表 3-125 所示。

表 3-125 神经科学与行为科学学科综合排名（前 10 位与中国大学）

综合排名	机构名称	星级	档次	国家/地区	综合排名	机构名称	星级	档次	国家/地区
1	哈佛大学	5★+	一流学科	美国	6	加利福尼亚大学旧金山分校	5★+	一流学科	美国
2	伦敦大学学院	5★+	一流学科	英国	7	斯坦福大学	5★+	一流学科	美国
3	圣路易斯华盛顿大学	5★+	一流学科	美国	8	约翰·霍普金斯大学	5★	一流学科	美国
4	牛津大学	5★+	一流学科	英国	9	多伦多大学	5★	一流学科	加拿大
5	宾夕法尼亚大学	5★+	一流学科	美国	10	墨尔本大学	5★	一流学科	澳大利亚
其他中国机构：54. 首都医科大学；80. 北京师范大学；81. 复旦大学；96. 上海交通大学；132. 北京大学；146. 浙江大学；166. 中山大学；170. 香港中文大学；184. 中国科学院大学；199. 华中科技大学；209. 重庆医科大学；210. 南京医科大学；213. 四川大学；219. 中南大学；224. 西南大学；227. 西安交通大学；229. 台湾阳明交通大学；239. 中国医科大学；246. 电子科技大学；264. 温州医科大学；270. 长庚大学；272. 同济大学；273. 南方医科大学；282. 广州医科大学；286. 暨南大学；290. 天津医科大学；292. 中国人民解放军陆军军医大学；293. 郑州大学；295. 山东大学；302. 香港大学；305. 南京大学；312. 苏州大学；316. 台湾大学；323. 武汉大学；326. 中国科学技术大学；330. 空军军医大学；331. 厦门大学；334. 台湾成功大学；348. 青岛大学；355. 昆明医科大学；358. 南通大学；361. 清华大学；365. 吉林大学；389. 台北医学大学；392. 安徽医科大学；401. 东南大学；418. 山东第一医科大学；424. 深圳大学；433. 中国人民解放军海军军医大学；438. 南昌大学；442. 徐州医科大学；443. 台湾中国医药大学；444. 福建医科大学；451. 河北医科大学；459. 杭州师范大学；462. 哈尔滨医科大学；487. 山西医科大学；492. 华东师范大学；493. 大连医科大学；500. 香港理工大学；511. 华南师范大学；534. 广州中医药大学；554. 南京中医药大学；571. 香港科技大学；589. 高雄医科大学；607. 中国药科大学									

2. 神经科学与行为科学学科科研能力排名分析

从发文量来看，发文量超过 10000 篇的有 4 所，即哈佛大学、伦敦大学学院、多伦多大学和约翰·霍普金斯大学；超过 5000 篇但少于等于 10000 篇的有 31 所；超过 3000 篇但少于等于 5000 篇的有 46 所；超过 2000 篇但少于等于 3000 篇的有 72 所；超过 1000 篇但少于等于 2000 篇的有 160 所；超过 500 篇但少于等于1000篇的有191所；超过200篇但少于等于500篇的有111所；发文量最低的高校发文量为6篇。进入ESI神经科学与行为科学学科排名前100位的大学中，中国大陆(内地)有7所，其他进入ESI神经科学与行为科学学科排名的中国(包含港澳台)大学如表3-126所示。

表3-126　神经科学与行为科学学科发文量排名（前10位与中国大学）

发文量排名	机构名称	国家/地区	发文量排名	机构名称	国家/地区
1	哈佛大学	美国	6	宾夕法尼亚大学	美国
2	伦敦大学学院	英国	7	巴黎西岱大学	法国
3	多伦多大学	加拿大	8	哥伦比亚大学	美国
4	约翰·霍普金斯大学	美国	9	加利福尼亚大学洛杉矶分校	美国
5	加利福尼亚大学旧金山分校	美国	10	麦吉尔大学	加拿大
其他中国机构：18. 首都医科大学；50. 上海交通大学；51. 复旦大学；64. 北京大学；67. 浙江大学；94. 四川大学；97. 中山大学；105. 南京医科大学；110. 中南大学；126. 华中科技大学；139. 中国科学院大学；147. 南方医科大学；168. 山东大学；171. 郑州大学；175. 北京师范大学；179. 重庆医科大学；182. 西安交通大学；184. 台湾阳明交通大学；186. 苏州大学；199. 天津医科大学；200. 中国医科大学；206. 空军军医大学；209. 香港大学；213. 台湾大学；214. 南京大学；222. 南通大学；231. 中国人民解放军陆军军医大学；232. 电子科技大学；237. 温州医科大学；245. 长庚大学；247. 香港中文大学；249. 同济大学；250. 青岛大学；258. 吉林大学；262. 武汉大学；277. 广州医科大学；278. 安徽医科大学；290. 台北医学大学；294. 清华大学；294. 东南大学；299. 西南大学；301. 南昌大学；305. 深圳大学；309. 山东第一医科大学；311. 徐州医科大学；313. 暨南大学；317. 福建医科大学；317. 河北医科大学；340. 中国人民解放军海军军医大学；361. 台湾中国医药大学；366. 哈尔滨医科大学；370. 台湾成功大学；384. 华南师范大学；392. 中国科学技术大学；403. 山西医科大学；407. 华东师范大学；429. 大连医科大学；439. 香港理工大学；440. 昆明医科大学；441. 杭州师范大学；459. 广州中医药大学；481. 高雄医科大学；487. 南京中医药大学；491. 厦门大学；579. 中国药科大学；602. 香港科技大学					

3. 神经科学与行为科学学科科研影响力排名分析

从总被引次数来看，总被引次数超过500000次的大学是哈佛大学、伦敦大学学院；总被引次数在300000次以上500000次及以下分别为多伦多大学、加利福尼亚大学旧金山分校、约翰·霍普金斯大学和宾夕法尼亚大学；总被引次数在200000次以上300000次及以下的有14所；总被引次数在100000次以上200000次及以下的有47所；总被引次数在50000次以上100000次及以下的有92所；总被引次数在10000次以上50000次及以下的有396所；总被引次数在10000次及以下的有97所；所有大学的总被引次数均在7000次以上。进入ESI神经科学与行为科学学科总被引次数排名的中国(包含港澳台)大学如表3-127所示。

表3-127　神经科学与行为科学学科总被引次数排名（前10位与中国大学）

总被引次数排名	机构名称	国家/地区	总被引次数排名	机构名称	国家/地区
1	哈佛大学	美国	6	宾夕法尼亚大学	美国
2	伦敦大学学院	英国	7	斯坦福大学	美国
3	多伦多大学	加拿大	8	哥伦比亚大学	美国
4	加利福尼亚大学旧金山分校	美国	9	牛津大学	英国
5	约翰·霍普金斯大学	美国	10	加利福尼亚大学洛杉矶分校	美国

续表

其他中国机构 59. 首都医科大学；104. 复旦大学；109. 上海交通大学；120. 北京大学；138. 浙江大学；151. 华中科技大学；171. 南京医科大学；178. 中南大学；182. 中山大学；188. 四川大学；193. 北京师范大学；214. 香港中文大学；216. 香港大学；221. 中国科学院大学；230. 南京大学；231. 台湾阳明交通大学；237. 天津医科大学；241. 重庆医科大学；242. 南方医科大学；243. 中国人民解放军陆军军医大学；265. 空军军医大学；269. 武汉大学；272. 台湾大学；279. 山东大学；282. 中国医科大学；287. 西安交通大学；290. 苏州大学；302. 郑州大学；304. 电子科技大学；307. 南通大学；310. 青岛大学；317. 清华大学；334. 台北医学大学；337. 长庚大学；340. 吉林大学；345. 同济大学；346. 温州医科大学；379. 东南大学；381. 西南大学；391. 暨南大学；394. 中国人民解放军海军军医大学；399. 广州医科大学；402. 安徽医科大学；405. 杭州师范大学；407. 台湾中国医药大学；436. 深圳大学；443. 山东第一医科大学；445. 哈尔滨医科大学；446. 河北医科大学；449. 徐州医科大学；464. 厦门大学；477. 南昌大学；487. 华东师范大学；490. 大连医科大学；491. 台湾成功大学；500. 福建医科大学；509. 香港理工大学；513. 香港科技大学；527. 山西医科大学；553. 中国科学技术大学；558. 昆明医科大学；569. 华南师范大学；587. 南京中医药大学；618. 中国药科大学；626. 广州中医药大学；649. 高雄医科大学

4. 神经科学与行为科学学科影响力排名分析

从高被引论文数来看，高被引论文数最高的依然是美国的哈佛大学，有 760 篇；其次是伦敦大学学院，有 495 篇。有 100 篇以上 400 篇及以下高被引论文的大学有 46 所；有 50 篇以上 100 篇及以下高被引论文的大学有 69 所；有 10 篇以上 50 及篇以下高被引论文的大学有 282 所；有 1 篇及以上 10 篇及以下高被引论文的大学有 250 所；剩下的 3 所大学的高被引论文数为 0 篇。中国(包含港澳台)有 2 所大学入选高被引论文数排名前 100 名，分别是首都医科大学和复旦大学，进入 ESI 神经科学与行为科学学科高被引论文数排名的中国(包含港澳台)大学如表 3-128 所示。

表 3-128　神经科学与行为科学学科高被引论文数排名（前 9 位与中国大学）

高被引论文数排名	机构名称	国家/地区	高被引论文数排名	机构名称	国家/地区
1	哈佛大学	美国	6	多伦多大学	加拿大
2	伦敦大学学院	英国	7	宾夕法尼亚大学	美国
3	加利福尼亚大学旧金山分校	美国	8	圣路易斯华盛顿大学	美国
4	斯坦福大学	美国	9	哥伦比亚大学	美国
5	约翰·霍普金斯大学	美国	10	牛津大学	英国
其他中国机构：88. 首都医科大学；99. 复旦大学；109. 北京大学；112. 上海交通大学；132. 浙江大学；138. 华中科技大学；164. 中国科学院大学；186. 中山大学；201. 香港中文大学；201. 中国人民解放军陆军军医大学；207. 南京医科大学；212. 四川大学；212. 中南大学；212. 武汉大学；220. 重庆医科大学；230. 北京师范大学；230. 清华大学；254. 天津医科大学；260. 郑州大学；269. 西安交通大学；269. 青岛大学；280. 南方医科大学；280. 南京大学；280. 台湾大学；289. 吉林大学；300. 电子科技大学；317. 山东大学；317. 香港大学；317. 苏州大学；337. 暨南大学；337. 安徽医科大学；353. 中国医科大学；353. 温州医科大学；353. 中国科学技术大学；353. 厦门大学；377. 广州医科大学；377. 东南大学；400. 同济大学；400. 南通大学；400. 台北医学大学；400. 山东第一医科大学；426. 西南大学；426. 台湾阳明交通大学；426. 长庚大学；426. 杭州师范大学；457. 福建医科大学；457. 香港科技大学；494. 空军军医大学；494. 深圳大学；494. 台湾中国医药大学；494. 山西医科大学；530. 昆明医科大学；530. 中国人民解放军海军军医大学；530. 大连医科大学；530. 香港理工大学；565. 南昌大学；565. 哈尔滨医科大学；565. 广州中医药大学；565. 中国药科大学；590. 台湾成功大学；590. 徐州医科大学；590. 华东师范大学；590. 南京中医药大学；618. 河北医科大学；642. 华南师范大学；642. 高雄医科大学					

5. 神经科学与行为科学学科师资力量排名分析

从高被引科学家数来看，高被引科学家数最多的是圣路易斯华盛顿大学，为 10 人。其次是哈佛大学和牛津大学，均为 8 人；宾夕法尼亚大学的高被引科学家为 7 人；伦敦大学学院、斯坦福大学、墨尔本大学、明尼苏达大学双城分校和隆德大学的高被引科学家为 5 人；加利福尼亚大学旧金山分校、约翰·霍普金斯大学和纽约大学均有 4 位高被引科学家；有 3 位高被引科学家数的高校有 7 所；有 2 位高被引科学家数的高校有 16 所；有 1 位高被引科学家数的高校有 42 所，其余 575 所高校没有高被引科学家。中国(包含港澳台)有北京师范大学的高被引科学家数大于 0，进入 ESI 神经科学与行为科学学科高被引科学家数排名的高校如表 3-129 所示。

表 3-129　神经科学与行为科学学科高被引科学家数排名（前 5 位与中国大学）

高被引科学家数排名	机构名称	国家/地区	高被引科学家数排名	机构名称	国家/地区
1	圣路易斯华盛顿大学	美国	5	斯坦福大学	美国
2	哈佛大学	美国	5	墨尔本大学	澳大利亚
2	牛津大学	英国	5	明尼苏达大学双城分校	美国
4	宾夕法尼亚大学	美国	5	隆德大学	瑞典
5	伦敦大学学院	英国			
其他中国机构：20. 北京师范大学					

(十七)药理学与毒物学

在药理学与毒物学方面，进入 ESI 排行的大学共有 827 所。从国家或地区分布来看，这些大学隶属于美国、中国、意大利、英国、德国、法国、韩国、日本、澳大利亚等 60 个国家或地区。从图 3-17 中可以很直观地看出这些大学的国家或地区分布情况。

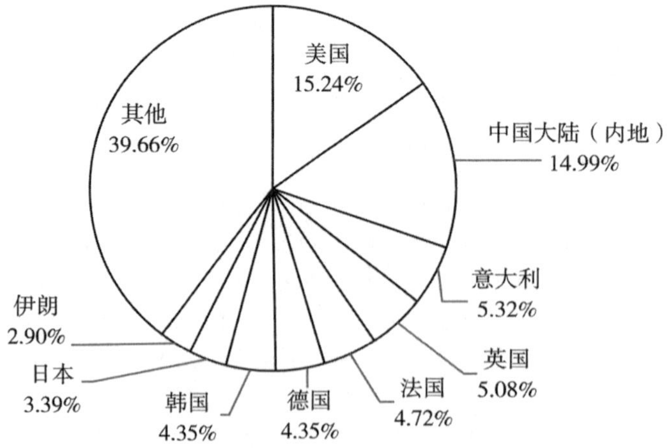

图 3-17　进入 ESI 药理学与毒物学学科的大学的国家或地区分布

从图 3-17 可以看出，美国有 126 所大学，位居第 1 位；中国大陆(内地)有 124 所，意大利有 44 所，英国 42 所，法国有 39 所，德国、韩国有 36 所，日本 28 所，伊朗 24 所，中国台湾有 14 所，中国香港有 5 所，中国澳门有 2 所。

1. 药理学与毒物学学科竞争力综合排名分析

从综合排名来看，进入前100位的中国大陆(内地)大学有25所，中国香港进入前100的有0所高校，中国台湾进入前100的有0所高校，其他进入ESI药理学与毒物学学科综合排名的中国(包含港澳台)大学如表3-130所示。

表3-130　药理学与毒物学学科综合排名（前10位与中国大学）

综合排名	机构名称	星级	档次	国家/地区	综合排名	机构名称	星级	档次	国家/地区
1	哈佛大学	5★+	一流学科	美国	6	中国药科大学	5★+	一流学科	中国
2	伦敦大学学院	5★+	一流学科	英国	7	约翰·霍普金斯大学	5★+	一流学科	美国
3	乌普萨拉大学	5★+	一流学科	瑞典	8	中国医学科学院-中国协和医学院	5★+	一流学科	中国
4	上海交通大学	5★+	一流学科	中国	9	北卡罗来纳大学	5★	一流学科	美国
5	四川大学	5★+	一流学科	中国	10	浙江大学	5★	一流学科	中国

其他中国机构：20. 复旦大学；29. 北京协和医学院；32. 吉林大学；36. 北京大学；38. 南京医科大学；41. 中山大学；46. 成都中医药大学；47. 华中科技大学；53. 中南大学；55. 中国人民解放军海军军医大学；57. 首都医科大学；62. 上海中医药大学；67. 山东大学；71. 同济大学；73. 重庆医科大学；76. 沈阳药科大学；78. 西安交通大学；83. 澳门大学；84. 天津医科大学；86. 南方医科大学；88. 中国科学院大学；108. 南京中医药大学；109. 郑州大学；115. 温州医科大学；118. 苏州大学；123. 暨南大学；124. 北京中医药大学；125. 浙江中医药大学；130. 台湾中国医药大学；146. 广州中医药大学；155. 武汉大学；158. 江苏大学；165. 中国医科大学；173. 安徽医科大学；174. 南京大学；175. 河北医科大学；181. 山东中医药大学；188. 西南医科大学；198. 南开大学；200. 台湾大学；211. 香港中文大学；217. 青岛大学；218. 山东第一医科大学；222. 山西医科大学；226. 广州医科大学；233. 哈尔滨医科大学；237. 广东医科大学；240. 香港大学；247. 天津中医药大学；264. 大连医科大学；267. 南昌大学；276. 台北医学大学；281. 台湾成功大学；290. 东南大学；296. 河北大学；305. 空军军医大学；315. 高雄医科大学；327. 兰州大学；328. 长庚大学；340. 南通大学；344. 徐州医科大学；349. 中国人民解放军陆军军医大学；357. 清华大学；359. 厦门大学；360. 广东药科大学；362. 深圳大学；367. 台湾阳明交通大学；377. 福建医科大学；418. 江西中医药大学；425. 西南大学；426. 广西医科大学；429. 中国海洋大学；436. 澳门科技大学；447. 安徽中医药大学；448. 中国科学技术大学；459. 贵州医科大学；460. 中国农业大学；471. 香港浸会大学；472. 河南大学；479. 华中农业大学；500. 香港理工大学；501. 江南大学；502. 宁夏医科大学；507. 浙江工业大学；513. 天津大学；521. 扬州大学；524. 亚洲大学(中国台湾)；526. 电子科技大学；527. 湖南中医学院；529. 昆明医科大学；535. 西北大学；538. 遵义医学院；544. 烟台大学；545. 华南理工大学；550. 南华大学；555. 南京农业大学；558. 西北农林科技大学；560. 华东理工大学；571. 中山医学大学；572. 河南中医药大学；580. 滨州医学院；585. 台湾中山大学；596. 台湾中兴大学；598. 锦州医科大学；600. 山东第二医科大学；606. 黑龙江中医药大学；610. 华南农业大学；620. 东北农业大学；626. 新乡医学院；629. 宁波大学；632. 新疆医科大学；641. 长春中医药大学；659. 长庚科技大学；664. 延边大学；671. 大连理工大学；673. 重庆大学；678. 云南大学；679. 湖北中医药大学；683. 杭州师范大学；687. 广西中医药大学；691. 汕头大学；701. 西安医学院；705. 辽宁中医药大学；706. 海南医学院；711. 湖北大学医学院；720. 济南大学；725. 陕西中医药大学；729. 香港科技大学；745. 济宁医学院；752. 华东师范大学；758. 福建中医药大学；762. 福建农林大学；771. 辅仁大学；773. 台湾清华大学；776. 齐鲁工业大学；785. 桂林医学院；792. 昆明理工大学；806. 吉林农业大学；818. 山西大学；820. 福州大学

2. 药理学与毒物学学科科研能力排名分析

从发文量来看，发文量超过2000篇的有57所，超过1000篇但少于等于2000篇的有150所，超过

800 篇但少于等于 1000 篇的有 81 所，超过 600 篇但少于等于 800 篇的有 127 所，在 100 篇以上 600 及篇以下的有 409 所，100 篇及以下的有 3 所。中国(包含港澳台)进入 ESI 药理学与毒物学学科发文量排名前 100 名的大学共有 39 所，进入 ESI 药理学与毒物学学科发文量排名的中国(包含港澳台)大学如表 3-131 所示。

表 3-131　药理学与毒物学学科发文量排名（前 10 位与中国大学）

发文量排名	机构名称	国家/地区	发文量排名	机构名称	国家/地区
1	中国医学科学院-中国协和医学院	中国	6	浙江大学	中国
2	哈佛大学	美国	7	巴黎西岱大学	法国
3	圣保罗大学	巴西	8	复旦大学	中国
4	上海交通大学	中国	9	德黑兰医科大学	伊朗
5	中国药科大学	中国	10	北京协和医学院	中国
其他中国机构：11. 中山大学；13. 四川大学；14. 山东大学；15. 南京医科大学；17. 首都医科大学；18. 北京大学；19. 沈阳药科大学；21. 中南大学；22. 华中科技大学；24. 南方医科大学；27. 中国科学院大学；28. 南京中医药大学；29. 郑州大学；33. 温州医科大学；36. 吉林大学；37. 上海中医药大学；44. 北京中医药大学；45. 暨南大学；49. 广州中医药大学；57. 西安交通大学；59. 苏州大学；67. 中国医科大学；68. 台湾中国医药大学；68. 武汉大学；70. 成都中医药大学；71. 安徽医科大学；80. 中国人民解放军海军军医大学；82. 山东第一医科大学；89. 青岛大学；90. 台湾大学；94. 南京大学；98. 重庆医科大学；100. 广州医科大学；103. 同济大学；109. 浙江中医药大学；114. 哈尔滨医科大学；129. 南昌大学；131. 天津医科大学；134. 天津中医药大学；141. 台北医学大学；143. 大连医科大学；151. 香港中文大学；154. 高雄医科大学；168. 空军军医大学；172. 澳门大学；172. 福建医科大学；176. 兰州大学；178. 长庚大学；179. 东南大学；187. 徐州医科大学；188. 河北医科大学；199. 广东药科大学；202. 香港大学；208. 台湾阳明交通大学；223. 南通大学；231. 江苏大学；232. 中国人民解放军陆军军医大学；232. 厦门大学；243. 山东中医药大学；266. 广西医科大学；267. 西南医科大学；278. 贵州医科大学；292. 江西中医药大学；302. 安徽中医药大学；313. 中国海洋大学；314. 南开大学；318. 山西医科大学；319. 深圳大学；354. 澳门科技大学；360. 扬州大学；363. 遵义医学院；367. 清华大学；377. 昆明医科大学；379. 河南大学；384. 河南中医药大学；385. 湖南中医学院；386. 江南大学；393. 台湾成功大学；402. 中国科学技术大学；405. 中国农业大学；416. 浙江工业大学；422. 西南大学；425. 广东医科大学；425. 南华大学；439. 香港浸会大学；440. 宁夏医科大学；457. 亚洲大学(中国台湾)；461. 华南理工大学；463. 黑龙江中医药大学；467. 台湾中山大学；479. 滨州医学院；481. 新疆医科大学；484. 华东理工大学；495. 天津大学；498. 烟台大学；505. 华中农业大学；512. 台湾中兴大学；519. 电子科技大学；520. 新乡医学院；525. 延边大学；527. 南京农业大学；532. 西北农林科技大学；534. 中山医学大学；541. 重庆大学；544. 锦州医科大学；545. 长春中医药大学；547. 山东第二医科大学；559. 宁波大学；567. 云南大学；569. 湖北大学医学院；572. 辽宁中医药大学；576. 香港理工大学；586. 西北大学；586. 陕西中医药大学；588. 西安医学院；593. 华南农业大学；595. 海南医学院；598. 汕头大学；600. 长庚科技大学；600. 湖北中医药大学；606. 广西中医药大学；615. 福建中医药大学；632. 济宁医学院；639. 济南大学；658. 河北大学；663. 东北农业大学；680. 辅仁大学；691. 桂林医学院；694. 大连理工大学；696. 香港科技大学；697. 昆明理工大学；699. 吉林农业大学；700. 杭州师范大学；726. 齐鲁工业大学；736. 山西大学；745. 华东师范大学；769. 福建农林大学；774. 台湾清华大学；780. 福州大学					

3. 药理学与毒物学学科科研影响力排名分析

从总被引次数来看，总被引次数超过 20000 次的大学共有 174 所；总被引次数在 10000 次以上 20000 次及以下的有 252 所；总被引次数在 5000 次以上 10000 次及以下的有 287 所；总被引在 3000 次以上 5000 次及以下的有 114 所，最低次数为 4029 次。中国(包含港澳台)进入 ESI 药理学与毒物学学科总被引次数排名前 100 名的大学共有 28 所，进入 ESI 药理学与毒物学学科总被引次数排名的中国(包含港澳台)大学如表 3-132 所示。

表 3-132 药理学与毒物学学科总被引次数排名（前 10 位与中国大学）

总被引次数排名	机构名称	国家/地区	总被引次数排名	机构名称	国家/地区
1	哈佛大学	美国	6	莫纳什大学	澳大利亚
2	巴黎西岱大学	法国	7	上海交通大学	中国
3	北卡罗来纳大学	美国	8	中国医学科学院－中国协和医学院	中国
4	伦敦大学学院	英国	9	哥本哈根大学	丹麦
5	中国药科大学	中国	10	北卡罗来纳大学教堂山分校	美国

其他中国机构：11. 浙江大学；12. 复旦大学；14. 中山大学；17. 北京协和医学院；21. 四川大学；25. 北京大学；26. 南京医科大学；27. 山东大学；29. 沈阳药科大学；36. 华中科技大学；42. 吉林大学；43. 中国科学院大学；45. 南方医科大学；58. 中南大学；59. 南京中医药大学；61. 上海中医药大学；64. 首都医科大学；67. 苏州大学；69. 温州医科大学；72. 郑州大学；76. 西安交通大学；77. 暨南大学；85. 北京中医药大学；91. 广州中医药大学；94. 中国人民解放军海军军医大学；101. 台湾中国医药大学；106. 南京大学；109. 武汉大学；116. 台湾大学；118. 香港中文大学；119. 成都中医药大学；121. 中国医科大学；122. 澳门大学；124. 安徽医科大学；148. 香港大学；158. 重庆医科大学；161. 同济大学；165. 大连医科大学；170. 广州医科大学；171. 哈尔滨医科大学；177. 山东第一医科大学；184. 东南大学；185. 青岛大学；198. 浙江中医药大学；200. 空军军医大学；205. 台北医学大学；207. 天津中医药大学；209. 天津医科大学；210. 南昌大学；232. 江苏大学；235. 长庚大学；237. 高雄医科大学；241. 中国人民解放军陆军军医大学；276. 南通大学；289. 清华大学；293. 兰州大学；304. 徐州医科大学；305. 台湾阳明交通大学；336. 厦门大学；343. 中国海洋大学；344. 南开大学；346. 广东药科大学；352. 河北医科大学；371. 香港浸会大学；374. 台湾成功大学；382. 中国农业大学；393. 澳门科技大学；396. 河南大学；398. 深圳大学；400. 西南大学；402. 福建医科大学；403. 西南医科大学；408. 华中农业大学；409. 江西中医药大学；419. 广西医科大学；445. 中国科学技术大学；450. 安徽中医药大学；460. 西北大学；464. 山东中医药大学；471. 香港理工大学；474. 贵州医科大学；478. 西北农林科技大学；479. 广东医科大学；480. 江南大学；481. 宁夏医科大学；483. 亚洲大学(中国台湾)；485. 中山医学大学；487. 华东理工大学；490. 烟台大学；492. 浙江工业大学；495. 扬州大学；503. 南京农业大学；509. 遵义医学院；517. 山西医科大学；519. 湖南中医学院；522. 天津大学；538. 华南理工大学；540. 昆明医科大学；541. 台湾中兴大学；562. 华南农业大学；570. 台湾中山大学；584. 黑龙江中医药大学；586. 锦州医科大学；588. 南华大学；597. 滨州医学院；600. 长庚科技大学；603. 东北农业大学；619. 电子科技大学；622. 宁波大学；645. 新乡医学院；653. 河南中医药大学；657. 延边大学；668. 长春中医药大学；673. 新疆医科大学；675. 山东第二医科大学；676. 西安医学院；695. 香港科技大学；697. 汕头大学；698. 济南大学；699. 重庆大学；700. 辽宁中医药大学；703. 台湾清华大学；709. 湖北大学医学院；711. 杭州师范大学；719. 湖北中医药大学；727. 大连理工大学；732. 福建农林大学；735. 华东师范大学；740. 济宁医学院；751. 广西中医药大学；752. 海南医学院；755. 福建中医药大学；756. 云南大学；770. 桂林医学院；788. 陕西中医药大学；789. 齐鲁工业大学；792. 福州大学；793. 辅仁大学；800. 山西大学；802. 昆明理工大学；810. 吉林农业大学；825. 河北大学

4. 药理学与毒物学学科影响力排名分析

从高被引论文数来看，高被引论文数最高的大学是美国的哈佛大学，为 164 篇；其他高被引论文数在 40 篇以上的大学有 32 所；在 30 篇以上 40 及篇以下的大学有 27 所；在 10 篇以上 30 及篇以下的大学有 234 所；在 1 篇以上 10 及篇以下的大学有 470 所；高被引论文数为 1 篇的大学有 44 所；高被引论文数为 0 篇的大学有 19 所。中国大陆(内地)进入 ESI 药理学与毒物学学科高被引论文数排名前 100 名的大学有 20 所，其他进入 ESI 药理学与毒物学学科高被引论文数排名的中国(包含港澳台)大学如表 3-133 所示。

表 3-133　药理学与毒物学学科高被引论文数排名（前 10 位与中国大学）

高被引论文数排名	机 构 名 称	国家/地区	高被引论文数排名	机 构 名 称	国家/地区
1	哈佛大学	美国	5	新加坡国立大学	新加坡
2	伦敦大学学院	英国	7	四川大学	中国
3	莫纳什大学	澳大利亚	8	昆士兰大学	澳大利亚
3	麻省理工学院	美国	9	那不勒斯费德里克二世大学	意大利
5	北卡罗来纳大学	美国	10	加利福尼亚大学圣迭戈分校	美国

其他中国机构：11. 复旦大学；18. 中国医学科学院-中国协和医学院；18. 浙江大学；23. 上海交通大学；23. 成都中医药大学；30. 中国药科大学；30. 北京协和医学院；30. 中山大学；38. 北京大学；54. 南方医科大学；58. 中国科学院大学；65. 华中科技大学；65. 苏州大学；72. 上海中医药大学；72. 澳门大学；80. 山东大学；85. 南京医科大学；85. 中南大学；85. 北京中医药大学；96. 吉林大学；110. 西安交通大学；114. 暨南大学；114. 武汉大学；114. 香港大学；123. 中国人民解放军海军军医大学；123. 沈阳药科大学；123. 郑州大学；123. 浙江中医药大学；123. 深圳大学；142. 天津中医药大学；155. 温州医科大学；155. 南京大学；155. 青岛大学；171. 首都医科大学；171. 同济大学；171. 清华大学；185. 广州中医药大学；185. 中国医科大学；185. 山东中医药大学；185. 香港中文大学；222. 安徽医科大学；222. 广州医科大学；222. 哈尔滨医科大学；222. 西南大学；222. 电子科技大学；245. 重庆医科大学；245. 南京中医药大学；245. 中国科学技术大学；245. 香港理工大学；267. 江苏大学；267. 山东第一医科大学；295. 西南医科大学；295. 台湾大学；295. 南昌大学；295. 台湾成功大学；295. 兰州大学；295. 厦门大学；295. 天津大学；336. 天津医科大学；366. 台湾中国医药大学；366. 台北医学大学；366. 南通大学；366. 江西中医药大学；366. 澳门科技大学；366. 华中农业大学；366. 大连理工大学；418. 东南大学；418. 广东药科大学；418. 安徽中医药大学；418. 宁夏医科大学；418. 西北大学；418. 山东第二医科大学；418. 东北农业大学；418. 杭州师范大学；469. 南开大学；469. 山西医科大学；469. 大连医科大学；469. 徐州医科大学；469. 广西医科大学；469. 浙江工业大学；469. 华南理工大学；525. 河北医科大学；525. 广东医科大学；525. 河北大学；525. 福建医科大学；525. 中国农业大学；525. 江南大学；525. 亚洲大学(中国台湾)；525. 烟台大学；525. 南华大学；525. 南京农业大学；525. 广西中医药大学；583. 空军军医大学；583. 高雄医科大学；583. 长庚大学；583. 中国人民解放军陆军军医大学；583. 台湾阳明交通大学；583. 贵州医科大学；583. 香港浸会大学；583. 湖南中医学院；583. 昆明医科大学；583. 锦州医科大学；583. 华南农业大学；583. 宁波大学；583. 长春中医药大学；583. 云南大学；583. 湖北中医药大学；583. 华东师范大学；583. 福建农林大学；647. 中国海洋大学；647. 河南大学；647. 西北农林科技大学；647. 河南中医药大学；647. 滨州医学院；647. 新乡医学院；647. 汕头大学；647. 海南医学院；647. 香港科技大学；647. 台湾清华大学；647. 齐鲁工业大学；709. 扬州大学；709. 中山医学大学；709. 新疆医科大学；709. 长庚科技大学；709. 重庆大学；709. 济南大学；709. 陕西中医药大学；709. 辅仁大学；765. 遵义医学院；765. 华东理工大学；765. 台湾中山大学；765. 台湾中兴大学；765. 延边大学；765. 西安医学院；765. 辽宁中医药大学；765. 湖北大学医学院；765. 济宁医学院；765. 桂林医学院；765. 昆明理工大学；765. 福州大学；809. 黑龙江中医药大学；809. 福建中医药大学；809. 吉林农业大学；809. 山西大学

5. 药理学与毒物学学科师资力量排名分析

从高被引科学家数来看，高被引科学家数最多的大学为 9 人，是英国的爱丁堡大学；其次是加拿大的曼尼托巴大学，有 6 人。伦敦大学学院(英国)和斯坦福大学(美国)有 4 人，美国的哈佛大学、澳大利亚的昆士兰大学、荷兰的乌得勒支大学、澳大利亚的莫纳什大学、英国的牛津大学、丹麦的丹麦科技大学和瑞士的福里堡大学有 3 人。有 2 位高被引科学家数的大学有 12 所，分别是乌普萨拉大学(瑞典)、约翰·霍普金斯大学(美国)、加利福尼亚大学圣迭戈分校(美国)、贝尔法斯特皇后大学(英国)、里昂第一大学(法国)、格里菲斯大学(澳大利亚)、亚琛工业大学(德国)、南加利福尼亚大学(美国)、布里斯托尔大学(英国)、法语鲁汶大学(比利时)、圣约翰大学(美国)、中央兰开夏大学(英国)；有 1 位高被引科学家数的大学有 49 所，其他大学均没有高被引科学家，中国(包含港澳台)在该学科领域有 6 所高校有高被引科学家，为四川大学、中国医学科学院-中国协和医学院、浙江大学、澳门大学、台湾中国医药大学、台湾成功大学，如表 3-134 所示。

表 3-134 药理学与毒物学学科高被引科学家数排名（前 5 位与中国大学）

高被引科学家数排名	机构名称	国家/地区	高被引科学家数排名	机构名称	国家/地区
1	爱丁堡大学	英国	5	乌得勒支大学	荷兰
2	曼尼托巴大学	加拿大	5	莫纳什大学	澳大利亚
3	伦敦大学学院	英国	5	牛津大学	英国
3	斯坦福大学	美国	5	丹麦科技大学	丹麦
5	哈佛大学	美国	5	福里堡大学	瑞士
5	昆士兰大学	澳大利亚			
其他中国机构：24 四川大学；24 中国医学科学院-中国协和医学院；24 浙江大学；24 澳门大学；24 台湾中国医药大学；24 台湾成功大学					

（十八）物理学

进入 ESI 物理学学科排名的大学共有 631 所。从国家或地区分布来看，这些大学隶属于美国、中国、法国、意大利、德国、英国、土耳其、日本等 59 个国家或地区，如图 3-18 所示。

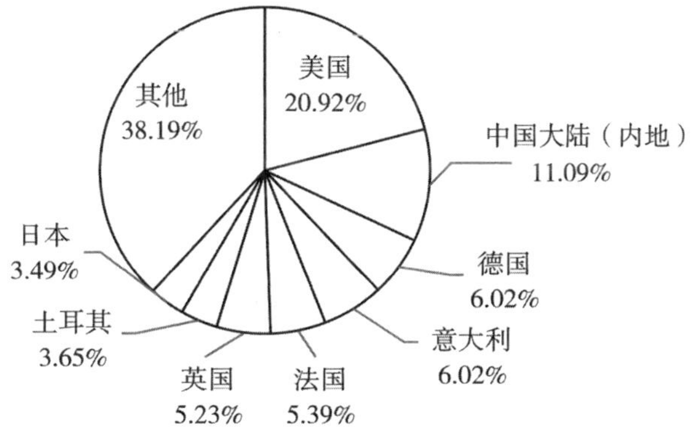

图 3-18 进入 ESI 物理学学科排名的大学的国家或地区的分布

从图 3-18 可以看出，进入排名的美国大学数量位居第 1 位，共 132 所高校，遥遥领先于其他国家或地区，中国大陆(内地)有 70 所，中国台湾有 5 所，中国香港有 5 所。

1. 物理学学科竞争力综合排名分析

从综合排名来看，进入 ESI 排名前 100 位的中国(包含港澳台)高校有 14 所。其他进入 ESI 物理学学科综合排名的中国(包含港澳台)高校的如表 3-135 所示。

表 3-135 物理学学科综合排名（前 10 位与中国大学）

综合排名	机构名称	星级	档次	国家/地区	综合排名	机构名称	星级	档次	国家/地区
1	巴黎萨克雷大学	5★+	一流学科	法国	6	清华大学	5★+	一流学科	中国
2	麻省理工学院	5★+	一流学科	美国	7	中国科学院大学	5★	一流学科	中国
3	哈佛大学	5★+	一流学科	美国	8	加利福尼亚大学伯克利分校	5★	一流学科	美国
4	斯坦福大学	5★+	一流学科	美国	9	普林斯顿大学	5★	一流学科	美国
5	加州理工学院	5★+	一流学科	美国	10	北京大学	5★	一流学科	中国

续表

其他中国机构：20. 南京大学；22. 中国科学技术大学；33. 上海交通大学；46. 西北工业大学；51. 浙江大学；55. 华中科技大学；61. 中山大学；62. 山东大学；72. 吉林大学；81. 湖南大学；93. 东南大学；101. 复旦大学；104. 华南理工大学；115. 哈尔滨工业大学；117. 深圳大学；124. 北京航空航天大学；133. 香港大学；135. 同济大学；139. 兰州大学；141. 郑州大学；143. 南京理工大学；148. 武汉大学；149. 电子科技大学；156. 台湾清华大学；166. 天津大学；167. 中南大学；169. 北京理工大学；171. 苏州大学；177. 香港城市大学；181. 华南师范大学；183. 华中师范大学；185. 西安交通大学；197. 香港科技大学；200. 南方科技大学；202. 北京师范大学；212. 香港中文大学；214. 厦门大学；222. 大连理工大学；229. 山东师范大学；234. 四川大学；239. 台湾大学；242. 香港理工大学；249. 南京航空航天大学；267. 北京邮电大学；278. 重庆大学；302. 南开大学；305. 北京科技大学；311. 台湾成功大学；314. 上海大学；323. 山西大学；335. 上海理工大学；344. 台湾“中央”大学；354. 暨南大学；369. 华东师范大学；371. 西南大学；388. 南京邮电大学；395. 台湾阳明交通大学；407. 西安电子科技大学；418. 国防科学技术大学；420. 南京师范大学；424. 北京交通大学；433. 江苏大学；439. 南京工业大学；445. 北京工业大学；459. 上海科技大学；462. 哈尔滨工程大学；464. 中国东北大学；475. 北京化工大学；476. 安徽大学；527. 武汉理工大学；544. 湖南师范大学；564. 宁波大学；570. 西南交通大学；577. 中国人民大学；578. 福州大学；583. 河南师范大学；586. 陕西师范大学

2. 物理学学科的科研能力排名分析

从发文量来看，发文量超过10000篇的有12所，超过5000篇但少于等于10000篇的有72所，超过4000篇但少于等于5000篇的有52所，超过3000篇但少于等于4000篇的有88所，超过1000篇但少于等于3000篇的有335所，发文量在1000及篇以下的有72所。中国(包含港澳台)进入ESI物理学学科发文量排名前100名的大学共有24所。其他进入ESI物理学学科发文量排名的中国(包含港澳台)大学如表3-136所示。

表3-136　物理学学科发文量排名（前10位与中国大学）

发文量排名	机构名称	国家/地区	发文量排名	机构名称	国家/地区
1	中国科学院大学	中国	6	北京大学	中国
2	巴黎萨克雷大学	法国	7	索邦大学	法国
3	东京大学	日本	8	麻省理工学院	美国
4	中国科学技术大学	中国	9	洛蒙诺索夫莫斯科大学	俄罗斯
5	清华大学	中国	10	上海交通大学	中国
其他中国机构：11. 南京大学；12. 浙江大学；16. 华中科技大学；27. 西安交通大学；30. 哈尔滨工业大学；34. 复旦大学；36. 北京航空航天大学；38. 山东大学；41. 中山大学；47. 电子科技大学；57. 东南大学；59. 天津大学；63. 吉林大学；73. 四川大学；80. 北京理工大学；86. 台湾大学；92. 西北工业大学；94. 兰州大学；99. 国防科学技术大学；110. 山西大学；113. 苏州大学；116. 南开大学；121. 深圳大学；122. 武汉大学；123. 上海大学；131. 大连理工大学；132. 北京邮电大学；142. 中南大学；148. 北京师范大学；151. 华南师范大学；157. 湖南大学；161. 西安电子科技大学；183. 重庆大学；189. 台湾清华大学；191. 厦门大学；193. 同济大学；195. 华中师范大学；199. 华东师范大学；203. 南京理工大学；211. 台湾阳明交通大学；213. 华南理工大学；215. 郑州大学；217. 香港科技大学；225. 南方科技大学；227. 南京航空航天大学；229. 香港大学；247. 北京科技大学；258. 南京邮电大学；274. 北京交通大学；275. 上海理工大学；290. 香港城市大学；292. 香港中文大学；301. 西南交通大学；305. 台湾“中央”大学；309. 南京师范大学；311. 台湾成功大学；321. 北京工业大学；325. 湖南师范大学；328. 香港理工大学；331. 江苏大学；340. 宁波大学；346. 山东师范大学；347. 中国东北大学；348. 哈尔滨工程大学；349. 安徽大学；391. 河南师范大学；398. 陕西师范大学；399. 武汉理工大学；425. 暨南大学；435. 西南大学；455. 上海科技大学；477. 福州大学；525. 中国人民大学；528. 北京化工大学；552. 南京工业大学					

3. 物理学学科的科研影响力排名分析

从总被引次数来看，总被引次数超过200000次的大学共有30所；总被引次数在100000次以上200000次及以下的有126所；总被引次数在50000次以上100000次及以下的有204所；所有大学的总被引次数均在20000次及以上。中国大陆(内地)进入ESI物理学学科总被引次数排名前100名的大学共有10所，其他进入ESI物理学学科总被引次数排名的中国(包含港澳台)大学如表3-137所示。

表3-137　物理学学科总被引次数排名（前10位与中国大学）

总被引次数排名	机构名称	国家/地区	总被引次数排名	机构名称	国家/地区
1	巴黎萨克雷大学	法国	6	索邦大学	法国
2	麻省理工学院	美国	7	清华大学	中国
3	东京大学	日本	8	牛津大学	英国
4	斯坦福大学	美国	9	剑桥大学	英国
5	加利福尼亚大学伯克利分校	美国	10	哈佛大学	美国
其他中国机构：11. 中国科学院大学；12. 中国科学技术大学；15. 北京大学；27. 南京大学；32. 上海交通大学；51. 浙江大学；67. 华中科技大学；91. 复旦大学；97. 山东大学；102. 中山大学；115. 北京航空航天大学；119. 台湾大学；148. 西安交通大学；156. 哈尔滨工业大学；158. 台湾清华大学；169. 东南大学；174. 电子科技大学；183. 吉林大学；188. 香港科技大学；190. 香港中文大学；198. 香港大学；202. 苏州大学；206. 南开大学；208. 深圳大学；233. 天津大学；236. 华中师范大学；244. 武汉大学；255. 北京理工大学；270. 西北工业大学；271. 湖南大学；278. 兰州大学；302. 四川大学；303. 中南大学；311. 台湾“中央”大学；315. 上海大学；320. 香港城市大学；332. 北京师范大学；334. 厦门大学；339. 国防科学技术大学；343. 华南理工大学；357. 大连理工大学；359. 郑州大学；365. 同济大学；376. 山西大学；377. 南方科技大学；378. 重庆大学；379. 北京邮电大学；396. 香港理工大学；401. 华南师范大学；415. 华东师范大学；426. 台湾阳明交通大学；433. 北京科技大学；470. 南京理工大学；473. 南京航空航天大学；477. 南京邮电大学；502. 台湾成功大学；510. 武汉理工大学；512. 西安电子科技大学；513. 南京师范大学；528. 北京交通大学；529. 南京工业大学；546. 湖南师范大学；549. 江苏大学；564. 上海理工大学；566. 暨南大学；568. 北京工业大学；571. 中国人民大学；572. 宁波大学；573. 福州大学；576. 西南大学；585. 哈尔滨工程大学；589. 中国东北大学；594. 西南交通大学；597. 山东师范大学；598. 上海科技大学；602. 河南师范大学；608. 安徽大学；615. 陕西师范大学；618. 北京化工大学					

4. 物理学学科影响力排名分析

从高被引论文数来看，高被引次数超过500次的大学共有2所；高被引次数在300次以上500次及以下的有15所；总被引次数在100次以上300次及以下的有140所；高被引次数在1次及以上100次及以下的有474所。中国大陆(内地)进入ESI物理学学科高被引论文数排名前100名的大学共有12所，其他进入ESI物理学学科高被引论文数排名的中国(包含港澳台)大学如表3-138所示。

表3-138　物理学学科高被引论文数排名（前10位与中国大学）

高被引论文数排名	机构名称	国家/地区	高被引论文数排名	机构名称	国家/地区
1	麻省理工学院	美国	4	加利福尼亚大学伯克利分校	美国
2	斯坦福大学	美国	5	巴黎萨克雷大学	法国
3	哈佛大学	美国	6	清华大学	中国

续表

高被引论文数排名	机构名称	国家/地区	高被引论文数排名	机构名称	国家/地区
7	东京大学	日本	9	加州理工学院	美国
8	中国科学院大学	中国	10	普林斯顿大学	美国
其他中国机构：12. 中国科学技术大学；17. 北京大学；25. 南京大学；35. 上海交通大学；51. 浙江大学；61. 复旦大学；62. 中山大学；70. 华中科技大学；81. 山东大学；94. 北京航空航天大学；104. 郑州大学；107. 深圳大学；128. 吉林大学；130. 东南大学；130. 台湾大学；146. 武汉大学；146. 台湾清华大学；146. 北京理工大学；150. 湖南大学；153. 香港大学；153. 电子科技大学；158. 南开大学；159. 香港中文大学；169. 香港科技大学；174. 苏州大学；180. 天津大学；183. 华中师范大学；186. 西北工业大学；186. 西安交通大学；196. 哈尔滨工业大学；202. 香港城市大学；214. 南方科技大学；236. 中南大学；246. 华南理工大学；246. 北京师范大学；281. 四川大学；293. 厦门大学；301. 兰州大学；301. 台湾“中央”大学；309. 同济大学；318. 华南师范大学；333. 香港理工大学；342. 重庆大学；342. 南京邮电大学；349. 上海大学；349. 南京工业大学；370. 北京邮电大学；370. 山西大学；378. 武汉理工大学；393. 中国人民大学；397. 山东师范大学；408. 华东师范大学；408. 北京化工大学；433. 南京理工大学；433. 暨南大学；433. 上海科技大学；459. 南京航空航天大学；459. 北京科技大学；479. 台湾成功大学；479. 福州大学；502. 大连理工大学；502. 上海理工大学；510. 湖南师范大学；527. 南京师范大学；552. 西南大学；557. 国防科学技术大学；557. 江苏大学；567. 宁波大学；567. 河南师范大学；567. 陕西师范大学；575. 北京交通大学；581. 台湾阳明交通大学；605. 西安电子科技大学；605. 北京工业大学；605. 哈尔滨工程大学；605. 西南交通大学；614. 中国东北大学；623. 安徽大学					

5. 物理学学科师资力量排名分析

高被引科学家数最多的是哈佛大学(美国)，共10人。其次是麻省理工学院和普林斯顿大学，都是7人。斯坦福大学(美国)、哥伦比亚大学(美国)均有5人，康奈尔大学(美国)有4人，加利福尼亚大学伯克利分校(美国)、新加坡国立大学(新加坡)、南洋理工大学(新加坡)、耶鲁大学(美国)、香港大学(中国香港)有3人；有2位高被引科学家数的高校有9所；有1位高被引科学家数的高校有50所；561所高校没有高被引科学家。进入ESI物理学学科高被引科学家数排名的高校如表3-139所示。

表3-139　物理学学科高被引科学家数排名（前7位与中国大学）

高被引论文数排名	机构名称	国家/地区	高被引论文数排名	机构名称	国家/地区
1	哈佛大学	美国	7	加利福尼亚大学伯克利分校	美国
2	麻省理工学院	美国	7	新加坡国立大学	新加坡
2	普林斯顿大学	美国	7	南洋理工大学	新加坡
4	斯坦福大学	美国	7	耶鲁大学	美国
4	哥伦比亚大学	美国	7	香港大学	中国香港
6	康奈尔大学	美国			
其他中国机构：12. 上海交通大学；12. 吉林大学；12. 东南大学；21. 清华大学；21. 北京大学；21. 西北工业大学；21. 湖南大学；21. 台湾清华大学；21. 香港科技大学；21. 南方科技大学；21. 台湾成功大学					

从以上几个指标的分析可以看出，各项指标排名的前10位主要分布于美国、中国、日本、英国、法国等国。我国处于著名档次的有清华大学、中国科学院大学、北京大学、南京大学、；处于知名档次的有中国科学技术大学。在物理学领域，我们的高校还有很长的道路要走。

(十九)植物学与动物学

进入ESI植物学与动物学学科排名的大学共有1089所。从国家或地区分布来看，这些大学主要分布在美国、中国、法国、英国、日本、德国、巴西、西班牙、意大利、加拿大、澳大利亚、韩国等 80 个国家或地区。这些大学的国家或地区分布情况如图 3-19 所示。

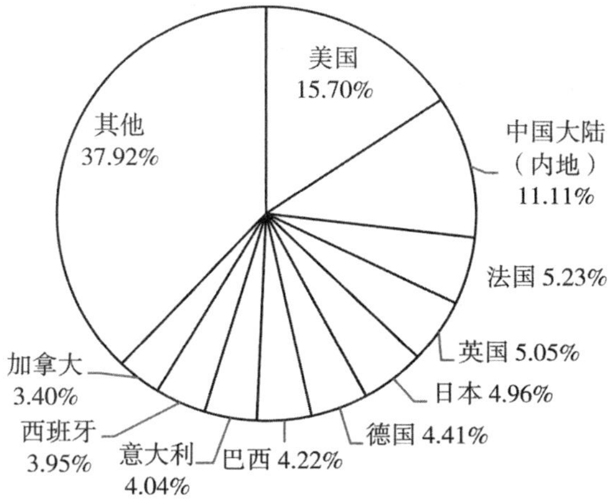

图 3-19 进入 ESI 植物学与动物学学科排名的大学的国家或地区分布

从国家或地区分布来看，美国进入 ESI 排行的大学最多，有 171 所；中国大陆(内地)有 121 所，法国、英国、日本、德国、巴西分别有 57 所、55 所、54 所、48 所、46 所大学进入排名；意大利、西班牙、加拿大、澳大利亚、韩国进入的大学数依次为 44 所、43 所、37 所、32 所、24 所；中国香港有 4 所大学进入排名；中国台湾有 8 所大学进入排名。

1. 植物学与动物学学科竞争力综合排名分析

从综合排名来看，中国大陆(内地)有 121 所大学进入排名，中国香港有 4 所大学进入排名，中国台湾有 8 所大学进入排名。中国(包含港澳台)大学在植物与动物学学科的具体排名如表 3-140 所示。

表 3-140 植物学与动物学学科综合排名（前 10 位与中国大学）

综合排名	机构名称	星级	档次	国家/地区	综合排名	机构名称	星级	档次	国家/地区
1	中国科学院大学	5★+	一流学科	中国	6	华中农业大学	5★+	一流学科	中国
2	中国农业大学	5★+	一流学科	中国	7	加利福尼亚大学戴维斯分校	5★+	一流学科	美国
3	根特大学	5★+	一流学科	比利时	8	沙特国王大学	5★+	一流学科	沙特阿拉伯
4	南京农业大学	5★+	一流学科	中国	9	佛罗里达大学	5★+	一流学科	美国
5	西澳大学	5★+	一流学科	澳大利亚	10	瓦格宁根大学	5★+	一流学科	荷兰
其他中国机构：12. 浙江大学；14. 西北农林科技大学；33. 山东农业大学；38. 华南农业大学；41. 电子科技大学；46. 福建农林大学；47. 东北农业大学；80. 海南大学；85. 扬州大学；87. 北京林业大学；99. 四川农业大学；109. 河南大学；112. 贵州大学；124. 北京大学；146. 清华大学；158. 上海交通大学；161. 南京林业大学；164. 东北林业大学；166. 中山大学；168. 湖南农业大学；189. 青岛农业大学；202. 中国海洋大学；212. 吉林农业大学；213. 西南大学；214. 安徽农业大学；220. 兰州大学；225. 江西农业大学；237. 台湾大学；248. 云南大学；255. 仲恺农业工程学院；265. 河南农业大学；282. 山东大学；283. 北京师范大学；286. 四川大学；290. 上海海洋大学；304. 郑州大学；319. 上海师范大学；320. 浙江农林大学；326. 曲靖师范学院；328. 台湾中兴大学；356. 上海科技大学；374. 华东师范大学；381. 广西大学；391. 沈阳农业大学；398. 复旦大学；408. 西南林业大学；423. 深圳大学；435. 广东海洋大学；436. 厦门大学；437. 大理大学；443. 山东师范大学；451. 武汉大学；469. 山西农业大学；480. 香港中文大学；487. 长江大学；496. 宁波大学；498. 台湾嘉义大学；509. 南方科技大学；515. 河南师范大学；520. 香港城市大学；521. 暨南大学；									

续表

523. 云南农业大学；527. 台湾成功大学；529. 台湾中国医药大学；532. 河北农业大学；535. 南京大学；538. 甘肃农业大学；554. 华南师范大学；567. 香港大学；582. 台湾海洋大学；591. 河南科技大学；604. 首都师范大学；611. 杭州师范大学；612. 南京师范大学；625. 东北师范大学；630. 中国医学科学院-中国协和医学院；639. 吉林大学；663. 北京协和医学院；680. 佛山科学技术学院；689. 中南林业科技大学；699. 南开大学；700. 重庆大学；717. 昆明理工大学；727. 石河子大学；734. 河北大学；736. 江苏大学；737. 中国科学技术大学；745. 内蒙古农业大学；748. 大连海洋大学；754. 北京农学院；763. 广州大学；770. 集美大学；773. 西北大学；795. 河南科技学院；801. 浙江海洋大学；808. 华中科技大学；818. 湖南师范大学；830. 新疆农业大学；834. 黑龙江八一农垦大学；844. 湖北大学；879. 河北师范大学；882. 陕西师范大学；883. 中国人民解放军海军军医大学；888. 山西大学；899. 香港浸会大学；902. 汕头大学；907. 台湾屏东科技大学；909. 华中师范大学；917. 浙江师范大学；921. 河海大学；927. 天津大学；930. 南昌大学；933. 内蒙古大学；939. 临沂大学；954. 台湾中山大学；969. 湖南大学；977. 青海大学；998. 重庆师范大学；1015. 西华师范大学；1025. 江苏师范大学；1027. 大连理工大学；1033. 香港中文大学(深圳)；1034. 云南师范大学；1055. 福建师范大学；1060. 浙江理工大学；1062. 上海大学；1078. 苏州大学；1081. 华南理工大学；1083. 同济大学

2. 植物学与动物学学科科研生产力排名分析

从发文量排名来看，共有21所学校的发文量在5000篇以上。发文量在4000篇以上5000篇及以下的学校有18所，发文量在3000篇以上4000篇及以下的有31所，发文量在1000篇以上3000篇及以下的有315所，发文量在1000篇及以下的有703所。中国(包含港澳台)的高校发文量在1000篇及以上的有47所；发文量在500篇以上1000篇及以下的有42所；其余44所发文量在500及篇以下，如表3-141所示。由此可见，中国(包含港澳台)高校在该学科的发文量总体比较低。

表3-141　植物学与动物学学科发文量指标排名（前10位与中国大学）

发文量排名	机构名称	国家/地区	发文量排名	机构名称	国家/地区
1	圣保罗大学	巴西	6	南京农业大学	中国
2	中国科学院大学	中国	7	墨西哥国立自治大学	墨西哥
3	佛罗里达大学	美国	8	康奈尔大学	美国
4	加利福尼亚大学戴维斯分校	美国	9	西北农林科技大学	中国
5	圣保罗州立大学	巴西	10	根特大学	比利时

其他中国机构：12. 中国农业大学；18. 华中农业大学；29. 浙江大学；30. 华南农业大学；45. 北京林业大学；53. 四川农业大学；63. 山东农业大学；68. 福建农林大学；75. 中国海洋大学；94. 扬州大学；103. 南京林业大学；105. 西南大学；113. 中山大学；115. 东北林业大学；130. 上海海洋大学；144. 台湾大学；156. 东北农业大学；156. 贵州大学；169. 河南农业大学；171. 安徽农业大学；177. 海南大学；198. 青岛农业大学；202. 兰州大学；207. 台湾中兴大学；209. 广西大学；217. 沈阳农业大学；218. 湖南农业大学；218. 浙江农林大学；240. 吉林农业大学；261. 广东海洋大学；267. 上海交通大学；274. 山西农业大学；278. 宁波大学；280. 华东师范大学；286. 北京大学；291. 江西农业大学；298. 厦门大学；307. 河北农业大学；312. 甘肃农业大学；336. 云南大学；345. 四川大学；367. 长江大学；374. 山东大学；385. 云南农业大学；417. 武汉大学；424. 吉林大学；428. 南京师范大学；452. 内蒙古农业大学；456. 河南大学；458. 北京师范大学；465. 西南林业大学；471. 河南科技大学；476. 复旦大学；479. 上海师范大学；480. 台湾海洋大学；482. 华南师范大学；499. 河北大学；503. 香港大学；504. 石河子大学；507. 东北师范大学；507. 中南林业科技大学；523. 南开大学；523. 大连海洋大学；541. 山东师范大学；562. 清华大学；562. 浙江海洋大学；566. 仲恺农业工程学院；566. 中国医学科学院-中国协和医学院；579. 南京大学；602. 香港中文大学；606. 江苏大学；610. 首都师范大学；610. 西北大学；630. 河南科技学院；633. 北京协和医学院；654. 湖南师范大学；664. 郑州大学；665. 杭州师范大学；675. 台湾屏东科技大学；679. 河南师范大学；690. 青海大学；692. 新疆农业大学；697. 香港城市大学；700. 集美大学；703. 陕西师范大学；707. 黑龙江八一农垦大学；723. 佛山科学技术学院；726. 暨南大学；728. 北京农学院；

续表

731. 汕头大学；740. 台湾中山大学；764. 深圳大学；784. 南昌大学；786. 西华师范大学；788. 重庆大学；788. 湖北大学；803. 河北师范大学；826. 华中师范大学；830. 山西大学；836. 内蒙古大学；855. 中国科学技术大学；869. 昆明理工大学；873. 河海大学；876. 华中科技大学；886. 广州大学；893. 电子科技大学；900. 大理大学；905. 台湾成功大学；910. 临沂大学；915. 台湾嘉义大学；917. 重庆师范大学；919. 福建师范大学；925. 天津大学；935. 同济大学；948. 苏州大学；967. 浙江师范大学；970. 浙江理工大学；974. 华南理工大学；975. 南方科技大学；976. 台湾中国医药大学；986. 云南师范大学；1007. 香港浸会大学；1036. 大连理工大学；1041. 中国人民解放军海军军医大学；1045. 湖南大学；1053. 上海大学；1054. 江苏师范大学；1079. 曲靖师范学院；1085. 香港中文大学(深圳)；1088. 上海科技大学

3. 植物学与动物学学科的科研影响力排名分析

从总被引次数来看，位居前 17 位的大学的总被引次数均在 100000 次以上，其中，加利福尼亚大学戴维斯分校总被引次数超过 170000 次。总被引次数在 50000 次以上 100000 次及以下的有 60 所；总被引次数在 30000 次以上 50000 次及以下的有 83 所；总被引次数在 10000 次以上 30000 次及以下的有 376 所。所有进入 ESI 植物学与动物学学科总被引次数排名的最低总被引次数为 3175 次。中国科学院大学的总被引次数为 169294 次，位居第 2 位，南京农业大学的总被引次数为 138729 次，位居第 5 位，其余 119 所中国大陆(内地)大学、4 所中国香港大学以及 8 所中国台湾大学的总被引次数有 99 所在 5000 次以上，其余 32 所大学的总被引次数均在 3000 次以上 5000 及次以下，具体情况如表 3-142 所示。

表 3-142 植物学与动物学学科总被引次数排名（前 10 位与中国大学）

总被引次数排名	机构名称	国家/地区	总被引次数排名	机构名称	国家/地区
1	加利福尼亚大学戴维斯分校	美国	6	康奈尔大学	美国
2	中国科学院大学	中国	7	根特大学	比利时
3	瓦格宁根大学	荷兰	8	圣保罗大学	巴西
4	佛罗里达大学	美国	9	中国农业大学	中国
5	南京农业大学	中国	10	瑞典农业科学大学	瑞典
其他中国机构：11. 华中农业大学；16. 西北农林科技大学；20. 浙江大学；47. 华南农业大学；66. 山东农业大学；79. 福建农林大学；80. 北京林业大学；85. 四川农业大学；122. 中国海洋大学；125. 中山大学；150. 西南大学；153. 扬州大学；154. 台湾大学；159. 北京大学；188. 湖南农业大学；199. 上海交通大学；203. 东北农业大学；204. 南京林业大学；211. 河南农业大学；221. 安徽农业大学；231. 上海海洋大学；238. 东北林业大学；241. 兰州大学；254. 台湾中兴大学；261. 贵州大学；288. 浙江农林大学；297. 华东师范大学；304. 青岛农业大学；308. 清华大学；310. 海南大学；321. 沈阳农业大学；322. 复旦大学；328. 山东大学；344. 河南大学；346. 厦门大学；362. 香港中文大学；367. 广西大学；372. 山东师范大学；380. 武汉大学；401. 四川大学；410. 宁波大学；413. 华南师范大学；419. 吉林农业大学；421. 广东海洋大学；423. 山西农业大学；430. 长江大学；433. 江西农业大学；436. 香港大学；443. 南京大学；457. 河北农业大学；477. 云南大学；478. 云南农业大学；485. 台湾海洋大学；486. 上海师范大学；507. 甘肃农业大学；515. 首都师范大学；516. 东北师范大学；523. 杭州师范大学；524. 南京师范大学；537. 中国医学科学院-中国协和医学院；540. 北京师范大学；544. 吉林大学；562. 河南科技大学；577. 北京协和医学院；597. 电子科技大学；644. 中国科学技术大学；645. 深圳大学；660. 仲恺农业工程学院；661. 昆明理工大学；663. 重庆大学；675. 大连海洋大学；694. 南开大学；711. 华中科技大学；723. 石河子大学；725. 集美大学；726. 北京农学院；729. 西南林业大学；733. 浙江海洋大学；737. 暨南大学；748. 西北大学；754. 内蒙古农业大学；759. 大理大学；761. 江苏大学；767. 中国人民解放军海军军医大学；768. 佛山科学技术学院；783. 中南林业科技大学；802. 华中师范大学；804. 郑州大学；813. 河北师范大学；822. 湖南师范大学；831. 河南科技学院；833. 台湾屏东科技大学；834. 河南师范大学；837. 陕西师范大学；					

续表

841. 台湾成功大学；842. 香港城市大学；850. 汕头大学；861. 台湾嘉义大学；864. 黑龙江八一农垦大学；870. 山西大学；878. 新疆农业大学；882. 香港浸会大学；885. 河北大学；889. 南方科技大学；896. 湖北大学；901. 广州大学；908. 台湾中山大学；930. 南昌大学；945. 浙江师范大学；946. 香港中文大学(深圳)；959. 临沂大学；969. 重庆师范大学；980. 内蒙古大学；1008. 湖南大学；1008. 西华师范大学；1008. 大连理工大学；1021. 曲靖师范学院；1024. 浙江理工大学；1026. 云南师范大学；1030. 台湾中国医药大学；1031. 华南理工大学；1037. 福建师范大学；1041. 江苏师范大学；1051. 苏州大学；1053. 上海科技大学；1055. 青海大学；1058. 河海大学；1062. 上海大学；1063. 同济大学；1070. 天津大学

4. 植物学与动物学学科影响力排名分析

从高被引论文数排名来看，前 10 位的大学中，中国占了 5 所，荷兰、比利时、澳大利亚各占 1 所，美国占 2 所。中国科学院大学、瓦格宁根大学、中国农业大学、加利福尼亚大学戴维斯分校、华中农业大学的高被引论文数超过 200 篇，高被引论文数在 100 篇以上 200 篇及以下的高校有 23 所，在 50 篇以上 100 篇及以下的高校有 82 所，在 10 篇以上 50 篇及以下的高校有 470 所，在 10 篇及以下的高校有 509 所，其中 17 所大学的高被引论文数为 0 篇。我国有 71 所中国大陆(内地)大学、2 所中国香港大学、5 所中国台湾大学的高被引论文数在 10 篇以上。具体排名如表 3-143 所示。

表 3-143　植物学与动物学学科高被引论文数排名（前 10 位与中国大学）

高被引论文数排名	机构名称	国家/地区	高被引论文数排名	机构名称	国家/地区
1	中国科学院大学	中国	6	西澳大学	澳大利亚
2	瓦格宁根大学	荷兰	7	南京农业大学	中国
3	中国农业大学	中国	8	根特大学	比利时
4	加利福尼亚大学戴维斯分校	美国	9	浙江大学	中国
5	华中农业大学	中国	10	佛罗里达大学	美国
其他中国机构：15. 西北农林科技大学；32. 华南农业大学；36. 福建农林大学；63. 山东农业大学；81. 北京林业大学；89. 北京大学；94. 河南大学；95. 东北农业大学；96. 扬州大学；101. 四川农业大学；101. 贵州大学；111. 海南大学；115. 清华大学；124. 南京林业大学；133. 电子科技大学；139. 上海交通大学；159. 西南大学；173. 河南农业大学；180. 安徽农业大学；188. 兰州大学；197. 台湾大学；197. 复旦大学；209. 仲恺农业工程学院；216. 浙江农林大学；227. 山东师范大学；237. 青岛农业大学；246. 吉林农业大学；246. 上海师范大学；257. 中山大学；257. 四川大学；271. 湖南农业大学；271. 中国海洋大学；283. 山东大学；283. 武汉大学；301. 华东师范大学；301. 香港中文大学；316. 江西农业大学；316. 台湾中兴大学；316. 广西大学；316. 大理大学；336. 南京大学；355. 东北林业大学；355. 云南大学；355. 曲靖师范学院；355. 广东海洋大学；376. 上海科技大学；376. 深圳大学；376. 长江大学；376. 佛山科学技术学院；401. 云南农业大学；401. 杭州师范大学；417. 首都师范大学；417. 广州大学；437. 上海海洋大学；437. 沈阳农业大学；437. 西南林业大学；437. 河南科技大学；468. 厦门大学；468. 山西农业大学；468. 重庆大学；468. 昆明理工大学；492. 台湾嘉义大学；492. 南方科技大学；492. 台湾中国医药大学；515. 郑州大学；515. 甘肃农业大学；515. 华南师范大学；515. 香港大学；515. 台湾海洋大学；515. 中国医学科学院-中国协和医学院；546. 北京协和医学院；546. 中南林业科技大学；546. 中国科学技术大学；581. 东北师范大学；612. 宁波大学；612. 台湾成功大学；612. 河北农业大学；612. 南京师范大学；612. 河北大学；612. 江苏大学；612. 北京农学院；612. 天津大学；665. 南开大学；665. 华中科技大学；665. 湖北大学；665. 香港浸会大学；665. 浙江师范大学；665. 河海大学；665. 湖南大学；706. 集美大学；706. 中国人民解放军海军军医大学；706. 临沂大学；747. 北京师范大学；747. 吉林大学；747. 石河子大学；747. 河南科技学院；747. 新疆农业大学；747. 黑龙江八一农垦大学；747. 内蒙古大学；747. 江苏师范大学；747. 香港中文大学(深圳)；819. 河南师范大学；819. 香港城市大学；819. 西北大学；819. 湖南师范大学；819. 山西					

续表

大学；819. 大连理工大学；874. 河北师范大学；874. 南昌大学；874. 重庆师范大学；874. 云南师范大学；874. 上海大学；938. 暨南大学；938. 华中师范大学；995. 内蒙古农业大学；995. 大连海洋大学；995. 陕西师范大学；995. 汕头大学；995. 福建师范大学；995. 浙江理工大学；1040. 浙江海洋大学；1040. 台湾中山大学；1040. 青海大学；1040. 西华师范大学；1040. 苏州大学；1040. 华南理工大学；1073. 台湾屏东科技大学；1073. 同济大学

5. 植物学与动物学学科师资力量排名分析

高被引科学家数最多的高校拥有 8 名高被引科学家，即沙特国王大学(沙特阿拉伯)；有 5 位高被引科学家的大学有中国农业大学(中国)、根特大学(比利时)、西澳大学(澳大利亚)，有 4 位高被引科学家的大学是西悉尼大学(澳大利亚)；有 3 位高被引科学家数的大学有 3 所，有 2 位高被引科学家数的大学有 13 所，有 1 位高被引科学家数的大学有 71 所，其余大学均没有高被引科学家。在该学科中中国(包含港澳台)有 1 所学校拥有 5 位高被引科学家，2 所学校拥有 3 位高被引科学家，2 所学校拥有 2 位高被引科学家，有 8 所学校拥有 1 位高被引科学家。具体如表 3-144 所示。

表 3-144　植物学与动物学学科高被引科学家数排名（前 6 位与中国大学）

高被引科学家数排名	机构名称	国家/地区	高被引科学家数排名	机构名称	国家/地区
1	沙特国王大学	沙特阿拉伯	5	西悉尼大学	澳大利亚
2	中国农业大学	中国	6	华中农业大学	中国
2	根特大学	比利时	6	佛罗里达大学	美国
2	西澳大学	澳大利亚	6	电子科技大学	中国
其他中国机构：9. 南京农业大学；9. 山东农业大学；22. 浙江大学；22. 华南农业大学；22. 海南大学；22. 河南大学；22. 清华大学；22. 上海交通大学；22. 云南大学；22. 上海科技大学					

从以上几个指标可以看出，在植物学与动物学学科研究领域，综合实力最强的依旧是美国，它的发文量、论文总被引次数等指标都名列前茅。中国(包含港澳台)进入该学科排名的高校共有 133 所，其中，中国农业大学、中国科学院大学、华中农业大学、南京农业大学综合实力较强。总之，在植物学与动物学研究领域，中国的整体研究实力还较弱，和美国还有很大的差距。在本学科研究建设方面，中国还需要做出更多的努力。

(二十)精神病学与行为科学学科

进入 ESI 精神病学与行为科学学科排名的高校共有 727 所。从图 3-20 所示的国家或地区分布来看，这些高校分布在美国、英国、德国、加拿大、澳大利亚、法国、意大利、荷兰、西班牙、瑞士、中国等 56 个国家或地区。中国大陆(内地)有 35 所大学进入排名，中国香港有 8 所大学进入排名，中国台湾有 8 所大学进入排名。

1. 精神病学与行为科学学科竞争力综合排名分析

位居前 10 位的高校有 4 所在美国，3 所在英国，1 所在荷兰，1 所在加拿大，1 所在澳大利亚。表 3-145 列出了 ESI 精神病学与行为科学学科综合排名前 10 位的高校和该排名中的中国(包含港澳台)高校。

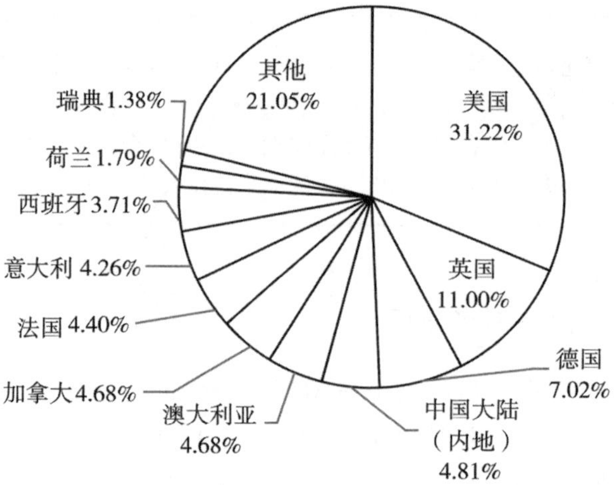

图 3-20　进入 ESI 精神病学与行为科学学科排名的大学的国家或地区分布

表 3-145　精神病学与行为科学学科综合排名（前 10 位与中国大学）

综合排名	机构名称	星级	档次	国家/地区	综合排名	机构名称	星级	档次	国家/地区
1	哈佛大学	5★+	一流学科	美国	6	阿姆斯特丹大学	5★+	一流学科	荷兰
2	伦敦国王学院	5★+	一流学科	英国	7	哥伦比亚大学	5★+	一流学科	美国
3	伦敦大学学院	5★+	一流学科	英国	8	斯坦福大学	5★	一流学科	美国
4	牛津大学	5★+	一流学科	英国	9	墨尔本大学	5★	一流学科	澳大利亚
5	多伦多大学	5★+	一流学科	加拿大	10	耶鲁大学	5★	一流学科	美国

其他中国机构：92. 上海交通大学；101. 香港大学；129. 北京大学；132. 香港中文大学；186. 北京师范大学；201. 香港理工大学；277. 澳门大学；290. 中南大学；303. 浙江大学；329. 台湾大学；339. 四川大学；363. 中山大学；378. 华中科技大学；379. 西南大学；381. 首都医科大学；386. 中国科学院大学；407. 香港教育大学；409. 华南师范大学；413. 深圳大学；417. 中国人民大学；439. 华东师范大学；440. 复旦大学；446. 香港城市大学；460. 武汉大学；461. 清华大学；462. 山东大学；468. 台湾成功大学；469. 台湾阳明交通大学；529. 电子科技大学；534. 华中师范大学；538. 南方医科大学；547. 南京医科大学；550. 台湾师范大学；569. 同济大学；573. 长庚大学；582. 暨南大学；590. 广州医科大学；597. 西安交通大学；601. 吉林大学；604. 苏州大学；606. 杭州师范大学；613. 安徽医科大学；615. 南京大学；633. 陕西师范大学；659. 香港浸会大学；670. 台北医学大学；682. 高雄医科大学；689. 重庆医科大学；694. 台湾中国医药大学；695. 中国医科大学；708. 香港科技大学；714. 岭南大学

2. 精神病学与行为科学学科科研能力排名分析

从发文量排名来看，居前 10 位的大学中，6 所高校来自美国、2 所来自英国、1 所来自加拿大、1 所来自澳大利亚。发文量最多的是哈佛大学，为 14871 篇，第 10 位的密歇根大学发文量是 5916 篇。发文量超过 4000 篇的大学有 36 所，超过 2000 篇但少于等于 4000 篇的有 84 所，超过 1000 篇但少于等于 2000 篇的有 178 所，超过 500 篇但少于等于 1000 篇的有 238 所，超过 100 篇但少于等于 500 篇的有 186 所，巴拉曼大学(黎巴嫩)、威拉姆特大学(美国)、国立亚松森大学(巴拉圭)、斯德哥尔摩经济学院(瑞典)、卡迪西亚大学(伊拉克)的发文量分别是 89 篇、83 篇、75 篇、71 篇、56 篇。表 3-146 列出了 ESI 精神病学与行为科学学科发文量排名前 10 位的高校和该排名中的中国(包含港澳台)高校。

表 3-146 精神病学与行为科学学科发文量排名（前 10 位与中国大学）

发文量排名	机构名称	国家/地区	发文量排名	机构名称	国家/地区
1	哈佛大学	美国	6	耶鲁大学	美国
2	伦敦国王学院	英国	7	哥伦比亚大学	美国
3	多伦多大学	加拿大	8	墨尔本大学	澳大利亚
4	伦敦大学学院	英国	9	加利福尼亚大学洛杉矶分校	美国
5	北卡罗来纳大学	美国	10	密歇根大学	美国
其他中国高校：65. 北京师范大学；82. 香港大学；101. 北京大学；108. 香港中文大学；156. 浙江大学；167. 上海交通大学；176. 中南大学；208. 中国科学院大学；219. 澳门大学；227. 西南大学；228. 香港理工大学；262. 台湾大学；266. 四川大学；266. 香港教育大学；268. 中山大学；269. 华东师范大学；276. 华南师范大学；297. 首都医科大学；306. 中国人民大学；338. 复旦大学；342. 华中科技大学；351. 台湾阳明交通大学；352. 清华大学；361. 深圳大学；390. 武汉大学；391. 山东大学；393. 香港城市大学；417. 华中师范大学；430. 台湾成功大学；443. 台湾师范大学；453. 陕西师范大学；467. 南京大学；468. 苏州大学；481. 广州医科大学；491. 长庚大学；493. 杭州师范大学；505. 南京医科大学；520. 南方医科大学；521. 安徽医科大学；530. 电子科技大学；535. 台北医学大学；537. 同济大学；544. 西安交通大学；560. 暨南大学；604. 吉林大学；606. 高雄医科大学；632. 香港浸会大学；637. 台湾中国医药大学；640. 中国医科大学；646. 重庆医科大学；699. 岭南大学；711. 香港科技大学					

3. 精神病学与行为科学学科科研影响力排名分析

从总被引次数来看，居前 10 位的大学中，6 所是美国的高校，2 所是英国的高校，1 所是加拿大的高校，1 所是荷兰的高校，其中哈佛大学的总被引次数最高，高达 372528 次。前 10 名美国高校中总被引频次相对最少的是斯坦福大学，总被引次数为 151653 次。表 3-147 列出了 ESI 精神病学与行为科学学科总被引次数排名前 10 位的高校和该排名中的中国(包含港澳台)高校。

表 3-147 精神病学与行为科学学科总被引次数排名（前 10 位与中国大学）

总被引次数排名	机构名称	国家/地区	总被引次数排名	机构名称	国家/地区
1	哈佛大学	美国	6	耶鲁大学	美国
2	伦敦国王学院	英国	7	北卡罗来纳大学	美国
3	伦敦大学学院	英国	8	加利福尼亚大学洛杉矶分校	美国
4	多伦多大学	加拿大	9	斯坦福大学	美国
5	哥伦比亚大学	美国	10	阿姆斯特丹大学	荷兰
其他中国机构：93. 香港大学；125. 香港中文大学；136. 北京大学；147. 北京师范大学；204. 上海交通大学；229. 中南大学；250. 香港理工大学；251. 澳门大学；275. 台湾大学；328. 浙江大学；329. 四川大学；356. 华中科技大学；358. 中山大学；360. 香港城市大学；361. 西南大学；364. 香港教育大学；366. 首都医科大学；367. 中国科学院大学；373. 华南师范大学；399. 中国人民大学；402. 台湾阳明交通大学；437. 华东师范大学；454. 复旦大学；455. 山东大学；462. 深圳大学；474. 清华大学；494. 武汉大学；515. 台湾成功大学；518. 长庚大学；527. 台湾师范大学；528. 华中师范大学；544. 电子科技大学；548. 广州医科大学；570. 南京医科大学；601. 南方医科大学；622. 台北医学大学；623. 南京大学；631. 高雄医科大学；634. 苏州大学；645. 岭南大学；647. 吉林大学；653. 中国医科大学；661. 西安交通大学；663. 安徽医科大学；664. 重庆医科大学；667. 陕西师范大学；671. 同济大学；675. 杭州师范大学；677. 香港浸会大学；688. 香港科技大学；693. 暨南大学；705. 台湾中国医药大学					

4. 精神病学与行为科学学科影响力排名分析

从高被引论文数来看，排名第 1 位的是哈佛大学，有 388 篇高被引论文。位居前 10 位的高校有 4 所来自美国，3 所来自英国，1 所来自加拿大，1 所来自澳大利亚，1 所来自荷兰。表 3-148 为进入 ESI 精神病学与行为科学学科高被引论文数排名前 10 位的高校和高被引论文数大于 0 的中国(包含港澳台)高校。

表 3-148　精神病学与行为科学学科高被引论文数排名（前 10 位与中国大学）

高被引论文数排名	机构名称	国家/地区	高被引论文数排名	机构名称	国家/地区
1	哈佛大学	美国	6	斯坦福大学	美国
2	伦敦国王学院	英国	7	哥伦比亚大学	美国
3	伦敦大学学院	英国	8	墨尔本大学	澳大利亚
4	多伦多大学	加拿大	9	耶鲁大学	美国
5	牛津大学	英国	10	阿姆斯特丹大学	荷兰

其他国家机构：94. 香港大学；96. 上海交通大学；113. 北京大学；125. 香港中文大学；153. 香港理工大学；172. 澳门大学；221. 四川大学；221. 华中科技大学；238. 深圳大学；267. 浙江大学；267. 台湾大学；267. 中山大学；267. 首都医科大学；296. 北京师范大学；310. 中南大学；329. 台湾成功大学；354. 武汉大学；383. 西南大学；383. 中国人民大学；383. 复旦大学；383. 南方医科大学；411. 山东大学；411. 电子科技大学；411. 同济大学；411. 暨南大学；447. 清华大学；447. 南京医科大学；447. 吉林大学；490. 华南师范大学；490. 香港城市大学；490. 西安交通大学；534. 中国科学院大学；534. 香港教育大学；534. 香港科技大学；575. 杭州师范大学；575. 安徽医科大学；575. 香港浸会大学；610. 华中师范大学；610. 台湾师范大学；647. 华东师范大学；647. 长庚大学；647. 苏州大学；647. 重庆医科大学；647. 台湾中国医药大学；647. 岭南大学；685. 台湾阳明交通大学；685. 广州医科大学；685. 南京大学；685. 中国医科大学；708. 陕西师范大学；708. 高雄医科大学；723. 台北医学大学

5. 精神病学与行为科学学科师资力量排名分析

从高被引科学家数来看，高被引科学家数最多的是 16 人，是英国的伦敦国王学院；其次，美国的哈佛大学高被引科学家数是 11 人。2 所高校的高被引科学家数是 6 人，1 所高校的高被引科学家数是 5 人，3 所高校的高被引科学家数是 4 人，6 所高校的高被引科学家数是 3 人，10 所高校的高被引科学家数是 2 人，51 所高校的高被引科学家数是 1 人，其他高校均没有高被引科学家。中国(包含港澳台)没有高被引科学家。表 3-149 为进入 ESI 精神病学与行为科学学科的高被引科学家排名前 10 位的高校与高被引科学家数大于 0 人的中国(包含港澳台)高校。

表 3-149　精神病学与行为科学学科高被引科学家数排名（前 9 位与中国大学）

高被引科学家数排名	机构名称	国家/地区	高被引科学家数排名	机构名称	国家/地区
1	伦敦国王学院	英国	6	荷语鲁汶大学	比利时
2	哈佛大学	美国	9	斯坦福大学	美国
3	伦敦大学学院	英国	9	阿姆斯特丹自由大学	荷兰
3	牛津大学	英国	6	哥伦比亚大学	美国
5	阿姆斯特丹大学	荷兰	6	新南威尔士大学	澳大利亚

续表

高被引科学家数排名	机构名称	国家/地区	高被引科学家数排名	机构名称	国家/地区
9	昆士兰大学	澳大利亚	9	布里斯托尔大学	英国
9	杜克大学	美国	9	迪肯大学	澳大利亚
其他中国机构：无					

总体来看，精神病学与行为科学学科在中国的发展相对较弱，还没有形成规模，与国外发达国家相比还具有很大的差距。为了尽快形成综合性学科竞争能力，我国大学还需要继续努力，缩小与国际大学的差距，最终跻身世界一流学科。

(二十一)社会科学

进入 ESI 社会科学学科排名的高校共有 1428 所。从国家或地区分布来看，这些高校隶属于美国、英国、中国、意大利、德国、法国、西班牙、加拿大、澳大利亚等 92 个国家或地区。中国大陆(内地)有 128 所高校进入 ESI 社会科学领域。这些高校的所在国家或地区分布如图 3-21 所示。

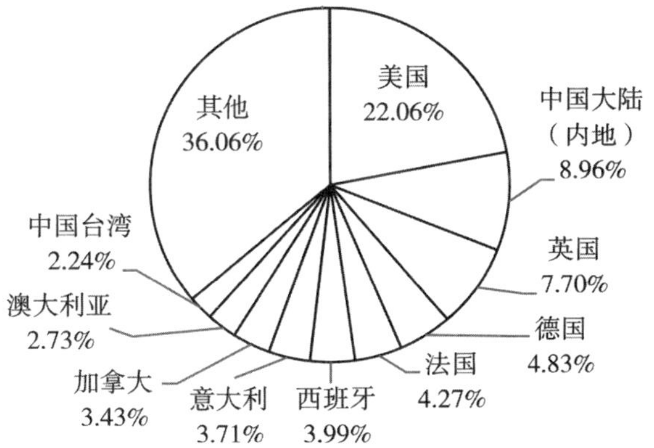

图 3-21 进入 ESI 社会科学学科排名的大学的国家或地区分布

1. 社会科学学科的科研竞争力综合排名分析

通过对多个指标进行综合统计排名，位居前 10 位的高校有 4 所分布在美国，4 所在英国，2 所在加拿大。表 3-150 列出了 ESI 社会科学学科综合排名前 10 位的高校和该排名中的中国(包含港澳台)高校。

表 3-150 社会科学学科综合排名（前 10 位与中国大学）

综合排名	机构名称	星级	档次	国家/地区	综合排名	机构名称	星级	档次	国家/地区
1	哈佛大学	5★+	一流学科	美国	6	多伦多大学	5★+	一流学科	加拿大
2	伦敦大学学院	5★+	一流学科	英国	7	斯坦福大学	5★+	一流学科	美国
3	牛津大学	5★+	一流学科	英国	8	伦敦卫生与热带医学学院	5★+	一流学科	英国
4	北卡罗来纳大学	5★+	一流学科	美国	9	剑桥大学	5★+	一流学科	英国
5	约翰·霍普金斯大学	5★+	一流学科	美国	10	渥太华大学	5★+	一流学科	加拿大

续表

其他中国机构：20. 北京大学；22. 北京理工大学；25. 武汉大学；32. 上海交通大学；36. 香港理工大学；47. 江苏大学；55. 香港大学；66. 电子科技大学；73. 西安交通大学；74. 中国地质大学；87. 清华大学；91. 浙江大学；92. 香港城市大学；97. 厦门大学；102. 海南大学；104. 南昌大学；108. 新疆大学；122. 同济大学；123. 上海大学；125. 南京师范大学；127. 中国科学院大学；129. 浙江工商大学；130. 中山大学；135. 西南大学；146. 青岛大学；156. 对外经济贸易大学；162. 中国人民大学；165. 华东师范大学；176. 中南财经政法大学；178. 吉林大学；181. 华中科技大学；184. 香港中文大学；188. 中国石油大学；192. 大连理工大学；208. 中国科学技术大学；219. 重庆大学；231. 中国医学科学院-中国协和医学院；239. 广州大学；246. 河海大学；250. 山东财经大学；252. 浙江工业大学；254. 西南财经大学；256. 香港浸会大学；275. 北京师范大学；277. 南京大学；281. 复旦大学；286. 暨南大学；305. 中国矿业大学；306. 中南大学；308. 郑州大学；317. 安徽财经大学；322. 台湾中国医药大学；330. 澳门大学；331. 河南大学；345. 南京信息工程大学；346. 山东大学；348. 合肥工业大学；359. 中国海洋大学；361. 北京协和医学院；366. 大连海事大学；368. 山东师范大学；371. 深圳大学；407. 南开大学；463. 湖南大学；476. 广东外语外贸大学；487. 东南大学；492. 亚洲大学(中国台湾)；493. 西南交通大学；501. 首都医科大学；507. 浙江财经大学；508. 香港教育大学；509. 四川大学；520. 西北农林科技大学；546. 上海海事大学；547. 南京财经大学；554. 澳门科技大学；555. 台湾大学；571. 北京工业大学；574. 华北电力大学；583. 首都经济贸易大学；586. 华侨大学；589. 台湾清华大学；597. 中国东北大学；606. 台湾中兴大学；608. 南京理工大学；620. 长庚大学；626. 北京科技大学；627. 西北大学；652. 杭州师范大学；662. 安徽大学；671. 哈尔滨医科大学；675. 天津医科大学；687. 台湾成功大学；708. 哈尔滨工业大学；720. 上海财经大学；724. 台湾师范大学；735. 北京航空航天大学；741. 台湾阳明交通大学；750. 华中师范大学；769. 中国农业大学；787. 天津大学；791. 南京航空航天大学；794. 香港科技大学；800. 台湾科技大学；815. 兰州大学；843. 华南理工大学；857. 宁波诺丁汉大学；866. 华南师范大学；868. 陕西师范大学；873. 北京交通大学；887. 台湾中山大学；888. 长安大学；894. 江西财经大学；896. 岭南大学；897. 台湾政治大学；931. 台北医学大学；933. 台湾“中央”大学；946. 苏州大学；952. 中央财经大学；956. 东北财经大学；961. 澳门城市大学；968. 武汉理工大学；970. 西交利物浦大学；972. 南京农业大学；1012. 四川农业大学；1016. 南京医科大学；1017. 高雄科技大学；1019. 福建师范大学；1042. 华中农业大学；1051. 南方医科大学；1056. 铭传大学；1059. 东北师范大学；1063. 上海师范大学；1068. 高雄医科大学；1080. 安徽医科大学；1083. 江苏师范大学；1109. 浙江师范大学；1115. 台湾云林科技大学；1116. 台湾中正大学；1128. 台湾嘉义大学；1140. 北京林业大学；1165. 台中科技大学；1170. 彰化师范大学；1195. 辅仁大学；1201. 淡江大学；1213. 台北大学；1214. 湖北经济学院；1216. 宁波大学；1222. 义守大学；1229. 首都师范大学；1235. 重庆医科大学；1239. 福州大学；1246. 中国医科大学；1256. 湖南师范大学；1259. 北京联合大学；1280. 华南农业大学；1299. 香港中文大学(深圳)；1319. 中国人民解放军海军军医大学；1322. 上海体育大学；1327. 汕头大学；1328. 华东理工大学；1339. 闽江学院；1360. 北京邮电大学；1362. 元智大学；1376. 安徽师范大学；1381. 澳门旅游学院；1382. 东吴大学；1386. 中国文化大学；1395. 台湾海洋大学；1398. 台湾东华大学；1418. 山西大学；1426. 台湾南开科技大学

2. 社会科学学科的科研能力排名分析

从发文量排名来看，位居前10位的高校中有5所来自美国。发文量最多的是哈佛大学，发文量高达20477篇，其次是北卡罗来纳大学(美国)，发文量有15946篇。排名第10位的华盛顿大学发文量为10033篇。表3-151列出了发文量排名前10位的高校和该排名中的中国(包含港澳台)高校。

表3-151 社会科学学科发文量排名（前10位与中国大学）

发文量排名	机构名称	国家/地区	发文量排名	机构名称	国家/地区
1	哈佛大学	美国	6	约翰·霍普金斯大学	美国
2	北卡罗来纳大学	美国	7	密歇根大学	美国
3	多伦多大学	加拿大	8	悉尼大学	澳大利亚
4	牛津大学	英国	9	墨尔本大学	澳大利亚
5	伦敦大学学院	英国	10	华盛顿大学	美国

续表

其他中国机构：48. 香港大学；82. 香港理工大学；99. 香港中文大学；120. 北京大学；157. 浙江大学；158. 中山大学；171. 武汉大学；173. 北京师范大学；180. 香港城市大学；200. 复旦大学；205. 清华大学；229. 香港教育大学；234. 上海交通大学；278. 台湾大学；293. 中国人民大学；293. 四川大学；306. 华东师范大学；310. 澳门大学；325. 南京大学；326. 中国科学院大学；327. 华中科技大学；343. 同济大学；347. 香港浸会大学；375. 山东大学；385. 台湾师范大学；397. 中南大学；399. 西安交通大学；400. 东南大学；425. 厦门大学；434. 台湾成功大学；465. 台湾阳明交通大学；508. 暨南大学；522. 深圳大学；542. 华中师范大学；556. 中国地质大学；601. 吉林大学；612. 南京师范大学；616. 哈尔滨工业大学；618. 中国医学科学院-中国协和医学院；623. 岭南大学；630. 华南师范大学；640. 南开大学；647. 西南财经大学；654. 台湾政治大学；659. 北京理工大学；661. 台湾科技大学；662. 郑州大学；679. 大连理工大学；679. 天津大学；681. 重庆大学；688. 上海财经大学；695. 台北医学大学；700. 中国科学技术大学；701. 广东外语外贸大学；713. 香港科技大学；714. 上海大学；728. 北京交通大学；733. 台湾中山大学；736. 西南大学；742. 首都医科大学；743. 北京航空航天大学；751. 对外经济贸易大学；773. 苏州大学；774. 华南理工大学；784. 南京医科大学；786. 陕西师范大学；789. 青岛大学；796. 湖南大学；801. 北京协和医学院；818. 中国矿业大学；823. 台湾中国医药大学；834. 西南交通大学；846. 台湾清华大学；857. 南方医科大学；860. 兰州大学；867. 广州大学；868. 亚洲大学(中国台湾)；879. 河南大学；884. 台湾"中央"大学；888. 澳门科技大学；895. 中南财经政法大学；899. 高雄医科大学；905. 中国农业大学；914. 浙江工商大学；915. 宁波诺丁汉大学；919. 西交利物浦大学；928. 上海师范大学；943. 长庚大学；949. 中央财经大学；963. 大连海事大学；967. 浙江财经大学；974. 辅仁大学；978. 电子科技大学；983. 江苏大学；989. 长安大学；995. 河海大学；997. 宁波大学；1008. 杭州师范大学；1013. 南京农业大学；1017. 重庆医科大学；1022. 台湾中正大学；1038. 南京航空航天大学；1043. 安徽医科大学；1053. 高雄科技大学；1056. 上海海事大学；1064. 华侨大学；1076. 台湾嘉义大学；1081. 中国医科大学；1090. 北京工业大学；1091. 海南大学；1101. 台北大学；1101. 首都师范大学；1106. 淡江大学；1113. 铭传大学；1116. 武汉理工大学；1116. 台湾云林科技大学；1118. 合肥工业大学；1122. 南京理工大学；1122. 浙江师范大学；1133. 浙江工业大学；1133. 西北农林科技大学；1133. 东北师范大学；1136. 南京财经大学；1139. 中国海洋大学；1146. 彰化师范大学；1165. 香港中文大学(深圳)；1177. 汕头大学；1180. 哈尔滨医科大学；1184. 澳门城市大学；1187. 北京科技大学；1200. 华中农业大学；1206. 南京信息工程大学；1209. 台湾中兴大学；1233. 北京林业大学；1233. 湖南师范大学；1237. 西北大学；1239. 山东师范大学；1243. 江西财经大学；1255. 义守大学；1260. 东北财经大学；1260. 华东理工大学；1264. 台中科技大学；1267. 南昌大学；1271. 台湾海洋大学；1277. 首都经济贸易大学；1287. 山东财经大学；1291. 元智大学；1296. 中国东北大学；1301. 上海体育大学；1302. 四川农业大学；1309. 台湾东华大学；1313. 安徽财经大学；1321. 澳门旅游学院；1327. 华南农业大学；1328. 福建师范大学；1330. 东吴大学；1333. 天津医科大学；1340. 中国石油大学；1346. 福州大学；1354. 山西大学；1360. 华北电力大学；1364. 中国文化大学；1368. 江苏师范大学；1383. 北京邮电大学；1386. 新疆大学；1387. 北京联合大学；1388. 湖北经济学院；1393. 安徽师范大学；1395. 中国人民解放军海军军医大学；1401. 安徽大学；1412. 台湾南开科技大学；1424. 闽江学院

3. 社会科学学科科研影响力排名分析

从总被引次数来看，居前10位的7所高校来自美国，2所高校来自英国，1所高校来自加拿大，其中美国高校中哈佛大学的总被引次数最高，高达395031次，相对最少的是哥伦比亚大学，总被引次数为150053次。中国高校总被引次数最高的是香港大学，排名居57位，总被引次数为74239次；总被引次数最少的是台湾南开科技大学，为1904次。表3-152列出了总被引次数排名前10位的高校和该排名中的中国(包含港澳台)高校。

表3-152　社会科学学科总被引次数排名（前10位与中国大学）

总被引次数排名	机构名称	国家/地区	总被引次数排名	机构名称	国家/地区
1	哈佛大学	美国	3	多伦多大学	加拿大
2	伦敦大学学院	英国	4	北卡罗来纳大学	美国

续表

总被引次数排名	机构名称	国家/地区	总被引次数排名	机构名称	国家/地区
5	牛津大学	英国	8	华盛顿大学	美国
6	约翰·霍普金斯大学	美国	9	北卡罗来纳大学教堂山分校	美国
7	密歇根大学	美国	10	哥伦比亚大学	美国

其他中国机构：57. 香港大学；63. 香港理工大学；100. 北京大学；139. 香港中文大学；143. 中山大学；165. 武汉大学；168. 清华大学；176. 北京师范大学；178. 香港城市大学；182. 浙江大学；200. 中国科学院大学；246. 复旦大学；256. 华中科技大学；259. 上海交通大学；274. 同济大学；275. 南京大学；300. 中国人民大学；314. 北京理工大学；315. 厦门大学；321. 台湾大学；324. 香港教育大学；337. 华东师范大学；339. 东南大学；350. 中南大学；357. 西安交通大学；362. 四川大学；368. 香港浸会大学；390. 澳门大学；408. 台湾成功大学；409. 山东大学；419. 中国地质大学；450. 哈尔滨工业大学；457. 大连理工大学；460. 台湾师范大学；463. 中国科学技术大学；466. 西南财经大学；473. 深圳大学；503. 台湾阳明交通大学；515. 北京航空航天大学；521. 暨南大学；530. 台湾科技大学；552. 中国医学科学院-中国协和医学院；565. 对外经济贸易大学；578. 上海财经大学；580. 南开大学；588. 青岛大学；599. 中国农业大学；601. 重庆大学；603. 上海大学；614. 香港科技大学；625. 天津大学；626. 北京交通大学；659. 华中师范大学；664. 台湾中国医药大学；667. 中国矿业大学；674. 湖南大学；690. 南京师范大学；714. 陕西师范大学；715. 吉林大学；718. 华南理工大学；719. 台湾中山大学；721. 台湾“中央”大学；725. 首都医科大学；729. 郑州大学；733. 台湾政治大学；735. 华南师范大学；740. 南京航空航天大学；743. 广州大学；746. 亚洲大学(中国台湾)；750. 宁波诺丁汉大学；754. 台北医学大学；758. 江苏大学；774. 西南大学；775. 广东外语外贸大学；785. 浙江财经大学；787. 西南交通大学；793. 兰州大学；819. 中南财经政法大学；827. 浙江工商大学；833. 中央财经大学；837. 中国石油大学；839. 河海大学；842. 合肥工业大学；843. 安徽财经大学；860. 长安大学；865. 岭南大学；868. 大连海事大学；876. 澳门科技大学；881. 台湾嘉义大学；884. 武汉理工大学；886. 西交利物浦大学；888. 南京信息工程大学；891. 江西财经大学；901. 北京协和医学院；903. 上海海事大学；904. 南京医科大学；908. 铭传大学；913. 苏州大学；915. 西北农林科技大学；919. 高雄科技大学；925. 南京农业大学；926. 河南大学；935. 电子科技大学；942. 长庚大学；969. 华北电力大学；975. 淡江大学；977. 高雄医科大学；985. 台湾清华大学；988. 中国海洋大学；992. 台湾云林科技大学；998. 台湾中兴大学；1006. 台湾中正大学；1009. 台北大学；1019. 南京财经大学；1019. 北京工业大学；1026. 江苏师范大学；1031. 辅仁大学；1034. 彰化师范大学；1064. 东北财经大学；1065. 北京林业大学；1072. 首都经济贸易大学；1075. 华中农业大学；1077. 浙江工业大学；1081. 澳门城市大学；1092. 台中科技大学；1109. 四川农业大学；1116. 南方医科大学；1118. 安徽医科大学；1123. 上海师范大学；1124. 中国医科大学；1132. 澳门旅游学院；1148. 华侨大学；1170. 山东师范大学；1200. 宁波大学；1206. 北京科技大学；1212. 山东财经大学；1219. 重庆医科大学；1232. 海南大学；1250. 香港中文大学(深圳)；1252. 南昌大学；1259. 中国人民解放军海军军医大学；1266. 福建师范大学；1268. 东北师范大学；1273. 东吴大学；1275. 西北大学；1279. 南京理工大学；1284. 元智大学；1288. 湖北经济学院；1291. 台湾东华大学；1314. 哈尔滨医科大学；1315. 中国东北大学；1323. 天津医科大学；1323. 台湾海洋大学；1328. 汕头大学；1330. 首都师范大学；1330. 北京联合大学；1337. 北京邮电大学；1338. 华南农业大学；1340. 华东理工大学；1344. 新疆大学；1345. 杭州师范大学；1357. 义守大学；1361. 中国文化大学；1362. 安徽师范大学；1366. 浙江师范大学；1369. 山西大学；1376. 福州大学；1381. 上海体育大学；1390. 湖南师范大学；1400. 闽江学院；1405. 安徽大学；1422. 台湾南开科技大学

4. 社会科学学科影响力排名分析

从高被引论文数来看，排名第1位的是哈佛大学，有505篇高被引论文。位居前10位的高校有6所来自美国，3所来自英国，1所来自加拿大。高被引论文数为0篇的有28所。表3-153列出了高被引论文数排名前10位的高校和该排名中的中国(包含港澳台)高校。

表 3-153　社会科学学科高被引论文数排名（前 10 位与中国大学）

高被引论文数排名	机 构 名 称	国家/地区	高被引论文数排名	机 构 名 称	国家/地区
1	哈佛大学	美国	6	斯坦福大学	美国
2	伦敦大学学院	英国	7	密歇根大学	美国
3	牛津大学	英国	8	多伦多大学	加拿大
4	约翰·霍普金斯大学	美国	9	剑桥大学	英国
5	北卡罗来纳大学	美国	10	哥伦比亚大学	美国
其他中国机构：324. 香港理工大学；38. 北京理工大学；42. 北京大学；46. 香港大学；57. 武汉大学；68. 中国科学院大学；70. 清华大学；78. 中山大学；84. 浙江大学；84. 华中科技大学；92. 北京师范大学；105. 香港城市大学；108. 厦门大学；110. 青岛大学；113. 西安交通大学；123. 南京大学；123. 中南大学；130. 大连理工大学；142. 中国地质大学；142. 西南财经大学；155. 同济大学；160. 上海交通大学；160. 香港中文大学；174. 深圳大学；180. 对外经济贸易大学；180. 东南大学；190. 南开大学；194. 中国科学技术大学；214. 山东大学；219. 江苏大学；219. 重庆大学；219. 安徽财经大学；227. 华东师范大学；239. 上海大学；249. 中国人民大学；258. 中南财经政法大学；258. 中国矿业大学；267. 浙江工商大学；281. 南昌大学；281. 湖南大学；281. 四川大学；281. 上海财经大学；287. 海南大学；287. 南京师范大学；287. 复旦大学；307. 南京航空航天大学；334. 电子科技大学；334. 郑州大学；341. 香港浸会大学；341. 暨南大学；341. 澳门大学；341. 哈尔滨工业大学；341. 北京航空航天大学；341. 中国农业大学；359. 广东外语外贸大学；372. 新疆大学；372. 台湾中国医药大学；372. 河南大学；372. 兰州大学；383. 中国石油大学；383. 亚洲大学(中国台湾)；383. 西南交通大学；383. 西北农林科技大学；406. 山东财经大学；406. 南京信息工程大学；406. 浙江财经大学；406. 江西财经大学；428. 吉林大学；428. 广州大学；428. 华中师范大学；472. 西南大学；472. 合肥工业大学；472. 台湾成功大学；472. 天津大学；472. 香港科技大学；472. 宁波诺丁汉大学；472. 长安大学；472. 东北财经大学；501. 河海大学；501. 中国海洋大学；501. 山东师范大学；501. 首都医科大学；501. 南京财经大学；501. 澳门城市大学；501. 福建师范大学；530. 浙江工业大学；530. 华北电力大学；530. 华南理工大学；530. 四川农业大学；563. 中国医学科学院-中国协和医学院；563. 香港教育大学；563. 上海海事大学；563. 首都经济贸易大学；563. 中国东北大学；596. 北京工业大学；596. 武汉理工大学；633. 台湾大学；633. 华侨大学；633. 陕西师范大学；633. 南京农业大学；633. 华中农业大学；633. 东北师范大学；633. 江苏师范大学；674. 大连海事大学；674. 南京理工大学；674. 台湾科技大学；674. 中央财经大学；721. 澳门科技大学；721. 台湾中兴大学；721. 西北大学；721. 西交利物浦大学；721. 高雄科技大学；721. 浙江师范大学；721. 湖北经济学院；774. 北京协和医学院；774. 北京科技大学；774. 安徽大学；774. 台湾阳明交通大学；774. 台湾中山大学；774. 台湾"中央"大学；774. 苏州大学；774. 铭传大学；774. 安徽医科大学；774. 福州大学；774. 北京联合大学；774. 闽江学院；839. 华南师范大学；839. 北京交通大学；839. 岭南大学；839. 上海师范大学；839. 北京林业大学；839. 台中科技大学；839. 义守大学；915. 南方医科大学；915. 台湾云林科技大学；915. 湖南师范大学；915. 华南农业大学；915. 中国人民解放军海军军医大学；1001. 台湾清华大学；1001. 台湾政治大学；1001. 台北医学大学；1001. 高雄医科大学；1001. 台湾中正大学；1001. 彰化师范大学；1001. 首都师范大学；1001. 上海体育大学；1001. 北京邮电大学；1001. 安徽师范大学；1102. 杭州师范大学；1102. 天津医科大学；1102. 台湾师范大学；1102. 南京医科大学；1102. 台湾嘉义大学；1102. 华东理工大学；1102. 中国文化大学；1206. 长庚大学；1206. 哈尔滨医科大学；1206. 淡江大学；1206. 台北大学；1206. 宁波大学；1206. 重庆医科大学；1206. 中国医科大学；1206. 香港中文大学(深圳)；1206. 汕头大学；1206. 元智大学；1206. 东吴大学；1315. 辅仁大学；1315. 澳门旅游学院；1315. 台湾海洋大学；1315. 台湾东华大学；1315. 山西大学；1315. 台湾南开科技大学					

5. 社会科学学科师资力量排名分析

从高被引科学家数来看，高被引科学家数最多的是 14 人，只有 1 所，即美国的哈佛大学；其次，英国的伦敦大学学院高被引科学家数是 7 人，加拿大的渥太华大学高被引科学家数是 6 人；英国的伦敦卫生与热带医学学院高被引科学家数是 5 人；有 3 所高校的高被引科学家数是 4 人，分别是英国的剑桥大学、英国的布里斯托尔大学和巴西的圣保罗大学；有 3 位高被引科学家的高校有 8 所；有 2 位高被引科学家的高校有 22 所，有 1 位高被引科学家的高校有 67 所；其他 1324 所高校高被引科学家数均为 0 人，中国(包含港澳台)在社会科学学科领域有高被引科学家的有 11 所，来自中国地质大学、北京大学、武汉大学、香港大学、清华大学、香港城市大学、中山大学、中国人民大学、华东师范大学、华中科技大学、澳门大学。具体如表 3-154 所示。

表 3-154 社会科学学科高被引科学家数排名（前 8 位与中国大学）

高被引科学家数排名	机构名称	国家/地区	高被引科学家数排名	机构名称	国家/地区
1	哈佛大学	美国	8	斯坦福大学	美国
2	伦敦大学学院	英国	8	英属哥伦比亚大学	加拿大
3	渥太华大学	加拿大	8	阿姆斯特丹大学	荷兰
4	伦敦卫生与热带医学学院	英国	8	圣路易斯华盛顿大学	美国
5	剑桥大学	英国	8	格拉斯哥大学	英国
5	布里斯托尔大学	英国	8	麦克马斯特大学	加拿大
5	圣保罗大学	巴西	8	埃克塞特大学	英国
8	约翰·霍普金斯大学	美国	8	斯坦福大学	美国
其他中国机构：16. 中国地质大学；38. 北京大学；38. 武汉大学；38. 香港大学；38. 清华大学；38. 香港城市大学；38. 中山大学；38. 中国人民大学；38. 华东师范大学；38. 华中科技大学；38. 澳门大学					

(二十二)空间科学

空间科学是以地球系统、太阳系、银河系、局部宇宙、生命物质起源和演化空间客体为对象，用新的手段和方法研究传统的科学前沿难题的一门新兴学科。进入 ESI 空间科学学科排名的高校共有 124 所。从国家或地区分布来看，这些高校分别隶属于美国、英国、法国、意大利、澳大利亚、荷兰、加拿大等 24 个国家或地区。中国(包含港澳台)只有中国科学院大学和北京大学两所高校进入排名。图 3-22 所示是这些高校的所在国家或地区分布情况。

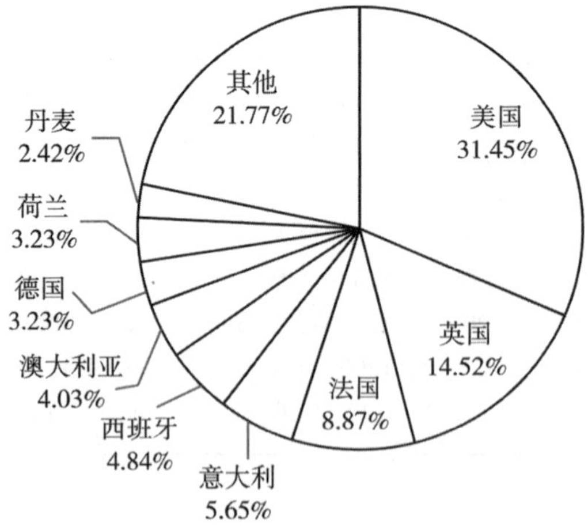

图 3-22 进入 ESI 空间科学学科排名的大学的国家或地区分布

1. 空间科学学科竞争力综合排名分析

通过对多个指标进行综合统计排名，位居前 10 位的高校有 5 所分布在美国，2 所在法国，1 所在英国，1 所在荷兰，1 所在日本。表 3-155 列出了 ESI 空间科学学科综合排名前 10 位的高校。

表 3-155 空间科学学科综合排名（前 10 位与中国大学）

综合排名	机构名称	星级	档次	国家/地区	综合排名	机构名称	星级	档次	国家/地区
1	哈佛大学	5★+	一流学科	美国	6	巴黎西岱大学	5★	一流学科	法国
2	加州理工学院	5★	一流学科	美国	7	剑桥大学	5★-	一流学科	英国
3	莱顿大学	5★	一流学科	荷兰	8	东京大学	5★-	一流学科	日本
4	索邦大学	5★	一流学科	法国	9	麻省理工学院	5★-	一流学科	美国
5	加利福尼亚大学伯克利分校	5★	一流学科	美国	10	加利福尼亚大学圣克鲁兹分校	5★-	一流学科	美国
其他中国机构：50. 中国科学院大学；56. 北京大学									

2. 空间科学学科的科研能力排名分析

从发文量排名来看，位居前 10 位的高校中有 5 所来自美国。发文量最多的是加州理工学院，为 10873 篇，其次是索邦大学，发文量为 9596 篇，排名第 10 位的亚利桑那大学(美国)发文量为 5714 篇。表 3-156 列出了 ESI 空间科学学科发文量排名前 10 位的高校。

表 3-156 空间科学学科发文量排名（前 10 位与中国大学）

发文量排名	机构名称	国家/地区	发文量排名	机构名称	国家/地区
1	加州理工学院	美国	6	巴黎萨克雷大学	法国
2	索邦大学	法国	7	东京大学	日本
3	巴黎西岱大学	法国	8	剑桥大学	英国
4	哈佛大学	美国	9	约翰·霍普金斯大学	美国
5	加利福尼亚大学伯克利分校	美国	10	亚利桑那大学	美国
其他中国机构：12. 中国科学院大学；29. 北京大学					

3. 空间科学学科的科研影响力排名分析

从总被引次数来看，居前 10 位的 5 所是美国的高校，3 所是法国的高校，1 所是英国的高校，1 所是荷兰的高校，其中美国的加州理工学院的总被引次数最高，高达 457930 次，相对最少的是美国的亚利桑那大学，总被引次数为 206951 次。表 3-157 列出了 ESI 空间科学学科总被引次数排名前 10 位的高校。

表 3-157 空间科学学科总被引次数排名（前 10 位与中国大学）

总被引次数排名	机构名称	国家/地区	总被引次数排名	机构名称	国家/地区
1	加州理工学院	美国	6	剑桥大学	英国
2	哈佛大学	美国	7	巴黎萨克雷大学	法国
3	索邦大学	法国	8	莱顿大学	荷兰
4	巴黎西岱大学	法国	9	普林斯顿大学	美国
5	加利福尼亚大学伯克利分校	美国	10	亚利桑那大学	美国
其他中国机构：65. 北京大学；87. 中国科学院大学					

4. 空间科学学科影响力排名分析

从高被引论文数来看，排名第 1 位的是美国的加州理工学院，有 400 篇高被引论文。位居前 10 位的高校有 4 所来自美国，3 所来自法国，2 所来自英国，1 所来自荷兰。表 3-158 为进入 ESI 空间科学学科高被引论文数排名前 10 位的高校。

表 3-158　空间科学学科高被引论文数排名（前 10 位与中国大学）

高被引论文数排名	机构名称	国家/地区	高被引论文数排名	机构名称	国家/地区
1	加州理工学院	美国	6	剑桥大学	英国
2	索邦大学	法国	7	巴黎萨克雷大学	法国
3	加利福尼亚大学伯克利分校	美国	8	普林斯顿大学	美国
4	哈佛大学	美国	9	莱顿大学	荷兰
5	巴黎西岱大学	法国	10	伦敦大学学院	英国
其他中国机构：67. 北京大学；91. 中国科学院大学					

5. 空间科学学科师资力量排名分析

从高被引科学家数来看，高被引科学家数最多的是 5 人，只有 1 所，即荷兰的莱顿大学；其次，英国的杜伦大学的高被引科学家数为 4 人，美国的哈佛大学和麻省理工学院高被引科学家数是 3 人，5 所高校的高被引科学家数是 2 人，24 所高校的高被引科学家数是 1 人，其他 91 所高校均没有高被引科学家数。表 3-159 为进入 ESI 空间科学学科的高被引科学家排名前 10 位的高校。

表 3-159　空间科学学科高被引科学家数排名（前 5 位与中国大学）

高被引科学家数排名	机构名称	国家/地区	高被引科学家数排名	机构名称	国家/地区
1	莱顿大学	荷兰	5	加利福尼亚大学圣克鲁兹分校	美国
2	杜伦大学	英国	5	爱丁堡大学	英国
3	哈佛大学	美国	5	哥伦比亚大学	美国
3	麻省理工学院	美国	5	耶鲁大学	美国
5	加州理工学院	美国			
其他中国机构：无					

第四章

评价引发的思考与建议

2024年世界大学与大学学科竞争力评价结果最终得到150个排行榜，包括“世界各国或地区科研竞争力排行榜(2024)”“世界一流大学综合竞争力排行榜(2024)”“世界一流大学分学科排行榜(2024)(分22个学科)”“世界一流大学一级指标排行榜(2024)(分3个指标)”“世界一流大学基本指标排行榜(2024)(分9个指标)”“世界一流学科排行榜(2024)(分108个学科)”“世界一流大学各大洲排行榜(2024)(6大洲)”，具体排行情况参考本书第二章。我们以位居2024年世界大学科研竞争力排行榜中的前600名大学为统计样本，得到5个相关表格，其中表4-1是“2024年世界一流大学的国家或地区分布情况”；表4-2是“2024年世界一流大学前10强和部分中国大学分指标排名情况”；表4-3是“2024年与2022年中国各地区科研实力具体指标对比分析”；表4-4是“2024年世界大学学科分布表(前10位与部分中国大学)”；表4-5是“2024年中国大学进入世界一流学科排名情况”。

第一节　评价引发的思考

一、我国世界一流大学建设成效明显

中国大学进入ESI排行的大学有413所，其中，中国大陆(内地)有369所，中国台湾地区有34所，中国香港地区有8所，中国澳门地区有2所。从表4-1可以看出，美国大学进入前100名、前200名、前300名、前400名、前500名和前600名的大学数量依然遥遥领先。中国大陆(内地)大学进入前100名的有15所；进入前200名的有37所；进入前300名的有51所；进入前400名的有66所；进入前500名的有87所；进入前600名的有99所。中国香港地区有1所大学进入前100，中国台湾地区和中国澳门地区没有大学进入前100名，中国香港地区进入前200名的大学为4所，中国台湾地区进入前200名的大学为1所。

如表4-1所示，从世界大学科研竞争力排名上来看，我国高水平大学的数量位列世界前列，我国在建设世界一流大学的道路上任重道远。

表4-1　2024年世界一流大学科研竞争力排名的国家或地区分布情况

国家/地区	前600名		前500名		前400名		前300名		前200名		前100位	
	数量/所	比例/%	数量/所	比例/%	数量/所	比例/%	数量/所	比例/%	数量/所	比例/%	数量/所	比例/%
美国	125	20.83	113	22.6	94	23.5	69	23	50	25	32	32
中国	99	16.5	87	17.4	66	16.5	51	17	37	18.5	15	15
英国	40	6.67	36	7.2	29	7.25	24	8	20	10	9	9
德国	35	5.83	30	6	28	7	23	7.67	10	5	6	6
法国	30	5	26	5.2	20	5	17	5.67	11	5.5	4	4
意大利	29	4.83	19	3.8	14	3.5	12	4	6	3	2	2
澳大利亚	24	4	24	4.8	21	5.25	13	4.33	9	4.5	5	5
加拿大	18	3	17	3.4	14	3.5	10	3.33	8	4	3	3
西班牙	16	2.67	13	2.6	9	2.25	6	2	2	1	1	1
韩国	13	2.17	10	2	6	1.5	4	1.33	3	1.5	1	1
荷兰	13	2.17	13	2.6	11	2.75	11	3.67	10	5	7	7
日本	13	2.17	8	1.6	7	1.75	6	2	3	1.5	1	1

二、我国需加大世界一流大学建设力度

虽然中国进入 ESI 全球前 1%学科的高校数量增长取得了令人欣喜的进步，但是我们还要意识到我国大学离世界一流大学仍然有较大的差距。从表 4-1 可以看出，美国囊括了排名前 100 名的世界顶尖大学的 32%，以及 25%的排名前 200 名的大学，拥有全世界绝大多数的高水平大学，也有着雄厚的科研实力和强大的科研影响力。

通过与 2023 年的数据对比我们发现，2024 年中国大陆(内地)大学进入前 300 名的共有 51 所，，进入前 600 名的中国大陆(内地)大学共有 99 所，占前 600 名的 16.5%。与 2023 年相比，进入前 600 名的大学数量增加了 8 所。另外，我们又对世界一流大学行列中的前 10 强和前 200 名的中国大学的分指标排名情况做了进一步的统计分析，如表 4-2 所示，中国的一流大学和世界顶尖大学之间在整体上还存在着相当大的差距，尤其是高被引论文数、高被引科学家数、国际合作论文数和篇均被引次数这些表征质量的指标还有非常大的提升空间。不过，与同档次的世界大学相比，中科院大学、上海交通大学、浙江大学、清华大学、北京大学、复旦大学的 ESI 收录论文数是值得肯定的；香港大学、清华大学、浙江大学、北京大学的高被引科学家数排名也比较靠前。但是，总体来看，这些优势还很微弱，而且不够稳定，在能够真正充分体现科研竞争力的主体指标实力方面仍有很大的提升空间。

表 4-2　2024 年世界一流大学前 10 强和部分中国大学分指标排名情况

总排名	中文全称	国家/地区	高被引科学家数排名	学科数排名	ESI 收录论文数排名	篇均被引次数排名	高被引论文数排名	国际合作论文数排名	专利数排名	网络影响力排名	杰出校友数排名
1	哈佛大学	美国	1	1	1	32	1	1	592	1	1
2	斯坦福大学	美国	2	1	15	29	2	20	353	2	9
3	牛津大学	英国	6	1	10	57	6	4	822	4	9
4	剑桥大学	英国	11	1	23	51	11	9	903	12	9
5	伦敦大学学院	英国	7	1	7	85	3	3	659	15	9
6	麻省理工学院	美国	4	42	49	20	5	33	339	3	9
7	约翰·霍普金斯大学	美国	10	1	8	74	8	14	477	11	9
8	伦敦帝国学院	英国	29	1	30	65	12	7	659	38	9
9	多伦多大学	加拿大	26	1	3	126	4	2	938	17	9
10	清华大学	中国	3	42	9	332	16	52	107	23	9
12	中国科学院大学	中国	824	1	2	828	10	21	755	213	9
20	北京大学	中国	17	1	13	521	25	40	158	26	9
27	浙江大学	中国	17	42	5	916	29	29	56	62	9
28	上海交通大学	中国	45	42	4	907	35	36	109	65	9
47	复旦大学	中国	30	42	24	721	57	96	162	98	9
53	中山大学	中国	68	42	18	861	53	79	129	159	9
60	华中科技大学	中国	75	95	27	719	54	154	106	126	9
69	香港大学	中国	7	95	134	269	112	125	822	82	9

续表

总排名	中文全称	国家/地区	高被引科学家数排名	学科数排名	ESI收录论文数排名	篇均被引次数排名	高被引论文数排名	国际合作论文数排名	专利数排名	网络影响力排名	杰出校友数排名
83	南京大学	中国	75	95	63	501	85	204	385	146	9
85	武汉大学	中国	63	95	58	739	77	192	236	129	9
86	中国科学技术大学	中国	824	250	46	503	48	140	358	95	9
87	四川大学	中国	121	95	28	1249	90	139	199	194	9
88	西安交通大学	中国	86	150	38	1067	101	102	110	183	9
95	中南大学	中国	68	150	35	998	83	134	153	214	9
109	山东大学	中国	121	95	39	1238	148	171	145	171	9
111	哈尔滨工业大学	中国	110	443	52	1022	121	160	134	190	9
122	香港中文大学	中国	142	95	178	224	110	118	800	80	9
136	吉林大学	中国	97	150	56	1080	166	315	146	281	9
139	同济大学	中国	384	150	68	1001	141	190	238	205	9
151	天津大学	中国	45	350	76	867	120	235	171	225	9
155	台湾大学	中国	190	150	104	689	197	186	638	148	9
168	郑州大学	中国	220	250	90	1090	91	240	533	317	9
171	厦门大学	中国	142	150	155	756	180	256	390	244	9
174	华南理工大学	中国	65	350	100	569	136	320	138	274	9
175	电子科技大学	中国	65	304	153	1179	127	227	126	304	9
178	北京航空航天大学	中国	110	562	139	1072	209	323	136	257	9
180	香港理工大学	中国	97	304	167	536	134	174	553	157	9
183	香港城市大学	中国	33	350	235	377	147	254	585	87	9
186	东南大学	中国	97	399	75	1146	153	144	124	243	9

三、我国高质量的论文数量与世界科研强国相比差距依然较大

从表4-3可以看出，中国大陆ESI收录论文数位居第3位，高被引论文数位居第3位，专利数排名位居第2位，反映了我国大学科研实力具有相对的稳定性。但是我们依然要意识到，我国大学与世界科研强国美国的差距仍然比较大，尤其是高被引论文的相对差距最为明显。例如，排在世界前20名的大学高被引论文均数为34411篇，其中第一名大学(哈佛大学)的高被引论文数11296篇，在中国排名第1位的北京大学的高被引论文数为2586篇。尽管中国的ESI收录论义数和高被引论文数的数量和位次继续保持国际领先地位，但是从具体的大学来看，中国要建设世界一流大学，其论文的质量急需大幅度提升。高质量论文数少，从侧面反映了我国大学缺少在国际上影响力较大的科学家，生产具有全球影响力的创新知识的人才较为稀缺。这对于我国高等教育的长期发展是非常不利的，中国要出一流的科学家和诺贝尔奖获得者，如果缺乏具备国际影响力的高质量论文和世界一流成果的保障是难以实现的。因此，我国不断完善科研行为管理制度和服务保障机制，激发科研人员的创新创造活力，在政策、机制、资金、环境等方面给各大学以保障，以改变中国现在科研的被动局面。

表 4-3　2024 年与 2023 年中国各地区科研实力具体指标对比分析

地区	ESI 收录论文数排名			高被引论文数排名			专利数排名			篇均被引次数排名		
	2022 年	2021 年	变化	2022 年	2021 年	变化	2022 年	2021 年	变化	2022 年	2021 年	变化
中国大陆（内地）	3	2	↓1	3	2	↓1	2	1	↓1	81	88	↑7
中国香港	27	24	↓3	20	20	→	48	25	↓23	27	48	↑21
中国台湾	20	17	↓3	25	22	↓3	7	20	↑13	88	95	↑7

注：表中的“↑”表示上升，“→”表示无变化，“↓”表示下降。

第二节　评价引发的建议

一、我国需要提升具有世界影响力的科研成果的产量

一个国家的专利水平和热门论文数都反映该国在世界上的科研创新能力。从表 4-3 可以看出，我国在专利总量上的排名连续三年保持在第 1 名和第 2 名的水平，我国篇均被引次数指标排名从第 88 位上升到了第 81 位。在取得可喜成绩的同时，我们也同样看到我国与世界科研强国之间仍存在巨大的差距。因此，从我国的科研产出总量和创新型科研成果可以看出，创新型科研成果所占比例相对较小，这与我国建设创新型国家和世界一流大学还相距甚远，是一个需要长期努力和加强建设的方向。

二、世界一流学科的建设仍需大力加强

如表 4-4 所示，在此次评价中，中国进入 ESI 排行的学科数有 22 个。在各学科排名中也不乏我国大学进入学科前 10 名，例如，中国农业大学、浙江大学、西北农林科技大学、南昌大学、江南大学、华南理工大学、南京农业大学的农业科学；中国科学院大学、中国科学技术大学、浙江大学、天津大学、北京大学北京化工大学、福州大学、香港城市大学的化学专业；电子科技大学、东南大学、清华大学、西安电子科技大学的计算机科学专业；西安交通大学、清华大学、哈尔滨工业大学、北京理工大学、浙江大学、东南大学、重庆大学、华中科技大学、上海交通大学、北京航空航天大学、电子科技大学、香港理工大学、华南理工大学、湖南大学的工程学专业等。

同时，表 4-5 也显示，中国的农业科学、化学、计算机科学、工程学、环境科学与生态学、地球科学、材料科学、植物学与动物学、免疫学、生物学与生物化学、药理学与毒物学、物理学、临床医学、经济学与商学、数学、微生物学、分子生物学与遗传学、神经科学与行为科学、社会学、综合交叉学科等学科都进入了世界一流学科的行列。其中，农业科学、生物学与生物化学、化学、临床医学、计算机科学、经济学与商学、工程学、环境科学与生态学、地球科学、免疫学、材料科学、数学、微生物学、药理学与毒物学、物理学、植物学与动物学、社会科学这 17 个学科有我国大学位居学科排名前 10 名。

但是，从表 4-4、表 4-5 和表 2-3 到表 2-24 的世界一流大学学科竞争力的排名结果还可以看出，中国的大学在学科建设上仍然表现较弱，每所大学或科研院所进入 ESI 学科排行的学科数量还是偏少，绝大多数的中国大学进入 ESI 排行的只有 10 个以内的学科，而且能够进入学科前 10 名的大学不多。

同时，总排名前 10 位的世界一流大学其学科基本都很齐全，除了麻省理工学院和清华大学之外都有 22 个学科进入 ESI，并且每个学科影响力都很大，如哈佛大学有 14 个学科位于世界前 10 强，斯坦福大学有 12 个学科位于全球前 10 强，牛津大学有 8 个学科位于世界前 10 强等。清华大学今年有 8 个学科进入

前十强，这都在一定程度上说明中国的大学在一流学科上建设上取得了一定的成效，但仍需加强建设力度。

表 4-4　2024 年世界大学学科分布表（前 10 位与部分中国大学）

排名	学校名称	国家/地区	进入 ESI 排行的学科		前 10 名的学科	
			数量/个	占 22 个学科的比例/%	数量/个	占进入排行学科的比例/%
1	哈佛大学	美国	22	100.00%	14	63.64%
2	斯坦福大学	美国	22	100.00%	12	54.55%
3	牛津大学	英国	22	100.00%	8	36.36%
4	剑桥大学	英国	22	100.00%	7	31.82%
5	伦敦大学学院	英国	22	100.00%	6	27.27%
6	麻省理工学院	美国	21	95.45%	7	33.33%
7	约翰·霍普金斯大学	美国	22	100.00%	5	22.73%
8	伦敦帝国学院	英国	22	100.00%	1	4.55%
9	多伦多大学	加拿大	22	100.00%	5	22.73%
10	清华大学	中国	21	95.45%	8	38.10%
12	中国科学院大学	中国	22	100.00%	6	27.27%
20	北京大学	中国	22	100.00%	5	22.73%
27	浙江大学	中国	21	95.45%	5	23.81%
28	上海交通大学	中国	21	95.45%	2	9.52%
47	复旦大学	中国	21	95.45%	1	4.76%
53	中山大学	中国	21	95.45%	0	0.00%
60	华中科技大学	中国	20	90.91%	1	5.00%
69	香港大学	中国	20	90.91%	3	15.00%
83	南京大学	中国	20	90.91%	0	0.00%
85	武汉大学	中国	20	90.91%	1	5.00%
86	中国科学技术大学	中国	17	77.27%	2	11.76%
87	四川大学	中国	20	90.91%	1	5.00%
88	西安交通大学	中国	19	86.36%	1	5.26%
95	中南大学	中国	19	86.36%	1	5.26%
109	山东大学	中国	20	90.91%	0	0.00%
111	哈尔滨工业大学	中国	12	54.55%	1	8.33%
122	香港中文大学	中国	20	90.91%	0	0.00%
136	吉林大学	中国	19	86.36%	0	0.00%
139	同济大学	中国	19	86.36%	0	0.00%
151	天津大学	中国	15	68.18%	1	6.67%
155	台湾大学	中国	19	86.36%	0	0.00%
168	郑州大学	中国	17	77.27%	0	0.00%
171	厦门大学	中国	19	86.36%	0	0.00%

续表

排名	学校名称	国家/地区	进入ESI排行的学科		前10名的学科	
			数量/个	占22个学科的比例/%	数量/个	占进入排行学科的比例/%
174	华南理工大学	中国	15	68.18%	1	6.67%
175	电子科技大学	中国	16	72.73%	1	6.25%
178	北京航空航天大学	中国	11	50.00%	0	0.00%
180	香港理工大学	中国	16	72.73%	0	0.00%
183	香港城市大学	中国	15	68.18%	1	6.67%
186	东南大学	中国	14	63.64%	2	14.29%
201	南开大学	中国	17	77.27%	0	0.00%
203	苏州大学	中国	19	86.36%	0	0.00%
220	湖南大学	中国	14	63.64%	0	0.00%
227	重庆大学	中国	15	68.18%	1	6.67%
239	北京理工大学	中国	11	50.00%	1	9.09%
264	北京师范大学	中国	16	72.73%	0	0.00%
272	暨南大学	中国	19	86.36%	0	0.00%
284	大连理工大学	中国	13	59.09%	0	0.00%
286	西北工业大学	中国	11	50.00%	1	9.09%
288	香港科技大学	中国	16	72.73%	0	0.00%
293	中国农业大学	中国	15	68.18%	2	13.33%
306	华东师范大学	中国	17	77.27%	0	0.00%
307	深圳大学	中国	18	81.82%	0	0.00%
327	浙江工业大学	中国	9	40.91%	0	0.00%
336	中国医学科学院-中国协和医学院	中国	12	54.55%	1	8.33%
348	华东理工大学	中国	10	45.45%	0	0.00%
353	台湾中国医药大学	中国	16	72.73%	1	6.25%
361	兰州大学	中国	15	68.18%	0	0.00%
378	西南大学	中国	17	77.27%	0	0.00%
382	台湾成功大学	中国	16	72.73%	0	0.00%
387	台湾阳明交通大学	中国	15	68.18%	0	0.00%
402	中国人民大学	中国	11	50.00%	0	0.00%
404	南昌大学	中国	14	63.64%	1	7.14%
405	中国海洋大学	中国	12	54.55%	0	0.00%
416	上海大学	中国	12	54.55%	0	0.00%
419	华中农业大学	中国	13	59.09%	1	7.69%
420	江苏大学	中国	14	63.64%	0	0.00%

续表

排名	学校名称	国家/地区	进入 ESI 排行的学科		前 10 名的学科	
			数量/个	占 22 个学科的比例/%	数量/个	占进入排行学科的比例/%
425	福州大学	中国	12	54.55%	0	0.00%
426	台湾中山大学	中国	11	50.00%	0	0.00%
432	南京医科大学	中国	13	59.09%	0	0.00%
435	首都医科大学	中国	12	54.55%	0	0.00%
438	青岛大学	中国	12	54.55%	0	0.00%
446	南方医科大学	中国	14	63.64%	0	0.00%
451	台湾清华大学	中国	10	45.45%	0	0.00%
460	武汉理工大学	中国	9	40.91%	0	0.00%
467	北京化工大学	中国	9	40.91%	0	0.00%
477	香港浸会大学	中国	14	63.64%	0	0.00%
485	澳门大学	中国	12	54.55%	0	0.00%
492	中国地质大学	中国	8	36.36%	1	12.50%
495	华南农业大学	中国	13	59.09%	0	0.00%
496	南京理工大学	中国	10	45.45%	0	0.00%
498	南京师范大学	中国	13	59.09%	0	0.00%
505	扬州大学	中国	12	54.55%	0	0.00%
508	江南大学	中国	10	45.45%	1	10.00%
509	中国东北大学	中国	10	45.45%	1	10.00%
513	华中师范大学	中国	10	45.45%	0	0.00%
515	北京协和医学院	中国	11	50.00%	0	0.00%
516	北京科技大学	中国	8	36.36%	0	0.00%
523	南京农业大学	中国	11	50.00%	2	18.18%
546	南京航空航天大学	中国	8	36.36%	0	0.00%
552	中国石油大学	中国	8	36.36%	0	0.00%
559	华南师范大学	中国	12	54.55%	0	0.00%
570	中国矿业大学	中国	8	36.36%	0	0.00%
572	南京信息工程大学	中国	9	40.91%	0	0.00%
575	北京工业大学	中国	10	45.45%	0	0.00%
576	河海大学	中国	10	45.45%	0	0.00%
577	陕西师范大学	中国	12	54.55%	0	0.00%
582	西北大学	中国	12	54.55%	0	0.00%
591	北京交通大学	中国	8	36.36%	0	0.00%
600	河南大学	中国	11	50.00%	0	0.00%

表 4-5　2024 年中国大学进入世界一流学科排名情况

排名	学 校 名 称	名次所居比例/%	档次	国家/地区	学科
1	中国农业大学	1	一流学科	中国	农业科学
3	浙江大学	1	一流学科	中国	农业科学
4	西北农林科技大学	1	一流学科	中国	农业科学
5	南昌大学	1	一流学科	中国	农业科学
6	江南大学	1	一流学科	中国	农业科学
7	华南理工大学	1	一流学科	中国	农业科学
8	南京农业大学	1	一流学科	中国	农业科学
10	东北农业大学	5	一流学科	中国	农业科学
11	中国科学院大学	5	一流学科	中国	农业科学
14	江苏大学	5	一流学科	中国	农业科学
16	北京工商大学	5	一流学科	中国	农业科学
20	华中农业大学	5	一流学科	中国	农业科学
23	扬州大学	5	一流学科	中国	农业科学
30	上海交通大学	5	一流学科	中国	农业科学
41	宁波大学	5	一流学科	中国	农业科学
52	华南农业大学	10	一流学科	中国	农业科学
55	中山大学	10	一流学科	中国	农业科学
58	四川大学	10	一流学科	中国	农业科学
59	西南大学	10	一流学科	中国	农业科学
64	安徽农业大学	10	一流学科	中国	农业科学
67	四川农业大学	10	一流学科	中国	农业科学
71	青岛农业大学	10	一流学科	中国	农业科学
72	福建农林大学	10	一流学科	中国	农业科学
82	成都大学	10	一流学科	中国	农业科学
84	北京大学	10	一流学科	中国	农业科学
19	中国科学院大学	5	一流学科	中国	生物学与生物化学
25	北京大学	5	一流学科	中国	生物学与生物化学
28	浙江大学	5	一流学科	中国	生物学与生物化学
29	上海交通大学	5	一流学科	中国	生物学与生物化学
39	四川大学	5	一流学科	中国	生物学与生物化学
57	中山大学	10	一流学科	中国	生物学与生物化学
64	清华大学	10	一流学科	中国	生物学与生物化学
67	同济大学	10	一流学科	中国	生物学与生物化学
68	复旦大学	10	一流学科	中国	生物学与生物化学
69	中国医学科学院-中国协和医学院	10	一流学科	中国	生物学与生物化学
73	中南大学	10	一流学科	中国	生物学与生物化学
78	山东大学	10	一流学科	中国	生物学与生物化学

续表

排名	学 校 名 称	名次所居比例/%	档次	国家/地区	学科
1	清华大学	1	一流学科	中国	化学
2	中国科学院大学	1	一流学科	中国	化学
3	中国科学技术大学	1	一流学科	中国	化学
7	浙江大学	1	一流学科	中国	化学
8	天津大学	1	一流学科	中国	化学
10	北京大学	1	一流学科	中国	化学
11	北京化工大学	1	一流学科	中国	化学
12	福州大学	1	一流学科	中国	化学
13	香港城市大学	1	一流学科	中国	化学
14	南开大学	5	一流学科	中国	化学
18	四川大学	5	一流学科	中国	化学
19	苏州大学	5	一流学科	中国	化学
21	北京理工大学	5	一流学科	中国	化学
22	南京大学	5	一流学科	中国	化学
23	电子科技大学	5	一流学科	中国	化学
24	吉林大学	5	一流学科	中国	化学
26	厦门大学	5	一流学科	中国	化学
27	郑州大学	5	一流学科	中国	化学
28	复旦大学	5	一流学科	中国	化学
29	华南理工大学	5	一流学科	中国	化学
30	中山大学	5	一流学科	中国	化学
31	上海交通大学	5	一流学科	中国	化学
32	湖南大学	5	一流学科	中国	化学
33	华东理工大学	5	一流学科	中国	化学
34	武汉理工大学	5	一流学科	中国	化学
36	武汉大学	5	一流学科	中国	化学
37	中南大学	5	一流学科	中国	化学
38	大连理工大学	5	一流学科	中国	化学
40	深圳大学	5	一流学科	中国	化学
45	南京工业大学	5	一流学科	中国	化学
46	山东大学	5	一流学科	中国	化学
47	江苏大学	5	一流学科	中国	化学
49	华中科技大学	5	一流学科	中国	化学
50	西安交通大学	5	一流学科	中国	化学
51	西北工业大学	5	一流学科	中国	化学
54	哈尔滨工业大学	5	一流学科	中国	化学
56	中国地质大学	5	一流学科	中国	化学

续表

排名	学 校 名 称	名次所居比例/%	档次	国家/地区	学科
57	同济大学	5	一流学科	中国	化学
60	东南大学	5	一流学科	中国	化学
65	重庆大学	5	一流学科	中国	化学
66	南方科技大学	5	一流学科	中国	化学
67	华东师范大学	5	一流学科	中国	化学
68	青岛科技大学	5	一流学科	中国	化学
70	青岛大学	10	一流学科	中国	化学
74	浙江工业大学	10	一流学科	中国	化学
76	中国石油大学	10	一流学科	中国	化学
77	华南师范大学	10	一流学科	中国	化学
79	香港理工大学	10	一流学科	中国	化学
89	暨南大学	10	一流学科	中国	化学
90	香港科技大学	10	一流学科	中国	化学
92	上海大学	10	一流学科	中国	化学
93	山东师范大学	10	一流学科	中国	化学
95	上海理工大学	10	一流学科	中国	化学
97	香港大学	10	一流学科	中国	化学
99	南京林业大学	10	一流学科	中国	化学
100	台湾大学	10	一流学科	中国	化学
103	北京航空航天大学	10	一流学科	中国	化学
104	北京师范大学	10	一流学科	中国	化学
108	东华大学	10	一流学科	中国	化学
117	扬州大学	10	一流学科	中国	化学
119	北京科技大学	10	一流学科	中国	化学
120	常州大学	10	一流学科	中国	化学
122	北京工业大学	10	一流学科	中国	化学
124	成都大学	10	一流学科	中国	化学
129	南京理工大学	10	一流学科	中国	化学
130	香港中文大学	10	一流学科	中国	化学
131	香港中文大学(深圳)	10	一流学科	中国	化学
132	兰州大学	10	一流学科	中国	化学
135	南京师范大学	10	一流学科	中国	化学
137	浙江海洋大学	10	一流学科	中国	化学
47	香港中文大学	5	一流学科	中国	临床医学
72	上海交通大学	5	一流学科	中国	临床医学
74	中国医学科学院-中国协和医学院	5	一流学科	中国	临床医学
75	复旦大学	5	一流学科	中国	临床医学

续表

排名	学 校 名 称	名次所居比例/%	档次	国家/地区	学科
90	台湾大学	10	一流学科	中国	临床医学
96	中山大学	10	一流学科	中国	临床医学
109	北京大学	10	一流学科	中国	临床医学
123	首都医科大学	10	一流学科	中国	临床医学
141	北京协和医学院	10	一流学科	中国	临床医学
142	四川大学	10	一流学科	中国	临床医学
145	香港大学	10	一流学科	中国	临床医学
148	浙江大学	10	一流学科	中国	临床医学
154	华中科技大学	10	一流学科	中国	临床医学
177	南京医科大学	10	一流学科	中国	临床医学
2	电子科技大学	1	一流学科	中国	计算机科学
3	东南大学	1	一流学科	中国	计算机科学
5	清华大学	1	一流学科	中国	计算机科学
6	西安电子科技大学	1	一流学科	中国	计算机科学
7	浙江大学	5	一流学科	中国	计算机科学
8	北京邮电大学	5	一流学科	中国	计算机科学
10	中国东北大学	5	一流学科	中国	计算机科学
11	中国科学技术大学	5	一流学科	中国	计算机科学
13	上海交通大学	5	一流学科	中国	计算机科学
15	香港城市大学	5	一流学科	中国	计算机科学
17	华中科技大学	5	一流学科	中国	计算机科学
18	武汉大学	5	一流学科	中国	计算机科学
19	西北工业大学	5	一流学科	中国	计算机科学
21	大连理工大学	5	一流学科	中国	计算机科学
23	哈尔滨工业大学	5	一流学科	中国	计算机科学
25	深圳大学	5	一流学科	中国	计算机科学
26	四川大学	5	一流学科	中国	计算机科学
27	南京信息工程大学	5	一流学科	中国	计算机科学
29	湖南大学	5	一流学科	中国	计算机科学
30	中国科学院大学	5	一流学科	中国	计算机科学
32	北京航空航天大学	10	一流学科	中国	计算机科学
33	香港科技大学	10	一流学科	中国	计算机科学
34	华南理工大学	10	一流学科	中国	计算机科学
39	渤海大学	10	一流学科	中国	计算机科学
42	香港理工大学	10	一流学科	中国	计算机科学
44	中山大学	10	一流学科	中国	计算机科学
45	北京大学	10	一流学科	中国	计算机科学

续表

排名	学校名称	名次所居比例/%	档次	国家/地区	学科
46	中南大学	10	一流学科	中国	计算机科学
47	北京理工大学	10	一流学科	中国	计算机科学
48	广东工业大学	10	一流学科	中国	计算机科学
51	辽宁工业大学	10	一流学科	中国	计算机科学
52	香港大学	10	一流学科	中国	计算机科学
53	南方科技大学	10	一流学科	中国	计算机科学
55	西安交通大学	10	一流学科	中国	计算机科学
56	南京理工大学	10	一流学科	中国	计算机科学
57	国防科学技术大学	10	一流学科	中国	计算机科学
60	广州大学	10	一流学科	中国	计算机科学
61	重庆邮电大学	10	一流学科	中国	计算机科学
13	西南财经大学	5	一流学科	中国	经济学与商学
16	中南大学	5	一流学科	中国	经济学与商学
22	上海财经大学	10	一流学科	中国	经济学与商学
26	中国人民大学	10	一流学科	中国	经济学与商学
28	对外经济贸易大学;	10	一流学科	中国	经济学与商学
36	中南财经政法大学	10	一流学科	中国	经济学与商学
2	西安交通大学	1	一流学科	中国	工程学
3	清华大学	1	一流学科	中国	工程学
4	哈尔滨工业大学	1	一流学科	中国	工程学
5	北京理工大学	1	一流学科	中国	工程学
6	浙江大学	1	一流学科	中国	工程学
7	东南大学	1	一流学科	中国	工程学
8	重庆大学	1	一流学科	中国	工程学
9	华中科技大学	1	一流学科	中国	工程学
10	上海交通大学	1	一流学科	中国	工程学
11	北京航空航天大学	1	一流学科	中国	工程学
12	电子科技大学	1	一流学科	中国	工程学
13	香港理工大学	1	一流学科	中国	工程学
14	华南理工大学	1	一流学科	中国	工程学
16	湖南大学	1	一流学科	中国	工程学
18	西北工业大学	5	一流学科	中国	工程学
19	天津大学	5	一流学科	中国	工程学
20	中国科学院大学	5	一流学科	中国	工程学
21	同济大学	5	一流学科	中国	工程学
23	香港城市大学	5	一流学科	中国	工程学
24	中国石油大学	5	一流学科	中国	工程学

续表

排名	学校名称	名次所居比例/%	档次	国家/地区	学科
28	中南大学	5	一流学科	中国	工程学
29	大连理工大学	5	一流学科	中国	工程学
30	中国东北大学	5	一流学科	中国	工程学
33	武汉大学	5	一流学科	中国	工程学
37	广东工业大学	5	一流学科	中国	工程学
38	中国科学技术大学	5	一流学科	中国	工程学
39	四川大学	5	一流学科	中国	工程学
41	山东大学	5	一流学科	中国	工程学
42	北京大学	5	一流学科	中国	工程学
46	中国地质大学	5	一流学科	中国	工程学
47	南京大学	5	一流学科	中国	工程学
49	上海大学	5	一流学科	中国	工程学
51	南京理工大学	5	一流学科	中国	工程学
52	南京航空航天大学	5	一流学科	中国	工程学
53	辽宁工业大学	5	一流学科	中国	工程学
58	渤海大学	5	一流学科	中国	工程学
59	西南交通大学	5	一流学科	中国	工程学
62	南开大学	5	一流学科	中国	工程学
65	南京邮电大学	5	一流学科	中国	工程学
66	中国矿业大学	5	一流学科	中国	工程学
71	北京科技大学	5	一流学科	中国	工程学
72	浙江工业大学	5	一流学科	中国	工程学
76	北京交通大学	5	一流学科	中国	工程学
77	江苏大学	5	一流学科	中国	工程学
79	华东师范大学	5	一流学科	中国	工程学
81	西安电子科技大学	5	一流学科	中国	工程学
82	华北电力大学	5	一流学科	中国	工程学
83	厦门大学	5	一流学科	中国	工程学
86	澳门大学	5	一流学科	中国	工程学
87	中山大学	5	一流学科	中国	工程学
88	北京工业大学	5	一流学科	中国	工程学
95	哈尔滨工程大学	10	一流学科	中国	工程学
97	香港大学	10	一流学科	中国	工程学
102	香港科技大学	10	一流学科	中国	工程学
103	河海大学	10	一流学科	中国	工程学
105	复旦大学	10	一流学科	中国	工程学
106	武汉理工大学	10	一流学科	中国	工程学

续表

排名	学校名称	名次所居比例/%	档次	国家/地区	学科
107	郑州大学	10	一流学科	中国	工程学
110	深圳大学	10	一流学科	中国	工程学
113	吉林大学	10	一流学科	中国	工程学
117	江南大学	10	一流学科	中国	工程学
118	青岛大学	10	一流学科	中国	工程学
122	广州大学	10	一流学科	中国	工程学
124	西安建筑科技大学	10	一流学科	中国	工程学
125	国防科学技术大学	10	一流学科	中国	工程学
126	西南科技大学	10	一流学科	中国	工程学
128	香港中文大学	10	一流学科	中国	工程学
129	杭州电子科技大学	10	一流学科	中国	工程学
132	苏州大学	10	一流学科	中国	工程学
133	东北电力大学	10	一流学科	中国	工程学
139	天津工业大学	10	一流学科	中国	工程学
141	南昌大学	10	一流学科	中国	工程学
142	南京林业大学	10	一流学科	中国	工程学
143	吉首大学	10	一流学科	中国	工程学
145	合肥工业大学	10	一流学科	中国	工程学
149	常州大学	10	一流学科	中国	工程学
152	青岛理工大学	10	一流学科	中国	工程学
156	山东科技大学	10	一流学科	中国	工程学
157	武汉科技大学	10	一流学科	中国	工程学
158	长安大学	10	一流学科	中国	工程学
161	南方科技大学	10	一流学科	中国	工程学
162	上海理工大学	10	一流学科	中国	工程学
164	台湾成功大学	10	一流学科	中国	工程学
165	北京化工大学	10	一流学科	中国	工程学
168	成都大学	10	一流学科	中国	工程学
169	台湾中国医药大学	10	一流学科	中国	工程学
176	福州大学	10	一流学科	中国	工程学
1	清华大学	1	一流学科	中国	环境科学与生态学
2	中国科学院大学	1	一流学科	中国	环境科学与生态学
5	北京大学	1	一流学科	中国	环境科学与生态学
13	南京大学	5	一流学科	中国	环境科学与生态学
19	哈尔滨工业大学	5	一流学科	中国	环境科学与生态学
20	山东大学	5	一流学科	中国	环境科学与生态学
24	中南大学	5	一流学科	中国	环境科学与生态学

续表

排名	学校名称	名次所居比例/%	档次	国家/地区	学科
30	浙江大学	5	一流学科	中国	环境科学与生态学
31	北京师范大学	5	一流学科	中国	环境科学与生态学
32	中山大学	5	一流学科	中国	环境科学与生态学
34	湖南大学	5	一流学科	中国	环境科学与生态学
38	重庆大学	5	一流学科	中国	环境科学与生态学
43	上海交通大学	5	一流学科	中国	环境科学与生态学
45	武汉大学	5	一流学科	中国	环境科学与生态学
46	华东师范大学	5	一流学科	中国	环境科学与生态学
59	香港城市大学	5	一流学科	中国	环境科学与生态学
62	南方科技大学	10	一流学科	中国	环境科学与生态学
64	天津大学	10	一流学科	中国	环境科学与生态学
65	华北电力大学	10	一流学科	中国	环境科学与生态学
70	同济大学	10	一流学科	中国	环境科学与生态学
71	南开大学	10	一流学科	中国	环境科学与生态学
87	四川大学	10	一流学科	中国	环境科学与生态学
89	中国地质大学	10	一流学科	中国	环境科学与生态学
91	香港大学	10	一流学科	中国	环境科学与生态学
99	电子科技大学	10	一流学科	中国	环境科学与生态学
107	香港理工大学	10	一流学科	中国	环境科学与生态学
108	北京理工大学	10	一流学科	中国	环境科学与生态学
112	厦门大学	10	一流学科	中国	环境科学与生态学
118	西安建筑科技大学	10	一流学科	中国	环境科学与生态学
119	深圳城市学院	10	一流学科	中国	环境科学与生态学
121	江苏大学	10	一流学科	中国	环境科学与生态学
2	中国科学院大学	1	一流学科	中国	地球科学
4	武汉大学	1	一流学科	中国	地球科学
3	中国地质大学	1	一流学科	中国	地球科学
5	清华大学	1	一流学科	中国	地球科学
10	北京大学	5	一流学科	中国	地球科学
15	南京信息工程大学	5	一流学科	中国	地球科学
21	南京大学	5	一流学科	中国	地球科学
22	中国矿业大学	5	一流学科	中国	地球科学
28	北京师范大学	5	一流学科	中国	地球科学
34	香港大学	10	一流学科	中国	地球科学
52	中国海洋大学	10	一流学科	中国	地球科学
51	中山大学	10	一流学科	中国	地球科学
9	香港大学	5	一流学科	中国	免疫学

续表

排名	学校名称	名次所居比例/%	档次	国家/地区	学科
1	清华大学	1	一流学科	中国	材料科学
2	中国科学院大学	1	一流学科	中国	材料科学
5	复旦大学	1	一流学科	中国	材料科学
6	中南大学	1	一流学科	中国	材料科学
7	西北工业大学	1	一流学科	中国	材料科学
8	香港城市大学	1	一流学科	中国	材料科学
9	北京大学	1	一流学科	中国	材料科学
10	中国科学技术大学	5	一流学科	中国	材料科学
12	浙江大学	5	一流学科	中国	材料科学
14	西安交通大学	5	一流学科	中国	材料科学
15	上海交通大学	5	一流学科	中国	材料科学
18	华中科技大学	5	一流学科	中国	材料科学
19	北京理工大学	5	一流学科	中国	材料科学
20	天津大学	5	一流学科	中国	材料科学
21	四川大学	5	一流学科	中国	材料科学
22	山东大学	5	一流学科	中国	材料科学
23	南京大学	5	一流学科	中国	材料科学
24	苏州大学	5	一流学科	中国	材料科学
26	北京航空航天大学	5	一流学科	中国	材料科学
27	哈尔滨工业大学	5	一流学科	中国	材料科学
29	湖南大学	5	一流学科	中国	材料科学
31	郑州大学	5	一流学科	中国	材料科学
33	北京科技大学	5	一流学科	中国	材料科学
34	东南大学	5	一流学科	中国	材料科学
35	武汉理工大学	5	一流学科	中国	材料科学
37	重庆大学	5	一流学科	中国	材料科学
40	华南理工大学	5	一流学科	中国	材料科学
43	南京航空航天大学	5	一流学科	中国	材料科学
44	南方科技大学	5	一流学科	中国	材料科学
45	吉林大学	5	一流学科	中国	材料科学
46	香港理工大学	5	一流学科	中国	材料科学
47	北京化工大学	5	一流学科	中国	材料科学
49	电子科技大学	5	一流学科	中国	材料科学
50	深圳大学	10	一流学科	中国	材料科学
51	中山大学	10	一流学科	中国	材料科学
52	武汉大学	10	一流学科	中国	材料科学
54	厦门大学	10	一流学科	中国	材料科学

续表

排名	学校名称	名次所居比例/%	档次	国家/地区	学科
57	青岛大学	10	一流学科	中国	材料科学
59	南开大学	10	一流学科	中国	材料科学
61	同济大学	10	一流学科	中国	材料科学
64	东华大学	10	一流学科	中国	材料科学
68	上海大学	10	一流学科	中国	材料科学
71	南京工业大学	10	一流学科	中国	材料科学
72	中国地质大学	10	一流学科	中国	材料科学
73	香港科技大学	10	一流学科	中国	材料科学
75	南京理工大学	10	一流学科	中国	材料科学
81	大连理工大学	10	一流学科	中国	材料科学
84	中国东北大学	10	一流学科	中国	材料科学
86	广东工业大学	10	一流学科	中国	材料科学
87	上海理工大学	10	一流学科	中国	材料科学
88	广西大学	10	一流学科	中国	材料科学
94	陕西师范大学	10	一流学科	中国	材料科学
95	香港大学	10	一流学科	中国	材料科学
98	中北大学	10	一流学科	中国	材料科学
99	福州大学	10	一流学科	中国	材料科学
5	台湾中国医药大学	5	一流学科	中国	数学
8	长沙理工大学	5	一流学科	中国	数学
9	山东科技大学	5	一流学科	中国	数学
11	湖南大学	5	一流学科	中国	数学
14	杭州师范大学	5	一流学科	中国	数学
15	电子科技大学	5	一流学科	中国	数学
16	华中科技大学	10	一流学科	中国	数学
19	上海交通大学	10	一流学科	中国	数学
20	武汉大学	10	一流学科	中国	数学
24	中南大学	10	一流学科	中国	数学
28	东南大学	10	一流学科	中国	数学
2	香港大学	1	一流学科	中国	微生物学
32	中国医学科学院-中国协和医学院	10	一流学科	中国	微生物学
41	中国科学院大学	10	流学科	中国	微生物学
31	中山大学	10	一流学科	中国	分子生物学与遗传学
34	中国科学院大学	10	一流学科	中国	分子生物学与遗传学
37	上海交通大学	10	一流学科	中国	分子生物学与遗传学
39	华中科技大学	10	一流学科	中国	分子生物学与遗传学
42	浙江大学	10	一流学科	中国	分子生物学与遗传学

续表

排名	学校名称	名次所居比例/%	档次	国家/地区	学科
44	四川大学	10	一流学科	中国	分子生物学与遗传学
48	复旦大学	10	一流学科	中国	分子生物学与遗传学
52	北京大学	10	一流学科	中国	分子生物学与遗传学
6	香港大学	10	一流学科	中国	综合交叉学科
8	清华大学	10	一流学科	中国	综合交叉学科
54	首都医科大学	10	一流学科	中国	神经科学与行为科学
4	上海交通大学	1	一流学科	中国	药理学与毒物学
5	四川大学	1	一流学科	中国	药理学与毒物学
6	中国药科大学	1	一流学科	中国	药理学与毒物学
8	中国医学科学院-中国协和医学院	1	一流学科	中国	药理学与毒物学
10	浙江大学	5	一流学科	中国	药理学与毒物学
20	复旦大学	5	一流学科	中国	药理学与毒物学
29	北京协和医学院	5	一流学科	中国	药理学与毒物学
32	吉林大学	5	一流学科	中国	药理学与毒物学
36	北京大学	5	一流学科	中国	药理学与毒物学
38	南京医科大学	5	一流学科	中国	药理学与毒物学
41	中山大学	5	一流学科	中国	药理学与毒物学
46	成都中医药大学	10	一流学科	中国	药理学与毒物学
47	华中科技大学	10	一流学科	中国	药理学与毒物学
53	中南大学	10	一流学科	中国	药理学与毒物学
55	中国人民解放军海军军医大学	10	一流学科	中国	药理学与毒物学
57	首都医科大学	10	一流学科	中国	药理学与毒物学
62	上海中医药大学	10	一流学科	中国	药理学与毒物学
67	山东大学	10	一流学科	中国	药理学与毒物学
71	同济大学	10	一流学科	中国	药理学与毒物学
73	重庆医科大学	10	一流学科	中国	药理学与毒物学
76	沈阳药科大学	10	一流学科	中国	药理学与毒物学
78	西安交通大学	10	一流学科	中国	药理学与毒物学
83	澳门大学	15	一流学科	中国	药理学与毒物学
6	清华大学	1	一流学科	中国	物理学
7	中国科学院大学	5	一流学科	中国	物理学
10	北京大学	5	一流学科	中国	物理学
20	南京大学	5	一流学科	中国	物理学
22	中国科学技术大学	5	一流学科	中国	物理学
33	上海交通大学	10	一流学科	中国	物理学
46	西北工业大学	10	一流学科	中国	物理学
51	浙江大学	10	一流学科	中国	物理学

续表

排名	学校名称	名次所居比例/%	档次	国家/地区	学科
55	华中科技大学	10	一流学科	中国	物理学
61	中山大学	10	一流学科	中国	物理学
62	山东大学	10	一流学科	中国	物理学
1	中国科学院大学	1	一流学科	中国	植物学与动物学
2	中国农业大学	1	一流学科	中国	植物学与动物学
4	南京农业大学	1	一流学科	中国	植物学与动物学
6	华中农业大学	1	一流学科	中国	植物学与动物学
12	浙江大学	5	一流学科	中国	植物学与动物学
14	西北农林科技大学	5	一流学科	中国	植物学与动物学
33	山东农业大学	5	一流学科	中国	植物学与动物学
38	华南农业大学	5	一流学科	中国	植物学与动物学
41	电子科技大学	5	一流学科	中国	植物学与动物学
46	福建农林大学	5	一流学科	中国	植物学与动物学
47	东北农业大学	5	一流学科	中国	植物学与动物学
80	海南大学	10	一流学科	中国	植物学与动物学
85	扬州大学	10	一流学科	中国	植物学与动物学
87	北京林业大学	10	一流学科	中国	植物学与动物学
99	四川农业大学	10	一流学科	中国	植物学与动物学
109	河南大学	15	一流学科	中国	植物学与动物学
20	北京大学	5	一流学科	中国	社会科学
22	北京理工大学	5	一流学科	中国	社会科学
25	武汉大学	5	一流学科	中国	社会科学
32	上海交通大学	5	一流学科	中国	社会科学
36	香港理工大学	5	一流学科	中国	社会科学
47	江苏大学	5	一流学科	中国	社会科学
55	香港大学	5	一流学科	中国	社会科学
66	电子科技大学	5	一流学科	中国	社会科学
73	西安交通大学	10	一流学科	中国	社会科学
74	中国地质大学	10	一流学科	中国	社会科学
87	清华大学	10	一流学科	中国	社会科学
91	浙江大学	10	一流学科	中国	社会科学
92	香港城市大学	10	一流学科	中国	社会科学
97	厦门大学	10	一流学科	中国	社会科学
102	海南大学	10	一流学科	中国	社会科学
104	南昌大学	10	一流学科	中国	社会科学
108	新疆大学	10	一流学科	中国	社会科学
122	同济大学	10	一流学科	中国	社会科学

续表

排名	学校名称	名次所居比例/%	档次	国家/地区	学科
123	上海大学	10	一流学科	中国	社会科学
125	南京师范大学	10	一流学科	中国	社会科学
127	中国科学院大学	10	一流学科	中国	社会科学
129	浙江工商大学	10	一流学科	中国	社会科学
130	中山大学	10	一流学科	中国	社会科学
135	西南大学	10	一流学科	中国	社会科学

三、世界一流大学与一流学科建设的内在逻辑与发展之策

与以往“985 工程”建设和“211 工程”建设不同的是，“双一流”建设采用了退出机制，目的是引导和支持具备一定实力的高水平大学和高水平学科瞄准世界一流，汇聚优质资源，培养一流人才，产出一流成果，加快走向世界一流。在资金分配上，“双一流”建设更多考虑办学质量特别是学科水平、办学特色等因素，重点向办学水平高、特色鲜明的学校倾斜，在公平竞争中体现扶优扶强扶特。学科建设水平和能力的提高已成为中国高等教育历史性变化的最重要的标识。突出学科建设的基础作用，高度契合“双一流”建设目标和指向。突出学科建设的基础作用，加强一流学科建设，也是世界高等教育办学的成功理念、有益经验和基本理念。事实上，世界一流大学就是以若干一流学科为支撑的，就是以若干个学科的优势和特色为标识的。从表 4-4 和表 4-5 来看，排名前 10 位的大学的学科都很齐全，并且每个学科的影响力都很大。这在一定程度上反映了我国建设“双一流”的科学性和合理性，将一流大学与一流学科联系在一起统筹推进，是我国世界一流大学建设进程的深化。

中国共产党第二十届中央委员会第三次全体会议审议通过《中共中央关于进一步全面深化改革、推进中国式现代化的决定》，指出高校是教育、科技、人才的集中交汇点，是基础研究的主力军、重大科技突破的策源地。高校是国家最宝贵的资源。今后，我们将加快建设中国特色、世界一流的大学和优势学科，实施一流学科培优行动，聚焦优势突破方向，打造一批一流学科标杆，在重大任务完成中提升学科建设能力。① 当前，我国高校学科建设交叉重复、低层次循环的现象还多有存在，迫切需要创新发展理念、加强资源整合、提升建设水平，适应我国高等教育将由大众化阶段向普及化阶段发展的需要，适应国家发展对高等教育的要求。

① 我国将加快建设中国特色、世界一流的大学和优势学科[EB/OL].[2024-08-26]. https://baijiahao.baidu.com/s?id=1804977564279115075&wfr=spider&for=pc.